westermann

Daniela Demolt, Melanie Gerner, Hans Jecht, Marcel Kunze, Peter Limpke,
Daniela Reinders

Alles versichert
Kaufmann/Kauffrau für Versicherungen und Finanzanlagen

1. Ausbildungsjahr

1. Auflage

Bestellnummer 10181

Die in diesem Produkt gemachten Angaben zu Unternehmen (Namen, Internet- und E-Mail-Adressen, Handelsregistereintragungen, Bankverbindungen, Steuer-, Telefon- und Faxnummern und alle weiteren Angaben) sind i. d. R. fiktiv, d. h., sie stehen in keinem Zusammenhang mit einem real existierenden Unternehmen in der dargestellten oder einer ähnlichen Form. Dies gilt auch für alle Kunden, Lieferanten und sonstigen Geschäftspartner der Unternehmen wie z. B. Kreditinstitute, Versicherungsunternehmen und andere Dienstleistungsunternehmen. Ausschließlich zum Zwecke der Authentizität werden die Namen real existierender Unternehmen und z. B. im Fall von Kreditinstituten auch deren IBANs und BICs verwendet.

Zusatzmaterialien zu Alles versichert – Kaufmann/Kauffrau für Versicherungen und Finanzanlagen – 1. Ausbildungsjahr

Für Lehrerinnen und Lehrer

Lösungen zum Arbeitsheft: 978-3-427-10190-1
Lösungen zum Arbeitsheft Download: 978-3-427-10187-1

BiBox westermann
inkl. E-Book

BiBox Einzellizenz für Lehrer/-innen (Dauerlizenz): 978-3-427-10193-2
BiBox Kollegiumslizenz für Lehrer/-innen (Dauerlizenz): 978-3-427-10196-3
BiBox Kollegiumslizenz für Lehrer/-innen (1 Schuljahr): 978-3-427-10199-4

BiBox Einzellizenz für Lehrer/-innen (Dauerlizenz) zum Arbeitsheft: 978-3-427-10253-3
BiBox Kollegiumslizenz für Lehrer/-innen (Dauerlizenz) zum Arbeitsheft: 978-3-427-10256-4
BiBox Kollegiumslizenz für Lehrer/-innen (1 Schuljahr) zum Arbeitsheft: 978-3-427-10259-5

Für Schülerinnen und Schüler

Arbeitsheft: 978-3-427-10184-0

BiBox westermann
inkl. E-Book

BiBox Einzellizenz für Schüler/-innen (1 Schuljahr): 978-3-427-10202-1

BiBox Einzellizenz für Schüler/-innen (1 Schuljahr) zum Arbeitsheft: 978-3-427-10262-5

Dieses Werk bezieht sich auf:
Proximus 5 Privatkunden
München: Berufsbildungswerk der Deutschen Versicherungswirtschaft (BWV) e. V., [2022], Auflage 2022

Das vollständige Bedingungswerk Proximus 5 kann im BWV-Shop unter https://bwv.hcteam.de/proximus bezogen werden.

Druck und Bindung: Westermann Druck GmbH, Georg-Westermann-Allee 66, 38104 Braunschweig

ISBN 978-3-427-10181-9

Vorwort

In den letzten Jahren hat sich das Angebot von Versicherungen und Finanzdienstleistungen in der Wirtschaft stark verändert. Eine der Gründe dafür ist die rasante Entwicklung des Internets und die Veränderung der Kundenwünsche.
Zu den herkömmlichen Arbeitsabläufen kommen in vielen Unternehmen völlig neue Geschäftsprozesse, da Versicherungen und Finanzanlagen auch online vertrieben werden können. Dies stellt hohe und vor allem neuartige Anforderungen an die Mitarbeiterinnen und Mitarbeiter in den entsprechenden Versicherungsunternehmen. Der Erfolg hängt immer stärker davon ab, dass die Mitarbeiter und Mitarbeiterinnen ihr Fachwissen auf neuen, digitalen Wegen kundenorientiert anwenden können.

Vor diesem Hintergrund werden Mitarbeiter und Mitarbeiterinnen mit umfassenden Qualifikationen zur Bearbeitung von komplexen Geschäftsprozessen im Bereich von Versicherungsunternehmen benötigt. Dem trägt auch die neu geordnete Ausbildung im Ausbildungsberuf ***Kaufmann/Kauffrau für Versicherungen und Finanzanlagen*** Rechnung. **Ziel dieses Ausbildungsberufs ist eine ganzheitliche, prozessorientierte Handlungskompetenz der Auszubildenden.**

Sie haben jetzt Ihre Ausbildung begonnen. Ein Merkmal dieses Berufes ist, dass er ständigen Änderungen unterworfen ist: Die angebotenen Produkte müssen häufig an neue Risiken und Kundenwünsche angepasst werden, was eine ständige Weiterentwicklung des Fachwissens mit sich bringt.
Auch die Tätigkeitsbereiche, in denen Absolventinnen und Absolventen dieser Berufsausbildung eingesetzt werden, differieren sehr stark. Gefordert werden daher Fachleute mit einer umfassenden Handlungskompetenz, die in diversen Abteilungen, im Innen- oder Außendienst eingesetzt werden können und die die Kundinnen und Kunden umfassend beraten können. Immer stärker werden in diesem Zusammenhang Beratungskompetenzen und digitale Kompetenzen benötigt.

Um die benötigte Handlungskompetenz bei den Schülerinnen und Schülern zu entwickeln, folgt der KMK-Rahmenlehrplan für den neuen Ausbildungsberuf der Lernfeldkonzeption, die das Lernen an berufstypischen Situationen und in vollständigen Handlungen vollziehen lässt. Als Handlungskompetenz verstehen wir „die Fähigkeit des Einzelnen, sich in beruflichen, gesellschaftlichen und privaten Situationen sachgerecht, durchdacht sowie individuell und sozial verantwortlich zu verhalten“ (KMK). Die Schülerinnen und Schüler sollen auf die selbstständige Bewältigung der zunehmend komplizierteren und komplexeren Praxis in den unterschiedlichsten Unternehmen der Versicherungswirtschaft vorbereitet werden.

In einem vom neuen Rahmenlehrplan geforderten Unterricht muss ein Schulbuch

- die zur Erreichung der geforderten Kompetenzen notwendigen Inhalte und Methoden darstellen,
- zum Lesen und zum Lernen bewegen und motivieren.

Diese Reihe bildet den neuen KMK-Rahmenlehrplan ab und unterstützt – zusammen mit dem entsprechendem **Arbeitsheft** – den handlungsorientierten Unterricht, indem sie neben der Darbietung von Fachinhalten auch die Methoden- und Medienkompetenz fördert, die eine Voraussetzung für selbstständiges, zielgerichtetes Arbeiten sind.

Dieses Schulbuch erfüllt nach unserem Ermessen die Aufgabe einer Informationsquelle, aus der die Schülerinnen und Schüler Lerninhalte entnehmen, die sie zur Lösung umfangreicher Problemstellungen aus den betrieblichen Handlungssituationen benötigen. Die Kapitel enthalten eine große Anzahl von Beispielen und weiteren Veranschaulichungen.

Unser Ziel, ein möglichst hohes fachliches Niveau mit größtmöglicher Verständlichkeit zu erreichen, wird durch weitere Medien unterstützt:

- Das Arbeitsheft zu diesem Schulbuch enthält Lernsituationen, die auf die Durchführung eines handlungsorientierten Unterrichts ausgerichtet sind. Die Bearbeitung der Aufgaben im Arbeitsheft sichert und erweitert die berufliche Handlungskompetenz.
- Passend zum Lehrwerk stehen zahlreiche digitale Materialien zur Erhöhung des Lernzuwachses bei den Schülerinnen und Schülern zur Verfügung – Filme, Erklär- und Scribble-Videos, interaktive Lernquizze und mehr.
- Dieses Schulbuch wurde auf der Grundlage der Versicherungsbedingungen und -tarife aus Proximus 5 erstellt. Das vollständige Bedingungswerk Proximus 5 kann im BWV-Shop unter www.bwv.hcteam.de/proximus bezogen werden.

Wir wünschen Ihnen viel Erfolg in Ihrer Berufsausbildung!

Juli 2022 *Die Verfasser*

Inhalt

Lernfeld 1

Die eigene Rolle im Betrieb und Arbeitsleben mitgestalten

Zielbeschreibung:

Sie verfügen über die Kompetenz, Ihre Rolle als Auszubildende, als Mitarbeiterinnen und Mitarbeiter und Ihre eigene Stellung im Arbeitsleben selbstverantwortlich wahrzunehmen und mitzugestalten.

1

Es folgen die Inhalte des Rahmenlehrplans für Lernfeld 1:

Die eigene Rolle im Betrieb und Arbeitsleben mitgestalten

Die Schülerinnen und Schüler orientieren sich, in der für sie neuen Lebenssituation, in ihrem Betrieb. Dazu **analysieren** sie unter Verwendung einschlägiger Gesetzestexte ihre Rechte und Pflichten im dualen System der Berufsausbildung (Berufsbildungsgesetz, Ausbildungsordnung, Ausbildungsvertrag, Jugendarbeitsschutzgesetz) und setzen sich mit ihren Mitbestimmungsrechten durch die Jugend- und Auszubildendenvertretung (Betriebsverfassungsgesetz) auseinander. Dabei artikulieren sie ihre Interessen sachlich und sprachlich angemessen und vertreten gegenüber anderen überzeugend ihre Meinung.

Die Schülerinnen und Schüler **planen** ihre berufliche Tätigkeit. Hierzu informieren Sie sich über wichtige arbeitsvertragliche Regelungen (Inhalt, Abschluss, Kündigung eines Arbeitsvertrages), über Schutzvorschriften für Arbeitnehmer und Arbeitnehmerinnen (Kündigungsschutz, Arbeitszeit, Urlaub, Mutterschutz, Elternzeit, Elterngeld, Schwerbehinderung), über Betriebsvereinbarungen und über das geltende Tarifrecht. Sie überprüfen mittels digitaler Medien die Positionen der eigenen Entgeltabrechnung. Sie bewerten und reflektieren Beurteilungen und Arbeitszeugnisse.

Die Schülerinnen und Schüler nehmen eine aktive Rolle im Betrieb ein, berücksichtigen dabei gesellschaftliche, ökologische und ökonomische Anforderungen und leiten daraus eigene Wertvorstellungen ab. Sie erläutern die Notwendigkeit des lebenslangen Lernens für sich und zeigen wachsende Anforderungen des gesellschaftlichen und technologischen Wandels auf. Sie **beschreiben** Möglichkeiten der beruflichen Fort- und Weiterbildung.

Die Schülerinnen und Schüler bereiten auch im Team Präsentationen ihrer Arbeitsergebnisse vor und wählen zwischen analogen und digitalen Medien aus, **präsentieren** strukturiert und adressatengerecht. Dabei beachten sie die Vorschriften zum Datenschutz in Bezug auf betriebliche Daten und des Urheberrechts.

Die Schülerinnen und Schüler **beurteilen** das eigene Verhalten selbstkritisch und nehmen konstruktives Feedback an. Sie reflektieren eigene Arbeitsprozesse und formulieren Konsequenzen für ihre persönliche Arbeitswelt.

1 Die Orientierung im neuen Unternehmen

Die ersten Tage in einem neuen Unternehmen werden oft als sehr schwierig empfunden:

- Das gesamte Unternehmen ist unbekannt. Das betrifft sowohl den Aufbau des Betriebs als auch die Hierarchie und die Stellung bzw. die Aufgaben der Abteilungen.
- Unternehmen haben häufig eine eigene Unternehmensphilosophie, nach der sie und die Beschäftigten handeln. Eine Unternehmensphilosophie ist ein gemeinsamer Leitgedanke für die Führung eines Unternehmens.
- Die Arbeitsabläufe im Unternehmen sind noch nicht vertraut.
- Auszubildende kannten bisher nur die Schule, jetzt sind sie in einer neuen Welt. Mit dem Eintritt in ein Unternehmen gelten bestimmte Regeln, die für die Tätigkeit am Arbeitsplatz unerlässlich sind.

1.1 Orientierungsschwerpunkte der ersten Arbeitstage

Der erste Eindruck, den eine neue Kollegin oder ein neuer Kollege hinterlässt, ist besonders wichtig: Er wirkt sich darauf aus, wie man zukünftig im Unternehmen wahrgenommen wird. Auf diese ersten Tage sollte man gut vorbereitet sein. Je schneller Auszubildende die Unsicherheit der ersten Tage ablegen, desto erfolgreicher wird die Ausbildungszeit werden.

Folgende Punkte sollten daher so früh wie möglich geklärt werden:

- Wie verhält man sich – gerade in den ersten Tagen – erfolgreich am Arbeitsplatz?
- Wie ist das Unternehmen aufgebaut?
- Welche Besonderheiten kennzeichnen das Unternehmen?

1.2 Verhalten am neuen Arbeitsplatz

Auszubildende müssen in ihrem Ausbildungsbetrieb die Regeln der Arbeitswelt beachten. Manche Regeln sind schon aus der Schule bekannt. Manche Regeln sind für Auszubildende jedoch neu.

- **Kleidung**
  Wer ernst genommen werden möchte, kleidet sich angemessen und dem Unternehmen entsprechend.
- **Siezen**
  Grundsätzlich beginnt der erste Kontakt im Geschäftsleben mit dem „Sie“. Wenn in einigen Abteilungen das „Du“ üblich ist, wartet man, bis es einem offiziell angeboten wird.
- **Ordnung**
  Ein aufgeräumter Arbeitsplatz zeigt, dass man übersichtlich und verantwortungsvoll arbeitet.
- **Einsatzfreude**
  Gerade von neuen Kolleginnen und Kollegen wird viel Engagement (= Einsatzbereitschaft) erwartet.
- **Pünktlichkeit**
  Kollegium und Vorgesetzte messen die Einsatzbereitschaft neuer Beschäftigter auch an der Pünktlichkeit. Dies gilt nicht nur für den Beginn der Arbeitszeit, sondern auch für Termine im Betrieb wie z. B. Besprechungen.
- **Mut zum Fragen**
  Zwar will man oft beweisen, dass man die richtige Person für den Ausbildungsplatz ist. Aber in der Ausbildung ist es wichtig, Fragen zu stellen. So zeigt man Interesse an der Arbeit und vermeidet Fehler. Gerade am Anfang kann man im Unternehmen noch nicht alles richtig machen.

- **Höflichkeit**
  Höflichkeit ist selbstverständlich: Sie sorgt für einen angenehmen und rücksichtsvollen Umgang, wenn Menschen aufeinandertreffen. Zudem zeigt sie den Respekt vor dem Gegenüber.

Beispiel

Jakub Nowak wird von allen in der Abteilung, aber auch von vielen im Privatleben als höflich empfunden:
- Er grüßt andere und verabschiedet sich von ihnen.
- Andere Personen werden von ihm nicht in peinliche Situationen oder in Verlegenheit gebracht.
- Er bedankt sich. Er fordert aber selber keinen Dank ein.
- Mit anderen Personen spricht er in einer angemessenen Form. Er verwendet weder Slang (eine häufig grammatisch nicht einwandfreie Art der Umgangssprache) noch Schimpfwörter.
- In der Straßenbahn bietet er älteren Menschen oder Personen mit Kindern seinen Sitzplatz an.

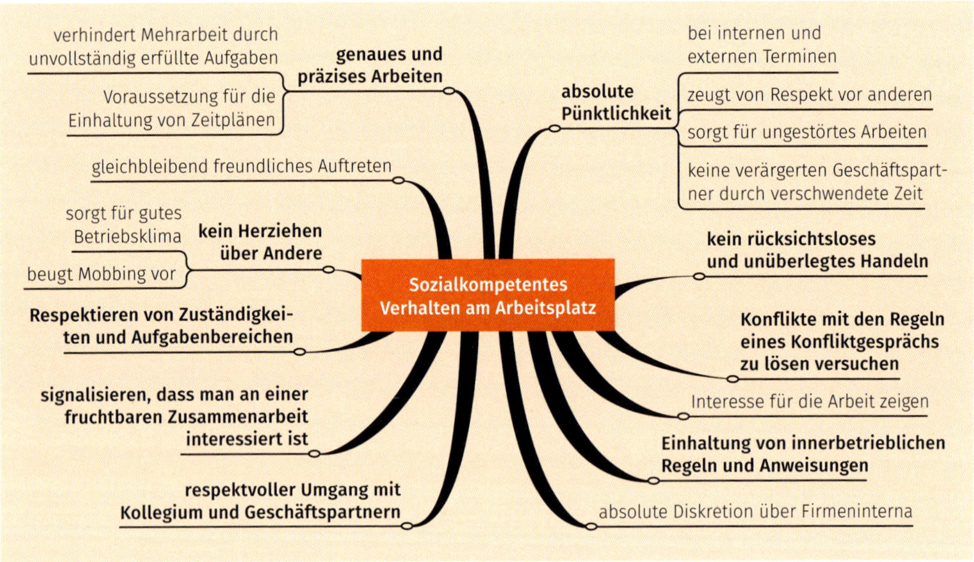

Bitte recht freundlich!

Höflichkeit wird zum raren Gut. Das ist schlecht fürs Geschäft und für die Stimmung.

Von Ursula Kals

[...] Türen, die keiner mehr aufhält, Termine, die keiner mehr einhält, Manieren, die keiner mehr aufrechterhält, die Liste der Unhöflichkeiten ist so lang wie das Gesicht derjenigen, die Freundlichkeit im Umgang mit anderen als Grundvoraussetzung für ein gutes Arbeitsklima wahrnehmen. „Höflicher Umgang ist ein entscheidendes Kriterium für gute Zusammenarbeit und hat etwas mit Respekt zu tun. Aber der geht verloren“, bestätigt Coach Doris Brenner. Sie ist überzeugt: „Ich kann mit meiner Freundlichkeit nur gewinnen. Wie es in den Wald hineinruft, so schallt es heraus. Das ist ein wichtiger Satz, auch wenn er abgedroschen klingt.“ Unhöflichkeit hingegen enttäuscht, frustriert, bremst Einsatzfreude aus. „Wenn ich von einem Menschen höflich behandelt werde, freue ich mich auf die Zusammenarbeit, gleich ob Kollegen, Kunden oder Lieferanten“, sagt Doris Brenner.

Wer Höflichkeit ins zu vernachlässigende Feld sogenannter Softskills verweist, der hat möglicherweise auch keine Auslandserfahrung. „Interkulturell gelten wir Deutschen als schroff, kurz angebunden, sehr sachorientiert", sagt Brenner, die unter anderem eine Zeit in den Vereinigten Staaten verbracht hat. „Wir werden geschätzt als diejenigen, die Termine einhalten, gute Arbeit leisten. Aber nur inhaltlich zu argumentieren, das kann dazu führen, dass Geschäfte nicht zustande kommen. Verkauf ist letztendlich auch Beziehungsarbeit." [...]

Quelle: „Bitte recht freundlich!" (FAZ.NET vom 22.02.2013 von Ursula Kals)

1.3 Erkundung des neuen Unternehmens

Um das eigene Interesse am Unternehmen zu verdeutlichen, sollten neue Beschäftigte und Auszubildende so viel Wissen wie möglich über das Unternehmen in Erfahrung bringen. In den ersten Tagen müssen sie dazu sehr viele Informationen sammeln:

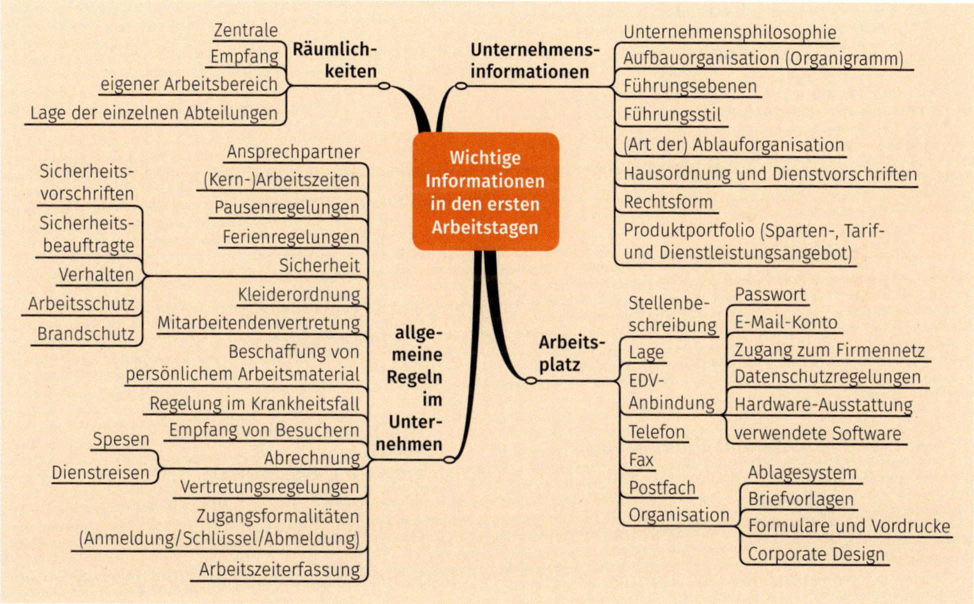

Besonders wichtige Fragen

Ein besonderes Augenmerk wird auf die Beantwortung der folgenden Fragen gelegt.

Wie ist das Sparten-, Tarif- und Dienstleistungsangebot des Ausbildungsbetriebes?
Der Ausbildungsbetrieb lebt vom reibungslosen Angebot und Absatz seiner Versicherungssparten und -tarife sowie sonstigen Dienstleistungen. Daher müssen neue Mitarbeiter und Mitarbeiterinnen das komplette Produktportfolio des Betriebes so schnell wie möglich kennenlernen.

Welche Informationen werden benötigt, um sofort mit der Arbeit am Arbeitsplatz loslegen zu können?
Als Erstes muss die direkte Umgebung des Arbeitsplatzes erkundet werden.

Beispiel

Für einen erfolgreichen Start am Arbeitsplatz klärt Stefanie Beyer erst einmal:
- Wie werden Postein- und -ausgänge gehandhabt?
- Wie wird die Post verteilt?
- Wie funktioniert die Telefonanlage?
- Wie meldet man sich am Telefon?
- Wer ist für welche Unterschriften zuständig?
- Woher bekommt man Formulare und anderes Büromaterial?
- Wo befinden sich Arbeitsunterlagen, auf die jeder zugreifen kann?
- Wo sind Kopierer und Faxgerät?

Wie ist die Aufbauorganisation im Unternehmen gestaltet?
Unter der Aufbauorganisation versteht man die hierarchische Struktur eines Unternehmens. Es wird zum Beispiel geregelt, wer wem Anweisungen geben darf: Unternehmen sind unterschiedlich aufgebaut. Ein **Liniensystem** liegt vor, wenn die Abteilungen nach den Tätigkeiten (z. B. Verwaltung, Vertrieb, Schadenbearbeitung, Kundenservice) im Unternehmen gebildet werden.

- Um ein **Einliniensystem** handelt es sich, wenn Mitarbeitende nur einen direkten Vorgesetzten haben.
- Im **Mehrliniensystem** dagegen können Mitarbeitende bei der Lösung einer Aufgabe Weisungen von unterschiedlichen Vorgesetzten bekommen.
- Eine Mischform ist das **Stabliniensystem.** Das Stabliniensystem ist ein Einliniensystem, das durch Stabsstellen erweitert wurde. Stabsstellen haben keine Weisungsbefugnis. Sie dürfen nur beraten.

Beispiel

Die Tom Hoss KG hat ein Stabliniensystem. Dies kann Stefanie Beyer dem Gesamtstellenplan entnehmen. Herr Pohl als Sachbearbeiter im Rechnungswesen hat als direkten Vorgesetzten nur Frau Franke als Abteilungsleiterin. Diese wiederum hat als direkten Vorgesetzten nur Herrn Hoss. Herr Mitschke von der Stabsstelle Organisation/EDV darf ihn beraten, ist aber nicht weisungsbefugt.

Wie ist die Unternehmensphilosophie?
Immer mehr Unternehmen sehen einen direkten Zusammenhang zwischen der Zufriedenheit ihrer Kundinnen und Kunden und einer erfolgreichen Geschäftstätigkeit. Sie setzen daher eindeutig auf eine kundenorientierte Unternehmensausrichtung.

Im Rahmen der **Kundenorientierung** versucht ein Unternehmen zunächst, alle Kundenerwartungen zu ermitteln und zu analysieren (= untersuchen). Anschließend versucht das Unternehmen, diese Kundenerwartungen mit dem betrieblichen Produktportfolio zu erfüllen. Dadurch sollen langfristig stabile und vorteilhafte Beziehungen zu den Kundinnen und Kunden aufgebaut werden.

Nach welchem Grundsatz werden betriebliche Abläufe gestaltet?
In der herkömmlichen Ablauforganisation wird eine Aufgabe von verschiedenen Abteilungen getrennt bearbeitet. Da hier niemand die Verantwortung für den Gesamtprozess hat, führt dies oft zu Problemen.

Ist das Unternehmen dagegen an **Geschäftsprozessen** ausgerichtet, bearbeitet beispielsweise eine Person abteilungsübergreifend den Fall. Ein Geschäftsprozess ist also eine zusammengehörende Folge von betrieblichen Tätigkeiten mit dem Ziel, erwartete Leistungen bestmöglich zu erfüllen.

2 Handlungskompetenzen am Arbeitsplatz

Nach Ihrer Ausbildung in der Berufsschule und in Ihrem jetzigen Ausbildungsbetrieb treten Sie erstmals als Mitarbeiter oder Mitarbeiterin in ein Unternehmen ein. Dort werden in Zukunft verschiedene Anforderungen an Sie gestellt werden.

2.1 Anforderungen und Qualifikationen

Qualifikationsprofil kaufmännischer Angestellter

Kaufmännischen Angestellten wurde die Frage gestellt: „Worauf kommt es bei Ihrer Arbeit an?“ Das Ergebnis dieser Umfrage (siehe weiter unten, Mehrfachnennungen waren möglich) macht deutlich, dass nicht mehr allein nur Fachkenntnisse von Ihnen erwartet werden. Diese veralten im Laufe der Zeit durch neue Entwicklungen ziemlich schnell. Deshalb wird die Beherrschung von Schlüsselqualifikationen durch Arbeitnehmerinnen und Arbeitnehmer als immer wichtiger angesehen.

Schlüsselqualifikationen ermöglichen Ihnen eine umfassende Handlungsfähigkeit in Ihrem zukünftigen Beruf. Um die Arbeit in Ihrem späteren Berufsleben selbstständig planen, ausführen und kontrollieren zu können, sollten Sie also bereits in der Berufsausbildung die Möglichkeit haben, neben Fachkompetenz auch Methoden- und Sozialkompetenz zu erwerben. Machen Sie sich also – ausgehend von konkreten Handlungssituationen – mit den wichtigsten Lern-, Arbeits-, Gesprächs- und Kooperationstechniken vertraut. Dies versetzt Sie in die Lage, die zukünftigen beruflichen Arbeitsaufgaben routiniert und kompetent zu lösen. Sie werden erfolgreich sein, wenn Sie die Bereitschaft mitbringen,

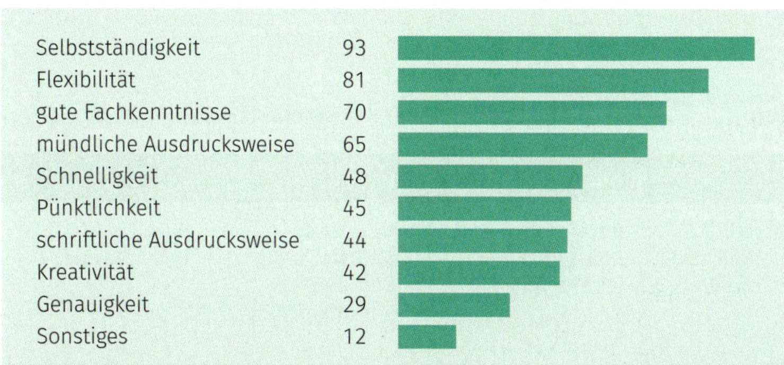

- neue Inhalte, aber auch neue Methoden kennenzulernen und offen und vorurteilsfrei an diese heranzugehen,
- die Arbeitsaufträge gemeinsam mit Ihren Mitschülern und Mitschülerinnen selbstständig zu bearbeiten,
- selber aktiv im Unterricht zu handeln, statt passiv eine Informationsvermittlung nur durch die Lehrkräfte zu „erdulden“.

- neue Technologien
- globale Wissensexpansion
- sinkende Halbwertszeit des Wissens
- rasanter Strukturwandel
- moderne Arbeitskonzepte
- veränderte Unternehmensstrategien
- globaler Wettbewerb
- internationale Wirtschaftsverflechtung
- stärkere Vernetzung aller Teilbereiche in den Betrieben
- veränderte gesellschaftliche und familiäre Lebenssituation

→ veränderte kaufmännische Arbeitssituationen

→ Zunahme der Bedeutung von Schlüsselqualifikationen

Zu den Schlüsselqualifikationen in der Arbeitswelt gehören sowohl die Methodenkompetenz als auch die Sozialkompetenz:

- **Methodenkompetenz** ist die Fähigkeit, Arbeitstechniken, Verfahrensweisen und Lernstrategien zur Lösung beruflicher oder privater Problemstellungen sachgerecht, situationsbezogen und zielgerichtet einzusetzen.
- Unter **Sozialkompetenz** versteht man die Summe der Fertigkeiten, die für die soziale Interaktion nützlich oder notwendig sind. Eine sozialkompetente Person kann das Verhalten und die Einstellungen anderer Menschen positiv beeinflussen.

Schlüsselqualifikationen

Schlüsselqualifikationen				
Bereich I Organisation und Ausführung der Übungsaufgabe	**Bereich II Kommunikation und Kooperation**	**Bereich III Anwenden von Lerntechniken**	**Bereich IV Selbstständigkeit und Verantwortung**	**Bereich V Belastbarkeit**
Zielbereich				
Arbeitsplanung, Arbeitsausführung, Ergebniskontrolle	Verhalten in der Gruppe, Kontakt zu anderen, Teamarbeit	Lernverhalten, Auswerten und Weitergeben von Informationen	Eigen- und Mitverantwortung bei der Arbeit	psychische und physische Beanspruchung

Wesentliche Einzelqualifikationen				
· Zielstrebigkeit · Sorgfalt · Genauigkeit · Selbststeuerung · Selbstbewertung · systematisches Vorgehen · rationelles Arbeiten · Organisationsfähigkeit · flexibles Disponieren · Koordinationsfähigkeit	· schriftliche und mündliche Ausdrucksfähigkeit · Sachlichkeit in der Argumentation · Aufgeschlossenheit · Kooperationsfähigkeit · Einfühlungsvermögen · Integrationsfähigkeit · kundengerechtes Verhalten · soziale Verantwortung · Fairness	· Weiterbildungsbereitschaft · Einsatz von Lerntechniken · Verstehen und Umsetzen von Zeichnungen und Schaltplänen · Analogieschlüsse ziehen können · formallogisches Denken · Abstrahieren · vorausschauendes Denken · Transferfähigkeit · Denken in Systemen, z. B. in Funktionsblöcken · Umsetzen von theoretischen Grundlagen in praktisches Handeln · problemlösendes Denken · Kreativität	· Mitdenken · Zuverlässigkeit · Disziplin · Qualitätsbewusstsein · eigene Meinung vertreten · umsichtiges Handeln · Initiative · Entscheidungsfähigkeit · Selbstkritikfähigkeit · Erkennen eigener Defizite und Grenzen · Urteilsfähigkeit	· Konzentrationsfähigkeit · Ausdauer, z. B. bei Langzeitaufgaben, wiederkehrenden Aufgaben, Unterforderung und Schwierigkeiten · Vigilanz, d. h. Aufmerksamkeit bei abwechslungsarmen Beobachtungstätigkeiten · Frustrationstoleranz · Umstellungsfähigkeit

So viel können wir uns merken, wenn wir:

passiv	Im Unterricht zuhören → 5 % Selbst etwas lesen → 10 % Gleichzeitig etwas sehen und hören (Bilder, Videos) → 20 % Etwas genau beobachten (Ausstellung) → 30 %
aktiv	Über etwas diskutieren → 50 % Selbst etwas erarbeiten, präsentieren → 75 % Selbst etwas ausprobieren, etwas nachspielen → 90 %

2.2 Methodenkompetenz: Arbeitstechniken und Methoden

Um in der zukünftigen Arbeitswelt zu bestehen, müssen Sie eine Vielzahl von Methoden anwenden können.

Strategien zum planvollen Lösen von Aufgaben

Umfangreiche Probleme können im Rahmen der Arbeit durch die systematische Anwendung von **Arbeitsstrategien** gelöst werden. Dieselben Techniken sind oft auch beim Lernen hilfreich. Solche **Lernstrategien** helfen bei der Aufnahme, Verarbeitung und Speicherung neuen Wissens.

Wenn ein Lernender ganz bewusst neues Wissen in bestehendes Vorwissen des Gedächtnisses einbindet, werden die neuen Lerninhalte besser verstanden. Sie können später auch besser behalten und abgerufen werden. Eine solche Vorgehensweise wird auch **Elaborationsstrategie** (Elaboration = Ausarbeitung) genannt.

Beispiel Gelerntes mit eigenen Worten wiedergeben

Hilfreich für das bessere Verstehen und für das bessere Behalten von Lerninhalten sind zudem **Organisationsstrategien.** Dabei werden unübersichtliche und schwer zu lernende Informationen in leicht zu verstehende Gliederungen umgewandelt.

Beispiel Erarbeiten eines Themas mit einer Mindmap, die hilft, Beziehungen zwischen den neuen Lerninhalten herauszuarbeiten

Aktives Lesen

Über 80 % unseres Wissens eignen wir uns durch das Lesen an. Wenn das Lesen ein so zentraler Informationsweg ist, werden sich schlechte Lesegewohnheiten umso nachteiliger auswirken. Sie werden also um die Frage, wie gut Ihr Leseverhalten ist, nicht herumkommen. Unwirksam ist Leseverhalten vor allem bei einem passiven Lesestil. Passiv bedeutet, einen Text lediglich mit dem Auge zu bearbeiten und ihn so ein oder mehrere Male durchzulesen. Dadurch wird das Gedächtnis unterversorgt, die Konzentration belastet und weniger gelernt. Die Alternative zum passiven ist das aktive Lesen: Sie nehmen dabei den Lesestoff auf mehreren Lernwegen auf. Es wird mehr getan als nur gelesen. Wissenschaftliche Untersuchungen haben gezeigt, dass ein aktives Leseverhalten zu deutlich besseren Aufnahme-, Verarbeitungs- und Behaltensleistungen führt als das übliche passive Leseverhalten. Darüber hinaus wird auch Zeit gespart.

Zum aktiven Lesen gehören:

1. das Unterstreichen und Markieren wichtiger Textstellen
2. das Anbringen von Merk- und Arbeitszeichen
   Bringen Sie dort, wo Textstellen eine bestimmte Bedeutung haben, am Rand Zeichen oder Buchstaben an.
3. das systematische und schrittweise Herangehen an den Text mit der **5-Schritt-Methode**:

Schritt 1:

Überfliegen Sie den Text grob.

Sie verschaffen sich durch diagonales Lesen (Querlesen) einen ersten Überblick über den Inhalt des Gesamttextes. Um eine gewisse Vorinformation zu bekommen, lesen Sie rasch – ohne Zeile für

Zeile durchzugehen – Überschriften, Einleitungen und Zusammenfassungen. Dadurch wird eine spätere Einordnung der Informationen erleichtert.

Schritt 2:

Stellen Sie Fragen zum Text.

Grundlage sind die Informationen, die Sie im ersten Schritt gesammelt haben. Solche Fragen können sein:
- Welche Kapitel, Absätze, Begriffe sind unbekannt oder unverständlich?
- Wo kann auf gründliches Lesen verzichtet werden?
- Wo kann auf Vorkenntnisse zurückgegriffen werden?
- Welche Informationsquellen müssen bereitgelegt werden?
- Können alte Aufzeichnungen verwendet werden?

Schritt 3:

Lesen Sie den Text gründlich und konzentriert.

Schritt 1 und 2 waren nur die Vorbereitung auf das eigentliche Lesen. Dieses erfolgt so aktiver, konzentrierter und mit dem Blick auf das Wesentliche.
- Lesen Sie den Text Absatz für Absatz gründlich durch.
- Unterteilen Sie diese Lesephase in kleine Schritte.
  Überlegen Sie nach jedem Schritt, ob die an den Text gestellten Fragen hinreichend beantwortet sind.
- Schenken Sie Zeichnungen, Abbildungen, Tabellen besondere Aufmerksamkeit. Diese können zum besseren Verständnis des Textes beitragen.
- Werten Sie andere Informationsquellen aus, um unbekannte Fachausdrücke und Definitionen kennenzulernen.

Schritt 4:

Verkürzen Sie den Textinhalt auf das Wesentliche.

Durch Unterstreichen wichtiger Textstellen und das Anbringen von Merk- und Arbeitszeichen machen Sie die wichtigsten Aussagen sichtbar. Dieser Schritt ist auch eine Art Selbstkontrolle. Sie überprüfen, ob Sie den eigentlichen Inhalt verstanden haben.

Schritt 5:

Wiederholen Sie den Gesamttext.

Ohne alles gründlich zu lesen, wiederholen Sie vor allem die unterstrichenen bzw. markierten Stellen. Am besten wäre es, wenn Sie die wichtigsten Aussagen in einer Struktur darzustellen versuchen.
Auch wenn Ihnen das aktive Lesen zunächst etwas zeitraubend und umständlich erscheint, werden Sie nach einiger Übung sicherlich merken, wie viel schneller und besser Sie sich den Lernstoff einprägen und behalten können.

Folgende Arbeitstechniken und Methoden sind so wichtig, dass sie Ihnen bereits in der Schule vermittelt werden sollten.

Methoden zur selbstständigen Informationsgewinnung

Eine der wichtigsten Schlüsselqualifikationen ist die Fähigkeit zur selbstständigen Informationsgewinnung. In Ihrer Ausbildung und in Ihrem späteren Arbeitsleben müssen Sie alle Methoden zur raschen und sinnvollen Informationsgewinnung beherrschen.

Wichtigste Methoden in diesem Bereich sind:

- aktives Lesen
- kritisches Lesen
- Exzerpieren (einen Auszug aus einem Text anfertigen)
- Notizen und Mitschriften machen
- Erkundung
- Interview/Sachverständigenbefragung

Methoden zur selbstständigen Informationsverarbeitung

Sowohl in der Schulpraxis als auch im Berufsleben müssen gewonnene Informationen verarbeitet werden. Sie sollten also alle Methoden zur Aufbereitung von Informationen beherrschen. Diese Methoden befähigen Sie, Inhalte

- zu reduzieren (vereinfachen),
- zu strukturieren,
- wiederzugeben,
- darzustellen.

Zu den wichtigsten Methoden in diesem Bereich zählen:

- Inhalte reduzieren und Wesentliches erkennen
- Informationen ordnen und strukturieren
- Berichte schreiben
- Protokolle schreiben
- Tabellen und Schaubilder erstellen und auswerten

Visualisieren, Präsentieren, Moderieren

In Ihrem späteren Berufsleben – aber auch schon jetzt in der Schule – müssen Sie in bestimmten Situationen frei sprechen und argumentieren. Manche Menschen haben jedoch Hemmungen, vor anderen Personen aufzutreten.

Kundenorientiertes Verhalten und die Fähigkeit, sich selbst mitzuteilen, werden im Berufsleben immer wichtiger. Dazu gehören auch die Bereitschaft und die Fähigkeit zur Teamarbeit. Diese Qualifikationen verlangen von Ihnen die Beherrschung von Methoden, die für eine gedeihliche Zusammenarbeit und Diskussion unabdingbar sind.

Hierfür geeignete Methoden sind:

- Präsentation
- Visualisierung
- Diskussion
- Rollenspiel

Innere und äußere Vorbereitung

Ungünstige Lernbedingungen können den Lernprozess beträchtlich stören. Deshalb sollten Sie einmal genauer untersuchen, wie Ihre Lernumwelt aussieht und wie sie sich auf Ihr Lernverhalten auswirkt. Vielleicht müssen Sie als Folge daraus einiges lernfördernder gestalten.

Wenn Sie sich innerlich auf eine bestimmte Arbeits- bzw. Lernsituation vorbereiten, werden Sie diese erfolgreich bestehen. Sie sollten also

- Ziele festlegen, die Sie anstreben;
- sich motivieren, die festgelegten Ziele zu erreichen;

- konzentriert an dem Erreichen der Ziele arbeiten;
- Stress abbauen, der das Erreichen der Ziele stört.

Ideenfindung und Kreativität

Innovationen (technische Neuerungen) sind ein wichtiger Baustein zur Wettbewerbsfähigkeit und zum wirtschaftlichen Erfolg von Unternehmen. Besondere Wertschätzung werden Mitarbeiter und Mitarbeiterinnen erfahren, die eigene Ideen entwickeln und umsetzen, aber auch an der Gestaltung ihrer Arbeitsplätze mitwirken können. Deshalb fordern die Unternehmen auch in den kaufmännischen Berufen Kreativität als Bestandteil des Qualifikationsprofils ein. Es ist für Sie daher sinnvoll, sich Methoden anzueignen, die Ihre kreativen Möglichkeiten steigern: Einfallsreichtum, Improvisationsfähigkeit und schöpferische Fähigkeiten werden in kaufmännischen Berufen eine immer wichtigere Rolle spielen. Dazu führen z.B. Methoden wie:

- Brainstorming
- Mindmapping
- Kartenabfrage

Lernen für Prüfungen

Unternehmen sind in der Wirtschaft einem ständigen Veränderungsprozess ausgesetzt. Neue Entwicklungen, Positionen, Herausforderungen und Ansprüche werden Sie dazu zwingen, sich neue Inhalte anzueignen. Mit der Schule hört das Lernen also nicht auf, sondern es fängt erst richtig an: Jede berufstätige Person muss heute während ihrer Berufslaufbahn häufig Weiterbildungsmaßnahmen besuchen. Nur so kann sie mit den Entwicklungen am Arbeitsplatz oder an neuen Arbeitsplätzen Schritt halten und diese einfallsreich mit- und weiterentwickeln.

Deshalb ist es für Sie entscheidend, über geeignete Verhaltensweisen zu verfügen, um

- Inhalte effektiv zu üben und zu wiederholen,
- sich auf Prüfungen angemessen vorzubereiten,
- selbstständig und ohne Druck zu lernen.

2.3 Erläuterung einiger wichtiger Methoden

Gruppenarbeit

Die ideale Gruppengröße liegt bei drei (bis sechs) Teilnehmenden. Bilden Sie die Gruppen selbst nach Sympathie. Nur bei Problemen bitten Sie die Lehrkraft darum einzugreifen.

Die Gruppen sollen selbstständig arbeiten: Die Gruppenmitglieder planen selbst die Herangehensweise an die jeweiligen Arbeitsaufträge, deren Lösung bzw. Durchführung und die sich eventuell anschließende Präsentation. Dabei kann die Gruppe entscheiden, Teilaufgaben in Einzel- oder Partnerarbeit durchzuführen. Die Ergebnisse sollten zu einem gemeinsamen Endergebnis zusammengeführt werden.

Einer der Vorteile von Gruppenarbeit und Teamwork: „Das Ganze ist mehr als die Summe seiner Teile!“

Die wichtigsten Regeln der Gruppenarbeit

- Jedes Gruppenmitglied fasst sich kurz.
- Es redet immer nur eine Person.
- Alle sind für das Gruppenergebnis mitverantwortlich.
- Jedes Gruppenmitglied arbeitet mit.
- An der Ergebnispräsentation sollten möglichst alle Gruppenmitglieder teilnehmen oder diese zumindest gemeinsam vorbereiten und dann einen Sprecher wählen.
- Über den „richtigen“ Weg wird diskutiert.
- Diskussionsbeiträge dürfen nicht persönlich verletzend sein.
- Jedes Gruppenmitglied darf sich frei äußern und ausreden. Alle Meinungen werden gegenseitig anerkannt.
- Fühlt sich eine Person unwohl, sagt sie dies sofort.
- Vereinbarte Termine werden eingehalten.
- Jedes Mitglied ist gegenüber der Gruppe für übernommene Aufgaben verantwortlich.

Um eine erfolgreiche Gruppenarbeit zu fördern, ist die Verteilung von Rollen in den Gruppen sinnvoll. Für die Gruppenarbeit werden grundsätzlich die folgenden fünf Rollen vergeben:

Die Zeitnehmerin/ der Zeitnehmer

achtet darauf, dass die vereinbarte Zeit eingehalten wird. Sie/er erinnert, wenn die Gefahr besteht, dass die Zeit „davonläuft“.

Die Gesprächsleiterin/ der Gesprächsleiter

ist Vorsitzende/-r der Gruppe, verteilt die Rollen in der Gruppe, eröffnet das Thema und leitet das Gespräch.

Die Wadenbeißerin/ der Wadenbeißer

achtet darauf, dass abgesprochene Regeln eingehalten werden, z. B.:

- es redet immer nur eine Person
- wir bleiben beim Thema
- spricht per „ich“, nicht per „man“

Die Protokollführerin/ der Protokollführer

schreibt die Ergebnisse der Gruppenarbeit auf.

Die Präsentierende/ der Präsentierende

trägt die Ergebnisse der Gruppenarbeit vor der Klasse vor.

Die folgenden Rollen können bei umfangreichen Gruppenarbeiten und größeren Gruppen zusätzlich vergeben werden:

Die Gastgeberin/ der Gastgeber

sorgt für eine gute Atmosphäre:
- lüftet den Raum
- regelt die Temperatur
- gestaltet die Sitzordnung
- ...

Die Logbuchführerin/ der Logbuchführer

schreibt Fragen und/oder Anmerkungen auf, die im Anschluss an die Gruppenarbeit im Plenum (also vor der ganzen Klasse) geklärt werden müssen.

Referat

Die Vorbereitung und Durchführung eines Referats erfolgt in verschiedenen Phasen:

- **Information**
  Zunächst einmal müssen Sie sich zum Thema des Referats kundig machen. Mögliche Informationsquellen können Bücher, Lexika, Zeitschriften, das Internet oder Fachleute sein.
- **Erarbeitung**
  Wählen Sie zunächst die wesentlichen Informationen aus. Ordnen Sie diese und erstellen Sie anschließend eine Gliederung. Dann formulieren Sie das Referat aus. Legen Sie parallel einen Stichwortzettel für den Vortrag an. Überlegen Sie, ob Sie ein Handout an das Publikum verteilen wollen.
- **Vortrag**
  Beachten Sie die Regeln der Präsentation und nutzen Sie nach Möglichkeit Medien zur Visualisierung (siehe unten). Tragen Sie frei in Form kurzer Sätze vor.
- **Auswertung**
  Regen Sie nach dem Vortrag eine Diskussion an oder fordern Sie das Publikum auf, Fragen zu stellen.

Präsentation

Beginnen Sie eine Präsentation pünktlich und halten Sie die eventuell vereinbarte Zeit ein. Sprechen Sie laut, aber mit einem normalen Sprechtempo. Machen Sie Pausen und unterstreichen Sie Inhalte durch Gestik (dies sind Bewegungen zum Beispiel der Arme). Halten Sie immer Blickkontakt zum Publikum. Visualisieren Sie wichtige Inhalte durch Medien.

Beachten Sie, dass eine Präsentation in der Regel einen typischen Aufbau hat. Sie setzt sich fast immer aus drei Teilen zusammen:

- **Einleitung**
  Nach einer Begrüßung und kurzen Vorstellung der eigenen Person sollte über Thema, Ziel, Inhalte und Ablauf der Präsentation informiert werden.
- **Hauptteil**
  Die Inhalte des Vortrags werden dargestellt: Beispielsweise können die Ergebnisse einer Projektarbeit in zeitlicher oder sachlogischer Reihenfolge präsentiert werden.
- **Schluss**
  Die wichtigsten Aussagen werden zusammengefasst. Häufig wird aus ihnen ein Fazit (zum Beispiel eine Schlussfolgerung) gezogen. Auch zu einer folgenden Diskussion kann aufgefordert werden.

Durchführung der Präsentation		
Schritte der Präsentation		**Zeitanteil**
Einleitung	· Begrüßung · Thema/Inhalt/Ablauf · Anwärmen	ca. 15 %
Hauptteil	· Gliederung der Inhalte · logischer Aufbau · Medien/Visualisierung	ca. 75 %
Schluss	· Zusammenfassung · Aufforderung/Appell	ca. 10 %

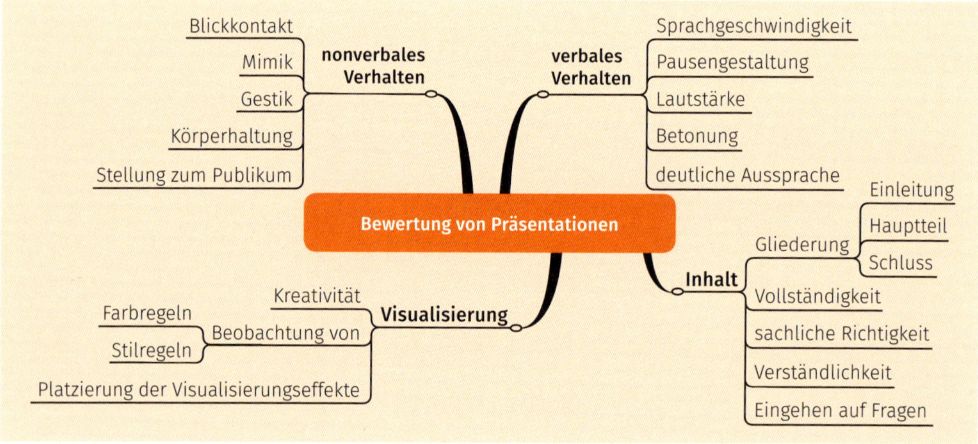

Feedback-Regeln	
Sie erhalten Feedback	**Sie geben Feedback**
· Hören Sie zu. · Unterbrechen Sie Ihr Gegenüber nicht. · Rechtfertigen Sie sich nicht. · Fragen Sie bei Unklarheiten nach. · Geben Sie Rückmeldung, ob das Feedback hilfreich war.	· Geben Sie der Zielperson zunächst die Möglichkeit, sich kurz zu äußern. · Starten Sie nach Möglichkeit mit positiver Kritik. · Beschreiben Sie nur das, was Sie tatsächlich beobachtet haben und der Wahrheit entspricht. · Sprechen Sie in der Ich-Form. · Führen Sie mögliche Verbesserungsvorschläge auf.

Visualisierung

Visualisierung bedeutet, dass Inhalte durch eine grafische Darstellung veranschaulicht werden.

Für die Visualisierung gilt:

- Stellen Sie nur Wesentliches prägnant (knapp und treffend) dar.
- Die Inhalte müssen für das Publikum leicht erkennbar und lesbar sein.
- Gliedern Sie deutlich.
- Zeigen Sie nicht mit dem Finger auf Sachverhalte, sondern mit Stift, Zeigestock oder Laserpointer.

Beispiel

Beispiel einer Visualisierung

Überschrift
- zum Lesen animieren
- hervorheben durch:
  - Farbe
  - Größe
  - Schriftart
  - Rahmen

Text
- nur Wesentliches gliedern
- saubere Schrift
- einfache Sätze
- evtl. Hervorhebungen

Grafik
Veranschaulichung und Hervorhebung durch:
- Bilder
- Symbole
- Diagramme

Beispiel

Visualisierungsbeispiele

Freie Symbole

Piktogramme/Bilder

Diagramme

Säulendiagramm
Vergleich von Veränderungen mehrerer Größen in einem bestimmten Zeitraum

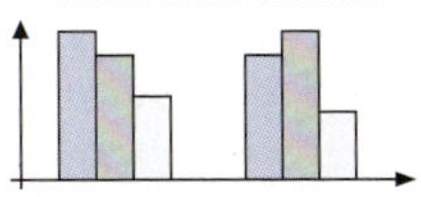

Organigramm
Darstellung von Strukturen und Abläufen

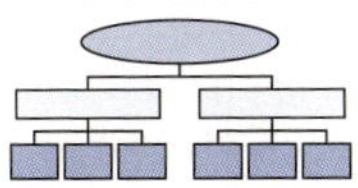

Kurvendiagramm
Darstellung von Entwicklungen bestimmter Werte in einem bestimmten Zeitraum

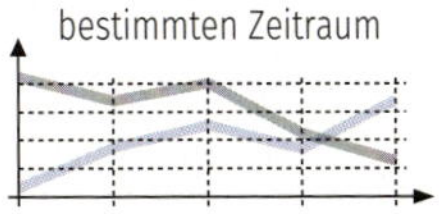

Kreis-/Tortendiagramm
Vergleich von Teilgrößen mit der Summe aller Anteile

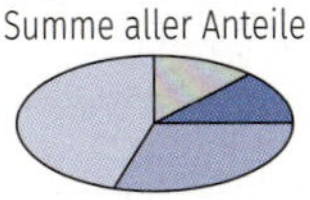

Mindmap

Das Mindmapping ist eine Arbeitstechnik, um Notizen und Gedanken, Gespräche und Ideen auf einfache Weise aufzuschreiben.

Eine Mindmap (wörtlich übersetzt: Gedankenlandkarte) lässt sich in unterschiedlichen Situationen anwenden:

- zur Zusammenfassung eines Vortrags, eines Artikels, eines Buchs
- zur Ergebnisdokumentation einer Gesprächsrunde: Arbeitsergebnisse können sichtbar gemacht werden.
- für die Planung, Durchführung und Kontrolle von Projekten
- zur Vorbereitung auf Prüfungen und Tests
- als Visualisierungstechnik für Besprechungen und Konferenzen
- zur Kreativität und Ideenfindung: Einfälle und Ideen können festgehalten werden.

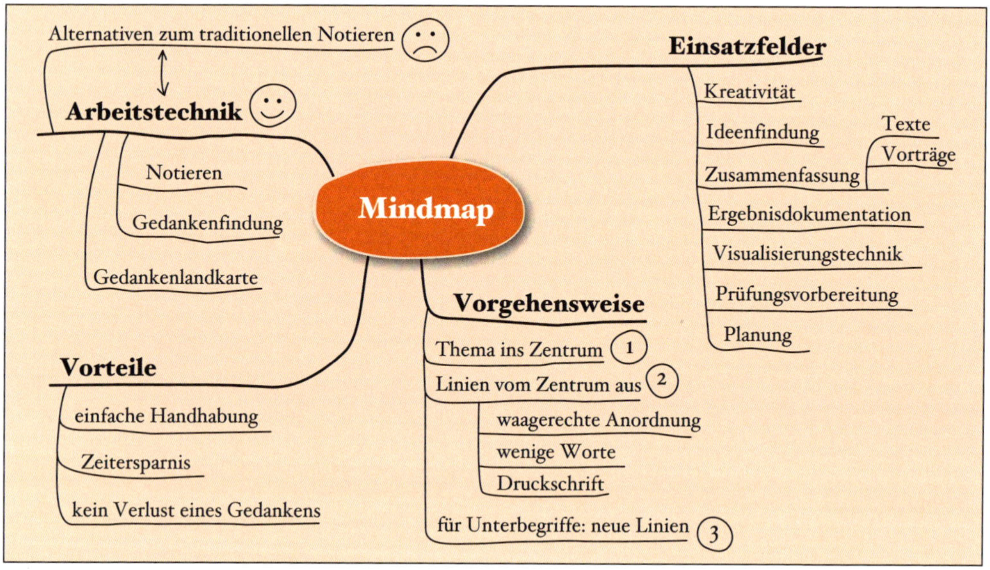

Für die Erstellung einer Mindmap per Hand sollten Sie sich an die folgende Ablauffolge halten:

1. Schreiben Sie ein **Schlüsselwort** für das Thema in die Mitte eines Blattes. Statt des Themas kann auch ein Symbol dafür ins Zentrum gezeichnet werden.
2. Zeichnen Sie – vom Zentrum ausgehend – Linien (**„Äste“**), die in verschiedene Richtungen gehen.
   - Versuchen Sie die Linien so anzuordnen, dass Sie weitgehend waagerecht schreiben können.
   - Schreiben Sie auf jede Linie nur wenige Wörter in Druckschrift.
   - Verwenden Sie nur solche Begriffe, die eine Vielzahl von Fakten und Assoziationen (mit dem Begriff verknüpfte Vorstellungen) zum Thema beinhalten.
3. Um Unterbegriffe aufzunehmen, werden bestehenden Linien neue („dünnere Nebenzweige“) hinzugefügt.
4. Zur Verbesserung des Arbeitsergebnisses können Sie eventuell Symbole, Pfeile, Zeichen und Farben verwenden.

Kartenabfrage

Mit einer Kartenabfrage sollen alle Mitglieder einer Gruppe (z. B. Klasse, Arbeitsgruppe, Projektteam) an der Lösung eines Problems beteiligt werden, indem möglichst viele Lösungsvorschläge erfasst werden. Die folgenden Regeln sind zu beachten:

- Notieren Sie die Ausgangs- oder Leitfrage an einer Pinnwand oder Tafel.
- Schreiben Sie Ihre Antworten in Druckbuchstaben mit möglichst wenig Worten auf die zur Verfügung gestellten Karten. Formulieren Sie auf einer Karte nur eine Aussage.
- Die Karten werden eingesammelt, vorgelesen und an die Pinnwand bzw. Tafel mit der Ausgangsfrage befestigt.
- Die Karten werden in gemeinsamer Diskussion nach akzeptierten (von allen anerkannten) Merkmalen in Gruppen zusammengefasst. Zu diesen Gruppen werden Oberbegriffe gefunden. Diesen Vorgang nennt man Clustern.
- Anschließend erfolgt eine Diskussion der einzelnen Lösungsansätze.
- Falls sehr viele Äußerungen vorhanden sind, bietet sich eine Punktabfrage an, um die Wertigkeit der Meinungen festzulegen. Jeder Teilnehmer erhält dann drei bis fünf Klebepunkte und darf diese auf die für ihn wichtigsten Cluster oder Karten kleben.

Brainstorming

Das Brainstorming (frei übersetzt: Gehirnsturm) ist ein Verfahren zur Problemlösung und Ideenfindung: In einer Gruppe wird versucht, zu einer vorher festgelegten Fragestellung möglichst kreative Antworten zu erhalten. Dabei gelten folgende Regeln:

- Jede Idee ist erwünscht und sei sie noch so ausgefallen.
- Die geäußerten Ideen können aufgegriffen und abgeändert werden.
- Eine Bewertung und Kritik der Beiträge ist nicht zugelassen, um den Ideenfluss nicht einzuschränken.
- Die Ideen müssen festgehalten werden.
- Im Nachhinein erfolgt eine Auswertung im Rahmen einer Diskussion durch Beurteilung.

Kopfstandmethode

Diese Methode führt nicht immer zu völlig neuen Lösungen. Sie hilft aber in der Regel, Denkblockaden aufzubrechen. Dabei wird eine interessierende Problemstellung in ihr Gegenteil verkehrt und anschließend ein Brainstorming durchgeführt. Zu jeder genannten Idee wird eine Gegenlösung gesucht, die zur Lösungsfindung führen soll.

Pro-Kontra-Diskussion

In einer Pro-Kontra-Diskussion treffen unterschiedliche Meinungen zu einem bestimmten Thema aufeinander. Man versucht, die anderen Beteiligten oder ein zuhörendes Publikum zu überzeugen.

Es ist empfehlenswert, eine Person zu bestimmen, die die Leitung und Moderation der Diskussion übernimmt. Diese achtet auf die Einhaltung der Regeln. Sie moderiert die Diskussion an und ab und sorgt für einen ordnungsgemäßen Ablauf.

Als Teilnehmende einer Diskussion sollten Sie auf folgende Punkte achten:

- Tragen Sie Ihre Meinung eindeutig und begründet vor.
- Setzen Sie sich mit den Meinungen der Gegenseite argumentativ auseinander.
- Vermeiden Sie nach Möglichkeit Killerphrasen oder andere rhetorische Tricks.

Rollenspiel

Mit einem Rollenspiel können Sie ein als vorteilhaft empfundenes Verhalten einüben. Dies ist erheblich wirksamer, als über das gewünschte Verhalten nur zu sprechen. Durch die spielerische Ausgestaltung eines Problems wird das Problem häufig simulierend (so tun als ob) gelöst. Sie versetzen sich in die Rolle einer Person. Gelernt wird sowohl durch das direkte Erleben als auch durch die Rückmeldungen der beobachtenden Personen.

Beispiel Eine Schülerin spielt eine verärgerte Kundin, die wütend eine Reklamation vorbringt. Ein anderer Schüler übt, sich trotz arger Angriffe der Kundin freundlich und kundenorientiert zu verhalten. In einer der Wirklichkeit angenäherten Situation wird ein Vorgang bzw. Verhalten beliebig oft wiederholbar und analysierbar gemacht. Die Handelnden werden von den Beobachtern mit zusätzlichen Tipps zur Verhaltensverbesserung versehen. Eine Wiederholung macht eine systematische Veränderung in Einzelheiten möglich.

Gerade auch durch die Beobachtung lässt sich richtiges Verhalten lernen. Beobachtet man gezielt gelungenes oder nicht erfolgreiches Handeln – und wertet diese Beobachtungen bewusst aus –, wird sich dies mit Sicherheit positiv in eigenen Handlungssituationen in der Praxis auswirken.

Die Vorteile, Handlungen in Rollenspielen zu üben, werden noch verstärkt, wenn man sie mithilfe der Videotechnik aufzeichnet: Das Anschauen der Videoaufzeichnung ermöglicht eine noch größere Selbsterfahrung.

Für die erfolgreiche Durchführung eines Rollenspiels sollten folgende Phasen eingehalten werden:

- Aufstellen und Bekanntmachen der Spielregeln
- Problemstellung
- Verteilung der Rollen
  Die Spielenden erhalten zum Beispiel auf Rollenkarten eine Vorgabe der Rolle, die anderen Personen übernehmen Beobachtungsaufgaben.
- Vorbereitung des Rollenspiels
  Die Spielenden besorgen sich wichtige Sachinformationen und denken sich in ihre Rolle ein:
  - Sie schauen sich die Vorgaben zum Rollenspiel genau an.
  - Sie sollten sich überlegen, was sie an Informationen benötigen.
  - Sie planen ihr Vorgehen.

Beispiele
- Wie könnten sich die Mitspielenden im gemeinsamen Rollenspiel verhalten?
- Wie könnte auf mögliches Verhalten der Mitspielenden reagiert werden?

Auch die Beobachter bereiten sich auf ihre Aufgabe vor:
- Welche Person soll beobachtet werden?
- Auf welches Verhalten soll geachtet werden?

- Spielphase: Das Rollenspiel wird durchgeführt.
- Reflexionsphase (reflektieren = darüber nachdenken)

Reflexion

Nach dem Spiel wird die Konfliktsituation bewusst gemacht und analysiert. Spielende und Beobachtende werden nach ihren Eindrücken gefragt.

- Zunächst drücken die Rollenspielenden ihre Empfindungen und Gedanken aus.
- Die Beobachtenden geben dann Rückmeldungen anhand ihrer Aufzeichnungen ab. Dabei haben die Rollenspielenden Gelegenheit zu Rückfragen an die Beobachtenden.
- In jedem Fall muss beachtet werden, dass die gespielten Rollen beurteilt werden, nicht die spielenden Personen! Das Klima in der Klasse muss vertrauensvoll sein.
- Kritik sollte aufbauend und konstruktiv sein. Genauso sollte auf Lobhudeleien verzichtet werden. Wichtig sind also aufbauende, wohlwollende, positive Empfehlungen.

Nach der Reflexionsphase ist das Rollenspiel beendet. Die spielenden Personen werden aus den Rollen entlassen.

Erkundung (Exkursion)

Eine Erkundung bietet Ihnen die Chance, anschauliche Informationen direkt vor Ort aus erster Hand zu erhalten. Sie wird für Sie und die besuchte Institution erfolgreich sein, wenn Sie sich auf die Gastinstitution vorbereiten.

- Formulieren Sie das Ziel Ihrer Erkundung.
- Überlegen Sie sich die wichtigsten Fragen.
- Führen Sie eventuell ein Vorbereitungsgespräch.
- Klären Sie die organisatorischen Rahmenbedingungen wie Treffpunkt, Uhrzeit, Wegbeschreibung rechtzeitig und genau ab.
- Informieren Sie alle Beteiligten rechtzeitig über die getroffenen organisatorischen Verabredungen.

Interview/Sachverständigenbefragung

Interviews bzw. Sachverständigenbefragung sind besondere Formen der Informationsbeschaffung, die häufig auch in Zusammenhang mit Exkursionen durchgeführt werden.

- Bereiten Sie sich gründlich auf das zu behandelnde Thema und auf das Gegenüber vor. Besorgen Sie sich dazu alle verfügbaren Informationen.
- Halten Sie alle Fragen, die Sie stellen wollen, schriftlich fest. Klären Sie den Einstieg in das Gespräch.
- Versuchen Sie, Ihr Interview abwechslungsreich zu gestalten. Dazu können Sie beispielsweise unterschiedliche Fragearten wie offene oder geschlossene Fragen verwenden.

Wandzeitung

Eine Wandzeitung ist ein großes Plakat, auf dem in übersichtlicher Form Informationen und Meinungen zu einem Thema dargestellt werden. Wandzeitungen werden in Gruppen oder durch die Zusammenarbeit aller Beteiligten erstellt. Die Informationen können dann leicht in dieser Form zum Beispiel in der Schule oder im Unternehmen zugänglich gemacht werden.

Hauptvorteil eines Plakats ist es, die Ergebnisse des Lernprozesses zusammengefasst und übersichtlich wiederzugeben. Im Mittelpunkt stehen die erarbeiteten zentralen Gesichtspunkte, die durch das Plakat zum Nachdenken und zu einer eigenen Meinungsbildung angeregt werden. Außerdem wird durch die Darstellung die kreativ-gestalterische Kompetenz gefördert. Speziell wird die Fähigkeit geschult, komplexe Themenzusammenhänge auf das Wesentliche zu reduzieren (zu verringern).

Um Interesse zu wecken, sollten die Aussagen der Wandzeitung schnell und klar zu erfassen sein. Wichtig ist:

- die Wandzeitung nicht überladen
- die Überschrift des Plakats groß und deutlich schreiben, damit man sofort erkennt, um welches Thema es sich handelt
- das Oberthema in Abschnitte unterteilen; gleiche Inhalte dazu unter einer Zwischenüberschrift zusammenfassen
- Überschriften und Bildern Raum lassen, damit sie wirken können: Weniger sagt oft mehr.
- Überschriften und Schlagzeilen griffig und einprägsam formulieren
- sich kurzfassen und nur wenig Text schreiben: Kurze Sätze lassen sich leicht lesen und prägen sich besser ein.
- wichtige Informationen hervorheben, damit sie schnell erfasst werden können, z.B. durch Farbe, Schriftgröße, Schriftart
- Schriftgröße so wählen, dass sie auch aus größerer Entfernung klar lesbar Ist. Schriftgröße je nach Wichtigkeit der Aussage abstufen
- Farben und Symbole so einsetzen, dass sie inhaltlich immer die gleiche Bedeutung haben
- Bilder zur Visualisierung einsetzen; allerdings sparsam und besonderen Wert auf die Eindeutigkeit der Bilder legen
- eventuell eigene Zeichnungen erstellen, um eine Thematik besser zu verdeutlichen

Strukturieren von Arbeitsprozessen und Kontrollieren von Arbeitsergebnissen mithilfe von Listen

Eine in vielen Fällen sehr hilfreiche Methode zur Erleichterung von Arbeitsprozessen ist das Anfertigen von Listen. Mit ihnen bekommt man einen Überblick über die Teilelemente eines Arbeitsprozesses oder einer Sache. Eine sehr bekannte Art von Listen ist die **Checkliste:** In dieser Liste werden Tätigkeiten (bzw. Merkmale), die einen Arbeitsprozess (bzw. eine Sache) ausmachen, schriftlich aufgeführt. Mit Checklisten können Arbeitsprozesse sowohl im Vorhinein beschrieben als auch während der Durchführung dokumentiert werden. Ziel der Arbeit mit einer Checkliste ist es, keinen Einzelaspekt zu übergehen oder zu vergessen.

Ein Beispiel für eine Checkliste ist die **To-do-Liste:** In dieser Liste hält man zu erledigende Tätigkeiten oder Aufgaben schriftlich fest. Das Erstellen einer To-do-Liste ist durch das Finden einer Struktur der erste Schritt zur erfolgreichen Organisation eines Arbeitsablaufs. Außerdem kann damit später gut kontrolliert werden, was im Rahmen des geplanten Arbeitsprozesses schon erledigt wurde.

2.4 Methodenkompetenzen in Ausbildung und Prüfung

Weil methodische Kompetenzen immer stärker in der beruflichen Praxis verlangt werden, sind diese natürlich auch immer bedeutsamer für das Bestehen der praktischen Prüfung am Ende der Ausbildung. Sie sollen dort die Beherrschung komplexer Fachaufgaben und ganzheitlicher Geschäftsprozesse sowie Problemlösungsfähigkeiten nachweisen. Dazu sollten Sie in Ihrer Ausbildung so viel Fachkompetenz gewonnen haben, dass Sie mit dem entsprechenden Fachwissen berufstypische Problemsituationen selbstständig bewältigen können. Hierfür müssen Sie aber auch über ausreichend Methodenkompetenzen verfügen. Darunter versteht man die Fähigkeiten, die zum Erwerb, zur Entwicklung, Erstellung und Vermittlung von Fachkompetenzen nötig sind.

In der praktischen Prüfung wird festgestellt, ob der Prüfling in allen Tätigkeitsfeldern eines Versicherungsunternehmens handlungskompetent arbeiten kann. Für ein erfolgreiches Fachgespräch sind neben Fachkompetenz auch kommunikative und andere soziale Kompetenzen erforderlich.

3 Sozialkompetenz in bestimmten beruflichen Situationen

Im Berufsleben werden von Vorgesetzten sowie Kolleginnen und Kollegen nicht nur die fachlichen Leistungen von Mitarbeitenden bewertet. Auftreten und Umgangsformen des Einzelnen werden tagtäglich am Arbeitsplatz (aber natürlich auch an der Berufsschule) wahrgenommen. Durch Sozialkompetenz und ein der beruflichen Situation angemessenes Verhalten zeigen Sie sich für verantwortungsvolle Aufgaben wie Verhandlungen oder Präsentationen besonders geeignet. Ein angenehmes soziales Verhalten am Arbeitsplatz wird sich in jedem Fall auszahlen.

3.1 Sozialkompetenz in Ausbildung und Beruf

Einstellende Unternehmen achten bei neuen Mitarbeitenden immer mehr auf das Vorhandensein sozialer Kompetenzen. Darunter versteht man alle Fertigkeiten, die für erfolgreiche soziale Kontakte notwendig oder nützlich sind. Zur Sozialkompetenz gehören:

- **Kommunikationsfähigkeit**
  Dies ist die Fähigkeit, sich mit anderen effektiv und konstruktiv, also erfolgreich zu verständigen.
- **Kooperationsfähigkeit**
  Diese Fähigkeit ist wichtig für eine wirkungsvolle und konstruktive Zusammenarbeit mit anderen.
- **Konfliktfähigkeit**
  Liegt diese Kompetenz vor, können Konflikte am Arbeitsplatz mit Problemlösungstechniken und -strategien gelöst werden.

3.2 Kommunikationsfähigkeit

Zu den wichtigsten Schlüsselqualifikationen gehört es auch, mit anderen gut kommunizieren und zusammenarbeiten zu können. Unternehmen sind angewiesen auf einen optimal funktionierenden Informationsaustausch. Dieser kann sowohl durch innerbetriebliche als auch durch außerbetriebliche Kommunikation erfolgen. Gibt es in der Kommunikation Störungen, so kann dies gewaltige Auswirkungen auf die Geschäftsprozesse des Unternehmens haben.

Einfaches Kommunikationsmodell

Definition Von Kommunikation spricht man, wenn eine Person (Sender) einer anderen Person (Empfänger) eine Nachricht übermittelt.

Beide Personen verwenden als wichtigstes Kommunikationsmittel die Sprache (Fachausdruck: Code).

Ein Sender verschlüsselt seine Informationen, Gedanken und Meinungen, die er mitteilen will, mithilfe von Sprache.

Ein Empfänger versucht aufgrund der sprachlichen Äußerung des Senders auf das Gemeinte zu schließen. Dies nennt man Dekodieren.

Damit die Kommunikation funktioniert, ist es notwendig, dass der Code des Senders und der Code des Empfängers sich zumindest teilweise decken. In Gesprächen muss ein Sender also sicherstellen, dass der jeweilige Empfänger tatsächlich auch das versteht, was der Sender sagen wollte.

Beispiel Eine Verkäuferin führt gerade ein Verkaufsgespräch durch. Dazu hat sie in der Phase der Bedarfsermittlung (in diesem Fall als Empfänger) die Äußerungen der Kundin (hier der Sender) interpretiert (= gedeutet). Nun muss sie als Sender in der Phase der Verkaufsargumentation sicherstellen, dass die Kundin als Empfänger die Verkaufsargumente auch so wahrnimmt, wie sie gemeint sind.

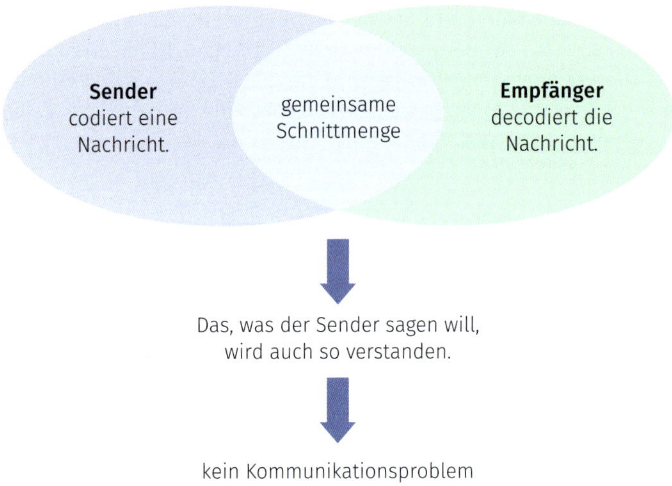

4-Ohren-Modell der Kommunikation

Nach dem 4-Ohren-Modell von Friedemann Schulz von Thun nimmt ein Empfänger jede Nachricht auf vier verschiedenen Ebenen wahr:

Der Sender schickt vier Botschaften, der Empfänger hört vier Botschaften. Die Qualität der Kommunikation hängt davon ab, wie diese Ebenen zusammenspielen. Jede der vier Botschaften kann vom Sender und/oder dem Empfänger falsch verstanden werden. Kommunikationsprobleme treten also besonders dann auf, wenn der Sender eine Botschaft falsch verpackt oder der Empfänger sie falsch entschlüsselt.

Beispiel

Person A fährt Auto, Person B begleitet sie. Es kommt zu folgendem Gespräch:
Person B (Sender): „Du, die Ampel da vorn ist grün."
Person A (Empfänger): „Fährst du oder fahre ich?"

Die vier Botschaften der Nachricht und wie sie aufgefasst werden:

Sachebene: Person B: „Die Ampel da vorn ist grün." Person A: „Die Ampel da vorn ist grün."	**Selbstoffenbarung:** Person B: „Ich fahre gerne zügig und bin für den Fall der Fälle ja auch reaktionsschnell." Person A: „B ist immer so ungeduldig und will unbedingt noch über die Ampel, bevor sie umspringt."
Beziehungsebene: Person B: „A braucht manchmal einen Stupser, um in die Gänge zu kommen." Person A: „B gibt mir immer das Gefühl, dass ich nicht fahren kann."	**Appellebene:** Person B: „Drück auf die Tube, damit wir nicht anhalten müssen." Person A: „Ich soll schneller fahren."

3.3 Kooperationsfähigkeit

Vor allem in Teams kommt es auf eine gute Kommunikation an.

Teams werden in der Regel dann gebildet, wenn die Zusammenarbeit von Fachleuten aus verschiedenen Wissensgebieten erforderlich ist, um eine bestimmte Aufgabe zu erledigen. Ein Team stellt somit eine Arbeitsgruppe auf Zeit dar. Sie ist durch einen bestimmten Arbeitsstil gekennzeichnet.

Alle können miteinander in persönlichen Kontakt treten. Es herrschen nach einiger Zeit gemeinsame Regeln. Es entsteht ein Wirgefühl und die einzelnen Mitglieder nehmen unterschiedliche Rollen und damit verschiedenartige Aufgaben im Team wahr.

Mit steigender Komplexität (= Vielschichtigkeit) des anstehenden Problems steigt die Wichtigkeit der Koordination (Abstimmung) und Kooperation verschiedener Spezialisten im Team. Damit die Teamarbeit funktioniert, sollten folgende Mindestvoraussetzungen beachtet werden:

- eine gut funktionierende Gruppenkommunikation
- die Bereitschaft und der Wille jedes Mitglieds, sich in der Gruppe zu engagieren
- die Bereitschaft und der Wille jedes Mitglieds, die eigenen Fähigkeiten zu erproben

3.4 Konfliktfähigkeit

„Wenn zwei Menschen immer wieder die gleichen Ansichten haben, ist einer von ihnen überflüssig!"
Winston Churchill

In Unternehmen treten immer wieder Konflikte auf. Solche Spannungen und Auseinandersetzungen zwischen einzelnen Personen, Arbeitsgruppen und Abteilungen können durch wirkungsvolles Konfliktmanagement früher erkennbar, überschaubarer und leichter handhabbar werden.

Konflikte werden oftmals als Störungen gesehen. Aus diesem Grund wird häufig versucht, Konflikte eher zu leugnen und unter den „Teppich zu kehren", als sie zu lösen.

Konflikte und Widerstände können jedoch auch als Motor von Lebendigkeit und Weiterentwicklung gesehen werden: Wo keine Auseinandersetzung stattfindet, gibt es auch keine Veränderung. Das Problematische ist daher nicht der Konflikt selbst, sondern die mangelnde Fähigkeit, ihn vernünftig auszutragen. Im Team sollten die Chancen von Konflikten und Widerständen genutzt werden.

Negative Auswirkungen von Konflikten	Positive Auswirkungen von Konflikten
· Konflikte kosten Zeit. · Konflikte vergiften das Arbeitsklima. · Konflikte nehmen die Arbeitsfreude. · Konflikte blockieren die Kreativität. · Konflikte verursachen Kosten.	· Missstände und Missverständnisse werden deutlich. · Ideen und Problemlösungen werden angestoßen. · Verbesserungen werden entwickelt und ausprobiert. · Neue Kommunikationsformen werden gefunden. · „Reinigende Gewitter" klären die Luft.

Ist ein Konflikt festgestellt worden, stehen unterschiedliche Strategien zur Konfliktbewältigung zur Verfügung:

- Um einen Konflikt richtig bewältigen zu können, muss er zunächst gründlich untersucht werden. Es ist festzustellen:
  - Wer ist alles am Konflikt beteiligt?
  - Um welchen Konflikt handelt es sich?
  - Wie wichtig ist die Streitfrage?

  Je früher ein Konflikt erkannt wird, desto besser können Gestaltungs- und Steuerungsmaßnahmen ergriffen werden.
- Nachdem die Konfliktursache festgestellt worden ist, wird entschieden, wie man den Konflikt löst. Es gibt dabei drei grundlegende Möglichkeiten:
  - Der Konflikt kann unterdrückt werden.
  - Der Konflikt kann vermieden werden.
  - Der Konflikt kann aktiv angegangen werden.

  Es geht also darum, entweder abzuwarten, was passiert, oder den Konflikt bewusst zu bewältigen.

Der Konflikt sollte nicht nur vom eigenen Standpunkt aus betrachtet werden. Durch einen Perspektivwechsel (Änderung der Sichtweise, zum Beispiel aus dem Blickwinkel einer anderen Person) ist ein Verständnis sowohl für die eigene Situation als auch für die Situation des Gegenübers zu erreichen.

Vorgehensweise im allgemeinen Konfliktfall	
Wahrnehmen ↓	· Der Konflikt muss zunächst erkannt werden. · Welche direkten oder indirekten Parteien befinden sich in welcher Eskalationsstufe? · Wer ist direkt betroffen, wer ist indirekt betroffen und wer fühlt sich betroffen?
Austragen ↓	· Der Konflikt darf nicht verschwiegen werden. Er muss offen angegangen werden. · Der Konflikt sollte geregelt ausgetragen werden, sonst besteht die Gefahr der späteren Konfliktsteigerung.
Lösen ↓	· Keine der Parteien sollte mit dem Gefühl der Unterlegenheit aus dem Konflikt hervorgehen. · Eine kooperative Problemlösung sollte angestrebt werden.
Nacharbeiten	· Eine nachträgliche Konfliktanalyse zeigt eventuell ständig bestehendes Konfliktpotenzial oder zumindest Parallelen auf. · Die Parteien müssen sich an die Vereinbarungen halten. · Ein Lerneffekt sollte folgen.

4 Rechte und Pflichten in der Berufsausbildung

Die wichtigsten Regelungen über die Berufsausbildung stehen im Berufsbildungsgesetz (BBiG). Das Berufsbildungsgesetz regelt den Abschluss von Berufsausbildungsverträgen, die Pflichten von Ausbildenden und Auszubildenden, die Dauer der Probezeit sowie Kündigung und Beendigung des Ausbildungsverhältnisses.

4.1 Abschluss des Berufsausbildungsvertrages

Der Ausbildungsvertrag wird zwischen Auszubildenden und Ausbildungsbetrieb (Ausbildender) geschlossen. Eine erziehungsberechtigte Person (Vater, Mutter oder Vormund) muss den Ausbildungsvertrag mit unterschreiben, wenn ein/-e Auszubildende/-r noch keine 18 Jahre alt ist. Der abgeschlossene Ausbildungsvertrag wird anschließend der zuständigen Industrie- und Handelskammer (IHK) oder Handwerkskammer vorgelegt. Die IHK oder Handwerkskammer prüft, ob die Inhalte des Ausbildungsvertrags den gesetzlichen Bestimmungen entsprechen. Sie trägt das Ausbildungsverhältnis in ein Verzeichnis der Berufsausbildungsverhältnisse ein. Sie wacht weiterhin darüber, dass ordnungsgemäß ausgebildet wird.

4.2 Pflichten der Ausbildungsbetriebe

1. **Ausbildungspflicht:** Der Ausbildungsbetrieb muss dafür sorgen, dass den Auszubildenden die Kenntnisse und Fertigkeiten vermittelt werden, die sie zum Erreichen des Ausbildungsziels benötigen.
2. **Bereitstellung von Ausbildungsmitteln:** Der Ausbildungsbetrieb muss den Auszubildenden die Ausbildungsmittel für die betriebliche Ausbildung kostenlos zur Verfügung stellen.
3. **Freistellung für den Berufsschulunterricht:** Der Ausbildungsbetrieb muss die Auszubildenden zum Besuch der Berufsschule anhalten. Er muss sie für den Besuch der Berufsschule freistellen.
4. **Sorgepflicht:** Der Ausbildungsbetrieb darf den Auszubildenden nur Tätigkeiten übertragen, die dem Ausbildungszweck dienen. Die Tätigkeiten müssen den körperlichen Kräften angemessen sein. Auszubildende dürfen keinen gesundheitlichen und sittlichen Gefahren ausgesetzt werden.
5. **Vergütungspflicht:** Der Ausbildungsbetrieb muss den Auszubildenden eine angemessene Ausbildungsvergütung bezahlen.

4.3 Pflichten der Auszubildenden

1. **Lernpflicht:** Auszubildende müssen sich bemühen, die notwendigen Kenntnisse und Fertigkeiten zu erwerben, die sie benötigen, um das Ausbildungsziel zu erreichen.
2. **Befolgung von Weisungen:** Auszubildende müssen die Weisungen befolgen, die ihnen im Rahmen der Berufsausbildung vom Ausbildungsbetrieb, der ausbildenden Person oder anderen Weisungsberechtigten (z. B. der Abteilungsleitung) erteilt werden.
3. **Besuch der Berufsschule:** Auszubildende müssen am Berufsschulunterricht teilnehmen.
4. **Führen des Berichtsheftes:** Auszubildende müssen ein vorgeschriebenes Berichtsheft führen. Dieses muss dem Ausbildungsbetrieb regelmäßig vorgelegt werden.

5. **Einhaltung der Betriebsordnung:** Auszubildende müssen die Betriebsordnung der Ausbildungsstätte einhalten.
6. **Schweigepflicht:** Auszubildende dürfen keine Betriebs- und Geschäftsgeheimnisse weitergeben.

4.4 Probezeit

Das Berufsausbildungsverhältnis beginnt mit der Probezeit. Diese beträgt mindestens einen Monat. Sie darf höchstens vier Monate betragen.

4.5 Kündigung des Berufsausbildungsverhältnisses

Während der Probezeit können Auszubildende und Ausbildungsbetrieb das Berufsausbildungsverhältnis ohne Einhaltung einer Kündigungsfrist und ohne Angabe von Gründen kündigen.

Nach Ablauf der Probezeit kann das Berufsausbildungsverhältnis nur von dem bzw. der **Auszubildenden** und vom **Ausbildungsbetrieb** aus einem wichtigen Grund ohne Einhaltung einer Kündigungsfrist gekündigt werden. Außerdem kann das Ausbildungsverhältnis von **Auszubildenden** auch nach der Probezeit gekündigt werden, wenn sie die Berufsausbildung aufgeben oder sich für eine andere Berufstätigkeit ausbilden lassen wollen. Dabei müssen Auszubildende eine Kündigungsfrist von vier Wochen einhalten.

4.6 Ende des Berufsausbildungsverhältnisses

Das Berufsausbildungsverhältnis endet mit Ablauf der vorgeschriebenen Ausbildungszeit. Wenn Auszubildende die Abschlussprüfung vor Ablauf der vereinbarten Ausbildungszeit bestehen, endet das Ausbildungsverhältnis mit dem Bestehen der Abschlussprüfung.

Wenn Auszubildende die Abschlussprüfung nicht bestehen, verlängert sich das Ausbildungsverhältnis auf Wunsch der Auszubildenden bis zur nächstmöglichen Wiederholungsprüfung, jedoch höchstens um ein Jahr.

Werden Auszubildende im Anschluss an das Berufsausbildungsverhältnis weiterbeschäftigt, ohne dass hierüber ausdrücklich etwas vereinbart wurde, so gilt dieses Beschäftigungsverhältnis auf unbestimmte Zeit.

5 Die duale Berufsausbildung

Auszubildende werden während ihrer Ausbildung an zwei Lernorten ausgebildet: im Ausbildungsbetrieb und in der Berufsschule. Deshalb nennt man das System der Berufsausbildung in der Bundesrepublik Deutschland auch „duales Berufsausbildungssystem“.

5.1 Lernorte in der dualen Berufsausbildung

Im Ausbildungsbetrieb sollen die Auszubildenden die im Ausbildungsrahmenplan genannten Fähigkeiten und Fertigkeiten lernen und durch praktische Tätigkeit einüben.

In der Berufsschule werden den Auszubildenden allgemeinbildende und berufsbezogene theoretische Lerninhalte vermittelt. Diese sind durch Richtlinien der Kultusministerien der Länder vorgeschrieben.

Der Berufsschulunterricht kann in Form von Teilzeitunterricht oder als Blockunterricht durchgeführt werden. Im Teilzeitunterricht besuchen die Auszubildenden einmal oder zweimal in der Woche die Berufsschule. An den anderen Arbeitstagen werden die Auszubildenden in ihren Ausbildungsbetrieben ausgebildet. Beim Blockunterricht besuchen die Auszubildenden an mehreren aufeinanderfolgenden Tagen die Berufsschule (z. B. zwei oder drei Wochen). Anschließend arbeiten sie mehrere Wochen in ihrem Ausbildungsbetrieb. In dieser Zeit besuchen sie die Berufsschule nicht.

Duale Berufsausbildung

- **Lernorte:** **Betrieb** (insb. Betriebe der Wirtschaft sowie vergleichbare Einrichtungen außerhalb der Wirtschaft, z. B. öffentlicher Dienst) **Berufsschule**
- **Abschluss:** Staatlich anerkannter Ausbildungsberuf nach BBiG/HwO (in der Regel Kammerzeugnis)
- **Voraussetzung:** Erfüllung der allgemeinen Vollzeitschulpflicht (kein Abschluss erforderlich)
- **Dauer:** 2, 3 oder 3,5 Jahre, auch in Teilzeit möglich

5.2 Ausbildungsordnung

In der Ausbildungsordnung findet man Informationen über die Inhalte und die zeitliche Gliederung der betrieblichen Berufsausbildung in einem staatlich anerkannten Ausbildungsberuf. Die Ausbildungsordnungen werden vom Bundesministerium für Wirtschaft oder den sonstigen zuständigen Fachministerien für die einzelnen Ausbildungsberufe erlassen.

Die Ausbildungsordnung für den Ausbildungsberuf „Kaufmann/Kauffrau für Versicherungen und Finanzanlagen" enthält das Ausbildungsberufsbild, den Ausbildungsrahmenplan, Angaben zur Ausbildungsdauer und zur Prüfung des Ausbildungsberufs.

- Das **Ausbildungsberufsbild** beschreibt die Kenntnisse und Fertigkeiten, die während der Berufsausbildung vermittelt werden sollen.
- Der **Ausbildungsrahmenplan** regelt die Inhalte der betrieblichen Berufsausbildung verbindlich.
- Die **Dauer der Ausbildung** beträgt drei Jahre.
- Die **Bestimmungen über die Prüfung** regeln Art und Inhalt der einzelnen Prüfungsteile.

5.3 Prüfung im Ausbildungsberuf „Kaufmann/Kauffrau für Versicherungen und Finanzanlagen"

Am Ende der Berufsausbildung zum/zur Kaufmann/ Kauffrau für Versicherungen und Finanzanlagen steht die Abschlussprüfung vor der örtlichen Industrie- und Handelskammer (IHK).

Die Abschlussprüfung findet als **gestreckte Abschlussprüfung** in zwei Teilen statt.

GAP 1

Etwa in der Mitte des zweiten Ausbildungsjahres findet Teil 1 der Prüfung statt (GAP 1).

Die bisherige Zwischenprüfung hatte keinerlei rechtliche Folgen für das Ausbildungsverhältnis und das Ergebnis dieser Prüfung ist auch nicht in das Ergebnis der Abschlussprüfung eingeflossen. Bei der gestreckten Abschlussprüfung werden die Lernfelder 1 bis 6 geprüft und das Ergebnis fließt zu 20 % in die Abschlussprüfung ein.

GAP 2

Am Ende der Ausbildung findet Teil 2 der Prüfung statt (GAP 2). Hier werden die Inhalte aller Lernfelder geprüft. Die einzelnen Prüfungsbereiche, Prüfungsformen und Gewichtungen sind der nachfolgenden Tabelle zu entnehmen.

Teil der Prüfung	Prüfungsbereich bzw. -instrument	Prüfungs-form	Zeit in Minuten	Gewichtung in %
Teil 1 (GAP 1)	Allgemeine Versicherungs-wirtschaft	schriftlich	120	20
Teil 2 (GAP 2)	Kundenbedarfsanalyse Lösungsentwicklung Versicherungsfallbearbeitung	schriftlich	150	30
	Wirtschafts-und Sozialkunde	schriftlich	60	10
	Kundengespräch	mündlich	höchstens 15 + 15 Vorbereitung	20
	Fallbezogenes Fachgespräch	mündlich	höchstens 20	20

Als Hilfsmittel in der Fachrichtung-Prüfung dürfen genutzt werden:

- unkommentiertes Bedingungswerk Proximus 5
- unkommentierte Gesetzessammlung (zulässiges Hilfsmittel)
- unkommentierte Textausgaben einzelner Gesetze und Verordnungen (zulässiges Hilfsmittel). In diesen sind lediglich Unterstreichungen bzw. farbige Markierungen und Nummernverweise gestattet.

Da die Schülerinnen und Schüler für das fallbezogene Fachgespräch ein eigenes Thema auswählen dürfen, sind auch andere Bedingungswerke, z. B. des Ausbildungsunternehmens, zugelassen.

6 Der Tarifvertrag

6.1 Tarifparteien

Zwischen Gewerkschaften und Arbeitgeberverbänden oder einzelnen Unternehmen werden die Höhe von Löhnen und Gehältern, die Länge der Arbeitszeit, die Dauer des Urlaubs, die Arbeitsbedingungen und anderes mehr ausgehandelt.

Gewerkschaften und Arbeitgeberverbände oder einzelne Unternehmen, die einen Tarifvertrag aushandeln, werden **Tarifparteien** genannt.

Die Ergebnisse der Tarifverhandlungen werden in Tarifverträgen festgehalten. Tarifverträge zwischen Gewerkschaften und Arbeitgeberverbänden werden **Flächentarifverträge** genannt. Tarifverträge zwischen Gewerkschaften und einzelnen Unternehmen werden als **Haustarifverträge** bezeichnet. Die Gewerkschaften und die Arbeitgeberverbände bzw. die einzelnen Unternehmen haben das Recht, diese Tarifverträge ohne Einmischung des Staates auszuhandeln. Dieses Recht wird **Tarifautonomie** genannt.

6.2 Gewerkschaften

In der Bundesrepublik Deutschland haben sich annähernd sechs Millionen Arbeitnehmer und Arbeitnehmerinnen in **Gewerkschaften** zusammengeschlossen. Gewerkschaften sind Selbsthilfeorganisationen der Beschäftigten. Sie setzen sich für die Verbesserung der Situation der arbeitenden Menschen ein. Die Mitgliedschaft in einer Gewerkschaft ist freiwillig. Der größte Gewerkschaftsdachverband ist der Deutsche Gewerkschaftsbund (**DGB**). Im Rahmen dieses Dachverbands vertritt die Gewerkschaft **ver.di** die Interessen der Beschäftigten in der Versicherungswirtschaft.

Arbeitnehmerinnen und Arbeitnehmer können sich aber auch in anderen Gewerkschaften, z. B. im Christlichen Gewerkschaftsbund (CGB) organisieren.

6.3 Arbeitgeberverbände

Die Unternehmen haben sich in **Arbeitgeberverbänden** zusammengeschlossen. Der Bundesvereinigung der Deutschen Arbeitgeberverbände gehören direkt oder indirekt über 88 Einzelverbände an. Auch die Mitgliedschaft in Arbeitgeberverbänden ist freiwillig.

6.4 Ablauf von Tarifverhandlungen

1. Zu Beginn der Tarifverhandlungen zwischen Gewerkschaften und Arbeitgeberverbänden stellen die Gewerkschaften ihre **Forderungen** auf. Die Arbeitgeberverbände machen ein Angebot, das niedriger ist als die Gewerkschaftsforderungen.
2. Im Laufe der Verhandlungen versucht man eine **Vereinbarung** zu erreichen, der beide Tarifparteien zustimmen können.
3. Kommt es zu **keiner Einigung**, können die Tarifparteien das **Scheitern** der Tarifverhandlungen erklären.
4. Lässt eine der Tarifparteien die Verhandlungen scheitern, kann sich ein **Schlichtungsverfahren** anschließen. Ein Schlichtungsverfahren schließt sich aber nur dann an, wenn dieses zwischen den Tarifparteien zuvor in einem Abkommen vereinbart wurde. An dem Schlichtungsverfahren nehmen die gleiche Anzahl Gewerkschafts- und Arbeitgebervertreter teil. Die Schlichtung wird von einem unparteiischen Vorsitz geleitet. Am Ende der Schlichtung steht ein mehrheitlich gefasster Einigungsvorschlag.
5. Stimmen beide Tarifparteien dem Einigungsvorschlag zu, wird dieser als **neuer Tarifvertrag** abgeschlossen.
6. Wird der Einigungsvorschlag von einer der beiden Tarifparteien abgelehnt, beginnt entweder eine neue Schlichtungsrunde oder es kommt zum **Arbeitskampf**.

Arbeitskampfmaßnahmen

- Die Arbeitskampfmaßnahme der Gewerkschaften ist der **Streik**. Bei einem Streik legen die gewerkschaftlich organisierten Beschäftigten für einen vorübergehenden Zeitraum die Arbeit nieder. Bevor die Gewerkschaft einen Streik erklärt, lässt sie ihre Mitglieder über den Streik abstimmen. Diese Abstimmung wird als **Urabstimmung** bezeichnet. Die Gewerkschaft ruft zum Streik auf, wenn bei der Urabstimmung mindestens 75 % der Gewerkschaftsmitglieder für einen Streik gestimmt haben.
  Ein Streik kann auf einzelne Betriebe beschränkt sein. Er kann aber auch ganze Wirtschaftszweige umfassen, z. B. alle Versicherungsgesellschaften.
  Durch einen Streik kommt es zu Produktionsausfällen und Umsatzeinbußen. So sollen die Betriebe gezwungen werden, auf die Forderungen der Gewerkschaft einzugehen.
- Die Arbeitskampfmaßnahme der Betriebe ist die **Aussperrung**. Dabei verweigern die Betriebe gewerkschaftlich organisierten und nicht organisierten Beschäftigten die Möglichkeit zu arbeiten.
  Während des Arbeitskampfs erhalten die Beschäftigten weder Gehalt noch Urlaub oder Gehaltsfortzahlung im Krankheitsfall. Die gewerkschaftlich organisierten Beschäftigten erhalten jedoch **Streikgeld** von ihrer Gewerkschaft. Die Höhe des Streikgelds richtet sich nach dem monatlichen Gewerkschaftsbeitrag des einzelnen Gewerkschaftsmitglieds. Beschäftigte, die nicht in einer Gewerkschaft organisiert sind, bekommen kein Streikgeld.
  Die bestreikten Betriebe werden aus dem Arbeitskampffonds ihres Arbeitgeberverbands unterstützt.

Der Arbeitskampf wird beendet, wenn sich die beiden Tarifparteien in neuen Verhandlungen oder im Rahmen eines besonderen Schlichtungsverfahrens einigen. Es kommt zu einem neuen Tarifvertrag, wenn beide Seiten der Einigung zustimmen. Aufseiten der Gewerkschaften müssen dazu in einer erneuten Urabstimmung mindestens 25 % der Gewerkschaftsmitglieder zustimmen. Solange der neue Tarifvertrag gültig ist, besteht für die beiden Tarifparteien **Friedenspflicht**. Friedenspflicht bedeutet, dass während der Gültigkeitsdauer des Tarifvertrags von den vertragsschließenden Gewerkschaften und Arbeitgeberverbänden keine Arbeitskampfmaßnahmen durchgeführt werden dürfen.

6.5 Bindung des Tarifvertrags

Tarifverträge gelten nur für die Mitglieder der Tarifparteien (Gewerkschaften und Arbeitgeberverbände). Auf Antrag einer Tarifpartei kann das Bundesministerium für Arbeit einen Tarifvertrag auch für allgemein verbindlich erklären. Damit ist der Tarifvertrag dann auch für nicht organisierte Betriebe und Beschäftigte gültig.

6.6 Inhalt der Tarifverträge

Nach dem Inhalt werden Mantel- oder Rahmentarifverträge und Entgelttarifverträge unterschieden:

- **Manteltarifverträge**
  Manteltarifverträge regeln allgemeine Arbeitsbedingungen. Das sind z. B. Kündigungsfristen, Urlaubsregelungen, Dauer der täglichen und wöchentlichen Arbeitszeit, Nachtarbeit, Mehrarbeit, Sonn- und Feiertagszulagen, Vorschrift über Schlichtungsverfahren. Manteltarifverträge werden auch **Rahmentarifverträge** genannt.
- **Entgelttarifverträge**
  In Entgelttarifverträgen sind die getroffenen Vereinbarungen über Entgelthöhen enthalten. In diesen Verträgen werden sehr häufig Tätigkeitsmerkmale für verschiedene Entgeltgruppen beschrieben, nach denen die Beschäftigten eingruppiert werden.
  Die Bestimmungen der Tarifverträge sind Mindestbedingungen. Abmachungen in Einzelarbeitsverträgen zwischen Betrieb und einer beschäftigten Person dürfen die Vereinbarungen des Tarifvertrags nicht unterschreiten. Die Vereinbarungen im Einzelarbeitsvertrag dürfen eine beschäftigte Person jedoch besserstellen, als es die Bestimmungen des Tarifvertrags regeln.
  Zwischen den Tarifparteien können auch **Rationalisierungsschutzabkommen** abgeschlossen werden. Diese regeln Versetzungen und Umschulungen bei Personalabbau und die Zahlung von Abfindungen bei unvermeidbaren Kündigungen durch den Betrieb.

Was regeln die Tarifverträge?

Entgelttarifverträge (meist ein- bis zweijährige Laufzeit)	**Entgelt-Rahmentarifverträge** (langfristig angelegt)	**Manteltarifverträge** (langfristig angelegt)	**Sonstige Tarifverträge**
· Einkommen · Ausbildungsvergütungen	· Entlohnungsgrundsätze · Leistungsmaßstäbe · Entgeltgruppen	· Arbeitszeit · Kündigungsfristen · Arbeitszeitkonten · Urlaub · Sonderzahlungen · Weihnachtsgeld	· Beschäftigungssicherung · Qualifizierung · Chancengleichheit · Altersvorsorgewirksame Leistungen (AVWL) · Flexibler Übergang in die Rente (FlexÜ)

7 Arbeitsverträge

Ein Arbeitsvertrag wird zwischen einem Betrieb und einem Arbeitnehmer bzw. einer Arbeitnehmerin abgeschlossen. Minderjährige benötigen für den Abschluss eines Arbeitsvertrags grundsätzlich die Zustimmung ihrer gesetzlichen Vertretung.

7.1 Abschluss des Arbeitsvertrags

Der Arbeitsvertrag wird in der Regel schriftlich abgeschlossen. Gesetzlich ist der Abschluss eines unbefristeten Arbeitsvertrags jedoch an keine Form gebunden. Es genügt auch eine mündliche Einigung zwischen der beschäftigten Person und dem Betrieb über die wichtigsten Arbeitsbedingungen (Eintrittstermin, Art der Arbeitsleistung und Höhe der Vergütung). In vielen Bereichen ist die Schriftform von Arbeitsverträgen jedoch durch Tarifverträge vorgeschrieben. Spätestens einen Monat nach Beginn eines mündlich geschlossenen Arbeitsvertrags müssen die wesentlichen Vertragsbedingungen schriftlich festgehalten und der beschäftigten Person ausgehändigt werden.

In Betrieben mit mehr als zwanzig Beschäftigten muss für den Abschluss des Arbeitsvertrags die Zustimmung des Betriebsrats eingeholt werden. Verweigert der Betriebsrat die Zustimmung, kann der Betrieb das Arbeitsgericht anrufen. Das Arbeitsgericht ersetzt die Zustimmung des Betriebsrats, wenn die Verweigerung der Zustimmung unbegründet war.

7.2 Vertragsfreiheit

Grundsätzlich besteht beim Abschluss eines Arbeitsvertrags **Abschlussfreiheit**; d. h., die Beteiligten können frei darüber entscheiden, ob sie einen Arbeitsvertrag abschließen wollen.

Die **inhaltliche Gestaltungsfreiheit** eines Arbeitsvertrags ist jedoch stark eingeschränkt durch:

- **gesetzliche Vorschriften (Gesetze und Rechtsverordnungen)**
  Gesetze werden von den Parlamenten beschlossen: Bundesgesetze werden also vom Bundestag unter Mitwirkung des Bundesrats, Landesgesetze der einzelnen Bundesländer von deren Landtagen abgeschlossen.
  Rechtsverordnungen können von der Bundesregierung, einem/-r Bundesminister/-in oder einer Landesregierung erlassen werden, wenn diese durch ein Gesetz dazu ermächtigt sind.
- **Tarifverträge**
  Tarifverträge sind Vereinbarungen, die zwischen Gewerkschaften und Arbeitgeberverbänden oder einzelnen Betrieben abgeschlossen werden.
- **Betriebsvereinbarungen**
  Betriebsvereinbarungen sind Vereinbarungen zwischen dem Unternehmen und dem Betriebsrat über die Ordnung und die Arbeitsverhältnisse des einzelnen Betriebs.

Die gesetzlichen Bestimmungen, Tarifverträge und Betriebsvereinbarungen sollen die einzelnen Arbeitnehmer/-innen vor Benachteiligungen schützen. Ihre Inhalte stellen Mindestbedingungen dar, die durch den Arbeitsvertrag nicht unterschritten werden dürfen. Vertragsinhalte, die Beschäftigte schlechter stellen, sind nichtig. Günstigere Vereinbarungen dürfen im individuellen Arbeitsvertrag jederzeit getroffen werden.

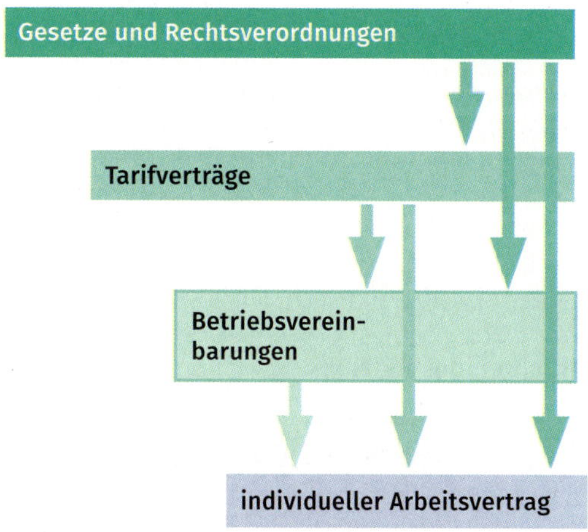

Beispiel Allen Beschäftigten stehen laut Gesetz im Krankheitsfall sechs Wochen Entgeltfortzahlung zu (Lohn bzw. Gehalt). Eine Vereinbarung im Arbeitsvertrag über acht Wochen Entgeltfortzahlung ist gültig, weil sie die beschäftigte Person besserstellt als die gesetzliche Regelung.
Eine vertragliche Vereinbarung von vier Wochen Entgeltfortzahlung wäre nichtig (= nicht gültig), weil sie die beschäftigte Person schlechter stellt als das Gesetz.

7.3 Pflichten von Betrieben und Beschäftigten

Mit dem Abschluss des Arbeitsvertrags übernehmen sowohl der Betrieb als auch die Beschäftigten eine Reihe von Pflichten.

Ein klares „Nein" zu Schmiergeld!

Pflichten der Beschäftigten

- **Arbeitspflicht:**
  Sie müssen die im Arbeitsvertrag vereinbarte Arbeitsleistung erbringen.
- **Verschwiegenheitspflicht:**
  Sie dürfen Geschäfts- und Betriebsgeheimnisse nicht Dritten mitteilen.
- **Verbot der Annahme von „Schmiergeldern":**
  Sie dürfen sich nicht bestechen lassen.

Beispiel Eine Kundin verspricht dem Schadenregulierer einer Versicherungsgesellschaft eine Geldsumme, wenn dieser die Regulierung eines nicht versicherten Schadens vornimmt.

- **gesetzliches Wettbewerbsverbot:**
  Solange das Arbeitsverhältnis besteht, darf ein kaufmännischer Angestellter bzw. eine kaufmännische Angestellte ohne Einwilligung des Betriebs
  - nicht selbstständig ein Handelsgewerbe betreiben,
  - in dem Handelszweig des Arbeitgebers keine Geschäfte für eigene oder fremde Rechnung betreiben.
- **nachvertragliches Wettbewerbsverbot:**
  Nach Beendigung des Arbeitsverhältnisses dürfen kaufmännische Angestellte ihrem bisherigen Betrieb grundsätzlich Konkurrenz machen. Soll ein Wettbewerbsverbot auch nach Beendigung des Arbeitsverhältnisses bestehen, muss dieses ausdrücklich vertraglich geregelt werden. Dieses Wettbewerbsverbot darf nicht länger als zwei Jahre nach Beendigung des Arbeitsverhältnisses bestehen.

Pflichten des Betriebs

- **Vergütungspflicht:**
  Er muss für die erbrachte Arbeitsleistung eine Vergütung bezahlen. Das Gehalt muss spätestens am letzten Werktag des Monats bei den Beschäftigten eingehen.
  Das Gehalt muss auch bei Arbeitsunfähigkeit wegen Krankheit bis zu sechs Wochen weiterbezahlt werden.

- **Beschäftigungspflicht:**
  Er ist verpflichtet, den Beschäftigten nicht nur ein Entgelt zu zahlen, sondern sie auch tatsächlich zu beschäftigen.
- **Urlaubsgewährungspflicht:**
  Er muss den Beschäftigten in jedem Kalenderjahr bezahlten Erholungsurlaub gewähren. Dabei ist es unzulässig, den Urlaub regelmäßig durch Geldzahlungen abzugelten.
- **Fürsorgepflicht:**
  Er muss alle Arbeitsbedingungen so gestalten, dass die Beschäftigten gegen Gefahren für Leben und Gesundheit so weit wie möglich geschützt sind.
- **Zeugnispflicht:**
  Er muss allen Beschäftigten bei Beendigung des Arbeitsverhältnisses ein schriftliches Zeugnis ausstellen.

7.4 Arbeitspapiere bei der Einstellung

Bei Abschluss des Arbeitsvertrages benötigt der Betrieb von der/dem Beschäftigten folgende Unterlagen:

- die Elektronischen Lohnsteuerabzugsmerkmale (ELStAM)
- den Sozialversicherungsausweis
- die Kindergeldbescheinigung (nur bei Angestellten im öffentlichen Dienst und Beamten/-innen)
- die Urlaubsbescheinigung des früheren Betriebs über den im laufenden Kalenderjahr gewährten und abgegoltenen Urlaub
- die Unterlagen für vermögenswirksame Leistungen
- die Mitteilung darüber, in welcher Krankenkasse der/die Beschäftigte versichert ist
- eine Arbeitsgenehmigung, sofern der/die Beschäftigte aus einem Nicht-EU-Land stammt
- die vom früheren Betrieb bei Ende des Arbeitsverhältnisses ausgestellte Arbeitsbescheinigung
- die Gesundheitsbescheinigung nach dem Jugendarbeitsschutzgesetz (JArbSchG) bei Jugendlichen unter 18 Jahre.

Den Sozialversicherungsausweis, die Arbeitsbescheinigung und vom Arbeitnehmer vorgelegte Abschluss- und Arbeitszeugnisse muss der Arbeitgeber dem Beschäftigten nach der Vorlage zurückgeben. Die anderen Arbeitspapiere muss er sorgfältig aufbewahren.

8 Entgeltabrechnungen

Die Lohn- und Gehaltsbuchhaltung ist die Abteilung in Unternehmen, die die zu zahlenden Arbeitsentgelte erfasst, berechnet, verbucht und zur Auszahlung anweist. Außerdem hat sie gesetzlich geregelte Dokumentations-, Abzugs- und Abführungspflichten einzuhalten. Die Lohn-und Gehaltsabrechnung wird auch Entgeltabrechnung genannt.

8.1 Bruttoverdienstermittlung

Zum Bruttoverdienst gehören alle Zuwendungen, die eine beschäftigte Person vom Unternehmen aufgrund ihres Arbeitsverhältnisses erhält. Die Höhe des Bruttoverdienstes ist abhängig von

- festen Vorgaben aufgrund gesetzlicher, tariflicher, betrieblicher und einzelvertraglicher Regelungen und
- sonstigen Zulagen, z. B. Leistungszulagen, Provisionen.

Beispiel

Grundlage für den Lohn von Jon Witt, 25 Jahre alt, ledig, ev.-luth., ist der geltende Gehaltstarifvertrag für das private Versicherungsgewerbe. Aufgrund seiner Ausbildung und seiner bisherigen Tätigkeit ist er in die Gehaltsgruppe III (zweites Berufsjahr) eingeordnet. Sein Monatsgehalt beträgt demnach 2.998,00 € (Stand 01.09.2022). Außerdem zahlt sein Arbeitgeber einen Anteil zu seinen vermögenswirksamen Leistungen von 20,00 €. Sein Bruttoverdienst beträgt somit:

	Monatsgehalt	2.998,00 €
+	vermögenswirksame Leistungen (Arbeitgeberanteil)	20,00 €
=	steuer- und sozialversicherungspflichtiger Bruttoverdienst	3.018,00 €

8.2 Nettoverdienstermittlung

Zur Ermittlung des Nettoverdienstes müssen vom Bruttoverdienst die gesetzlichen Abzüge

- Lohnsteuer,
- Kirchensteuer,
- ggf. Solidaritätszuschlag,
- Sozialversicherungsbeiträge (Beiträge zur Renten-, Kranken-, Pflege- und Arbeitslosenversicherung)

abgezogen werden.

Beispiel

	Bruttoverdienst	3.018,00 €
–	Lohnsteuer (StKl I)	378,66 €
–	Kirchensteuer (9 %)	34,07 €
–	Solidaritätszuschlag	0,00 €
–	Beiträge zur Sozialversicherung (Arbeitnehmeranteil)	
	Rentenversicherung (9,3 %)	280,67 €
	Arbeitslosenversicherung (1,2 %)	36,22 €
	Krankenversicherung (7,3 % + 0,45 % Zusatzbeitrag)	233,90 €
	Pflegeversicherung (1,875 %)	56,59 €
=	Nettoverdienst	1.997,89 €

8.3 Lohnsteuer

Lohnsteuerabzugsmerkmale

Das Unternehmen ermittelt die Lohnsteuer der beschäftigten Person auf der Grundlage folgender Merkmale:

- Anschrift der/des Beschäftigten
- Familienstand
- Geburtsdatum
- Steuerklasse
- Religionszugehörigkeit
- Anzahl der Kinder
- Anzahl der Kinderfreibeträge

Das Finanzamt ist dafür zuständig, dem Unternehmen die notwendigen Merkmale für die Besteuerung der Beschäftigten zu übermitteln.

Am Jahresende erhalten alle Beschäftigten vom Unternehmen eine Bescheinigung über die abgeführten Steuern. Auf dieser Bescheinigung sind u.a.

- der Bruttoverdienst,
- die einbehaltene Lohn- und Kirchensteuer,
- die Sozialversicherungsbeiträge und
- etwaige vermögenswirksame Leistungen
- die eTIN (elektronische Transfer-Identifikations-Nummer)

vermerkt, die die Beschäftigten bei ihrer Einkommensteuererklärung oder ihrem Antrag auf Einkommensteuerveranlagung angeben müssen. Das Unternehmen übermittelt diese Lohnsteuerbescheinigungsdaten spätestens bis zum 28. Februar des Folgejahres außerdem per ELSTER an die Finanzverwaltung. Mithilfe der eTIN wird die eindeutige Zuordnung gewährleistet.

Lohnsteuertabelle

Das arbeitgebende Unternehmen (AG[1]) ermittelt die einzubehaltende Lohnsteuer mithilfe einer Lohnsteuertabelle. Diese Tabellen gibt es als Tages-, Wochen-, Monats- und Jahrestabelle. Den Steuerbeträgen in der Lohnsteuertabelle liegt der Einkommensteuertarif zugrunde. In die Tabelle sind Freibeträge eingearbeitet. Die Lohnsteuertabelle reiht die Arbeitnehmer und Arbeitnehmerinnen (AN) in sechs Steuerklassen ein.

Ehepartner/-innen (EP), die beide Arbeitslohn beziehen, können zwischen der Steuerklassenkombination IV/IV und III/V wählen. Sie sollten die Kombination III/V nur dann wählen, wenn der Arbeitslohn des einen EP wesentlich höher ist als der des/der anderen. Der/die Ehepartner/-in mit dem höheren Einkommen sollte sich dann in die günstigere Steuerklasse III, der/die mit dem niedrigeren Einkommen in die Steuerklasse V einstufen lassen.

Steuerklassen

Steuer-klasse	Personenkreis
I	· ledige und geschiedene AN · verheiratete AN, die von ihrem/ihrer EP dauernd getrennt leben oder deren EP im Ausland lebt · verwitwete AN, wenn der/die EP vor dem vorangegangenen Kalenderjahr gestorben ist Steuerklasse I gilt nicht für AN, denen ein Entlastungsbeitrag für Alleinerziehende zusteht.
II	· ledige und geschiedene AN · verheiratete AN, die von EP dauernd getrennt leben oder deren EP im Ausland lebt · verwitwete AN, wenn der/die EP vor dem vorangegangenen Kalenderjahr gestorben ist Steuerklasse II gilt für AN, denen ein Entlastungsbeitrag für Alleinerziehende zusteht.
III	· verheiratete AN, wenn der/die EP – keinen Arbeitslohn bezieht oder – auf Antrag beider EP in die Steuerklasse V eingereiht wird · verwitwete AN, wenn der/die EP im vorangegangenen Kalenderjahr gestorben ist
IV	verheiratete AN, wenn beide EP Arbeitslohn beziehen

1 Mit AG ist in diesem Kapitel der/die Arbeitgeber/-in gemeint, ansonsten steht die Abkürzung AG für Aktiengesellschaft.

Steuer-klasse	Personenkreis
V	verheiratete AN, wenn der/die EP · ebenfalls Arbeitslohn bezieht und · auf Antrag beider EP in die Steuerklasse III eingereiht wird
VI	AN, die aus mehreren Arbeitsverhältnissen gleichzeitig von verschiedenen AG Arbeitslohn beziehen, ab dem zweiten Arbeitsverhältnis.

Anmeldung und Abführen der Lohnsteuer

Das Unternehmen muss spätestens am 10. Tag des auf den Lohnsteuer-Anmeldezeitraums folgenden Monats (bei monatlicher Abrechnung) dem Betriebsstättenfinanzamt eine Lohnsteuer-Anmeldung mit einem amtlich vorgeschriebenen Vordruck elektronisch übermitteln.

In dieser Anmeldung müssen die für die Beschäftigten im Anmeldungszeitraum ermittelte Steuer (Lohnsteuer und gegebenenfalls Kirchensteuer) und gegebenenfalls der Solidaritätszuschlag angegeben sein. Die vom Lohn oder Gehalt der Beschäftigten einbehaltene Lohnsteuer, Kirchensteuer und der Solidaritätszuschlag müssen vom Unternehmen bis zum 10. Tag des auf den Lohnsteuer-Anmeldezeitraums folgenden Monats (bei monatlicher Abrechnung) in einem Betrag an die Kasse des zuständigen Betriebsstättenfinanzamts abgeführt werden (sogenanntes *Lohnsteuerabzugsverfahren*).

8.4 Kirchensteuer

Für Beschäftigte, die erhebungsberechtigten Religionsgemeinschaft angehören, wird neben der Lohnsteuer bei jeder Lohn- oder Gehaltsabrechnung auch die Kirchensteuer abgezogen und an das zuständige Finanzamt überwiesen. Diese beträgt 8 % (in Bayern und Baden-Württemberg) bzw. 9 % (in den übrigen Bundesländern) von der Lohnsteuer.

8.5 Solidaritätszuschlag

Der Solidaritätszuschlag ist eine Ergänzungsabgabe. Er beträgt bis zu 5,5 % der Lohnsteuer. Seit 2021 entfällt der Solidaritätszuschlag für 90 % der bisherigen Zahler. Die Freigrenze, bis zu der kein Solidaritätszuschlag anfällt, beträgt 16.956,00 € der Steuerzahlung. Damit ist bis zu einem zu versteuernden Einkommen von 61.717,00 € seit 2021 kein Solidaritätszuschlag mehr fällig.

8.6 Sozialversicherungsbeiträge

Sozialversicherungspflicht

Die Sozialversicherung ist eine Pflichtversicherung, der die Mehrheit der Bevölkerung zwangsweise angehören muss. Die Mitgliedschaft in der gesetzlichen Rentenversicherung und der gesetzlichen Arbeitslosenversicherung ist für alle Arbeiter/-innen, Angestellten und Auszubildenden verpflichtend.

In der gesetzlichen Krankenversicherung und in der gesetzlichen Pflegeversicherung sind alle Arbeiter/-innen, Angestellten, Auszubildenden, Arbeitslosen, Rentner/-innen und Studierenden pflichtversichert. Angestellte und Arbeiter/-innen sind jedoch nur pflichtversichert, wenn ihr monatliches Einkommen 5.362,50 € (Stand 2022) nicht übersteigt.

In der gesetzlichen Unfallversicherung müssen alle Arbeitnehmer/-innen und Auszubildende gegen Arbeitsunfälle und Berufskrankheiten versichert werden.

Berechnung der Sozialversicherungsbeiträge

Die Beiträge zur Renten-, Kranken-, Pflege- und Arbeitslosenversicherung werden für alle versicherungspflichtigen Beschäftigten prozentual nach den festgesetzten Beitragssätzen vom beitragspflichtigen Arbeitsentgelt berechnet. Bei der Ermittlung der Beiträge wird der Bruttoverdienst jedoch nur bis zu einer festgesetzten Höchstgrenze (= Beitragsbemessungsgrenze) berücksichtigt. Grundsätzlich werden die Beiträge zur Renten-, Kranken- und Arbeitslosenversicherung von den Arbeitnehmern/-innen und dem Unternehmen je zur Hälfte getragen. Für die Krankenversicherung können die einzelnen Krankenkassen einen Zusatzbeitrag erheben. Diesen Zusatzbeitrag tragen ebenfalls Arbeitnehmer/-innen und Unternehmen je zur Hälfte.

Bei der Pflegeversicherung beträgt der Beitrag für Arbeitnehmer/-innen mit Kindern 3,05 %, der je zur Hälfte (= 1,525 %) von Arbeitnehmern/-innen und Unternehmen zu tragen ist. Kinderlose Arbeitnehmer/-innen ab Vollendung des 23. Lebensjahrs müssen einen Zuschlag in Höhe von 0,35 % des Bruttoeinkommens zahlen und diesen auch alleine tragen (1,525 % + 0,35 % = 1,875 %).

Die Beitragsanteile der Beschäftigten werden von ihrem Bruttoverdienst abgezogen.

Beispiel

Der steuer- und sozialversicherungspflichtige Bruttoverdienst von Amina Jonas aus Köln beträgt 3.835,00 €. Sie hat eine achtjährige Tochter. Daraus ergeben sich für sie folgende Beiträge zur Sozialversicherung (Stand 2022):

- Beitrag zur Rentenversicherung: 18,6 % des Bruttoverdienstes bis zur Beitragsbemessungsgrenze (BBG West) von 7.050,00 € (BBG Ost = 6.750,00 €)
  → 18,6 % von 3.835,00 € = 713,31 €
- Beitrag zur Arbeitslosenversicherung: 2,4 % des Bruttoverdienstes bis zur Beitragsbemessungsgrenze (BBG West) von 7.050,00 € (BBG Ost = 6.750,00 €)
  → 2,4 % von 3.835,00 € = 92,04 €
- Beitrag zur Krankenversicherung: 14,6 % des Bruttoverdienstes bis zur Beitragsbemessungsgrenze von 4.837,50 €
  → 14,6 % von 3.835,00 € = 559,91 €
- Beitrag zur Pflegeversicherung: 3,05 % des Bruttoverdienstes bis zur Beitragsbemessungsgrenze von 4.837,50 €
  → 3,05 % von 3.835,00 € = 116,97 €

Beiträge zur Sozialversicherung insgesamt:
1.482,23 €

Arbeitnehmeranteil:
1.482,23 € : 2 = 741,12 € + ggf. 50 % des Zusatzbeitrags der Krankenversicherung

Arbeitgeberanteil:
1.482,23 € : 2 = 741,12 € + ggf. 50 % des Zusatzbeitrags der Krankenversicherung

Zahlung und Fälligkeit der Sozialversicherungsbeiträge

Die monatlich einbehaltenen Sozialversicherungsbeiträge muss jedes Unternehmen bis zum drittletzten Bankarbeitstag des betreffenden Monats an die jeweiligen Krankenkassen seiner Beschäftigten überweisen. Die Krankenkasse behält die Krankenkassen- und Pflegeversicherungsbeiträge ein und leitet die Rentenversicherungs- und Arbeitslosenversicherungsbeiträge an die entsprechenden Versicherungsträger weiter. Das Unternehmen muss den zuständigen Krankenkassen die Beiträge für den Abrechnungszeitraum getrennt nach Beitragsgruppen nachweisen, aus denen erkennbar ist, ob nur der Arbeitgeberanteil gezahlt wurde (z. B. bei Altersrentenbeziehenden). Hierfür ist der vorgeschriebene amtliche Vordruck zu benutzen.

Lohn- und Gehaltskonto

Personaldaten				
Personal-Stamm-Nr.	200			
Nachname/Vorname	Schwarz	Roland	**Lohn/Gehalt**	
Steuerklasse/Anzahl Kinderfreibeträge	IV	1	**VWL AG**	
Konfession	RK		**VWL AN**	
Krankenkasse	DAK		**VWL insgesamt**	

Steuerpflichtig	Übertrag aus Vorblatt	Oktober	November	Dezember
Gehalt/Lohn	16.090,38	1.590,00		
Überstundenzuschläge +	225,25	132,50		
Sonstige Zuschläge +	0,00	0,00		
Sonderzahlungen +	0,00	0,00		
VWL des AG +	234,00	25,00		
Sonstiges +	0,00	0,00		
Monatlicher Steuerfreibetrag –	0,00	0,00		
Summe 1 =	16.549,63	1.747,50		
Steuerfrei				
Zulagen/Erstattungen	0,00	0,00		
Sonstiges +	0,00	0,00		
Summe 2 =	0,00	0,00		
Gesamtverdienst				
Summe 1 + Summe 2 = Summe 3	16.549,63	1.747,50		
Abzüge				
Lohnsteuer	2.898,08	193,41		
Kirchensteuer +	214,65	11,80		
Solidaritätszuschlag +	0,00	0,00		
Krankenversicherung 50 % +	1.117,11	118,83		
Zusatzbeitrag Krankenversicherung 50 % +	74,57	7,87		
Pflegeversicherung +	140,67	14,85		
Beitragszuschlag für Kinderlose 100 % +	0,00	0,00		
Rentenversicherung 50 % +	1.613,59	170,38		
Arbeitslosenversicherung 50 % +	537,87	56,79		
VWL +	351,00	40,00		
Verrechnung Vorschuss +	0,00	0,00		
Sonstige Abzüge +	0,00	0,00		
Summe 4 =	6.947,54	613,93		
Auszahlungsbetrag				
Summe 3 - Summe 4	9.602,09	1.133,57		
Sozialversicherung				
Anteil AN	3.438,81	368,72		
Anteil AG	3.438,81	368,72		

8.7 Führen der Lohn- und Gehaltskonten

Die Gesetzgebung schreibt vor (§ 41 EStG), dass Unternehmen für jeden Arbeitnehmer und jede Arbeitnehmerin einen Einzelnachweis über das Arbeitsentgelt führen müssen. In der Lohn- und Gehaltsbuchhaltung wird daher für jede beschäftigte Person ein Lohn- bzw. Gehaltskonto geführt.

In Lohn- und Gehaltslisten werden die Beträge der einzelnen Konten zusammengestellt. Die Summenzeile der Lohn- bzw. Gehaltsliste wird an die Hauptbuchhaltung weitergeleitet.

8.8 Vermögenswirksame Leistungen

Arbeitnehmer/-innen, deren Einkommen eine bestimmte Einkommensgrenze (20.000,00 € für Alleinstehende, 40.000,00 € für Verheiratete/Lebenspartnerschaften) nicht übersteigt, erhalten vom Staat eine Arbeitnehmersparzulage, wenn sie bis zu 480,00 € jährlich in bestimmten Anlageformen (außer Anlagen für wohnungswirtschaftlichen Zwecken) vermögenswirksam sparen. Für eine Anlage für wohnungswirtschaftliche Zwecke (z. B. Bausparverträge) erhalten Arbeitnehmer/-innen nur eine Arbeitnehmersparzulage, wenn ihr Einkommen 17.900,00 € (Alleinstehende) bzw. 35.900,00 € (Verheiratete/Lebenspartnerschaften) nicht übersteigt. Die Arbeitnehmersparzulage wird den Arbeitnehmern/-innen auf Antrag mit dem Lohnsteuerjahresausgleich oder der Veranlagung zur Einkommensteuer jährlich nachträglich vom Finanzamt ausgezahlt. Das vermögenswirksame Sparen kann vom Unternehmen aufgrund von tarifvertraglichen Regelungen, Betriebsvereinbarungen oder einzelarbeitsvertraglichen Vereinbarungen bezuschusst werden. Dieser Zuschuss ist für Arbeitnehmer/-innen ein zusätzliches steuer- und versicherungspflichtiges Entgelt. Für das Unternehmen gehört er zu den Personalkosten. Die vermögenswirksamen Sparleistungen zieht das arbeitgebende Unternehmen vom Bruttoverdienst ab und überweist sie an das Unternehmen, bei dem die vermögenswirksamen Sparleistungen angelegt wurden (z. B. Sparvertrag bei Sparkassen oder Banken, Lebensversicherungsverträge bei Versicherungsunternehmen).

Beispiel

Gehaltsabrechnung für Janna Müller, Steuerklasse I

	Bruttogehalt	2.750,00 €
+	vermögenswirksame Leistungen des Unternehmens	20,00 €
=	steuer- und versicherungspflichtige Bruttobezüge	2.770,00 €
–	Lohnsteuer und Kirchensteuer	369,97 €
–	Arbeitnehmeranteil zur Sozialversicherung	554,70 €
–	vermögenswirksame Sparleistung der Arbeitnehmerin	40,00 €
=	Auszahlung durch Banküberweisung	1.805,98 €
	Arbeitgeberanteil zur Sozialversicherung	554,70 €

9 Motivation und Weiterbildung

Zwischen dem Engagement der Mitarbeitenden, der Kundenzufriedenheit und dem Unternehmensergebnis besteht ein Zusammenhang. Höher motivierte Mitarbeiter und Mitarbeiterinnen bemühen sich stärker um die Zufriedenheit der Kunden, was in der Regel bessere Unternehmensergebnisse nach sich zieht. Das wiederum führt zu mehr Anerkennung und Engagement bei den Mitarbeitenden.

9.1 Motivation von Mitarbeitenden

Immer mehr Unternehmen erkennen, dass zufriedene Mitarbeiterinnen und Mitarbeiter eine elementare Grundlage für den Markterfolg sind, und handeln dementsprechend.

Möglichkeiten der Motivation sind:

- **eine der Leistung angemessene Bezahlung**
  Neben dem Grundgehalt fördern leistungsbezogene Zulagen (z. B. Umsatzprämien) die Leistungsbereitschaft der Mitarbeitenden.
- **vermögenswirksame Leistungen, betriebliche Sozialleistungen wie Betriebsrente, Berufsunfähigkeitsversicherung**
- **Beteiligung**
  z. B. Aktienoptionen
- **Partizipation**
  Mitarbeiterinnen und Mitarbeiter, die in den für ihren Arbeitsbereich relevanten Entscheidungsprozess mit einbezogen werden, bringen normalerweise bessere Leistungen. Sie fühlen sich ernst genommen, können ihr Erfahrungswissen mit einbringen und ihr Selbstwertgefühl steigt.
- **Anerkennung der Leistungen**
  Die meisten Mitarbeitenden haben in ihrem Arbeitsalltag viele Aufgaben zu bewältigen. Den weitaus größten Teil davon erledigen sie fehlerfrei. Das muss honoriert werden. Schon ein kleines Dankeschön kann Wunder wirken. Nichts spornt Menschen mehr an als die Überzeugung, dass sich die Vorgesetzten wirklich für ihr Wohlergehen interessieren.
- **herausfordernde Aufgaben**
  Anspruchsvolle Aufgaben stimulieren die persönliche Entwicklung der Mitarbeitenden und deren Lust am Job.
- **flexible Arbeitszeiten**
  Jeder Mensch hat seinen eigenen Rhythmus. Wenn er diesen bei der Arbeitszeitgestaltung mehr berücksichtigen darf, werden seine Voraussetzungen, Leistungen zu erbringen, verbessert.
- **Förderung des Betriebsklimas**
  Eine positive Stimmung im Unternehmen ist Grundvoraussetzung für motivierte Mitarbeiter und Mitarbeiterinnen.

9.2 Fort- und Weiterbildung

Beschäftigte, die die Chance erhalten, ihre Fachkenntnisse und beruflichen Fähigkeiten kontinuierlich zu verbessern, arbeiten motivierter.

Neue Kenntnisse, Fähigkeiten und Fertigkeiten lassen sich betriebsintern oder durch die Teilnahme an externen Fort- und Weiterbildungsmaßnahmen vermitteln.

Anpassungsweiterbildung

Da Veränderungen und neue Entwicklungen in der Arbeitswelt (z. B. Entwicklungen beim Computereinsatz) regelmäßig zu veränderten Anforderungen an die Qualifikationen von Kaufleuten für Versicherungen und Finanzanlagen führen, reichen die in der Ausbildung erworbenen Qualifikationen nicht für das gesamte Berufsleben aus. Durch die Teilnahme an Fort- und Weiterbildungsmaßnahmen z. B. in den Bereichen Finanz- und Rechnungswesen, Büroorganisation, Schadenbearbeitung, Vertrieb und Personalwesen können sich Kaufleute für Versicherungen und Finanzanlagen so weiterentwickeln, dass sie den veränderten Anforderungen der Arbeitswelt gerecht werden.

Aufstiegsweiterbildung

Für Beschäftigte im Versicherungswesen, die beruflich weiterkommen möchten, ist die Teilnahme an Weiterbildungsmaßnahmen unerlässlich. Für sie ist es sinnvoll die Prüfung zum Geprüften Fachwirt/ zur Geprüften Fachwirtin für Versicherungen und Finanzanlagen vor einem Prüfungsausschuss der Industrie- und Handelskammer (IHK) abzulegen. Voraussetzung für die Zulassung zu dieser Prüfung ist die bestandene Abschlussprüfung in einem kaufmännischen oder verwaltenden Ausbildungsberuf und eine anschließende, mindestens zweijährige Berufspraxis. Personen, die keine erfolgreich abgeschlossene Berufsausbildung in einem kaufmännischen oder verwaltenden Ausbildungsberuf besitzen, müssen eine mindestens fünfjährige Berufspraxis nachweisen, um zur Prüfung zugelassen zu werden.

Für den beruflichen Aufstieg gibt es darüber hinaus noch eine größere Anzahl von Weiterbildungen für Beschäftigte im Versicherungswesen.

10 Beendigung von Arbeitsverhältnissen

Ein Arbeitsverhältnis kann durch Kündigung, Auflösungsvertrag oder Vertragsablauf beendet werden.

10.1 Arten der Beendigung eines Arbeitsverhältnisses

Kündigung

Definition

Die **Kündigung** ist eine einseitige, empfangsbedürftige Willenserklärung, durch die das Arbeitsverhältnis beendet wird.

Ein auf unbestimmte Zeit eingegangenes Arbeitsverhältnis kann vom Unternehmen, aber auch der beschäftigten Person gekündigt werden. Die Kündigung muss in schriftlicher Form erfolgen (gesetzlich vorgeschrieben seit dem 1. Mai 2000; § 623 BGB). *§ 623 BGB*

Die Schriftform für die Kündigung gilt für beide Seiten. Zur Rechtswirksamkeit der schriftlichen Kündigung ist gemäß § 126 BGB die eigenhändige Unterschrift notwendig. Schriftliche Kündigungen, die entweder nicht eigenhändig oder nicht von einer kündigungsberechtigten Person unterzeichnet wurden, sind nichtig. Eine zwar eigenhändig unterzeichnete, aber per Telefax übermittelte Kündigung entspricht ebenfalls nicht dem gesetzlichen Schriftformerfordernis des § 126 BGB. *§ 126 BGB*

Aufhebungsvertrag

In der betrieblichen Praxis wird die Kündigung in vielen Fällen durch eine Beendigung des Arbeitsverhältnisses im gegenseitigen Einvernehmen ersetzt. Diese Einigung zwischen Unternehmen und beschäftigter Person wird als **Aufhebungsvertrag** bezeichnet.

In diesem Fall endet das Arbeitsverhältnis zu dem von beiden Seiten vereinbarten Zeitpunkt.

Vertragsablauf

Wenn ein Arbeitsvertrag nur befristet abgeschlossen wurde (maximale Laufzeit zwei Jahre), endet das Arbeitsverhältnis nach Vertragsablauf, ohne dass eine Kündigung ausgesprochen wurde. Befristete Arbeitsverträge und Aufhebungsverträge müssen schriftlich abgeschlossen werden (§ 623 BGB).

10.2 Kündigungsarten

Ordentliche Kündigung

Definition

Bei einer **ordentlichen Kündigung** müssen bestimmte Kündigungsfristen eingehalten werden, die sich aus dem Gesetz und aus den Tarif- bzw. Einzelarbeitsverträgen ergeben.

Die gesetzlichen Kündigungsfristen gelten, wenn zwischen Unternehmen und beschäftigter Person keine Kündigungsfristen vereinbart wurden und auch keine tarifvertraglichen Vereinbarungen gelten.

Für Arbeiter/-innen und Angestellte beträgt die allgemeine gesetzliche Kündigungsfrist vier Wochen zum 15. eines Monats oder vier Wochen zum Monatsende. Diese Frist muss bei Kündigungen von jeder Seite eingehalten werden. Wird die Frist nicht eingehalten, ist die Kündigung unwirksam.

Für langjährig beschäftigte Arbeiter/-innen und Angestellte gelten bei der Kündigung durch das Unternehmen längere Kündigungsfristen:

Beschäftigungsdauer	Kündigungsfrist (jeweils zum Monatsende)
2– 5 Jahre (ab Vollend. 25. Lebensjahr)	1 Monat
5– 8 Jahre	2 Monate
8–10 Jahre	3 Monate
10–12 Jahre	4 Monate
12–15 Jahre	5 Monate
15–20 Jahre	6 Monate
20 Jahre und mehr	7 Monate

Bei der Berechnung der Beschäftigungsdauer werden nur die Jahre berücksichtigt, die eine beschäftigte Person nach Vollendung des 25. Lebensjahrs im Betrieb verbracht hat.

Die Tarifparteien können Kündigungsfristen vereinbaren, die von den gesetzlichen Kündigungsfristen abweichen.

Zwischen dem einzelnen Unternehmen und der/dem einzelnen Beschäftigten können im Einzelarbeitsvertrag die gesetzlichen Kündigungsfristen verlängert, aber nicht verkürzt werden (Ausnahme: Bei Aushilfstätigkeiten bis zu drei Monaten Dauer darf die Grundkündigungsfrist vertraglich verkürzt werden.).

Tabelle der gesetzlichen Kündigungsfristen								
Betriebs-zugehörigkeit[1] →	**unter 2 Jahren**	**2 Jahre**	**5 Jahre**	**8 Jahre**	**10 Jahre**	**12 Jahre**	**15 Jahre**	**20 Jahre**
Kündigungsfrist →	4 Wochen zum 15. oder ME	1 Monate/ ME	2 Monate/ ME	3 Monate/ ME	4 Monate/ ME	5 Monate/ ME	6 Monate/ ME	7 Monate/ ME
Spalte 1 ↓	Letzter Tag, an dem die Kündigung zugehen muss, um zu dem Termin in Spalte 1 wirksam zu werden[2]							
zum	am	am	am	am	am	am	am	am
15. Jan.	18. Dez.	–[2]	–	–	–	–	–	–
31. Jan.	3. Jan.	31. Dez.[3]	30. Nov.	31. Okt.	30. Sept.	31. Aug.	31. Juli	30. Juni
15. Febr.	18. Jan.	–	–	–	–	–	–	–
28. Febr.[4]	31. Jan.[5]	31. Jan.	31. Dez.	30. Nov.	31. Okt.	30. Sept.	31. Aug.	31. Juli
15. März	15. Febr.	–	–	–	–	–	–	–
31. März	3. März	28. Febr.[6]	31. Jan.	30. Dez.	30. Nov.	31. Okt.	30. Sept.	31. Aug.
15. April	18. März	–	–	–	–	–	–	–
30. April	2. April	31. März	28. Febr.[6]	31. Jan.	31. Dez.	30. Nov.	31. Okt.	30. Sept.
15. Mai	17. April	–	–	–	–	–	–	–
31. Mai	3. Mai	30. April	31. März	28. Febr.[6]	31. Jan.	31. Dez.	30. Nov.	31. Okt.
15. Juni	18. Mai	–	–	–	–	–	–	–
30. Juni	2. Juni	31. Mai	30. April	31. März	28. Febr.[6]	31. Jan.	31. Dez.	30. Nov.
15. Juli	17. Juni	–	–	–	–	–	–	–
31. Juli	3. Juli	30. Juni	31. Mai	30. April	31. März	28. Febr.[6]	31. Jan.	31. Dez.
15. Aug.	18. Juli	–	–	–	–	–	–	–
31. Aug.	3. Aug.	31. Juli	30. Juni	31. Mai	30. April	31. März	28. Febr.[6]	31. Jan.
15. Sept.	18. Aug.	–	–	–	–	–	–	–
30. Sept.	2. Sept.	31. Aug.	31. Juli	30. Juni	31. Mai	30. April	31. März	28. Febr.[6]
15. Okt.	17. Sept.	–	–	–	–	–	–	–
31. Okt.	3. Okt.	30. Sept.	31. Aug.	31. Juli	30. Juni	31. Mai	30. April	31. März
15. Nov.	18. Okt.	–	–	–	–	–	–	–
30. Nov.	2. Nov.	31. Okt.	30. Sept.	31. Aug.	31. Juli	30. Juni	31. Mai	30. April
15. Dez.	17. Nov.	–	–	–	–	–	–	–
31. Dez.	3. Dez.	30. Nov.	31. Okt.	30. Sept.	31. Aug.	31. Juli	30. Juni	31. Mai

[1] Die Kündigungsfristen werden auch verlängert, wenn die beschäftigte Person nicht im selben Betrieb lang genug beschäftigt war, sondern in einem anderen Betrieb des Unternehmens.

[2] Da ab zweijähriger Betriebszugehörigkeit eine Kündigung nur zum Monatsende zulässig ist, kommt in diesen Fällen der 15. eines Monats als Kündigungstermin nicht mehr in Betracht.

[3] Eine zum Monatsende mit Monatsfrist ausgesprochene Kündigung muss spätestens bis zum Ablauf des letzten Tags des vorangehenden Monats (24 Uhr) zugegangen sein. Eine wenn auch nur kurz nach Mitternacht, d. h. im neuen Monat, zugegangene Kündigung wirkt erst am Schluss des folgenden Monats. Dies gilt auch, wenn eine Person in Spätschicht arbeitet, die erst nach Mitternacht endet (BAG, Urteil vom 15. Juli 1969, DB 1969 S. 1851).

[4] im Schaltjahr zum 29. Februar

[5] im Schaltjahr am 1. Februar

[6] im Schaltjahr am 29. Februar

Außerordentliche Kündigung

Definition Bei einer **außerordentlichen Kündigung** wird das Arbeitsverhältnis ohne Einhaltung einer Kündigungsfrist (= fristlos) gekündigt. Eine fristlose Kündigung darf nur aus wichtigem Grund erfolgen.

Ein wichtiger Grund liegt vor, wenn entweder dem Unternehmen oder der beschäftigten Person die Fortsetzung des Arbeitsverhältnisses bis zum Ablauf der ordentlichen Kündigungsfrist nicht mehr zugemutet werden kann. Der wichtige Grund muss auf Tatsachen beruhen, die der Kündigende nachweisen muss. Vermutungen oder Verdächtigungen reichen nicht aus.

Anlässe für eine außerordentliche Kündigung durch das Unternehmen sind z. B. beharrliche Arbeitsverweigerung, dauernde Verspätungen, Diebstahl, Unterschlagungen, Beleidigungen, Tätlichkeiten, Verrat von Geschäftsgeheimnissen, Gefährdung des Betriebsfriedens durch Streitigkeiten mit Arbeitskollegen.

Anlass für eine außerordentliche Kündigung durch Beschäftigte ist z. B. die Weigerung des Unternehmens, das vereinbarte Gehalt zu zahlen.

Eine außerordentliche Kündigung ist nur wirksam, wenn sie innerhalb von vierzehn Tagen nach Bekanntwerden des wichtigen Grundes erfolgt ist.

10.3 Mitwirkung des Betriebsrats bei der Kündigung

Gibt es in einem Betrieb einen Betriebsrat, so muss das Unternehmen den Betriebsrat vor jeder beabsichtigten Kündigung anhören. Dies betrifft sowohl ordentliche als auch außerordentliche Kündigungen.

Zur Anhörung gehört, dass das Unternehmen dem Betriebsrat auch die Kündigungsgründe mitteilt. Eine Kündigung ohne vorherige Anhörung des Betriebsrats ist unwirksam. Der Betriebsrat kann einer Kündigung innerhalb einer Woche, nachdem er unterrichtet wurde, widersprechen. Der Widerspruch verhindert die Kündigung jedoch nicht. Sie bleibt trotzdem wirksam.

10.4 Kündigungsschutz

Allgemeiner Kündigungsschutz

In Betrieben mit mehr als fünf Beschäftigten (Auszubildende nicht mitgerechnet) genießen diese den Kündigungsschutz nach den Vorschriften des Kündigungsschutzgesetzes, sofern

- sie das 18. Lebensjahr vollendet haben und
- länger als sechs Monate ohne Unterbrechung in demselben Betrieb oder Unternehmen beschäftigt sind.

Beschäftigte, deren Arbeitsverhältnis nach dem 31. Dezember 2003 begonnen hat, genießen diesen Kündigungsschutz nur in Betrieben mit mehr als zehn Beschäftigten.

Beschäftigte dürfen nicht entlassen werden, wenn die Kündigung sozial ungerechtfertigt ist. Eine Kündigung gilt als sozial ungerechtfertigt,

- wenn sie nicht in der Person oder ihrem Verhalten begründet ist oder
- wenn es für die Kündigung keine dringenden betrieblichen Erfordernisse gibt.

Kündigungsgründe

Gründe in der beschäftigten Person

Hierzu zählen z. B. mangelnde Eignung und mangelnde Ausbildung. Eine lang andauernde oder häufig auftretende Krankheit ist dann ein Kündigungsgrund, wenn die krankheitsbedingten Fehlzeiten zu einer unzumutbaren Beeinträchtigung der betrieblichen Interessen führen.

Gründe im Verhalten der beschäftigten Person

Hierzu zählen z. B. wiederholte Unpünktlichkeit, mehrfaches Fehlen ohne ausreichenden Grund, Beleidigungen, Verstöße gegen die Gehorsams- und Verschwiegenheitspflicht. Eine Kündigung aus Gründen im Verhalten einer beschäftigten Person ist im Allgemeinen nur gerechtfertigt, wenn diese Person wiederholt ihre Pflichten verletzt hat und deshalb schon verwarnt worden ist (sogenannte *Abmahnung*).

Eine Abmahnung muss sich immer auf ein konkretes vertragswidriges Verhalten beziehen. Damit sie wirksam ist, muss die Abmahnung folgende Anforderungen erfüllen:

- Das pflichtwidrige Verhalten der beschäftigten Person muss in der Abmahnung unter Angabe von Ort, Datum und Zeit genau beschrieben werden (= Dokumentationsfunktion der Abmahnung).
- Die Person muss in der Abmahnung aufgefordert werden, das genau beschriebene, pflichtwidrige Verhalten zu unterlassen (= Ermahnungsfunktion der Abmahnung).
- Der Person müssen in der Abmahnung die arbeitsrechtlichen Konsequenzen für den Fall einer Wiederholung ihres pflichtwidrigen Verhaltens angedroht werden (= Warnfunktion der Abmahnung).

Dringende betriebliche Erfordernisse

Dringende betriebliche Erfordernisse, die eine Kündigung rechtfertigen können, sind z. B. Absatzschwierigkeiten, Einsparen von Arbeitsplätzen durch Rationalisierungsmaßnahmen, Stilllegung des Betriebs oder einer Abteilung.

Das Vorliegen eines solchen Kündigungsgrunds muss vom Unternehmen nachgewiesen werden.

Proximus Versicherung AG

Proximus Versicherung AG | Postfach 21 31 41 | 30625 Hannover
Herrn
Walter Halfpap
Alexanderstraße 115
30159 Hannover

Ihr Zeichen:
Ihre Nachricht vom:
Unser Zeichen: schw
Unsere Nachricht vom:

Name: Tanja Schwab
Telefon: 0511 9876-39
Telefax: 0511 9876-10

E-Mail: tanja.schwab@Proximus-Versicherung-AG.de
Datum: 10.10.20..

Abmahnung

Sehr geehrter Herr Halfpap,

Ihr Verhalten veranlasst uns, Sie auf die ordnungsgemäße Erfüllung Ihrer arbeitsvertraglichen Pflichten hinzuweisen.

Wie wir feststellen mussten, haben Sie am 15.07.20.., am 22.07.20.. und am 29.07.20.. Ihren um 08:30 Uhr beginnenden Dienst erst verspätet um 09:15 Uhr aufgenommen.

Wir mahnen Sie deshalb ab und fordern Sie auf, künftig Ihre Pflichten aus Ihrem Arbeitsvertrag präzise zu erfüllen.

Im Falle eines weiteren Verstoßes gegen Ihre arbeitsvertraglichen Pflichten behalten wir uns vor, das Arbeitsverhältnis mit Ihnen zu kündigen.

Eine Kopie dieser Abmahnung kommt in Ihre Personalakte.

Mit freundlichem Gruß

Proximus Versicherung AG

Tanja Schwab

Tanja Schwab
Personalleiterin

Bergener Str. 6 a | 30625 Hannover | Tel. 0511 9876-0 | Fax 0511 98 6-10 | Internet www.Proximus-Versicherung-AG.de | E-Mail info@Proximus-Versicherung-AG.de

USt-IdNr. DE183034912 | Steuernummer 2320 041 014 | Zollnummer E6115 09 | HRA 200147 Hannover | Erfüllungsort und Gerichtsstand Hannover

Sparkasse Hannover
Konto 517 321 | BLZ 250 501 80
IBAN DE53 2505 0180 0000 5173 21
BIC SPKHDE2H

Postbank Hannover
Konto 15 305 | BLZ 25 100 30
IBAN DE82 250 0030 000 0153 05
BIC PBNKDEFF

Commerzbank Hannover
Konto 141 919 100 | BLZ 250 400 66
IBAN DE09 2504 0066 0141 9191 00
BIC COBADEFF

Abmahnungsschreiben

Sozialauswahl

Betriebsbedingte Kündigung: Punkteschema zur richtigen Sozialauswahl

Bei betriebsbedingten Kündigungen muss der Arbeitgeber immer eine Sozialauswahl treffen. Er soll den sozial am wenigsten schutzbedürftigen Arbeitnehmer entlassen, also denjenigen, der voraussichtlich am schnellsten wieder einen Job findet und von dessen Einkommen möglichst wenig andere Personen (Ehegatte, Kinder) abhängig sind. [...]
Die Kriterien dieser Sozialauswahl definiert § 1 Abs. 3 des Kündigungsschutzgesetzes (KSchG):

- Dauer der Betriebszugehörigkeit,
- Lebensalter,
- Unterhaltspflichten und
- Schwerbehinderung des Arbeitnehmers.

Bezieht der Arbeitgeber bei der Auswahl des zu kündigenden Arbeitnehmers die vier genannten Kriterien nicht in seinen Vergleich mit ein oder wägt er sie falsch ab, werden die Arbeitsgerichte im Kündigungsschutzprozess die Kündigung des Arbeitnehmers für sozialwidrig und unwirksam erklären. [...]

Der Arbeitgeber muss dem Gericht im Rahmen eines Kündigungsschutzprozesses darlegen, dass er sich bei der Kündigung des Arbeitnehmers XY etwas gedacht hat. Das Mittel, um die Sozialauswahl transparent und für das Gericht nachvollziehbar zu machen, sind **Punkteschemata**. Sie helfen herauszufinden, welche Arbeitnehmer vergleichbar und am wenigsten schutzbedürftig sind. Bei einem Punkteschema werden die vier Aspekte, die bei der Sozialauswahl relevant sind, aufgelistet. Jedes Kriterium wird mit einer bestimmten Anzahl von Punkten hinterlegt. Mittels dieses Schemas erhält jeder Arbeitnehmer im Betrieb eine bestimmte Punktezahl. Der Arbeitgeber kann anhand der Ergebnisse eine Rangfolge erstellen. Je höher die Punktezahl, desto sozial geschützter ist der Arbeitnehmer. Je niedriger die Zahl, desto höher die Chancen einer Kündigung. Ein Beispiel für ein solches Schema, das das BAG für zulässig erachtete, ist folgendes:

Kriterium		**Punkte**
Lebensalter	für jedes vollendete Jahr nach dem 18. Lebensjahr	1 Punkt
Betriebszugehörigkeit	für jedes Beschäftigungsjahr	1 Punkt
Unterhaltspflichten	Ehegatte/eingetragener Lebenspartner	2 Punkte
	Unterhaltsberechtigtes, auf der Lohnsteuerkarte eingetragenes Kind	3 Punkte
Schwerbehinderung/ Gleichstellung	50%	5 Punkte
	je weiterer 10% GdB	1 Punkt

Quelle: Groll, Katrin: Betriebsbedingte Kündigung: Punkteschema zur richtigen Sozialauswahl. In: Rechthaber.com. 15.08.2021, Graf & Partner. https://www.rechthaber.com/betriebsbedingte-kundigung-punkteschemata-zur-richtigen-sozialauswahl/ [01.10.2020].

Kündigungsschutzverfahren

Hält eine Person die Kündigung ihres Arbeitsverhältnisses für sozial ungerechtfertigt, kann sie das Arbeitsgericht anrufen und innerhalb von drei Wochen nach Zustellung der Kündigung Klage beim Arbeitsgericht erheben (**= Kündigungsschutzklage**). Lässt eine beschäftigte Person die Klagefrist verstreichen, ist die Kündigung wirksam.

Stellt das Arbeitsgericht im Klagefall fest, dass die Kündigung sozial ungerechtfertigt war, muss die Person weiterbeschäftigt werden. Häufig haben sich beide Seiten durch die Führung des Arbeitsgerichtsprozesses jedoch so zerstritten, dass die Fortsetzung des Arbeitsverhältnisses für die Beteiligten nicht zumutbar ist. In solchen Fällen kommt es meistens zu einem Vergleich:

- Die Person verzichtet auf die Weiterbeschäftigung.
- Das Unternehmen zahlt der Person eine gerichtlich festgesetzte Abfindung.

Das Arbeitsgerichtsverfahren

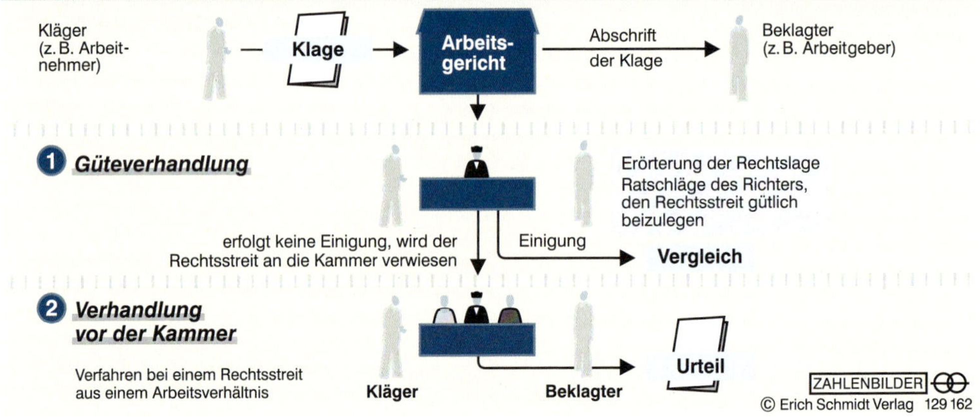

Kündigungsschutz für besonders geschützte Personen

Besondere Kündigungsschutzbestimmungen gelten für Betriebsratsmitglieder, Jugend- und Auszubildendenvertretungsmitglieder, Schwerbehinderte, werdende Mütter und Wehrpflichtige.

Gegenüber **Betriebsrats- sowie Jugend- und Auszubildendenvertretungsmitgliedern** ist eine ordentliche Kündigung nicht zulässig. Ihnen darf nur außerordentlich gekündigt werden, sofern ein wichtiger Grund vorliegt. Der Kündigungsschutz beginnt für Mitglieder von Betriebsräten sowie Jugend- und Auszubildendenvertretungen mit dem Beginn ihrer Amtszeit und endet ein Jahr nach Beendigung der Amtszeit.

Schwerbehinderten Personen, deren Arbeitsverhältnis seit mindestens sechs Monaten besteht, darf grundsätzlich nur nach vorheriger Zustimmung der Hauptfürsorgestelle gekündigt werden.

Frauen darf während einer Schwangerschaft und bis zu vier Monaten nach der Entbindung nicht gekündigt werden. Der Kündigungsschutz für werdende Mütter gilt auch dann, wenn dem Unternehmen zum Zeitpunkt der Kündigung die Schwangerschaft nicht bekannt war. Wenn die Arbeitnehmerin das Unternehmen bis spätestens zwei Wochen nach Zugang der Kündigung über die Schwangerschaft informiert, muss sie weiterbeschäftigt werden.

Schwangeren und jungen Müttern darf während der Kündigungsschutzfrist ausnahmsweise gekündigt werden, wenn die für den Arbeitsschutz zuständige oberste Landesbehörde (z. B. in Niedersachsen das Ministerium für Frauen, Arbeit und Soziales) oder die von ihr beauftragte Stelle die Kündigung für zulässig erklärt.

Beschäftigten, die die **Elternzeit** in Anspruch nehmen, darf während dieser Zeit nicht gekündigt werden.

Einer **beschäftigten Person, die freiwilligen Wehrdienst leistet,** darf in der Zeit von der Zustellung des Einberufungsbescheids bis zur Beendigung des Wehrdienstes und während einer Wehrübung nicht ordentlich gekündigt werden.

10.5 Erteilung eines Zeugnisses

Alle Beschäftigten können bei Beendigung des Arbeitsverhältnisses von ihrem arbeitgebenden Unternehmen ein schriftliches Zeugnis verlangen. Das Zeugnis muss genaue und zutreffende Angaben über die Art der Beschäftigung und über die Dauer des Arbeitsverhältnisses enthalten (= **einfaches Zeugnis**). Nur wenn eine Person dies ausdrücklich verlangt, darf das Zeugnis auch Angaben über ihre Leistungen und ihre Führung enthalten (= **qualifiziertes Zeugnis**).

Was sollte und was darf nicht im Arbeitszeugnis stehen?

Beispiel

BeispieL für Zeugniscodes

Beurteilungsmaßstäbe des RKW (Rationalisierungskuratorium der Deutschen Wirtschaft)

- stets zu unserer vollsten Zufriedenheit erledigt = sehr gut
- stets zu unserer vollen Zufriedenheit erledigt = gut
- zu unserer vollen Zufriedenheit erledigt = befriedigend
- zu unserer Zufriedenheit erledigt = ausreichend
- im Großen und Ganzen zur Zufriedenheit erledigt = mangelhaft
- hat sich bemüht, die übertragenen Arbeiten zur Zufriedenheit zu erledigen = ungenügend

10.6 Herausgabe der Arbeitspapiere

Bei der Beendigung des Arbeitsverhältnisses muss das Unternehmen alle Arbeitspapiere an die beschäftigte Person herausgeben: Sozialversicherungsnachweisheft, Lohnsteuerbescheinigung, Lohnnachweis, Arbeitszeugnis, ggf. Sozialversicherungsausweis, Bescheinigung über bereits erteilten Urlaubsanspruch, Arbeitsbescheinigung.

11 Jugendarbeitsschutzgesetz

Das Jugendarbeitsschutzgesetz soll jugendliche Arbeitnehmerinnen, Arbeitnehmer und Auszubildende vor Überforderungen im Berufsleben schützen. Es gilt für 14- bis 17-jährige Personen.

11.1 Arbeitszeitregelungen

Die wöchentliche Arbeitszeit darf 40 Stunden nicht überschreiten. Jugendliche dürfen nur an fünf Tagen in der Woche beschäftigt werden.

Die regelmäßige tägliche Arbeitszeit beträgt acht Stunden. Sie darf auf achteinhalb Stunden erhöht werden, wenn dadurch die wöchentliche Arbeitszeit von 40 Stunden nicht überschritten wird.

Jugendliche dürfen frühestens um 06:00 Uhr mit der Arbeit beginnen. Sie dürfen nach 20:00 Uhr nicht mehr beschäftigt werden. Ausnahmen von dieser Regelung sind für das Gaststätten- und Schaustellergewerbe, mehrschichtige Betriebe, die Landwirtschaft, Bäckereien und Konditoreien erlaubt. In Bäckereien und Konditoreien dürfen über 16-Jährige ab 05:00 Uhr beschäftigt werden. Über 17-Jährige dürfen in Bäckereien ab 04:00 Uhr arbeiten.

Jugendliche dürfen nicht an Sonntagen beschäftigt werden.

Jugendliche dürfen an Samstagen beschäftigt werden. Sie sollen zwar an mindestens zwei Samstagen im Monat nicht arbeiten. Es handelt sich hier aber nur um eine Soll-Bestimmung. Jugendliche dürfen auch an diesen Samstagen beschäftigt werden, wenn es die betrieblichen Verhältnisse erfordern.

11.2 Pausen

Pause!

Bei einer täglichen Arbeitszeit von mehr als viereinhalb Stunden müssen Jugendliche mindestens 30 Minuten Pause machen. Bei mehr als sechs Stunden sind es mindestens 60 Minuten. Die Pausen werden nicht auf die tägliche Arbeitszeit angerechnet. Eine Pause muss mindestens 15 Minuten lang sein. Jugendliche dürfen nicht länger als viereinhalb Stunden ohne Ruhepause beschäftigt werden.

11.3 Urlaub

15-jährige Jugendliche haben einen Anspruch auf 30 Werktage Urlaub im Jahr. Ab einem Alter von 16 Jahren sieht das Jugendarbeitsschutzgesetz 27 Werktage und ab 17 Jahren 25 Werktage Jahresurlaub vor. Werktage sind alle Wochentage außer Sonntag.

11.4 Anrechnung des Berufsschulbesuchs auf die Arbeitszeit

Wenn der Berufsschulunterricht vor 09:00 Uhr beginnt, dürfen Jugendliche vorher nicht mehr im Ausbildungsbetrieb beschäftigt werden. Dies gilt auch für Personen, die über 18 Jahre alt und noch berufsschulpflichtig sind.

An einem Tag in der Woche sind Jugendliche den ganzen Tag von der Arbeit befreit, wenn sie an diesem Tag mehr als fünf Unterrichtsstunden die Berufsschule besuchen. Dieser Berufsschultag wird mit acht Stunden auf die wöchentliche Arbeitszeit angerechnet. Für einen zweiten Berufsschultag gilt diese Regelung nicht. Dieser zweite Berufsschultag wird auf die wöchentliche Arbeitszeit nur mit den Unterrichtsstunden und Pausen angerechnet, die der/die Auszubildende in der Berufsschule verbringen musste.

11.5 Beschäftigungsverbote

Personen unter 15 Jahren dürfen nur in einem Ausbildungsverhältnis beschäftigt werden. Sie dürfen keine Akkordarbeit leisten. Außerdem dürfen Jugendliche nicht mit Arbeiten betraut oder an Orten beschäftigt werden, die eine sittliche Gefährdung darstellen. Gesundheitsgefährdende Arbeiten sind für Jugendliche unter 16 Jahren grundsätzlich verboten. Für 16- und 17-jährige Beschäftigte sind gesundheitsgefährdende Arbeiten nur dann erlaubt, wenn im Rahmen der Ausbildung nicht auf sie verzichtet werden kann.

11.6 Gesundheitliche Betreuung

Vor Beginn einer Ausbildung müssen alle Jugendlichen von einem Arzt untersucht worden sein. Die Untersuchung darf nicht länger als 14 Monate zurückliegen (Erstuntersuchung). Nach dem ersten Ausbildungsjahr müssen sich alle Jugendlichen einer ersten Nachuntersuchung unterziehen (Pflichtuntersuchung). Weitere Nachuntersuchungen sind freiwillig.

11.7 Aufsicht über die Durchführung des Jugendarbeitsschutzgesetzes

Die Einhaltung der Jugendarbeitsschutzbestimmungen wird durch die zuständige staatliche Aufsichtsbehörde überwacht. Das sind in der Regel die regionalen Gewerbeaufsichtsämter.

Die Beamten und Beamtinnen der staatlichen Aufsichtsbehörde dürfen alle Betriebe in ihrer Region zu den Betriebs- und Arbeitszeiten unangemeldet betreten, besichtigen und prüfen.

Schwerwiegende Verstöße gegen das Arbeitsschutzgesetz teilt die Aufsichtsbehörde der zuständigen Industrie- und Handelskammer oder Handwerkskammer mit.

12 Innerbetriebliche Mitbestimmung

Im Betriebsverfassungsgesetz (BetrVG) von 1972 sind die Mitwirkungs- und Mitbestimmungsrechte des Betriebsrats, der Jugend- und Auszubildendenvertretung und der Beschäftigten in Betrieben der Privatwirtschaft geregelt.

12.1 Betriebsrat

Wahl des Betriebsrats

Der Betriebsrat ist die wichtigste Interessenvertretung der Beschäftigten in einem Betrieb. Er wird von allen Beschäftigten eines Betriebs gewählt, die mindestens 18 Jahre alt sind.

In den Betriebsrat können alle Beschäftigten eines Betriebs über 18 Jahre gewählt werden, die mindestens sechs Monaten in diesem Betrieb beschäftigt sind. Die Amtsdauer des Betriebsrats beträgt vier Jahre.

Betriebsräte dürfen in allen Betrieben gewählt werden, die mindestens fünf Arbeitnehmer/-innen über 18 Jahre beschäftigen. Die Mitglieder des Betriebsrats wählen aus ihrer Mitte den Betriebsratsvorsitz und eine Stellvertretung.

Für ihre Tätigkeit müssen die Betriebsratsmitglieder so viele Stunden von ihrer beruflichen Arbeit befreit werden, wie sie zur Erfüllung ihrer Betriebsratsaufgaben benötigen. In einem Betrieb mit mindestens 200 Beschäftigten muss mindestens ein Betriebsratsmitglied ganz von der Arbeit freigestellt werden.

Betriebsratswahl im Unternehmen

Die Mitgliederzahl des Betriebsrats ist abhängig von der Anzahl der wahlberechtigten Beschäftigten eines Betriebs.

Bei fünf bis 20 wahlberechtigten Beschäftigten wird nur eine einzelne Betriebsobperson gewählt.

Wahlberechtigte Beschäftigte im Betrieb	Mitgliederzahl
21 bis 50	3
51 bis 100	5
101 bis 200	7
201 bis 400	9
401 bis 700	11
701 bis 1 000	13
1 001 bis 1 500	15
1 501 bis 2 000	17
2 001 bis 2 500	19
2 501 bis 3 000	21
3 001 bis 3 500	23
3 501 bis 4 000	25
4 001 bis 4 500	27
4 501 bis 5 000	28
5 001 bis 6 000	31
6 001 bis 7 000	33
7 001 bis 9 000	35

In Betrieben mit mehr als 9 000 Beschäftigten erhöht sich die Zahl der Betriebsratsmitglieder um zwei Mitglieder für jede weiteren angefangenen 3 000 Beschäftigten.

Allgemeine Aufgaben des Betriebsrats

Der Betriebsrat überwacht, dass im Betrieb alle zum Schutz der Beschäftigten erlassenen Gesetze, Verordnungen, Unfallverhütungsvorschriften und Tarifverträge eingehalten werden.

Darüber hinaus hat der Betriebsrat eine Reihe von Mitwirkungs- und Mitbestimmungsrechten.

Definition

Mitbestimmung des Betriebsrats bedeutet: Die betriebliche Maßnahme wird erst mit Zustimmung des Betriebsrats wirksam.
Mitwirkung des Betriebsrats bedeutet: Der Betriebsrat hat ein Informations-, Beratungs- oder Anhörungsrecht. Durch den Widerspruch des Betriebsrats wird die vom Unternehmen angeordnete Maßnahme nicht unwirksam.

Mitbestimmung in sozialen Angelegenheiten

Der Betriebsrat hat in sozialen Angelegenheiten ein volles Mitbestimmungsrecht. Dazu gehören:

- Kurzarbeit und Überstunden
- Beginn und Ende der täglichen Arbeitszeit
- Errichtung betrieblicher Sozialeinrichtungen (z. B. Kantinen und Aufenthaltsräume)
- Entscheidung über Arbeitsplätze mit leistungsbezogenem Entgelt (Akkordlöhne oder Prämien)
- Einführung von Arbeitskontrollen

Verweigert der Betriebsrat in diesen Angelegenheiten seine Zustimmung, so entscheidet eine **Einigungsstelle.** Die Einigungsstelle setzt sich aus der gleichen Anzahl von Vertretern des Unternehmens und des Betriebsrats sowie einem unparteiischen Vorsitz zusammen.

Mitwirkung bei personellen Angelegenheiten

Bei folgenden personellen Angelegenheiten hat der Betriebsrat ein **Zustimmungsverweigerungsrecht oder Widerspruchsrecht**:

- Arbeitsplatzgestaltung
- Beurteilungsfragen
- Berufung und Abberufung von Ausbildern/Ausbilderinnen
- Versetzungen
- Umgruppierungen
- Einstellungen

In einem Unternehmen mit mehr als 20 wahlberechtigten Beschäftigten dürfen Einstellungen und Versetzungen grundsätzlich nur durchgeführt werden, wenn der Betriebsrat vorher zugestimmt hat (= volles Mitbestimmungsrecht). Wenn der Betriebsrat die Zustimmung verweigert, kann das Unternehmen sich an das Arbeitsgericht wenden. Das Arbeitsgericht ersetzt die Zustimmung des Betriebsrats, wenn der Betriebsrat die Zustimmung unbegründet verweigert hat.

Bei **Kündigungen** von Beschäftigten hat der Betriebsrat nur ein **Anhörungsrecht**. Die Kündigung ist also unwirksam, wenn der Betriebsrat vor einer Kündigung nicht angehört wird. Der Betriebsrat kann eine Kündigung jedoch nicht verhindern. Auch wenn der Betriebsrat mit der Kündigung nicht einverstanden ist, kann das Unternehmen die Person entlassen. Wenn der Betriebsrat einer ordentlichen Kündigung binnen einer Woche widersprochen hat und die beschäftigte Person Kündigungsschutzklage erhoben hat, muss sie auf Wunsch jedoch bis zum rechtskräftigen Abschluss des Rechtsstreits weiterbeschäftigt werden.

Mitwirkung in wirtschaftlichen Angelegenheiten

In wirtschaftlichen Angelegenheiten hat der Betriebsrat nur ein **Informations-, Unterrichtungs- und Beratungsrecht**. In Unternehmen mit mehr als 100 Arbeitnehmern wird ein **Wirtschaftsausschuss** eingerichtet. Die Mitglieder dieses Ausschusses werden vom Betriebsrat bestimmt. Die Unternehmensleitung muss den Wirtschaftsausschuss umfassend über die wirtschaftliche und finanzielle Lage des Unternehmens unterrichten.

Ein Widerspruch des Betriebsrats in wirtschaftlichen Angelegenheiten bleibt ohne Folgen. Letztlich kann hier das Unternehmen alleine entscheiden.

Betriebsvereinbarungen

Zwischen dem Betriebsrat und dem Unternehmen können Vereinbarungen geschlossen werden, die für die Beschäftigten eines Betriebs unmittelbar gelten. Diese Betriebsvereinbarungen müssen in schriftlicher Form getroffen und von Unternehmen und Betriebsrat unterzeichnet werden. Das Unternehmen ist verpflichtet, Betriebsvereinbarungen an einer geeigneten Stelle im Betrieb auszulegen oder auszuhängen.

Eine Sonderform der Betriebsvereinbarung ist der **Sozialplan**. Er soll die wirtschaftlichen Nachteile, die Beschäftigten durch eine geplante Betriebsänderung (z. B. Stilllegung oder Verlegung des Betriebs) entstehen, ausgleichen oder mildern.

Betriebsversammlungen

Der Betriebsrat muss einmal in jedem Kalendervierteljahr auf einer Betriebsversammlung alle Beschäftigten (einschließlich der Auszubildenden) über seine Tätigkeit informieren und sich der Diskussion stellen. Der Arbeitgeber muss ebenfalls zur Betriebsversammlung eingeladen werden. Er hat das Recht, auf den Betriebsversammlungen zu sprechen. Mindestens einmal im Jahr muss das Unternehmen oder seine Vertretung in einer Betriebsversammlung berichten über:

- das Personal- und Sozialwesen. Dabei muss er auch über den
  - Stand der Gleichstellung von Frauen und Männern im Betrieb und
  - die Integration der ausländischen Beschäftigten berichten.
- die wirtschaftliche Lage und Entwicklung des Betriebs
- den betrieblichen Umweltschutz

An den Betriebsversammlungen können Beauftragte der im Betrieb vertretenen Gewerkschaften beratend teilnehmen. Das Unternehmen kann Vertreter/-innen seines Arbeitgeberverbands hinzuziehen, wenn es an einer Betriebsversammlung teilnimmt.

12.2 Jugend- und Auszubildendenvertretung

Die Jugend- und Auszubildendenvertretung bei der Arbeit

Die Jugend- und Auszubildendenvertretung (JAV) kümmert sich um die besonderen Angelegenheiten der jugendlichen Beschäftigten unter 18 Jahren und der Auszubildenden unter 25 Jahren.

Eine Jugend- und Auszubildendenvertretung kann in Betrieben gewählt werden, in denen mindestens fünf Beschäftigte bis 18 Jahre oder Auszubildende bis 25 Jahre beschäftigt sind. Sie wird von allen Beschäftigten unter 18 Jahren und allen Auszubildenden unter 25 Jahren gewählt.

In die Jugend- und Auszubildendenvertretung können alle Beschäftigten des Betriebs gewählt werden, die noch nicht 25 Jahre alt sind. Die Amtsdauer der Jugend- und Auszubildendenvertretung beträgt zwei Jahre.

Die Zahl der Vertreter/-innen in der Jugend- und Auszubildendenvertretung richtet sich nach der Zahl der in dem Betrieb beschäftigten Jugendlichen bis 18 Jahre und der Auszubildenden bis 25 Jahre.

Vertretung in der JAV	
Jugendliche bis 18 Jahre bzw. Auszubildende bis 25 Jahre im Betrieb	Zahl der Vertreter/-innen
5 bis 20	1
21 bis 50	3
51 bis 200	5
201 bis 300	7
301 bis 600	9
601 bis 1 000	11
über 1 000	13

Für die Jugend- und Auszubildendenvertretung ist der Betriebsrat Ansprechpartner. Ein Mitglied der Jugend- und Auszubildendenvertretung kann an allen Sitzungen des Betriebsrats teilnehmen. Die gesamte Jugend- und Auszubildendenvertretung kann an der Betriebsratssitzung teilnehmen, wenn besondere Probleme der Jugendlichen und Auszubildenden im Betrieb zur Debatte stehen. Die Jugend- und Auszubildendenvertreter/-innen haben im Betriebsrat dann Stimmrecht, wenn die Beschlüsse des Betriebsrats überwiegend jugendliche Beschäftigte oder Auszubildende betreffen.

12.3 Mitwirkungs- und Beschwerderechte der einzelnen Beschäftigten

Bei den Rechten der einzelnen Beschäftigten handelt es sich in erster Linie um Informations- und Anhörungsrechte zur eigenen Person, die im Betriebsverfassungsgesetz genannt sind, und zum eigenen Arbeitsplatz. Die beschäftigte Person kann z.B. verlangen, dass ihr die Berechnung und die Zusammensetzung ihres Gehalts erläutert werden. Auch ihre Leistungsbeurteilung und ihre beruflichen Entwicklungsmöglichkeiten im Betrieb müssen mit ihr erörtert werden, wenn sie es wünscht. Dazu kann sie ein Mitglied des Betriebsrats hinzuziehen.

Alle Beschäftigten haben das Recht, sich über den Inhalt der eigenen Personalakte zu informieren. Auch dazu können sie ein Betriebsratsmitglied hinzuziehen. Jede beschäftigte Person hat die Möglichkeit, zum Inhalt der Personalakte Erklärungen abzugeben. Sie kann verlangen, dass diese Erklärungen der Personalakte beigefügt werden.

Jede beschäftigte Person darf sich bei der zuständigen Stelle des Betriebs (z.B. Geschäftsinhabende, Geschäftsführung) beschweren, wenn sie sich benachteiligt oder ungerecht behandelt fühlt. Dabei kann sie ein Betriebsratsmitglied zu ihrer Unterstützung hinzuziehen.

Lernfeld 2

Kundenberatungsgespräche zu Versicherungsverträgen vorbereiten

Zielbeschreibung:

Sie verfügen über die Kompetenz, unter Berücksichtigung der rechtlichen Rahmenbedingungen Kundenberatungsgespräche zu Versicherungsverträgen vorzubereiten.

2

Es folgen die Inhalte des Rahmenlehrplans für Lernfeld 2:

Kundenberatungsgespräche zu Versicherungsverträgen vorbereiten

Die Schülerinnen und Schüler **analysieren** die Rechts-und Geschäftsfähigkeit von Kunden *(Versicherungsnehmer)* und bereiten unter Beachtung rechtlicher und betrieblicher Vorgaben *(Allgemeine Versicherungsbedingungen, Versicherungsvertragsgesetz, Bürgerliches Gesetzbuch, Verordnung über Informationspflichten bei Versicherungsverträgen)* den Abschluss von Versicherungsverträgen *(Antrags- und Invitatiomodell)* vor.

Die Schülerinnen und Schüler machen sich mit den Grundlagen des Versicherungs- und Handelsrechts *(Willenserklärungen, Rechtsgeschäfte, Informationspflichten des Versicherers, Anzeigepflichten des Versicherungsnehmers, Datenschutzklauseln)* vertraut und **informieren** sich über die Rechte und Pflichten der Kunden vor und nach dem Beginn der Versicherung, zu deren Beendigung sowie über die Folgen bei Verletzung der gesetzlichen und vertraglichen Regelungen *(Versicherungsbeginn, Prämienverzug, vorvertragliche Anzeigepflicht, Kündigung, Rücktritt, Widerruf, Widerspruch).*

Die Schülerinnen und Schüler **bereiten** Kundenberatungsgespräche **vor**, mit deren Hilfe sie die persönlichen und wirtschaftliche Verhältnisse der Kunden sowie deren Bedarfe und Wünsche ermitteln, die Kunden über die Dokumentations-, Beratungs- und Informationspflichten aufklären und auf Möglichkeiten der Konfliktlösung und Schlichtung *(Ombudsmann, Bundesanstalt für Finanzdienstleistungsaufsicht)* verweisen. Dabei berücksichtigen sie die Belange des Datenschutzes.

Die Schülerinnen und Schüler **kontrollieren** ihre Planung hinsichtlich der rechtlichen und betrieblichen Vorgaben. Sie **bewerten** ihre Vorgehensweise bei der Vorbereitung und diskutieren Verbesserungsmöglichkeiten.

1 Allgemeine Rechtsgrundlagen

Täglich schließt jeder Mensch unzählige Verträge ab, teilweise, ohne sich dessen bewusst zu sein. Selbst der Kauf einer Zeitschrift am Kiosk stellt einen Kaufvertrag dar, auch ohne dass es hierfür einen schriftlichen Vertrag geben muss. In diesem Kapitel werden die allgemeinen Rechtsgrundlagen hierzu näher betrachtet.

1.1 Rechtsordnung

Die Interessen der Menschen sind häufig gegensätzlich. So wollen im Rahmen eines Kaufvertrages beispielsweise **Verkäufer** einen möglichst hohen Preis für ihre Waren erzielen. **Käufer** dagegen möchten die Artikel so preiswert wie möglich erwerben. Werden in der Vereinbarung über den Kauf keine klaren Regelungen getroffen, können Konflikte auftreten. In diesem Zusammenhang ist das Recht unerlässlich.

Das Recht hat die Aufgabe, die vielfältigen rechtlichen Beziehungen der Menschen in einer staatlichen Gemeinschaft zu regeln.

Es ordnet den Verlauf des gesellschaftlichen Lebens durch Gebote und Verbote. Diese sind unerlässlich, damit ein geordnetes und vor allem auch friedliches Zusammenleben der Menschen innerhalb der Gesellschaft ermöglicht wird. Ein Fehlen von Recht hat zwangsläufig Unordnung und Chaos zur Folge.

Das Wort „Recht“ kann in einem doppelten Sinn verstanden werden:

- Als **objektives Recht** umfasst es die Gesamtheit der Rechtsnormen. Dies ist die Rechtsordnung, die in einem Staat gilt. In diesem Zusammenhang versteht man unter Recht also die Vorschriften und Regeln selbst, deren Durchsetzung der Staat garantiert.

Beispiel Der Versicherungsmitarbeiter Alexander Berg beruft sich bei der Behandlung einer Kundenreklamation auf das „Recht“.

- Zum **subjektiven Recht** gehören die von der Rechtsordnung geschützten Interessen des Einzelnen, seine Berechtigungen. Die subjektiven Rechte können von den Menschen aufgrund der objektiven Rechtsordnung eingeklagt werden.

Beispiel

- Eine Privatperson ist der Ansicht, dass sie „im Recht“ sei.
- Anspruch einer Gläubigerin auf Zinsen gegenüber einem Schuldner
- Anspruch auf Prämienzahlung und Versicherungsschutz bei einem Versicherungsvertrag

- Die Rechtsnormen gehören entweder dem öffentlichen oder dem privaten Recht an.

Privatrecht

Das Privatrecht regelt die privaten Rechtsbeziehungen der einzelnen Personen zueinander. Die Beteiligten stehen sich dabei gleichberechtigt gegenüber. Die Personen können ihre Beziehungen frei regeln, ohne dass grundsätzlich der Staat mitwirkt.

Wichtigster Bestandteil des Privatrechts ist das vor allem im Bürgerlichen Gesetzbuch (BGB) geregelte bürgerliche Recht, das jedermann in seiner bürgerlichen Existenz betrifft. Es enthält z.B. Vorschriften über Verträge zwischen Bürger/-innen.

Einige Teile des Privatrechts gelten nur für einzelne besondere Lebensbereiche. So ist z.B. der Geltungsbereich des Handelsgesetzbuches auf einen bestimmten Personenkreis, nämlich die Kaufleute, beschränkt.

Öffentliches Recht

Das öffentliche Recht regelt einerseits die Beziehungen einzelner Personen zum Staat und andererseits das Verhältnis der staatlichen Organe untereinander. Es betrifft Sachverhalte, die Angelegenheiten der Allgemeinheit sind. Durch seine Hoheitsgewalt ist der Staat dem Einzelnen übergeordnet.

So sind beispielsweise alle Bürgerinnen und Bürger Deutschlands mit Einkommen nach dem Einkommensteuergesetz steuerpflichtig.

Zum öffentlichen Recht gehören u. a. das

- **Verwaltungsrecht** – regelt die Tätigkeit der öffentlichen Verwaltung.
- **Verfassungsrecht** – enthält die Rechtsnormen, die die Grundlage der Rechtsordnung bilden.
- **Völkerrecht** – regelt die Beziehungen zwischen den Staaten oder internationalen Organisationen.
- **Steuerrecht**
- **Strafrecht** – Vorschriften über die staatliche Befugnis, auf menschliches Fehlverhalten, wie z. B. Mord, zu reagieren.
- **Zivil- und Strafprozessrecht**

Wenn der Staat jedoch als normale Person auftritt, unterliegt er wie seine Vertragspartner den Bestimmungen des Privatrechts.

Eine Behörde des Staates kauft von einer Schreibwarengroßhandlung Formulare.	**Beispiel**

Die Unterscheidung zwischen privatem und öffentlichem Recht ist wichtig, weil davon die Zuständigkeit der Gerichte (z. B. Verwaltungsgericht oder Zivilgericht) und die Art der anzuwendenden Rechtsnormen abhängt.

Quellen des Rechts

Um im Streitfall über Recht und Unrecht entscheiden zu können, reicht in den meisten Fällen das Rechtsgefühl der Menschen nicht aus. Daher muss die Rechtsordnung in Rechtsvorschriften ihren Ausdruck finden. Diese müssen losgelöst vom Einzelfall formuliert werden, damit sie auf alle denkbaren möglichen Sachverhalte angewandt werden können. Rechtsquellen, aus denen sich die geltenden Rechtsvorschriften ableiten lassen, sind:

- **Gesetze**
  Gesetze sind Beschlüsse der für die Gesetzgebung zuständigen Organe, also der Legislative. Sie enthalten für eine unbestimmte Vielzahl von Personen allgemein verbindliche Regelungen in Schriftform.
  Erst wenn das Gesetz ein förmliches Gesetzgebungsverfahren durchlaufen hat, wird es wirksam. Ist das Gesetz beispielsweise von Bundestag und Bundesrat beschlossen, erfolgt die Ausfertigung (urkundliche Festlegung) durch den Bundespräsidenten. Dieser veranlasst abschließend die Verkündung im Bundesgesetzblatt.

Einkommensteuergesetz	**Beispiel**

- **Verordnungen** werden von der vollziehenden Gewalt (Exekutive) aufgrund einer ausdrücklichen gesetzlichen Ermächtigung erlassen. Sie dürfen also nur zur **Durchführung** und zur inhaltlich bereits vorgezeichneten **Ausfüllung** und **Ergänzung** des formellen Gesetzes ergehen.
  Auch bei Verordnungen handelt es sich um allgemein verbindliche Anordnungen für eine unbestimmte Anzahl von Personen in Schriftform. Sie ergeben sich jedoch nicht in einem förmlichen Gesetzgebungsverfahren, sondern werden von der Bundesregierung, einzelnen Bundesministerien

oder den Landesregierungen gesetzt. Die Verkündung erfolgt im Bundesgesetzblatt bzw. den Verordnungsblättern des Landes.

Beispiel Durchführungsverordnung zum Einkommensteuergesetz

- **Satzungen**
  Satzungen halten die Grundordnung eines rechtlichen Zusammenschlusses schriftlich fest. Sie werden also von im Staat bestehenden staatlichen Verbänden, den Körperschaften, Anstalten und Stiftungen des öffentlichen Rechts, zur Regelung ihrer Angelegenheiten erlassen. Die Satzungen sind öffentlich bekannt zu machen.
- **Gewohnheitsrecht**
  Durch lang dauernde Übung entsteht Gewohnheitsrecht. Obwohl es schriftlich nicht niedergelegt ist, wird es von der Allgemeinheit (oder denjenigen, auf die es angewandt wird) als Recht anerkannt. Das Gewohnheitsrecht darf nicht im Widerspruch zu geschriebenem Recht stehen.

Beispiel Ein Grundstückseigentümer darf seit Generationen das Grundstück eines Nachbarn überqueren.

- **Richterrecht**
  Für die Auslegung und Fortbildung des Rechts erlangen richterliche Entscheidungen zunehmende Bedeutung. Können aus Gewohnheitsrecht, Gesetzen, Verordnungen oder Satzungen keine eindeutigen Lösungen in Problemfällen gewonnen werden, müssen Gerichte entscheiden. Diese argumentativ begründeten Urteile werden von anderen Gerichten in ähnlich gelagerten Fällen zur Lösung herangezogen.

1.2 Abschluss von Rechtsgeschäften

1.2.1 Willenserklärungen

Definition Rechtsgeschäfte entstehen durch eine oder mehrere Willenserklärungen. **Willenserklärungen** sind gewollte und zwangsfreie Erklärungen von Personen.

Beispiele
- Ein Verkäufer bietet einer Kundin eine preisgünstige Kaffeemaschine an. Er will der Kundin die Kaffeemaschine verkaufen.
- Die Geschäftsführerin eines Technikkaufhauses kündigt einem Abteilungsleiter. Sie will, dass der Abteilungsleiter nicht mehr in dem Technikkaufhaus arbeitet.

Willenserklärungen werden abgegeben

- durch ausdrückliche mündliche oder schriftliche Äußerungen,

Beispiel Ein Versicherungsvertrag wird unterschrieben.

- durch bloße Handlungen, aus denen der Wille zu erkennen ist, z. B. Handzeichen bei Versteigerungen, Geldeinwurf in einen Zigarettenautomaten, Einsteigen in ein Taxi,
- in Ausnahmefällen durch Schweigen.

Unter Kaufleuten gilt Schweigen nur dann als Annahme einer unbestellten Lieferung, wenn zwischen beiden Kaufleuten ein regelmäßiger Geschäftsverkehr besteht. Sonst bedeutet das Schweigen Ablehnung der unbestellten Lieferung.

Die Großhandlung Ideal schickt dem Lebensmitteleinzelhändler Grewe, den sie regelmäßig mit Konserven beliefert, 100 Dosen Gemüsekonserven, ohne dass Grewe diese bestellt hat. Wenn sich der Einzelhändler Grewe zu dieser Lieferung nicht äußert, bedeutet dieses Schweigen, dass er mit der Lieferung einverstanden ist.

Erhält eine Privatperson unbestellt Ware, gilt ihr Schweigen immer als Ablehnung der unbestellten Lieferung. Sie ist nicht verpflichtet, eine unerwünschte Ware zu bezahlen, und muss die Ware auch nicht zurücksenden. Privatpersonen sind auch nicht verpflichtet, Absender davon zu unterrichten, dass sie die Ware nicht kaufen möchten. Dies ist auch dann nicht erforderlich, wenn es in der Sendung z. B. heißt, ein Kaufvertrag gelte als abgeschlossen, wenn nicht binnen bestimmter Frist Einspruch erhoben wird.

1.2.2 Einseitige Rechtsgeschäfte

Einseitige Rechtsgeschäfte entstehen durch die Willenserklärung nur einer Person. Sie können empfangsbedürftig oder nicht empfangsbedürftig sein.

Empfangsbedürftige Willenserklärungen sind z. B. Kündigungen, Mahnungen, Bürgschaften. Sie sind erst dann wirksam, wenn sie einer anderen Person zugehen.

Nicht empfangsbedürftige Willenserklärungen sind z. B. Testamente. Sie sind gültig, ohne dass sie einer anderen Person zugehen.

1.2.3 Mehrseitige Rechtsgeschäfte oder Verträge

Verträge kommen grundsätzlich durch die Abgabe von zwei übereinstimmenden gültigen Willenserklärungen zustande. Die 1. Willenserklärung wird als Antrag, die 2. Willenserklärung als Annahme bezeichnet. Mit der Annahme des Antrags ist ein Vertrag abgeschlossen.

Vertragsarten

Vertragsart	Vertragsinhalt	Beispiel
Kaufvertrag	Veräußerung von Sachen und Rechten	Ein Verkäufer verkauft einem Kunden einen Anzug gegen Bezahlung.
Tauschvertrag	gegenseitige Übereignung von Sachen oder Rechten	Ein Briefmarkensammler gibt einem anderen Briefmarkensammler eine Marke, die er doppelt hat. Als Gegenleistung erhält er eine andere Briefmarke.
Schenkung	unentgeltliche Vermögensübertragung an andere Personen	Ein junger Mann schenkt seinem Freund einen Ring.
Mietvertrag	Überlassung einer Sache gegen Zahlung eines vereinbarten Mietpreises	Eine Mieterin mietet eine Wohnung. Sie erhält das Wohnrecht gegen Zahlung einer monatlichen Miete an die Vermieterin.
Pachtvertrag	Überlassung von Sachen und Rechten zum Gebrauch und zur Nutzung gegen Zahlung eines vereinbarten Pachtzinses	Ein Landwirt pachtet ein Stück Land. Er darf auf diesem Land Ackerbau betreiben. Die Früchte, die er von dem Acker erntet, gehören ihm als Pächter.
Leihvertrag	Überlassung einer Sache zum unentgeltlichen Gebrauch	Jemand leiht in der Stadtbücherei kostenlos ein Buch aus und bringt es nach Ende der Leihfrist wieder zurück.

Vertragsart	Vertragsinhalt	Beispiel
Darlehens-vertrag	Überlassung von Geld oder anderen vertretbaren Sachen zum Verbrauch gegen spätere Rückgabe gleichartiger Sachen	Eine Einzelhändlerin nimmt bei einer Bank einen Kredit von 25.000,00 € auf. Sie zahlt diesen Kredit bis zu einem vereinbarten Zeitpunkt an die Bank zurück.
Dienstvertrag	Leistung von Diensten gegen Bezahlung	Durch Abschluss eines Arbeitsvertrags verpflichtet sich ein Arbeitnehmer, für einen Arbeitgeber zu arbeiten. Der Arbeitgeber muss ihm als Gegenleistung Lohn oder Gehalt zahlen.
Werkvertrag	Herstellung eines Werks gegen Bezahlung	Ein Schneider näht für eine Kundin ein Kleid. Die Kundin liefert dazu den Stoff.
Reisevertrag	Erbringung von Reiseleistungen gegen Bezahlung	Ein junges Ehepaar bucht bei einem Reiseveranstalter eine vierzehntägige Pauschalreise nach Florida. Die Reiseleistungen, die der Reiseveranstalter erbringen muss, umfassen den Hin- und Rückflug und die Unterbringung in einem Hotel in Florida.
Versicherungs-vertrag	Leistungen des Versicherers und die zu zahlenden Versicherungsbeiträge	Die Hoffmann KG schließt bei einer Versicherungsagentur eine Einbruchdiebstahlversicherung ab. Die Versicherung bezahlt die durch Einbruchdiebstahl entstandenen Schäden und Verluste an Waren, Bargeld und sonstigen Sachen.

Vertragsfreiheit

Für den Abschluss von Rechtsgeschäften gilt der Grundsatz der Vertragsfreiheit, der sich aus drei Aspekten zusammensetzt:

Abschlussfreiheit

Jeder Person steht es frei, einen Vertrag abzuschließen. Personen können also nicht gezwungen werden, einen Vertrag abzuschließen.

Nur in wenigen Ausnahmefällen gibt es die Pflicht zum Vertragsabschluss (Kontrahierungszwang). Einem Kontrahierungszwang unterliegen z. B. Stromanbieter.

Formfreiheit

Der Abschluss eines Vertrags unterliegt normalerweise keiner Formvorschrift (Formfreiheit). Das heißt, Verträge können z. B. mündlich, fernmündlich, schriftlich, per Fax, per E-Mail, im Internet abgeschlossen werden. Nur in wenigen Ausnahmefällen ist eine bestimmte Form vorgeschrieben, z. B. Darlehensverträge, Ausbildungsverträge.

Inhaltsfreiheit

Die Vertragspartner können die Inhalte eines Vertrags frei festlegen.

1.3 Nichtigkeit und Anfechtbarkeit von Willenserklärungen

1.3.1 Nichtige Willenserklärungen

Nichtige Willenserklärungen sind von Anfang an ungültig. Sie haben keine Rechtsfolgen.

Nichtig sind ...	Beispiel
Willenserklärungen von Geschäftsunfähigen	Ein sechsjähriges Kind kauft ein Buch.
Willenserklärungen, die im Zustand der Bewusstlosigkeit oder vorübergehenden Störung der Geistesfähigkeit abgegeben wurden	Eine Person kauft im volltrunkenen Zustand eine Schlafzimmereinrichtung.
Willenserklärungen von beschränkt Geschäftsfähigen gegen den Willen des gesetzlichen Vertreters	Ein siebzehnjähriger Auszubildender kauft ohne Zustimmung seiner Eltern ein Motorrad.
Willenserklärungen, die gegenüber einer anderen Person mit deren Einverständnis nur zum Schein abgegeben wurden (= Scheingeschäft)	Ein Gast lässt sich in einem Restaurant eine Quittung über 75,00 € geben, obwohl er nur 50,00 € bezahlt. Er will die Quittung als Beleg für Geschäftskosten verwenden, um damit Steuern zu sparen.
nicht ernst gemeinte Willenserklärungen (= Scherzgeschäfte)	Jemand sagt im Scherz: „Du kannst mein Haus geschenkt haben!“
Rechtsgeschäfte, die nicht in der vorgeschriebenen Form abgeschlossen wurden	Ein Vertrag über einen Hauskauf wurde nur mündlich abgeschlossen.
Rechtsgeschäfte, die gegen ein gesetzliches Verbot verstoßen	Ein Verkäufer verkauft Alkohol an Kinder.
Rechtsgeschäfte, die gegen die guten Sitten verstoßen	Ein Glaserei-Unternehmen nimmt nach einer Sturmkatastrophe überhöhte Preise für seine Glasscheiben (= Wucher).

1.3.2 Anfechtbare Willenserklärungen

Anfechtbare Willenserklärungen können im Nachhinein durch Anfechtung ungültig werden. Bis zur Anfechtung sind sie gültig.

Die Anfechtung wegen Irrtums muss unverzüglich nach Entdecken des Irrtums erfolgen. Entsteht durch die Anfechtung ein Schaden, so ist der Anfechtende schadenersatzpflichtig.

Bei widerrechtlicher Drohung muss die Anfechtung innerhalb eines Jahres, nachdem die Drohung nicht mehr besteht, erfolgen.

Bei arglistiger Täuschung muss die Anfechtung innerhalb eines Jahres, nachdem die Täuschung entdeckt wurde, erfolgen. Bei der Anfechtung wegen arglistiger Täuschung haben Anfechtende Schadenersatzanspruch.

Anfechtungsgrund	Beispiel
Irrtum in der Erklärung Die Äußerung einer Person entspricht nicht dem, was sie sagen wollte.	Eine Versicherungsgesellschaft bestellt irrtümlich 92 Paletten Kopierpapier anstatt 29 Druckerpatronen.
Irrtum über die Eigenschaft einer Person oder Sache	Eine Versicherungsagentur stellt einen Buchhalter ein und erfährt nachträglich, dass dieser wegen Urkundenfälschung vorbestraft ist.
Irrtum in der Übermittlung Die Willenserklärung wurde von der mit der Übermittlung beauftragten Person oder Organisation (z. B. der Post) falsch weitergegeben.	Die Abteilungsleiterin bittet die Angestellte einer Versicherungsagentur, bei einem Großhändler telefonisch 100 A4-Blöcke, rautiert, zu bestellen. Die Angestellte bestellt irrtümlich karierte Blöcke.

Anfechtungsgrund	Beispiel
Widerrechtliche Drohung Eine Person wird durch eine Drohung zur Abgabe einer Willenserklärung gezwungen.	Ein Zeitschriftenwerber bedroht eine Person, damit sie ein Zeitschriftenabonnement bestellt.
Arglistige Täuschung Eine Person wird durch arglistige Täuschung zur Abgabe einer Willenserklärung veranlasst.	Ein Kunde kauft einen gebrauchten Pkw. Nach Angaben der Verkäuferin ist er unfallfrei. Nachträglich stellt sich heraus, dass der Pkw einen Unfallschaden hatte.

Beispiel

Deniz K. aus Hildesheim: „Ich habe für 5.500,00 € einen Gebrauchtwagen gekauft. Noch am selben Tag wollte der Autohändler das Geschäft rückgängig machen. Er habe den Preis versehentlich um 1.500,00 € zu niedrig angesetzt. Darf ich mein Schnäppchen trotzdem behalten?“

Antwort: Im vorliegenden Fall ist ein wirksamer Kaufvertrag zustande gekommen, sodass Deniz K. den Wagen behalten darf. Zwar gilt nach dem BGB, dass Angebote anfechtbar sind, wenn ein Irrtum vorliegt. Allerdings gilt nicht jeder Irrtum als Anfechtungsgrund: So darf sich niemand auf den sogenannten „Berechnungsirrtum“berufen, wenn er sich bei der Preiskalkulation vertan hat. Wirksam anfechten könnte der Händler sein Angebot, wenn er sich beim Vertragsabschluss nur verschrieben oder sich im Verkaufsgespräch versprochen hätte. In solchen Fällen müsste der Käufer den Wagen zurückgeben.

Allerdings bekäme Deniz K. die Kosten ersetzt, die durch das Vertrauen auf die Gültigkeit des Geschäfts entstanden sind, etwa weil ihm nachweislich eine andere günstige Kaufchance entgangen ist und er nun teurer kaufen muss.

1.4 Rechtsfähigkeit und Geschäftfähigkeit

1.4.1 Rechtsfähigkeit

Definition

Unter **Rechtsfähigkeit** versteht das Gesetz die Fähigkeit einer Person, Träger von Rechten und Pflichten zu sein.

Eine Person hat z. B. das Recht, ein Geschäft zu erben, oder die Pflicht, die Schule zu besuchen.

Rechtsfähig sind nicht nur Menschen (= natürliche Personen), sondern auch Personenvereinigungen, z. B. Vereine, Aktiengesellschaften, Gesellschaften mit beschränkter Haftung, Genossenschaften. Sie werden als juristische Personen bezeichnet.

Rechtsfähigkeit		
	natürliche Personen	**juristische Personen**
Beginn	Vollendung der Geburt	Gründung: AG: Eintragung ins Handelsregister
Ende	Tod	Auflösung: AG: Löschung im Handelsregister

1.4.2 Geschäftsfähigkeit

Unter **Geschäftsfähigkeit** versteht das Gesetz die Fähigkeit von Personen, Rechtsgeschäfte rechtswirksam abzuschließen. **Definition**

Eine geschäftsfähige Person kann z. B. Waren einkaufen oder verkaufen, eine Wohnung mieten oder eine Reise buchen.

Man unterscheidet drei Stufen der Geschäftsfähigkeit:
- Geschäftsunfähigkeit
- beschränkte Geschäftsfähigkeit
- unbeschränkte oder volle Geschäftsfähigkeit

Geschäftsunfähigkeit

Geschäftsunfähig sind:
- Kinder unter sieben Jahren
- dauernd geisteskranke Personen

Die Willenserklärung eines Geschäftsunfähigen ist nichtig, d. h. ungültig. Geschäftsunfähige Personen können also keine Rechtsgeschäfte rechtswirksam abschließen.

Beschränkte Geschäftsfähigkeit

Beschränkt geschäftsfähig sind Personen, die mindestens sieben, aber unter 18 Jahre alt sind. Eine beschränkt geschäftsfähige Person darf Rechtsgeschäfte normalerweise nur mit Zustimmung des gesetzlichen Vertreters (Vater, Mutter, Vormund) abschließen.

Rechtsgeschäfte, die sie ohne vorherige Einwilligung des gesetzlichen Vertreters abgeschlossen hat, sind schwebend unwirksam. Sie können durch die nachträgliche Genehmigung des gesetzlichen Vertreters wirksam werden.

Der 17-jährige Auszubildende Max Reinhard kauft einen DVD-Rekorder, ohne dass er seinen Vater vorher gefragt hat. Der Verkäufer des DVD-Rekorders fragt den Vater von Max später, ob er mit dem Kauf einverstanden ist. Wenn sich Max' Vater mit dem Kauf einverstanden erklärt, ist ein Kaufvertrag zustande gekommen. Ist er nicht einverstanden, kommt kein Kaufvertrag zustande. **Beispiel**

In Ausnahmefällen darf eine beschränkt geschäftsfähige Person Rechtsgeschäfte auch ohne Zustimmung ihres gesetzlichen Vertreters abschließen.

- Sie darf Willenserklärungen abgeben, die ihr nur rechtliche Vorteile bringen, z. B. ein Geschenk annehmen.
- Sie darf Verträge abschließen, die sie mit ihrem Taschengeld erfüllen kann.

Die 15-jährige Sara Beyer kauft von ihrem Taschengeld eine CD zum Preis von 12,90 €. **Beispiel**

- Sie darf Rechtsgeschäfte im Rahmen eines Arbeitsvertrags abschließen, den sie mit Zustimmung ihres gesetzlichen Vertreters eingegangen ist.

Beispiel Ein 17-jähriger Verkäufer darf Ware an Kunden verkaufen, ohne vorher seinen gesetzlichen Vertreter zu fragen. Er darf ohne Zustimmung seines gesetzlichen Vertreters Vereinbarungen über Arbeitszeit, Gehalt, Pausen, Urlaub usw. treffen. Er darf das Arbeitsverhältnis, sofern es als Dienstverhältnis anzusehen ist, auch ohne Zustimmung des gesetzlichen Vertreters kündigen.

- Wenn sie ihr gesetzlicher Vertreter mit Erlaubnis des Vormundschaftsgerichts ermächtigt, einen selbstständigen Geschäftsbetrieb zu führen, darf sie ohne Zustimmung alle Rechtsgeschäfte abschließen, die dieser Betrieb mit sich bringt.

Beispiel Die 16-jährige Nora Freese führt selbstständig einen Jeansshop. Sie darf ohne Zustimmung ihres gesetzlichen Vertreters Ware einkaufen und verkaufen, Rechnungen bezahlen usw. Will sie jedoch privat von ihrem Geld eine teure Stereoanlage kaufen, muss sie ihren gesetzlichen Vertreter um Erlaubnis bitten.

Unbeschränkte Geschäftsfähigkeit

Unbeschränkt geschäftsfähig sind natürliche Personen, die das 18. Lebensjahr vollendet haben. Willenserklärungen unbeschränkt geschäftsfähiger Personen sind voll rechtswirksam.

Kann eine volljährige Person ihre Angelegenheiten aufgrund einer psychischen Krankheit oder einer körperlichen, geistigen oder seelischen Behinderung ganz oder teilweise nicht erledigen, so bestellt das Vormundschaftsgericht für sie eine Betreuungsperson, die sie gerichtlich und außergerichtlich vertritt.

2 Rechtsgrundlagen des Versicherungsvertrages

Bei der Anbahnung und Vermittlung von Versicherungsverträgen müssen Sie als Kaufmann/-frau für Versicherungen und Finanzanlagen Ihre Kunden und Kundinnen umfassend und richtig über die gesetzlichen Bestimmungen, Zusammenhänge, Einzelheiten und Auswirkungen eines Versicherungsvertrags beraten und informieren können. Alltäglich arbeiten Sie mit den verschiedenen Gesetzestexten und Versicherungsbedingungen, die im Zusammenhang mit dem Versicherungsvertrag stehen.

2.1 Gesetzliche Grundlagen

Beim Abschluss eines Versicherungsvertrages gilt es, die rechtlichen Rahmenbedingungen zu berücksichtigen. Aufgrund der Besonderheit von Versicherungsverträgen, die Auswirkungen auf die privaten und wirtschaftlichen Handlungen haben, hat die Gesetzgebung neben den allgemeinen gesetzlichen Vorschriften auch spezielle Gesetze für die Versicherungswirtschaft erlassen.

In der Versicherungswirtschaft sind folgende Gesetze und Vereinbarungen zu beachten:

- Bürgerliches Gesetzbuch (BGB)
- Handelsgesetzbuch (HBG)
- Versicherungsvertragsgesetz (VVG)

- Versicherungsaufsichtsgesetz (VAG)
- Gesetz über die Pflichtversicherung für Kraftfahrzeughalter (PflVG)

2.1.1 Bürgerliches Gesetzbuch

Das Bürgerliche Gesetzbuch, das am 01. Januar 1900 in Kraft getreten ist, sollte das bis dato zersplitterte Privatrecht ersetzen, um eine einheitliche Rechtsgrundlage zu schaffen. Noch bis heute bildet das Bürgerliche Gesetzbuch den Mittelpunkt unseres Privatrechtes, das durch ständig neue oder veränderte Gesetzregelungen ergänzt wird.

Das Bürgerliche Gesetzbuch ist in mehrere Bücher gegliedert.

Bürgerliches Gesetzbuch				
Buch 1	Buch 2	Buch 3	Buch 4	Buch 5
Allgemeiner Teil §§ 1–240	Recht der Schuldverhältnisse §§ 241–853	Sachenrecht §§ 854–1296	Familienrecht §§ 1297–1921	Erbrecht §§ 1922–2385

Im Privatrecht gelten grundsätzlich die Bestimmungen des Bürgerlichen Gesetzbuches (**lex generalis**). Diese allgemeingültigen Bestimmungen können jedoch durch spezielle Gesetze (**lex specialis)** konkretisiert oder ersetzt werden. Es gilt der Grundsatz lex specialis vor lex generalis. Dieser Grundsatz besagt, dass ein Spezialgesetz, wie zum Beispiel das Versicherungsvertragsgesetz, einem allgemeinem Gesetz, wie dem Bürgerlichen Gesetzbuch, in seiner Anwendung vorgeht.

Für die Versicherungswirtschaft sind die ersten drei Bücher von Bedeutung.

Beispiele für **allgemeingültige Regelungen** des Bürgerlichen Gesetzbuches für die Versicherungswirtschaft:

- Um einen Versicherungsvertrag abschließen zu können, müssen die Eigenschaften der Rechtsfähigkeit und Geschäftsfähigkeit erfüllt werden. *§ 1 BGB*
- Ein 17-jähriger Auszubildender möchte seine vermögenswirksamen Leistungen in einen Bausparvertrag einfließen lassen. Das Versicherungsvertragsgesetz, das die Basis sämtlicher Versicherungsverträge bildet, beinhaltet hierfür keine speziellen Regelungen, weshalb die allgemeinen Regelungen des Bürgerlichen Gesetzbuches Anwendung finden.
- Willenserklärungen und Rechtsfolgen *§§ 116–144 BGB*
- Vertragsabschluss und Rechtsfolgen *§§ 145–157 BGB*
- Vertretungsrecht und Vollmachten *§§ 164–181 BGB*

Beispiele für **spezielle versicherungstechnische Regelungen** im Bürgerlichen Gesetzbuch

- Sobald bei einer kapitalbildenden Lebensversicherung der/die Begünstigte von dem/der Versicherungsnehmer/-in abweicht, liegt ein Vertrag zugunsten Dritter vor. *§§ 330–332 BGB*
- Versicherungspflicht des Nießbrauchers und Nießbrauch an Versicherungsforderungen *§§ 1045–1046 BGB*
- Schutz von Hypothekengläubigern auf die Versicherungsforderungen bei Wohngebäudeversicherungen, bei sonstigen Schadenversicherungen und Wiederherstellungsklauseln *§§ 1127–1130 BGB*

2.1.2. Handelsgesetzbuch

Das Handelsrecht ist ein Teil des Privatrechts und wird auch als „Sonderprivatrecht der Kaufleute" bezeichnet. Der Begriff „Sonderrecht" weist daraufhin, dass das Handelsrecht ein spezielles Recht ist und somit auch hier der Grundsatz lex specialis vor lex generalis gilt.

Die Gesetze und Vorschriften des Handelsgesetzbuches gelten ausschließlich für Kaufleute, die gemäß den §§ 1 – 7 HGB definiert sind.

In der Versicherungswirtschaft sind die Gesetze und Vorschriften des Handelsgesetzbuches immer dann anzuwenden, wenn ein Versicherer die Rechtsform einer Kapitalgesellschaft (Gesellschaft mit beschränkter Haftung [GmbH] oder Aktiengesellschaft [AG]) oder eines Versicherungsvereins auf Gegenseitigkeit (VVaG) hat und wenn der/die Versicherungsnehmer/-in den Versicherungsvertrag im Rahmen eines Handelsgeschäftes abschließt.

Beispiel Die Geschäftsführerin eines Baustoffhandels in der Rechtsform einer GmbH schließt mit der Proximus Versicherung AG eine Feuerversicherung für ihr Zentrallager ab. Die beiden Vertragsparteien sind gemäß Handelsgesetzbuch Kaufleute, wodurch die Vorschriften des Handelsgesetzbuches anzuwenden sind.

2.1.3 Versicherungsvertragsgesetz

Das Versicherungsvertragsgesetz, das die Rechte und Pflichten von Versicherern und Versicherungsnehmer/-innen sowie von Versicherungsvermittlungen bei Versicherungsverträgen regelt, stammt in seiner ursprünglichen Fassung vom 30. Mai 1908. In der aktuellen Fassung unterteilt sich das Versicherungsvertragsgesetz in folgende Teile und Abschnitte:

Abschnitt	Regelungsinhalte gemäß Versicherungsvertragsgesetz
Teil 1 Kapitel 1	Vorschriften für alle Versicherungszweige (§§ 1 – 73 VVG)
Teil 1 Kapitel 2	Schadenversicherung (§§ 74 – 99 VVG)
Teil 2 Kapitel 1	Haftpflichtversicherung (§§ 100 – 124 VVG)
Teil 2 Kapitel 2	Rechtsschutzversicherung (§§ 125 – 129 VVG)
Teil 2 Kapitel 3	Transportversicherung (§§ 130 – 141 VVG)
Teil 2 Kapitel 4	Gebäudefeuerversicherung (§§ 142 – 149 VVG)
Teil 2 Kapitel 5	Lebensversicherung (§§ 150 – 171 VVG)
Teil 2 Kapitel 6	Berufsunfähigkeitsversicherung (§§ 172 – 177 VVG)
Teil 2 Kapitel 7	Unfallversicherung (§§ 178 – 191 VVG)
Teil 2 Kapitel 8	Krankenversicherung (§§ 192 – 208 VVG)
Teil 3	Schlussvorschriften (§§ 209 – 216 VVG)

§ 209 VVG Man erkennt, dass das Versicherungsvertragsgesetz für alle Zweige der Versicherungswirtschaft gilt, jedoch mit Ausnahme der Seeversicherung und der Rückversicherung. Ein besonderer Schutz für diese beiden Verträgen hält der Gesetzgeber für nicht notwendig, da es sich bei den Vertragsparteien um Personen handelt, die solche Geschäfte regelmäßig durchführen und das notwenige Know-how aufweisen.

Sowohl das Bürgerliche Gesetzbuch (2. Buch „Recht der Schuldverhältnisse") als auch das Versicherungsvertragsgesetz gehen grundsätzlich von der Vertragsfreiheit aus. Dies bedeutet, dass die Vertragsparteien sowohl die Art und Weise des Vertragsabschlusses als auch die inhaltliche Ausgestaltung des Vertrages frei wählen können. Somit ist es bei der Vertragsgestaltung auch möglich, Vereinbarungen zu treffen, die von den Regelungen des Versicherungsvertragsgesetzes abweichen **(abdingbare Vorschriften)**. In solchen Fällen muss untersucht werden, ob man von bestimmten Vorschriften abweichen darf **(zwingende Vorschriften)** oder die Abweichung zum Vorteil des Versicherungsnehmers bzw. der Versicherungsnehmerin geändert wird **(halbzwingende Vorschrift)**.

Zwingende Vorschriften

Vertragliche Abweichungen sind von den gesetzlichen Regelungen weder zum Vorteil noch zum Nachteil des Versicherungsnehmers bzw. der Versicherungsnehmerin möglich. Zwingende Vorschriften im Versicherungsvertragsgesetz erkennt man an den Formulierungen

- ist unwirksam
- kann nicht
- ist nichtig
- ist erforderlich
- ist insoweit nichtig

Beispiel

Um eine schnellere Schadenbearbeitung zu erreichen, beschließt ein Versicherer, alle Schäden unter 5.000,00 € ohne Prüfung und innerhalb von 14 Tagen zu regulieren, wenn Versicherungsnehmer/-innen im Gegenzug auf eine Verzinsung der Schadenersatzansprüche, die über 5.000,00 € liegen, verzichten.

→ Gemäß § 14 Abs. 3 VVG: Eine Vereinbarung, durch die der Versicherer von der Verpflichtung zur Zahlung von Verzugszinsen befreit wird, ist unwirksam.

Laut Gesetzestext ist eine solche Vereinbarung nichtig. Man erkennt diese zwingende Vorschrift an der Formulierung *ist unwirksam*.

Bei einem Verstoß gegen zwingende Vorschriften sieht das Gesetz vor, dass der gesamte Versicherungsvertrag oder nur die Vereinbarung nichtig ist.

Halbzwingende Vorschriften

Vertragliche Abweichungen sind von den gesetzlichen Vorschriften nur dann möglich, wenn diese zum Vorteil der Versicherungsnehmer/-innen geändert werden. Zum Nachteil der Versicherungsnehmern/-innen dürfen diese vertraglichen Abweichungen nicht getroffen werden.

Beispiel

Aus Kostengründen beschließt ein Versicherer, dass einem Versicherungsnehmer nur einmal ein Versicherungsschein ausgehändigt wird, es sein denn, eine vertragliche Änderung bewirkt eine Neuausstellung des Versicherungsscheins. Sollte der Versicherungsnehmer eine Ausfertigung des Versicherungsscheines benötigen, werden ihm die Kosten in Rechnung gestellt.

→ Diese vertragliche Abweichung wäre unwirksam, denn gemäß § 3 VVG kann der Versicherungsnehmer eine Abschrift in Bezug auf seinen Vertrag verlangen.

Sollte ein Versicherer eine vertragliche Abweichung zum Nachteil von Versicherungsnehmern/-innen vereinbaren, so gilt diese vertragliche Abweichung als unwirksam und die gesetzlichen Vorschriften des Versicherungsvertragsgesetzes würden gelten.

Die halbzwingenden Vorschriften sind jedoch bei Versicherungsverträgen für Großrisiken nicht anwendbar. In diesen Fällen greifen die abdingbaren Vorschriften. Der Grundgedanke, die halbzwingenden Vorschriften bei Großrisiken nicht anzuwenden, ist, dass bei diesen Versicherungsverträgen in der Regel sachkundige und erfahrene Parteien als Vertragspartner gegenüberstehen.

Abdingbare Vorschriften

Es können anstelle der gesetzlichen Regelungen vertragliche Vereinbarungen getroffen werden, die zum Vorteil oder zum Nachteil von Versicherungsnehmern/-innen aufgestellt werden.

Beispiel

Ein Versicherer beschließt als zusätzliche Vereinbarung in der Wohngebäudeversicherung, dass eine Abweichung der Versicherungssumme zum Versicherungswert maximal 10 % betragen darf.

→ Diese Vereinbarung wäre rechtens, da der § 75 VVG eine abdingbare Vorschrift darstellt.

Im Versicherungsvertragsgesetz wird auch auf die Informationspflichten des Versicherungsunternehmens eingegangen, die in der Verordnung über die Informationspflichten bei Versicherungsverträgen (VVG-InfoV) näher geregelt sind. So muss beispielsweise ein Versicherungsunternehmen den Versicherungsnehmern/-innen folgende Informationen zur Verfügung stellen, die die Identität des Versicherers und die etwaige Niederlassung sowie die Versicherungsvertretung betreffen, die Zahlung der Prämie oder auch Angaben darüber, wie der Vertrag zustande kommt, insbesondere über den Beginn der Versicherung und des Versicherungsschutzes sowie die Dauer der Frist, während der der Antragsteller an den Antrag gebunden sein soll.

Versicherungsvertragsgesetz

Das Versicherungsvertragsgesetz ist ein spezielles Recht, das dem generellen Recht des Bürgerlichen Gesetzbuches vorsteht. Es gilt der Grundsatz lex specialis vor lex generalis. Grundsätzlich gilt die Vertragsfreiheit der betreffenden Parteien, jedoch werden gewisse Einschränkungen der Vertragsfreiheit zum Schutz unerfahrener Vertragspartner vorgenommen.

Zusammenfassung

	Zwingende Vorschrift	Halbzwingende Vorschrift	Abdingbare Vorschrift
Wirkung	Vertragliche Abweichungen sind weder zum Vorteil noch zum Nachteil der VN zulässig.	Vertragliche Abweichungen sind nur zum Vorteil der VN zulässig.	Vertragliche Abweichungen können sowohl zum Vorteil als auch zum Nachteil der VN vereinbart werden.
relevante Vorschriften	Erkennbar an den Wortlauten · ist unwirksam (§ 5 Abs. 4 VVG) · ist nichtig (§ 74 Abs.2 VVG) · kann nicht (§ 30 Abs. 2 VVG) · ist erforderlich (§ 86 Abs. 2 VVG)	· Erweiterungsparagraphen für andere VVG-Vorschriften, zum Beispiel: § 5 VVG · In speziellen Paragraphen wird eine abweichende Vereinbarung kenntlich gemacht, zum Beispiel: § 39 VVG.	vereinzelte Paragraphen, beispielsweise § 75 VVG

	Zwingende Vorschrift	Halbzwingende Vorschrift	Abdingbare Vorschrift
Rechtsfolgen bei Verstoß	Bei vorsätzlichem Verhalten wird der gesamte Vertrag nichtig. In sonstigen Fällen wird die Vereinbarung als Nichtig erklärt, der Vertrag jedoch bleibt bestehen.	Sollte ein Versicherer eine vertragliche Abweichung zum Nachteil von VN vereinbaren, so gilt diese vertragliche Abweichung als unwirksam und die gesetzlichen Vorschriften des Versicherungsvertragsgesetzes würden gelten.	Gültigkeit der vertraglichen Vereinbarung

2.1.4 Sonstige Gesetze

Neben dem Versicherungsvertragsgesetz existieren noch weitere Gesetze, die für die Versicherungswirtschaft von Bedeutung sind.

Versicherungsaufsichtsgesetz (VVAG)

Das Versicherungsaufsichtsgesetz dient zur Kontrolle von Versicherungen und Pensionsfonds. Neben dieser Hauptaufgabe beinhaltet das Versicherungsaufsichtsgesetz Vorschriften, die den Versicherungsvertrag tangieren. Beispielsweise verweist das Versicherungsvertragsgesetz auf das Versicherungsaufsichtsgesetz. In § 16 Abs. 2 VVG wird auf das Versicherungsaufsichtsgesetz verwiesen, das die Vorschriften über die Wirkung der Insolvenzöffnung eines Versicherers regelt.

Pflichtversicherungsgesetz (PflVG)

Das Pflichtversicherungsgesetz ist ein Spezialgesetz des Versicherungsvertragsgesetzes. Dieses regelt insbesondere die Versicherungspflicht für Kraftfahrzeuge und Anhänger, die sich auf öffentlichen Wegen oder Plätzen in Gebrauch befinden. Die Vorschriften des Pflichtversicherungsgesetzes sollen die Rechtsstellung eines geschädigten Dritten stärken, wenn der Schaden mit einem Kraftfahrzeug verursacht wurde. Neben dem Pflichtversicherungsgesetz enthält die Kraftfahrzeug-Pflichtversicherungsordnung Bestimmungen zum Leistungsstandard der Kfz-Haftpflichtversicherung, wodurch das „Verkehrsopfer“ geschützt wird.

2.2 Vertragliche Rechtsgrundlagen

Neben den rechtlichen Rahmenbedingungen, die bei einem Abschluss eines Versicherungsvertrages zu berücksichtigen sind, spielen auch einige vertragliche Vertragsgrundlagen eine wichtige Rolle. Hierzu zählen die

- Allgemeinen Versicherungsbedingungen
- Besonderen Versicherungsbedingungen
- Sonder- und Zusatzleistungen
- Klauseln (Standardklauseln)
- Individualvereinbarungen

Allgemeine Versicherungsbedingungen

Die allgemeinen Versicherungsbedingungen stellen die Allgemeinen Geschäftsbedingungen eines Versicherers dar. Dabei handelt es sich um vorformulierte Vertragsbedingungen, die für eine Vielzahl von Versicherungsverträgen eines Versicherungszweiges als Grundlage herangezogen werden, ohne dass auf spezielle Risiken einzelner Verträge eingegangen wird. Aufgabe der allgemeinen Versicherungsbedingungen ist es, den Umfang der Leistungspflicht des Versicherers und damit den Versicherungsschutz zweifelsfrei festzulegen. Da der Versicherungsschutz das von den Versicherern angebotene Produkt darstellt, enthalten sie somit eine Produktbeschreibung.

Die allgemeinen Versicherungsbedingungen dienen somit der Vereinfachung und Vereinheitlichung des Versicherungsvertragsgeschäftes, da es nicht möglich ist, jeden Versicherungsvertrag einzeln auszuhandeln und auszuformulieren. Oftmals werden die allgemeinen Versicherungsbedingungen auch zur Schließung gesetzlicher Lücken herangezogen, denn nicht jeder Versicherungszweig (Sparte) wird im Versicherungsvertragsgesetz separat behandelt. Somit wird eine einheitliche Behandlung der Versicherungsnehmerinnen und Versicherungsnehmer ermöglicht. Die allgemeinen Versicherungsbedingungen sind so auszulegen, dass sie durchschnittliche Versicherungsnehmer/-innen bei ständiger Würdigung, aufmerksamer Durchsicht und Berücksichtigung des erkennbaren Sinnzusammenhangs verstehen müssen. Lässt sich der Inhalt nicht eindeutig feststellen, so gehen Zweifel bei der Auslegung zu Lasten des Versicherers.

Allgemeine Versicherungsbedingungen der Proximus Versicherung AG

- Allgemeine Hausrat Versicherungsbedingungen (VHB 2021 – Versicherungssummenmodell)
- Allgemeine Wohngebäude Versicherungsbedingungen für Privatkunden (VGB 2021 Privat – Wert 1914 Gleitender Neuwert)
- Allgemeine Bedingungen für die kapitalbildende Lebensversicherung (ALB)
- Allgemeine Versicherungsbedingungen (AVB), Bedingungsteil MB/KK 2009 für die Krankheitskostenvollversicherung und für die Kostenhaustagegeldversicherung
- Allgemeine Unfallversicherungs-Bedingungen (AUB 2022)
- Allgemeine Versicherungsbedingungen für die Haftpflichtversicherung privater Risiken (AHB – 2021)
- Allgemeine Bedingungen für die Kfz-Versicherung (AKB 2021)

Bei Änderungen der allgemeinen Versicherungsbedingungen ist zu beachten, dass für sämtliche laufenden Versicherungsverträge die allgemeinen Versicherungsbedingungen gelten, die zum Zeitpunkt des Vertragsabschlusses ihre Gültigkeit hatten.

Ergänzend zu den allgemeinen Versicherungsbedingungen können weitere Vereinbarungen getroffen werden.

Zusatzbedingungen

Es können Zusatzbedingungen zu den allgemeinen Versicherungsbedingungen vereinbart werden. Diese dienen der Erweiterung und der Verbesserung des Versicherungsschutzes.

Beispiel Zusatzbedingungen für eine einfache Betriebsunterbrechungs-Versicherung.

Besondere Versicherungsbedingungen

Besondere Vertragsbedingungen werden auf bestimmte Bereiche von Versicherungsverträgen zugeschnitten.

Beispiel Besondere Vertragsbedingungen für die Reiserücktrittsversicherung.

Klauseln (Standardklauseln)

(Standard-)Klauseln, auch echte Klauseln genannt, dienen zum Einschluss standardisierten Fällen in den Versicherungsschutz.

Beispiel

Klausel PK 7363 zu den VGB 2021 – Wert 1914: Diese Klausel beschreibt die Leistungen bei Beseitigung umgestürzter Bäume. Durch den Einschluss der Klausel wird Versichersicherungsschutz in der Wohngebäudeversicherung ergänzt und somit erweitert.

Individualvereinbarungen

Individualvereinbarungen, auch wilde Klauseln genannt, werden individuell ausgehandelt und als Einzelfallregelungen zu den Versicherungsverträgen hinzugefügt. Da sie nicht vorformuliert sind, zählen sie nicht zu den allgemeinen Versicherungsbedingungen.

3 Abschluss eines Versicherungsvertrages

Beim Abschluss von Versicherungsverträgen gelten zahlreiche Bestimmungen, die es bei den meisten „gewöhnlichen" Verträgen nicht gibt. Diese Gesetze und Vorschriften wurden von der Gesetzgebung erlassen, um die Kundinnen und Kunden und deren Rechte besonders zu schützen, aber auch um deren Pflichten gegenüber dem jeweiligen Versicherer zu regeln.

3.1 Informations-, Beratungs- und Dokumentationspflicht von Versicherungsvermittlern/-innen

Versicherungsvermittler/-innen sind bei einer Vertragsanbahnung dazu verpflichtet, die gesetzlich geregelten Informations-, Beratungs- und Dokumentationspflichten zu erfüllen. Darüber hinaus gelten auch bestimmte Informations-, Beratungs- und Dokumentationspflichten für den Versicherer, die im VVG und im VVG-InfoV geregelt sind. Diese werden jedoch schon häufig durch die Versicherungsvertretungen erfüllt.

3.1.1 Erstinformationen bei der Kontaktaufnahme

Versicherungsvermittler und -vermittlerinnen müssen als Gewerbetreibende beim ersten geschäftlichen Kontakt den Kunden gegenüber verschiedene Angaben gemäß Versicherungsvermittlungsverordnung (VersVermV) machen. Diese Angaben sind u.a.:

§ 15 VersVermV

- der vollständige Name sowie ggf. die Firma, in der sie als geschäftsführende Gesellschafter/-innen tätig sind, sowie die betriebliche Anschrift,
- der Status (Versicherungsmakler/-in, Ausschließlichkeitsvertreter/-in),
- die Registrierungsnummer, die Registerbehörde und wie sich die Eintragung überprüfen lässt,
- die Art der Vergütung und ob diese direkt von den Kunden zu zahlen oder als Provision in der Versicherungsprämie enthalten ist,
- ob eine andere Art von Zuwendungen als Vergütung anfällt,
- die Anschrift der zuständigen Schlichtungsstelle (Ombudsmann), die bei Streitigkeiten kontaktiert werden kann.

3.1.2 Beratungsablauf

Das Versicherungsberatungsgespräch ist im Wesentlichen durch fünf Teilbereiche geprägt, die alle Versicherungsvermittler und -vermittlerinnen erfüllen müssen:

fragen
Die Wünsche und der Bedarf des Gegenübers sind durch eine gezielte Befragung zu ermitteln (sog. **bedarfsbezogene Beratung**).

→

beraten
Es ist eine angemessene Beratung der Kunden durchzuführen (sog. **produktbezogene Beratung**).

→

begründen
Aufgrund der bedarfsbezogenen und produktbezogenen Beratung ist eine **begründete Empfehlung** für ein Versicherungsprodukt abzugeben.

→

informieren
Die im Zusammenhang mit der Beratung stehenden Vorschriften der **Informationspflichten** sind gemäß des VVG zu erfüllen.

→

dokumentieren
Der im Beratungsgespräch ermittelte Bedarf, die reine Beratung und die ausgesprochene Empfehlung sind zu **dokumentieren**.

Bedarfsbezogene Beratung

§ 61 VVG

Versicherungsvermittler/-innen haben unter Berücksichtigung der Schwierigkeit der angebotenen Versicherung und der Situation der Versicherungsnehmer/-innen diese nach ihren Wünschen und Bedürfnissen zu befragen, soweit die konkreten Umstände hierfür einen erkennbaren Anlass ergeben. Diese Verpflichtung kann eingeschränkt sein, wenn Versicherungsnehmer/-innen Fachkenntnisse aufweisen oder klare Vorstellungen über ein bestimmtes Produkt haben. Versicherungsnehmer/-innen können durch eine gesonderte schriftliche Erklärung auf eine Beratung verzichten, wenn sie vom Versicherungsvermittler zuvor ausdrücklich darauf hingewiesen wurden, dass sich ein Verzicht gegebenenfalls nachteilig auswirken kann.

Beispiel

Ein unerfahrener Versicherungsnehmer erklärt Ihnen, dass er vor kurzem ein Haus erworben hat, das er gut abgesichert haben möchte.

→ Hier liegt ein bedarfsbezogener Beratungsanlass vor (erworbenes Haus), das nach den Wünschen des Versicherungsnehmers gut abgesichert werden soll. In der eingehenden Befragung sind dem Versicherungsnehmer die drohenden Risiken und der angemessene Versicherungsschutz aufzuzeigen.

Beispiel

Eine Versicherungsnehmerin überlegt einen Wechsel des Versicherers in der Kraftfahrtversicherung. Hierzu ruft sie in Ihrer Agentur an und möchte einen Versicherungsbeitrag erfragen.

→ Hier wird keine bedarfsbezogene Beratung stattfinden, da die Versicherungsnehmerin klare Vorstellungen von ihrer Versicherung hat. An dieser Stelle würde man relativ schnell zu einer produktbezogenen Beratung übergehen.

Produktbezogene Beratung

Die produktbezogene Beratung bezieht sich auf die Art, den Umfang und die Komplexität des/der jeweiligen Produktes/Versicherungssparte. Hinsichtlich des Umfangs der Beratung dürfen Versicherungsvermittler/-innen ein angemessenes Verhältnis zwischen Beratungsaufwand und zu zahlender Versicherungsprämie berücksichtigen. *§ 61 (1) VVG*

Beispiel

Für eine Zahnzusatzversicherung, deren Leistungen leicht verständlich sind, und die zudem noch preisgünstig angeboten werden kann, wird ein Versicherungsvermittler einen geringeren Beratungsaufwand haben, als für die Beratung einer Lebensversicherung, die zur Altersvorsorge dienen soll.

Die Möglichkeit für Versicherungsvermittlungen, den Beratungsumfang durch ein angemessenes Verhältnis zwischen Beratungsaufwand und der zu zahlenden Versicherungsprämie, zu wählen, gilt nicht für die bedarfsbezogene Beratung, sondern nur für die produktbezogene Beratung.

Begründung der Produktempfehlung

Am Ende der Beratung steht die Erteilung eines Rates (Empfehlung) durch den Versicherungsvermittler oder die -vermittlerin an die Kunden. Diese Empfehlung richtet sich an ein bestimmtes Produkt, das dem ermittelten Bedarf und den Wünschen des Kunden entspricht. Die geäußerte Empfehlung muss so getätigt werden, dass der Kunde die Gründe der Empfehlung nachvollziehen kann.

Sollte die Versicherungsvermittlung durch eine Mehrfachvertretung oder ein Maklerbüro erfolgen, so müssen diese, neben der Produktempfehlung, auch die Wahl des Versicherers begründen.

Informationen durch Versicherungsvermittler/-innen

Versicherungsvermittler/-innen müssen den Versicherungsnehmern/-innen mitteilen, für welche Versicherungsgesellschaft sie tätig sind. Dies ist besonders bei Versicherungsmaklerbüros und Mehrfachvertretungen wichtig, da diese nur eine Auswahl an Versicherern anbieten. *§ 60 (2) VVG*

Zudem muss unterschieden werden, welche Informationen zu welchem Zeitpunkt erfolgen. Das Versicherungsvertragsgesetz sieht die Informationspflicht von Versicherungsvermittlern/-innen über ihre statusbezogenen Informationen vor, die vor Abgabe der Vertragserklärung, also vor Beginn der Beratung, mündlich erfolgen muss. Die Informationen, die im Beratungsgespräch ausgetauscht werden, werden durch die Dokumentation vor Abschluss des Versicherungsvertrages schriftlich übermittelt.

Dokumentation der Beratung

Die Versicherungsagentur ist verpflichtet, die durchgeführte Beratung hinsichtlich der Bedarfsermittlung, Produktberatung und der getroffenen Produktempfehlung, sowie die Gründe für jeden zu einer bestimmten Versicherung erteilten Rat zu dokumentieren. Diese Dokumentation ist den Kunden vor Vertragsabschluss in verständlicher Form und in Textform auszuhändigen. Die Übermittlung der Dokumentation kann in Papierform oder anderen zulässigen Übermittlungsformen, wie beispielsweise einem USB-Stick oder per E-Mail, erfolgen. *§ 6 a VVG*

Die Dokumentation des Beratungsgesprächs ist insbesondere dann hilfreich, wenn ein/-e Versicherungsnehmer/-in eine Falschberatung durch die Versicherungsagentur vermutet und Schadenersatzansprüche geltend machen möchte. Durch die Dokumentation kann dies belegt oder widerrufen werden. Somit dient die Dokumentation zum Schutz beider Parteien. Sollte durch die Dokumentation eine schuldhafte Falschberatung bewiesen werden, haftet der Versicherungsvermittler bzw. die Vermittlerin persönlich mit dem eigenen Vermögen.

Zusammenfassung

Informations-, Beratungs- und Dokumentationspflicht

- *Erstinformationen*
  bei Kontaktaufnahme
- *Beratungsablauf*
  - bedarfsbezogene Beratung
    Ermittlung des Versicherungsbedarfs
  - produktbezogene Beratung
    Beratung über die angebotenen Versicherungen
  - Begründung
    der Produktempfehlung
  - Informationen
    durch den/die Versicherungsvermittler/-in
  - Dokumentation
    des Beratungsvorganges

} **Bestandteile eines Beratungsprozesses**

3.2 Informations-, Beratungs- und Dokumentationspflichten des Versicherers

Die Informations-, Beratungs- und Dokumentationspflichten des Versicherers sind im Versicherungsvertragsgesetz und in der Verordnung über Informationspflichten bei Versicherungsverträgen geregelt und decken sich im Wesentlichen mit den Pflichten der vermittelnden Versicherungsagentur.

3.2.1 Beratung vor Vertragsabschluss

§§ 6, 6 a VVG

Das Versicherungsvertragsgesetz sieht vor, dass auch der Versicherer Beratungspflichten vor Vertragsabschluss einzuhalten hat. Diese setzen sich, wie bei einer Beratung durch die Versicherungsagentur, aus der bedarfsbezogenen und produktbezogenen Beratung sowie der Begründung der Produktempfehlung zusammen und müssen dokumentiert und den Kunden übermittelt werden.

Der Versicherer ist von der Beratungspflicht vor Vertragsabschluss befreit, wenn es sich um ein Großrisiko im Sinne § 210 VVG handelt oder der Versicherungsvertrag durch einen Versicherungsmakler bzw. eine Versicherungsmaklerin vermittelt wird.

3.2.2 Informationspflicht des Versicherers vor Vertragsabschluss

Der Versicherer hat dem/der Versicherungsnehmer/-in rechtzeitig vor Abgabe von deren Vertragserklärung seine Vertragsbestimmungen einschließlich der Allgemeinen Versicherungsbedingungen, sonstige Vertragsbestimmungen, wie einzelne Klauseln, sowie die in der Verordnung über Informationspflichten bei Versicherungsverträgen bestimmte Informationen in Textform mitzuteilen. Folgende Formen können daher in Frage kommen:

- Überlassung in Papierform
- Übersendung per E-Mail
- Überlassung eines Datenträgers (z. B. USB-Stick)
- elektronische Übermittlung der Informationen als herunterladbare PDF-Datei

Die weiteren gesetzlichen Informationen, die der Versicherer übermitteln muss, basieren auf der Grundlage der Verordnung über Informationspflichten bei Versicherungsverträgen. Sie gliedern sich in Informationen für alle Versicherungszweige, Informationen für bestimmte Personenversicherungssparten und ein Produktinformationsblatt.

Informationen für alle Versicherungszweige

§ 7 VVG

Die Informationen für alle Versicherungszweige unterteilen sich in Informationen zum Versicherer, zur angebotenen Leistung, zum Vertrag und zum Rechtsweg.

§ 1 VVG-InfoV

Informationen für bestimmte Personenversicherungssparten

Je nach Art der Personenversicherung werden unterschiedliche Informationen weitergegeben.

Lebens-, Berufsunfähigkeits- und Unfallversicherung

In diesen Versicherungsarten werden bei Vertragsabschluss hohe garantierte Versicherungsleistungen vereinbart. Aus diesem Grund müssen den Versicherungsnehmern/-innen Informationen ausgehändigt werden, die beispielsweise Angaben zur Überschussbeteiligung beinhalten.

§ 2 VVG-InfoV

Krankenversicherung

Da die private Krankenversicherung die gesetzliche Krankenversicherung ergänzt oder ersetzt, werden hier Informationen an Versicherungsnehmer/-innen weitergegeben, die beispielsweise Angaben über die Auswirkungen steigender Krankheitskosten auf die zukünftige Beitragsentwicklung enthalten.

§ 3 VVG-InfoV

Produktinformationsblatt

Der Versicherer hat den Versicherungsnehmern/-innen, die als Verbraucher gelten, zusätzlich ein Produktinformationsblatt zur Verfügung zu stellen. Das Produktinformationsblatt hat diejenigen Informationen zu enthalten, die für den Abschluss oder die Erfüllung des Versicherungsvertrages von besonderer Bedeutung sind. Es muss allen Personen ermöglichen, sich anhand einer knappen und verständlichen Darstellung einen Überblick über die wesentlichen Merkmale des Vertrages zu verschaffen.

§ 4 VVG-InfoV

3.2.3 Beratungs- und Informationspflicht nach Vertragsabschluss

Für Versicherer erstreckt sich die Beratungs- und Informationspflicht auch auf die Zeit nach dem Vertragsabschluss, also während der Vertragslaufzeit.

Beispiel

Ein Versicherungsnehmer, für den eine Hausratversicherung besteht, teilt dem Versicherer mit, dass seine Tochter an der Universität in Köln angenommen wurde und nächsten Monat mit einem Teil des Hausrates dorthin ziehen werde.

→ Der Versicherer muss fragen, ob die Tochter in Köln ihren eigenen Hausstand gründet oder ob sie sich nur vorrübergehend während des Studiums dort aufhalten wird. Sollte die Tochter einen Hausstand gründen, wird eine eigene Hausratversicherung empfohlen. Im Falle des vorübergehenden Aufenthaltes wäre der Hausrat der Tochter über die Hausratversicherung des Elternteils mitversichert.

Die Beratungen des Versicherers während der Vertragslaufzeit sind zu dokumentieren und die entsprechenden Informationen an die Versicherungsnehmer/-innen zu übermitteln.

3.3 Konfliktlösung und Schlichtung

Sollte ein/-e Versicherungsnehmer/-in einen Konflikt mit einem Versicherer (Nicht-Erbringung einer vertraglichen Leistung) oder der Versicherungsagentur (Eindruck einer Falschberatung) haben, kann er/sie das Anliegen als Beschwerde äußern. Dabei sollte er/sie sich mit seiner/ihrer Beschwerde immer zuerst an die nächst höhere Stelle, also Gesellschaft – Direktion, Hauptverwaltung oder Vorstand, wenden. Dies soll dazu führen, dass der Vorgang aus übergeordneter Sicht geprüft und gegebenenfalls eine geänderte Entscheidung zugunsten der Person getroffen werden kann. Sollte die Analyse der Beschwerde ergeben, dass der/die Versicherungsnehmer/-in im Recht ist, ist die von der untergeordneten Stelle getroffene Entscheidung unverzüglich zu ändern und der Person, verbunden mit einer entsprechenden Entschuldigung, mitzuteilen. Kann dem Anliegen aus rechtlichen Gründen jedoch nicht stattgegeben werden, müssen im Antwortschreiben die Gründe für die Entscheidung dargelegt werden. Sollte der/die Versicherungsnehmer/-in mit der getroffenen Entscheidung nicht einverstanden sein, kann er/sie sich an verschiedene Einrichtungen wenden.

3.3.1 Schlichtungsstelle

Zur Schlichtung von Streitigkeiten zwischen Versicherer und Versicherungsnehmern/-innen als Verbrauchern wurde eine Verbraucherschlichtungsstelle, der Versicherungsombudsmann e.V. mit Sitz in Berlin, eingerichtet. Dem Versicherungsombudsmann e.V. gehören der Gesamtverband der deutschen Versicherungswirtschaft (GDV) und eine Vielzahl von Unternehmen an.

Das Wort Ombudsmann (auch Ombudsfrau oder Ombudsperson) bedeutet Treuhänder. Es bezeichnet eine Vertrauensperson, die die Interessen einzelner Personen sowohl gegenüber der öffentlichen Hand, als auch gegenüber einem Unternehmen wahrnimmt.

Versicherungsvermittler/-innen und Versicherungsberater/-innen haben den Versicherungsnehmer/-innen beim ersten geschäftlichen Kontakt die Anschrift der Schlichtungsstelle mitzuteilen, die bei Streitigkeiten zwischen beiden Parteien kontaktiert werden kann.

Die Voraussetzung zur Einleitung eines Ombudsmannverfahrens ist das zuvor erfolglos verlaufende Streitverfahren in Form einer Beschwerde. Die Verfahrensordnung des Versicherungsombudsmanns (VomVO) regelt, wie ein solches Verfahren abläuft.

§ 2 VomVO Die Durchführung des Verfahrens setzt voraus, dass die Beschwerde einen eigenen Anspruch aus

- einem Versicherungsvertrag,
- einem Vertrag, der in einem engen wirtschaftlichen Zusammenhang mit einem Versicherungsvertrag steht,
- einem Realkreditvertrag (§ 14 und § 16 Absatz 1 und 2 Pfandbriefgesetz),
- der Vermittlung oder der Anbahnung eines solchen Vertrages

betrifft oder das Bestehen eines solchen Vertrages zum Gegenstand hat.

Das Verfahren beginnt mit der Aufnahme der Beschwerde und der Prüfung, ob der Ombudsmann für diese Beschwerde zuständig ist. Im Anschluss folgt das Hauptverfahren, in dem der Ombudsmann zunächst den strittigen Sachverhalt erklärt und entscheidet, ob die Beschwerde sachlich begründet ist. Gegebenenfalls fordert er noch zusätzliche Unterlagen an oder macht einen Schlichtungsvorschlag.

Hält der Ombudsmann die Beschwerde für berechtigt, erlässt er bei einem Schlichtungswert von bis zu 10.000,00 € eine Entscheidung und bei einem Beschwerdewert zwischen 10.000,00 € und 100.000,00 € gibt er eine Empfehlung. Die Entscheidung ist für den Beschwerdegegner bindend. Die Empfehlung jedoch ist für beide Parteien nicht bindend.

Das Verfahren gegenüber Versicherern ist für Beschwerdeführende kostenlos. Sie können sich auf eigene Kosten anwaltlich vertreten lassen.

3.3.2 Aufsichtsbehörde

Eines der wichtigsten und wirksamsten Instrumente zum Schutz von Versicherungsnehmerinnen und Versicherungsnehmern ist die staatliche Versicherungsaufsicht, der die Versicherungsunternehmen unterliegen. Die wichtigste Aufsichtsbehörde ist die Bundesanstalt für Finanzdienstleistungsaufsicht (BaFin) mit ihrem Sitz in Bonn und Frankfurt am Main, die der Rechts- und Fachaufsicht des Bundesministeriums für Finanzen untersteht. Die BaFin nimmt die ihr nach dem Versicherungsaufsichtsgesetzes sowie nach anderen Bestimmungen übertragenen Aufgaben wahr. Sie entscheidet auch über die Zertifizierung von Altersvorsorgeprodukten, wie beispielsweise der Riester-Rente. Auch die Kontrolle des laufenden Geschäftsbetriebes von Versicherungsunternehmen gehört in den Tätigkeitsbereich der BaFin. Die beiden großen Bereiche der laufenden Aufsicht sind die Rechtsaufsicht und die Finanzaufsicht. Gegenstand der Rechtsaufsicht ist die ordnungsmäßige Durchführung des Geschäftsbetriebes, wobei die Finanzaufsicht die dauerhafte Erfüllbarkeit der Verpflichtungen aus den Versicherungen kontrolliert.

Als Verwaltungsbehörde ist die BaFin jedoch nicht befugt, Streitigkeiten aus einzelnen Versicherungsverträgen oder Schadenfällen mit rechtsverbindlicher Wirkung zu entscheiden. Im Rahmen der Rechtsaufsicht wird jedoch die Einhaltung der gesetzlichen Bestimmungen geprüft und eine Feststellung darüber getroffen, ob ein Eingreifen seitens der BaFin erfolgen muss. Ein Eingreifen der BaFin wäre beispielsweise das Verlangen einer Änderung von missverständlichen Vordrucken, Formularen oder auch bei unverständlichen Allgemeinen Versicherungsbedingungen.

3.4 Vertragserklärung und Widerrufsrecht für Versicherungsnehmer/-innen

Die Willenserklärung von Versicherungsnehmern und Versicherungsnehmerinnen zum Abschluss eines Versicherungsvertrages wird als Vertragserklärung bezeichnet. Für die Abgabe dieser Vertragserklärung kennt man in der Versicherungspraxis das Antragsmodell und das Invitatiomodell.

3.4.1 Antragsmodell

Beim Antragsmodell händigt die Versicherungsagentur bzw. der Versicherer dem/der potenziellen Versicherungsnehmer/-in vor der Unterschrift unter dem Antrag, also vor der Vertragserklärung, schon alle geforderten Vertragsinformationen in Textform aus. Dadurch kann die Person sich umfassend über die beabsichtigte Versicherung informieren. Entscheidet sie sich für die beabsichtigte Versicherung, unterzeichnet sie den entsprechenden Versicherungsantrag. Diese Unterschrift bedeutet aber noch keine Vertragserklärung. Erst, wenn die Kundin oder der Kunde den unterzeichneten Versicherungsantrag auf den Weg Richtung Versicherer gebracht hat, gilt der unterzeichnete Versicherungsantrag als Vertragserklärung. Dies kann postalisch oder, wie in der Praxis üblich, durch Aushändigung des unterzeichneten Versicherungsantrags an die Versicherungsagentur geschehen.

Phasen des Vertragsabschlusses

Befragung, Beratung und Erstellung eines Angebotes	→	Übergabe der geforderten Vertragserklärung (Antrag) der Kundin/des Kunden	→	Vertragsinformationen an die Kundin/den Kunden	→	Zustellung der Police (Versicherungsschein) an VN durch den Versicherer

Beispiel

Sie beraten Ihre neue potenzielle Kundin Amina Sabu, die eine Hausratversicherung benötigt, da sie vor kurzem bei ihren Eltern berufsbedingt ausgezogen ist. Nach der eingehenden Beratung erstellen Sie ihr ein passendes Angebot. Amina Sabu findet Ihr Angebot sehr ansprechend und möchte, dass Sie ihr den Antrag hierzu fertig machen. Sie bittet Sie jedoch, ihr die Unterlagen mitzugeben, da sie sich die Versicherungsbedingungen noch in Ruhe durchlesen möchte.

Sie händigen ihr den Versicherungsantrag, die Informationen, alle produktbezogenen Informationen und Bedingungen sowie die erstellte Dokumentation aus.

Amina Sabu erscheint nach zwei Tagen erneut in Ihrer Agentur und händigt Ihnen den unterzeichneten Versicherungsantrag aus.

→ Die Vertragserklärung ist durch aushändigen des unterzeichneten Versicherungsantrages erfolgt, da hier der Versicherungsantrag auf dem Weg in Richtung des Versicherers ist. Der Versicherer kann durch die Vertragserklärung seitens der Kundin die Police erstellen, die ihr zugestellt wird. Durch die Zustellung der Police ist der Vertrag geschlossen worden.

Zu den geforderten Vertragsinformationen, die den Kunden ausgehändigt werden müssen, gehören:

- Versicherungsbedingungen
- produktbezogene Informationen
- Versicherungsinformationen
- Beratungsprotokoll
- Produktinformationsblatt
- ggf. Kopie des Versicherungsantrages

3.4.2 Invitatiomodell

Beim Invitatiomodell (lateinisch invitatio = Einladung) erfolgt analog zum Antragsmodell zunächst eine Beratung. Wird durch das Beratungsgespräch der gewünschte Versicherungsschutz ersichtlich, wird der Kundin bzw. dem Kunden ein Vertragsvorschlag zur Unterschrift vorgelegt. Die Unterschrift der Kundin/des Kunden unter dem Vertragsvorschlag ist rechtlich gesehen noch keine Vertragserklärung, sondern eine Aufforderung an den Versicherer, ein verbindliches Vertragsangebot zu unterbreiten. Dies nennt man eine Aufforderung zur Offerte. Der Versicherer prüft die Versicherbarkeit anhand der Angaben im Vertragsvorschlag und stellt gegebenenfalls den Versicherungsschein aus. Erst bei Übersendung des Versicherungsscheines erhalten Versicherungsnehmer/-innen auch alle gesetzlich geforderten Informationen. Der Versicherungsschein ist rechtlich gesehen der Antrag. Reagieren Kunden auf diesen Antrag nicht, ist kein Versicherungsvertrag zustande gekommen. Erst durch Unterschreiben der vorbereiteten Annahmeerklärung durch die Kunden und Rücksendung an den Versicherer, kommt der Versicherungsvertrag zustande. Falls Kunden die Annahmeerklärung nicht an den Versicherer zurücksenden, jedoch die Erstprämie einlösen, gilt der Versicherungsvertrag als zustande gekommen. Dies wird als konkludente (= schlüssige) Handlung angesehen.

Phasen des Vertragsabschlusses

Befragung, Beratung und Vertragsvorschlag	→	Anforderung eines Angebotes durch den Kunden/die Kundin	→	Zustellung einer Police (= Antrag durch den Versicherer) und der gesetzlich geforderten Informationen	→	Annahme durch Kunde/Kundin (dies geschieht meist durch die Zahlung der Erstprämie) → Vertragserklärung

Im Vergleich zum Antragsmodell werden beim Invitatiomodell den Kundinnen und Kunden beim Beratungsgespräch nur das Beratungsprotokoll und die Kopie der Anforderung eines Angebotes durch den Versicherer ausgehändigt. Auf Wunsch können an dieser Stelle die Versicherungsbedingungen, die produktbezogenen Informationen sowie das Produktinformationsblatt ausgehändigt werden. Spätestens werden diese jedoch bei Übermittlung des Versicherungsscheines mitübersendet.

Beispiel

Ihr Kunde Martin Klein möchte eine Berufsunfähigkeitsversicherung bei Ihnen abschließen. Bei Aufnahme der Gesundheitsfragen gibt Herr Klein an, unter Migräne zu leiden. Auf Grund dessen fordert Herr Klein ein Angebot beim Versicherer ein. Nach der Risikoprüfung entscheidet der Versicherer, dass die Berufsunfähigkeitsversicherung mit einem Risikozuschlag von 15 % zustande kommen kann. Der Versicherer sendet Herrn Klein alle Unterlagen inklusive der Police zu. Nach Erhalt der Police zahlt Herr Klein die Erstprämie.

3.4.3 Vorvertragliche Anzeigepflicht bei Antragsstellung

Bei der Antragstellung sind Antragsstellende dazu verpflichtet, neben ihrer Willenserklärung auch sämtliche ihnen bekannte Umstände, die für das abzusichernde Risiko und die damit zusammenhängende Risikobeurteilung für den Versicherer erheblich sind, wahrheitsgemäß und vollständig anzuzeigen. Diese vorvertragliche Anzeigepflicht wird für gewöhnlich durch die vollständige und wahrheitsgemäße Beantwortung der Fragen auf dem Antragsformular erfüllt. Man spricht in diesem Zusammenhang auch von einer Wissenserklärung. *§ 19 VVG*

Die vorvertragliche Anzeigepflicht stellt eine Obliegenheit dar. Wie aus jedem Vertrag ergeben sich auch aus dem Versicherungsvertrag Rechte und Pflichten für beide Vertragsparteien. Die Gefahrentragungs- und Leistungspflicht des Versicherers steht der Prämienleistungspflicht der Versicherungsnehmer/-innen gegenüber. Neben diesen einklagbaren Hauptpflichten der Vertragsparteien haben Versicherungsnehmer/-innen auch Obliegenheiten zu erfüllen, die nicht einklagbar sind. Eine echte Obliegenheit liegt vor, wenn ein Tun (Gebot) oder Unterlassen (Verbot) von Versicherungsnehmern/-innen gefordert wird.

Übersicht: Rechtspflichten und Obliegenheiten

Rechtspflichten	Obliegenheiten
sind einklagbar	sind nicht einklagbar, aber Voraussetzung für den Erhalt des Versicherungsschutzes
Versicherer: · Ausstellung einer Police · Gefahrentragung · Leistungspflicht Versicherungsnehmer/-innen: · Prämienzahlungspflicht	· VN muss Auskünfte auf Verlangen des Versicherers erteilen. · VN muss Gefahrenumstände anzeigen (Tun), wenn sich beispielsweise die Wohnfläche in der Wohngebäudeversicherung durch einen Anbau vergrößert hat. · VN darf keine nachträgliche Gefahrenerhöhung in der Sachversicherung vornehmen oder gestatten.

Obliegenheiten sind also Voraussetzungen, die Versicherungsnehmer/-innen erfüllen müssen, damit sie im Schadenfall einen Anspruch auf die Versicherungsleistung haben.

§ 20 VVG Auch wenn sich Versicherungsnehmer/-innen von Dritten (Repräsentanten) vertreten lassen oder eine dritte Person mit der Antragserstellung beauftragen, haften sie selbst für die Vollständigkeit und Richtigkeit der Angaben.

Versicherer müssen die Versicherungsnehmer/-innen durch eine gesonderte Mitteilung, die in Textform erfolgt, auf die Folgen einer Anzeigepflichtverletzung hinweisen, damit diese ihre Rechte gegebenenfalls geltend machen können.

Die vorvertragliche Anzeigepflicht ist für die Risikoprüfung von Bedeutung, denn davon hängt es ab,

- ob der Versicherer das Risiko übernehmen möchte oder übernehmen kann,
- wie hoch die Prämie ist und ob eventuell ein Risikozuschlag (je nach Versicherungssparte) erhoben werden muss und
- welche Bedingungen, Klauseln oder Ausschlüsse zugrunde gelegt werden müssen.

Auszug aus Antrag Proximus 5 Bedingungswerk Hausratversicherung TA 032

Beispiel

HAUSRAT

TA
032

Antrag auf Hausrat- und Glasversicherung - Auszug

Vorversicherungen / Vorschäden

Besteht oder bestand für Sie oder andere Mitglieder Ihres Haushaltes schon eine Hausrat- oder Glasversicherung? ○ nein ○ ja ______

Wurde die Hausrat- o. Glasversicherung gekündigt? ○ nein ○ ja, durch Antragsteller ○ ja, durch Versicherer

Versicherer ______ Vers.-Nummer ______ Ablauf ______

Sind in den letzten 5 Jahren Schäden eingetreten, auch wenn hierfür keine Leistung erfolgte? ○ ja ○ nein Anzahl der Schäden ______

Schadenjahr ______ Schadenhöhe ______ Schadenursache ______

Schadenjahr ______ Schadenhöhe ______ Schadenursache ______

Hausratversicherung

Unterversicherungsverzicht Wir verzichten, die Entschädigung wegen Unterversicherung zu kürzen, wenn die Versicherungssumme wie folgt ermittelt wird (vgl. Klausel 7712)

m² Wohnfläche (bitte immer angeben)		Mindest-Versicherungssumme		Versicherungssumme gerundet auf volle 100 €
______	x	650 €	=	______ €

Von mir frei errechnete Versicherungssumme ______ €

Tarifzone ○ H I ○ H II ○ H III ○ H IV ○ H V ○ H VI

Grundprämiensatz ‰ ______

Zutreffendes ist anzukreuzen. Striche, sonstige Zeichen oder **Nichtbeantwortung** gelten als **Verneinung**.

Erweiterungen des Versicherungsschutzes gegen Prämienzuschlag:	Prämiensätze ‰
Wertsachen: Die Entschädigung ist begrenzt auf 20 % der Versicherungssumme. ○ Erhöhung auf ______ (max. 50 %)	______
○ Klausel 7110 Mitversicherung von Fahrrädern gegen einfachen Diebstahl mit ○ 1 % ○ 2 % ○ 3 % ○ 4 % oder ______ % der Versicherungssumme	______
○ Gefahrerhöhung durch vorübergehendes Unbewohntsein über die Dauer von 60 Tagen hinaus	______
○ Gefahrerhöhung durch feuergefährliche Betriebe innerhalb des Gebäudes	______
○ Klausel 7112 Datenrettungskosten	______
○ Einschluss weiterer Naturgefahren *(gilt nur für ständig bewohnte Wohnungen)* Sind in den letzten 10 Jahren Schäden angefallen? ○ nein ○ ja, Schadendatum, Schadenhergang, Schadenhöhe: ______	______
Gesamtprämiensatz	______

	Nettojahresprämie in € (Mindestjahresprämie 40 €)
Versicherungssumme ______ € x Gesamtprämiensatz ______ ‰	______ €
○ Klausel 7710 Selbstbehalt: Wird eine Selbstbeteiligung in Höhe von 500 € je Versicherungsfall vereinbart, reduziert sich die Tarifprämie um 20 %.	- ______ €
	= ______ €
○ Dauernachlass (3 Jahre 10 %)	- ______ €
	= ______ €
○ Abschlag gemäß Zahlungsweise	- ______ €
	= ______ €
Nettoprämie gemäß Zahlungsweise	= ______ €
Versicherungsteuer	+ ______ €
Bruttoprämie gemäß Zahlungsweise	= ______ €

Seite 2 von 4

Beispiel Auszug aus Antrag Proximus 5 Bedingungswerk Wohngebäudeversicherung TA 069

Antrag auf Wohngebäude- und Glasversicherung - Auszug **TA 069**

WOHNGEBÄUDE

Vorversicherungen / Vorschäden

Bestehen oder bestanden bereits eine Wohngebäude- oder Glasversicherung? ○ nein ○ ja ______

Wurde die Wohngebäude- oder Glasversicherung gekündigt? ○ nein ○ ja, durch Antragsteller ○ ja, durch Versicherer

Versicherer ______ Vers.-Nummer ______ Ablauf ______

Sind in den letzten 5 Jahren Schäden eingetreten, auch wenn hierfür keine Leistung erfolgte? ○ ja ○ nein Anzahl der Schäden ______

Schadenjahr ______ Schadenhöhe ______ Schadenursache ______

Schadenjahr ______ Schadenhöhe ______ Schadenursache ______

Bitte nur beantworten, wenn weitere Naturgefahren (Elementargefahren) versichert werden sollen:
Sind auf dem Versicherungsgrundstück an zu versichernden Sachen innerhalb der letzten 10 Jahre bereits weitere Naturgefahren (Elementargefahren) angefallen, auch wenn keine Versicherung hierfür bestand?

○ nein ○ ja, Schadendatum, Schadenhergang, Schadenhöhe in € ______

Wohngebäudeversicherung

Das Gebäude soll gegen folgende Gefahren versichert werden:

○ Feuer ○ Leitungswasser ○ Sturm/Hagel ○ weitere Naturgefahren (Elementargefahren)

○ Feuerrohbauversicherung, wenn das Gebäude noch nicht fertiggestellt ist; voraussichtlicher Fertigstellungstermin: ______
Das Gebäude ist für die Zeit des Rohbaus, längstens 12 Monate, prämienfrei gegen Feuer versichert.

Zutreffendes ist anzukreuzen. Striche, sonstige Zeichen oder **Nichtbeantwortung** gelten als **Verneinung**.

Grundprämiensätze in ‰:

○ F ______ ○ LW ______ ○ St/H ______ ○ weitere Naturgefahren ______ Gesamt: ______ ‰

Erweiterung des Versicherungsschutzes gegen Prämienzuschlag: Prämiensätze

○ Klausel 7167 Kosten für die Beseitigung von Rohrverstopfungen bis 1 % oder ___ % der Versicherungssumme* ______ ‰

○ Klausel 7168 Datenrettungskosten in der Privatversicherung ______ ‰

○ Klausel 7260 Weitere Zuleitungsrohre auf dem Grundstück bis 1 % oder ___ % der Versicherungssumme* ______ ‰

○ Klausel 7261 Weitere Zuleitungsrohre außerhalb des Grundstücks bis 1 % oder ___ % der Versicherungssumme* ______ ‰

○ Klausel 7264 Weiteres Zubehör und sonstige Grundstücksbestandteile bis 1 % oder ___ % der Versicherungssumme* ______ ‰

○ Klausel 7361 Gebäudebeschädigungen durch unbefugte Dritte an Zwei- und Mehrfamilienhäusern bis 5 % der Versicherungssumme* ______ ‰

○ Klausel 7362 Kosten für die Dekontamination von Erdreich bis 2 % oder ___ % der Versicherungssumme*, max. 20.000 € ______ ‰

○ Klausel 7363 Aufräumungskosten für Bäume bis 2.000 € ______ ‰

○ Klausel 7366 Graffitischäden max. 10.000 €; Selbstbeteiligung 500 € je Versicherungsfall ______ ‰

○ weitere Klauseln (Prämien auf Anfrage): ______ ______ ‰

Gesamtprämiensatz ______ ‰

**Bei Gleitender Neuwertversicherung: multipliziert mit dem im Zeitpunkt des Versicherungsfalles geltenden Anpassungsfaktor.*

Versicherungssumme 1914 ______ Mark x Gesamtprämiensatz ______ ‰

= Jahresprämie 1914 ______ Mark x Anpassungsfaktor ______ = Nettojahresprämie in € ______ (Mindestjahresprämie 40 €)

Seite 2 von 4

Übersicht: Rechtsfolgen bei Verletzung der vorvertraglichen Anzeigepflicht

Versicherungsnehmer/-innen verletzen bei Vertragserklärung ihre vorvertragliche Anzeigepflicht, wenn sie bei Antragstellung die Fragen nicht wahrheitsgemäß beantworten.

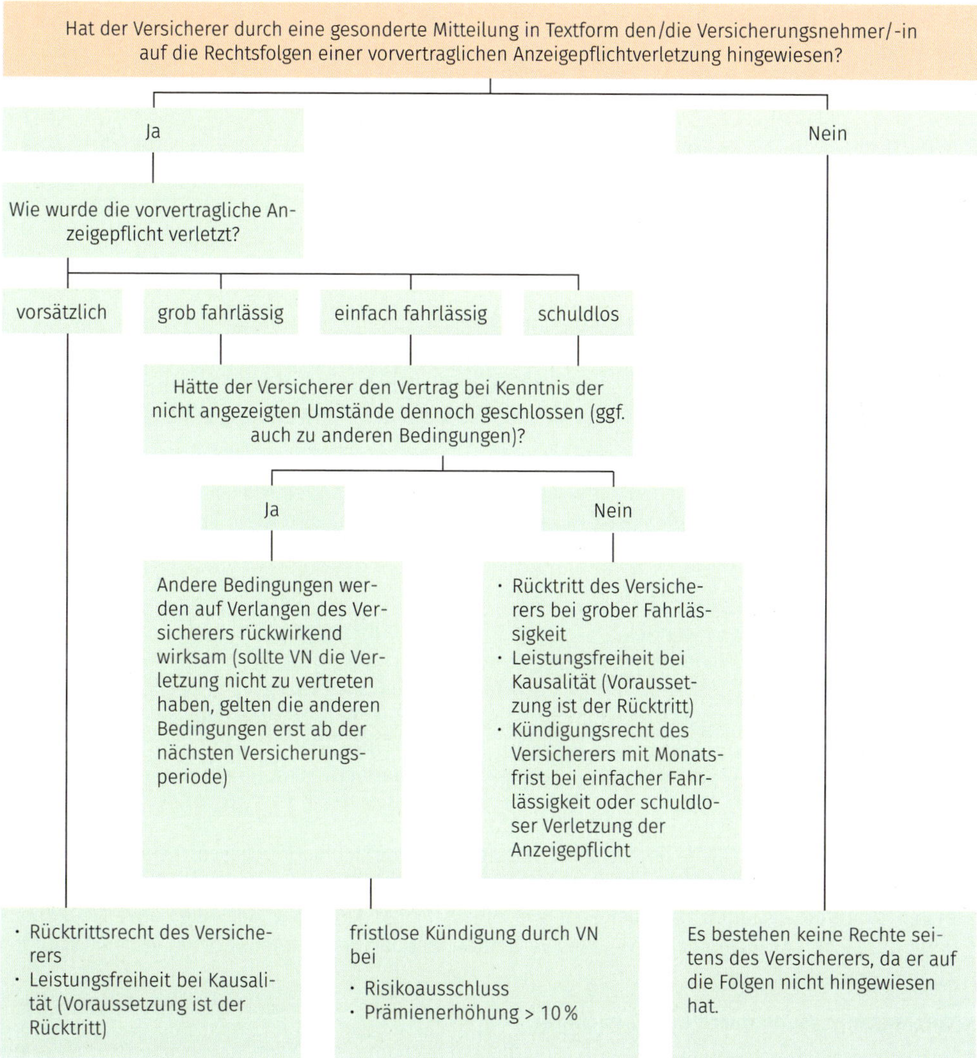

Art des Verschuldens

Je nach Art des Verschuldens von Versicherungsnehmern/-innen bei der vorvertraglichen Anzeigepflichtverletzung ergeben sich auch unterschiedliche Rechtsfolgen. Grundsätzlich werden bei Verschulden unterschieden:

- **Vorsatz**
  Der Vorsatz ist dadurch gekennzeichnet, dass man die Norm (hier die Anzeigepflicht) kennt und diese bewusst verletzt. Willen und Wissen sind gemeinsam erforderlich (sog. direkter Vorsatz).

- **Grobe Fahrlässigkeit**
  Grobe Fahrlässigkeit bezeichnet eine besonders schwere Außerachtlassung der im Verkehr erforderlichen Sorgfalt, bei der einfache, ganz naheliegende Überlegungen nicht angestellt werden, die – im gegebenen Fall – jedermann einleuchten müssen.

Beispiel Ein Versicherungsnehmer lässt die Kerzen auf dem Adventskranz, der auf dem Esstisch steht, brennen und verlässt das Haus, um kurz seine Einkäufe zu erledigen. Aufgrund dessen beginnt die Tischdecke zu brennen und beschädigt den Tisch.

→ Die brennenden Kerzen anzulassen und dabei das Haus zu verlassen, ist eine grob fahrlässige Handlung.

- **Einfache Fahrlässigkeit**
  Fahrlässig handelt, wer die im Verkehr erforderliche Sorgfalt außer Acht lässt.

Beispiel Ein Versicherungsnehmer hat eine Pfanne mit heißem Fett auf dem eingeschalteten Herd stehen, das Telefon klingelt und er verlässt kurzfristig die Küche, um den Anruf entgegenzunehmen. Während der kurzen Abwesenheit entzündet sich ein Feuer auf dem Herd und es entsteht ein größerer Brandschaden.

→ Dieses Verhalten stellt eine einfache Fahrlässigkeit dar, da der Versicherungsnehmer anfangs die Pfanne beobachtet und die Küche nur kurz verlassen hat, um den Anruf entgegenzunehmen.

Rechtsfolgen

- **Rücktritt**
  Bei eine vorsätzlichen oder grob fahrlässigen Anzeigepflichtverletzung, kann der Versicherer vom Vertrag zurücktreten. Versicherungsnehmer/-innen müssen bereits erhaltene Versicherungsleistungen zurückzahlen. Der Versicherer hingegen darf die erhaltenen Versicherungsprämien behalten. Die Möglichkeit eines Rücktrittes besteht nur in den ersten fünf Jahren nach Vertragsabschluss.
- **Kündigung**
  Liegt weder eine vorsätzliche noch eine fahrlässige Anzeigepflichtverletzung vor, kann der Versicherer keinen Gebrauch von seinem Rücktrittsrecht machen. Er kann jedoch den Vertrag innerhalb der ersten fünf Vertragsjahre mit einer Frist von einem Monat kündigen. Bei einer unverschuldeten vorvertraglichen Anzeigepflichtverletzung verzichten fast alle Versicherer bedingungsgemäß auf ihr Kündigungsrecht.
- **Vertragsanpassung durch den Versicherer**
  Das Gesetz sieht bei fahrlässigem und schuldlosem Verhalten von Versicherungsnehmern/-innen vor, dass nach Möglichkeit der Versicherungsvertrag an die tatsächlichen Umstände, also nach der tatsächlichen Risikolage, angepasst und zu anderen Konditionen fortgeführt wird. Der Versicherer kann den Versicherungsvertrag bei grober und einfacher fahrlässiger Anzeigepflichtverletzung rückwirkend auf die anderen Bedingungen umstellen. Bei schuldloser Verletzung der Anzeigepflicht wird der Versicherungsvertrag erst nach Ablauf der laufenden Versicherungsperiode umgestellt.
  Nur wenn eine solche Vertragsanpassung ausscheidet, wenn beispielsweise der Versicherer das Risiko generell nicht versichert, besteht die Möglichkeit einer Vertragsbeendigung.
- **Anfechtung**
  Eine Anfechtung eines Vertrages ist nur innerhalb der ersten zehn Jahre ab Vertragsabschluss möglich. Hat ein/eine Versicherungsnehmer/-in bei der Antragsaufnahme Informationen vorsätzlich verschwiegen oder Fragen bewusst falsch beantwortet, liegt eine arglistige Täuschung vor. Der Ver-

trag wird in einem solchen Fall rückwirkend aufgehoben und der/die Versicherungsnehmer/-in muss alle bereits erhaltenen Leistungen zurückzahlen. Der Versicherer hingegen darf bereits erhaltene Versicherungsprämien behalten.

3.4.4 Widerruf der Vertragserklärung

Die abgegebene Vertragserklärung können Versicherungsnehmer/-innen in der Regel innerhalb von 14 Tagen widerrufen. Das Widerrufsrecht erstreckt sich grundsätzlich auf sämtliche Versicherungszweige. Eine Ausnahme stellt die Sparte der Lebensversicherung dar. Hier gilt ein Widerrufsrecht von 30 Tagen. *§§ 8, 152 VVG*

Versicherungsnehmer/-innen müssen auf das Widerrufsrecht aufmerksam gemacht worden sein. Dies geschieht in der Regel schon auf dem Antragsformular oder auf einem separaten Formular. Durch die Unterschrift auf dem Versicherungsantrag bestätigt ein/eine Versicherungsnehmer/-in, die Widerrufsbelehrung sowie den Hinweis auf den Fristbeginn erhalten zu haben. *§§ 8 VVG*

Der Widerruf ist in Textform gegenüber dem Versicherer zu erklären und muss keine Begründung enthalten. Eine rechtzeitige Absendung des Widerrufes genügt. Jedoch muss ein/eine Versicherungsnehmer/-in im Streitfall beweisen, dass die Widerrufserklärung beim Versicherer eingegangen ist. Bei einer E-Mail lässt sich dies durch den Absendenachweis, bei einem Fax durch den Sendebericht, bei einem Einschreibebrief durch den Rückschein belegen.

Die Widerrufsfrist beginnt zu dem Zeitpunkt, zu dem folgende Unterlagen dem/der Versicherungsnehmer/-in zugegangen sind:

- Versicherungsschein und Vertragsbestimmungen einschließlich der Allgemeinen Versicherungsbedingungen sowie alle weiteren Informationen gemäß dem Versicherungsvertragsgesetz in Verbindung mit der Verordnung über Informationspflichten bei Versicherungsverträgen sowie *§§ 7 VVG*
- eine deutliche Belehrung über das Widerrufsrecht sowie dessen Rechtsfolgen.

Das Widerrufsrecht bietet allen Versicherungsnehmern/-innen die Möglichkeit, auch nach Vertragsabschluss eine Vertragserklärung zu widerrufen, wenn sie zu dem Ergebnis kommen, dass die abgeschlossene Versicherung doch nicht den eigenen Vorstellungen oder Bedürfnissen entspricht. Der Vertragsabschluss ist beim Antragsmodell die Übersendung des Versicherungsscheins; beim Invitatiomodell der Zugang der Annahmeerklärung beim Versicherer oder die konkludente Prämienzahlung nach Policenerhalt.

Ausgenommen ist das Widerrufsrecht jedoch

- bei Versicherungsverträgen mit einer Laufzeit von weniger als einem Monat, beispielsweise einer Auslandsreisekrankenversicherung,
- bei Versicherungsverträgen über vorläufige Deckung (Ausnahme: Fernabsatzverträge),
- bei Versicherungsverträgen bei Pensionskassen, die auf arbeitsvertraglichen Regelungen beruhen (Ausnahme: Fernabsatzverträge),
- bei Versicherungsverträgen über ein Großrisiko und
- bei Versicherungsverträgen, die von beiden Vertragsparteien auf ausdrücklichen Wunsch des/der Versicherungsnehmers/-in vollständig erfüllt sind, wenn beispielsweise für eine sechswöchige Veranstaltung Deckung gewährt wurde und der/die Versicherungsnehmer/-in die Prämie entrichtet hat.

Hat ein/-e Versicherungsnehmer/-in von seinem/ihrem Recht des Widerrufs Gebrauch gemacht, wandelt sich der Versicherungsvertrag in ein Rückgewährschuldverhältnis um. Dies bedeutet, dass erbrachte Leistungen zurückgewährt werden müssen, sofern nicht etwas anderes vereinbart wurde. Ist ein Versicherungsfall eingetreten und besteht für ihn Deckung, werden Versicherungsnehmer/-innen von ihrem Widerrufsrecht keinen Gebrauch machen.

§§ 9 VVG Haben Versicherungsnehmer/-innen durch eine Prämienzahlung den Beginn des Versicherungsschutzes, jedoch vor Ablauf der Widerrufsfrist erklärt, muss der Versicherer nur den Teil der Prämie erstatten, der auf die Zeit nach Zugang des Widerrufes fällt.

Beispiel Eine Versicherungsnehmerin hat bei Ihnen eine Hausratversicherung mit einer Jahresprämie von 243,00 € abgeschlossen, die sie sofort begleicht. Sie hat bei Vertragsabschluss alle notwendigen Informationen inklusive der Widerrufsbelehrung ausgehändigt bekommen. Am 12. Tag nach Beginn der Widerrufsfrist geht beim Versicherer die Widerrufserklärung der Versicherungsnehmerin ein. Der Versicherer hat Anspruch auf 12 Tage der Jahresprämie für 365 Tage, also auf 7,99 €. Entsprechend muss er der Versicherungsnehmerin 235,01 € zurückerstatten.

Verletzt ein Versicherer seine Pflicht im Zusammenhang mit der Aushändigung aller notwendigen Informationen und Unterlagen, so beginnt auch nicht die Widerrufsfrist. In diesem Fall besitzen Versicherungsnehmer/-innen ein „ewiges“ Widerrufsrecht.

Hinsichtlich der Pflichtverletzung des Versicherers und dessen Rechtsfolgen unterscheidet man, ob Vertragsbestimmungen oder Informationen fehlen (Informationsmangel) oder die ordnungsgemäße Belehrung fehlt (Belehrungsmangel).

Widerruf nach Informationsmangel

Beispiel Ein Versicherer hat bei Abschluss einer Wohngebäudeversicherung einer Kundin die Dokumentation des Beratungsgespräches nicht ausgehändigt. Die Kundin bemerkt dies im zweiten Versicherungsjahr und widerruft daraufhin ihre Vertragserklärung.

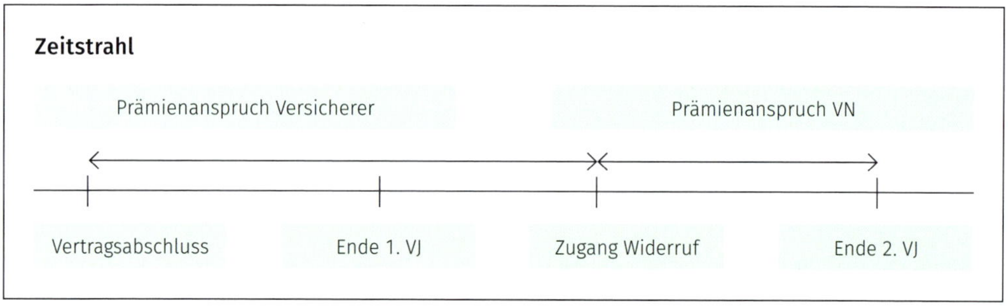

Der Widerruf wird mit dem Zugang beim Versicherer wirksam, da die Widerrufsfrist aufgrund des Informationsmangels (keine Aushändigung der Beratungsdokumentation an Kundin) nie zu laufen begonnen hat. Der Versicherer ist verpflichtet, die Prämie des zweiten Versicherungsjahres zeitanteilig vom Zugang des Widerrufes bis zum Ende des zweiten Versicherungsjahres an den/die Versicherungsnehmer/-in zurückzuerstatten. Die Versicherungsprämie für das erste Versicherungsjahr verbleibt vollumfänglich beim Versicherer, da er für das erste Versicherungsjahr Versicherungsschutz geboten hat.

Widerruf nach Belehrungsmangel

Beispiel Ein Versicherer hat bei Abschluss einer Wohngebäudeversicherung einen Kunden nicht über sein Widerrufsrecht belehrt. Dieser bemerkt das Fehlen des Formulars über die Widerrufsbelehrung im zweiten Versicherungsjahr und widerruft daraufhin seine Vertragserklärung.

Zeitstrahl

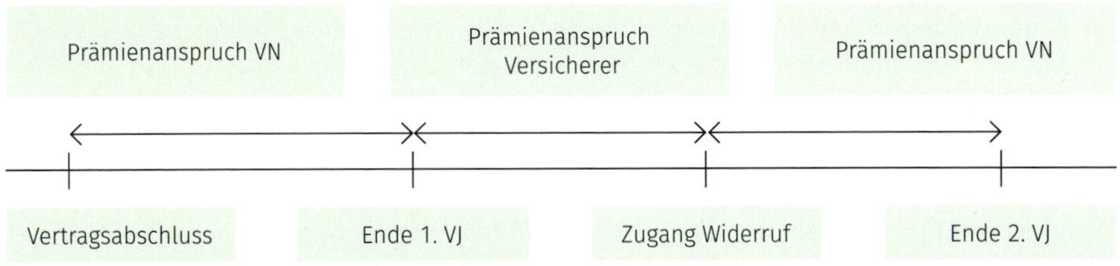

Auch hier ist der Widerruf erst mit Zugang beim Versicherer wirksam, da die Widerrufsfrist aufgrund des Belehrungsmangels nie begonnen hat. Im Gegensatz zum Widerruf nach Informationsmangel ist der Versicherer verpflichtet, neben der zu viel gezahlten Prämie für das laufende Versicherungsjahr, auch die Versicherungsprämie für das erste Versicherungsjahr an den/die Versicherungsnehmer/-in *§§ 9 VVG* zu erstatten. Dies gilt nur, sofern diese keine Leistungen vom Versicherer bezogen hat. Der Versicherer darf nur für den Zeitraum des laufenden Versicherungsjahres bis Zugang des Widerrufes den Teil der Prämie für sich beanspruchen.

3.5 Einzelheiten zum Versicherungsvertrag

In der Praxis stellt diejenige Person den Versicherungsantrag, die auch Versicherungsnehmer/-in werden möchte. Der Antrag unterliegt keinen bestimmten gesetzlichen Formvorschriften. Je nach Versicherungssparte weichen sowohl die äußere Gestaltung als auch der Inhalt voneinander ab.

Rechtlich gesehen besteht ein ausgefülltes und unterschriebenes Antragsformular aus drei verschiedenen Teilen:

1. Eigentlicher, auf den Abschluss des Vertrages gerichteter Antrag mit Angaben über den/die Versicherungsnehmer/-in, der Versicherungssumme, des gewünschten Tarifes, des Versicherungsbeginns und der Prämie

Wesentlicher Bestanteil eines jeden Versicherungsantrages ist die Willenserklärung der Antragstellerin bzw. des Antragstellers, die auf den Abschluss der Versicherung ausgerichtet ist.

Das Antragsformular bezeichnet den genauen Versicherungszweig, wie beispielsweise Hausratversicherung, sowie gegebenenfalls auch die Tarifart und auch mögliche Einschlüsse bestimmter Risiken.

Der Antrag hat die beiden Vertragsparteien genau zu bezeichnen. Der Versicherer ergibt sich aus dem Antragsformular und der/die Antragsteller/-in muss Name und Anschrift nennen.

Sowohl bei der Summen- als auch bei der Schadenversicherung ist die gewünschte Versicherungssumme zu beziffern. Es kann sich um eine einheitliche Versicherungssumme, wie bei der Hausratversicherung, als auch um unterschiedliche Versicherungssummen für verschiedene Leistungsarten, wie beispielsweise bei der Unfallversicherung, handeln. Die Angabe der Versicherungssummen ist erforderlich für die Prämienberechnung und die Leistungsbegrenzung des Versicherers bei Eintritt des Versicherungsfalles, insbesondere auch als Deckungssumme in der Haftpflichtversicherung.

Im Versicherungsantrag müssen der gewünschte Versicherungsbeginn und die Vertragslaufzeit angegeben werden. Bei einer Lebensversicherung wird das Endalter, also der Vertragsablauf, angegeben. Ebenso enthalten sind die Höhe des Beitrages und auch die Zahlungsweise.

Der wichtigste Teil des Versicherungsantrages ist die Unterschrift der Antragstellerin bzw. des Antragstellers, mit der er eine Willenserklärung auf Abschluss des Versicherungsvertrages abgibt. Erst mit der Unterschrift ist der Versicherungsantrag gestellt. Zu der Unterschrift der antragstellenden Person kommen bei Minderjährigen die Unterschriften der Eltern als gesetzliche Vertreter sowie die Unterschrift des/der Versicherungsvermittlers/-in. In der Lebensversicherung muss die zu versichernde Person auch unterschreiben, sofern die antragstellende und die zu versichernde Person nicht identisch sind.

2. Beantwortung der Fragen über das Risiko in Erfüllung der vorvertraglichen Anzeigepflicht

Versicherungsnehmer/-innen haben dem Versicherer alle ihnen bekannten Gefahrenumstände anzuzeigen, die für die Vertragsschließung erheblich sind und nach denen der Versicherer in Textform gefragt hat. Bei Verletzung der vorvertraglichen Anzeigepflicht können sich verschiedene Rechtsfolgen ergeben (Rücktritt, Kündigung, Anpassung der Vertragsbedingungen, Anfechtung).

3. Angaben von Ermächtigungserklärungen und Kenntnisnahme von Belehrungen

Neben der Vertragserklärung geben Versicherungsnehmer/-innen mit ihrer Unterschrift noch weitere Erklärungen ab:

- **Datenschutzerklärung**
  Sie gestatten dem Versicherer, die im Zusammenhang mit der beantragten Versicherung stehenden Daten zu speichern und an Rückversicherer, andere Versicherer, dem Gesamtverband der Versicherungswirtschaft, an die Unternehmen der gleichen Versicherungsgruppe und an Vertretungen zu übermitteln, soweit dies für die ordnungsgemäße Vertragsdurchführung erforderlich ist.
- **Schweigepflichtentbindungsklausel**
  In den Versicherungszweigen der Kranken-, Lebens- und Unfallversicherung ermächtigen sie den
  § 213 VVG Versicherer, personenbezogene Gesundheitsdaten von Ärzten, Krankenhäusern, sonstigen Krankenanstalten und ähnlichem zu erheben. Die Erhebung der Daten dient der Beurteilung des zu versichernden Risikos. Die betroffene Person ist vor der Erhebung zu unterrichten und darauf hinzuweisen, dass sie der Erhebung widersprechen kann.
- **SEPA-Lastschriftmandat**
  Durch das SEPA-Lastschriftmandat ist der Versicherer berechtigt, die fälligen Versicherungsprämien vom angegebenen Konto abzubuchen.
- **sonstige Belehrungen**
  Darüber hinaus befinden sich weitere Hinweise und Belehrungen, insbesondere die Belehrung über das Widerrufsrecht, die Bestätigung über den Erhalt des Informationsmaterials, Belehrung über die Rechtsfolgen von Verletzung der vorvertraglichen Anzeigepflicht sowie die Dokumentation.

3.6 Annahme des Antrages

Grundsätzlich kann die Annahme eines Versicherungsvertrages formlos durch eine Erklärung an den/die Versicherungsnehmer/-in erfolgen. Die Annahme kann nur innerhalb einer Annahmefrist wirksam erfolgen. In diesem Zeitraum hat der Versicherer die Gelegenheit, die Risikoprüfung (objektive und subjektive Gefahrenmerkmale) vorzunehmen, die sogenannte Bindefrist. In der Praxis erfolgt die Annahme des Versicherungsvertrages beim Antragsmodell durch die Zusendung des Versicherungsscheins (auch Versicherungspolice genannt). Beim Invitatiomodell gilt die Zusendung des Versicherungsscheins als Antrag des Versicherers. Zeitgleich übersendet der Versicherer an den/die Versicherungsnehmer/-in ein vorbereitetes Annahmeformular zur Unterschrift. Erst bei Zugang des unterschriebenen Annahmeformulars beim Versicherer oder bei Zahlung der Erstprämie durch den/die Versicherungsnehmer/-in gilt der Versicherungsvertrag als angenommen.

Der zustande gekommene Versicherungsvertrag ist zunächst als schwebend wirksam zu betrachten, solange noch ein Widerrufsrecht besteht und die Widerrufsfrist noch nicht abgelaufen ist.

3.7 Versicherungsschein

Der Versicherer hat einen Versicherungsschein, in der Praxis auch Police genannt, in Textform auszustellen und an den/die Versicherungsnehmer/-in zu übermitteln. Wegen der Bedeutung des Versicherungsscheins können Versicherungsnehmer/-innen die Ausstellung auch als Urkunde verlangen. Die Übermittlung des Versicherungsscheins stellt die Annahme des Antrages durch den Versicherer dar und bewirkt somit das formelle Zustandekommen des Versicherungsvertrages. Er dient als Beweis für den Abschluss des Vertrages. Der Zugang des Versicherungsscheins ist auch maßgeblich für den Beginn der Widerrufsfrist. Ist ein Versicherungsschein abhandengekommen oder vernichtet, können Versicherungsnehmer/-innen vom Versicherer eine Ausstellung eines neuen Versicherungsscheins verlangen.

§ 3 (3) VVG

§ 8 (2) VVG

§ 3 VVG

Der Versicherungsschein soll den Versicherungsnehmern/-innen Auskunft über ihre Rechte und Pflichten, die sich aus dem Vertrag ergeben, aufzeigen. Er dokumentiert und beurkundet die vertraglichen Inhalte sowie das Zustandekommen des Vertrages und gilt somit auch als Beweisurkunde.

Ein Versicherungsschein enthält in der Regel folgende Angaben:

- Versicherungszweig
- Versicherungsschein-Nummer
- Daten der Versicherungsnehmerin bzw. des Versicherungsnehmers
  - Name
  - Anschrift
- Umfang des Versicherungsschutzes
  - Versicherungsobjekt
  - versicherte Person in der Personenversicherung
  - Tarif
  - Versicherungssumme
- Dauer des Vertrages
  - Beginn
  - Ende
  - Verlängerungsklausel
- Prämie
  - Beitrag
  - Fälligkeit
- Bezeichnung des Versicherers
- sonstige Hinweise und Belehrung

Besondere Bedeutung besitzt der Versicherungsschein auch hinsichtlich der Leistungserbringung im Versicherungsfall. Diese sind:

- **Schuldschein**
  Schuldscheine unterteilen sich in einfache und qualifizierte Schuldscheine. Beim einfachen Schuldschein kann der Versicherer von Anspruchstellenden verlangen, dass dieser den Versicherungsschein im Leistungsfall vorlegt und nach Beendigung des Versicherungsvertrages zurückgibt. Dem qualifizierten Schuldschein liegt eine vertragliche Regelung vor, wonach die Rückgabe des Versicherungsscheins zu erfolgen hat und der Versicherer die Leistung von der Rückgabe des Versicherungsscheins abhängig machen kann.

Beispiel Allgemeine Bedingungen für die kapitalbildenden Lebensversicherung (ALB) Nr. 7 (1)

„Wird eine Leistung aus dem Vertrag beansprucht, können wir verlangen, dass uns der Versicherungsschein ... vorgelegt ... (wird)."

- **Ausweispapier (Legitimations- oder „hinkendes" Inhaberpapier)**
  Diese Bedeutung des Versicherungsscheins als Ausweispapier betrifft vor allem die Sparte der Lebensversicherung. Hier wird oft die Inhaberklausel vereinbart. Mit der Inhaberklausel gilt die Vereinbarung, dass der Versicherer die Person, die den Versicherungsschein vorweist, als Berechtigten ansehen darf, um über die Ansprüche aus dem Versicherungsvertrag zu verfügen und die Versicherungsleistung des Versicherers in Empfang zu nehmen. Somit handelt es sich um ein Legitimations- bzw. „hinkendes" Inhaberpapier.

§ 8 (2) ALB

§ 808 BGB

- **Wertpapier**
  Der Versicherungsschein kann in seltenen Fällen auch als echtes Wertpapier fungieren. Dies betrifft nur die Sparte der Transportversicherung.

Beispiel Exportversicherung von Bananen
Oderpapier: Ein Exporteur schließt eine Versicherung für den Schiffstransport der Bananen ab. Er gibt an, dass der Importeur die Rechte aus dem Vertrag wahrnehmen darf. Somit kann der Importeur im Versicherungsfall die Leistungen des Versicherers verlangen.

Inhaberpapier: Exporteur schließt eine Versicherung für den Schiffstransport der Bananen ab. Er legt fest, dass jeder Inhaber der Police Leistungen im Versicherungsfall verlangen kann.

§ 150 BGB

§ 5 VVG

Sollte der ausgestellte Versicherungsschein vom Versicherungsantrag abweichen, so sieht dies das Bürgerliche Gesetzbuch grundsätzlich als Ablehnung des Antrages, verbunden mit einem neuen Antrag. Diese Bestimmung wird dem Massengeschäftscharakter der Versicherung nicht gerecht. Daher sieht das Versicherungsvertragsgesetz eine Spezialregelung vor, nach der das Änderungsangebot des Versicherers dann als genehmigt gilt, wenn der/die Versicherungsnehmer/-in nicht innerhalb eines Monats nach Empfang des Versicherungsscheins in Textform widerspricht (Widerspruchsrecht). Man spricht hier von der sogenannten Billigungsklausel. Voraussetzung ist auch hier eine ordnungsgemäße Belehrung des/der Versicherungsnehmers/-in durch den Versicherer.

Innerhalb der einmonatigen Frist kann der Widerruf auch nach Zahlung der Prämie oder nach Eintritt des Schadenfalles erfolgen. Die Prämienzahlung selbst stellt keine schlüssige Annahme des abweichenden Versicherungsscheines dar (vgl. § 151 BGB). Die Prämie sichert lediglich den Versicherungsschutz zu dem im Versicherungsschein benannten Beginn. Versicherungsnehmer/-innen können durch rechtzeitigen Widerspruch trotzdem vom Versicherungsvertrag zurücktreten. Jedoch ist anzunehmen, dass sie von ihrem Recht keinen Gebrauch machen werden, sofern ein Versicherungsfall innerhalb der Widerrufsfrist eingetreten ist.

- **Rechtsfolgen der Abweichung bei ordnungsgemäßer Belehrung**
  Wurde ein/eine Versicherungsnehmer/-in bei Aushändigung des Versicherungsscheines ordnungsgemäß durch den Versicherer darüber belehrt, dass Abweichungen als genehmigt gelten, obliegt es ihr selbst über den Verlauf des Vertragsverhältnisses zu entscheiden. *§ 5 (2) VVG*

  Widerspricht ein/eine Versicherungsnehmer/-in innerhalb eines Monats nach Zugang des Versicherungsscheines, d.h. rechtzeitig, so ist *§ 150 BGB*
  - bei einer Antragsabweichung kein Vertrag zustande gekommen,
  - der Inhalt des vom Versicherers bereits angenommenen Antrages bei einer Abweichung von den getroffenen Vereinbarungen auch weiterhin gültig. Die zuvor unveränderte Annahme des Antrages kann z.B. durch eine schriftliche Annahmebestätigung des Versicherers erfolgt sein. Der Versicherungsvertrag auf Grundlage des Antrages hat dann Gültigkeit. Da der Versicherungsschein nicht korrekt ist, kann der/die Versicherungsnehmer/-in einen neuen, korrekten Versicherungsschein verlangen.

  Widerspricht ein/eine Versicherungsnehmer/-in nicht oder nicht fristgemäß, so ist der Versicherungsvertrag auf Grundlage des Versicherungsscheines zustande gekommen. Somit greift die Billigungsklausel, die besagt, dass Schweigen ausnahmsweise als Annahme gilt.

- **Rechtsfolgen der Abweichung bei nicht ordnungsgemäßer Belehrung**
  Wurde ein/eine Versicherungsnehmer/-in nicht ordnungsgemäß, d.h. in auffälliger Weise belehrt, so ist der Versicherungsvertrag auf Grundlage des Antrages zustande gekommen. Der entsprechende Versicherungsschein ist zu korrigieren. Das gilt auch dann, wenn der/die Versicherungsnehmer/-in die Abweichung bemerkt und widerspricht. *§ 5 (3) VVG*

  Die Abweichungen im Versicherungsschein müssen nicht nur kenntlich gemacht werden. Der Versicherer ist ebenso verpflichtet, den/die Versicherungsnehmer/-in (VN) über die Rechtsfolgen eines fehlenden Widerspruchs innerhalb der Monatsfrist aufzuklären.

Billigungsklausel sowie deren Rechtsfolgen

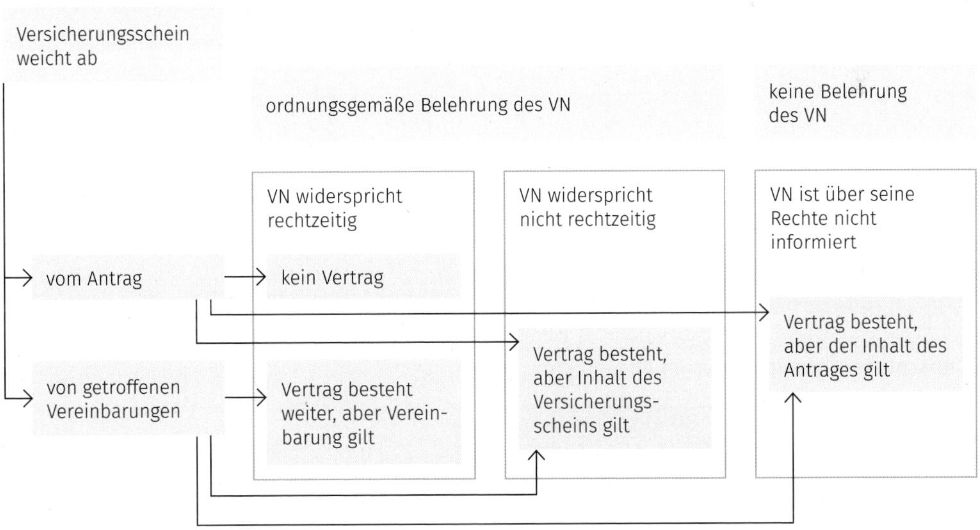

3.8 Vertragsschluss im Internet (Fernabsatzvertrag)

Der Abschluss von Verträgen über Waren oder Dienstleistungen, die zwischen einem Unternehmen und einem Verbraucher bzw. einer Verbraucherin durch Verwendung von Fernkommunikationsmitteln geschlossen werden, nennt man Fernabsatzverträge. Auch in der Versicherungsbranche können Versicherungsverträge über das Internet abgeschlossen werden. Diese Vertragsabschlüsse erfolgen nach dem Invitatiomodell. Die Antragsstellung wird dadurch vereinfacht, dass ein elektronisches Antragsformular entweder online ausgefüllt oder direkt ausgedruckt, ausgefüllt und an den Versicherer versendet werden kann. Der Versicherer kann seine Annahme des Versicherungsvertrages durch eine E-Mail oder durch Zusendung des Versicherungsscheines bekunden.

Für die Einbeziehung der allgemeinen Versicherungsbedingungen und Klauseln genügt es nach herrschender Meinung, wenn der/die Versicherungsnehmer/-in diese vor Vertragsabschluss auf der Homepage des Versicherers herunterladen kann.

§ 7 Abs. 1 VVG

Die Informationspflicht des Versicherers ist gemäß des Versicherungsvertragsgesetzes und der Informationspflichtverordnung vor Vertragserklärung des/der Versicherungsnehmers/-in zu erfüllen, was bei Fernabsatzverträgen in dieser Form nicht möglich ist. Daher sieht das Versicherungsvertragsgesetz bei Fernabsatzverträgen folgende Möglichkeiten vor:

- Bei telefonischen Verträgen muss die Information unverzüglich nach Vertragsabschluss nachgeholt werden.
- Für den Abschluss im Internet stehen die Informationen regelmäßig zum Download bereit. Da aber nicht sichergestellt sein kann, dass Versicherungsnehmer/-innen dies auch zur Kenntnis genommen haben, muss der Versicherer bei Annahmeerklärung die vorgeschriebenen Unterlagen nachreichen.

§ 8 Abs. 4 VVG

Für den Beginn der Widerrufsfrist zu einem Vertrag, der durch Fernkommunikationsmittel geschlossen wurde, kennt das Versicherungsvertragsgesetz neben den allgemeinen Pflichten des Versicherers noch weitere besondere Pflichten, wie etwa:

- Es muss die Möglichkeit bestehen, dass Eingabefehler rechtzeitig erkannt werden und korrigiert werden können.
- Es muss die Möglichkeit vorhanden sein, die Vertragsbestimmungen einschließlich der allgemeinen Versicherungsbedingungen bei Vertragsabschluss abzurufen und in wiedergabefähiger Form speichern zu können.

Zusammenfassung

Abschluss eines Versicherungsvertrages

Die Besonderheiten bei Abschluss eines Versicherungsvertrages lassen sich in zwei Kategorien unterteilen:

- **Abschluss eines Vertrages im Allgemeinen**

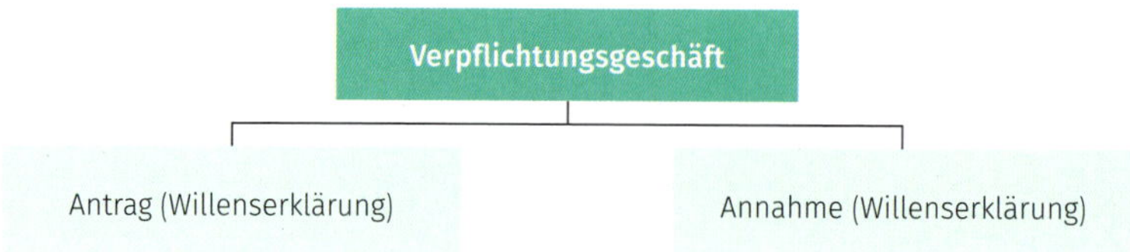

- **Besonderheiten beim Abschluss eines Versicherungsvertrages**

Informationspflicht-, Beratungs- und Dokumentationspflicht
- der Versicherungsvertretung
- des Versicherers

Vertragserklärung
- Antragsmodell
- Invitatiomodell

Versicherungsschein

Widerrufsrecht des VN

Billigungsklausel und Widerspruchsrecht

Macht der VN nicht von seinem Recht (z. B. Widerruf) Gebrauch, gilt der Versicherungsvertrag als zustande gekommen.

4 Versicherungsbeginn

In jedem Antragsformular ist ein spezielles Feld vorgesehen, in dem der Versicherungsbeginn eingetragen werden muss. Gemeint ist damit, ab wann der Versicherungsschutz beginnt, also der Zeitpunkt, ab dem die Rechte und Pflichten aus dem Versicherungsvertrag eintreten.

4.1 Formen des Versicherungsbeginns

In der Versicherungswirtschaft werden drei Versicherungsbeginne unterschieden:

Technischer Versicherungsbeginn

Der technische Versicherungsbeginn ist der Beginn des prämienbelasteten Zeitraums, also der Zeitpunkt, ab dem die Prämie berechnet wird. Der Begriff „technisch" bezeichnet den Beginn des Zeitraumes, für den die Prämie zu entrichten ist und somit auch den Beginn der Versicherungsperiode. Der technische Versicherungsbeginn ergibt sich aus dem Versicherungsschein.

Beispiel

Kaya Weil stellt am 15. März d. J. einen Hausratversicherungsantrag, der am 01. April d. J. beginnen soll. Am 21. März d. J. erhält Kaya Weil den Versicherungsschein und löst die Erstprämie am 31. März d. J. ein.

→ Der technische Versicherungsbeginn ist der 01. April d. J.

Formeller Versicherungsbeginn

Unter dem formellen Versicherungsbeginn versteht man den Zeitpunkt des Vertragsabschlusses, also der Zeitpunkt, ab dem der Versicherungsvertrag im Rechtssinne zustande gekommen ist. Die Bezeichnung „formell" bezieht sich darauf, dass der Vertrag juristisch mit dem Zugang des Versicherungsscheins als Annahme des Versicherers bei dem/der Versicherungsnehmer/-in zustande kommt. Zu beachten ist aber:

In der Regel besitzen Versicherungsnehmer/-innen ein Widerrufsrecht. Die Annahme des Vertrages durch den Versicherer erfolgt beispielsweise durch die Zusendung des Versicherungsscheins und stellt zunächst den Beginn des „schwebend" wirksamen Vertrages dar.
Erst nach Ablauf der Widerrufsfrist wandelt sich der Versicherungsvertrag zu einem wirksamen Vertrag um.

Beispiel

Kaya Weil stellt am 15. März d.J. einen Hausratversicherungsantrag, der am 01. April d.J. beginnen soll. Am 21. März d.J. erhält Kaya Weil den Versicherungsschein und löst die Erstprämie am 31. März d.J. ein.

→ Der formelle Versicherungsbeginn ist der 21. März d.J. (Bis zum 04. April d.J. läuft die Widerrufsmöglichkeit von Kaya Weil. Nimmt er von seinem Recht des Widerrufes nicht Gebrauch, ist der formelle Versicherungsbeginn der 21. März d.J.)

Materieller Versicherungsbeginn

Unter dem materiellen Versicherungsbeginn versteht man den vertraglich vereinbarten Zeitpunkt, von dem ab der Versicherungsschutz wirksam ist, also die Leistungspflicht des Versicherers beginnt (Gefahrentragungsbeginn). Die Bezeichnung „materiell" bezieht sich daher auf die tatsächliche Haftungsübernahme des Versicherers.

§ 10 VVG

Das Versicherungsvertragsgesetz sieht vor, dass bei Verträgen mit einer zeitlich befristeten Dauer die Haftung um 00:00 Uhr des Tages beginnt und um 24:00 Uhr des Tages endet. Dies ist die sogenannte Mitternachtsregel.

Beispiel

Kaya Weil stellt am 15. März d.J. einen Hausratversicherungsantrag, der am 01. April d.J . beginnen soll. Am 21. März d.J. erhält Kaya Weil den Versicherungsschein und löst die Erstprämie am 31. März d.J. ein.

→ Der materielle Versicherungsbeginn ist der 01. April d.J. Zu diesem Zeitpunkt wurde der Versicherungsschutz beantragt. Da Kaya Weil seinen Versicherungsschein erhalten und die Erstprämie beglichen hat, ist der Versicherer ab dem 01. April d.J. zur Leistung verpflichtet.

4.2 Einlöseklausel

§ 37 (2) VVG

Voraussetzung für den Beginn des Versicherungsschutzes ist die Zahlung der Erstprämie durch den Versicherungsnehmer bzw. die Versicherungsnehmerin. Dieser Grundsatz, dass ohne Entrichtung der Erstprämie keine Leistungspflicht des Versicherers besteht, bezeichnet man als strenge Einlöseklausel, weil durch die Prämienzahlung der Versicherungsschein eingelöst wird. Somit wäre der Versicherer nicht zur Leistung verpflichtet, wenn die Prämie bei Eintritt des Versicherungsfalles nicht bezahlt wurde. Sollte der/die Versicherungsnehmer/-in jedoch unverschuldet die Nichtzahlung der Erstprämie vertreten und nachweisen können, beispielsweise wegen einer Einlieferung ins Krankenhaus nach einem Verkehrsunfall, ist der Versicherer leistungspflichtig.

Bundesgerichtshof mit Urteil vom 25.02.1971, Az.: VII ZR 181/69 = NJW 1971, 891

Zugunsten der Versicherungsnehmer/-innen sehen die Versicherungsbedingungen für die meisten Sparten der Schaden- und Unfallversicherung eine sogenannte erweiterte Einlöseklausel vor. Nach diesem Prinzip beginnt der Versicherungsschutz, unabhängig vom Bestehen eines Widerrufsrechts, zu dem vereinbarten oder im Versicherungsschein angegebenen Zeitpunkt, sofern die Prämie unverzüglich danach gezahlt wurde. Als unverzüglich, also ohne schuldhaftes Zögern, wird ein Zeitraum von zwei bis drei Tagen angesehen.

Der Versicherer hat die Versicherungsnehmer/-innen auf die Rechtsfolgen einer Nichtzahlung der Erstprämie durch eine gesonderte Mitteilung in Textform oder in ähnlicher Weise im Versicherungsschein hinzuweisen.

Auszug aus den VHB 2021 Nr. 15.2

„15.2.1 Die im Versicherungsschein genannte erste oder einmalige Prämie wird unverzüglich nach Ablauf von 14 Tagen nach Zugang des Versicherungsscheins fällig, jedoch nicht vor dem im Versicherungsschein genannten Beginn. Ist die Zahlung der Jahresprämie in Raten vereinbart, gilt als erste Prämie nur die erste Rate der ersten Jahresprämie.

15.2.2 Zahlen Sie die erste oder einmalige Prämie nicht rechtzeitig, sondern zu einem späteren Zeitpunkt, beginnt der Versicherungsschutz erst zu diesem Zeitpunkt. Dies gilt nicht, wenn Sie die Nichtzahlung nicht zu vertreten haben.

Für Versicherungsfälle, die bis zur Zahlung der Prämie eintreten, sind wir nur dann nicht zur Leistung verpflichtet, wenn wir Sie durch gesonderte Mitteilung in Textform durch einen auffälligen Hinweis im Versicherungsschein auf diese Rechtsfolgen der Nichtzahlung der Prämie aufmerksam gemacht haben."

Quelle: Proximus 5 Privatkunden, München: Berufsbildungswerk der Deutschen Versicherungswirtschaft (BWV) e. V., [2022], Auflage 2022, BE 009

Beispiel

Der Versicherungsnehmer Martin Klein stellt bei Ihnen am 21. Jan. d. J. einen Antrag auf eine Hausratversicherung. Bei Antragsstellung händigen Sie Herrn Klein alle gesetzlichen Informationen und die Beratungsdokumentation aus. Herr Klein möchte ab dem 01. März d. J. Versicherungsschutz haben. Am 06. Feb. d. J. erhält Herr Klein den Versicherungsschein. Die fällige Erstprämie bezahlt Herr Klein erst am 12. März d. J. Am 09 März d. J. meldet Herr Klein einen Leitungswasserschaden bei Ihnen.

Versicherungsbeginne und Einlöseklausel				
	Formeller Versicherungsbeginn	**Technischer Versicherungsbeginn**	**Materieller Versicherungsbeginn**	
21. Jan. d. J. Antragsstellung mit Erhalt aller gesetzlichen Informationen und Beratungsdokumentation Beginn der Annahmefrist	06. Feb. d. J. Annahme durch den Versicherer mit Übersendung des Versicherungsscheins und Belehrung Beginn der Widerrufsfrist	01. März d. J. Beginn des Zeitraumes, für den die Prämie zu entrichten ist	01. März d. J. Zahlung der Prämie bei erweiterter Einlöseklausel und unverzüglicher Prämienzahlung	12. März d. J. Prämienzahlung durch den VN Leistungspflicht des Versicherers für den Versicherungsfall am 09. März d. J.

In der Kranken- und Rechtsschutzversicherung greift eine Sonderregelung hinsichtlich der Einlöseklausel und der Leistungspflicht des Versicherers.

In der Krankenversicherung ist der Versicherer erst nach Ablauf der Wartezeit zur Leistung verpflichtet. Dies bedeutet, dass der Haftungsbeginn durch die Wartezeit aufgeschoben wird, um den Versicherer vor einer Leistungspflicht für Krankheiten zu schützen, die dem/der Versicherungsnehmer/-in zum Zeitpunkt des Versicherungsabschlusses bekannt waren.

Die Rechtschutzversicherung sieht bei bestimmten Leistungsarten auch eine Wartezeit vor, wodurch, wie in der Krankenversicherung, der Haftungsbeginn durch die Wartezeit aufgebschoben wird. Dies soll verhindern, dass der Vertrag erst dann abgeschlossen wird, wenn sich eine rechtliche Auseinandersetzung konkret abzeichnet.

Vergleich von strenger und erweiterter Einlöseklausel

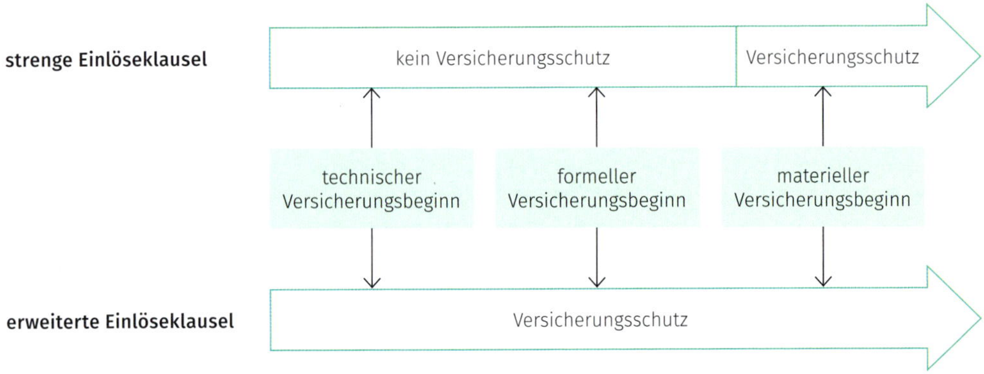

4.3 Sonderregelungen für den Beginn des Versicherungsschutzes

Der technische Versicherungsbeginn, also der Beginn der Prämienzahlung, kann vor den formellen Vertragsabschluss gelegt werden. Man unterschreibt zwischen Rückdatierung und Rückwärtsversicherung.

Rückdatierung

Eine Rückdatierung liegt vor, wenn der technische Versicherungsbeginn vor dem formellen Versicherungsbeginn gelegt wird. Der prämienbelastete Zeitraum beginnt dabei vor dem Vertragsabschluss, wobei der Versicherungsschutz erst ab dem materiellen Versicherungsbeginn beginnt. Rückdatierungen gibt es unter anderem in der Lebensversicherung oder in der Krankenversicherung. Versicherungsnehmer/-innen wählen ein früheres Eintrittsalter, um einen niedrigen Prämiensatz zu erhalten.

Rückwärtsversicherung

§ 2 VVG

Eine Rückwärtsversicherung liegt vor, wenn der Versicherungsschutz vor dem Zeitpunkt des Vertragsabschlusses beginnt. Es werden sowohl der technische Versicherungsbeginn als auch der materielle Versicherungsbeginn vor dem formellen Versicherungsbeginn gelegt (Vorwärtsversicherung). Die Rückwärtsversicherung muss ausdrücklich im Vertrag vereinbart worden sein und setzt voraus, dass beide Vertragsparteien über einen möglicherweise schon eingetretenen Versicherungsfall subjektiv im Ungewissen sind. Dies bedeutet, dass der Versicherer bei Abgabe seiner Vertragserklärung nicht weiß, dass der Eintritt des Versicherungsfalls bereits ausgeschlossen ist. Ansonsten hätte der Versicherer keinen Anspruch auf die Versicherungsprämie. Ebenso weiß der/die Versicherungsnehmer/-in nicht, dass der Versicherungsfall bereits eingetreten ist. Ansonsten wäre der Versicherer leistungsfrei.

Die Rückwärtsversicherung ist für die meisten Versicherer im Bereich der Berufshaftpflichtversicherung von Bedeutung.

Beispiel Ein Architekt beantragt am 15. Feb. d. J. eine Berufshaftpflichtversicherung. Der Beginn des Versicherungsschutzes soll aber schon zum 01. Sept. des Vorjahres erfolgen, da der Architekt zu diesem Zeitpunkt seine berufliche Tätigkeit aufnahm. Dem Architekten sind keine beruflichen

Fehler bekannt, die er begangen haben könnte und aus denen ein Versicherungsfall entstehen könnte. Der Versicherer nimmt den Antrag des Architekten am 28. Feb. d.J. an, woraufhin der Architekt am 03. März. d.J. die Zahlung der Erstprämie vornimmt.

→ Die Voraussetzung für eine Rückwärtsversicherung sind erfüllt, da beide Vertragsparteien über einen möglicherweise schon eingetretenen Versicherungsfall subjektiv im Ungewissen sind. Somit gestalten sich die Versicherungsbeginne wie folgt:

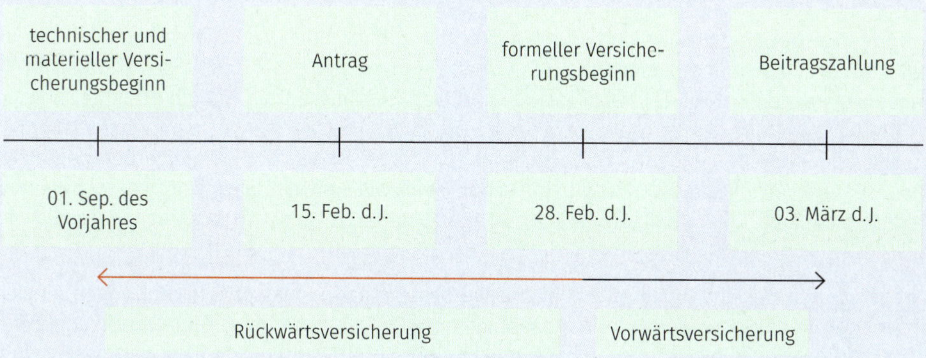

Zusammenfassung

Arten des Versicherungsbeginns

Arten des Versicherungsbeginns		
Formeller Versicherungsbeginn	**Materieller Versicherungsbeginn**	**Technischer Versicherungsbeginn**
Abschluss des Versicherungsvertrages • Zugang des Versicherungsscheines bei dem VN • Wirksamkeit des Versicherungsvertrages erst nach Ablauf der gesetzlichen Widerrufsfrist	Beginn der Leistungspflicht des Versicherers • strenge Einlöseklausel: Der Versicherungsschutz besteht erst bei Entrichtung der Erstprämie. • erweiterte Einlöseklausel: Der Beginn des Versicherungsschutzes erfolgt zu dem vereinbarten Zeitpunkt, sofern der VN unverzüglich die Erstprämie entrichtet.	Beginn des prämienbelasteten Zeitraums (Laufzeit des Versicherungsvertrages) • Zeitpunkt, der im Versicherungsschein festgelegt wurde und bei der die erweiterte Einlöseklausel grundsätzlich mit dem materiellen Versicherungsbeginn identisch ist, sofern der VN unverzüglich die Erstprämie entrichtet.

↓

Sonderregelungen	
Rückdatierung	**Rückwärtsversicherung**
Der technische Versicherungsbeginn liegt vor dem formellen Versicherungsbeginn. Der Eintritt eines Versicherungsfalles ist nicht möglich.	Der technische und der materielle Versicherungsbeginn liegen vor dem formellen Versicherungsbeginn. Der Eintritt eines Versicherungsfalles ist möglich

4.4 Vorläufige Deckungszusage

Eine vorläufige Deckungszusage (VDZ) kann, mit Ausnahme der Krankenversicherung, in allen Versicherungssparten zum Tragen kommen. Besondere Bedeutung besteht jedoch in der Kraftfahrzeughaftpflichtversicherung und bei gewerblichen Risiken.

Die vorläufige Deckungszusage ermöglicht dem Versicherer eine genauere Prüfung des Risikos vorzunehmen, bevor er über die Annahme oder Ablehnung des Risikos entscheidet.

Eine vorläufige Deckungszusage kann durch Antrag der Kunden beim Versicherer erteilt werden und bietet diesen schon mit der Antragsstellung Versicherungsschutz. Der Inhalt der vorläufigen Deckungszusage richtet sich in der Regel nach dem im Versicherungsantrag vereinbarten Deckungsumfang. Die vorläufige Deckungszusage ist ein eigenständiger Vertrag, der mit dem Zustandekommen oder der Ablehnung des endgültigen Versicherungsvertrages endet. Die vorläufige Deckungszusage und der spätere Versicherungsvertrag (Hauptvertrag) sind zwei selbstständige Verträge, auch wenn die Prämie und die Zeit der vorläufigen Deckung in den späteren Versicherungsvertrag einbezogen werden.

§ 52 VVG

§ 49 VVG

Die Besonderheit der vorläufigen Deckungszusage besteht darin, dass es Erleichterungen hinsichtlich der Dokumentations- und Informationspflichten gibt. Der für eine vorläufige Deckungszusage erteilte Rat und die Gründe können auch mündlich übermittelt werden. Erst nach Vertragsabschluss sind dem/der Versicherungsnehmer/-in alle Angaben in Textform zu übermitteln. Für die vorläufige Deckungszusage kann vereinbart werden, dass die Informationen gemäß des Versicherungsvertragsgesetzes nur durch Aufforderung durch Versicherungsnehmer/-innen und spätestens mit dem Versicherungsschein zu übermitteln sind.

§ 6 VVG

§ 49 VVG

In der Regel ist die vorläufige Deckungszusage im Vorfeld auf eine bestimmte Zeit befristet. Sollte jedoch die vorläufige Deckungszusage für eine unbestimmte Zeit vereinbart worden sein, können beide Vertragsparteien ohne eine Kündigungsfrist kündigen. Machen Versicherungsnehmer/-innen von ihrem Kündigungsrecht Gebrauch, so ist die Kündigung mit sofortiger Wirkung wirksam. Kündigt der Versicherer die vorläufige Deckungszusage, so ist die Kündigung erst zwei Wochen nach Zugang bei dem/der Versicherungsnehmer/-in wirksam. Diese Zwei-Wochen-Frist dient zum Schutz der Versicherungsnehmer/-innen. Innerhalb dieser Frist kann sich dieser um einen neuen Versicherungsschutz bemühen. Für den Zeitraum der erteilten vorläufigen Deckungszusage besitzt der Versicherer einen zeitanteiligen Prämienanspruch. Kommt der Hauptvertrag zustande und keine Vertragspartei kündigt die vorläufige Deckungszusage, so wird die Prämie hierfür nach Abschluss des Hauptvertrages rückwirkend für die gesamte Dauer des Versicherungsvertrages abgerechnet.

§ 52 VVG

Gemäß dem Versicherungsvertragsgesetz endet die vorläufige Deckung unter folgenden Aspekten:

- spätestens zu dem Zeitpunkt, zu dem ein gleichartiger Versicherungsschutz aus dem Hauptvertrag oder einer erneuten Deckungszusage beginnt;
- spätestens mit Eintritt des Prämienverzuges, wenn der Beginn des Versicherungsschutzes aus dem Hauptvertrag oder der erneuten vorläufigen Deckungszusage von einer Prämienzahlung abhängig sind.

Voraussetzungen für den Prämienzahlungsverzug sind:

- Der Hauptvertrag muss wirksam zustande gekommen sein.
- Der Versicherungsschutz aus dem Hauptvertrag ist von der rechtzeitigen Zahlung der Prämie abhängig.
- Die Prämie muss fällig sein.
- Die Prämie wurde nicht oder nicht rechtzeitig gezahlt.
- Die Voraussetzungen des Schuldnerverzuges (§ 286 BGB) müssen erfüllt sein.
- Der/die Versicherungsnehmer/-in ist auf die Rechtsfolgen der nicht rechtzeitigen Zahlung ausdrücklich hingewiesen worden.

5 Prämienzahlungspflicht und Rechtsfolgen bei Nichtzahlung

§

> (1) Der Versicherer verpflichtet sich mit dem Versicherungsvertrag, ein bestimmtes Risiko des Versicherungsnehmers oder eines Dritten durch eine Leistung abzusichern, die er bei Eintritt des vereinbarten Versicherungsfalles zu erbringen hat.
> (2) Der Versicherungsnehmer ist verpflichtet, an den Versicherer die vereinbarte Zahlung (Prämie) zu leisten.

Man unterscheidet nach der Art der Prämie zwischen Einmalprämie und der laufenden Prämie. Die Höhe der zu entrichtenden Prämienschuld setzt sich aus der Prämie (je nach vereinbartem Tarif), Nebengebühren für vertragliche zusätzliche Leistungen des Versicherers sowie der Versicherungsteuer zusammen.

5.1 Unterscheidung der Prämienarten

Die Prämie kann unterschieden werden in eine einmalige bei Vertragsabschluss zu zahlende oder eine laufende Leistung. Je nach Versicherungsparte spricht man von einer Prämie oder einem Beitrag.

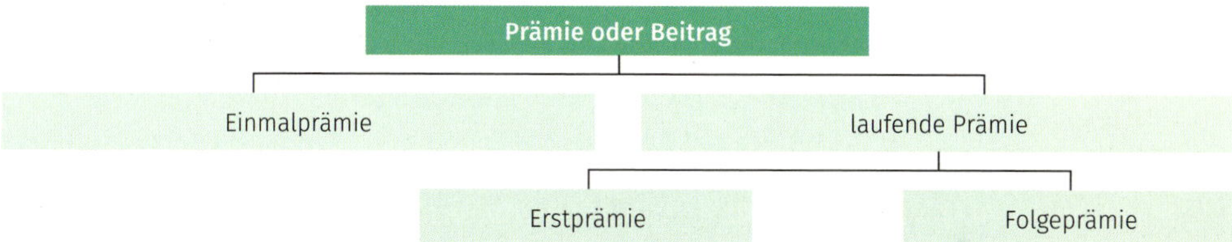

§§ 37, 38 VVG

Eine Einmalprämie liegt vor, wenn bei Vertragsabschluss nur eine einmalige Zahlung zu leisten ist und darüber hinaus keine weiteren Prämien anfallen. Einmalprämien sind häufig in der Lebensversicherung zu finden. Hierbei werden dann größere Beträge in die Renten- oder Kapitalversicherungen eingezahlt. Auch in den kurzfristigen Versicherungsverträgen, wie beispielsweise einer Reiserücktrittsversicherung, werden die Beiträge durch eine Einmalprämie beglichen.

In der Regel sind laufende Prämien für die jeweilige Versicherungsperiode zu entrichten. Die Prämienhöhe und die Zahlungsweise ergeben sich aus dem Versicherungsantrag und dem Versicherungsschein. Prämien sind grundsätzlich Jahresbeiträge, die jedoch auch als Ratenzahlung vereinbart werden können. Die laufenden Prämien gliedern sich in Erst- und Folgeprämie.

- **Erstprämie**
  Die Erstprämie ist die zeitlich erste vereinbarungsmäßig zu entrichtende Prämie, um Versicherungsschutz zu erhalten. Ihre Zahlung begründet nach der Einlöseklausel den materiellen Versicherungsbeginn und damit die Leistungspflicht des Versicherers. Der Versicherer ist nur dann leistungsfrei, wenn Versicherungsnehmer/-innen deutlich auf die Rechtsfolgen der Nichtzahlung der Erstprämie hingewiesen wurden. Die Erstprämie ist somit die erste eines in Raten zu zahlenden Jahresbeitrages. *§ 37 (2) VVG*
- **Folgeprämie**
  Die Folgeprämie ist die Prämie, die zeitlich gesehen nach der Erstprämie folgt. Bei laufender Prämie wird die Versicherungsdauer in Zeitabschnitte gegliedert, die man Versicherungsperiode nennt. Die Folgeprämie ist für die einzelnen Versicherungsperioden zu entrichten. Ihre Fälligkeit ergibt sich aus den vertraglichen Vereinbarungen und damit Inhalt des Versicherungsvertrages. Die Folgeprämie ist auch die zweite Rate der ersten Jahresprämie bei Ratenzahlung.

5.2 Sonstige Bestandteile einer Prämie

Die von Versicherungsnehmern/-innen vertraglich geschuldete Geldleistung an den Versicherer enthält neben der eigentlichen Prämie auch noch weitere Bestandteile, für die bei Nichtzahlung die gleichen Rechtsfolgen gelten, wie bei der eigentlichen Prämie.

- **Nebengebühren**
  §§ 3, 38 VVG
  Nur ausnahmsweise darf der Versicherer sogenannte Nebengebühren für sonstige Leistungen neben der Prämienzahlung verlangen. Diese müssen grundsätzlich zwischen Versicherungsnehmern/-innen und dem Versicherer vereinbart worden sein. Zulässige Nebengebühren sind die Kosten für eine Ausstellung eines abhandengekommenen Versicherungsscheins oder die Mahnkosten bei Prämienzahlungsverzug.
  Unzulässige Nebengebühren wären eine entgeltliche Erhebung für die Ausstellung eines Versicherungsscheins bei Vertragsabschluss oder Versandgebühren für die Zustellung der Prämienrechnung, weil es sich dabei um Leistungen handelt, die der Versicherer im Rahmen der ordnungsgemäßen Abwicklung des Versicherungsvertrages ohnehin zu erfüllen hat.

- **Versicherungsteuer**
  Alle Versicherungsprämien bzw. -beiträge, mit Ausnahme der Lebens-, Kranken-, Pflege- und Rückversicherung, sind steuerpflichtig. Versicherungsnehmer/-innen haben zusätzlich zur Prämie bzw. dem Beitrag die Versicherungsteuer an den Versicherer zu zahlen.
  Grundsätzlich sind die Versicherungsteuersätze im Versicherungsteuergesetz (VersStG) geregelt. Für bestimmte Versicherungszweige sieht dieses Gesetz vor, dass nur ein prozentualer Anteil des Versicherungsentgelts steuerpflichtig ist. Das ist bei den Versicherungszweigen der Fall, in denen die Gefahr Feuer versichert oder mitversichert ist, denn in die Prämien ist ein Anteil an der Feuerschutzsteuer einkalkuliert.

Stand Januar 2022	Steuersatz gemäß § 6 VersStG	Steuerberechnung gemäß § 5 VersStG	tatsächlicher Versicherung-steuersatz
allgemeiner Steuersatz	19 %	vom Versicherungsentgelt	**19 %**
Feuer- und Feuerbetriebs-unterbrechnungsversicherung	22 %	von 60 % des Versicherungsentgelts	**13,2 %**
Wohngebäudeversicherung	19 %	von 86 % des Versicherungsentgelts	**16,34 %**
Hausratversicherung	19 %	von 85 % des Versicherungsentgelts	**16,15 %**
Versicherung von Schäden gegen wetterbedingte Elementargefahren	0,3 %	von der Versicherungssumme	**0,3 %**
Versicherung von Glasdeckungen über Bodenerzeugnissen gegen bestimmte Gefahren	0,3 %	von der Versicherungssumme	**0,3 %**
Seeschiffkaskoversicherung bestimmter Schiffe	3 %	vom Versicherungsentgelt	**3 %**
Unfallversicherung mit Prämienrückgewähr	3,8 %	vom Versicherungsentgelt	**3,8 %**

5.3 Entrichtung der Prämie

Der Anspruch auf die Versicherungsprämie steht dem Versicherer zu. Er ist somit der Gläubiger der Prämienforderung. Versicherungsvertretungen sind gesetzlich bevollmächtigt, Zahlungen, die Versicherungsnehmer/-innen im Zusammenhang mit der Vermittlung und dem Abschluss eines Versicherungsvertrages an sie leisten, anzunehmen. Diese Vollmacht bezieht sich nur auf die Erstprämie und nicht auf die Folgeprämie. Abweichende Regeln hierzu kommen in der Praxis gelegentlich vor. *§ 69 (2) VVG*

Versicherungsnehmer/-innen sind verpflichtet, die Prämienzahlung an den Versicherer zu entrichten. Sie sind somit Schuldner des Prämienzahlungsanspruches. Dies gilt auch, wenn eine Versicherung für fremde Rechnung vorliegt, also ein/eine Versicherungsnehmer/-in einen Versicherungsvertrag im eigenen Namen, aber für eine andere Person abschließt. Die Person, der der Versicherungsschutz zugutekommt, wird als Versicherter bzw. Versicherte bezeichnet. Versicherte erhalten die Versicherungsleistung jedoch nur mit Zustimmung des/der Versicherungsnehmers/-in, denn diese/-r hat den Versicherungsvertrag abgeschlossen und ist zur Prämienzahlung verpflichtet. *§ 43 (1) VVG*

Grundsätzlich ist der Versicherer verpflichtet, die zu zahlende Prämie anzunehmen. Dabei spielt es keine Rolle, ob der/die Versicherungsnehmer/-in (Beitragszahler/-in) oder eine dritte Person die Prämie entrichtet hat.

Beispiel

Eine Großmutter möchte für ihr Enkelkind die Kosten für eine Rentenversicherung mit aufgeschobener Rentenzahlung übernehmen. Der Vater schließt die Rentenversicherung ab und ist somit Versicherungsnehmer. Als versicherte Person gilt das Enkelkind, dem der geschlossene Versicherungsvertrag zugutekommen soll. Beitragszahler ist die Großmutter, von deren Konto die Beiträge abgebucht werden. Der Versicherungsnehmer (Vater) trägt das Risiko, dass er im Falle des Todes der Beitragszahlerin (Großmutter) die Beiträge vertragsgemäß zu entrichten hat.

Versicherungsnehmer/-innen können ihre Prämienschuld auch durch anerkannte Entscheidungsleistungen aufrechnen lassen (Aufrechnung). Dieses Recht steht auch dem Versicherer zu, der berechtigt ist, von einer zu zahlenden Entschädigung die fällige Prämie abzuziehen. Der Versicherer kann sogar zur Aufrechnung verpflichtet sein, bevor er sich im Schadenfall wegen Prämienzahlungsverzug auf Leistungsfreiheit beruft. *§ 387 BGB*

5.4 Fälligkeit der Prämie

Die Fälligkeit der Prämienzahlung ist der Zeitpunkt, zu dem der Gläubiger die Leistung verlangen kann und der Schuldner sie entrichten muss.

Der Leistungsort für die Entrichtung der Prämie ist der Wohnsitz bzw. Ort der gewerblichen Niederlassung des Versicherungsnehmers bzw. der Versicherungsnehmerin. Somit stellt die Prämienzahlung wie bei jeder Geldschuld eine Schickschuld dar, denn der Schuldner (Versicherungsnehmer/-in) trägt die Kosten, wie beispielsweise Überweisungsgebühren, und übernimmt die Gefahr, um die Versicherungsprämie dem Versicherer zu übermitteln. *§ 36 VVG*

Beispiel

Eine Versicherungsnehmerin erteilt ihrer Bank den Auftrag, die Versicherungsprämie an den Versicherer zu überweisen. Die Bank erhebt für die Überweisung eine Bearbeitungsgebühr.

→ Mit der Absendung des Geldbetrages durch die Bank ist die Leistungshandlung der Versicherungsnehmerin abgeschlossen, weil diese ihrerseits das Erforderliche getan hat, um die Prämie zu übermitteln.

Für die rechtzeitige Zahlung der Prämie genügt es also, dass der Geldbetrag den Verfügungsbereich des/der Versicherungsnehmers/-in verlassen hat. Dieser Zeitpunkt der rechtzeigen Zahlung ist für den materiellen Versicherungsbeginn und somit für den Erhalt des Versicherungsschutzes von Bedeutung. Als rechtzeitige Zahlung gilt eine Leistungshandlung am Leistungsort, die geeignet ist, dass die Prämie beim Versicherer ankommt, wie beispielsweise eine getätigte Überweisung.

Sollte ein/eine Versicherungsnehmer/-in dem Versicherer ein SEPA-Lastschriftmandat erteilt haben, wandelt sich die Schickschuld in eine Quasi-Holschuld um, denn mit dem Mandat erfolgt eine Gefahrentragung und Kostenübernahme auf den Versicherer. Der/die Versicherungsnehmer/-in hat somit rechtzeitig geleistet, wenn der am Fälligkeitstag geschuldete Beitrag von seinem/ihrem Konto abgebucht werden kann. Eine Kontodeckung für die Abbuchung muss gewährleistet sein.

Ist die Versicherungsprämie beim Versicherer eingegangen – im bargeldlosen Zahlungsverkehr mit der Gutschrift der Versicherungsprämie auf dem Konto des Versicherers – spricht man von der Tilgung der Prämienschuld.

5.5 Prämienzahlungsverzug

Wenn Versicherungsnehmer/-innen die Prämie nicht rechtzeitig zahlen, geraten sie in Zahlungsverzug. Wegen der Besonderheit des Versicherungsvertrages ist der Prämienverzug abweichend von den Vorschriften des Bürgerlichen Gesetzbuches geregelt. Die Rechtsfolgen eines Prämienverzuges richten sich nach der Art der Prämie, also ob es sich um eine Erst- oder Folgeprämie handelt.

5.5.1 Nichtzahlung der Erstprämie

Die erste oder einmalige Versicherungsprämie ist unverzüglich, also nach Ablauf von 14 Tagen, nach Zugang des Versicherungsscheins zu begleichen (Ausnahme in der Lebensversicherung, hier gelten 30 Tage als unverzüglich). Dieser Aufschub von 14 Tagen bzw. 30 Tagen steht im Zusammenhang mit dem Widerrufsrecht der Versicherungsnehmer/-innen. Sollten sie nicht von ihrem Widerrufsrecht Gebrauch machen und die Zahlung nicht unverzüglich vornehmen, so gilt dies als nicht rechtzeitige Zahlung der Erstprämie und stellt einen Zahlungsverzug dar.

Bei Nichtzahlung der Erstprämie besteht für den Versicherer die Möglichkeit der Leistungsfreiheit
§ 37 VVG sowie eines Rücktrittsrechts.

- **Leistungsfreiheit**
  War die fällige Erstprämie bei Eintritt des Versicherungsfalles noch nicht beglichen, so ist der Versicherer von der Leistung befreit. Eine Ausnahme stellt die erweiterte Einlöseklausel dar, bei der die Erstprämie nach Erhalt des Versicherungsscheines und Ablauf der Widerruffrist unverzüglich gezahlt werden muss, damit Versicherungsschutz besteht.
  Der Versicherer muss Versicherungsnehmer/-innen entweder durch eine gesonderte Mitteilung oder durch einen auffälligen Hinweis im Versicherungsschein auf die Rechtsfolgen bei Nichtzahlung der Erstprämie hingewiesen haben. Fehlt diese Belehrung, ist der Versicherer im Versicherungsfall leistungspflichtig.
  Der Versicherer ist auch leistungspflichtig, wenn ein/eine Versicherungsnehmer/-in unverschuldet ihrer Zahlungspflicht nicht nachkommt. Gründe für ein solches Unverschulden können ein plötzlicher Krankenhausaufenthalt, schwere Krankheit oder ähnliches sein.

- **Rücktritt**
  Solange die Zahlung der Erstprämie ohne Verschulden der Versicherungsnehmer/-innen nicht getätigt ist, kann der Versicherer vom Vertrag zurücktreten, da ihm nicht zugemutet werden soll, das Versicherungsverhältnis mit schon zu Beginn säumigen Versicherungsnehmern/-innen fortzusetzen. Der Rücktritt erfolgt durch eine schriftliche und ausdrückliche Willenserklärung des Versiche-

rers gegenüber dem/der Versicherungsnehmer/-in, die mit dem Zugang wirksam wird. Der Versicherer beendet den Versicherungsvertrag rückwirkend und kann für diesen Zeitraum eine angemessene Geschäftsgebühr, zur Deckung seiner Kosten, verlangen.

Das Bürgerliche Gesetzbuch sieht auch eine gerichtliche Geltendmachung der Prämie anstelle eines Rücktritts vor. Der Versicherer kann hier seinen Prämienanspruch – bei Verzug inkl. Kosten und Verzugszinsen – gerichtlich geltend machen. Dies bedeutet, dass der Versicherer Klage bzw. erst einmal einen Mahnbescheid beim Amtsgericht beantragt. Sollte sich der Versicherer zu einer gerichtlichen Klage entscheiden, entfällt sein Rücktrittsrecht, da er mit der Prämienklage zum Ausdruck bringt, den Versicherungsvertrag aufrechterhalten zu wollen. *§ 288 BGB*

5.5.2 Nichtzahlung der Folgeprämie

Im Falle der Nichtzahlung der Folgeprämie haben Versicherungsnehmer/-innen die Erstprämie bereits getätigt und damit Versicherungsschutz erworben. Sie schulden selbstverständlich dem Versicherer die ausstehende Folgeprämie, sollen aber den Versicherungsschutz nicht ohne weiteres verlieren, denn die Nichtzahlung der Folgeprämie kann auch durch ein bloßes Versehen geschehen sein. Will der Versicherer aus der Nichtzahlung der Folgeprämie eine Rechtsfolge hinsichtlich seiner Leistungspflicht ableiten, so muss er die säumige Person zunächst in einer gesetzlich genau vorgeschriebenen Weise anmahnen.

Qualifizierte Mahnung

Die Leistungsfreiheit des Versicherers tritt im Unterschied zur Nichtzahlung der Erstprämie nur dann ein, wenn die Mahnung vergeblich war. Man spricht in diesem Zusammenhang von einer qualifizierten Mahnung. Das Versicherungsvertragsgesetz stellt strenge Anforderungen an dieses Mahnschreiben.

Der Versicherer muss dem/der Versicherungsnehmer/-in auf deren Kosten in Textform eine Zahlungsfrist bestimmen, die mindestens zwei Wochen betragen muss. Die Bestimmung ist nur wirksam, wenn sie die rückständigen Beträge der Prämie, Zinsen und Kosten im Einzelnen beziffert und die Rechtsfolgen angibt.

Die qualifizierte Mahnung muss dem/der Versicherungsnehmer/-in zugehen, damit sie wirksam wird. Der Versicherer besitzt die Beweislast, dass das qualifizierte Mahnschreiben zugegangen ist. Um Streitigkeiten aus der Zustellung dieses Schreibens zu vermeiden, versenden Versicherer diese mit „Einschreiben mit Rückschein". Bei einem Wohnungswechsel von Versicherungsnehmern/-innen genügt die Absendung der qualifizierten Mahnung an die letzte dem Versicherer bekannte Anschrift. Die Erklärung gilt drei Tage nach der Absendung des Briefes als zugegangen. *§ 13 VVG*

Die qualifizierte Mahnung fordert unter Angabe der Prämienschuld zur Zahlung auf. Die rückständigen Beiträge sowie Zinsen und Mahngebühr sind genau zu beziffern. Bei gebündelten Verträgen müssen diese Angaben für jeden Versicherungsvertrag einzeln angegeben werden.

Der Versicherer hat der säumigen Person eine bestimmte Zahlungsfrist mitzuteilen, in der sie der Zahlungsaufforderung nachzukommen hat. Diese Frist beträgt in der Regel mindestens 14 Tage. Für die private Krankenversicherung beträgt die Zahlungsfrist wegen der sozialen Bedeutung zwei Monate. Eine kürze Zahlungsfrist würde zur Unwirksamkeit der qualifizierten Mahnung führen. *§ 193 (3) VVG*

Während des Laufens der Zahlungsfrist bleiben die Leistungspflicht und der damit einhergehende Versicherungsschutz unberührt. Dies ist selbstverständlich auch der Fall, wenn die ausstehenden Beiträge inklusive Zinsen und Mahnkosten innerhalb der Zahlungsfrist beglichen werden. Der Versicherer ist jedoch von der Leistungspflicht befreit, wenn der Versicherungsfall nach Zahlungsfrist eintritt, auch wenn zu diesem Zeitpunkt die vollständige Zahlung getätigt wurde. Somit kommt es entscheidend darauf an, ob die Prämie vor Eintritt des Versicherungsfalls abgesandt worden ist, also die erforderliche Leistungshandlung des Versicherungsnehmers bzw. der Versicherungsnehmerin (Rechtzeitigkeit der Zahlung) abgeschlossen ist.

Beispiel für ein qualifiziertes Mahnschreiben

Proximus Versicherung AG

Frau
Marie Mustermann
Musterstraße 13
12345 Musterstadt

Mahnung

Versicherungs-Nr.	unbezahlte Beiträge vom – bis	zu zahlende Summe in EUR einschl. Mahnkosten
Versicherungsnummer	01.01.2022 – 01.10.2023	999,99

Sehr geehrte Frau Mustermann,

die Beiträge zu den unten oder auf der Rückseite aufgeführten Verträgen sind für den angegebenen Buchungszeitraum unbezahlt. Bitte zahlen Sie die zu den einzelnen Verträgen ausgewiesenen Beiträge inklusive Mehrkosten innerhalb einer Frist von zwei Wochen nach Zugang dieses Schreibens mittels beigefügtem Zahlungsformulars.

Für die Rechtzeitigkeit einer Überweisung genügt es, wenn Ihr Überweisungsauftrag bei Ihrem Geldinstitut rechtzeitig eingegangen ist und Ihr Konto ausreichende Deckung aufweist.

Die nicht rechtzeitige Zahlung kann zum Verlust des Versicherungsschutzes führen und uns berechtigen, den Vertrag/die Verträge fristlos zu kündigen.

Bitte beachten Sie daher unbedingt die Ausführungen zu den Folgen einer nicht rechtzeitigen Zahlung der Folgeprämie auf der Rückseite dieses Schreibens.

Wir weisen weiter darauf hin, dass wir im Falle der Nichtzahlung einen Rechtsanwalt mit der Einziehung der rückständigen Beiträge beauftragen werden. Das ist für Sie mit erheblichen Kosten verbunden.

Soweit Sie die zu den einzelnen Verträgen ausgewiesenen Beträge bereits gezahlt haben, betrachten Sie den Inhalt unseres Schreibens bitte als gegenstandslos.

Zahlungseingänge sind bis einschließlich 05.07.2022 berücksichtigt.

Proximus Versicherung AG

Seite 2

Unbezahlte Beiträge

VZ-Nr.	Versicherungszweig	Unbezahlte Beiträge vom - bis	Beitrag in EUR	Hinweis
01	Wohngebäude	01.01.2022 – 01.10.2023	999,99	
	Mahnkosten		4,00	
	Gesamtbetrag		1.003,99	
		Summe		

Rechtsfolgen einer Versäumnis der Zahlungsfrist

Die Folgen der Versäumung der Zahlungsfrist und die **Abwendungsmöglichkeit** von Säumnisfolgen stellen sich nach dem Versicherungsvertragsgesetz (VVG) wie folgt dar:
Tritt der Versicherungsfall nach dem Ablauf der zweiwöchigen Zahlungsfrist ein und sind Sie zurzeit des Eintritts mit der Zahlung des Beitrages oder der Kosten in Verzug, so sind wir von der Verpflichtung zur Leistung frei (vgl. § 38 Abs. 2 VVG).

In diesem Fall haben Sie keinen Versicherungsschutz!

Haben Sie nicht innerhalb der zweiwöchigen Zahlungsfrist gezahlt, können Sie daher für die Zukunft durch nachträgliche Zahlung den Versicherungsschutz wiederherstellen. Sie haben dann für nach der Zahlung eintretende Versicherungsfälle wieder Versicherungsschutz.

Nach dem Ablauf der Frist können wir ferner, wenn Sie mit der Zahlung im Verzug sind, das Versicherungsverhältnis ohne Einhaltung einer Kündigungsfrist kündigen. Die Wirkungen der Kündigungen fallen fort, wenn Sie innerhalb eines Monats nach der Kündigung die Zahlung nachholen.

Nach Ablauf der zweiwöchigen Zahlungsfrist können Sie uns durch Zahlung unserer Kündigungsrecht nehmen, solange wir unsere Kündigung nicht ausgesprochen haben, das heißt, Ihnen diese noch nicht zugegangen ist.

Vorsorglich weisen wir darauf hin, dass der Versicherungsschutz durch die Nachholung der Zahlung des für den jeweiligen Vertrag angemahnten Rückstandes erst dann sichergestellt ist, wenn für den jeweiligen Vertrag sowohl der jetzt angemahnte entsprechende Rückstand als auch eventuell früher angemahnte Rückstände zu diesem Vertrag einschl. Mahnkosten bezahlt werden.

Für eventuelle Rückfragen stehen wir Ihnen gerne zur Verfügung.

Mit freundlichen Grüßen

Unterschriften Vorstand

Kündigungsrecht des Versicherers

§ 38 (3) VVG

Nach Ablauf der eingeräumten Zahlungsfrist, kann der Versicherer den Versicherungsvertrag wegen Prämienverzuges ohne Einhaltung einer Frist kündigen. Während im Falle der Nichtzahlung einer Erstprämie an dieser Stelle der Rücktritt vom Versicherungsvertrag vorgesehen ist, kommt bei der Nichtzahlung der Folgeprämie nur eine wirksame Kündigung in Betracht. Hier muss allerdings zwischen einer isolierten und verbundenen Kündigung unterschieden werden.

- **isolierte Kündigung**
  Die isolierte Kündigung erfolgt nach Ablauf der gesetzlichen Zahlungsfrist ohne Einhaltung einer Kündigungsfrist (fristlos).

- **verbundene Kündigung**
  Die verbundene Kündigung erfolgt bereits zusammen mit dem qualifizierten Mahnschreiben. Diese Möglichkeit erspart dem Versicherer ein separates Kündigungsschreiben. Der Versicherer hat die Wahlmöglichkeit, Versicherungsnehmer/-innen im qualifizierten Mahnschreiben auf die isolierte Kündigung hinzuweisen oder die Kündigung mit der qualifizierten Mahnung zu verbinden. Entscheidet sich der Versicherer für die ausgesprochene Kündigung im qualifizierten Mahnschreiben, so muss er den/die Versicherungsnehmer/-in darauf hinweisen, dass die Kündigung erst mit Fristablauf wirksam wird.

  § 39 (1) VVG

  Im Fall der Beendigung des Versicherungsverhältnisses vor Ablauf der Versicherungsperiode steht dem Versicherer für diese Versicherungsperiode nur derjenige Teil der Prämie zu, der dem Zeitraum entspricht, in dem Versicherungsschutz bestanden hat. Bei der isolierten Kündigung entspricht dies der Zeit bis zum Zugang der Kündigungserklärung bei dem/der Versicherungsnehmer/-in; bei der verbundenen Kündigung entspricht dies dem Fristablauf.

Versicherungsnehmer/-innen haben trotz Kündigung durch den Versicherer die Möglichkeit einer Reaktivierung des Versicherungsvertrages. Die Auswirkungen der Kündigung fallen fort, wenn die Zahlung innerhalb eines Monats nachgeholt wird. Diese einmonatige Reaktivierungsmöglichkeit beginnt bei der isolierten Kündigung mit Zugang der Kündigung des/der Versicherungsnehmers/-in, bei der verbundenen Kündigung mit dem Ablauf der Zahlungsfrist. In beiden Fällen besteht die Möglichkeit durch Tätigung der Zahlung den Versicherungsvertrag wiederzubeleben. Dies bedeutet, dass der Versicherungsvertrag zum Zeitpunkt der Zahlung wieder in Kraft gesetzt wird und nicht rückwirkend. Sollte in der Zeit zwischen dem Wirksamwerden der Kündigung und der Prämienzahlung ein Versicherungsfall eintreten, so wäre der Versicherer für diesen Versicherungsfall leistungsfrei. Nur für eingetretene Versicherungsfälle, die nach der nachgeholten Prämienzahlung eingetreten sind, ist der Versicherer zur Leistung verpflichtet.

Beispiel

Der Versicherungsnehmer Klaus Mittel hat am 10. Juni d.J. ein qualifiziertes Mahnschreiben von seinem Versicherer erhalten, da er die Folgeprämie nicht bezahlt hat. Das qualifizierte Mahnschreiben ist mit einer zweiwöchigen Fristsetzung und der im Anschluss einhergehenden Kündigung verbunden, sofern Herr Mittel seiner Prämienzahlungspflicht nicht nachkommen sollte. Herr Mittel meldet sich telefonisch bei seinem Versicherer und teilt ihm mit, dass er die Zahlung am 13. Juli d.J. nachgeholt hätte. Im gleichen Telefonat meldet Herr Mittel zwei Versicherungsfälle, die sich am 09. Juli d.J. und am 17. Juli d.J. ereignet hätten.

Übersicht zum Beispiel

Mahnfrist (2 Wochen)		Reaktivierungsfrist (1 Monat)			
10. Juni	24. Juni	09. Juli	13. Juli	17. Juli	24. Juli
qualifiziertes Mahnschreiben mit verbundener Kündigung	Wegfall des Versicherungsschutzes und Beendigung des Vertrages	Versicherungsfall; kein Versicherungsschutz	VN zahlt den Prämienrückstand und der Versicherungsvertrag lebt wieder auf	Versicherungsfall; Versicherungsschutz, da Reaktivierung des Vertrages	Datum, bis zu dem die Reaktivierung möglich wäre (VN hat dies 13. Juli erfüllt.)

6 Möglichkeiten der Vertragsbeendigung

Versicherungsverträge werden in der Regel für einen bestimmten Zeitraum abgeschlossen. Man unterscheidet zwischen unterjährigen und mehrjährigen Versicherungsverträgen.

- **unterjährige Versicherungsverträge**
  Es gibt Versicherungsverträge, die eine Laufzeit von unter einem Jahr aufweisen, weil diese durch das zeitliche Ende eines Ereignisses gedeckt sind.

Beispiel

Für eine gebuchte Reise, die vom 14. Mai d.J. bis zum 02. Juni d.J. stattfinden soll, möchte der Versicherungsnehmer Kemal Özdemir eine Reiserücktrittsversicherungsversicherung abschließen.

→ Hier liegt ein unterjähriger Versicherungsvertrag vor, da die Reiserücktrittsversicherung nur für die gebuchte Reise gilt.

- **mehrjährige Versicherungsverträge**
  Bei Jahres- oder Mehrjahresverträgen, wie beispielsweise ein Fünfjahresvertrag, enthalten die meisten Allgemeinen Versicherungsbedingungen eine sogenannte Verlängerungsklausel, wodurch das Vertragsverhältnis stillschweigend als verlängert gilt, wenn es nicht innerhalb einer bestimmten Frist vor Ablauf gekündigt wird. Diese Verlängerungsklausel soll Versicherungsnehmer/-innen davor schützen, den Versicherungsschutz zu verlieren, nur weil sie die Vertragsdauer außer Acht gelassen haben.

In der Lebensversicherung können auch Versicherungsverträge geschlossen werden, die auf eine bestimmte Vertragsdauer befristet ist. Beispielsweise kann hier ein Vertrag auf eine Dauer von 15 Jahren geschlossen werden.

6.1 Kündigung eines Versicherungsvertrages

Die Kündigung ist eine einseitige empfangsbedürftige Willenserklärung. Sie wird erst mit Zugang beim Vertragspartner oder dessen Vertretung wirksam.

Als grundsätzlich zugegangen gilt eine Kündigung, wenn sie in den Machtbereich des Empfängers, beispielweise ein Briefkasten, gelangt und der Empfänger die Möglichkeit hat, von ihr Kenntnis zu nehmen.

Eine Kündigung kann als ordentliche Kündigung oder als außerordentlicher Kündigung erfolgen.

Ordentliche Kündigung

§ 11 (2) VVG

Eine ordentliche Kündigung kann von beiden Vertragsparteien ohne Angaben von Gründen, jedoch unter Einhaltung einer Kündigungsfrist, zum Ende der laufenden Versicherungsperiode, ausgesprochen werden.

§ 11 (4) VVG

Für Versicherungsverträge, die eine längere Laufzeit aufweisen, wie beispielsweise ein Dreijahresvertrag, kann die Kündigung erst zum Ablauf der vertraglichen Laufzeit erfolgen.

Außerordentliche Kündigung

Das Versicherungsverhältnis kann aus besonderen Gründen auch vorzeitig aufgelöst werden. Das Versicherungsvertragsgesetz und die Allgemeinen Versicherungsbedingungen sehen folgende Anlässe hierfür vor:

Außerordentlicher Kündigungsgrund	Ausübungsfrist und Wirkung	Rechtsgrundlage
Obliegenheitsverletzung	• Kündigung durch den Versicherer innerhalb eines Monats nach Kenntnisnahme bei einfacher Fahrlässigkeit oder schuldloser Verletzung der Anzeigepflicht • fristlos bei gewollter Gefahrenerhöhung oder bei Verletzung einer vertraglichen Obliegenheit (in den Bedingungen der einzelnen Versicherungssparten geregelt) vor Eintritt des Versicherungsfalles • Kündigung mit einer Monatsfrist bei nicht gewollter oder nicht verschuldeter Gefahrenerhöhung	§ 19 VVG § 24 VVG § 24 VVG i. V. m. § 23 VVG
Nichtzahlung der Folgeprämie	• Kündigung des Versicherers mit sofortiger Wirkung nach Ablauf der gesetzlichen Zahlungsfrist • isolierte oder verbundene Kündigung	§ 38 VVG
Prämienanpassung	VN kann den Vertrag innerhalb eines Monats nach Zugang der Mitteilung des Versicherers mit sofortiger Wirkung, frühestens jedoch zum Zeitpunkt des Wirksamwerdens der Erhöhung, kündigen.	§ 40 VVG
Veräußerung der versicherten Sache	Wird eine versicherte Sache veräußert, so können sowohl der Versicherer mit Monatsfrist als auch der Erwerber, fristlos oder zum Schluss der Versicherungsperiode, kündigen.	§ 95 VVG
Versicherungsfall in der Sachversicherung	In der Sachversicherung und auch in der Haftpflichtversicherung können sowohl VN als auch Versicherer nach Eintritt eines Versicherungsfalls kündigen.	§ 92 VVG § 111 VVG

Außerordentlicher Kündigungsgrund	Ausübungsfrist und Wirkung	Rechtsgrundlage
Insolvenz des Versicherers	Wird über das Vermögen des Versicherers das Insolvenzverfahren eröffnet, endet das Versicherungsverhältnis mit Ablauf eines Monats seit der Eröffnung des Verfahrens.	§ 16 VVG
Insolvenz des/der VN	Es besteht für den Versicherer ein Kündigungsrecht, soweit dies vertraglich vereinbart ist. Jedoch sieht das Versicherungsvertragsgesetz eine Absonderung des Anspruches vor.	§ 110 VVG

6.2 Rücktritt und Anfechtung

Der Rücktritt und die Anfechtung sind wie die Kündigung, eine einseitige empfangsbedürftige Willenserklärung. Während die Kündigung den Vertrag für die Zukunft auflöst, wird bei einem Rücktritt der Vertrag ab Beginn aufgehoben und bei einer Anfechtung der Vertrag von Anfang an nichtig.

Der Anlass für einen Rücktrittsgrund des Versicherers ist die Nichtzahlung der Erstprämie oder die Verletzung der vorvertraglichen Anzeigepflicht. War die Verletzung der vorvertraglichen Anzeigepflicht grob fahrlässig, besteht für den Versicherer nur dann ein Rücktrittsrecht, wenn er den Versicherungsvertrag bei Kenntnis der nicht angezeigten Umstände nicht geschlossen hätte. *§§ 37 (1), 19 VVG*

Der Versicherer kann sein Anfechtungsrecht ausüben, wenn die vorvertragliche Anzeigepflicht in einer sehr schwerwiegenden Weise durch eine arglistige Täuschung verletzt wurde. Allerdings muss der Versicherer dem/der Versicherungsnehmer/-in die Arglist beweisen. *§ 22 VVG*

Dem Versicherer steht bei Rücktritt sowohl wegen vorsätzlicher oder grob fahrlässiger Verletzung der vorvertraglichen Anzeigepflicht, als auch bei Anfechtung wegen arglistiger Täuschung eine zeitanteilige Prämie zu. *§ 39 (1) VVG*

6.3 Sonstige Beendigungsgründe

Ein Versicherungsvertrag kann auch noch beendet werden, bei

- **Tod einer Versicherungsnehmerin bzw. eines Versicherungsnehmers**
  In der Personenversicherung, also Kranken-, Lebens und Unfallversicherung, endet das Versicherungsverhältnis mit dem Tod des/der Versicherungsnehmers/-in, da die Versicherung mit dem personenbezogenen Risiko nicht auf die Erben übergehen kann. Für die Lebens- und Unfallversicherung bedeutet dies zugleich der Eintritt des Versicherungsfalls, sofern der/die Versicherungsnehmer/-in zugleich die versicherte Person ist. Sollten beide Personen nicht identisch sein, so geht der Versicherungsvertrag auf die versicherte Person über, sofern der/die Versicherungsnehmer/-in verstirbt.
  In der sachgebundenen Versicherung bleibt trotz des Todes eines/einer Versicherungsnehmers/-in der Versicherungsvertrag bestehen, da hier das zu versicherte Risiko bestehen bleibt und der Versicherungsvertrag und somit der Versicherungsschutz auf die Erben übergeht.
- **Aufhebungsvertrag**
  Jeder Versicherungsvertrag kann auch im gegenseitigen Einvernehmen aufgelöst werden. *§ 311 BGB*

7 Datensicherheit und Datenschutz

Die zunehmende Verbreitung der EDV und die dadurch mögliche Verknüpfung von unterschiedlichen Dateien machten gesetzliche Regelungen zum Schutz der Privat- und Intimsphäre der Bürger erforderlich.

Beispiel In der Personalabteilung der Proximus Versicherung AG wird seit Kurzem ein EDV-gestütztes Personalinformationssystem verwendet. Dies ist ein System zur umfassenden Gewinnung, Speicherung und Verarbeitung von verschiedenartigsten Informationen über das Personal eines Unternehmens. Die zur Verfügung gestellten Informationen können unter Umständen – zum Nachteil des betroffenen Arbeitnehmers – unzutreffend verknüpft und ausgewertet werden. Dies zeigt der Fall von Herrn K., der in der EDV-Abteilung der Proximus Versicherung AG arbeitet:

Herr K. kam kurz nach halb neun in sein Unternehmen und zog am Personaleingang seinen EDV-lesbaren Firmenausweis durch die elektronische Stempeluhr. Erfasst wurden Personalnummer, Ankunftszeit und -ort. Mithilfe seines Firmenausweises, den er in einen Türautomaten stecken muss, wurden wieder seine Daten erfasst und gleichzeitig seine Zugangsberechtigung überprüft. Herr K. musste damals ein schwieriges Programm ändern, wozu er häufig am Terminal arbeitete. Bevor er anfing, hatte er über den Bildschirm seinen Namen anzugeben. Während er arbeitete, wurde die Anzahl der neu erstellten Programmzeilen erfasst. Wegen der schwierigen Änderungsarbeiten musste Herr K. häufiger als sonst telefonieren: Anzahl und Dauer der Gespräche und die Nummer der Angerufenen wurden gespeichert. Herr K. nahm auch direkt mit einem Kollegen Kontakt auf.

Mittags freute sich Herr K. auf seine Pause. Statt bar zu bezahlen, gibt man in der Kantine der Kassiererin nur den Firmenausweis, die ihn in die elektronische Kasse steckt und dann die Kennzahlen für Speisen und Getränke eingibt. An jenem Tag hatte Herr K. Geburtstag: Er spendierte seinen Kollegen ein Bier.

Am nächsten Tag kam Herr K. nicht ins Unternehmen, er war erkältet. Tags darauf ließ ihn der Personalchef zu sich rufen. Er hielt Herrn K. die in der Kantine gekauften Flaschen Bier vor und brachte sie in Zusammenhang mit seinem Fernbleiben am nächsten Tag. Bedenklich fand der Personalchef auch die unter dem Durchschnitt liegende Produktivität von Herrn K., seine häufigen Telefongespräche und seine vielen Gänge im Betrieb: Wenn sich das alles nicht ändern würde, dann müsste Herr K. damit rechnen, dass in Zeiten schlechter Konjunktur sein Arbeitsplatz gefährdet sei.

In diesem Zusammenhang werden immer wieder drei Begriffe genannt und teilweise synonym verwendet. Diese Begriffe hängen zwar unmittelbar zusammen, haben aber unterschiedliche Bedeutungen.

- **Datensicherung**
  Bei einer Datensicherung werden die Daten eines Computers oder EDV-Systems auf ein externes Speichermedium (z. B. CD-ROM, DVD, USB-Stick, SSD-Laufwerk, optische Medien) kopiert. Hierdurch soll sichergestellt werden, dass bei einem Hard- oder Softwarefehler oder einem Hackerangriff die Daten nicht verloren gehen und wiederhergestellt werden können.
- **Datenschutz**
  Unter dem Begriff Datenschutz ist allgemein der Schutz personenbezogener Daten eines jeden einzelnen Individuums vor deren unerlaubter Erhebung, Verarbeitung und Weitergabe zu verstehen. Die Art und Weise, wie diese Daten geschützt werden müssen, ist in den Datenschutzgesetzen gesetzlich geregelt.
- **Datensicherheit**
  Datensicherheit bezeichnet die Sicherheit von Daten vor dem Zugriff unbefugter Personen.

Im Grunde kann man sagen, dass eine gut organisierte und regelmäßig durchgeführte Datensicherung zusammen mit der Beachtung des Datenschutzes zu einer hohen Datensicherheit führt, weshalb im Folgenden die Themen Datensicherung und Datenschutz näher beleuchtet werden.

7.1 Datensicherung

7.1.1 Grundlagen der Datensicherung

Die moderne Computertechnologie hat sich aufgrund ihrer Vorteile in vielen Bereichen der Wirtschaft, der öffentlichen Verwaltung, aber auch des Privatlebens durchgesetzt. Die Abhängigkeit der heutigen Gesellschaft von der Datenverarbeitung birgt jedoch auch schwerwiegende Gefahren in sich:

- Hardware, Programme, vor allem aber Daten können durch Nachlässigkeit verloren gehen oder sogar mutwillig zerstört werden. Dies kann in Unternehmen zu spürbaren Störungen des Geschäftsablaufs führen.

Beispiel

Ein Ausfall der Technik, eine defekte Festplatte oder ein Hackerangriff können dazu führen, dass der Betrieb des Onlineportals eingestellt werden muss, wenn nicht Vorsorge betrieben wurde.

- In Extremfällen wird eventuell sogar die Existenz von Unternehmen gefährdet.

Beispiel

Ein Unternehmen hat alle ausstehenden Forderungen gegenüber den Kunden nur einmal auf einem externen Datenträger gespeichert. Aus Wut, dass sie kein Geld erbeuten, zerstören Einbrecher die EDV-Anlage. Die Daten der Schuldner sind auf dem beschädigten Datenträger nicht mehr auffindbar.

- Das Anliegen der **Datensicherung** ist es, die bei der Datenverarbeitung eingesetzten Mittel und Verfahren vor solchen Gefahren abzusichern, die die Funktionsfähigkeit der EDV-Anlagen beeinträchtigen könnten. Die Datensicherung bezieht sich also auf die technischen Aspekte der Datenverarbeitung.
- Wenn die Daten sich auf bestimmte Personen beziehen, unterliegen sie besonderen gesetzlichen Schutzbestimmungen. Der **Datenschutz**[1] soll die Bürger vor dem Missbrauch der Daten, die an irgendeiner Stelle gespeichert oder verarbeitet werden, bewahren.

7.1.2 Maßnahmen gegen Datenverlust

Für jedes die elektronische Datenverarbeitung einsetzende Unternehmen stellen die Datenbestände (z.B. Gewinnspannen, Bilanzkennzahlen usw.) einen besonderen Wert dar. Aus Gründen des Betriebsgeheimnisses müssen sie deshalb mit besonderer Sorgfalt behandelt werden. Werden keine vorbeugenden Maßnahmen getroffen, bestehen für diese Daten große Sicherheitsrisiken. Datenverlust, unerlaubte Datenmanipulationen oder Diebstahl können die Folgen fehlender Sicherheitsanforderungen sein.

Früher oder später kann jedes Unternehmen die Erfahrung eines Datenverlusts machen. Dies kann passieren durch:

- Hardwarefehler
- einen Fehler des Betriebssystems
- logische Fehler innerhalb der Daten
- Feuer
- Wasserschäden
- Diebstahl
- versehentliches – manchmal auch vorsätzliches – Löschen

1 Mehr zum Datenschutz im Kapitel 7.2

Gefährdungspotenzial bei PCs		
Komponenten	**Bedrohung**	**Mögliche Ursachen**
Hardware	· Beschädigung · Zerstörung · Verlust	· zufällige Einwirkungen (Unkenntnis, Schlampigkeit, Verwahrlosung) · vorsätzliche Eingriffe (Sabotage, Raub)
Arbeitsmittel	· Unbrauchbarkeit · Verderblichkeit · Fehler	· wie bei Hardware
Versorgungseinrichtungen	· Störung · Unterbrechung · Ausfall	· wie bei Hardware zusätzlich: nicht beeinflussbare Außeneinwirkungen
Software	· Verfälschung · ungewollte Löschung · ungewollte Übermittlung · Raub	· Manipulation · Ausspähung · Verrat
Menschen	· Versagen · Ausfallen · Veruntreuung	· Überforderung · Gleichgültigkeit · Böswilligkeit

Ein Datenverlust kann für ein Unternehmen einen immensen Schaden verursachen.

Beispiel Ein wirtschaftlich gesundes Unternehmen gerät an den Rand der Insolvenz, weil durch einen Brand auch die Festplatte des Servers mit dem gesamten Forderungsbestand vernichtet wird. Das Unternehmen hatte keine Vorsorge für Sicherungsmaßnahmen getroffen. Der Forderungsbestand konnte nur unzureichend rekonstruiert werden.

Vor diesem Hintergrund ist eine regelmäßige Datensicherung eine sehr wichtige Tätigkeit in einem Unternehmen. Sämtliche Maßnahmen, um Daten gegen Verlust, Zerstörung oder Verfälschung zu sichern, zählen zur Datensicherung. Ziel der Datensicherung ist die Aufrechterhaltung einer ununterbrochenen Funktionsfähigkeit.

Definition Unter **Datensicherung** versteht man

- sowohl den Vorgang des Kopierens der in einem Computersystem vorhandenen Daten auf ein Speichermedium (das im Allgemeinen transportabel ist)
- als auch das Ergebnis – die auf dem Speichermedium gesicherten Daten.

Es geht also bei der Datensicherung überwiegend um eine kurz- bis mittelfristige zusätzliche Speicherung von zu sichernden Daten zur Wiederherstellung verlorener Daten. Auch wenn eine regelmäßige Datensicherung einigen Arbeitsaufwand bedeutet, steht diese Mühe meist in keinem Verhältnis zu einer manuellen Rekonstruktion der Daten. In Netzen, bei denen mehrere Benutzer mit einem Datenbestand arbeiten, ist wenigstens eine wöchentliche, besser eine tägliche **Datensicherung** erforderlich.

Das entscheidende Kriterium für die Beurteilung einer Datensicherung ist der Nachweis, dass die gesicherten Daten auch vollständig und innerhalb eines angemessenen Zeitraums wiederhergestellt werden können.

Durch die kurzfristige Aufbewahrung (in der Regel drei bis sechs Monate) unterscheidet sich die Datensicherung von der längerfristigen Datenarchivierung, die anderen Gesetzmäßigkeiten unterliegt.

7.1.3 Verfahren und Arten der Datensicherung

Die meisten Maßnahmen der Datensicherung dienen gleichzeitig auch dem Datenschutz. Es gibt

- technische,
- personelle,
- programmtechnische und
- organisatorische

Verfahren der Datensicherung.

Verfahren der Datensicherung		
Technische Verfahren		
Notstromaggregate Unternehmen besitzen häufig zentrale Rechenzentren. Diese sind in der Regel mit Notstromaggregaten ausgestattet, die bei Stromausfall die notwendige Energie erzeugen, um den Datenverarbeitungsbetrieb aufrechtzuerhalten.	**Parallelrechner** Ein Parallelrechner ist ein zusätzlicher Computer, der bei Ausfall der eigentlichen EDV-Anlage deren Aufgaben wahrnimmt. Im Notfall wird automatisch umgeschaltet, sodass Gesamtausfälle vermieden werden können.	**Streamer** Ein Streamer ist eine spezielle Magnetbandeinheit, die größere Datenmengen sehr schnell aufnehmen bzw. wieder abgeben kann. So können Datenbestände regelmäßig schnell und sicher auf Magnetbändern bzw. Magnetbandkassetten gesichert werden.
Hardware-Schreibschutz Bestimmte Datenträger (z. B. SD-Karten) besitzen einen Schreibschutzschalter. Wird dieser in eine bestimmte Position gebracht, ist ein versehentliches Überschreiben von Dateien nicht möglich.	**Mechanische Sicherungen** Jeder Computer sollte mit einem Schloss versehen sein, damit die Inbetriebnahme nur Schlüsselbesitzern möglich ist. Für die zum Computereinsatz gehörenden Arbeitsmittel (z. B. CD-ROMs, Formulare, Belege, Listen, Protokolle usw.) sollte ein Safe zur Verfügung stehen, der feuer-, diebstahl-, wasser- und explosionssicher ist.	**Räumliche Sicherungen** Sicherheitsschlösser, Sicherheitsverglasungen und Alarmanlagen sind geeignete Schutzmaßnahmen für die Räume, in denen sich EDV-Anlagen befinden.

Verfahren der Datensicherung

Organisatorische Verfahren

Periodisches Anfertigen von Sicherheitskopien
Zur Sicherung von Datenbeständen sollten Unternehmen drei Generationen von Datenträgern aufbewahren. Dieses „Großvater-Vater-Sohn-Prinzip“ gewährleistet, dass bei täglicher Verarbeitung grundsätzlich die Daten der beiden vorhergehenden Tage noch als Sicherheiten zur Verfügung stehen.

Überwachungsprotokolle des Betriebsablaufs
Zur Datensicherung besteht auch die Möglichkeit, sämtliche Vorgänge, die in der EDV-Anlage ablaufen, in einer besonderen Datei zu speichern. Sämtliche Tätigkeiten, die mit der EDV-Anlage vorgenommen werden, können so überwacht werden.

Personelle Verfahren

Schulungen
Das Unternehmen kann durch angemessene Schulungen von Mitarbeitenden sicherstellen, dass diese fehlerfrei und ordnungsgemäß die EDV bedienen können.

Doppelbesetzungen
Es ist darauf zu achten, dass alle Aufgaben in der Datenverarbeitung von mehr als einer Person durchgeführt werden können, damit das Unternehmen nicht von einzelnen Personen mit Spezialkenntnissen abhängig wird.

Das Vier-Augen-Prinzip
Besonders kritische Vorgänge können geschützt werden, indem vor der Ausführung die Eingabe – und damit Zustimmung – einer zweiten Person (z. B. Abteilungsleiter) verlangt wird.

Anfordern von Führungszeugnissen

Kontrollen des Werkschutzes

Bestellung eines betrieblichen Datenschutzbeauftragten

Programmtechnische Verfahren

Plausibilitätskontrollen
Einprogrammierte Plausibilitätskontrollen prüfen, ob eingegebene Daten in der Wirklichkeit überhaupt vorkommen können. Wird beispielsweise als Tageszahl der 32. genannt, wird der Anwender automatisch auf diesen Fehler hingewiesen.

Passwortverfahren
Der Zugang zu Anwenderprogrammen oder auch zum Betriebssystem sollte durch Kennwörter gesichert werden. Dadurch wird verhindert, dass Unbefugte mit der Software arbeiten können. Kennwörter müssen verdeckt eingegeben werden können: Das eingegebene Passwort darf nicht am Bildschirm erscheinen.

Berechtigungscodes
Die einzelnen Mitarbeitenden werden mit unterschiedlichen Autorisationsgraden ausgestattet: Einige Mitarbeitende dürfen mit allen Unterprogrammen arbeiten, andere dürfen nur bestimmte – nicht sicherheitsgefährdende – Tätigkeiten am Computer vornehmen. Für jeden Mitarbeiter werden also nicht nur Passwörter gespeichert, sondern auch, wozu er im Einzelnen am Computer berechtigt ist.

Software-Schreibschutz und versteckte Dateien
Bestimmte Programme ermöglichen es, Dateien zu verstecken. Diese werden nicht im Inhaltsverzeichnis ausgegeben und können daher nur von Mitarbeitern, die von der Existenz der Dateien wissen, bearbeitet werden.
In vielen Fällen werden Dateien auch „read only“ gestellt: Die Datei kann aus Sicherheitsgründen nur gelesen, aber nicht verändert werden.

Verschlüsselung von Daten
Sehr wichtige Daten, die auf externen Speichern aufbewahrt werden, können mithilfe geeigneter Programme verschlüsselt werden. Dadurch wird es Unbefugten zumindest erschwert, Daten zu lesen oder zu verändern. Die Verschlüsselung ist mit einem gewissen Zeitverlust verbunden, den man aber bei wichtigen Informationen in Kauf nehmen sollte.

Prüfziffernverfahren
Prüfziffern dienen dazu, fehlerhafte Angaben bei der Erfassung oder Übermittlung numerischer Daten zu entdecken.

Es gibt verschiedene **Arten der Datensicherung**:

- **vollständige Datensicherung**
  Sämtliche zu sichernden Dateien werden zu einem bestimmten Zeitpunkt auf einen zusätzlichen Datenträger gespeichert. Dies hat den Vorteil, dass alle Daten komplett vorliegen. Es muss bei der Wiederherstellung der Dateien nicht lange gesucht werden. Die Volldatensicherung kann jedoch sehr zeitaufwendig sein und viel Platz auf dem Speichermedium verbrauchen.
- **inkrementelle Datensicherung**
  Werden bei der letzten Sicherung nur die veränderten Daten gespeichert, nennt man diesen Vorgang inkrementelle Datensicherung. Dazu muss einmal eine Volldatensicherung durchgeführt werden. Anschließend werden nur noch die Dateien gesichert, die sich seit der letzten inkrementellen Datensicherung verändert haben. Dadurch wird Speicherplatz gespart und weniger Zeit für die eigentliche Datensicherung benötigt. Die Wiederherstellung der Daten erfordert jedoch einen erheblich größeren Zeitaufwand als die Volldatensicherung.

Datensicherung und Datenschutz überschneiden sich sehr häufig auf dem Gebiet der zu treffenden Maßnahmen.

Beispiel

Ein Provisionsabrechnungsprogramm wird durch Passwort gesichert. Dies ist sowohl eine Maßnahme des Datenschutzes – personenbezogene Daten der Mitarbeitenden sind geschützt – als auch der Datensicherung, weil Unbefugte die Datenbestände des Programms nicht manipulieren können.

Datenträger für die Datensicherung

Bei der Auswahl des Datenträgers für die Datensicherung sollte nicht auf den Preis, sondern eher auf deren Lebensdauer geachtet werden.

Datenträger	Lebensdauer	Mögliche Gefahren
Blu-ray	50–100 Jahre	· Wärme · Licht · Feuchtigkeit · Kratzer
DVD	30–50 Jahre	
CD	5–30 Jahre (Wärme, Licht, Feuchtigkeit und Kratzer)	
Festplatte extern	10 Jahre	· Feuchtigkeit · Stöße · Magnetismus
Festplatte intern	10–25 Jahre	· Überhitzung
SSD-Festplatte	10–30 Jahre	· Begrenzte Schreibzyklen
USB-Stick	30 Jahre	· Begrenzte Schreibzyklen
Cloud-Speicher	theoretisch unbegrenzt	· Zugriff durch Dritte · Pleite des Anbieters

Nach der Datensicherung sollte ein guter Lagerort ausgewählt werden. Dieser sollte dunkel und trocken sein. Unbefugte dürfen keinen Zugang haben.

7.1.4 Besondere Herausforderungen für Onlineportale im Bereich der Datensicherung

Neben den allgemeinen Regeln für eine Datensicherung sollten die Betreiber von Onlineportalen noch für weitere initiale Aspekte Vorkehrungen treffen:

- Immer wieder werden von Experten extrem gefährliche Lücken in Betriebssystemen, Bürosoftware und Internetbrowsern entdeckt. Es besteht die Gefahr, dass betriebsfremde Personen Zugriff auf die EDV-Ressourcen des Unternehmens bekommen und großen Schaden anrichten. Eine Abwehrmaßnahme sind regelmäßige monatliche **Updates** (der Fachausdruck dafür ist Patch) für die jeweiligen Programme. Viele Programme erlauben im Rahmen der Konfiguration das Aktivieren einer automatisierten Update-Funktion.
- Auf allen EDV-Geräten des Unternehmens sollte ein wirksamer Virenschutz bestehen. Von großer Bedeutung ist es, dass die Virenschutzsoftware automatisch aktualisiert wird. Bei der Konfiguration sollte darauf geachtet werden, dass diese Programme auf dem Computer ständig im Hintergrund laufen.
- Neben der Installation eine Antivirensoftware sollte auch eine Firewall eingerichtet werden.

Beispiel

Im EDV-System eines Unternehmens haben sich wegen des Fehlens einer Antivirensoftware mehrere Trojaner und eine Spyware eingenistet. Eine Firewall verhindert nun einen ungewollten ein- und ausgehenden Datenverkehr.

- Durch eine entsprechende Zugriffsregelung kann gewährleistet werden, dass netzintern jeder nur auf die Daten zugreifen kann, mit denen er auch arbeiten soll.

Beispiel

Bei einem Mitbewerber der Proximus Versicherung AG haben alle Beschäftigten Administratorrechte. Dies stellt ein großes Risiko dar. Begeht eine Person aus Unkenntnis bzw. mangelnder Konzentration einen Fehler oder ist sie gar böswillig, kann sie mit wenig Aufwand die komplette EDV des Unternehmens stilllegen.

7.1.5 Identitätsmanagement

In vielen Unternehmen wird bewusst ein Identitätsmanagement für die Erhöhung der Datensicherheit eingesetzt, um gleichzeitig eigene Kosten und Sicherheitsanstrengungen senken zu können.

In einem Identitätsmanagementsystem geht es um die Erkennung von Personen in einem Computersystem: Ihre Aufgabe ist die Erstellung und Verwaltung von Benutzern und Elementen sowie von Regeln für deren Online-Nutzungsspielraum.

Dabei wird der Zugang dieser Personen zu den Hardware- und Softwarebestandteilen innerhalb des Systems kontrolliert, indem Benutzerrechte und Einschränkungen mit der festgelegten Identität verglichen werden.

Identitätsmanagementsysteme sorgen dafür, dass sich ein Onlineportal darauf verlassen kann, dass die Identität der einzelnen Kundinnen und Kunden auch tatsächlich echt ist.

Beispiel

Bei der Proximus Versicherung AG legt der Administrator des Onlineportals im Rahmen des Identitätsmanagements fest, was ein Nutzer des Portals mit welchen Geräten und unter welchen Umständen tun darf. Dies betrifft sowohl Mitarbeitende im Backend als auch die Kunden im Frontend. Der Administrator wird informiert, wenn ein Nutzer auf Ressourcen zugreifen möchte, für die er keine Berechtigung hat.

Die Verwaltung von Identitäten ist in einem Onlineportal von extrem großer Bedeutung: Der Portalbetreiber muss seine Kunden identifizieren und auf relevante Art und Weise mit ihnen kommunizieren. Dies muss unabhängig davon erfolgen, ob die Kommunikation über Notebook, Mobiltelefon oder Tablet von unterwegs oder von einem Desktop von zu Hause aus erfolgt.

7.2 Datenschutz

7.2.1 Datenschutzrechtliche Regelungen

Für den Datenschutz in der Bundesrepublik Deutschland sind einerseits die EU-Datenschutz-Grundverordnung (kurz: Datenschutz-Grundverordnung [DSGVO]) und andererseits das Bundesdatenschutzgesetz maßgeblich. Die Datenschutz-Grundverordnung vereinheitlicht das Datenschutzrecht auf europäischer Ebene. Das **Bundesdatenschutzgesetz (BDSG)** enthält darüber hinausgehende zusätzliche nationale Regelungen.

Datenschutzrechtliche Regelungen haben die Aufgabe, alle personenbezogenen Daten vor Missbrauch bei ihrer Verarbeitung zu schützen und damit die Privatsphäre des Bürgers zu wahren.

Definition

Personenbezogene Daten sind alle Einzelangaben über persönliche oder sachliche Verhältnisse natürlicher Personen, also jedes Menschen.

Beispiele

Personenbezogene Daten sind u. a.:

- Name
- Vorname
- Geburtsdatum
- Beruf
- Anschrift
- Gesundheitszustand
- Finanzlage
- Vermögenslage
- Straftaten und Ordnungswidrigkeiten
- politische und religiöse Anschauungen

Datenschutzrechtliche Regelungen finden grundsätzlich immer dann Anwendung, wenn personenbezogene Daten in Dateien verarbeitet werden. Dies gilt unabhängig davon, mit welchem Verfahren – automatisiert (= EDV) oder auch manuell – die Datenverarbeitung durchgeführt wird oder wer die Daten verarbeitet. Die Verantwortung für die Beachtung der Regelungen des Bundesdatenschutzgesetzes liegt grundsätzlich bei den Stellen, die personenbezogene Daten verarbeiten.

Die datenschutzrechtlichen Regelungen gelten also sowohl für
- öffentliche Stellen, wie Behörden und Ämter, als auch
- nicht öffentliche Stellen, wie z. B. Unternehmen.

Die Daten sogenannter *juristischer Personen* sind vom Bundesdatenschutzgesetz nicht betroffen. Als juristische Personen werden Personenvereinigungen (und Vermögensmassen) bezeichnet, die wie Menschen eigene Rechte und Pflichten haben können.

Beispiel

Nicht geschützt durch das Bundesdatenschutzgesetz sind u. a. Daten wie
- das Kapital einer Aktiengesellschaft,
- die Beschäftigtenzahl einer GmbH.

Beispiele für den Missbrauch personenbezogener Daten

Datei	Zweck	Gefahr des Missbrauchs
Einwohnermeldedatei	Registrierung der gemeldeten Einwohner Grundlage für Entwicklungspläne, Steuerverteilung usw.	Adressenhändler/Verlage besorgen sich die Daten und belästigen den Bürger mit Werbung.
Personenstandsregister	Rechtsverhältnisse, Güterstand, Familienverhältnisse der gemeldeten Bürger	Bekanntgabe von Taufen, Geburten, Sterbefällen locken Vertreter/-innen, Händler/-innen an.
Strafregister	Erfassung von Mehrfachtätern	Belastung der betreffenden Person mit bereits verbüßten Straftaten.
Verkehrssünderkartei Flensburg	Erfassung von Verkehrssündern nach einem Punktekatalog zur Kontrolle der verkehrsgefährdenden Fahrer	Belastung der Fahrer mit ihrer „Vergangenheit“ ohne die Chance, den Lernzuwachs zu berücksichtigen.
Personaldateien in Betrieben	betriebliche Personalpolitik	Speicherung von negativen Merkmalen, die bei Stellenwechsel bekannt gemacht werden
Dateien von Kreditschutzvereinigungen	Erfassung von Kreditbetrügern nach Merkmalen wie Mahnbescheid, Rückschecks, Wechselproteste	Eine negative Auskunft verhindert eine mögliche Kontoeröffnung und schließt den Bürger vom Zahlungsverkehr aus.

Übersicht: Personenbezogene Daten

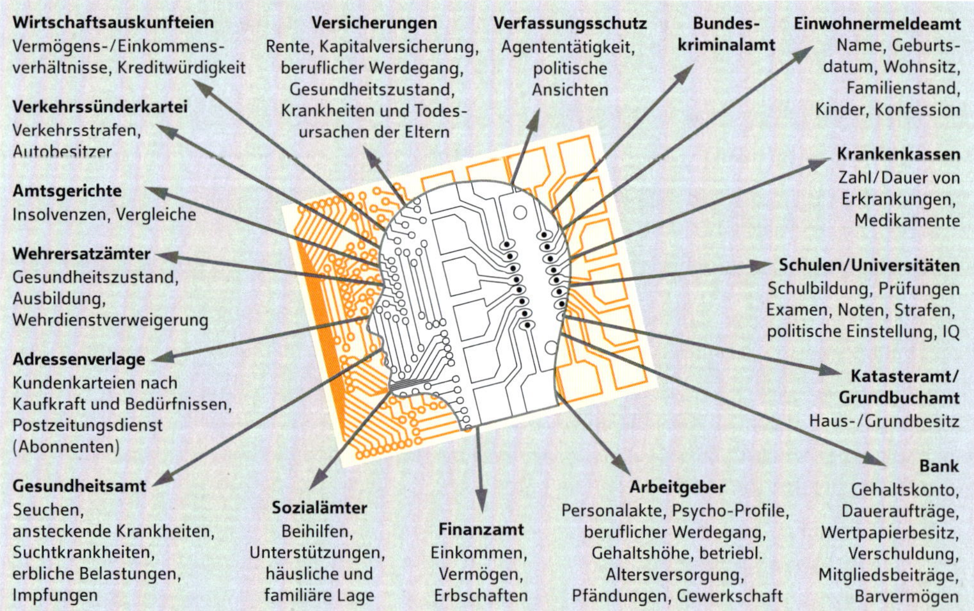

7.2.2 Zulässigkeit der Datenverarbeitung personenbezogener Daten

Das Bundesverfassungsgericht hat den Datenschutz eindeutig als Grundrecht des Bürgers hervorgehoben.

Speicherung personenbezogener Daten ist nach dem Bundesdatenschutzgesetz für Unternehmen zulässig

im Rahmen eines Vertragsverhältnisses oder eines vertragsähnlichen Vertrauensverhältnisses

Beispiele:

- Nach Abschluss eines Arbeitsvertrags dürfen Daten über den Ausbildungsstand und die Leistungsbeurteilung des Arbeitnehmers gespeichert werden.
- Beim Abschluss eines Kreditvertrags ist es zulässig, Daten über Einkommens- und Vermögensverhältnisse des Kreditnehmers zu speichern.

soweit berechtigte Interessen der speichernden Stellen vorliegen

Beispiele:

- Kundenwerbung: Zu Werbezwecken dürfen auch die Adressen möglicher Kunden gespeichert werden.
- Sicherheitserfordernisse: Um bei möglichen Schäden an verkauften Autos eine notwendige Rückrufaktion kostengünstig durchführen zu können, dürfen die Hersteller die Namen der Kunden von den Autoverkäufern übernehmen und speichern.

soweit schutzwürdige Belange der Betroffenen nicht beeinträchtigt werden.

Ohne ausdrückliche Genehmigung des Betroffenen dürfen niemals gespeichert werden:

- Krankheitsdaten
- Daten über private Gewohnheiten
- Daten über politische und religiöse Überzeugungen oder Straftaten

soweit bei nicht automatischen Verfahren die Daten unmittelbar zugänglich sind

Grundsätzlich erlaubt ist die manuelle Speicherung (z. B. Karteikarten, Listen) personenbezogener Daten, soweit diese aus allgemein zugänglichen Quellen (Massenmedien, Telefonbücher, Kataloge usw.) stammen.

Für jede natürliche Person gilt die **informationelle Selbstbestimmung:** Jeder Bürger darf über die Erhebung, Speicherung, Übermittlung und Verarbeitung seiner Daten entscheiden, soweit dies gesetzlich nicht anders geregelt ist. Dies bedeutet, dass personenbezogene Daten nur dann von einer interessierten Stelle verarbeitet werden können, wenn

- entweder das Bundesdatenschutzgesetz dies erlaubt bzw. andere Rechtsvorschriften dies zulassen

Beispiel

Das Grundgesetz sieht eindeutig das Briefgeheimnis vor. Dort ist aber auch genau geregelt, in welchen speziellen Ausnahmefällen dies nicht gilt.

- oder die Einwilligung des Betroffenen vorliegt.

Wenn keines der eben genannten Zulässigkeitsmerkmale vorliegt, sind die Verarbeitung und Nutzung personenbezogener Daten verboten.

Besondere Regeln des Datenschutzes nach der DSGVO					
Recht auf Vergessenwerden (Recht auf Löschung)	**Recht auf Datenübertragbarkeit (Datenportabilität**	**Die Rechenschaftspflicht**	**Einholung von Einwilligungen**	**One-stop-Shop**	**Informationspflichten bei Datenpannen**
Anspruch darauf, dass personenbezogenen Daten gelöscht oder gesperrt werden müssen, wenn für die Verwendung der Daten keine Berechtigung mehr vorliegt. So können EU-Bürger von Suchmaschinen unter bestimmten Voraussetzungen verlangen, dass bestimmte Suchergebnisse nicht mehr gezeigt werden.	Recht, seine Daten z. B. bei einem Wechsel zu anderen (sozialen) Netzwerken, zu einer anderen Bank oder zu einem anderen Arbeitgeber mitnehmen zu dürfen. Man darf von dem Datenverantwortlichen des speichernden Unternehmens verlangen, seine personenbezogenen Daten in einem üblichen Format an einen anderen Verantwortlichen weiterzugeben.	Der Datenverantwortliche eines Unternehmens muss auf Aufforderung die Einhaltung aller Datenschutzprinzipien nachweisen.	· nicht an besondere Formerfordernisse gebunden · Vorteilhaft ist die Dokumentation der Einwilligungen · Eine erteilte Einwilligung muss jederzeit mit Wirkung für die Zukunft widerrufen werden können.	Es soll vermieden werden, dass sich Unternehmen, die eine grenzüberschreitende Datenverarbeitung in unterschiedlichen Mitgliedstaaten durchführen, mit unterschiedlichen lokalen Aufsichtsbehörden zusammenarbeiten müssen. Eine „federführende" Aufsichtsbehörde soll die Funktion eines alleinigen Ansprechpartners im Hinblick auf Datenschutz im Unternehmen erfüllen.	· Wenn ein Onlineportal eine Datenpanne feststellt, muss er umfassende Schritte einleiten und Sicherungsmaßnahmen hinsichtlich der betroffenen Daten treffen. · Die zuständige Aufsichtsbehörde ist bei jeder „Verletzung des Schutzes personenbezogener Daten" (also bei Datenpannen) unverzüglich – möglichst binnen 72 Stunden – zu benachrichtigen. · Gesetzlich vorgesehen ist darüber hinaus in gewissen Fällen sogar eine Benachrichtigung durch eine halbseitige Anzeige in zwei bundesweit erscheinenden Tageszeitungen

7.2.3 Rechte des Betroffenen

Die Person, über die Daten gespeichert werden, kann bestimmte Rechte geltend machen:

- **Auskunftsrecht**
  Jeder Betroffene kann bei der speichernden Stelle die zu seiner Person gespeicherten Daten erfragen. Die speichernde Stelle ist zur Auskunft verpflichtet.
- **Berichtigungsrecht**
  Die speichernde Stelle muss unrichtige Daten – unabhängig vom Grund für den Fehler – korrigieren.
- **Sperrungsrecht**
  Wenn weder die Richtigkeit noch die Unrichtigkeit personenbezogener Daten bewiesen werden kann, darf die speichernde Stelle die Daten nicht weiter verwenden, sie müssen gesperrt werden.
- **Löschungsrecht**
  Wenn die Speicherung personenbezogener Daten unzulässig ist, muss die speichernde Stelle diese von ihren Datenträgern entfernen.

7.2.4 Pflichten Daten verarbeitender Stellen

- **Wahrung des Datengeheimnisses**
  Bei Aufnahme ihrer Tätigkeit sind alle Mitarbeitenden eines Unternehmens, die mit personenbezogenen Daten zu tun haben, zu verpflichten, diese nicht unbefugt
  - zu verarbeiten,
  - bekanntzugeben oder
  - zugänglich zu machen.

- **Prüfung der Zulässigkeit der Verarbeitung von Daten**
  Das Unternehmen muss bei allen personenbezogenen Daten kontrollieren, ob die Verarbeitung erlaubt ist.

- **Benachrichtigung der Betroffenen bei erstmaliger Speicherung**
  Werden von einem Unternehmen erstmals Daten über eine Person gespeichert, ohne dass sie davon Kenntnis haben kann, muss sie darüber informiert werden.

- **Ernennung eines Beauftragten für den Datenschutz**
  In Unternehmen, in denen mindestens fünf Personen mit der Verarbeitung personenbezogener Daten beschäftigt sind, muss ein Datenschutzbeauftragter eingesetzt werden. Dieser stellt sicher, dass die Vorschriften des Bundesdatenschutzgesetzes beachtet werden. Weitere Aufgaben des Datenschutzbeauftragten sind:
  - Er überwacht die ordnungsgemäße Anwendung von Programmen.
  - Er macht die bei der Verarbeitung personenbezogener Daten tätigen Mitarbeiter mit den Vorschriften des Datenschutzes vertraut.
  - Er führt eine Übersicht über alle im Unternehmen bestehenden Dateien mit personenbezogenen Daten sowie die dazu eingesetzte Hardware.

  Der Datenschutzbeauftragte darf bei der Erfüllung seiner Aufgaben weder behindert werden noch in Datenschutzangelegenheiten Anweisungen von anderer Stelle – z.B. von der Unternehmensleitung – bekommen.

- **Durchführung von Kontrollen zur Erreichung der Datensicherheit**
  Für einen angemessenen Schutz personenbezogener Daten fordert das Bundesdatenschutzgesetz, dass bestimmte technische und organisatorische Maßnahmen zu Kontrollzwecken ergriffen werden. Diese sich z.T. überschneidenden **acht Gebote des Datenschutzes** sind nicht nur für den Datenschutz, sondern auch für die Datensicherung von großer Bedeutung.

Übersicht: Betrieblicher Datenschutzbeauftragter

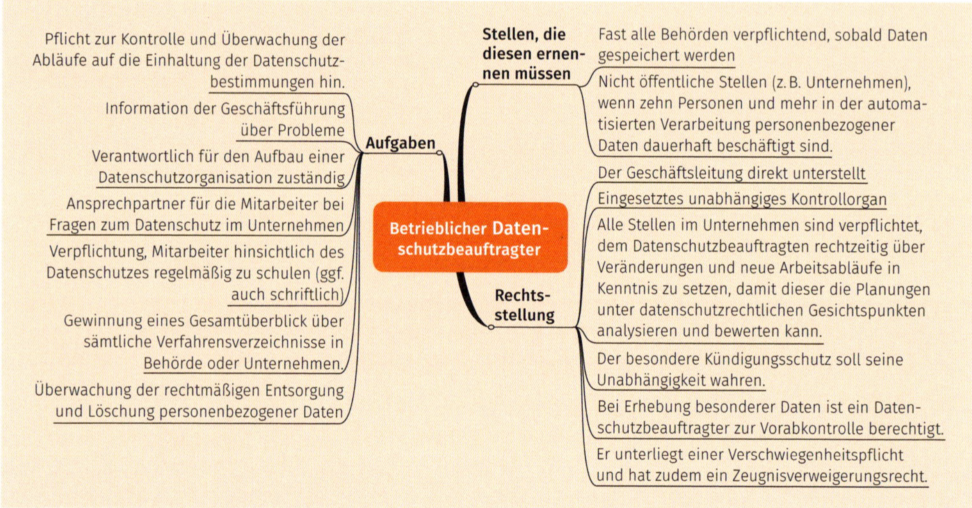

7.2.5 Die acht Gebote des Datenschutzes

1. Zutrittskontrolle
Das Unternehmen muss Unbefugten den Zugang zu den EDV-Anlagen verwehren.

2. Zugangskontrolle
Das Unternehmen muss sicherstellen, dass nur Befugte die EDV-Anlagen nutzen können.

3. Zugriffskontrolle
Das Unternehmen muss sicherstellen, dass die zur Arbeit mit den EDV-Anlagen berechtigten Mitarbeitenden ausschließlich auf die Daten zugreifen können, für die sie eine Zugangsberechtigung besitzen.

4. Weitergabekontrolle
Das Unternehmen muss sicherstellen, dass bei der Übermittlung von Daten sowie beim Transport entsprechender Datenträger diese nicht unbefugt gelesen, kopiert, verändert oder gelöscht werden können. Das Unternehmen muss zudem gewährleisten, dass überprüft und festgestellt werden kann, an welche Stellen Daten übermittelt werden können.

5. Eingabekontrolle
Das Unternehmen muss nachträglich überprüfen und feststellen können, welche Daten zu welcher Zeit von wem in die EDV-Anlagen eingegeben worden sind.

6. Auftragskontrolle
Werden personenbezogene Daten im Auftrag verarbeitet, muss sichergestellt werden, dass diese nur entsprechend den Weisungen des Auftraggebers verarbeitet werden können.

7. Verfügbarkeitskontrolle
Das Unternehmen muss sicherstellen, dass personenbezogene Daten nicht zufällig zerstört werden können oder verloren gehen.

8. Trennungsgebot
Personenbezogene Daten, die im Unternehmen zu unterschiedlichen Zwecken erhoben wurden, müssen getrennt verarbeitet werden können.

7.2.6 Datenschutz-Grundverordnung

Die Datenschutz-Grundverordnung (DSGVO) ist seit dem 25. Mai 2018 in Kraft getreten. Sie wird angewendet in der gesamten Europäischen Union mit dem Ziel, dort ein einheitlich hohes Datenschutzniveau zu implementieren. Der englische Begriff für die DSGVO lautet **General Data Protection Regulation (GDPR)**. Wichtig ist, dass diese neue Datenschutzregelung den Geltungsbereich des EU-Datenschutzrechts auf alle Unternehmen auch außerhalb der EU erweitert, sobald diese Daten von EU-Bürgern verarbeiten.

Die Grundstrukturen der DSGVO ähneln sehr stark dem bisherigen deutschen Datenschutzrecht, in manchen Fällen stellen sie bestimmte Grundsätze noch stärker und deutlicher heraus als z. B. das Bundesdatenschutzgesetz:

- Die Unternehmen müssen danach noch mehr Vorsicht walten lassen, wenn sie Daten von Beschäftigten und Kunden speichern.
- Die Bürger erhalten mehr Rechte zu erfahren, was über sie gespeichert wird.

Im Hinblick auf den Electronic-Commerce-Bereich unterscheidet die DSGVO nicht zwischen B2B und B2C: Sie gilt für beide Geschäftsfelder.

Beispiel

Die DSGVO dient dem Schutz natürlicher Personen statt juristischer Personen.
Im B2C-Bereich sind also alle Kundinnen und Kunden geschützt. Die Daten aller Kundinnen und Kunden dürfen nach einem Vertragsabschluss also nicht weitergegeben werden.

Aber auch im B2B-Bereich gilt die DGSVO: Ein Industrieunternehmen versendet Werbemittel an B2B-Partner. Adressiert sind diese in den meisten Fällen direkt an Funktionsträger der Webshops (juristische Personen). Die Funktionsträger (z. B. der Geschäftsführer der Exclusiva GmbH) sind natürliche Personen. Auch hier findet die neue Datenschutz-Grundverordnung Anwendung, weil konkrete Personen wie Mitarbeitende oder Leitungspersonal angesprochen werden.

Nach der DSGVO sollen die folgenden Grundsätze im Hinblick auf den Datenschutz erreicht werden:

- das Recht auf informationelle Selbstbestimmung
- das Prinzip der Datensparsamkeit
- Transparenz

Wichtige Punkte, die von der DSGVO besonders hervorgehoben werden:

- **Informationspflicht** von Unternehmen:
- Diese müssen erheben und dokumentieren:
  - Was wird mit den Daten, die in irgendeiner Weise im Unternehmen verarbeitet werden, gemacht?
  - Wer ist der Verantwortliche für die Datenverarbeitung?
  - Wer ist der Datenschutzbeauftragte?
  - Wie lange werden Daten gespeichert?
- Es muss ein **Verzeichnis von Verarbeitungstätigkeiten** geführt werden. Dort sollte aufgeführt werden, welche Daten wann, wie und warum im Unternehmen erhoben werden.
- Folgende Angaben sollten u. a. enthalten sein:
  - Wer ist von der Datenverarbeitung betroffen?
  - Welche Arten von Daten (z. B. Name, Adresse, Telefonnummer von Kunden) fallen an?
  - Wer ist Empfänger der Daten?
  - Gehen Daten in ein Drittland?
  - Welche Maßnahmen werden zum Schutz der Daten getroffen?

Angegeben werden soll durch das Unternehmen auch der Weg der Daten.

Übersicht: Datenschutz-Grundverordnung

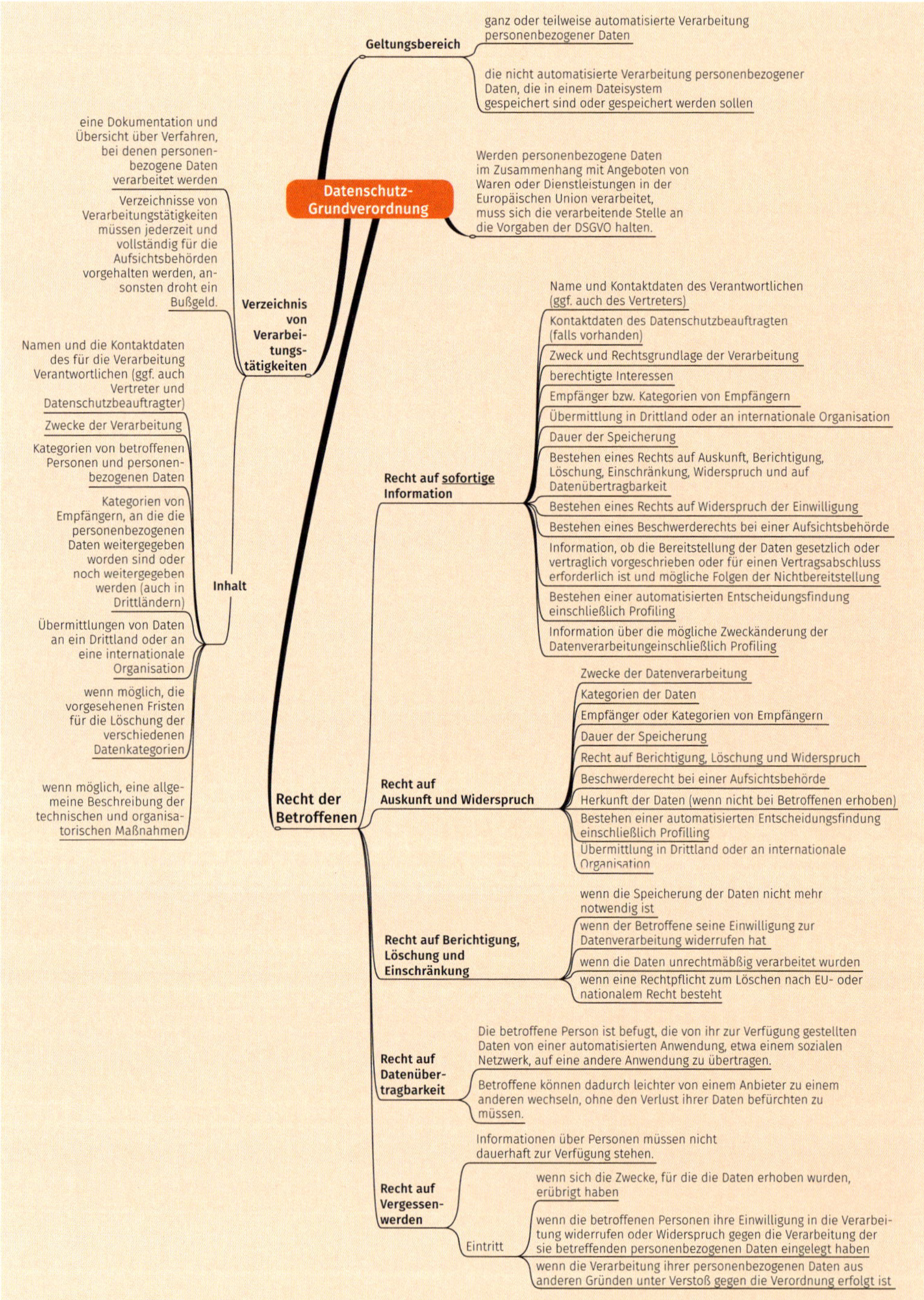

Beispiel

Die Proximus Versicherung AG muss also ermitteln, wo und wann Daten im Unternehmen
- erhoben,
- gespeichert und
- genutzt

werden.

Neben der eigentlichen elektronischen Datenverarbeitung gilt die DGSVO auch für die manuelle Datenverarbeitung (Aktenordner, deren Ablage z. B. in einem Aktenplan erfolgt).

- Es muss im Unternehmen eine **Dokumentation aller mit der Datenverarbeitung verbundenen Prozesse**, die Relevanz für den Datenschutz besitzen, erfolgen.

Beispiel

Eine Versicherung untersucht ihre Geschäftsprozesse unter den folgenden Fragestellungen:
- Auf welche Art werden Geschäftspartner (z. B. Kunden) über die Verarbeitung ihrer Daten informiert?
- Wie sollen Mitarbeitende vorgehen, wenn Kunden fragen, welche Daten von ihnen gespeichert wurden?
- Wie ist im Unternehmen das Prozedere, falls einzelne Kundinnen oder Kunden wünschen, dass ihre Daten gelöscht werden?
- Wie ist bei Verstößen gegen den Datenschutz vorzugehen?
- Die DSGVO schreibt auch vor, dass Daten gelöscht werden müssen, wenn das Ziel, weswegen sie gespeichert wurden, erreicht wurde. Ist dieser Löschprozess vorgesehen und auf welche Weise soll er durchgeführt werden?
- Auf welche Art werden die Mitarbeitenden im Unternehmen informiert bzw. geschult, sodass sie in allen Geschäftsprozessen die geltenden Datenschutzregeln einhalten können?

Die Ergebnisse der Untersuchung dokumentiert die Proximus Versicherung AG. Dabei versucht sie, alle Prozesse zu optimieren.

- Es muss eine **Datenschutz-Folgeabschätzung** erfolgen.
- Vor allem, wenn die Daten einer Person nach Kriterien wie z. B. Sexualität, Krankheiten, Finanzen, rassische oder ethnische Herkunft oder politischen Ansichten identifiziert oder kategorisiert werden können, besteht eine besonders hohe Gefahr für die betroffenen Personen, wenn diese Daten missbraucht werden. Um geeignete Schutzmaßnahmen für die betroffenen Personen treffen zu können, müssen datenverarbeitende Unternehmen mit einer Datenschutz-Folgeabschätzung Risiken identifizieren.

Beispiel

Im Rahmen ihrer Datenschutz-Folgeabschätzung beschreibt die Proximus Versicherung AG zunächst einmal, welchen Zweck der jeweilige Datenverarbeitungsvorgang im Unternehmen hat und welches Interesse die Versicherungsgesellschaft an diesem hat. Festgehalten werden müssen in diesem Zusammenhang, welche Risiken für möglicherweise betroffene Personen bestehen und was die Proximus Versicherung AG technisch und organisatorisch gegen einen eventuellen Missbrauch dieser Daten tut. Auch die Vorgehensweise bei einem eventuellen Versagen der Kontrollmechanismen sollte hier dokumentiert werden.

- Bei Datenschutzverletzungen muss innerhalb von 72 Stunden eine Information der Aufsichtsbehörde (in bestimmten Fällen auch des Betroffenen) erfolgen.
- Falls Unternehmen den Datenschutz missachten, dürfen Behörden ein Bußgeld von bis zu 4 % des Jahresumsatzes verhängen. Es gilt dabei ein Höchstbetrag von 20 Millionen € (statt wie früher 300.000,00 €).

- Der Datenschutzbeauftragte muss über Fachwissen verfügen, aber nicht unbedingt zertifiziert werden. Er ist weisungsfrei. Seine Aufgaben sind:
  - Beratung der Verantwortlichen
  - Überwachung der datenschutzrechtlichen Vorschriften

7.2.7 Datenschutz in Onlineportalen

Informationspflicht des Unternehmens

Das Onlineportal muss zu Beginn des Abschlusses eines Versicherungsvertrages die Kunden über Art, Umfang und Zweck der Erfassung und Verwendung personenbezogener Daten in allgemein verständlicher Form unterrichten (wenn dies nicht bereits früher geschehen ist). Dieser Grundsatz gilt allgemein für alle Datenverarbeitungsprozesse, die eine spätere Identifizierung der Kunden ermöglichen (bzw. eine Erfassung oder Nutzung personenbezogener Daten vorbereiten).

Um die Kunden zu informieren, muss der Webshop eine **Datenschutzerklärung** abgeben. Hierzu ist jedes kommerzielle Unternehmen verpflichtet. In der Datenschutzerklärung stellt ein Unternehmen dar, wie es die personenbezogenen Daten der Käufer schützt. Angegeben wird dort, wie die Daten gesammelt und genutzt werden und ob sie gegebenenfalls an Dritte weitergegeben werden. Die Datenschutzerklärung ist häufig auch als Privacy Policy bekannt. Sie verfolgt das Ziel eines ordnungsgemäßen Umgangs mit persönlichen Daten.

Die Datenschutzerklärung muss in einem Onlineportal gut auffindbar sein.

Nach herrschender rechtlicher Meinung muss die Datenschutzerklärung mit maximal zwei Mausklicks erreichbar sein.

Einer Datenschutzerklärung können in der Regel folgende Informationen entnommen werden:

- Angaben zu Art, Umfang und Zweck der Datenverarbeitung: Welche personenbezogenen Daten werden zu welchen Zwecken erhoben?
- Weitergabe der Daten an andere Institutionen: Erhalten Dritte (und zu welchem Zweck) die erhobenen Daten?
- Information über Verarbeitung der Daten außerhalb des Europäischen Wirtschaftsraums (EWR): Werden Daten in Drittländer übermittelt?
- Angabe der Maßnahmen, mit welchen die Daten geschützt werden
- Einsatz von Cookies, Web-Bugs.
- Bonitätsprüfungen sowie Übermittlung von Negativdaten an Auskunfteien
- Nutzung von Webanalyse-Tools
- Nutzung von Social-Plug-ins
- Anonyme oder pseudonyme Nutzungsmöglichkeiten
- Eventuell bestehende Widerspruchs- und Widerrufsmöglichkeiten der Datennutzung
- Rechte der Kunden: Auskunfts-, Berichtigungs-, Sperrungs- und Löschungsrechte
- Hinweis auf Kontaktmöglichkeit bei Fragen zum Datenschutz: Wer ist die für Datenschutz verantwortliche Stelle im Unternehmen und wie kann diese erreicht werden?

Beispiel Eine potenzielle Kundin besucht zum ersten Mal das Onlineportal der Proximus Versicherung AG. Da sie sehr stark an der Wahrung ihrer Privatsphäre interessiert ist, informiert sie sich zunächst einmal anhand der Datenschutzerklärung der Proximus Versicherung AG über den Stellenwert des Datenschutzes im Unternehmen.

Ausdrückliche Zustimmung der Kunden

Personenbezogene Daten der Nutzer dürfen von einem Onlineportalbetreiber nur unter drei Bedingungen erfasst und verarbeitet werden:

- Kunde/Kundin hat eingewilligt.
- Das Bundesdatenschutzgesetz sieht die Erhebung und Nutzung der Daten vor.
- Spezielle Datenschutzvorschriften für den Onlinehandel, wie z. B. das Telemediengesetz, setzen dafür den gesetzlichen Rahmen.

Lässt sich die Erlaubnis, Daten zu erfassen, zu speichern und zu verarbeiten, nicht aus einer rechtlichen Vorschrift ableiten, ist eine ausdrückliche Zustimmung der Kunden einzuholen.

Nicht ausreichend sind:
- pauschale Klauseln innerhalb der AGB
- ein versehentlicher Mausklick des Kunden

Gewährung des Auskunftsrechts

Nach dem Bundesdatenschutzgesetz haben Kunden ein Auskunftsrecht gegenüber einem Onlineportal, der personenbezogene Daten von Ihnen gespeichert hat. Es kann also der Fall eintreten, dass das Unternehmen aufgefordert wird, eine anfragende Person über das Ausmaß der Nutzung der personenbezogenen Daten zu informieren. Jede Kundin und jeder Kunde kann die Auskunft schriftlich, per Fax, E-Mail, mündlich oder telefonisch verlangen. Gesetzlich ist keine Form vorgeschrieben.

Die Auskunft ist für Kunden grundsätzlich kostenlos. Sie darf einmal im Kalenderjahr eingeholt werden.

Es muss Auskunft gegeben werden über die folgenden Informationen:

- Welche Daten werden über den Anfragenden gespeichert?
- Was ist Zweck und Ziel der Speicherung?
- An wen werden die Daten gegebenenfalls weitergegeben?

Für die Auskunftserteilung ist die Textform vorgeschrieben.

Beispiel

Die Proximus Versicherung AG kann den Kunden Auskunft geben über
- Brief
- Fax
- E-Mail (Vorher muss die Proximus Versicherung AG allerdings eine verschlüsselte Übermittlung anbieten, um die unbefugte Kenntnisnahme durch Dritte zu vermeiden.)

Wurden über eine Kundin oder einen Kunden keine Daten gespeichert, ist der Person auch dies mit einer sogenannten **Negativauskunft** mitzuteilen.

Ein Unternehmen kann auf zweierlei Arten gegen seine Auskunftspflicht verstoßen:

- Der Kundenwunsch nach Auskunft wird ignoriert.
- Es wird zwar eine Auskunft erteilt. Diese ist aber falsch, unvollständig oder nicht rechtzeitig erfolgt.

Solche Verstöße stellen Ordnungswidrigkeiten dar. Diese können, wenn sich die Kunden bei einer Aufsichtsbehörde für den Datenschutz beschweren, mit Geldbußen geahndet werden.

7.2.8 Beschäftigtendatenschutz

Neben den Datenschutzregeln, die eine besondere Bedeutung im Verhältnis zwischen dem Unternehmen und seinen Kunden haben, müssen zusätzlich spezielle Vorschriften, die für die Arbeitsverhältnis im Unternehmen gelten, beachtet werden. Diesen Bereich nennt man Beschäftigtendatenschutz oder Arbeitnehmerdatenschutz.

Im Hinblick auf den Beschäftigtendatenschutz darf der Arbeitgeber Daten von Arbeitnehmern im begrenzten Umfang speichern und verarbeiten. Der Arbeitgeber darf auf Daten von Beschäftigten nur zugreifen,

- wenn dies für die Durchführung des jeweiligen Arbeitsverhältnisses erforderlich ist.

Beispiel

Stammdaten wie Name und Adresse, Kontoverbindung, Ausbildung und Qualifikation
Daten der Arbeitszeiterfassung

Weiterhin dürfen Entscheidungen über die Begründung eines Beschäftigungsverhältnisses sowie über die Durchführung oder Beendigung des Beschäftigungsverhältnisses verarbeitet werden.

- wenn der Beschäftigte freiwillig (!) im Arbeitsvertrag oder in einer zusätzlichen Vereinbarung in Schriftform eingewilligt hat.
- wenn eine Betriebsvereinbarung zwischen Arbeitgeber und Betriebsrat dies legitimiert.

Weitere wichtige Regelungen des Arbeitnehmerdatenschutzes:

- Der Arbeitgeber ist verpflichtet, die Personaldaten eines Beschäftigten (salopp formuliert „die Personalakte") sorgfältig aufzubewahren und vertraulich zu behandeln.
- Das Unternehmen darf keine Detailinformationen zur Gesundheit des Beschäftigten erheben. Darf er dies mit Einwilligung des Arbeitnehmers, dürfen diese Daten nicht Bestandteil der Personalakte werden, sondern müssen separat gespeichert und gesichert werden.
- Erfasst die Einwilligungserklärung eines Arbeitnehmers besondere personenbezogener Daten, wie
  - rassische oder ethnische Herkunft,
  - politische Meinung,
  - religiöse und philosophische Überzeugungen,
  - Gewerkschaftszugehörigkeit,
  - Gesundheit oder Sexualleben,

muss diese Einwilligung ausdrücklich erklärt werden. Die Einwilligung muss sich explizit auf diese Daten beziehen.

- Sollen Straftaten im eigenen Unternehmen wie z. B. Diebstahl verhindert oder aufgeklärt werden, hat der Arbeitgeber zusätzlich besondere Rechte. Ein solcher Verdacht muss sich aber auf Tatsachen stützen, die zu dokumentieren sind. Für diese Maßnahmen gilt, dass sie verhältnismäßig sein müssen. Sie sind zudem im Detail in einer Betriebsvereinbarung zu regeln. Die Datenverarbeitung muss das mildeste Mittel darstellen, mit dem der Zweck erreicht werden kann.

Lernfeld 3

Kundengewinnung über verschiedene Kommunikations- und Vertriebskanäle

Zielbeschreibung:

Sie verfügen über die Kompetenz, Kommunikationskanäle kundenorientiert unter Berücksichtigung berufssprachlicher Handlungssituationen zu gestalten, Kundenberatungsgespräche in der digitalen Arbeitswelt durchzuführen und diese zu reflektieren.

3

Es folgen die Inhalte des Rahmenlehrplans für Lernfeld 3:

Kundengewinnung über verschiedene Kommunikations- und Vertriebskanäle

Die Schülerinnen und Schüler **werten** kundenspezifische Vorgaben **aus** und identifizieren Anlässe zur Kundenkommunikation über verschiedene Vertriebskanäle unter Berücksichtigung der Vertriebsorganisation *(Angestellter im Außendienst, Ausschließlichkeitsvertreter, Mehrfirmenvertreter, Versicherungsmakler, Versicherungsberater, Annexvermittler, Direktversicherer, Strukturvertrieb)*. Sie erfassen die Bedeutung der Gewinnung von Neukunden für die Versicherungswirtschaft.

Die Schülerinnen und Schüler **informieren** sich über eine adressatengerechte Kommunikation über verschiedene Medien unter Einhaltung von Datenschutz und Datensicherheit. Dabei berücksichtigen sie sowohl klassische als auch digitale Kommunikationskanäle und behalten innovative Entwicklungen im Blick. Sie machen sich mit Fragetechniken, Kommunikationsregeln und Einwandbehandlungen vertraut. Sie unterscheiden die ökonomischen, sozialen und ökologischen Chancen und Risiken von analogen und digitalen Kommunikationskanälen und wägen deren Einsatz und Umsetzung für die Kundenkommunikation situationsgerecht, bedarfsgerecht und vertriebsunterstützend ab. Sie informieren sich über die geltenden rechtlichen Regelungen zur Nutzung von Kommunikationskanälen und Durchführung von Kundenberatungsgesprächen.

Die Schülerinnen und Schüler **wählen** entsprechende, aufeinander abgestimmte Kommunikationskanäle aus. Sie erstellen für ihre Kunden aussagekräftige Kommunikationsangebote unter Berücksichtigung des Kundenprofils, der Kosten-Nutzen-Überlegungen, der notwendigen technischen Voraussetzungen sowie der Einhaltung der Vorgaben des Datenschutzes und der Datensicherheit.

Es folgen weitere Inhalte des Rahmenlehrplans für Lernfeld 3:

Sie entwickeln ein Konzept zur Umsetzung des Kundenberatungsgespräches unter Festlegung des Gesprächsziels und **planen** das Kundengespräch unter Beachtung der verschiedenen Phasen eines Kundenberatungsprozesses. Sie entwickeln für das Gespräch einen Evaluationsbogen.

Die Schülerinnen und Schüler **führen** Kundenberatungsgespräche **durch**. Sie kommunizieren – auch in einer Fremdsprache – mit den Kunden und passen sich dabei den unterschiedlichen Kommunikationsanforderungen und Gesprächsregeln der jeweiligen Kanäle an. Sie versetzen sich in die Lage der Kunden, bauen ein Vertrauensverhältnis auf und ermitteln Interessen und Bedürfnisse durch verschiedene Fragestellungen. Sie berücksichtigen berufssprachliche Handlungssituationen und zeigen Empathie für kulturbedingte Besonderheiten. Die Schülerinnen und Schüler **wenden** Strategien zur Lösung von Konflikten **an** und begegnen Kundeneinwänden überzeugend. Sie nutzen die Kommunikation mit den Kunden auch zur Erfassung veränderter Kundenbedürfnisse.

Die Schülerinnen und Schüler **prüfen** den vertrieblichen Erfolg der ausgewählten Kommunikationsaktivitäten und dokumentieren diesen.

Die Schülerinnen und Schüler **reflektieren** das Kundengespräch mithilfe ihres entwickelten Evaluationsbogens, **optimieren** das Kommunikationsverhalten und die Kommunikationsform und planen Anpassungs- und Verbesserungsmöglichkeiten.

1 Distributionspolitik

Definition Mit den Instrumenten der **Distributionspolitik** steuert ein Unternehmen den Weg der Produkte zu den Kundinnen und Kunden.

In der Vergangenheit konzentrierten sich die meisten Unternehmen auf einen einzigen Absatzweg. Dies wird Single-Channel-Distribution genannt. Heute benutzen – auch gefördert durch die Verbreitung des Internets – immer mehr Unternehmen mehrere Absatzwege gleichzeitig. Der Fachausdruck hierfür ist Multi-Channel-Distribution.

Beispiel Die Proximus Versicherung AG entscheidet sich, zukünftig nicht nur über den Versicherungsaußendienst zu verkaufen, sondern auch über ein Onlineportal. Gleichzeitig hat der Vertriebsvorstand mit einer landesweit operierenden Großbank einen Kooperationsvertrag zur Vermittlung von ausgewählten Versicherungsprodukten abgeschlossen. Durch den Vertrieb über diese drei Distributionskanäle soll der Umsatz deutlich gesteigert werden.

Die Beziehung zwischen dem Versicherungsinteressenten (Kunden) und dem Versicherungsunternehmen kann unmittelbar oder durch Einschaltung von Versicherungsvermittlungen zustande kommen. Wenn sich Kundinnen und Kunden direkt an das Versicherungsunternehmen wenden, spricht man von Direktvertrieb. Hier findet der Kontakt zwischen Versicherungsunternehmen und Kundinnen und Kunden ausschließlich auf dem Wege der Telekommunikation, also durch Telefon, Brief oder elektronische Medien, statt. In solchen Fällen kann eine individuelle Beratung nicht erfolgen. Wenn eine individuelle Beratung im Vordergrund steht, erfolgt die Vermittlung des Versicherungsschutzes durch einen Vermittler oder eine Vermittlerin. Die Vermittlung bzw. der Vertrieb des Versicherungsschutzes kann auf verschiedenen Wegen erfolgen.

1.1 Direkte Absatzwege

Direkte Absatzwege				
Vertrieb über den Außendienst des Versicherers (Servicevertrieb)	**Vertrieb über Mehrfachvertreter/-innen**	**Vertrieb über Versicherungsmakler/-innen**	**Direktvertrieb**	**Strukturvertrieb**
• **Versicherungsvertretung** als Ausschließlichkeitsvertretung mit oder ohne Agenturvertrag • Angestellte des Versicherers im Außendienst	Versicherungsvertreter/-innen, die für mehrere Versicherungen vermitteln	Versicherungsvermittler/-innen, die im Auftrag der Versicherungskunden eine geeignete Versicherung vermitteln	Vertrieb durch den Versicherer ohne Einschaltung von Vermittlern/-innen	Vertrieb durch rechtlich selbstständige Vertriebsgesellschaften

1.2 Indirekte Absatzwege

Indirekte Absatzwege	
Versicherungsberater/-innen	**Annexvermittler/-innen**
Üben eine Rechtsberatung aus, die zu einem Versicherungsabschluss führen kann.	Die Versicherung wird als Zusatzleistung zur Lieferung einer Ware oder Erbringung einer Dienstleistung angeboten. Die Zusatzleistung kann ohne die gelieferte Ware oder die erbrachte Dienstleistung nicht bestehen.

2 Absatzvermittler/-innen in der Versicherungsbranche

2.1 Versicherungsvertreter/-innen

Versicherungsvertreter/-innen sind als selbstständige Handelsvertreter/-innen in der Regel ausschließlich für ein Versicherungsunternehmen oder einen Versicherungskonzern tätig. Sie sind die Vertretung des Versicherers gegenüber den Kunden.

Versicherungsvertreter und -vertreterinnen sind als Handelsvertreter damit betraut, Versicherungsverträge zu vermitteln oder abzuschließen. Sie sind selbstständige Gewerbetreibende, die nach der Gewerbeordnung (GewO) für ihre Tätigkeit eine Erlaubnis der zuständigen Industrie-und Handelskammer einholen müssen. Ihr Gewerbe ist die Versicherungsagentur. Häufig wird auf sie durch ein Agenturschild hingewiesen, das gleichzeitig die Zugehörigkeit zu einem bestimmten Versicherungsunternehmen aufzeigt. Versicherungsvermittlerinnen und -vermittler besitzen die Kaufmannseigenschaft, es sei denn, ihr Handelsgewerbe erfordert keinen nach Art und Umfang in kaufmännischer Weise eingerichteten Gewerbebetrieb.

§ 92 HGB

§ 34 GewO

§ 1 HGB

Das wesentliche Merkmal von Versicherungsvertretern/-innen ist ihre Selbstständigkeit. Sie wird dadurch gekennzeichnet, dass sie ihre Tätigkeiten frei gestalten und ihre Arbeitszeiten frei wählen können. Dies ist besonders wichtig, da sie ihre Kundentermine auf diese Weise flexibel ausrichten können. Dies schließt jedoch nicht aus, dass sich Versicherungsvermittler/-innen an Weisungen des Versicherers halten müssen.

Wirtschaftlich besteht eine enge Beziehung zwischen Versicherungsvertretern/-innen und dem Versicherer. In der Regel ist eine sog. Ausschließlichkeitsklausel vereinbart, wonach die Versicherungsvertretung nur für ein Versicherungsunternehmen tätig ist. Deshalb werden Versicherungsvertreter/-innen auch als Ausschließlichkeits- oder Einfirmenvertreter bezeichnet. In der Regel besteht nicht die Möglichkeit, den Kunden Produkte von Mitbewerbern anzubieten, außer der Versicherer der Vertretung versichert das Risiko nicht und gestattet dies mit einer sog. Ventillösung.

Alternativ gibt es Mehrfachvertreter/-innen, die auch fur mehrere Versicherer tätig sein können. Sie unterliegen keiner Ausschließlichkeitsklausel. Es ist ihnen gestattet, in einer Versicherungssparte für mehrere Versicherungen tätig zu sein, um jeweils nach den Bedürfnissen ihrer Kundinnen und Kunden agieren zu können.

Sowohl die Ausschließlichkeits- oder Einfirmenvertreter/-innen als auch die Mehrfachvertreter/-innen unterliegen der Beratungs- und Dokumentationspflicht.

Zusammenfassung

Ausschließlichkeits- oder Einfirmenvertreter/-in	Mehrfachvertreter/-in
· Handelsvertretung nach § 84 HGB i. V. m. § 92 HBG · nur für eine Gesellschaft tätig (Ausschließlichkeitsklausel) · i. d. R. keine Möglichkeit, Kundinnen und Kunden Produkte von Mitbewerbern anzubieten · Ausnahme: Der Versicherer der Vertretung versichert das Risiko nicht.	· Handelsvertretung nach § 84 HGB i. V. m. § 92 HBG · Möglichkeit, in gleichen Versicherungssparten für mehrere Versicherungsunternehmen tätig zu sein · Möglichkeit, den Kundinnen und Kunden unterschiedliche Angebote in einer Versicherungssparte anzubieten

2.2 Agenturvertrag

Zwischen dem Versicherungsunternehmen und der Versicherungsvertretung wird das rechtliche Verhältnis durch einen schriftlichen Agenturvertrag (Versicherungsvertreter-Vertrag) geregelt. In diesem Vertrag werden ergänzende oder auch abweichende gesetzliche Regelungen getroffen, in dem die Rechte und Pflichten einer Versicherungsvertretung definiert sind.

2.2.1 Rechte aus dem Agenturvertrag

Für ihre Vermittlungstätigkeit erhalten Versicherungsvertreter/-innen eine Vergütung in Form einer Provision. Das Handelsgesetzbuch enthält eine Reihe verschiedener Provisionsarten, wobei aber für die Versicherungsbranche auch zugleich Einschränkungen gemacht werden. Versicherungsvertreter/-innen erhalten nur eine Provision für solche Geschäfte, die auf ihre Tätigkeit zurückzuführen sind.

§ 92 HGB

Vermittlungsprovision

Die Vermittlungsprovision wird für die bloße Vermittlung von Versicherungsverträgen gezahlt. Versicherungsvermittler/-innen schließen die Verträge nicht selbst ab, sondern das Versicherungsunternehmen entscheidet über das Zustandekommen des Versicherungsvertrages, sodass Versicherungsvermittlerinnen und -vermittler nur die Vermittlung übernehmen.

Abschlussprovision

Die Abschlussprovision wird für den erfolgreichen Abschluss von Versicherungsverträgen, die die Vermittlerin oder der Vermittler im Namen des Versicherungsunternehmens schließt, gezahlt. Der Provisionsanspruch entsteht mit der Zahlung der Prämie durch Versicherungsnehmer/-innen. Die Höhe der Provision richtet sich nach der Versicherungsart und nach dem vertraglich vereinbarten Promille- bzw. Prozentsatz von der Beitragssumme.

Einmal- bzw. laufende Provision

Die Einmalprovision wird einmalig ausgezahlt, wenn beispielsweise in der Lebensversicherung ein Einmalbeitrag vereinbart worden ist und somit keine widerkehrenden Beiträge eingezahlt werden. Die laufende Provision erhalten Vermittlungen für die Verlängerung von Versicherungsverträgen (Verlängerungsprovision) oder für die Betreuung und verwaltende Aufgaben (Bestandspflege- oder Betreuungsprovision).

Inkassoprovision

Sind Vermittlungen auch mit dem Beitragseinzug betraut, so erhalten sie hierfür die sogenannte Inkassoprovision.

Aus den Provisionszahlungen haben Versicherungsvermittler/-innen ihre sämtlichen Aufwendungen, wie beispielsweise Bürokosten und Fahrauslagen, zu begleichen. Sonstige Leistungen, wie Zuschüsse, bedürfen einer ausdrücklichen Vereinbarung mit dem Versicherungsunternehmen. *§ 87 d HGB*

Versicherungsvermittler/-innen benötigen zur Durchführung ihrer Tätigkeit und für ihre Abrechnungen Informationen und Unterlagen. Diese hat das Versicherungsunternehmen zur Verfügung zu stellen und zwar

- Überlassung von Unterlagen (Vertragsbedingungen, Tariflisten, Vordrucke, usw.),
- Mitteilungen über die Annahme oder Ablehnung von vermittelten Versicherungsverträgen bzw. über wesentliche Abweichungen im Vertragsabschluss,
- Mitteilungen über den Bestand oder die Beendigung von laufenden Versicherungsverträgen (wegen der laufenden Provisionen),
- Vorlage von abrechnungsrelevanten Unterlagen.

2.2.2 Pflichten aus dem Agenturvertrag

Bevor Versicherungsvermittler/-innen ihre Provision ausbezahlt bekommen, haben sie entsprechende Leistungen zu erbringen. Bei der Ausübung der Tätigkeit sind eine Reihe von Pflichten zu beachten, die vertraglich vereinbart sind.

Versicherungsvermittler/-innen haben sich um die Vermittlung oder den Abschluss von Versicherungsverträgen zu bemühen **(Bemühungspflicht)**. Dies umfasst nicht nur die Gewinnung neuer Kundinnen und Kunden, sondern insbesondere auch die fortlaufende Pflege des Bestandes durch regelmäßige Betreuung der Kundschaft. Über jede Geschäftsvermittlung und von jedem Geschäftsabschluss müssen Versicherungsvertretungen dem Versicherungsunternehmen eine Mitteilung zukommen lassen **(Mitteilungspflicht)**. Außerdem haben sie ihre Pflichten mit der Sorgfalt ordentlicher Kaufleute wahrzunehmen **(Sorgfaltspflicht)**. *§ 86 HGB*

Je nach Art der Vertretung sind Wettbewerbsverbote zu beachten. Der/die Einfirmenvertreter/-in unterliegt naturgemäß einem strengen Wettbewerbsverbot. Damit ein/eine Mehrfirmenvertreter/-in für mehrere Versicherungsunternehmen tätig sein kann, muss das Wettbewerbsverbot vertraglich ausgeschlossen werden.

2.2.3 Beendigung des Agenturvertrages

Ist der Agenturvertrag mit einer festen Vertragslaufzeit vereinbart, endet dieser mit dem Erreichen des vereinbarten Datums. Der Vertrag kann anschließend wieder verlängert werden.

Ist der Agenturvertrag jedoch mit einer unbestimmten Laufzeit vereinbart worden, kann dieser mit einer ordentlichen Kündigung beendet werden.

Nach Beendigung des Agenturvertrages steht hauptberuflichen Versicherungsvermittlern/-innen unter bestimmten Voraussetzungen ein sog. **Ausgleichsanspruch** zu (z. B. bei Erreichen der Altersgrenze oder im Falle einer Kündigung). Diese Voraussetzungen sind: *§ 89 b HGB*

- Das Versicherungsunternehmen muss aus der Geschäftsverbindung mit neuen Kunden, die eine Vertretung geworben hat, auch nach Beendigung des Vertragsverhältnisses noch **erhebliche Vorteile** haben.
- Der/die Versicherungsvertreter/-in muss infolge der Beendigung des Vertragsverhältnisses **Provisionsansprüche verlieren**, die er/sie bei Fortsetzung des Vertrages aus bereits abgeschlossenen oder künftig zustande kommenden Geschäften mit den von ihr erworbenen Kunden gehabt hätte (Provisionsverzichtsklausel).
- Die Zahlung eines Ausgleiches muss unter Berücksichtigung aller Umstände der **Billigkeit** entsprechen. Dies bedeutet, dass der Ausgleichsanspruch entfällt, wenn ein Vertreter oder eine Vertreterin selbst gekündigt hat und der Kündigungsgrund nicht im Erreichen der Altersgrenze oder in gesund-

heitlichen Gründen lag. Er entfällt auch dann, wenn das Versicherungsunternehmen begründet fristlos gekündigt hat und für die Kündigung ein wichtiger Grund wegen schuldhaften Verhaltens des Versicherungsvertreters bzw. der -vertreterin vorlag.
- Der Ausgleichsanspruch beträgt höchstens drei Jahresprovisionen und ist innerhalb eines Jahres nach Beendigung des Vertragsverhältnisses geltend zu machen.

Zudem kann es sein, dass ein/eine Versicherungsvertreter/-in nach Beendigung des Agenturvertrages an ein nachvertragliches Wettbewerbsverbot gebunden ist. In diesem Fall verpflichtet sich das Versicherungsunternehmen, der Vertretung eine angemessene Entschädigung zu zahlen, da diese/dieser in der Zeit des nachvertraglichen Wettbewerbsverbots keine Versicherungsverträge vermitteln oder abschließen darf.

2.3 Angestellte des Versicherers im Außendienst

Angestellte im Außendienst sind Arbeitnehmer/-innen des Versicherungsunternehmens. Das Vertragsverhältnis kommt durch einen Arbeitsvertrag zustande. Die rechtliche Stellung ist einem Handlungsgehilfen gleichgestellt, wobei Rechte und Pflichten aus dem Arbeitsvertrag hervorgehen.

Das Handelsgesetzbuch sieht folgende Definition vor:

Definition

§ 59 HGB

Ein Angestellter im Außendienst ist jene Person, die in einem Handelsgewerbe zur Leistung kaufmännischer Dienste gegen Entgelt angestellt ist (Handlungsgehilfe). Er hat, soweit nicht besondere Vereinbarungen über die Art und den Umfang seiner Dienstleistungen oder über die ihm zukommende Vergütung getroffen sind, die dem Ortsgebrauch entsprechenden Dienste zu leisten sowie die dem Ortsgebrauch entsprechende Vergütung zu beanspruchen.

Der Status von Angestellten hat mehrere Konsequenzen. Sie sind unselbstständig und an die Weisungen des Versicherers gebunden. Daher werden sowohl der Inhalt ihrer Tätigkeit, als auch die zeitliche und räumliche Ausgestaltung ihrer Arbeit vom Versicherer vorgegeben. Angestellte im Außendienst sind ausschließlich für ein Versicherungsunternehmen tätig. Ihre Hauptaufgabe ist die beratende Funktion bei Kunden, wobei sie im Wesentlichen die Interessen des Versicherungsunternehmens wahrnehmen, dessen Produkte sie vertreiben. Ihre Tätigkeit erstreckt sich auf die Vermittlung bzw. den Abschluss von Versicherungsverträgen, die der Beratungs- und Dokumentationspflicht unterliegen.

Als Vergütung erhalten Angestellte im Außendienst ein festes Gehalt, das durch eine leistungsbezogene Provision ergänzt wird. Ihre Tätigkeit ist in der Regel reiseintensiv. Da sie die Kunden aufsuchen, erhalten Angestellte im Außendienst hierfür einen Ersatz in Form von Auslagenerstattung und Spesen.

Versicherungsunternehmen setzen Angestellte im Außendienst in den Bereichen ein, in denen sie einen unmittelbaren Einfluss auf die Vorgänge benötigen. Hierzu zählen beispielsweise die Akquisition, Betreuung von schwierigen Geschäftszweigen oder die Wahrnehmung spezieller Aufgaben.

2.4 Versicherungsmakler/-innen

§ 93 HGB

Versicherungsmakler/-innen sind nach der Definition des HGB diejenigen, die gewerbsmäßig für andere Personen, ohne von ihnen aufgrund eines Vertragsverhältnisses ständig damit betraut zu sein, die Vermittlung von Versicherungen übernehmen.

Anders als bei Versicherungsvertretern/-innen handeln Versicherungsmakler/-innen im Interesse der Kunden. Die Beauftragung erfolgt durch einen Geschäftsbesorgungsvertrag, auch Maklervertrag genannt, mit der Beratung und der Vermittlung von Versicherungsverträgen. Gleichwohl erhalten Maklerinnen und Makler erfolgsabhängige Vergütung, auch Courtage genannt, vom Versicherungsunternehmen. Daher besteht sowohl zum Kunden als auch zum Versicherungsunternehmen eine rechtliche Beziehung.

Auszug aus einem Maklervertrag

1. Maklerauftrag
Das Versicherungsmaklerbüro übernimmt für den Auftraggeber in erster Linie die Vermittlung von Versicherungsverträgen zu günstigen Bedingungen und Beiträgen. Daneben erfolgt im Interesse der Auftragsgeber die Verwaltung und Betreuung bestehender und zukünftiger Versicherungsverträge. Der Maklerauftrag umfasst auch die Befugnis, Auftraggeber, soweit sie nicht als Verbraucher gelten, bei der Vereinbarung, Änderung oder Prüfung von Versicherungsverträgen gegen gesonderten Entgelt rechtlich zu beraten.

2. Vollmacht
Das Versicherungsmaklerbüro ist bevollmächtigt, den gewünschten Versicherungsschutz im Namen und für Rechnung des Auftraggebenden bei einem Versicherer zu beantragen, rechtsverbindliche Erklärungen abzugeben sowie solche in Empfang zu nehmen. Dies gilt auch für Verlängerungen, Umwandlungen und Erneuerungen sowie Kündigung bestehender Versicherungen. Alle Entscheidungen erfolgen aber in Abstimmung mit den Auftraggebenden.
Das Versicherungsmaklerbüro ist ferner bevollmächtigt, während der Dauer des Maklervertrages im Rahmen seiner Vermittlungstätigkeit für die Auftraggebenden einen vollen Kundendienst durch Abwicklung aller Versicherungsangelegenheiten durchzuführen.
Die Mitarbeiter/-innen von Versicherungsmaklerbüros weisen sich durch den Besitz des Auftrages als bevollmächtigt aus.

3. Vergütung
Die Kosten für die Vermittlung und Betreuung sind bereits Bestandteil der Versicherungsbeiträge und werden dem Versicherungsmaklerbüro seitens der Versicherungsunternehmen als Courtage vergütet. Es entstehen für Auftraggeber keine zusätzlichen Kosten.
Für die rechtliche Beratung bei der Vereinbarung, Änderung oder Prüfung von Versicherungsverträgen sind Versicherungsmaklerinnen und -makler berechtigt, ein gesondertes Entgelt zu erheben.

4. Laufzeit
Der Maklervertrag läuft zunächst bis zum 31. Dezember des laufenden Jahres. Er verlängert sich jeweils um ein Jahr, sofern er nicht von Auftraggeberseite gekündigt wird.

Die in der Beratung ergebenen Kundenwünsche sind mit den daraus resultierenden Vorschlägen mit einer Begründung zu dokumentieren **(Beratungs- und Dokumentationspflicht)**.

Zusammenfassung

Versicherungsmakler/Versicherungsmaklerin
· selbstständige Kaufleute · Beauftragte der (potenziellen) Versicherungsnehmer/-innen · Ermittlung des richtigen Versicherungsschutzes für die Kundinnen und Kunden · Erlangung des günstigsten Beitrags-/Leistungsverhältnisses für die Kundinnen und Kunden · Aufklärung der Versicherungsnehmer/-innen über Veränderungen in Versicherungsbedingungen

Vor- und Nachteile der Maklertätigkeit	
Vorteile	**Nachteile**
• große Wettbewerbsfähigkeit • Durch eine individuelle Courtagevereinbarung kann die Courtage höher sein als die Provision im Angestelltenverhältnis. • Courtagezahlungen, solange die vermittelten Verträge beim Versicherer bestehen • Recht an der Kundin/dem Kunden, da mit diesen ein Vertrag geschlossen wurde	• Haftung gegenüber Kundschaft • schwierigere Informationsbeschaffung, wie Tarife, Beiträge, Versicherungsbedingungen • Zusammenarbeit mit Versicherer kann jederzeit ohne Kündigungsfrist beendet werden

2.5 Direktvertrieb

Diese Absatzform richtet sich insbesondere an aufgeklärte Kunden, die keinen oder wenig Beratungsbedarf benötigen und den Versicherungsschutz preiswert erwerben möchten. Beim Direktvertrieb wird die Versicherungsvermittlung direkt zwischen Direktion und Versicherungskunden, ohne Einschaltung einer Versicherungsvermittlung, aufgebaut. Dies geschieht über die Telekommunikationsmöglichkeiten, wie z. B. ein Onlineportal oder die Einrichtung eines über Telefon erreichbaren Callcenters.

Die Vertriebsform des Direktvertriebes ist insbesondere für Standardprodukte, wie Kraftfahrzeughaftpflichtversicherung oder Hausratversicherung, geeignet, bei denen das zu versichernde Risiko ohne großen Aufwand des Versicherungsinteressenten beschrieben und durch den Versicherer auf Versicherbarkeit geprüft werden kann.

2.6 Strukturvertrieb

Der Strukturvertrieb, auch Netzwerkvertrieb genannt, wird in der Regel von rechtlich selbstständigen Vertriebsgesellschaften wahrgenommen. Hierbei wird eine hierarchische Struktur aufgebaut. Die unterste Stufe bilden die nebenberuflichen Versicherungsvermittlerinnen und -vermittler, die bei erfolgreicher Vermittlungstätigkeit in eine höhere Stufe aufsteigen können. Sie nehmen dann auch organisatorische Aufgaben wahr und sind an den Erfolgen der von ihnen betreuten Beschäftigten beteiligt. Die jeweilige Vergütung und Karrierechancen sind ausschließlich am Leistungsprinzip orientiert.

2.7 Versicherungsberater/-innen

Versicherungsberater/-innen sind keine Versicherungsvermittler/-innen im rechtlichen Sinne und zählen daher auch nicht zu den Vertriebswegen der Versicherungsbranche. Trotzdem können diese ihren Kunden, die sie beraten, Versicherungen vermitteln. Die Rechtsstellung eines Versicherungsberaters ist in der Gewerbeordnung geregelt. Ein Versicherungsberater ist, wer ohne von einem Versicherungsunternehmen einen wirtschaftlichen Vorteil zu erhalten oder in anderer Weise von ihm abhängig zu sein

§ 34 d GewO

- den Auftraggeber bei der Vereinbarung, Änderung oder Prüfung von Versicherungsverträgen oder bei der Wahrnehmung von Ansprüchen aus Versicherungsverträgen im Versicherungsfall auch rechtlich berät,
- den Auftraggeber gegenüber dem Versicherungsunternehmen außergerichtlich vertritt oder
- für den Auftraggeber die Vermittlung oder den Abschluss von Versicherungsverträgen übernimmt.

Um als Versicherungsberater oder -beraterin tätig sein zu können, benötigt man eine Erlaubnis von der zuständigen Industrie- und Handelskammer.

Die Aufgabe der Versicherungsberater/-innen ist die Rechtsberatung. Versicherungsberater/-innen erstellen im Kundenauftrag eine Risikoanalyse, raten Kunden zu auf ihre Bedürfnisse zugeschnittenen Versicherungsverträgen und verhandeln diesbezüglich mit den in Frage kommenden Versicherungen, soweit dies von Auftraggeberseite gewünscht ist. Im Schadenfall vertreten sie den Auftraggeber außergerichtlich gegenüber dem jeweiligen Versicherer.

Versicherungsberater/-innen erhalten für ihre Tätigkeiten eine Vergütung über eine Honorarvereinbarung mit ihren Auftraggebenden und nicht durch den Versicherer. Für sie gelten weitgehend die Informations-, Beratungs- und Dokumentationspflichten der Versicherungsmakler/-innen..

2.8 Annexvermittler/-innen

Wer gewerbsmäßig selbstständig als Versicherungsmakler/-in oder als Versicherungsvertreter/-in den Abschluss von Versicherungsverträgen vermitteln will, bedarf grundsätzlich eine Erlaubnis und muss sich im Versicherungsvermittlerregister registrieren lassen. Eine Ausnahme von der Erlaubnis- und Registrierungspflicht besteht für Versicherungsvermittler/-innen im Nebenberuf, den sog. „Annexvermittlern/-innen", wenn sie gewisse Kriterien erfüllen. Sie werden in drei Gruppen gegliedert.

Gruppe 1 ist von der Erlaubnis- und Registrierungspflicht befreit, wenn

- sie ausschließlich Versicherungsverträge vermitteln, für die nur Kenntnisse des angebotenen Versicherungsschutzes erforderlich sind **und**
- sie keine Lebensversicherungen oder Versicherungen zur Abdeckung von Haftpflichtrisiken (Schäden Dritter; anders: Versicherung eigener Schäden des Versicherten = Kasko) vermitteln und
- die Versicherung eine Zusatzleistung zur Lieferung einer Ware oder der Erbringung einer Dienstleistung darstellt und entweder das Risiko eines Defekts, eines Verlusts oder einer Beschädigung von Gütern abdeckt oder die Beschädigung, den Verlust von Gepäck oder andere Risiken im Zusammenhang mit einer bei dem Gewerbetreibenden gebuchten Reise, einschließlich Haftpflicht- oder Unfallversicherungsrisiken, sofern die Deckung zusätzlich zur Hauptversicherungsdeckung für Risiken im Zusammenhang mit der Reise gewährt wird und
- die Jahresprämie (für die jeweilige Versicherung) einen Betrag von 500,00 € nicht übersteigt und
- die Gesamtlaufzeit einschließlich etwaiger Verlängerungen nicht mehr als fünf Jahre beträgt.

Es müssen alle Voraussetzungen erfüllt werden!

Beispiele

- Kredit- und Kreditkartenvermittlungen bieten eine Arbeitslosigkeitsversicherung an.
- Elektrohändler bieten eine Garantie- und Reparaturversicherung an.
- Reisebüros bieten eine Reiserücktritts- und Reisekrankenversicherung an.

Zur **Gruppe 2** können Vermittler/-innen zugeordnet werden, die

- als Bausparkasse oder als von einer Bausparkasse beauftragte Vermittler/-innen für Bausparer als Bestandteile der Bausparverträge Versicherungen im Rahmen eines Kollektivvertrages vermitteln, die ausschließlich dazu bestimmt sind, die Rückzahlungsforderungen der Bausparkasse aus gewährten Darlehen abzusichern. Dadurch wird die Versicherung zum Teil des Bauspardarlehens.

Beispiel

Risikolebensversicherung als Restschuldversicherung für ein Bauspardarlehen

Zur **Gruppe 3** gehören, die

- als Zusatzleistung zur Lieferung einer Ware oder der Erbringung einer Dienstleistung im Zusammenhang mit Darlehens- und Leasingverträgen Restschuldversicherungen vermitteln, deren Jahresprämie den Betrag von 500,00 € nicht übersteigt.

Beispiel Risikolebensversicherung als Restschuldversicherung für einen Kfz-Leasingvertrag

Die Beratungs-, Informations- und Dokumentationspflichten über den Versicherungsvertrag gelten auch für Annexvermittler/-innen, mit Ausnahme der Gruppe 1.

Die Vergütung von Annexvermittlern/-innen erfolgt durch Provisionszahlungen von der Versicherungsgesellschaft. Die Höhe der Vergütung ist in den meisten Fällen vom Umsatzvolumen, das der/die Annexvermittler/-in für die Versicherung erreicht, abhängig.

3 Kommunikation bei Kundenberatungsgesprächen

Menschen, die gut kommunizieren können, kommen gut mit anderen Menschen aus, machen sich verständlich und können ihre Interessen erfolgreich umsetzen.

Definition Unter **Kommunikation** versteht man alle Fähigkeiten eines Menschen, durch die er effizient Informationen wie z. B. Erkenntnisse, Botschaften, Wünsche, Gefühle und Erwartungen mit anderen Personen austauschen kann.

Kommunikation ist der Dialog zwischen mindestens zwei Menschen, bei dem Informationen auf verbaler Ebene (Sprache) oder nonverbaler Ebene (Körpersprache) fließen. Kommunikation ist also das Mittel, sich anderen Menschen mitzuteilen und diese auch zu verstehen.

„Man kann nicht nicht kommunizieren."

Quelle: Paul Watzlawick. In: https://www.paulwatzlawick.de/axiome.html [02.12.2020].

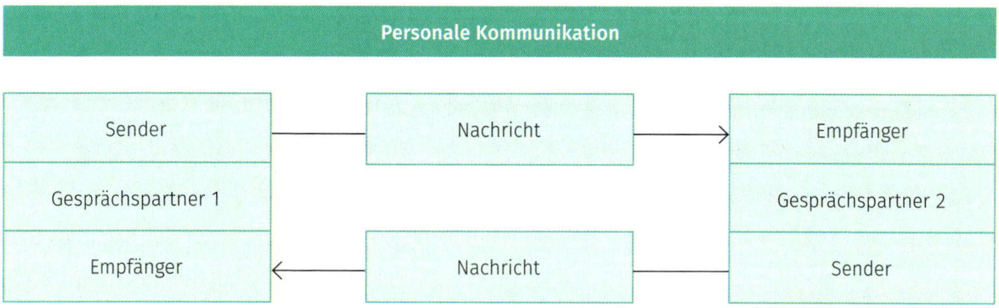

3.1 Kommunikation als Erfolgsfaktor

Die Kommunikationsfähigkeit spielt im Leben eines Menschen sowohl im privaten als auch im beruflichen Bereich eine entscheidende Rolle.

Der Austausch mit Lebenspartnern, Familienmitgliedern, Freunden und Bekannten sollte konstruktiv und effektiv erfolgen, damit es zu keinen Missverständnissen oder Konflikten kommt.

Jedoch wird es auch für Unternehmen immer wichtiger, dass die Kommunikationsprozesse zwischen den Mitarbeitenden bzw. zwischen Mitarbeitenden und Vorgesetzten gut funktionieren. Gibt es in der Kommunikation Störungen, so kann dies gewaltige Auswirkungen auf die Geschäftsprozesse des Unternehmens haben.

Beispiel

Scheitern Kundenberatungsgespräche, weil der Informationsaustausch zwischen Verkäufern und Kunden nicht funktioniert, entgehen dem Unternehmen Umsätze und Gewinne. Es kann zudem zu Kundenverlusten kommen.

Eine störungsfreie Kommunikation zwischen allen im Unternehmen arbeitenden Personen wird daher immer mehr als wesentlicher Bestandteil der Kultur erfolgreicher Unternehmen angesehen. Sowohl die interne Unternehmenskommunikation – also der Dialog zwischen den Mitarbeitenden bzw. Mitarbeitenden und Vorgesetzten – als auch die externe Kommunikation zu Lieferanten, Kunden und anderen Geschäftspartnern können schnell zum entscheidenden Wettbewerbsvorteil werden:

- Je gelungener die interne Kommunikation verläuft, desto besser ist das Arbeitsklima und produktiver die Zusammenarbeit.
- Je gelungener die externe Kommunikation ist, desto besser kann sich das Unternehmen am Markt behaupten.

In der Versicherungsbranche hat die Kommunikation einen besonders hohen Stellenwert, da beim Kontakt mit Kunden das korrekte Verhalten bei Kundenberatungsgesprächen der Schlüssel zum Erfolg ist.

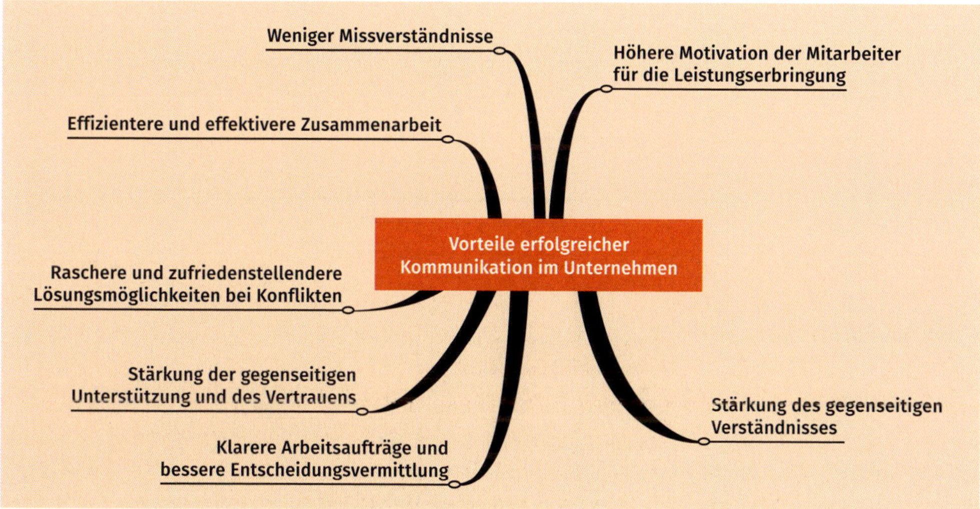

3.2 Instrumente für eine erfolgreiche Gesprächsführung

Entscheidende Weichenstellungen geschehen im Berufsleben in den verschiedenen Formen des direkten Gesprächs. Als Gespräch wird dabei die verbale Kommunikation zwischen mindestens zwei Personen bezeichnet. Diese wird erfolgreich sein, wenn bestimmte Instrumente angewendet werden:

Instrumente für erfolgreiche Gesprächsführung			
Sprache	**Körpersprache**	**Fragetechnik**	**Kommunikationsregeln**
Sprachliche Äußerungen können hemmend oder fördernd für einen erfolgreichen Verlauf von Gesprächen sein.	Körpersprache zu entschlüsseln oder sie sogar bewusst einzusetzen, bietet in Gesprächen zahlreiche Vorteile.	Fragen bieten die Möglichkeit, Gespräche zu lenken.	Durch Kenntnis der Kommunikationsregeln können Störungen in Gesprächen vermieden werden.

3.3 Kommunikationsregeln

Der Mensch lernt im Laufe seiner Erziehung unbewusst einige Kommunikationsregeln. Dennoch gibt es im täglichen Berufsleben, aber auch im privaten Alltag sehr viele Probleme und Konflikte, die auf mangelnde Kenntnis und Anwendung von Kommunikationsregeln zurückzuführen sind. Je mehr Kommunikationsregeln man beherrscht, desto eher kann man

- seinen eigenen Standpunkt deutlich, überzeugend und konfliktfrei vermitteln,
- den Gesprächsverlauf steuern,
- ein von allen akzeptiertes Ergebnis erzielen.

Eine gute Kommunikation fördert die Beziehung der Gesprächspartner und stellt sie gleichermaßen zufrieden. Daher ist es von enormer Wichtigkeit, dass Beschäftigte in Unternehmen Kenntnisse über die Kommunikation besitzen.

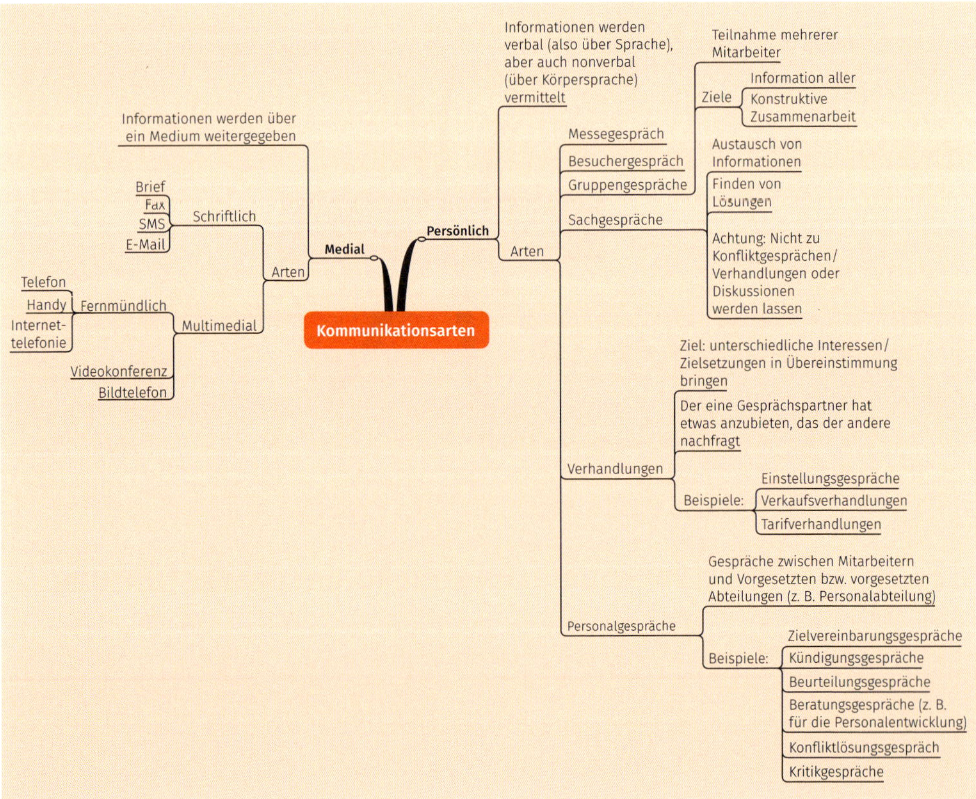

Gesprächssituation beachten

Macht man sich bewusst, in welcher Gesprächssituation man kommuniziert bzw. kommunizieren wird, steigt die Wahrscheinlichkeit, dass die Kommunikation erfolgreich sein wird: Hat man sich z. B. klar gemacht, welche Zielsetzungen der Partner in der jeweiligen Gesprächssituation verfolgt, kann man sich erheblich besser auf das Gespräch vorbereiten.

Beispiel

Einem möglichen Versicherungskunden in einem Beratungsgespräch muss man anders gegenübertreten als einem potenziellen Verkäufer in einer Verhandlung über Einkaufskonditionen für einen Firmen-Pkw. Beschwerden und Reklamationen stellen andere Anforderungen an die Gesprächssituation als zum Beispiel Gespräche mit Mitarbeitenden.

Äußerungen als individuelle Wahrnehmungen betrachten

Was und wie jeder Mensch denkt und fühlt, hängt von den Erfahrungen im Verlauf seines Lebens ab. Vor diesem Hintergrund neigt er dazu, seine Sicht der Wirklichkeit als die einzig wahre und richtige anzusehen.

Stimmt diese weitgehend mit der Erfahrungs- und Gefühlswelt einer anderen Person überein, wird es zwischen diesen kaum Probleme in der Kommunikation geben. Es kann jedoch schnell zu Problemen, Missverständnissen und Konflikten kommen, wenn diese sich nicht ähneln. Deshalb muss in jeder Kommunikation beachtet werden, was die andere Personen wahrnimmt: Für eine erfolgreiche Kommunikation ist nicht nur wichtig, was und wie etwas gesagt wird. Mindestens ebenso bedeutend ist, was und wie die andere Personen es versteht und aufnimmt. Man muss sich also klarmachen, dass Gesagtes und Gehörtes nicht automatisch immer übereinstimmen.

Einfaches Kommunikationsmodell beachten

Kommunikationsprozesse verlaufen störungsfrei, wenn man das einfache Kommunikationsmodell kennt. Derjenige, der Informationen gibt (der Sender), muss sicherstellen, dass der Adressat (der Empfänger) diese auch genauso versteht, wie sie gemeint war.

Emotionale Ebenen berücksichtigen

Kommunikation erfolgt nicht nur auf einer sachlichen und rationalen Ebene, bei der Informationen nüchtern in Worten zum Ausdruck gebracht werden. Diese Inhalte sind oft gut wahrzunehmen. Gleichzeitig werden Informationen auf emotionalen (= gefühlsmäßigen) Ebenen vermittelt, die sich hinter den eigentlichen Worten verbergen. Dieser Bereich der Kommunikation, bei dem Gefühle, Wünsche, Sympathien/Antipathien, Stimmungen usw. transportiert werden, ist oft nicht direkt wahrnehmbar.

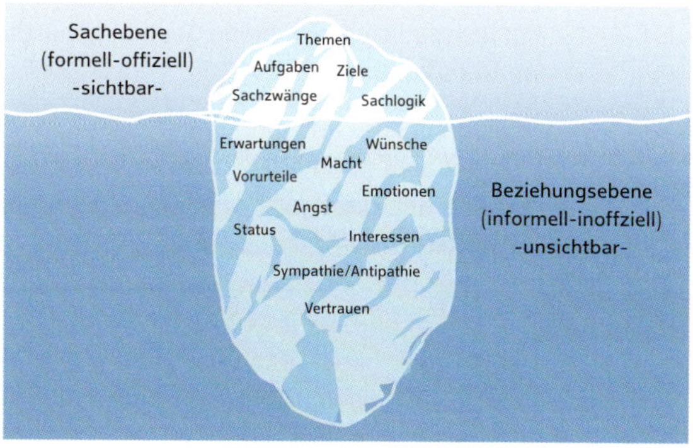

Das Eisbergmodell besagt, dass nur ein kleiner Teil der Kommunikation offen sichtbar ist und der erheblich größere Anteil, der den Beziehungsbereich wiedergibt, quasi unter der Oberfläche liegt.

Vier-Ohren-Modell der Kommunikation beachten

Nach dem Vier-Ohren-Modell von Schulz von Thun kann der Sender in einer Nachricht Informationen mehr oder weniger auf vier Ebenen dem Empfänger geben. Dieser kann der Nachricht ebenfalls in unterschiedlichem Ausmaß Informationen auf vier Ebenen entnehmen. Friedemann Schulz von Thun sprach in diesem Zusammenhang davon, dass der eine Gesprächspartner mit „vier Schnäbeln“ spricht, der andere mit „vier Ohren“ zuhört.

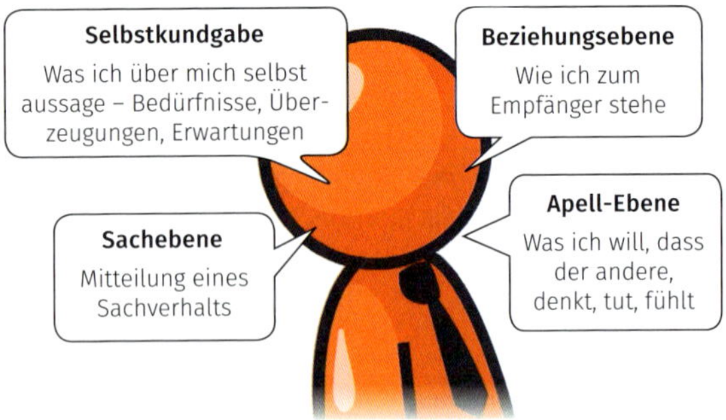

Sender

Empfänger

Ebene	Sender	Empfänger
Sachebene	· vermittelt alle nötigen Daten und Fakten	· nimmt alle nötigen Daten und Fakten ganz emotionslos auf
Selbstoffenbarungsebene	· teilt etwas von sich mit · gibt seine Stimmung bzw. seine Motive preis	· erfährt, was der Sender von sich hält · bekommt die Information, was für ein Typ der Sender ist oder in welcher Stimmung er ist
Beziehungsebene	· gibt Hinweise, wie er aktuell zu dem Gesprächspartner (Empfänger) steht · zeigt dem Empfänger, was er von ihm hält	· bekommt mit, wie der Sender zu ihm steht · erfährt, was der Sender von ihm hält
Appellebene	· will den Empfänger veranlassen, etwas zu tun · möchte etwas (beim Gesprächspartner erreichen)	· fasst Aussage des Senders als direkte Einflussnahme (Wunsch/Befehl) auf · fühlt sich veranlasst, etwas zu tun

Im Idealfall sind sich beide Gesprächspartner der vier Ebenen bewusst. Zu Kommunikationsstörungen kann es kommen,

- wenn Sender und Empfänger nicht alle Ebenen berücksichtigen (also z. B. nur auf einer Ebene Information aufnehmen),
- wenn der Empfänger eine Ebene stark wahrnimmt, auf die der Sender gar nicht das Gewicht legen wollte.

Beispiel

In einer Abteilungskonferenz in der Proximus Versicherung AG wird ein Vorschlag gemacht. Ein Mitarbeiter sagt daraufhin: „Dies haben wir bisher immer anders gemacht.“
Wenn der Vorschlagende auf der Sachebene versteht: „Diese Arbeit wurde bisher anders erledigt“, wird es keine Störung der Kommunikation gehen.
Hört der Vorschlagende jedoch sehr stark eine der drei anderen Ebenen, kann es zu Problemen in der Kommunikation kommen:
„Ich bin ja sehr skeptisch, ob Ihr Vorschlag richtig ist. Das bezweifele ich.“ (Selbstoffenbarung)
„Sie schon wieder: Sie wissen ja immer alles besser als ich!“ (Beziehungsebene)
„Lassen wir das Ganze so, wie wir es bisher immer gemacht haben!“ (Appellebene)

Aktives Zuhören

Sehr häufig werden Kommunikationsprozesse dadurch gestört, dass nicht richtig zugehört wird. Häufige Fehler in diesem Zusammenhang sind:

- Der Sprecher wird unterbrochen.
- Es wird schon geredet, während der andere noch spricht.
- Es wird nicht darauf geachtet, was der andere sagt.

Man sollte deshalb dem Gesprächspartner deutlich zeigen, dass man ein Interesse daran hat, seine Informationen aufrichtig wahrzunehmen. Der Gesprächspartner soll sich verstanden fühlen. Aktives Zuhören ist eine Grundeinstellung, mit der man dem Sprechenden mit aller Aufmerksamkeit zeigt, dass man innerlich zuhört.

Sprachliche Signale für aktives Zuhören können u. a. sein:

- kurze Ein-Wort-Rückmeldungen
- Nachfragen
- kurze Zusammenfassungen des Gesagten

Körpersprachliche Signale für aktives Zuhören sind:

- Blickkontakt
- Kopfnicken
- Anfertigung von Notizen
- leicht nach vorne geneigte Körperhaltung

Beispiel

Wegen eines nicht eingehaltenen Termins führt Herr Hoffmann ein Gespräch mit Carolin Saager. Sie signalisiert Herrn Hoffmann mit Blickkontakt, Kopfnicken und mehrmaligen kurzen Äußerungen wie z. B „Ja“, „Aha“ und „Mhm“, dass sie seinen Ausführungen aufmerksam folgt. Sie unterbricht Herrn Hoffmann nicht, fragt aber während einer kurzen Sprechpause von Herrn Hoffmann bei einer Unklarheit kurz nach, ob sie dies auch richtig verstanden habe. Zum Ende des Gesprächs fasst sie das von Herrn Hoffmann Gesagte noch einmal kurz zusammen: „Ich habe Sie doch richtig verstanden? Sie glauben, dass ich den Termin absichtlich nicht eingehalten habe?“

Ich-Botschaften senden

Aussagen in Sätzen, die mit „Du“ beginnen, werden vom Gesprächspartner oft als Beschuldigungen, Vorwürfe oder Anklagen aufgefasst. Der Angesprochene reagiert dann mit Rechtfertigungen oder aggressivem Verhalten. Er fühlt sich bevormundet und unverstanden. Erheblich günstiger ist es, Sätze mit „Ich“ zu beginnen.

Beispiel

Statt „Sie müssen ja bei jeder Sitzung zu spät kommen!“, sollte man dem Gesprächspartner seine Meinung zu verstehen geben, ohne dass er sich direkt und aggressiv angegangen fühlt: „Ich bevorzuge es, Sitzungen pünktlich anzufangen!“

Zu beachten ist, dass abschwächende Formulierungen bei Ich-Botschaften das Gesagte entwerten und unsicher wirken.

Beispiel

„Es macht mich ein bisschen ärgerlich, dass Sie ...“

Gefühle äußern

In der Kommunikation spielt der Ausdruck von Gefühlen immer eine besondere Rolle. Diese sollten dem Gesprächspartner zurückgemeldet werden. Dabei ist auf die Formulierung von Ich-Botschaften zu achten.

So gibt es häufig Situationen, in denen der Empfänger einer Nachricht emotional so sehr aufgeregt und aufgebracht ist, dass er nicht mehr mit Verständnis auf den Sender reagieren kann. Um Missverständnisse zu vermeiden und anzusprechen sowie Veränderungen herbeizuführen, ist das Ausdrücken negativer Gefühle sehr wichtig.

Beispiel

Carolin Saager regt sich darüber auf, dass Herr Hoffmann ihr im Gespräch vorhält, einen Termin nicht eingehalten zu haben, denn sie war über den Termin vorher gar nicht informiert worden.
Falsch wäre eine Reaktion von Carolin, ihren Ärger – um z. B. einen Konflikt zu vermeiden – herunterzuschlucken und gar nichts zu sagen. Dies könnte dazu führen, dass aufgestaute Gefühle irgendwann – vielleicht sogar bei einem vergleichsweise geringen Anlass – unverhältnismäßig stark zum Ausdruck kommen und zu einer Eskalation führen. Genauso falsch wäre eine Reaktion wie: „So ein Quatsch, was Sie da erzählen! Das ist doch gar nicht wahr!" Hier richtet Carolin ihre Kritik und ihre Gefühle indirekt auf die Person des Gesprächspartners als Ganzes, nicht auf dessen konkretes Verhalten.
Gut wäre es, wenn Carolin ihre eigenen Gefühle dem Gesprächspartner direkt mit einer Ich-Botschaft zurückmelden würde: „Ich bin sehr verwundert, dass Sie meinen, ich hätte den Termin absichtlich nicht eingehalten."

Auch positive Gefühle sollten dem Gesprächspartner zurückgemeldet werden: Bei positiven Emotionen meinen die Gesprächspartner nämlich oft, dass der jeweilige Gegenüber diese auch wahrnimmt. Dies ist aber sehr häufig gar nicht der Fall.

Beispiel

Nachdem in dem Gespräch sehr sachlich geklärt wurde, dass Carolin von dem Termin gar nichts wissen konnte, meldet Herr Hoffmann seine Freude darüber zurück: „Ich finde es gut und sehr erfreulich, dass wir dieses Missverständnis gemeinsam aus der Welt schaffen konnten!"

Sich konkret und positiv äußern

Nach Möglichkeit sollten in Gesprächen keine negativ besetzten Worte verwendet werden. Solche Worte verstärken das Negative und vermindern die Chance auf eine erfolgreiche Kommunikation. Deshalb sollten Sachverhalte konkret benannt werden und wenn möglich auch positiv ausgedrückt werden.

Beispiel

Statt „Ich will jetzt nicht mit Ihnen reden. Keine Zeit!", sollte Herr Kreipe besser folgendermaßen vorgehen: „Lassen Sie uns heute Nachmittag darüber reden. Ich habe jetzt gleich eine Sitzung mit Herrn Hoffmann!"

Nicht unterbrechen

Ein Gesprächspartner sollte in seinen Ausführungen nach Möglichkeit nicht unterbrochen werden. Lässt man ihn ausreden, vermeidet man destruktive Emotionen durch die Unterbrechung.

Fragen statt kritisieren

Fragen wirken erheblich Konflikt entschärfender und diplomatischer als eine direkt vorgebrachte Kritik.

Beispiel

Statt direkt zu kritisieren: „Sie haben nur an die eine Möglichkeit gedacht!", stellt Herr Hoffmann eine Frage: „Sind Sie sicher, dass dies die einzige Möglichkeit war?"

Status des Gesprächspartners beachten

Im Alltag, erst recht im Berufsleben, wird im Rahmen der Kommunikation bewusst oder unbewusst ein Statusverhältnis zwischen den Beteiligten hergestellt. Unter einem Status versteht man das wahrnehmbare Verhalten einer Person gegenüber einer anderen Person oder einer Gruppe von Personen.

Ist jemand im Hochstatus, verhält er sich dominant gegenüber einer anderen Person im Tiefstatus. Diese passt ihr Handeln dagegen an den Vorgaben der Person im Hochstatus an.

Hochstatus	Tiefstatus
• Person demonstriert durch das eigene Verhalten – die eigene Überlegenheit, – die Unterlegenheit der anderen Person. • Person hat die Kontrolle über alles.	• Person demonstriert durch das eigene Verhalten – die eigene Unterlegenheit, – die Überlegenheit der anderen Person. • Person gibt die Kontrolle über alles ab.
Auf Personen mit Hochstatus treffen u. a. die folgenden Merkmale zu: • Sie gehen zielgerichtet. • Sie bewegen sich zielgerichtet. • Sie sprechen normal oder laut, bevorzugt mit einer tiefen Stimmlage. • Sie berühren den Gesprächspartner (Hand auf die Schulter legen). • Sie schauen den Gesprächspartner an, ohne den Blick abzuwenden. • Sie gehen aufrecht. • Sie haben eine straffe Körperhaltung. • Sie atmen ruhig und gleichmäßig.	Auf Personen mit Tiefstatus treffen u. a. die folgenden Merkmale zu: • Sie berühren den eigenen Körper (z. B. sich durch die Haare oder das Gesicht streichen): • Sie bewegen sich und wirken fahrig. • Sie sprechen leise und stockend, bevorzugt in einer hohen Stimmlage. • Sie halten Abstand zu dem Kommunikationspartner. • Sie vermeiden längeren Blickkontakt: Sie wenden den Blick ab bzw. haben einen gesenkten Blick. • Sie haben eine gebeugte und schlaffe Körperhaltung. • Ihr Atem ist unregelmäßig.

Wenn eine Person im Hochstatus einer andern begegnet, die sich ebenfalls im Hochstatus verhält, entsteht ein Kampf um den Status. Ist keiner bereit, seinen Status zu senken, muss jeder seinen Status immer weiter erhöhen. Der Fall des Verlierers wird dadurch tiefer werden, seine Demütigung größer: Die Kommunikation ist letztlich gescheitert.

Eine gelungene Kommunikation basiert auf dem ständigen Statuswechsel beider Gesprächspartner: Während des Gesprächs wird intuitiv ein gegenseitiger Statusausgleich hergestellt, weil sich keiner über den anderen heben will.

Tiefstatus

Hochstatus

Beispiel

Kundenbeatungsgespräche können durch das Einnehmen von zwei gegensätzlichen Statusformen wirkungsvoll gesteuert werden:
Damit ein Kundenberatungsgespräch überhaupt stattfinden und durchgeführt werden kann, kommt es gewöhnlich auch auf gegenseitige Sympathie an. Diese kann Verkaufspersonal z. B. in der Kontaktphase zunächst dadurch gewinnen, dass es den Tiefstatus einnimmt, bei dem es dem Gegenüber eher freundschaftlich begegnet.
Um im Kundenberatungsgespräch zu überzeugen, sind z. B. in Phasen, in denen argumentiert wird, neben Sympathie auch Kompetenz, Fachlichkeit und Respekt erforderlich. Diese Eigenschaften kann Verkaufspersonal erfahrungsgemäß durch den Hochstatus vermitteln. Auch beim Herbeiführen des Kaufentschlusses sollte man den Hochstatus anstreben. In der Abschlussphase des Beratungsgesprächs sollten Verkäuferinnen und Verkäufer wieder zurück in den Tiefstatus gehen.

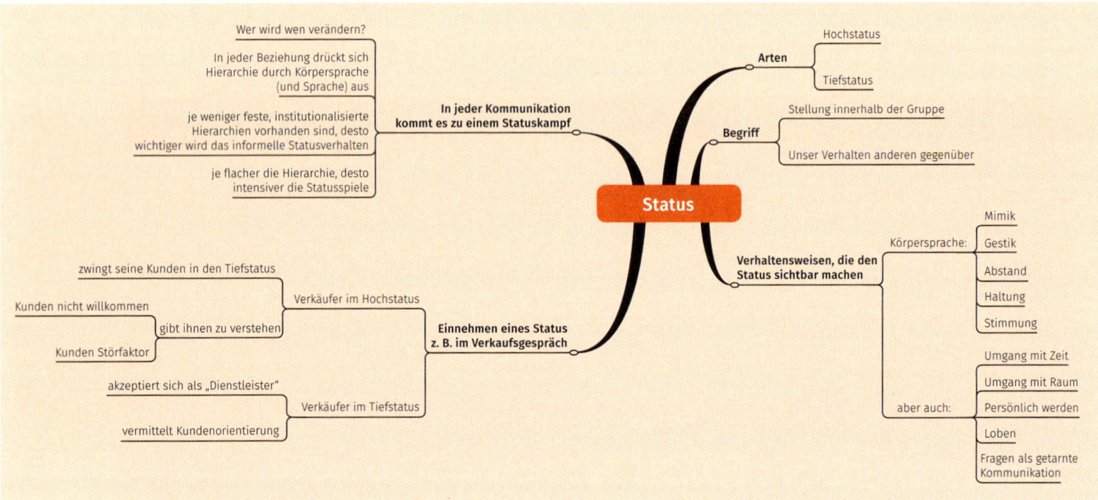

Beobachtet werden sollte	
das eigene Statusverhalten	**das Statusverhalten des Gesprächspartners**
• In welchem Status bewegt man sich gerade? • Wie fühlt man sich dabei? • Woran kann man den gewählten Status erkennen?	• Welchen Status hat der Gesprächspartner? • Welche Informationen gibt das Statusverhalten des Gesprächspartners? • Welche Absicht verfolgt der Gesprächspartner mit dem gewählten Status?

Statusvorgänge durchziehen praktisch das gesamte gesellschaftliche Leben. Wenn das Statusverhalten des Gesprächspartners sowie das eigene richtig analysiert und interpretiert werden, kann man die Kommunikation sinnvoll im Hinblick auf das Kommunikationsziel beeinflussen.

Jeder hat in der Regel einen Lieblingsstatus als Hauptstrategie in allen Lebenssituationen. Vor diesem Hintergrund ist es wichtig,

- einerseits seinen eigenen Lieblingsstatus zu kennen und damit sinnvoll umzugehen,
- andererseits den des Gesprächspartners zu erkennen und darauf zu reagieren: Dessen Status wird also entweder anerkannt oder ihm wird etwas entgegengesetzt.

Generell gilt, dass in einer Kommunikationssituation derjenige mit der größten Statusflexibilität die Situation beherrscht.

Interkulturelle Besonderheiten beachten

Abhängig von ihrer Herkunft haben Mitarbeitende in einem Unternehmen oft eine unterschiedliche kulturelle Orientierung. Häufig hat man es zudem mit ausländischen Geschäftspartnern zu tun. Eine Kommunikation mit diesen beiden Personengruppen wird umso erfolgreicher sein, je eher man bereit ist, Unterschiede in deren Kommunikationsverhalten (im Vergleich zum eigenen) bewusst und sensibel wahrzunehmen und sich darauf entsprechend einzustellen.

Verfügt man über interkulturelle Kompetenz, wird dies nicht schwerfallen.

Beispiel

In asiatischen Ländern erfolgt eine Begrüßung durch eine Verbeugung. Händeschütteln wie bei uns wird dort als zu direkt und aggressiv empfunden. Anschließend erfolgt oft eine formale Übergabe von Visitenkarten – allerdings ausschließlich mit beiden Händen.
Ist man sich dessen bei Verhandlungen mit chinesischen Geschäftsleuten bewusst, verfügt man über interkulturelle Kompetenz.

Win-win-Situation anstreben

Ein Kommunikationsprozess wird auch dann erfolgreich sein, wenn beide Gesprächspartner darauf achten, dass es zu einer Win-win-Situation kommt. Eine solche liegt z. B. vor, wenn das Ergebnis einer Verhandlung für beide Verhandlungspartner einen größeren Nutzen darstellt, als wenn keine Vereinbarung getroffen worden wäre. Beide Seiten sollten darauf achten, dass sich alle im Vorteil fühlen.

Konventionen einhalten

Beachtet man in beruflichen Gesprächen bestimmte Konventionen bzw. Höflichkeitsregeln, wird die Kommunikation erheblich erleichtert. Eine Missachtung solcher Regeln im geschäftlichen Umfeld kann sich sehr nachteilig auswirken.

Empfang

Man kann schon vor dem Gesprächstermin die Kommunikation positiv beeinflussen. Mit dem richtigen Empfang kann man die Weichen dafür stellen, dass sich Geschäftspartner wohl- und willkommen fühlen. Durch den dadurch gewonnenen positiven ersten Eindruck werden beste Voraussetzungen für das folgende Gespräch geschaffen:

- Vor dem eigentlichen Besucherempfang sollte den Gästen eine Anfahrtsbeschreibung zugestellt werden. Ebenfalls sollte ihnen genau mitgeteilt werden, wo im Unternehmen das Gespräch stattfindet.
- Ankommende Besucher müssen sofort wahrgenommen werden. Es sollte vermieden werden, dass sie warten müssen (ggf. sollte ein Platz und evtl. Getränke angeboten werden).
- Gästen sollte Wertschätzung entgegengebracht werden. Sie sollten ernst genommen werden.
- Der empfangende Mitarbeiter sollte zu jedem ankommenden Besucher Blickkontakt aufnehmen und lächeln.
- Kommen Gäste an, darf niemals dem Telefon Vorrang gegeben werden.
- Gäste sollten mit einem Willkommensgruß angesprochen werden.
- Gäste sollten – wenn möglich persönlich – durch das Unternehmen begleitet werden.
- Vor dem Gespräch ist für angemessene Getränke und ggf. Verpflegung zu sorgen.

Begrüßungen

Bei Begrüßungen im geschäftlichen Umfeld müssen die ökonomischen oder hierarchischen Beziehungen der Gesprächsteilnehmer berücksichtigt werden:

- Mitarbeitende grüßen Vorgesetzte immer zuerst.
- Geschäftspartner, wie z. B. Kunden oder Lieferanten, werden ebenfalls zuerst gegrüßt.
- Falls bekannt, werden Gesprächspartner namentlich begrüßt, um eine persönliche Atmosphäre zu schaffen.
- Bei Gleichgestellten gilt, dass
  - jüngere Gesprächspartner die älteren begrüßen oder im Zweifel
  - der, der den anderen Gesprächspartner als Erster wahrnimmt, die Begrüßung vornimmt.

Handschlag

Trifft man mit Geschäftspartnern zusammen, erfolgt eine Begrüßung per Handschlag. Hierbei gilt:

- Beim Handschlag wird Blickkontakt aufgenommen.
- Ranghöhere oder ältere geben den rangniedrigen bzw. jüngeren Mitarbeitenden als Erstes die Hand.

Vorstellung

Trifft man im Geschäftsleben auf eine oder mehrere unbekannte Personen, ist eine Vorstellung notwendig. Alle Gesprächspartner müssen darüber informiert sein, mit wem sie es zu tun haben. Allgemein gilt im Geschäftsleben, dass rangniedrigere Gesprächspartner den ranghöheren Mitarbeitenden (Vorgesetzte, Geschäftspartner) vorgestellt werden.

Stößt man zu einer Gruppe unbekannter Personen hinzu, stellt man sich dagegen selbst namentlich vor.

Smalltalk

Ein Gespräch gleich mit geschäftlichen Themen zu beginnen, kann kontraproduktiv sein. Oft wird die Atmosphäre dadurch positiv beeinflusst, dass man zunächst mit einem kurzen Smalltalk beginnt. Unter einem Smalltalk versteht man ein informelles Gespräch (im Plauderton) über nicht geschäftliche Themen.

Ein Gespräch kommt einfacher in Gang, wenn man offene Fragen stellt, z. B. kann man den Gesprächspartner nach seiner Meinung zu einem Thema von allgemeinem Interesse fragen.

Auf jeden Fall sollte man versuchen, schnell einen gemeinsamen Nenner zu finden, z. B. gleiches Interesse an einem Hobby, einer Sportart, einem Fußballverein. Man bekundet dadurch Interesse an seinem Gesprächspartner und wird von ihm als Person mit positiver Ausstrahlung wahrgenommen. Zudem wecken Gemeinsamkeiten Sympathien und vertiefen den Kontakt.

Wie bei jedem Gespräch ist auch für einen gelungenen Smalltalk aufmerksames und aktives Zuhören eine Grundvoraussetzung.

Besuch bei den Kunden

In der Versicherungsbranche findet der überwiegende Teil der Kundenberatungsgespräche in den Räumen der Kunden statt. Dies sind entweder die Privatwohnungen der Kunden, oder bei Geschäftskunden deren Geschäftsräume. Im Grunde gelten hier die gleichen allgemeinen Umgangsregeln, wie bei Kundenbesuchen in den eigenen Geschäftsräumen. Es gibt allerdings einige Grundregeln,die man beachten sollte:

- Warten Sie, bis Ihnen ein Platz angeboten wird, sonst kann es Ihnen passieren, dass Sie sich versehentlich auf den Lieblingsplatz der Person setzen, was einen schlechten Gesprächsstart bedeutet.
- Wenn Sie die freie Platzauswahl haben, wählen Sie möglichst einen Platz mit Sicht auf die Eingangstür, damit Sie sehen können, wenn eine weitere Person den Raum betritt, um dann entsprechend reagieren zu können.
- Bedenken Sie, dass Menschen in den eigenen Räumen einen Heimvorteil haben. Kritisieren Sie auf keinen Fall den Einrichtungsstil o.Ä. und konzentrieren Sie sich auf Gemeinsamkeiten anstatt auf unterschiedliche Vorstellungen, denn nur in einer guten Atmosphäre kommen auch gute Geschäfte zustande.
- Fallen Sie auch hier nicht mit der Tür ins Haus und beginnen Sie nach der Begrüßung mit etwas Smalltalk. Das bricht das Eis und schafft eine gute Grundlage für das kommende Gespräch.

3.4 Körpersprache in Kundenberatungsgesprächen

Bis zu 80 % aller Informationen in Gesprächen werden durch nonverbale Signale ausgesandt. Diese nonverbale Kommunikation wird unter dem Begriff Körpersprache zusammengefasst. Die Körpersprache wird ohne Worte „gesprochen“: Sie vollzieht sich in der Regel unbewusst, unwillkürlich und unbeabsichtigt.

In Verbindung mit dem gesprochenen Wort kann Körpersprache einerseits verbale Aussagen verdeutlichen, ersetzen oder verstärken, in bestimmten Fällen diesen aber auch widersprechen.

Beispiel

Verstärkung:
Ein Politiker unterstützt bei einer Bundestagsrede seine Argumentation, indem er mit der Faust auf das Rednerpult schlägt.

Widerspruch:
Eine Aussage, die auf den ersten Blick ernst gemeint erscheint, wird durch Lächeln und ein Augenzwinkern ins Gegenteil gewendet.

Bestandteile der Körpersprache sind:

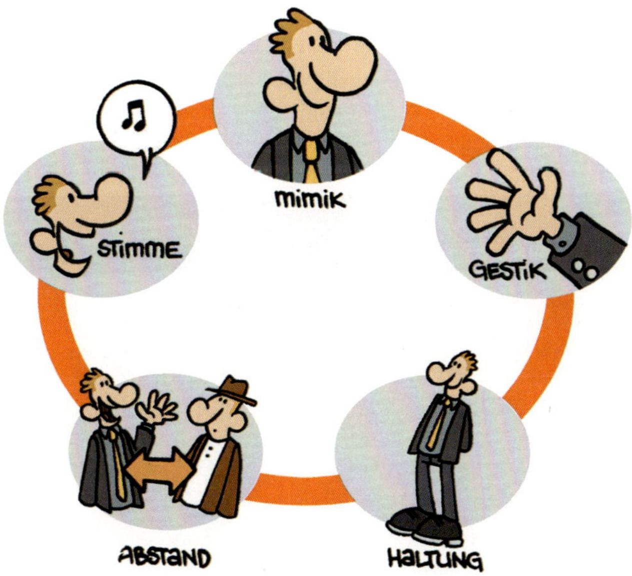

Nonverbale Kommunikation in Gesprächen

Lernen Mitarbeitende körpersprachlich auf Geschäftspartner einzugehen, so wird dies für sie und ihr Unternehmen große Vorteile haben. Die Körpersprache verrät Interessen, Abneigungen, Gefühle und Empfindungen. Wer diese körpersprachlichen Aussagen des Gesprächspartners erkennt und bei der Gesprächsführung berücksichtigt, kann leichter überzeugen.

Kommunikation in Gesprächen erfolgt ...

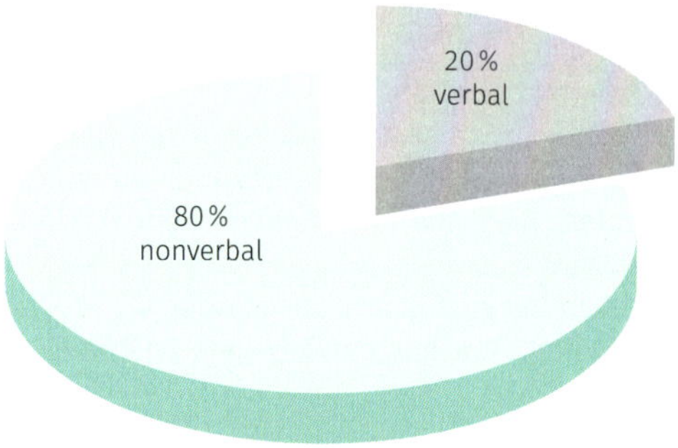

Beispiel Ein Mitarbeiter, der in einem Kundenberatungsgespräch auf die körpersprachlichen Signale des Gegenübers achtet und sie richtig deuten kann, kann besser erkennen, welche Versicherungsprodukte er vorstellen soll und wie er auf Einwände reagiert.

Es geht aber nicht nur darum, körpersprachliche Signale des Gesprächspartners richtig zu interpretieren. Von ebenso großer Bedeutung ist, die eigene Körpersprache gezielt als Instrument in erfolgreichen Gesprächen einzusetzen.

Beispiele

- In der Phase der Kontaktaufnahme eines Kundenberatungsgesprächs wird der Blickkontakt zum Gegenüber gesucht.
- Die Produktangebotsvorlage kann durch demonstrierende Bewegungen von Armen und Händen unterstützt werden.

Mimik

Zur Mimik gehören alle Signale des Gesichts. Ein Bestandteil der Mimik ist der Gesichtsausdruck, der das innere Erleben spiegelt. Es gibt etwa 400 unterscheidbare Gesichtsausdrücke.

Die Mimik umfasst aber auch die Art des Blickkontakts.

Blicke sind Ausdrucksbewegungen der Augen. Mit Blicken kann man ganz allgemein positiv oder negativ bekräftigen. So kann man beispielsweise mit ihnen Kontakt aufnehmen oder Sympathie bekunden, aber auch Dominanz (durch Fixieren) und Drohen (durch Anstarren) ausdrücken.

Mimik[1] Signale und ihre Bedeutung	
Ablehnung	„langes Gesicht“: geöffneter Mund bei geschlossenen Lippen und zurückgeschobenem Kinn
Ablehnung	gerümpfte Nase
Ablehnung	den Kopf mehrmals ruckartig zurückwerfen
Ablehnung	verengte Pupillen

1 Quelle: Ruhleder, Rolf H., Verkaufstraining intensiv, 7. erw. Auflage, expert Verlag, Renningen-Malmsheim 1998.

Erstaunen	den Mund öffnen
Erstaunen/Skepsis	Augenbrauen anheben
Interesse	Blickkontakt halten
Arroganz/Überlegenheit	Mundwinkel anheben
Arroganz/Überlegenheit	Augenbrauen anheben
Arroganz/Überlegenheit/Nachdenklichkeit	Unterlippe hochziehen
Nachdenklichkeit/Unsicherheit/Verlegenheit	Gesicht verdecken
Unsicherheit/Nervosität	auffällig häufiger Lidschlag
Desinteresse/Verlegenheit	Es wird kein Blickkontakt gehalten, Gegenüber sieht häufig weg.
innere Anspannung/Abschottung	zusammengekniffene Lippen

Gestik

Gestik[1] Signale und ihre Bedeutung	
Aussage unterstreichen	die Fingerkuppen einer Hand aneinanderpressen
Interesse	geweitete Pupillen
Sicherheit	Armbewegungen oberhalb der Taille
Sicherheit/Entrüstung/Erregung	Hände in die Hüften stemmen
Sicherheit/Ablehnung	in der Luft von oben nach unten geführte Schläge (etwas soll kleiner gemacht werden, als es ist)
Sicherheit/Nachdenklichkeit/Selbstgefälligkeit	das Kinn streicheln
Sicherheit/Nachdenklichkeit	mit den Händen ein Spitzdach nach oben formen
Freude/Sicherheit/Zufriedenheit	sich die Hände reiben
Unsicherheit/Ablehnung	mit den Händen ein Spitzdach in Richtung des Gesprächspartners formen
Unsicherheit/Nervosität	mit den Fingern trommeln
Unsicherheit/Verkrampfung	die Hände vor der Brust falten
Unsicherheit/Verkrampfung	die Füße um die Stuhlbeine legen
Unsicherheit/Verlegenheit	Armbewegungen unterhalb der Taille
Unsicherheit/Verlegenheit	sich an die Nase fassen
Unsicherheit/Verwirrung/Erregung	die Brille hastig abnehmen
Unsicherheit/Zeitgewinn	die Brille hochschieben

1 Quelle: Ruhleder, Rolf H., Verkaufstraining intensiv, 7. erw. Auflage, expert Verlag, Renningen-Malmsheim 1998.

Die Gestik umfasst die Signale von Armen und Händen. Sie kann

- das Verständnis des Gesagten unterstützen,
- Hinweise auf die Stimmung geben,

Beispiel Ärmelaufkrempeln oder Faustbildung als Zeichen für Entschlossenheit

- Zweifel am Gesagten schaffen durch die Diskrepanz zwischen Inhalt und Gestik.

Gestik Signale und ihre Bedeutung	
Aggression	doppelläufige Pistole: Aneinanderlegen der Zeigefinger bei Verschränkung der anderen Finger und auf die Zeigefinger aufgelegten Daumen
Zurückhalten von Informationen	einen oder mehrere Finger auf die Lippen legen

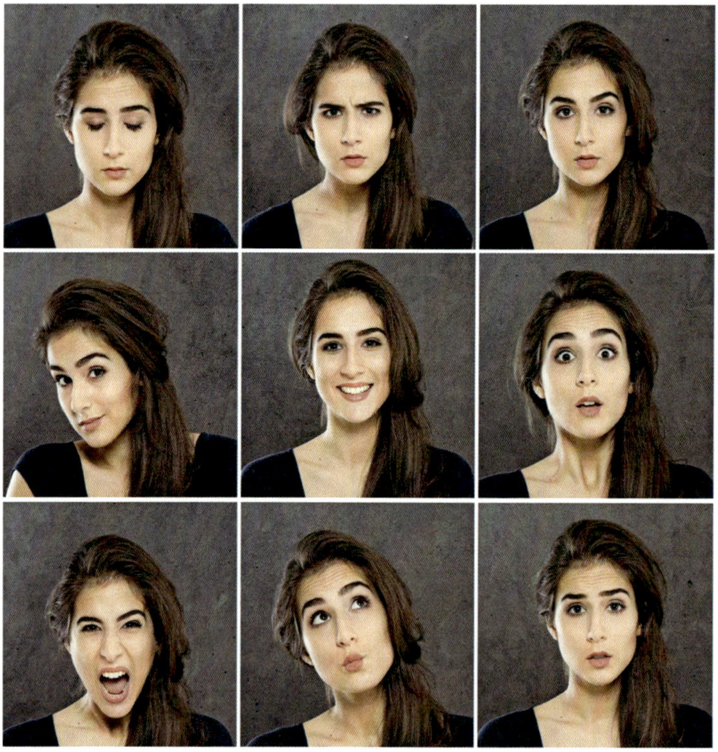

Körperhaltung

Die innere Haltung eines Menschen wird oft in seiner körperlichen Haltung ausgedrückt. Zur Körperhaltung zählen Ausdrucksbewegungen des Kopfes, des Oberkörpers und der Beine.

Beispiel Ein erhobener Kopf kann Selbstbewusstsein und Entschlossenheit signalisieren.

„Das Kinn streicheln“

Was Mimik, Gestik und Körperhaltung bedeuten

Gestik

Ablehnung:
- Bei Selbstsicherheit:
  virtuelle Luftschläge von oben nach unten (Etwas soll kleiner gemacht werden, als es ist.)

- Bei Unsicherheit:
  mit den Händen ein Spitzdach in Richtung des Gesprächspartners formen

Aggression:
Aneinanderlegen der Zeigefinger bei Verschränkung der anderen Finger

Aussagen unterstreichen:
die Fingerkuppen einer Hand aneinanderpressen

Informationen zurückhalten:
einen oder mehrere Finger auf die Lippen legen

Nachdenklichkeit:
mit den Händen ein Spitzdach formen

Selbstgefälligkeit:
das Kinn strecken

Sicherheit:
Armbewegungen oberhalb der Taille

Verkrampfung:
Hände vor der Brust falten

Verlegenheit:
Armbewegungen unterhalb der Taille, sich an die Nase fassen

Verwirrung/Erregung:
die Brille hastig abnehmen

Zeit gewinnen:
die Brille hochschieben

Körperhaltung

Ablehnung:
körperliches Zurückweichen (Distanz vergrößern); Blick über Schulter, Oberkörper wird abgewendet

Rücksichtslosigkeit:
Sitzen mit breit auseinandergespreizten Beinen

Sicherheit:
Jackett öffnen, aufrechter, lockerer Stand

Unsicherheit:
die Füße um die Stuhlbeine schlingen; die Hände um die Stuhllehne klammern; sich selbst mit den Armen umarmen

Mimik

Ablehnung:
den Kopf mehrmals ruckartig zurückwerfen, gerümpfte Nase, zurückgeschobenes Kinn

Arroganz:
ein Mundwinkel oder die Augenbrauen werden angehoben

Innere Anspannung/Abschottung:
zusammengekniffene Lippen

Interesse:
Blickkontakt wird gehalten

Nachdenklichkeit:
die Unterlippe wird hochgezogen; das Gesicht wird verdeckt

Skepsis:
Augenbrauen werden angehoben

Körperhaltung[1] Signale und ihre Bedeutung	
Ablehnung	körperliches Zurückweichen
Ablehnung	Blick über die Schulter, der Oberkörper wird dem Gesprächspartner in der Körperachse nicht zugewendet.
Ablehnung	den Oberkörper zurücknehmen (Distanz vergrößern)
Sicherheit	das Jackett oder Hemdenknöpfe öffnen
Sicherheit	aufrechter, lockerer Stand
Unsicherheit	ständig in Bewegung (kein ruhiger Stand, Herumrutschen auf dem Stuhl)
Unsicherheit	die Hände um die Stuhllehne geklammert
Unsicherheit	sich selbst mit den Armen umklammern
Zustimmung	körperliche Annäherung
Zustimmung	sich ganz dem Gesprächspartner zuwenden und sein Verhalten spiegeln
Rücksichtslosigkeit	Sitzen oder Stehen mit breit auseinanderklaffenden Beinen

Stimme

Auch mit der Stimme kann ein Mensch nonverbale Signale aussenden. Veränderungen des Tonfalls, der Lautstärke, der Stimmlage, des Sprechtempos und der Sprechpausen können die Bewertung einer Aussage ändern. Auch mit Lachen oder Seufzen können Informationen übermittelt werden.

Beispiel Sind Menschen erregt (sowohl durch Angst als auch durch freudig gespannte Erwartung), werden sie in höheren Tönen sprechen. Betonen sie etwas nachdrücklich, werden sie tiefer sprechen, was aber auch Sicherheit, Ruhe, Dominanz oder auch etwas Drohendes signalisieren kann.

Abstand zu anderen Menschen

Der Abstand, der zu anderen Menschen eingenommen wird, drückt Nähe bzw. Distanz zu ihnen aus. Mit einem zu geringen Abstand kann die Dringlichkeit eines Anliegens oder eine Angriffslust signalisiert werden.

Unter Gesprächspartnern können grob vier Distanzzonen unterschieden werden:

- **Intimzone**
  In Mitteleuropa beginnt die Intimzone circa 50 cm vor und endet 50 cm hinter einer Person – an der Seite ist die Intimzone etwas kleiner. In diese Zone dürfen nur Personen mit einer besonderen Erlaubnis eindringen.
- **persönliche Distanzzone**
  Die persönliche Distanzzone beginnt am Rande der Intimzone und reicht etwa einen bis 1,5 Meter nach vorne und hinten. Zur Seite ist die Distanz wiederum etwas geringer. In diesem Bereich werden persönliche Gespräche geführt, ohne sich bedrängt zu fühlen. Die persönliche Distanzzone ist in normalen Situationen (also z. B. nicht gerade in der vollbesetzten S-Bahn oder in einem Fahrstuhl)

1 Ruhleder, Rolf H., Verkaufstraining intensiv, 7. erw. Auflage, expert Verlag, Renningen-Malmsheim 1998

Freunden und dem Lebenspartner vorbehalten. Hier ereignen sich persönliche Gespräche. Auch bei vielen erfolgreich verlaufenden Geschäftsgesprächen findet hier ein Teil der Kommunikation statt.

- **soziale Distanzzone**
  Von der Grenze der persönlichen Distanzzone bis zu einer Entfernung von circa vier Metern nach vorne und hinten erstreckt sich die soziale Distanzzone. In ihr finden formale Gespräche statt, also auch die meisten Geschäftsgespräche (zumindest zu Beginn). In diesem Bereich werden andere Personen wahrgenommen.
- **öffentliche Zone**
  Sie beginnt bei ca. vier Metern Abstand. Redner wählen z. B. diese Entfernung, wenn sie eine Rede vor einem großen Publikum halten müssen.

Die Abstandszonen werden subjektiv unterschiedlich aufgefasst. Introvertierte Menschen werden die Abstandszonen enger setzen als extrovertierte. Auch die Zugehörigkeit zu bestimmten Kulturkreisen bestimmt die Distanzzonen.

Distanzzonen - anderswo anders?

In anderen Ländern werden die Distanzzonen anders eingenommen als in Deutschland. Vor kurzem gab es in einem brasilianischen Lokal mehrere schmerzhafte Vorfälle, die auf unterschiedlichen Auffassungen von Distanzzonen beruhten: Ein Tischler wurde in einem Restaurant beauftragt, das Geländer einer Außenterrasse deutlich zu erhöhen. Dort verletzten sich nämlich immer wieder Mitteleuropäer und Nordamerikaner, weil sie von der Terrasse stürzten. Die Ursache war, dass die brasilianischen Gesprächspartner den in Mitteleuropa geltenden Gesprächsabstand von etwa 1,5 m nicht eingehalten hatten. Die Unfallopfer aus Europa oder den USA fühlten sich bedrängt und bedroht und wichen zurück. Die südamerikanischen Gesprächspartner rückten jedoch Schritt für Schritt nach. Es kam zu vielen Unfällen.
Eine wissenschaftliche Untersuchung zeigte auch die Problematik der unterschiedlichen Auffassungen, wie weit die Intimzone eines Menschen reicht. Verglichen wurden Gespräche jeweils zwischen Personen aus England und Puerto Rico. Gemessen wurde, wie oft während des Gespräches der jeweilige Gesprächspartner berührt wurde. Überraschendes Ergebnis: Puerto-Ricanische Männer berühren während eines Gespräches den Gesprächspartner etwa 180-mal pro Stunde. In der gleichen Zeit kommt es in einem einstündigen Gespräch unter Engländern zu gar keiner Berührung. Man muss sich diese kulturellen Unterschiede bewusst machen, sonst wird ein Engländer in einem Gespräch mit einem Puerto-Ricaner diesem – obwohl dies in keinem Fall beabsichtigt ist – eventuell homosexuelle Absichten unterstellen.

Die äußere Erscheinung: Die Artefakte

Zur Körpersprache wird im weiteren Sinn neuerdings die äußere Erscheinung gezählt. Diese wird bestimmt durch sogenannte Artefakte: Dazu zählen alle Objekte, die zur Ausschmückung einer Rolle oder Betonung einer Haltung oder Einstellung dienen können.

Beispiele

- Kleidung
- Frisuren
- Schmuck
- Parfüm
- Sonnenbrillen
- Accessoires

Mit Kleidung kann z.B. ein klarer Rollenunterschied dargestellt bzw. eine Gruppenzugehörigkeit angezeigt werden. Ein weißer Kittel in einem Drogeriemarkt zeigt deutlich, wer zum Verkaufspersonal gehört. Das Spielen mit Artefakten kann auch besonders auf andere Personen wirken. Klammert sich z.B. ein Schüler bei einer Präsentation an seinen Notizzettel, dann erscheint er unsicher, nervös und ängstlich.

Körpersprache und Verkauf

- Es ist extrem wichtig, das Distanzbedürfnis anderer Menschen zu respektieren. Wer anderen zu dicht „auf die Pelle" rückt, muss sich nicht wundern, wenn er sich unbeliebt macht. Das unerlaubte Eindringen in die intime Distanzzone wird praktisch immer als unerwünschte Grenzübertretung empfunden. Um einen guten Kontakt zu erhalten, sollten Verkäuferinnen und Verkäufer Abstand von der intimen Distanzzone wahren. Erfahrene Personen strecken – gedanklich – immer den Arm aus: Wenn sie dann das Gegenüber „berühren", sind sie in seine Intimdistanz eingedrungen.
- Ein erfolgreiches Beratungsgespräch, bei der die Entfernung zum Gegenüber fünf oder sechs Meter beträgt, ist kaum vorstellbar. Anzustreben bei Beratungsgesprächen und Verhandlungen ist die persönliche Distanz.
- Die wichtigsten – und am leichtesten zu interpretierenden – Signale werden von den Augen gesendet. Ein freundlicher offener Blick stimmt das Gegenüber positiv. Wer andere „keines Blickes würdigt", wird als arrogant und überheblich eingeschätzt. Aber Achtung: Wer zu lange und zu intensiv sein Gegenüber fixiert, wird schnell als bedrohlich und angriffslustig angesehen.
- Ein Lächeln wirkt Wunder: Ein Mensch, der viel lächelt, hat eine positive Ausstrahlung. Allerdings sollte das Lächeln echt sein. Das echte Lächeln ist meist von hochgezogenen Wangen, kleinen Fältchen unter den Augen (Krähenfüße) sowie dem Senken der Augenbrauen begleitet. Personen mit schiefem „Lächeln" werden dagegen gemieden. Beim vorgetäuschten Lächeln sind die Muskeln rund um die Augen nicht aktiv. Oft bricht ein falsches Lächeln abrupt ab oder verschwindet stufenweise vom Gesicht.

- Mit einem schmollenden Mund werden keine Kunden überzeugt. Ebenso wie das schiefe Lächeln wirkt ein schiefer Mund wenig glaubwürdig. Wird sogar nur ein Mundwinkel angehoben, so signalisiert diese Mimik immer auch Zynismus, Arroganz oder ein Überlegenheitsgefühl.
- Schließende Gesten eines Verkäufers (z. B. Mauerbildung durch überkreuzende Arme vor der Brust oder Zeigen des Handrückens statt der Handfläche) werden von vielen Kunden als negativ empfunden. Entschuldigungsgesten (wie Schulterzucken mit Aufdrehen der Hände unterhalb der Taille) werden als Hilflosigkeit und Unterwerfung gedeutet. Wenn ein Verkäufer in Verkaufsgesprächen überzeugen will, sollte er daher negative Aussagen durch Gesten möglichst vermeiden.
- Positive Aussagen (seine Verkaufsargumente z. B.) sollte er durch positive – öffnende und harmonische – Gesten verstärken.

3.5 Sprache als Instrument in erfolgreichen Gesprächen

„Aus vielen Worten entspringt ebenso viel Gelegenheit zum Missverständnis."

Zitat von William James (1842–1910), amerik. Philosoph

Das Vertrauen gewinnen Personen in Gesprächen insbesondere durch ihre Sprache. Damit wird die Sprache zum wichtigsten Instrument in Gesprächen. Die Beherrschung dieses Handwerkzeugs ist also von großer Bedeutung.

Verschiedene Faktoren beeinflussen sprachliche Aktivitäten in Gesprächen:

- die Persönlichkeit der Gesprächsteilnehmer
- die momentane Stimmung der am Gespräch Beteiligten
- das Verhältnis zum Gesprächsgegenstand
- die Ziele der Gesprächspartner

Gesprächsstörer

Natürlich sollte in Gesprächen alles vermieden werden, was diese negativ beeinflussen könnte:

- Ein Gesprächsteilnehmer sollte keine Monologe führen.
- Um einfach zu sprechen, sollte auf Fremdwörter verzichtet werden. Bei Fachausdrücken sollte man sich überlegen, ob diese Begriffe dem Gesprächspartner bekannt sind.
- Langatmige Sätze sind zu vermeiden. Jeder ist dankbar, wenn sich der Gesprächspartner kurz, knapp und präzise ausdrückt.
- Eine erfolgreiche Gesprächsführung sollte auf ironische und bewertende Bemerkungen verzichten.

Beispiele

„Das ist aber schlecht ..."
„Das glauben Sie doch selbst nicht!"

- Gesprächspartnern wird häufig verübelt, wenn sie
  - versuchen, zu überreden bzw. Befehle zu geben,

Beispiele

- „Ich kann es nicht oft genug wiederholen, unterschreiben Sie diesen Versicherungsvertrag!"
- „Greifen Sie sofort zu, sonst ...!"
- „Folgen Sie unserer Verhandlungslinie! Ansonsten ..."

- Vorwürfe machen,

Beispiele
- „Ich habe Ihnen gleich gesagt, ..."
- „Hätten sie mal ..."

- die Erwartungen dämpfen.

Beispiele
- „Diese Versicherung werden Sie sich kaum leisten können ..."
- „Damit werden Sie sicher Schwierigkeiten haben ..."

- Sehr negativ werden **Killerphrasen** aufgefasst. Dies sind Negativformulierungen, die meistens dazu führen, dass ein Gespräch ohne Erfolg beendet wird.

Beispiele
- „Ohne jetzt dieses Gespräch unterbinden zu wollen ..."
- „Das geht im Augenblick nicht."
- „Keine Zeit für so etwas."
- „Schaffen wir nie."
- „So haben wir das früher doch (nicht) gemacht."
- „Sie stellen sich das so einfach vor."

Killerphrasen sind pauschale und abwertende Angriffe, z. B. in einer Diskussion oder in einem Verkaufsgespräch. Sie sind nicht an der Sache orientiert, sondern werden im Gegenteil vorzugsweise dann hervorgezogen, wenn Sachargumente fehlen. Sie kehren soziale Dominanz hervor bei sachlicher Unterlegenheit. Der Sprecher versucht so, eine höhere Rangordnung einzunehmen, ohne Argumente dafür zu haben.
Killerphrasen verhindern einen Austausch und ein echtes Gespräch, indem sie die andere bzw. den anderen abblocken.

„Ich hab 'ne tolle Idee!" **„Es war ja nur mal so 'ne Idee ..."**

Gesprächsstörer	Gesprächsförderer
befehlen	umschreiben
überreden	zusammenfassen
warnen und drohen	übertreibend bestätigen
herunterspielen/bagatellisieren	nachfragen
ausfragen	klärend auf den Punkt bringen
	zuhören

Gesprächsförderer

Für die Formulierung von Aussagen, die z. B. einen erfolgreichen Geschäftsabschluss fördern, gilt eine Reihe von Grundsätzen:

- Man sollte kurze Sätze gebrauchen. Um den Gesprächspartner nicht mit Bandwurmsätzen zu verwirren, sollte man beispielsweise Nebensätze vermeiden.
- In Gesprächen deutlich zu sprechen, ist eine Selbstverständlichkeit.
- Die Sprache muss dem Gegenüber angemessen sein. Man sollte die Fachsprache der jeweiligen Klientel beherrschen und auch anwenden können.
- Die Aussagen müssen dem fachlichen Bildungsstand des Gesprächspartners entsprechen.
- Die Sprache soll aktiv und motivierend sein.
- Bestimmte Formulierungen erweisen sich als sehr gesprächsfördernd, da man seinem Gesprächspartner Interesse signalisiert. Mit solchen Zwischenbemerkungen kann man
  - seinem Gesprächspartner aktiv zuhören.

Beispiele

- „ah ja“
- „mmh“
- „ja gut“

- ihm zustimmen.

Beispiele

- „Richtig!“
- „Ja!“
- „Da bin ich ganz Ihrer Meinung!“

- etwas nachfragen.

Beispiele

- „Könnten Sie das noch etwas erläutern?“
- „Habe ich das richtig verstanden?“

- seinem Gesprächspartner Denkanstöße geben.

Beispiele

- „Was halten Sie denn von ...?“
- „Haben Sie sich schon einmal überlegt ...?“

Aktives Zuhören

Auch das Zuhören ist eine Form der Kommunikation, insbesondere, wenn man dabei dem Gesprächspartner das Gefühl vermittelt, dass man wirklich bei der Sache ist. Wer aktiv zuhört, gibt seinem Gegenüber durch Körperhaltung und Mimik zu verstehen, dass er im Mittelpunkt der Aufmerksamkeit steht. Gelegentliche Reaktionen wie Kopfnicken und kurze gesprochene Aufmunterungen unterstützen den Redefluss des Gesprächspartners. Als guter Zuhörer wirkt man interessiert und gibt dem Redenden ein Gefühl von Geltung und Achtung. Man kann dieses Gefühl noch verstärken, indem man ab und zu Fragen stellt, die beweisen, dass man tatsächlich zuhört und dass man gerne noch mehr erfahren würde.

- Die Stimmtechnik muss stimmen:
  - Man darf nicht zu hoch sprechen, da dies auf Nervosität und Verspannung des Sprechers hindeutet.
  - Eine zu leise und dünne Stimme wird oft als Signal für fehlende Fachkompetenz wahrgenommen. Im Zweifel sollte man lieber etwas lauter sprechen.
  - Wer erfolgreiche Geschäftsabschlüsse anstrebt, sollte öfters seine Stimme kontrollieren. Spricht man sehr monoton und abgehackt, wirkt sich dies negativ auf die Überzeugungskraft aus.
  - Gesprächsteilnehmer bevorzugen auch eine nicht zu schnelle Sprache des Gegenübers.
- Substantivierte Sätze haben etwas Träges, manchmal sogar Umständliches an sich. Verbale Sätze bestimmen wesentlich eindeutiger, was passiert. Die verbale Ausdrucksweise wirkt dadurch wesentlich konzentrierter und dynamischer.

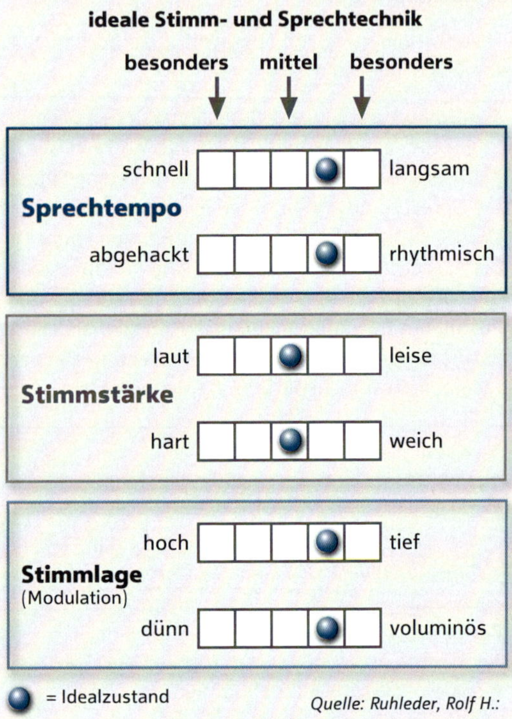

Quelle: Ruhleder, Rolf H.: Verkaufstraining intensiv. 7., erw. Auflage. Renningen-Malmsheim: expert Verlag 1998, S. 158.

Beispiele

- substantivierter Satz:
  „Sie wollen also den Abschluss einer Versicherung?"
- verbaler Satz:
  „Sie wollen sich versichern?"

- Vorteilsformulierungen unterstützen sprachlich die Überzeugungskraft.

Beispiele

- Mit einem Verb (Tätigkeitswort) lässt sich auf Vorteile der Ware hinweisen:
  „Diese Versicherungssparte hilft Ihnen ..."
  „Sie sparen beim Abschluss dieser Versicherung zwölf Euro im Vergleich zu ..."
  „Dieses Label garantiert Ihnen ..."

- Grundsätzlich ist ein passiver Satzaufbau in der deutschen Sprache nicht falsch, er enthält jedoch einen gewissen Grad an „Faulheit". Deshalb sollte man bewusst aktiv – d. h. also mit aktivierender Wirkung – sprechen.

Beispiele

- passive Aussage:
  „Es **wird** von uns ein Angebot **ausgearbeitet**."
- aktive Aussage:
  „Wir **arbeiten** ein Angebot **aus**."

- Ein und dasselbe Argument kann jeweils mit einer negativen und positiven Ausdrucksweise vorgebracht werden. Positive Aussagen wirken als Gesprächsförderer.

Beispiele

- negative Aussage:
  „Bei diesem Tarif werden Sie im Schadenfall keine Probleme bekommen."
- positive Aussage:
  „Diese Versicherung deckt all Ihre Risiken ab."

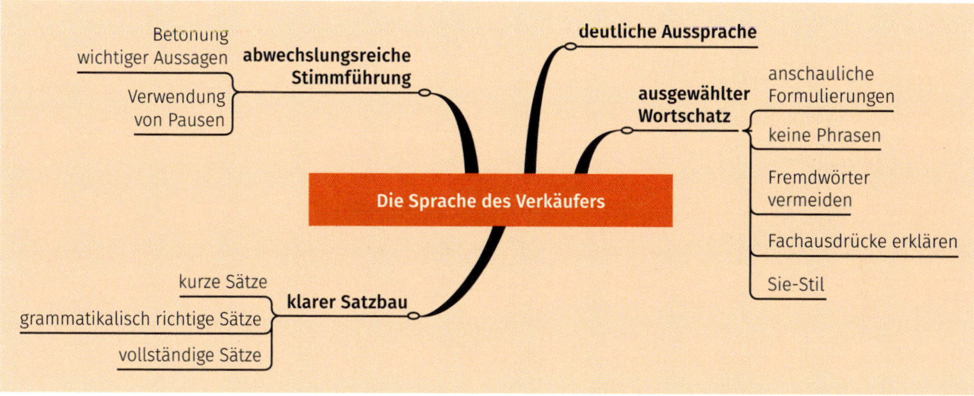

3.6 Gesprächslenkung mit Fragen

Fragetechnik in Gesprächen

Zu den klassischen Instrumenten einer erfolgreichen Gesprächsführung gehört die Fragetechnik. Fragen zu stellen ist z.B. eine der erfolgreichsten Verhandlungstechniken: Der Fragesteller steuert den Verlauf der Verhandlung.

„Wer fragt, der führt, und wer führt, der gewinnt."
(Spruch unbekannter Herkunft, nach www.aphorismen.de)

Auch erfolgreiche Mitarbeitende versuchen in allen Gesprächsarten durch den gezielten Einsatz von geeigneten Fragen die Gesprächsführung zu übernehmen und zu behalten.

Richtig gestellte Fragen in Gesprächen haben folgende Vorteile:

- Der Fragesteller bekommt wichtige Informationen für sein Gespräch. Die Qualität der Fragestellung hat dabei auf die Beschaffenheit der Informationen unmittelbaren Einfluss.
- Das Gespräch wird durch die Fragen in die Richtung des Fragestellers gelenkt. Er übernimmt die Führung des Gesprächs. (Wer fragt, behält die Initiative!)
- Fragen helfen, auf den Gesprächspartner einzugehen. Sie geben ihm das Gefühl, dass er verstanden und ihm zugehört wird. Dadurch wird ein Vertrauensverhältnis zum Gesprächspartner aufgebaut.
- In bestimmten (z.B. unangenehmen) Situationen schaffen die Fragen einen Spielraum für neue Argumentationen: Man gewinnt Zeit.
- Fragen lassen den Fragesteller Gegenargumente schneller erkennen und machen es ihm leichter, Einwände abzuwehren.

Ein Witz zur Bedeutung von Fragetechniken:

Ein junger Mönch, gerade neu ins Kloster eingetreten, fragt den Abt: „Ist es erlaubt, während des Betens zu rauchen?" Der Abt, ziemlich erstaunt über eine solche Frage, antwortet voller Überzeugung: „Das ist verboten!"

Am Abend begibt sich der junge Mönch in die Klosterkapelle zum ersten gemeinsamen Gebet im Kreis der Klosterbrüder. Und was muss er sehen? Da kniet ein alter Mönch, betet und pafft dazu in aller Seelenruhe sein Pfeifchen. Der junge Mönch ist verständlicherweise sauer. Er kann das Ende der Gebetsstunde kaum erwarten. Endlich ist es soweit; er nähert sich dem alten Mönch und stellt ihn zur Rede: „Bruder! Wie kommt es, dass du während des Betens rauchst, das hat der Abt doch ausdrücklich verboten!"

„Hast du ihn denn gefragt?"

„Aber natürlich!"

„Seltsam", meint der alte Mönch, „auch ich habe ihn gefragt und er hat es mir gestattet."

Empört über diese Ungerechtigkeit will der junge Mönch sofort zum Abt eilen, aber der alte Mönch hält ihn zurück. „Sage mir doch", will er wissen, „was hast du den Abt genau gefragt?"

Der junge Mönch: „Ich habe gefragt, ob ich während des Betens rauchen dürfe!" „Siehst du, ich habe ihn gefragt, ob ich während des Rauchens beten dürfe!"

Um etwas über den Gesprächspartner, seine Bedürfnisse und Zielsetzungen zu erfahren, muss die Gesprächsführung unter Zuhilfenahme von Fragetechniken stattfinden. Die Fragetechniken gehören zu den wichtigsten Schlüsselqualifikationen in der Kommunikation. Es lassen sich unterschiedliche Frageformen unterscheiden. Bestimmte Frageformen sollen bestimmte Arten von Antworten erreichen, andere zielen darauf ab, bestimmte Informationen zu erzielen oder das Gespräch zu lenken.

Warum man fragt und nicht einfach redet:

- Nur wer fragt, erhält Informationen.
- Fragen können helfen, eine Problemsituation zu analysieren.
- Wer fragt, kann die Wünsche und Ziele des Gesprächspartners kennenlernen und so besser auf ihn eingehen.
- Mit Fragen lockt man schüchterne Gesprächspartner aus der Reserve.
- Wer fragt, wird selbstsicherer und führt das Gespräch.
- Mit Fragen kann man herausfinden, ob der Gesprächspartner alles richtig verstanden hat.
- Durch gezieltes Fragen kann man dem Gegenüber ein ebenso gezieltes Angebot machen.
- Mit Fragen hilft man dem Gesprächspartner, eine Entscheidung zu treffen.
- Mit interessierten Fragen gibt man dem Gegenüber ein gutes Gefühl.
- Mit Fragen lässt sich in schwierigen Situationen aber auch Zeit gewinnen.

Frageformen zur Erreichung bestimmter Antworten

Jede Frage ist entweder eine geschlossene oder eine offene Frage bzw. eine Alternativfrage.

Geschlossenen Fragen

Auf geschlossene Fragen kann man eigentlich nur mit Ja oder Nein antworten. Sie beginnen immer mit einem Verb oder Hilfsverb.

Beispiele

- „Ist das die erwartete Laufleistung Ihres Pkw pro Jahr?“
- „Sagt Ihnen unser Angebot zu?“

Geschlossene Fragen können dazu verwendet werden, beim Gesprächspartner Zustimmung oder Ablehnung zu einer bestimmten Sache zu erlangen.

Offene Fragen

Offene Fragen erfordern individuelle Antworten. Sie geben keinen Antworthinweis vor und eignen sich besonders, um Informationen zu bekommen.

Die Frageworte, die Hinweise auf Ansichten, Einstellungen, Bedürfnisse usw. des Gesprächspartners geben, beginnen meistens mit „W“.

Wie	Welche
Wo	Wieso
Was	Weshalb
Wann	Warum

Beispiele

- „Für welche Ihrer Immobilien benötigen Sie denn die Wohngebäudeversicherung?“
- „Wann kann ich Sie am besten telefonisch erreichen?“
- „Welche Zahlungsart bevorzugen Sie?“
- „Welchen Vorschlag zur Pausenregelung haben Sie?“

Alternativfragen

Alternativfragen stellen eine Mischung zwischen offener und geschlossener Frage dar. Sie geben in der Frage schon die Antwortmöglichkeiten vor und engen diese somit stark ein.

Beispiele

- „Möchten Sie die Versicherung als Voll- oder Teilkaskoversicherung?“
- „Möchten Sie Kaffee oder Tee trinken?“

Dem Gesprächspartner wird nicht die Wahl zwischen Zustimmung oder Ablehnung gegeben, ihm werden stattdessen die möglichen Varianten aufgezeigt.

Frageformen zur Lenkung des Gesprächs

Lenkungsfragen könnte man auch als taktische Fragen bezeichnen. Sie gliedern sich auf in:

- Suggestivfragen
- rhetorische Fragen
- Gegenfragen
- Kontrollfragen (Bestätigungsfragen)
- Motivierungsfragen

Suggestivfragen

Suggestivfragen wollen den Gesprächspartner in eine bestimmte Richtung drängen. Sie haben also manipulativen Charakter. Verwendet werden dazu bestimmte Füllwörter wie

- doch,
- nicht,
- auch,
- wohl,
- sicherlich,

die in geschlossene Fragen eingebaut werden.

Beispiele

- „Sie sind doch auch der Meinung, dass man beim Abschluss einer Versicherung für die größte Risikoabdeckung sorgen sollte?"
- „Finden Sie nicht auch, dass in unserem Unternehmen mehr für das Betriebsklima getan werden könnte?"
- „Haben Sie nicht Lust, ein paar Vorschläge zu machen?"

Suggestivfragen sollten nicht zu oft eingesetzt werden, da Menschen ablehnend reagieren, wenn sie das Gefühl haben, beeinflusst zu werden. Zudem kann mit einer einfachen Gegenfrage seitens des Gesprächspartners wie z. B. „Wie kommen Sie darauf?" das Gespräch anfangen zu kippen.

Rhetorische Fragen

Die Hauptaufgabe dieser Frageform besteht darin, ein Gespräch wieder in Gang zu bringen und in Richtung Zielerreichung zu steuern. Der Fragesteller erwartet eigentlich gar keine Antwort bzw. die Antwort ist eigentlich überflüssig. Deshalb beantwortet er sie manchmal auch selbst. Diese Frageform setzt aber voraus, dass der Gesprächspartner alle Daten und Fakten kennt.

Beispiel

„Wer weiß nicht, dass ein Direktversicherer die besseren Konditionen hat?"

Gegenfragen

Gegenfragen eignen sich generell bei problematischen Gesprächssituationen, da der Gesprächspartner gefordert ist, seine eigene Frage bzw. Aussage klarer darzulegen. Damit lässt sich gut auf Einwände reagieren. Der Gesprächspartner wird gezwungen, deutlicher zu werden. Der Fragesteller kann sich in der Zwischenzeit eine weitere Frage oder auch Antwort überlegen. Zusätzlich bringen Gegenfragen häufig noch Hintergrundinformationen.

Beispiele

Kunde: „Wieso ist Ihre Schadenregulierung so schlecht organisiert?"
Gegenfrage: „Womit genau haben Sie denn schlechte Erfahrungen gemacht?"

Kontrollfragen

Kontrollfragen sollen einen Sachverhalt oder eine Vermutung bestätigen. Diese Frageart ist deshalb z. B. in der Argumentationsphase wichtig. Kontrollfragen, oft auch Bestätigungsfragen genannt, eignen sich sehr gut, um Teilergebnisse eines Gesprächs zu sichern. Der Fragesteller kann sich vergewissern, ob er den Gesprächspartner richtig verstanden hat. Damit signalisiert er dem Gesprächspartner, dass er wirklich an seinen Wünschen/seiner Meinung interessiert ist. Gleichzeitig erfährt er, ob ihm der Gesprächspartner noch folgt.

Beispiele

- „Wenn ich Sie richtig verstanden habe, suchen Sie eine Versicherung, die das Grundrisiko abdeckt. Ist das korrekt?“
- „Gefällt Ihnen dieses Angebot?“

Diese Frageart sollte z. B. in einem Verkaufsgespräch laufend eingestreut werden. Stimmt das Gegenüber zu, kann das Verkaufspersonal sicher sein, dass ein Abschnitt des Verkaufsgesprächs erfolgreich beendet ist.

Motivierungsfragen

Motivierungsfragen regen Gesprächspartner an, aus sich herauszugehen und sich zu öffnen. Sie setzt man ein, um beim Gegenüber eine besonders positive Stimmung zu erzielen. Sie kann ebenfalls dazu dienen, um das Gegenüber aufzuwerten.

Beispiele

- „Mit Ihrem Umweltbewusstsein sind Sie sicherlich auch der Meinung, dass ...?“
- „Was sagen denn Sie als Experte zu diesem Angebot?“

Informationsfragen

Informationsfragen sollen den Hintergrund ausleuchten und Fragenden entscheidende Informationen für das Gespräch liefern.

Bedarfsbezogene Fragen

Diese Frageart erkundet den möglichen Bedarf des Gegenübers in einem Beratungsgespräch.

Beispiel

„Für wen benötigen Sie denn die Versicherung?“

Produktbezogene Fragen

Bei produktbezogenen Fragen kann sich das Gegenüber konkret äußern. Sie beziehen sich direkt auf eine bestimmte Versicherungssparte.

Beispiel

„Welchen Deckungsumfang haben Sie sich für Ihre Unfallversicherung denn vorgestellt?“

Verkaufende entscheiden dann, ob sie den gewünschten Deckungsumfang anbieten können oder nicht. Falls etwas gesucht wird, dass sich nicht im Portfolio befindet, können Verkaufende ihr Gegenüber fragen, ob sie Alternativen aufzeigen dürfen.

Einsatz der Fragetechniken in Kundenberatungsgesprächen

Erfolgreiche Verkäufer verwenden Fragetechniken in starkem Ausmaß. Bei noch so geschicktem und konsequentem Einsatz der Fragetechniken sollte jeder Verkäufer und jede Verkäuferin immer daran denken, nicht zu übertreiben und ab sofort alles nur noch zu erfragen. Es könnte sonst der Eindruck entstehen, dass keine ausreichenden Kenntnisse vorhanden sind. Genauso unangebracht ist es, einem offensichtlich eiligen Gegenüber zunächst zahlreiche Fragen zu stellen. Das Gleiche gilt für Kunden, die ganz konkrete Wünsche äußern.

Allgemein kann man sagen, dass zu Beginn und im Verlauf von Verkaufsgesprächen lieber offene Fragen gestellt werden sollten: Die Kunden sollen zunächst einmal detaillierte Auskünfte geben. Mit Alternativfragen kann man Kunden dann zwei positive Varianten aufzeigen. Geschlossene Fragen können das Verkaufsgespräch zum erfolgreichen Abschluss bringen.

Wann sollten Sie Fragen stellen?
Verinnerlichen Sie sich den Aufbau eines Kundenberatungsgesprächs:
- Sie stellen Fragen bei der Kontaktaufnahme. Während der Gesprächseröffnungsphase schaffen Sie damit eine positive Atmosphäre.
- Sie stellen Fragen zur Versorgungsanalyse. So erfahren Sie Wünsche und Probleme und reden nicht am Bedarf des Gesprächspartners vorbei.
- Sie stellen Fragen am Ende Ihrer Angebotsalternativen und Argumentation. So kontrollieren Sie, ob der Kunde/die Kundin alles verstanden hat und Ihrer Argumentation folgt.
- Sie stellen Fragen bei der Einwandbehandlung. So nehmen Sie der Antwort die Spitze und erfahren die echten Hintergründe für den Gesprächspartnereinwand.
- Sie stellen Fragen zum Abschluss. Denn Sie überlassen nichts dem Zufall und beeinflussen die Entscheidung Ihres Gesprächspartners durch eine Alternativfrage.

Wer Fragen geschickt einsetzt, bekommt die erhofften Antworten.

3.7 Verhandlungsstrategien

3.7.1 Bedeutung interner und externer Verhandlungen

Verhandlungen zu führen, ist ein ständiger Bestandteil des Berufslebens. In solchen Situationen müssen Übereinkünfte getroffen werden, die der Komplexität der Situation und den verschiedenen Interessen gerecht werden. Mindestens zwei Verhandlungspartner versuchen ihre voneinander abweichenden Ziele oder Ansichten in Übereinstimmung zu bringen. Aus Unternehmenssicht sollen Vereinbarungen getroffen werden, die letztendlich positive Auswirkungen auf das Unternehmen haben wie z. B. letztlich Existenzsicherung oder Gewinnerhöhung.

Verhandlungen können intern in einem Unternehmen geführt werden.

Beispiele
- Lohn- und Gehaltsgespräche
- Budgetverhandlungen
- Im Projekt werden die Verantwortlichkeiten geklärt.

In sehr vielen Fällen finden Verhandlungen jedoch mit externen Gesprächspartnern statt.

Beispiele

- Der Vertriebsvorstand der Proximus Versicherung AG verhandelt mit einem Softwarehersteller über möglichst günstige Lizenzgebühren für eine Kundenverwaltungssoftware.
- Ein Vertriebsmitarbeiter versucht bei einer Geschäftskundin einen möglichst geringen Beitragsnachlass zu gewähren.

Jeder Verhandlungspartner möchte prinzipiell zunächst einmal weitgehend das Maximalziel erreichen. Da die Gegenseite dies auch anstrebt, müssen in der Regel Kompromisse gefunden werden. Dadurch wird das Verhandlungsergebnis für beide Verhandlungsparteien akzeptabel.

Beispiel

Versucht eine Verhandlungspartei durch den Einsatz von Machtmitteln 100 % ihres Maximalziels durchzusetzen, verhält sie sich unkooperativ. Die Gegenseite könnte die Verhandlungen abbrechen: Dadurch sind die Geschäftsbeziehungen gefährdet.

Grundprinzip dabei ist, dass jeder Verhandlungspartner geben und nehmen muss. Es ist ein Kompromiss zu erzielen, für den beide Verhandlungspartner von ihrem Maximalziel mehr oder weniger abrücken müssen.

Ein guter Kompromiss sollte also folgende Bedingungen erfüllen:

- Das Verhandlungsergebnis sollte eindeutig in der Auslegung, also klar verständlich sein.
- Der Kompromiss sollte tatsächlich realisierbar sein.
- Die in der Verhandlung gefassten Beschlüsse werden von allen Verhandlungspartnern als fair empfunden.
- Das Verhandlungsergebnis bringt allen Verhandlungspartnern Nutzen.

Verhandeln ist nicht mit Feilschen zu verwechseln. Beim Feilschen geht es – wie z. B. auf Pferdemärkten oder Basaren – um ein „Sich gegenseitig um jeden Preis über den Tisch ziehen". Beim Verhandeln hat man dagegen die kommunikative Fähigkeit, eine Übereinstimmung zu erzielen, die einerseits die eigenen Interessen und Verhandlungsziele weitgehend berücksichtigt. Gleichzeitig werden aber auch die gegensätzlichen Interessen des Verhandlungspartners in eine mögliche Vereinbarung mit einbezogen und nicht vernachlässigt.

In Verhandlungen reicht es nicht aus, sich ausschließlich auf seinen Instinkt zu verlassen. Es gibt Verhandlungstechniken und Regeln, mit denen man Verhandlungen zu einem erfolgreichen Ende führen kann. Die Verhandlungen laufen typischerweise in sieben Phasen ab. In diesen sollte man richtig agieren und reagieren. Dann wird man sich nicht als Verlierer der Verhandlung fühlen.

3.7.2 Die sieben Phasen von Verhandlungen

1. Phase: Vorbereitung

Möchte man die Qualität und Effizienz einer Verhandlung erhöhen, muss sie systematisch und strukturiert vorbereitet werden. Um seine Verhandlungsziele weitgehend durchsetzen zu können, ist es wichtig, sich vor der eigentlichen Verhandlung mit den Zielen des Verhandlungspartners und den eigenen Zielvorstellungen auseinanderzusetzen.

Phase der Vorbereitung	
Was muss bei Verhandlungen in dieser Phase beachtet werden?	**Welche Fragen sollten in dieser Phase zur Zielerreichung geklärt werden?**
Zunächst einmal geht es um die Zusammensetzung des eigenen Verhandlungsteams. Es muss also entschieden werden, wer auf der eigenen Seite an der Verhandlung teilnehmen soll.	**Beispiele** · Gibt es Kriterien, nach denen die Teilnehmer des Verhandlungsteams ausgewählt werden können? · Sollen den einzelnen Teilnehmern des Verhandlungsteams bestimmte Rollen zugeordnet werden?
Soweit dies von der eigenen Seite beeinflussbar ist, müssen die Rahmenbedingungen geklärt werden	· Wo soll die Verhandlung stattfinden? · Welche Unterlagen und technischen Geräte müssen bei dem Gespräch vorhanden sein?
Das eigene Verhandlungsteam spricht sich über angestrebte Minimal- und Maximalziele ab. Es entscheidet sich für eine Verhandlungsstrategie und legt fest, wie stark dem Verhandlungspartner gegenüber Druck ausgeübt werden soll.	· Was ist unser Minimalziel? · Was ist unser Maximalziel? · Welche Strategie sollten wir wählen?
Untersucht werden sollten auch die Positionen und die mögliche Strategie des Verhandlungspartners. Vorsichtshalber sollten zudem besondere Ereignisse, die eintreten könnten, berücksichtigt werden.	· Was könnten mögliche Ziele des Verhandlungspartners sein? · Wie viele Machtmittel kann die Gegenseite ausspielen?

Verhandlungen werden nie ohne Grund geführt. Jede Verhandlungspartei möchte etwas erreichen. Beide Seiten stehen aber immer vor einem Problem, das oft auch als Verhandlungsdilemma bezeichnet wird. Es geht dabei um die Fragen:

- Wie weit darf man der Gegenseite entgegenkommen?
- Wie unnachgiebig sollte man auftreten?

Verhandlungsdilemma		
zu nachgiebig	⟵ Lösung: ⟶	extrem hart und kompromisslos
· von der Gegenseite übervorteilt · Ziele werden nicht erreicht. · Die Verhandlung wird gefühlt als Verlierer verlassen.	versuchen, eine für beide Seiten profitable Übereinkunft zu erzielen	· Gefahr, dass der Verhandlungsgegner ebenfalls hart, aggressiv und extrem reagiert · Es wird evtl. zwar ein optimales Ergebnis erzielt (kurzfristig fühlt man sich als Gewinner), aber es besteht die Gefahr, dass die Beziehung zum Verhandlungspartner langfristig beschädigt wird. (Langfristig wird man zum Verlierer, weil das Verhältnis zum Verhandlungspartner vergiftet ist: Dieser ist verärgert und sinnt evtl. auf Revanche.)

Im Rahmen der Vorbereitung sollte man sich genau überlegen, welche von vier möglichen Verhandlungsstrategien man einerseits selbst anwenden möchte und welche andererseits der Verhandlungsgegner einsetzen wird.

	geringe Kooperationsbereitschaft	hohe Kooperationsbereitschaft
viele Forderungen	**Besiegen:** Es wird versucht, die eigenen Ziele ohne Rücksicht auf den Verhandlungspartner maximal durchzusetzen. Dabei wird z. B. Druck ausgeübt, gedroht und mit allen psychologischen Tricks gearbeitet. Diese Verhandlungsstrategie setzt eine sehr hohe Machtposition voraus.	**Kooperieren:** Die beiden Verhandlungsparteien versuchen, ein für beide Seiten vorteilhaftes und günstiges Ergebnis zu erzielen. Beide Verhandlungsparteien betonen die Wichtigkeit der Zusammenarbeit und haben ein Interesse an einer fortlaufenden und langfristigen Geschäftsbeziehung.
	Verhandlungsergebnis	
keine Forderungen	**Ausweichen:** Bei dieser Strategie zieht man sich aus der Verhandlung zurück: Man verzichtet auf ein offizielles Verhandlungsergebnis bzw. versucht, dieses zu verzögern. Gewählt wird dieses Vorgehen vor allem dann, • wenn der Aufwand in keinem Verhältnis zum erwarteten Verhandlungsergebnis steht; • wenn man Zeit gewinnen will, um später erfolgreich(er) verhandeln zu können. Während der Verhandlungen wird man versuchen, nach Möglichkeit konkrete Festlegungen und Entscheidungen zu vermeiden und sich zu Forderungen der Gegenseite nicht äußern.	**Nachgeben:** Hier wird – ohne eine Gegenleistung zu bekommen – auf eigene Forderungen verzichtet bzw. eigene Ziele werden aufgegeben. Entscheidendes Merkmal dieser Verhandlungsposition ist, dass die Forderungen der Gegenseite letztlich akzeptiert werden.

2. Phase: Kundenkontakt

Nach einer Begrüßung sollten die Verhandlungspartner eine Beziehung auf- und ausbauen. Die Regeln für die Verhandlung können besprochen werden. Eine Tagesordnung kann festgelegt werden. In dieser Phase geht es insgesamt um die Erzeugung einer guten Gesprächsatmosphäre. Man kann die Zeit zum Einschätzen des Gegenübers nutzen und versuchen, eine gemeinsame Gesprächsbasis zu finden.

Man kann eine Verhandlung im eigenen Sinne steuern, wenn man in dieser Phase die Initiative übernimmt. Schlägt man z. B. selbst die Tagesordnung vor, bestimmt man, was zunächst zur Diskussion gestellt bzw. was nicht besprochen wird.

Phase des Kundenkontakts	
Was muss bei Verhandlungen in dieser Phase beachtet werden?	**Welche Formulierungen können typischerweise zur Zielerreichung in dieser Phase verwendet werden?**
In dieser Phase muss man für einen erfolgreichen Verhandlungsauftakt sorgen. Gefragt werden sollte sich, wie ein möglichst gutes Gesprächsklima während der Verhandlungen aufgebaut und später aufrechterhalten werden kann. Dazu könnte man sich z. B. geeignete Smalltalk-Themen überlegen.	**Beispiele** • „Schön, Herr Kazan, dass wir uns heute bei Ihnen über Ihre Versicherungsfragen unterhalten können." • „Wie läuft es denn bei Ihrem neuen Arbeitsplatz?" • „Haben Sie und Ihre Frau sich in der neuen Wohnung schon eingelebt?"

3. Phase: Informationsaustausch

In dieser Phase beschreiben beide Vertragsparteien möglichst sachlich ihre jeweiligen Positionen und Sichtweisen. Es empfiehlt sich, offensichtliche Gemeinsamkeiten sofort festzuhalten. Bestehende Unterschiede in den Standpunkten sollten präzisiert werden. Abschließend könnten mögliche Problemfelder genau beschrieben werden. Vor diesem Hintergrund sollte jetzt geprüft werden, ob eine Einigung überhaupt möglich ist. Jetzt fällt eine Entscheidung über Abbruch oder – und das sollte der Normalfall sein – ein weiteres Fortführen der Verhandlungen.

Phase des Informationsaustauschs	
Was muss bei Verhandlungen in dieser Phase beachtet werden?	**Welche Formulierungen können typischerweise zur Zielerreichung in dieser Phase verwendet werden?**
Zunächst einmal muss das Thema der Verhandlung geklärt werden. Anschließend geht es darum, die Meinung der Gegenseite zu erkunden. Die Informationen sollten möglichst neutral ausgetauscht werden.	**Beispiele** • „Herr Kazan, ich bin heute zu Ihnen gekommen, um Ihnen ein Angebot ... zu unterbreiten." • „Es geht heute um ..." • „Wir sollten heute auf jede Fall klären, dass ..." • „Unser Standpunkt dazu ist, dass ..." • „Wie ist denn Ihre Meinung dazu?" • „Habe ich Sie da richtig verstanden, Herr Kazan?"

4. Phase: Argumentation und Diskussion

Die Verhandlungspartner machen konkrete Angebote bzw. stellen konkrete Forderungen. Sie diskutieren über deren jeweilige Vor- und Nachteile. Dabei wird versucht, die Interessen des Gegenübers herauszufinden. Der Verhandlungspartner sollte beobachtet werden, ihm sollte aktiv zugehört werden. Schließlich sollten eventuelle Kompromissmöglichkeiten ausgelotet werden.

Phase der Argumentation und Diskussion	
Was muss bei Verhandlungen in dieser Phase beachtet werden?	**Welche Formulierungen können typischerweise zur Zielerreichung in dieser Phase verwendet werden?**
In dieser Phase muss zunächst immer geprüft werden, ob die Qualität der Verhandlungsführung gut ist. In diesem Zusammenhang ist die Fähigkeit besonders wichtig, mit eventuellen persönlichen, emotionalen oder beziehungsbezogenen Problemen umzugehen. Man sollte sich auch darüber klar werden, • ob das Verhandlungsteam den Verhandlungspartner als vertrauenswürdig ansieht; • ob man selbst als seriös und vertrauenswürdig akzeptiert wird. Zudem muss sich das Verhandlungsteam fragen: • Welche Argumente können zur Erreichung der Ziele verwendet werden? • Was spricht gegen die Argumente des Verhandlungspartners? • Wie könnte ein eventueller Kompromiss aussehen?	**Beispiele** • „Weil ..., spricht dieses Argument eindeutig für unsere Position!" • „Die Proximus Versicherung AG vertritt diesen Standpunkt, weil ..." • „Wenn Sie ..., dann kann ich Ihnen folgendes Angebot machen: ..." • „Ein weiterer wichtiger Punkt, den Sie beachten sollten, ist, dass ..." • „Wenn ich das Pro und Kontra abwäge, dann kann ich nur zu dem Schluss kommen, dass ..." • „Zur Begründung möchte ich das folgende Beispiel anführen: ..." • „Ein weiterer wichtiger Punkt ist, dass ..." • „Das stimmt in manchen Fällen vielleicht, aber ..."

Phase der Argumentation und Diskussion	
Was muss bei Verhandlungen in dieser Phase beachtet werden?	**Welche Formulierungen können typischerweise zur Zielerreichung in dieser Phase verwendet werden?**
Die Probleme sollten im Rahmen einer Pro-und-Kontra-Diskussion der Reihe nach behandelt werden. Die möglichen Handlungsspielräume sind auszuloten. Sobald erste Gemeinsamkeiten zu sehen sind, sind diese sofort festzuhalten. Vermeiden sollte man in jedem Fall Beschimpfungen oder Beschuldigungen des Verhandlungspartners. Dieser darf auch nicht sein Gesicht verlieren. Insgesamt sollte versucht werden, ein für beide Seiten gutes Ergebnis zu erzielen.	**Beispiele** • „Wir stimmen also überein, dass ..." • „Wir einigen uns also auf ..."

5. Phase: Einigung

Sind alle nötigen Details des Kompromisses geklärt, wird die eigentliche Verhandlung mit einem formalen Akt abgeschlossen. Es wird ein Endergebnis – in der Regel schriftlich – formuliert und festgehalten, dem beide Parteien zustimmen.

Phase der Einigung	
Was muss bei Verhandlungen in dieser Phase beachtet werden?	**Welche Formulierungen können typischerweise zur Zielerreichung in dieser Phase verwendet werden?**
Intention dieser Phase ist es, zielgerichtet auf ein Verhandlungsergebnis zuzusteuern.	**Beispiel** Es wird ein Versicherungsvertrag geschlossen, den beide Parteien unterschreiben.

6. Phase: Abschluss der Verhandlung

Nach der formalen Einigung wird die Verhandlung abgeschlossen. Gibt man den Verhandlungspartnern ein Gefühl der Wertschätzung, endet die Verhandlung mit einem letzten positiven emotionalen Eindruck.

Phase des Abschlusses der Verhandlung	
Was muss bei Verhandlungen in dieser Phase beachtet werden?	**Welche Formulierungen können typischerweise zur Zielerreichung in dieser Phase verwendet werden?**
Die Verhandlungen sollten nie für sich allein gesehen werden, sie sind Teil der Beziehungen mit dem Verhandlungspartner. Um im weiteren Verlauf eine positive (und damit auch langfristige) Geschäftsverbindung zur anderen Verhandlungspartei aufzubauen, ist es ausgesprochen nützlich, ihr das Gefühl zu geben, richtig gehandelt zu haben, und das Ergebnis positiv zu bewerten.	**Beispiele** • „Vielen Dank, dass Sie sich die Zeit für meine ausführliche Beratung genommen haben." • „Ich freue mich auf den nächsten Besuch bei Ihnen!"

7. Phase: Nachbereitung der Verhandlung

Mit der Verabschiedung des Verhandlungspartners ist eine Verhandlung noch nicht beendet. Die Ergebnisse der Verhandlungen müssen umgesetzt werden. Es sollte ein Plan gemacht werden, wie die Vereinbarungen in die Praxis umgesetzt werden können. Es empfiehlt sich auch, sich über mögliche Umsetzungsprobleme Gedanken zu machen oder ihnen vorzubeugen.

Für spätere Verhandlungen sollten die hier gemachten Erfahrungen festgehalten und gesichert werden. Wertet man den Verlauf der Verhandlung systematisch aus, bekommt man Erkenntnisse, durch die die eigene Verhandlungskompetenz kontinuierlich weiterentwickelt wird. Dies kommt auch dem eigenen Unternehmen zugute.

Phase der Nachbereitung der Verhandlung	
Was muss bei Verhandlungen in dieser Phase beachtet werden?	**Welche Fragen sollten in dieser Phase zur Zielerreichung geklärt werden?**
Durch eine gelungene Nachbereitung bekommt man wichtige Informationen über die eigene Verhandlungsführung. Dadurch werden Verbesserungsmöglichkeiten für spätere Verhandlungen in der Zukunft entdeckt.	**Beispiele** • Wie zufrieden sind wir mit dem Gesprächsergebnis? • Wie zufrieden sind wir mit dem Ablauf der Verhandlung? • Gab es Probleme mit den Rahmenbedingungen des Gesprächs? • Wie war die Atmosphäre während des Gesprächs? • Konnte man dem Gegenüber seine Interessen klarmachen?

3.8 Durchführung von Kundenberatungsgesprächen

In einem Kundenberatungsgespräch unternimmt eine beratende Person die Gesprächsführung und unterstützt eine andere Person dabei, zu einer Problemstellung eine Lösung zu entwickeln. In der Versicherungsbranche sind Kundenberatungsgespräche zu einem großen Teil Verkaufsgespräche: Während der gesamten Verkaufshandlung findet ein Kommunikationsprozess zwischen Anbietenden und Kunden statt: Verkaufsgespräche sind die persönliche Begegnung zwischen Verkäufer/-in und Käufer/-in. Verkaufende helfen Kunden, das für sie optimale Produkt zu finden. In Verkaufsgesprächen findet also eine intensive Beratungsarbeit statt, die für den Verkaufserfolg von entscheidender Bedeutung ist. Allerdings gibt es in der Versicherungsbranche neben den Verkaufsgesprächen noch zahlreiche weitere Anlässe für Gespräche:

- Schadenmeldungen
- Änderungen der Lebensumstände (Heirat, Scheidung, Geburt eines Kindes, Wohnungswechsel, Fahrzeugwechsel usw.)
- allgemeine Fragen zu einem bestehenden Vertag
- usw.

Bei jedem dieser Anlässe ist es wichtig, dass man die Kunden umfassend berät. Zudem kann sich aus jedem dieser Anlässe ein Verkaufsgespräch ergeben.

Beratungsgespräche

direkt
- in den Räumen einer Versicherungsagentur
- durch den Außendienst in den Räumen der Kunden

über Telefon
- Kunde/Kundin ruft an (passives Telefonmarketing: Inbound)
- Potenzielle Kunden werden vom Unternehmen angerufen (aktives Telefonmarketing: Outbound).

Direkte Verkaufsgespräche

Ein typisches Verkaufsgespräch beim Beratungskauf kann maximal acht Phasen umfassen:

1. **Kontaktaufnahme zu Kunden**
2. **Ermittlung des Kaufwunsches**
3. **Vorstellen des Versicherungsangebots**
4. **Verkaufsargumentation**
5. **Abschluss der Verkaufshandlung**
6. **Herbeiführen des Vertragsabschlusses**
7. **Behandlung von Einwänden**
8. **Preisnennung**

Verkaufsgespräche sind sehr komplex. In jeder Phase muss ein Verkäufer in Sekundenbruchteilen die jeweilige Verkaufssituation richtig einschätzen und vielfältige Entscheidungen treffen. Stellt sich nur eine dieser Entscheidungen als falsch heraus, kann das Verkaufsgespräch empfindlich gestört werden.

Wenn ein Verkäufer die vielen in einer Phase des Verkaufsgesprächs geltenden Regeln für einen erfolgreichen Verkaufsabschluss nicht einhält, wird die einzelne Phase nicht ordnungsgemäß durchlaufen und kann nicht abgeschlossen werden. Erfahrungsgemäß wird er in einer darauf folgenden Stufe der Verkaufsverhandlung Schwierigkeiten haben. Störungen in Verkaufsverhandlungen treten – wenn sie nicht sofort das Verkaufsgespräch beeinträchtigen – dann auf, wenn eine der Vorphasen nicht abgeschlossen wurde.

Beispiel

Wenn ein Verkäufer ohne jeden Kontakt zum Kunden – also ohne eine Vertrauensbasis hergestellt zu haben – diesen Kunden zu einem Vertragsabschluss bringen will, so wird er feststellen, dass der Kunde sich nicht entscheiden wird.
Wird die Vertrauensbasis jedoch im Verkaufsgespräch geschaffen, lernt der Verkäufer viel besser die konkreten Vorstellungen und Bedürfnisse des Kunden kennen. Er kann so gezielter zu einem Verkaufserfolg kommen.

Kontaktaufnahme zu Kunden

In der Versicherungsbranche erfolgt die erste Kontaktaufnahme in den meisten Fällen per Telefon. Kunden und Kundinnen erwarten in dieser Vorphase des eigentlichen Beratungsgesprächs freundlich begrüßt zu werden. Danach sollte ihnen der Grund für einen Gesprächstermin genannt werden.

Findet der vereinbarte Gesprächstermin dann tatsächlich statt, beginnt das eigentliche Kundenberatungsgespräch. Auch hier erwarten Kunden zunächst eine freundliche Begrüßung. Im anschließenden Beratungsgespräch sollte man nicht unbedingt den selbst gewählten roten Faden des Gesprächs in den Vordergrund stellen, sondern auf Fragen und Wünsche der Kunden eingehen und ihnen so eine Wertschätzung entgegenbringen. Dies erleichtert den Verkauf.

Kunden, die Hilfe benötigen oder Fragen haben, senden Signale aus, die Verkäufer unbedingt beachten sollten. Solange unbeantwortete Fragen, Wünsche oder Probleme im Raum stehen, sind Kunden nur selten empfänglich für neue Vertragsangebote.

Bedarfsermittlung

In dieser Phase muss der Bedarf des Gegenübers ermittelt werden:

Wissen Kunden schon genau, was sie kaufen möchten, braucht der Außendienst das gewünschte Angebot nur auszurechnen und ihnen den Antrag vorzulegen.

Beispiel Eine Bestandskundin hat ein neues Auto bekommen und dieses bereits angemeldet. Sie möchte neben der Haftpflichtversicherung auch eine Vollkaskoversicherung abschließen. Da dem Außendienstmitarbeiter neben den persönlichen Kundendaten auch die Daten des Fahrzeugs vorliegen, berechnet er das Angebot und legt der Kundin das Antragsformular zur Unterschrift vor.

Wollen Kunden zwar einen Vertrag abschließen, sind sich aber noch nicht genau im Klaren, was sie wollen, müssen Verkaufende konkrete Informationen gewinnen. In den meisten Fällen hilft hier eine Versorgungsanalyse. Mit ihr wird ermittelt, ob und wie der Kunde/die Kundin in den verschiedensten Lebensbereichen abgesichert ist (= Ist-Zustand). Aus dem Gespräch ergeben sich dann die Ziele des Kunden/der Kundin (= Soll-Zustand). Hierbei helfen gezielte und situationsgerechte Fragen.

Die Bedarfsermittlung im Verkauf soll Ziele und Erwartungen der Kunden offenlegen.

Die Differenz zwischen Soll-Zustand und Ist-Zustand wird als Versorgungslücke bezeichnet. Diese Lücke kann der Außendienst mit Angeboten geeigneter Versicherungssparten und -tarife zu schließen versuchen.

Auch bei der Vorlage der jeweiligen Angebote sollten die Signale der Kunden genau beachtet werden, um entsprechend reagieren zu können.

Beispiel Die Versorgungsanalyse bei dem Kunden Lars Seeburg ergab, dass er im Alter eine monatliche Rentenlücke von fast 700,00 € hat. Als er hört, dass das Schließen dieser Lücke monatlich mehr als 300,00 € kostet wird er plötzlich unruhig und sucht nach Argumenten gegen einen Vertragsabschluss. In einem solchen Fall hilft nur, zunächst eine Teilschließung der Lücke anzustreben, also ein Angebot mit einer geringeren Monatsprämie zu berechnen. Hierbei sollte natürlich eine vom Kunden akzeptierte und für diesen finanziell tragbare Beitragshöhe ermittelt und berücksichtigt werden.

Angebotsvorlage

Nachdem alle Fragen geklärt sind, wird den Kunden ein geeignetes Vertragsangebot und/oder Alternativangebote vorgelegt. Da es in der Versicherungsbranche für das Schließen von Versorgungslücken in den meisten Sparten mehrere Möglichkeiten gibt, müssen gleichzeitig auch die Unterschiede der Angebote beschrieben und näher erläutert werden.

Beispiel

Zur Schließung einer Rentenlücke werden einem Kunden ein Angebot für eine private Rentenversicherung und für eine Kapitallebensversicherung präsentiert. Nun muss der Außendienstmitarbeiter dem Kunden erklären, dass für die Kapitallebensversicherung eine höhere Monatsprämie zu zahlen ist, weil hier im Gegensatz für privaten Rentenversicherung auch ein Todesfallschutz für die Hinterbliebenenversorgung besteht.

In der Praxis bedeutet dies, dass die Bedarfsermittlung nicht immer isoliert von der Angebotsvorlage betrachtet werden darf. Bezogen auf das vorausgehende Beispiel bedeutet dies, dass beispielsweise ein Junggeselle das Thema Hinterbliebenenversorgung als unwichtig erachtet. Beabsichtigt dieser allerdings die Gründung einer Familie, ist der Abschluss einer Kapitallebensversicherung zum jetzigen Zeitpunkt auf Dauer finanziell interessanter. Ein später zu versichernder Todesfallschutz mit einer Risikolebensversicherung, der die fehlende Todesfallabsicherung einer privaten Rentenversicherung ausgleicht, wäre teurer als der Abschluss einer Kapitallebensversicherung mit dem aktuellen Eintrittsalter.

Verkaufsargumentation

Ausgerichtet an den Bedürfnissen der Kunden sollen deren Versorgungslücken durch Anbieten der passenden Versicherungstarife mit hohem Kundennutzen geschlossen werden. Dabei geht man idealerweise wie folgt vor:

- Der Außendienst, zu dessen Aufgaben ja auch das permanente Aneignen von Kenntnissen über die angebotenen Versicherungen gehört, macht sich die besonderen Merkmale der angebotenen Tarife klar.
- Kunden erwarten mehrere Vorteile von einem Versicherungsangebot.
- Kunden unterzeichnen einen Vertrag wegen des Nutzens. Der Außendienst muss also die Merkmale und Eigenschaften des Angebotes so erklären, dass dieser Nutzen sichtbar wird.
- Durch eine direkte Ansprache der Kunden im „Sie-Stil" wird eine unmittelbare Beziehung zwischen dem Kunden oder der Kundin und einem bestimmten Merkmal der Versicherung hergestellt. Der Nutzen des jeweiligen Merkmals der angebotenen Versicherung wird also in ein kundenbezogenes Verkaufsargument umgewandelt.
- Kunden wollen durch den Abschluss von Versicherungen bestimmte individuelle Probleme lösen. Aus der Vielzahl der denkbaren kundenbezogenen Verkaufsargumente wird der Außendienst diejenigen im Beratungsgespräch verwenden, die am ehesten das Problem der Kunden lösen. Auf keinen Fall dürfen Verkaufsphrasen verwendet werden.

Bei dieser Vorgehensweise gibt es einen Hauptunterschied zum Verkauf von Waren: Das Produkt ist nicht sichtbar! Wer schon einmal in einem Elektronikmarkt war, kennt das: Man kann sich z. B. ein neues Notebook anschauen und sogar ausprobieren, was das Gerät alles kann. Eine Versicherung kann man nicht anfassen. Die Haptik eines Antragsformulars für eine Kapitallebensversicherung fühlt sich ähnlich an wie der Antrag für einen neuen Personalausweis, kostet aber deutlich mehr. Die Ware selbst kann also den Verkauf durch ihre bloße Anwesenheit nicht unterstützen. Hier helfen lediglich Argumente, die das jeweilige Bedingungswerk so übersetzen, dass die Kunden von der Notwendigkeit dieser Absicherung überzeugt sind.

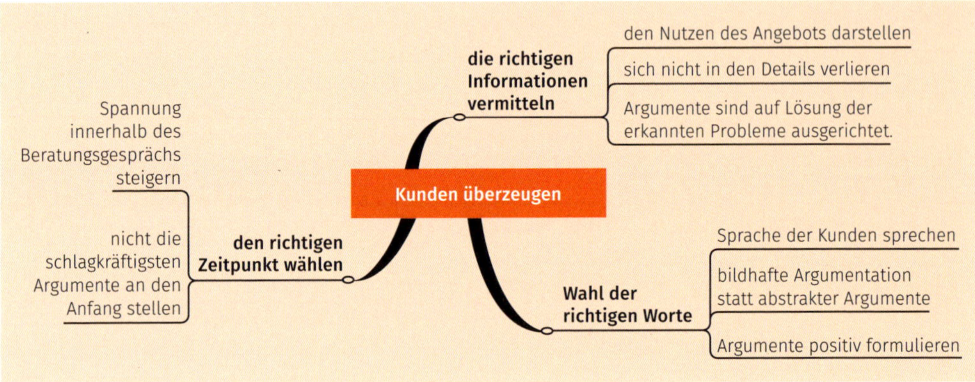

Preisnennung

Der Preis sollte erst dann genannt werden, wenn das Gegenüber nach der Argumentation den Wert des Artikels kennt. Der Preis sollte Kunden nie isoliert mitgeteilt werden, sondern immer in Bezug zur Leistung gesetzt werden, indem man ihn mit einigen besonders wirkungsvollen Verkaufsargumenten in Verbindung bringt. Nie sollten die Begriffe „teuer“ bzw. „billig“ in einem Beratungsgespräch verwendet werden.

Der Preis einer Ware sollte nie isoliert genannt werden. Kunden, die nur den „nackten“ Preis hören, finden die Ware automatisch zu teuer. Dies fordert Kunden grundsätzlich zum Widerspruch heraus. Erfolgreiche Verkäufer und Verkäuferinnen lassen stattdessen den Preis zwischen zwei Vorteilen des Artikels einfließen. Bei dieser sogenannten Sandwichmethode ist der Preis von Argumenten – also von Beispielen für den Kundennutzen – umgeben. Da Versicherungsprodukte - wie bei der Verkaufsargumentation bereits geschildert - nicht sichtbar oder gar anfassbar sind, leistet auch bei der Preisnennung das Produkt selbst keine Hilfe. Hier kann man mit einer bildhaften Sprache die Preisnennung für die Kunden greifbar verpacken.

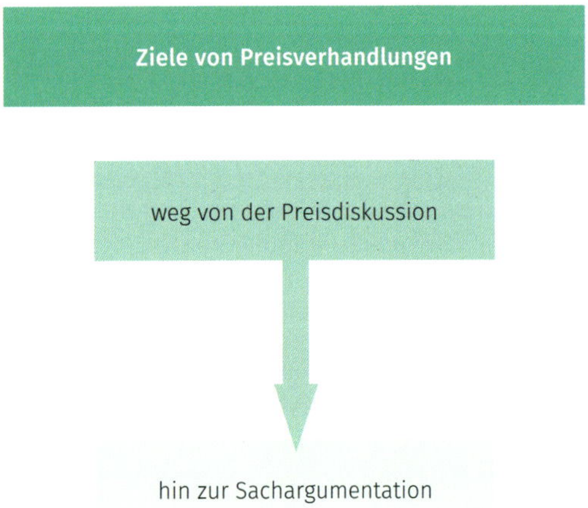

Nicht optimal:	Besser:
• Äußern von Zweifeln an der Preiswürdigkeit des eigenen Angebots. • Verwendung von abschlussfeindlichen Wörtern und Formulierungen wie z. B: „Das kostet ...“	• Selbstbewusst betonen, was Kunden für ihr Geld bekommen. • Sandwichmethode verwenden: – 1. Argument: „Dieses Angebot deckt mehr Risiken ab, als Sie sich ursprünglich vorgestellt hatten.“ – Preis: „Sie zahlen 150,00 € pro Monat.“ – 2. Argument: „Sie bekommen umfassenden Versicherungsschutz und können nachts beruhigt schlafen, da Sie im Fall der Fälle Ihre Lieben versorgt wissen.“

Ein Beispiel aus dem Handel

nicht optimal:

besser:

Einwandbehandlung

Auf Kundeneinwände sollte argumentativ reagiert werden: Sind Kunden unsicher, haben Fragen bzw. Bedenken oder äußern Einwände, müssen diese genau beachtet werden und dürfen nicht übergangen werden. Ohne Widerspruch zu äußern, sollten die Kundeneinwände höflich und sachkundig entkräftet werden. Dabei können verschiedene Methoden verwendet werden:

Einwände

zeigen an, wo der/die Kunde/-in
- Probleme mit dem Vertragsangebot hat,
- weitere Informationen benötigt.

zeigen dem Außendienst, wo er in der Argumentation anzusetzen hat.

Arten

echte Einwände	unechte Einwände
· ernst gemeint · rationaler Hintergrund	· Vorurteile oder Vorwände · emotionaler Hintergrund

Einwandbehandlung

Ja-aber-Methode	Vorwegnahme-Methode	Bumerang-Methode	Rückfrage-Methode	Öffnungs-Methode	Verzögerungs-Methode	Offenbarungs-Methode
Bedingte Zustimmung	Erwarteter Einwand wird selbst ausgesprochen und mit Gegenargumenten entschärft.	Aus dem Abwehrargument der Kunden wird ein Gegenargument gemacht.	Durch eine Gegenfrage sollen Kunden ihren Einwand präzisieren.	Ansprechen der Kunden auf ihr zögerliches Verhalten	Beantwortung des Einwands wird zurückgestellt.	Kunden werden nach ihren Bedingungen zum Vertragsabschluss gefragt.

Nicht nur ein guter Außendienst sollte über ein umfangreiches Instrumentarium an Methoden verfügen, mit Einwänden umzugehen und sie entkräften zu können. Dies gilt für jede Art von Verhandlungen oder Diskussionen, sowohl im beruflichen als auch im privaten Bereich:

Schematischer Ablauf der Gegenargumentation

Einwand →	Verständnis/Zustimmung →	Gegenargument
· aktiv zuhören · Kunden ausreden lassen	· evtl. Kundenargument wiederholen · keine Kritik üben	mithilfe der Methoden der Einwandbehandlung

Ja-aber-Methode

Bei dieser Methode der Einwandbehandlung zeigt man dem Gegenüber sein Verständnis, indem man dessen Einwand Gewicht verleiht. Anschließend schränkt man diesen Einwand durch eine Umformulierung ein.

Beispiel

- „Ja, Sie haben recht, wenn Sie den Preis in Betracht ziehen, aber bei diesem Vertragsangebot liegt angesichts der Qualität ein ausgesprochen gutes Preis-Leistungs-Verhältnis vor."

Bei dieser Technik einer bedingten Zustimmung spürt der Gesprächspartner, dass er ernst genommen wird. Diese Methode kann bei jeder Art von Einwänden angewandt werden, zum Teil sogar bei unechten Einwänden.

Wenn möglich sollte man die Ja-aber-Methode nicht in der üblichen Form verwenden, da „aber" häufig ein Reizwort ist. Man sollte deshalb andere, rechtgebende Formulierungen gebrauchen, die vom Gesprächspartner als klarere Zustimmung aufgefasst werden können.

Beispiele

- „Ihre Argumentation ist sehr gut. Bedenken Sie jedoch Folgendes: ..."
- „Gern gebe ich dies zu, nur ..."
- „Das ist ein wichtiger Gesichtspunkt, den Sie da ansprechen, doch ..."

Vorwegnahme-Methode

Der Argumentierende formuliert selbst den erwarteten Einwand und entschärft ihn durch Gegenargumente. Damit wird dem Gegenüber der Wind aus den Segeln genommen und der Argumentierende behält die Gesprächsführung in der Hand.

Beispiele

- „Sie könnten jetzt meinen, die Monatsprämie sei zu hoch. Bedenken Sie jedoch bitte ..."
- „Um Ihrer berechtigten Frage zuvorzukommen ..."
- „An dieser Stelle hört man häufig den Einwand, dass ..."

Bei der Vorwegnahme-Methode wird ein Verkäufer z. B. einen mit großer Wahrscheinlichkeit zu erwartenden Einwand von sich aus – noch ehe dieser vom Gegenüber kommt – selbst in das Beratungsgespräch einbringen und sofort argumentativ entkräften.

Bumerang-Methode

Die Bumerang-Methode wird häufig auch Umkehrungsmethode genannt. Dabei greift man das Argument des Gegenübers einfach auf und wandelt es um. Der Verkäufer gibt beispielsweise den Einwand an den Kunden zurück und stellt den angesprochenen Nachteil als besonderen Vorteil heraus.

Typische Einstiegsformulierungen für die Bumerang-Methode sind:

- Gerade weil ...
- Gewiss doch ...
- Klar, von diesem Standpunkt aus betrachtet ...
- Eben ...

Beispiele

- „Sie haben recht, die Monatsprämie ist im oberen Bereich. Und gerade weil dies so ist, können wir Ihnen umfassenden Versicherungsschutz garantieren ..."
- „Gerade weil wir etwas teurer sind, sprechen wir auch andere Zielgruppen an."

Rückfrage-Methode

Durch eine Gegenfrage wird der Gesprächspartner aufgefordert, genauer zu werden und seinen Einwand zu präzisieren. Bei der Rückfrage-Methode wird also der Einwand als Frage zurückgegeben, um weitere Informationen zur Beantwortung des Einwands zu erhalten. Zusätzlich gewinnt der Argumentierende dadurch einerseits Zeit, andererseits wiederholt der Gesprächspartner den Einwand häufig nur noch in abgeschwächter Form.

Beispiele

- „Habe ich Sie richtig verstanden? Meinten Sie, dass ...?"
- „Die Ausführung sagt Ihnen aber grundsätzlich zu?"
- „Sie sagen, dieses Vertragsangebot würde Ihr Problem nicht lösen. Bitte helfen Sie mir, indem Sie mir sagen, welche Ihrer Erwartungen nicht erfüllt werden."
- „Was glauben Sie, was Sie dieses Angebotspaket monatlich kostet?"

Öffnungs-Methode

Um Übereinstimmung in längeren Gesprächen zu erzielen, wird das Gegenüber direkt auf sein zögerliches Verhalten – was als „schweigender" Einwand interpretiert werden kann – angesprochen. Mit dieser Methode erfährt man z. B. in Beratungsgesprächen gerade bei unschlüssigen oder schweigenden Kunden Einwände frühzeitig.

Beispiele

- „Was sagen Sie denn zu diesen Merkmalen?"
- „Darf ich Ihr Schweigen als Zustimmung betrachten?"
- „Ich sehe, dass Sie offensichtlich noch nicht ganz überzeugt sind. Darf ich fragen, woran das liegt?"

Verzögerungs-Methode

Kann oder möchte – weil die Einwandbehandlung an einer anderen Stelle des Gesprächs besser passt – der Argumentierende nicht sofort antworten, sollte er den Einwand zurückstellen. Diese Methode darf in einem Gespräch nur ein- bis zweimal angewandt werden, da man sonst unglaubwürdig wird.

Beispiele

- „Darf ich darauf eingehen, wenn ..."
- „Das ist so wichtig, dass ich gleich anschließend noch einmal besonders darauf eingehen werde."
- „Darf ich später ausführlich darauf eingehen? Ich möchte vorher noch kurz auf folgende Merkmale hinweisen ..."

Offenbarungs-Methode

Die allerletzte Möglichkeit, um einen besonders hartnäckigen Verhandlungspartner, der sämtliche Argumente ablehnt, zu einem positiven Verhalten zu bringen, ist die Anwendung der Offenbarungs-Methode. Bei einem sich abzeichnenden Scheitern eines Gesprächs kann der hartnäckige Gesprächspartner direkt angesprochen werden, unter welchen Bedingungen er z. B. zu einem Vertragsabschluss bereit wäre.

Beispiele

- „Unter welchen Umständen wären Sie denn bereit, dieses Vertragsangebot zu unterzeichnen?"
- „Was muss ich tun, um ...?"

Herbeiführen der Abschlussentscheidung

Den Kunden muss die Abschlussentscheidung erleichtert bzw. ermöglicht werden.

Durch verschiedene Kundensignale (Äußerungen, Gesten) lassen sich Hinweise darauf erhalten, dass der richtige Zeitpunkt für die Einleitung des Vertragsabschlusses gekommen ist. Dies kann beispielsweise geschehen durch:

- eine Zusammenfassung der Argumentation
- die systematische Einschränkung der Vertragsangebote auf zwei Alternativen
- eine direkte Abschlussaufforderung
- Handlungen oder Argumentationen, als wäre die Entscheidung beim Gegenüber bereits gefallen

Abschluss des Kundenberatungsgesprächs

Haben Kunden sich zum Vertragsabschluss entschlossen, sollte durch den Außendienstmitarbeiter noch einmal die Richtigkeit seiner Entscheidung (damit der Kunde das Unternehmen in angenehmer Erinnerung hat und gern wieder Geschäfte mit ihm macht) bekräftigt werden. Schließlich bedankt und verabschiedet sich der Mitarbeiter.

Beendigung des Beratungsgesprächs

- Es muss eine positive Nachwirkung bei den Kunden erzielt werden.
- von großer Bedeutung für die Kundenbindung

Bestätigung der Abschlussentscheidung	Hinweise und Anregungen	Verabschiedung
· Zweifel und Bedenken der Kunden werden ausgeräumt. · Es werden Gründe geliefert, die den Vertragsabschluss rechtfertigen.	· zeigen das Interesse des Verkäufers auch nach Vertragsabschluss · Der Versicherungsvertrag kann bei einer veränderten Lebenssituation jederzeit angepasst werden.	· Kein Vertragsabschluss: den Kunden ermöglichen, sich ohne Gesichtsverlust zurückzuziehen. · Bei Vertragsabschluss: Dank · In jedem Fall: Verabschiedung mit Grußformel

Durchführung komplexer Beratungsgespräche

Um zu lernen, in jeder Phase des Beratungsgesprächs – abhängig von der jeweiligen Beratungssituation – die angemessene Entscheidung zu treffen, empfiehlt es sich, immer die Kriterien für eine erfolgreiche Durchführung der einzelnen Phasen zu beachten. Übt man dies schon in der Ausbildung – beispielsweise in Rollenspielen zwischen Mitarbeitenden und Kunden – , wird man später im eigentlichen Berufsleben in Beratungsgesprächen weitgehend Fehler vermeiden und viele die Kunden zufriedenstellende Vertragsabschlüsse tätigen.

Die wichtigsten Kriterien zur erfolgreichen Durchführung von Beratungsgesprächen sind in der nachfolgenden Übersicht aufgeführt. Diese kann auch als Beobachtungsbogen für komplexe Beratungsgespräche verwendet werden.

Phase	Zielsetzung	Kriterien für eine erfolgreiche Durchführung der Phase
Kontaktaufnahme mit Kunden	Kunden sollen sich positiv angenommen fühlen.	· Blickkontakt halten · Kunden freundlich begrüßen · Kunden mit Namen ansprechen
Bedarfsermittlung	Der Außendienstmitarbeiter soll in Erfahrung bringen, welchen Bedarf der Kunde/die Kundin hat.	· Kundenwunsch erfragen · aktives Zuhören praktizieren · dabei Motive für einen Vertragsabschluss ermitteln · dabei auf genannte Motive eingehen
Vorstellen des Vertragsangebots	Der Verkäufer soll das Vertragsangebot bedarfsgerecht vorstellen.	· eine begrenzte Zahl von Artikeln vorlegen
Beratungsargumentation: Anbieten von Problemlösungen	Kunde/Kundin soll durch die Nutzendarstellung des Außendienstmitarbeiters überzeugt werden.	· auf das zu lösende Problem des Gegenübers eingehen · Nutzen des Vertragsangebots aufzeigen · im Sie-Stil formulieren · Argumente für einen Vertragsabschluss möglichst anschaulich und überzeugend aus fundierten Kenntnisse der vorgelegten Vertragsangebote ableiten · keine Verkaufsphrasen verwenden
Prämiennennung	Die Versicherungsprämie wird in Bezug zu den versicherten Risiken gesetzt.	· Begriffe wie „billig“ oder „teuer“ vermeiden · die Prämie nicht isoliert nennen
Behandlung von Einwänden	Unsicheren Kunden wird gezeigt, dass ihre Bedenken ernst genommen werden.	· Verständnis für das Gegenüber zeigen · eine passende Methode der Einwandbehandlung anwenden, um auf die Bedenken des Gegenübers zu reagieren
Herbeiführen der Entscheidung zum Vertragsabschluss	Kunden sollen dazu gebracht werden, eine Entscheidung zu treffen.	· die Abschlusssignale des Gegenübers erkennen · eine der möglichen Abschlusstechniken einsetzen, um dem Gegenüber die Entscheidung zu erleichtern
Abschluss des Beratungsgesprächs	Das Beratungsgespräch wird für den Kunden/die Kundin zufriedenstellend beendet.	· evtl. Serviceleistungen anbieten · evtl. weitere Versicherungssparten empfehlen · den Vertragsabschluss bekräftigen · das Gegenüber verabschieden · evtl. Folgetermin vereinbaren

3.9 Kommunikation über das Telefon

Zu den Hauptvorteilen von Gesprächen am Telefon gehören:

- Schnelligkeit
- Kostengünstigkeit
- Wirksamkeit
- leichte Einsetzbarkeit für viele Produkte

Telefonvertrieb und/oder Telefonberatung können sowohl aktiv, als auch passiv erfolgen:
- Sogenannte passive Verkaufsgespräche liegen vor, wenn Kunden selbst die Initiative ergreifen und das Unternehmen anrufen, um zunächst einmal mehr Produktinformationen zu bekommen, vielleicht auch um gleich einen Vertragsabschluss zu tätigen. Solche ankommenden Gespräche werden als *Inbound* bezeichnet.
- Wenn das Unternehmen von sich aus aktiv wird, also Kunden bzw. Interessenten anruft, um ein Produkt anzubieten, liegt ein aktives Verkaufsgespräch über Telefon vor. Ausgehende Anrufe zur Durchführung von Verkaufsgesprächen werden auch *Outbound* genannt.

Unabhängig davon, ob das aktive oder passive Vorgehen angewandt wird, dient jedes Verkaufsgespräch über Telefon zunächst einmal der Kundenbindung.

Erste Aufgabe der telefonischen Kommunikation mit den Kunden des Unternehmens ist es, ihnen einen effizienten Service anzubieten und Fragen schnellstmöglich und effizient zu beantworten. Mit der Qualität des telefonischen Service kann sich ein Unternehmen vom Wettbewerb unterscheiden bzw. abheben. Zweites Ziel ist es jedoch immer, einen Vertragsabschluss zu tätigen.

Da in der Versicherungsbranche die meisten Sparten sehr beratungsintensiv sind, werden in der Regel überwiegend Produkte angeboten, bei denen weniger Beratung erforderlich ist, wie z. B. Auslandsreisekrankenversicherungen. Telefonische Kontakte zu Bestandskunden werden überwiegend von Kunden genutzt, um Schäden zu melden, neue Kontendaten oder sonstige Vertragsdaten durchzugeben. Von Seiten des Außendienstes ist das Telefon im Bestandsgeschäft das Hauptkommunikationsmittel zu einer Terminvereinbarung. Gibt es neue Tarife oder sonstige Änderungen, die einen Beratungsanlass darstellen, vereinbart der Außendienst telefonisch einen Termin bei Kunden, um diese dann vor Ort ausführlich zu beraten. Bestandskunden, also Kunden, zu denen bereits eine Geschäftsbeziehung besteht, dürfen nach der geltenden Rechtslage telefonisch kontaktiert werden.

Etwas problematischer sieht es bei der Gewinnung von Neukunden, dem sog. Telefonmarketing, aus. Hier unterscheidet die Rechtslage zwischen Privatpersonen und Geschäftsbetrieben.

Die Rechtslage im Bereich Telefonmarketing in Deutschland orientiert sich an der aktuellen Rechtsprechung und entwickelt sich ständig weiter. Gegenüber Privatpersonen sind dem aktiven Telefonmarketing, bei dem der Anruf vom Unternehmen ausgeht, sehr deutliche Grenzen gesetzt. Grundsätzlich gilt, dass Anrufe bei Privatpersonen, zu denen bislang noch kein Kontakt bestand, nur dann erlaubt sind, wenn deren vorheriges Einverständnis vorliegt.

Im Geschäftsverkehr sind die Grenzen etwas weiter gesteckt. Hier steht weniger der Schutz des Persönlichkeitsrechts im Mittelpunkt der Argumentation als vielmehr die Beeinträchtigung des Geschäftsbetriebs. Anrufe sind erlaubt, wenn das Einverständnis vorliegt, eine Geschäftsbeziehung besteht oder der Anruf den eigentlichen Geschäftsbereich des Unternehmens betrifft und konkrete Anhaltspunkte für ein Interesse an dem Angebot vorliegen. Ob diese Voraussetzungen erfüllt sind, ist immer im Einzelfall zu entscheiden.

Die Phasen eines telefonischen Verkaufsgesprächs entsprechen denen eines direkten Beratungsgesprächs.

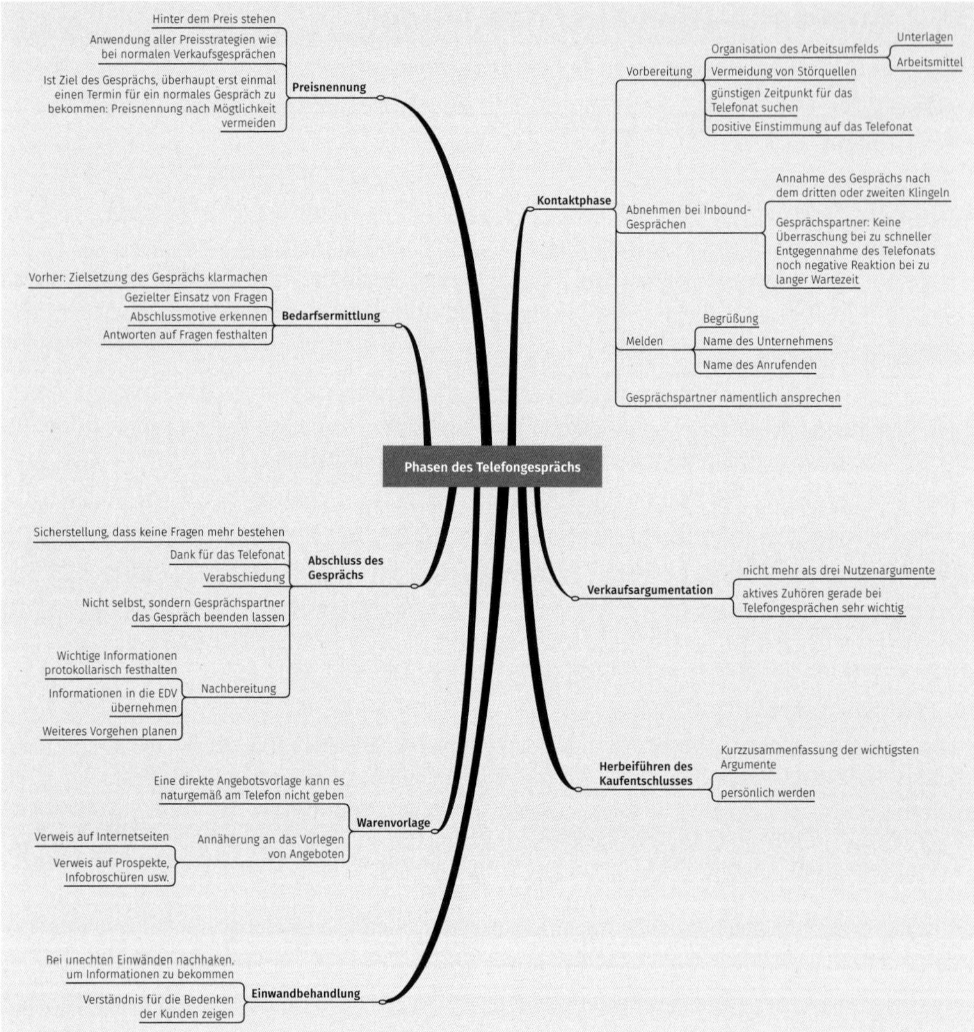

Besonders beachtet werden sollte zu Beginn des Telefongesprächs:

- Potenzielle Kunden und Kundinnen sollten angesprochen bzw. namentlich verlangt werden.
- Sich selbst namentlich vorstellen,
- den Namen des Unternehmens nennen und
- den Zweck des Anrufs erklären.

Einige Regeln zur Kontaktaufnahme per Telefon

- In jedem Fall sollte zu Beginn eines Gesprächs zur Einstimmung des Gesprächspartners auf das Gespräch eine Begrüßung stattfinden. Diese sollte nach einem kurzen Warten erfolgen, da die ersten Worte am Telefon oft nicht gehört werden.
- Anschließend sollte der **Name des Unternehmens** in seiner vollen Länge genannt werden. Versuchen Sie, dies in einer normalen Geschwindigkeit zu tun. Wer am Telefon zu schnell spricht, wird nicht verstanden.

- Es folgt der **Name**. Mit zusätzlichen Ergänzungen, wie z. B. „Mein Name ist ...“ oder „Ich heiße ...“, kann der Gesprächspartner darauf aufmerksam gemacht werden, dass nun eine wichtige Information für ihn folgt.
- Der Einstieg in das Telefongespräch endet bei Inbound-Gesprächen in vielen Fällen mit der Frage: „Was kann ich für Sie tun?“ Dies ist in jedem Fall erforderlich, wenn der Anrufer nicht sofort reagiert. Diese Frage ist also als Aufforderung für den Anrufer zu verstehen, sein Anliegen mitzuteilen. Außerdem drückt das Unternehmen damit seine Servicebereitschaft aus.

Beispiele

Das Telefon von Carolin Saager klingelt. Sie meldet sich mit:

- „Guten Tag!
- Versicherungsagentur der Proximus Versicherung AG,
- Carolin Saager.
- Was kann ich für Sie tun?“

Wichtig bei der Durchführung eines Telefongesprächs ist es, alle elementaren Dinge, die zum Erfolg führen, voll auszuschöpfen. Beim Gespräch sollten generell Fremdwörter vermieden werden, denn viele können sich mit Fremdwörtern nicht identifizieren und verlieren sofort das Interesse am Gespräch. Die telefonierenden Beschäftigten müssen sich mit dem Produkt identifizieren können, damit sie die eigene Überzeugung auf ihren Gesprächspartner übertragen können.

Sehr große Bedeutung kommt dem aktiven Zuhören sowie der Stimmtechnik zu.

Der letzte Eindruck, den man hinterlässt, ist auch bei einem Telefongespräch von Bedeutung.

Ziel eines Telefongesprächs ist es, eine Vereinbarung zu treffen, z. B. einen Versicherungsvertrag abzuschließen oder einen Beratungstermin zu vereinbaren. Hierbei sind die Signale, die der Gesprächspartner sendet, zu erkennen und für das jeweilige Gesprächsziel positiv zu nutzen. Telefonmitarbeitende haben sich am Ende des Gesprächs, auch wenn es zu keinem positiven Ergebnis gekommen ist, höflich zu bedanken.

Das Ergebnis bzw. die wichtigsten Punkte eines Telefongesprächs sollten in einer Gesprächsnotiz, einem sogenannten *Telefonprotokoll*, festgehalten werden. Dieses Protokoll enthält Informationen über den Gesprächsverlauf und auch über das Ergebnis. Häufig stehen dafür innerbetrieblich Vordrucke zur Verfügung. Abgelegt dient die Gesprächsnotiz als Beweismittel, Informationsquelle oder Anstoß zu weiteren Arbeitsprozessen. Eine Gesprächsnotiz sollte Auskunft geben über:

- Uhrzeit und Datum des Gesprächs
- Kontaktdaten des externen Anrufers bzw. Angerufenen
- Verlauf und Inhalt des Gesprächs
- Resultat des Gesprächs
- Vorschläge zur Weiterbearbeitung

Die zehn Gebote telefonischer Gespräche

1. Wenn es klingelt, heben Sie sofort ab – langes Warten nervt.
2. Lächeln Sie, seien Sie freundlich.
3. Sprechen Sie Ihren Partner mit Namen an. Schwierige Namen unbedingt buchstabieren (lassen). Akademische Titel nicht unterschlagen.
4. Sprechen Sie mit angemessenem Tempo und verständlich.
5. Hören Sie gut zu. Unterbrechen Sie nicht. Gehen Sie auf das Anliegen ein.
6. Machen Sie Gesprächspausen, geben Sie dem Gesprächspartner Zeit zum Nachdenken.

7. Fassen Sie sich kurz, niemand hat Zeit!
8. Machen Sie nur Zusagen, die Sie einhalten können.
9. Fassen Sie das Gespräch zusammen.
10. Notieren Sie das Wesentliche.

Vgl.: Töpfer, Armin; Greff, Günter: Servicequalität am Telefon. Neuwied: Luchterhand 1995.

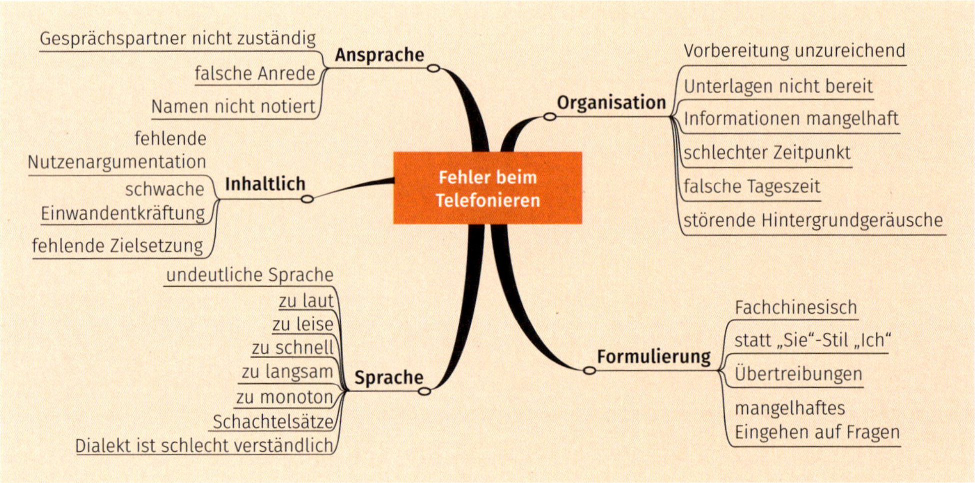

3.10 Konfliktgespräche

3.10.1 Ursachen und Arten von Konflikten

Nach dem Eisbergmodell ist der sichtbare Teil eines vorliegenden Konflikts nur die Spitze des Eisbergs, also ein kleiner Teil des tatsächlichen Konflikts. Die Hintergründe, die zum Konflikt geführt haben, bleiben häufig verborgen, d.h., sie sind den Konfliktparteien oft nicht bewusst. Zu einer langfristig erfolgreichen Konfliktbewältigung müssen die unsichtbaren Ursachen ergründet und ausgeschaltet werden.

Oft nicht klar umrissen, aber präsent – der Konflikt

Je nachdem, welche Ursache für einen Konflikt vorliegt, handelt es sich um einen Sachkonflikt oder einen Beziehungskonflikt.

Die Ursache für einen **Sachkonflikt** liegt, wie der Name schon sagt, auf der Sachebene. Die Konfliktparteien haben z.B. unterschiedliche Auffassungen, Interessen oder Ziele.

Beispiele

- Der Außendienstmitarbeiter Dominik Beck hat beim Ausfüllen eines Vertragsformulars für eine Kfz-Versicherung statt einer Vollkaskoversicherung nur eine Teilkaskoversicherung beantragt. Der Kunden Tobias Huber beschwert sich telefonisch darüber, dass sein neues Fahrzeug nun nicht ausreichend versichert ist.
- Im Versicherungsschein zur Hausratversicherung von Erika Mönicke wurde bei den Adressdaten zum Versicherungsgrundstück statt Schulstraße 69 fälschlicherweise Schulstraße 96 angegeben. Frau Mönicke verlangt telefonisch einen neuen Versicherungsschein, da sie befürchtet, dass sie im Schadenfall keinen Versicherungsschutz hat.

Die Bewältigung eines Sachkonflikts kann unter Anwendung der richtigen Konfliktbewältigungsstrategien (z.B. Kooperationsstrategie im Rahmen der kooperativen Konfliktbewältigung)[2] durch die Parteien erfolgen.

Ein **Beziehungskonflikt** ist auf der zwischenmenschlichen Ebene begründet. Er kann z.B. durch Vorurteile oder Antipathien gegenüber anderen Menschen oder auch durch Missverständnisse entstehen. Ein Beziehungskonflikt kann sich aus Sachkonflikten entwickeln.

Beispiele

- Herr Sydow bekommt während des Reklamationsgesprächs mit Herrn Fellmann das Gefühl, dass er nicht ernst genommen wird. Er hat das Gefühl, dass Herr Fellmann seine Arbeit nicht gut macht, und verlässt beleidigt das Büro.
- Frau Wolicki gefällt es nicht, dass Herr Beck ihre Arbeitsanweisungen nur missmutig entgegennimmt. Außerdem hat Herr Beck bei mehreren Aufgaben zuletzt unkonzentriert gearbeitet und dementsprechende Arbeitsergebnisse abgeliefert. Frau Wolicki kommt zu der Auffassung, dass Herr Beck faul ist, keine Lust auf die Arbeit hat und sie nicht leiden kann. Nach einiger Zeit kommt es zum Streit, weil Frau Wolicki zu Herrn Beck sagt, dass er zu Hause bleiben solle, wenn er keine Lust zum Arbeiten habe.

Führen Sachkonflikte zu einem Beziehungskonflikt, so liegt ein **Mischkonflikt** vor.

Beziehungskonflikte sind schwer zu beseitigen. Sie basieren auf Gefühlen und die Parteien sind somit emotional stark eingebunden. Eine neutrale und sachliche Konfliktbewältigung ist oftmals nicht möglich. In schwerwiegenden Fällen sollte die Konfliktbewältigung mit professioneller Hilfe erfolgen (z.B. Einschalten eines Mediators).

3.10.2 Beschwerdemanagement

Zwischen Unternehmen und Kunden treten z.B. aufgrund von Beschwerden oder Reklamationen Gesprächssituationen auf, in denen ein Konflikt vorliegt. Hierbei ist es wichtig, dass die Beschäftigten die Gesprächssituation frühzeitig erkennen, das Gespräch angemessen führen und den Konflikt nach Möglichkeit beseitigen.

Aufgrund des häufigen Auftretens von Beschwerden (inklusive Reklamationen und Kulanzfällen) haben die meisten Unternehmen ein Beschwerdemanagement in die Geschäftsprozesse integriert. Ziel des Beschwerdemanagements ist eine einheitliche und kundenorientierte Bearbeitung von Beschwerden. Unternehmen mit einem Beschwerdemanagement haben erkannt, dass eine Beschwerde für das Unternehmen nicht nur Risiken, sondern auch viele Chancen mit sich bringt.

Chancen und Risiken von Reklamationen und Beschwerden

Chancen

- Kunden können durch guten Service gebunden werden.
- Kunden werden nach erfolgreicher Bearbeitung (schnell, flexibel, individuell) vom Service und der Qualität des Unternehmens überzeugt.
- Negative Mund-zu-Mund-Propaganda wird durch gutes Beschwerdemanagement verhindert.
- Ein Kunde, der reklamiert, will den Vertrag dennoch abschließen.
- Guter Kundenservice führt zu Weiterempfehlungen und positivem Image.
- Durch Reklamationen werden Mängel des Produktportfolios erkannt und können für die Zukunft abgestellt werden.

Risiken

- Beschwerden, denen nicht abgeholfen werden kann, führen dazu, dass die betroffenen Kunden negativ über das Unternehmen sprechen.
- Nicht befriedigte Kunden schließen ihre Veträge zukünftig bei der Konkurrenz ab.
- Einrichtung und Aufrechterhaltung des Beschwerdemanagements können hohe Kosten verursachen.

Beschwerdemanagement: Vernachlässigtes Kundenfeedback

Deutsche Unternehmen haben Nachholbedarf im Kundenmanagement, denn die Mehrzahl der Beschwerden bleibt einer Umfrage zufolge unbeantwortet.

Nur 20 Prozent der Verbraucher erhalten eine Reaktion auf ihre Beschwerden, so das ernüchternde Fazit einer Umfrage des Meinungsforschungsinstituts Maritz Research unter mehr als 1 000 Deutschen.

Meinung von Kunden wichtig, aber ...

Dabei schätzen die Unternehmen die Meinung ihrer Kunden durchaus hoch ein: Jedes vierte Unternehmen (25,9 Prozent) hat bereits an einer Kundenzufriedenheits-Befragung teilgenommen.

Anders sieht es mit der konkreten Kritik aus: Diese wird nicht gerne weitergegeben. Nur 51,3 Prozent der Befragten wurde eine Weiterleitung ihrer Beschwerde zugesagt, tatsächlich erhielten noch 41 Prozent ein Feedback von den betroffenen Unternehmen. Dabei wünschen sich 77 Prozent der Befragten explizit eine Weiterleitung und Bearbeitung ihrer Beschwerde. Allerdings rechnen mittlerweile nur noch 37 Prozent der Kritiker, die ihre Beschwerde online formulieren überhaupt noch damit, dass die Unternehmen auf ihre Beschwerde reagieren.

... Kundenfeedback zu wenig genutzt

„Die Diskrepanz zwischen dem Wunsch, sich mitzuteilen, und der geringen Erwartungshaltung bezüglich eines Feedbacks gibt tiefe Einblicke, wie viele Unternehmen in der Vergangenheit mit Kundenfeedback umgegangen sind", lautet das kritische Fazit von Marketing-Direktor Christian Vorwerck. „Die Chancen, die diese Art der Meinungsäußerung bietet, werden noch zu wenig genutzt."

Quelle: QZ: Beschwerdemanagement: Vernachlässigtes Kundenfeedback. In: QZ-online.de. 19.05.2014. https://www.qz-online.de/news/uebersicht/nachrichten/beschwerdemanagement-vernachlaessigtes-kundenfeedback-837429.html [01.10.2020].

Aufbau des Beschwerdemanagements

Eine Möglichkeit, wie ein Beschwerdemanagement aufgebaut sein kann, geht auf Bernd Stauss zurück. Sie sieht folgende Ziele und Elemente des Beschwerdemanagements vor:

Ablauf des **direkten** Beschwerdemanagements

Ziel: Kundenbeziehung erhalten/verbessern	Beschwerde-stimulierung	**Beschwerde-annahme**	Beschwerde-bearbeitung	Beschwerde-reaktion

Ablauf des **indirekten** Beschwerdemanagements

Ziel: Qualität erhalten/verbessern	Beschwerde-auswertung	Beschwerde-management-Controlling	Beschwerde-reporting	Beschwerde-informations-nutzung

In Anlehnung an Bernd Stauss, http://wirtschaftslexikon.gabler.de/Definition/beschwerdemanagement.html

Direktes Beschwerdemanagement

Das direkte Beschwerdemanagement befasst sich mit dem Teil der Beschwerden, bei denen Kunden direkt betroffen sind.

Beschwerdestimulierung

Den Kunden sind möglichst einfache und offensichtliche Möglichkeiten einzuräumen, um die Beschwerde an das Unternehmen zu richten (z. B. Kundenhotline, Benachrichtigung über die Homepage, E-Mail-Adresse, Servicecenter). Aufgrund der zahlreichen Chancen von Beschwerden sollten Kunden dazu angeregt werden, Beschwerden abzugeben.

Beschwerdeannahme

Die Beschwerdeannahme sollte in Unternehmen organisiert ablaufen. Man versteht hierunter den Erstkontakt des Beschwerdeführers mit dem zuständigen Bearbeiter im Unternehmen. In diesem Schritt ist es wichtig, dass die Beschäftigten die Beschwerdewege und die Reaktionsmöglichkeiten auf die Beschwerde kennen. Nur so können sie fachlich richtig auf die Beschwerde eingehen. Darüber hinaus muss der Bearbeiter aber auch Konfliktgespräche mit Kunden führen. Häufig sind Kunden beim Anbringen der Beschwerde aufgebracht. Der Bearbeiter muss entsprechend geschult sein, um den vorliegenden Konflikt zu beseitigen. Da es sich in der Regel um Sachkonflikte handeln wird, ist die Beseitigung zu diesem Zeitpunkt der Beschwerde noch gut möglich. Falsche Reaktionen (z. B. Arroganz, abfällige Bemerkungen, grundsätzliches Ablehnen der Beschwerde) können dazu führen, dass sich der Konflikt verstärkt.

Eine entscheidende Rolle im Rahmen des Beschwerdemanagements kommt der Beschwerdeannahme zu.

Beschwerdebearbeitung

Für die Bearbeitung von Beschwerden sind vom Unternehmen Richtlinien für die Bearbeiter vorzugeben, um eine einheitliche, effiziente und zufriedenstellende Bearbeitung zu gewährleisten.

Beschwerdereaktion

Den Beschäftigten werden verschiedene Möglichkeiten eingeräumt, um auf eine Beschwerde zu reagieren:

- finanzieller Art, z.B. Prämiennachlass, Gutschrift, Entschädigung
- materieller Art, z.B. Kulanzleistungen
- immaterieller Art, z.B. Empathie für Kunden, Erklärungen, Entschuldigungen

Die Entscheidung, welche Reaktion der Beschwerde angemessen ist, liegt bei den Beschäftigten. Ziel ist es natürlich, dass der Beschwerde abgeholfen wird und Kunden mit der Beschwerdereaktion zufrieden sind. Die Kundenbeziehung wird dadurch erhalten oder sogar verbessert, weil sich Kunden mit ihrem Anliegen ernst genommen fühlen.

Selbstverständlich ist nicht jede Beschwerde berechtigt. In solchen Fällen müssen die Beschäftigten des Unternehmens den Kunden empathisch erläutern, worin die (unbefriedigende) Beschwerdereaktion begründet ist.

Indirektes Beschwerdemanagement

Das indirekte Beschwerdemanagement befasst sich mit der Auswertung der bearbeiteten Beschwerden. Kunden sind von diesem Teil des Beschwerdemanagements nicht direkt betroffen. Ziel des indirekten Beschwerdemanagements ist es, die Informationen aus den Beschwerden aufzuarbeiten und auszuwerten, um aus ihnen unternehmerische Maßnahmen abzuleiten.

3.10.3 Umgang mit Konflikten in Gesprächssituationen

Wie bereits gesagt wurde, besteht in der Phase der Beschwerdeannahme und später im Verlauf des direkten Beschwerdemanagements bei der Beschwerdereaktion die Gefahr eines Konflikts, welcher im Rahmen eines Gesprächs mit Kunden verarbeitet werden muss.

Struktur des Beschwerdegesprächs

Um kritische Situationen in Beschwerdegesprächen erfolgreich zu bewältigen, muss das Gespräch strukturiert ablaufen. Hierfür kann z.B. nach folgendem Schema vorgegangen werden:

Phase	Inhalte
I. Eröffnungsphase	· kurze Vorstellung und Begrüßung · Problemaufnahme · Beruhigung des Gegenübers (wenn nötig) · „Atmosphäre schaffen“
II. Sachklärungsphase	· Sachverhalt schildern · Sachverhalt aufnehmen · offene Fragen zum Sachverhalt stellen und klären · Wünsche und Anliegen des Gegenübers hören und aufnehmen · Argumentation des Gegenübers hören · Argumente des Beschwerdeadressaten aufzeigen

Phase	Inhalte
III. Lösungsphase	· Lösungsvorschlag unter Anführung der entscheidungsrelevanten Argumente vorstellen · Rückmeldung des Gegenübers einholen · Diskussion des Lösungsvorschlags, wenn dies nötig ist · ggf. Überarbeitung der Lösung (z. B. falls Argumente des Gegenübers nicht bekannt waren oder nicht berücksichtigt wurden) · Einigung auf eine Lösung bzw. Festlegung der Lösung, wenn keine Einigung möglich ist
IV. Abschlussphase	· Feedback des Gegenübers zur Beschwerdebearbeitung · nach Bedarf und Möglichkeit: vom Konflikt lösen und einen angenehmen, versöhnlichen Gesprächsabschluss suchen · Verabschiedung

Sofern die Beschwerdeannahme und die Beschwerdereaktion in zwei Gesprächen stattfinden, gilt

- für das Beschwerdeannahmegespräch:
  I. Eröffnungsphase
  II. Sachklärungsphase
  III. Abschlussphase
- für das Beschwerdereaktionsgespräch:
  I.Eröffnungsphase
  II.Lösungsphase
  III.Abschlussphase

Mischformen sind denkbar, wenn den Kunden beispielsweise Teillösungen direkt bei der Beschwerdeannahme angeboten werden können.

Konfliktgespräch bei der Beschwerdeannahme

Bei der Beschwerdeannahme befinden sich Beschwerdeführende in der Ausgangssituation aufgrund folgender Aspekte in einem Vorteil:

- Sie wissen, dass es zu einem Beschwerdegespräch kommen wird.
- Sie kennen den Beschwerdegrund.
- Sie haben sich auf das Gespräch vorbereitet und eine Argumentation überlegt.

Beschwerdeempfänger wissen von all diesen Dingen nichts. Sie müssen spontan auf das Anliegen reagieren. Diesen Wissensrückstand müssen sie durch professionelles Gesprächsverhalten und exzellente Fachkenntnisse bezüglich des Umgangs mit Beschwerden kompensieren.

Professionelles Gesprächsverhalten

Unabhängig von der Art und Weise, wie Kunden ihre Beschwerde geltend machen, sollte man folgende Aspekte beachten:

Aspekt	Erklärung
ausreden lassen	Die Person kommt mit einem Problem und meistens auch mit Ärger. Es ist wichtig, dass sie zunächst ihr Problem vollumfänglich schildern kann. Dies vermittelt das Gefühl, ernst genommen zu werden.
aktiv zuhören	Dazu gehört: · dem Gespräch aufmerksam folgen · Reaktionen auf die Ausführungen der Person zeigen · zwischendurch Gesten der Zustimmung oder Verständnisses machen

Aspekt	Erklärung
volle Aufmerksamkeit	Während der Beschwerde muss dem Gegenüber die uneingeschränkte Aufmerksamkeit gewidmet werden. Nur so fühlt er sich ernst genommen und gehört.
keine Vorurteile	Kunden dürfen niemals aufgrund ihres Auftretens (Aussehen, Kleidung, Sprache) negativ beurteilt werden.
Respekt	Niemals darf mit abwertenden Äußerungen oder Blicken auf den Gesprächspartner reagiert werden.
Verständnis aufbringen	Zu den Schilderungen des Gegenübers sollten Gesten und Worte gefunden werden, die das Verständnis für die vorgetragenen Probleme verdeutlichen.
Sachverhalt genau anhören	Durch die genaue Schilderung des Sachverhalts fühlen Kunden, dass sie mit ihrer Beschwerde ernst genommen werden.
sachlich und freundlich bleiben	Kunden dürfen niemals auf der Beziehungsebene angegriffen oder verletzt werden. Der Profi im Gespräch muss freundlich bleiben und auf der Sachebene diskutieren und argumentieren.
deeskalieren	Aufgebrachte Kunden sollten ruhig und sachlich beruhigt werden. Werden Beschwerdeempfänger auch laut und unruhig, eskaliert die Situation.
Wertschätzung	Man sollte sich bei Kunden bedanken, dass sie ihre Beschwerde vorbringen, und z. B. erläutern, dass dies wichtig für die Verbesserung der Qualität der Produkte ist.
nicht auf die Schuldfrage eingehen	Beschwerdeführern sollte z. B. nicht unterstellt werden, dass ein Eigenverschulden vorliegt.
Wünsche des Kunden aufnehmen	Eine kurze Wiederholung dessen, was sich das Gegenüber von der Beschwerde verspricht, macht deutlich, dass die Beschwerde angekommen ist.
Lösungsmöglichkeiten aufzeigen	Lösungsmöglichkeiten können schon bei der Beschwerdeannahme aufgezeigt werden. Je nach Organisation des Beschwerdemanagements kann auch direkt eine Lösung angeboten werden.
keine falschen Versprechungen	Lösungen können nur angeboten werden, wenn man auch befugt ist, diese Lösung herbeizuführen. Außerdem muss diese Lösung mit den Vorgaben des Beschwerdemanagements vereinbar sein. Werden falsche Lösungen versprochen, sind Kunden nur im Moment zufrieden. Später wird der Konflikt weiter eskalieren.
positives Ende suchen	Das Gespräch der Beschwerdeannahme sollte positiv enden. Kunden sollten mit einem guten Gefühl aus dem Gespräch gehen.

Das Konfliktgespräch sollte in einer angenehmen und ruhigen Gesprächsatmosphäre geführt werden. Dies ermöglicht eine sachliche und ruhige Diskussion. Das Beschwerdegespräch findet also nicht im Verkaufsraum des Unternehmens statt. Dies ist auch wichtig, weil andere Kunden von auftretenden Problemen nichts mitbekommen sollen. Kunden werden für das Gespräch in einen Nebenraum oder einen ruhigen Bereich gebeten.

Konfliktgespräch bei der Beschwerdereaktion

Der letzte Schritt des direkten Beschwerdemanagements ist die Beschwerdereaktion, also die Mitteilung an den Kunden oder die Kundin, wie mit der Beschwerde umgegangen wird.

Bei positiven Beschwerdereaktionen, also vollumfänglicher Berücksichtigung der Kundenwünsche, ist keine Konfliktsituation im Gespräch zu erwarten. Die Gesprächsführung muss dennoch angemessen sein. Das Ergebnis ist den Kunden gut zu erläutern. In Fällen, in denen sich das Unternehmen ausnahmsweise kulant zeigt (z. B. aufgrund der langjährigen Geschäftsbeziehungen oder eines Missverständnisses), ist den Kunden dies mitzuteilen. Bei Verschulden des Beschwerdeempfängers (z. B. schlechte Schadenregulierung, Missverständnis) ist eine Entschuldigung angebracht.

Großes Konfliktpotenzial besteht, wenn Kundenwünschen nicht oder nicht vollumfänglich entsprochen wird. Die Kundenbeziehung ist für die Zukunft stark gefährdet und auch die Gefahr, dass das Image des Unternehmens leidet, ist offensichtlich.

Bei der Beschwerdereaktion haben Beschäftigte einen Wissensvorteil gegenüber den Beschwerdeführern, wenn sie sich mit dem Sachverhalt auseinandersetzen und die Gründe kennen, die zu der (teilweisen) Ablehnung der Beschwerde führen. Auf diesem Kenntnisstand müssen sich Mitarbeitende eine Gesprächsstrategie überlegen, um Kunden die negativen Aspekte der Beschwerdereaktion mitzuteilen. Die Gesprächsstrategie ist an das Gegenüber anzupassen. Es kann sinnvoll sein, zunächst die Argumentation sorgfältig, ruhig und sachlich zu erläutern, bevor das Ergebnis mitgeteilt wird.

Bei teilweiser Ablehnung der Beschwerde kann es – je nach Gegenüber und Sachverhalt – sinnvoll sein, zunächst die Ablehnung mitzuteilen, um anschließend die Zugeständnisse hervorzuheben und ein positives Ende des Gesprächs zu suchen. Die Strategie ist immer situativ zu wählen.

Konfliktgespräch am Telefon

Neben dem persönlichen Konfliktgespräch kann es zu Konfliktgesprächen kommen, die am Telefon zu führen sind.

Die oben genannten Regeln für professionelles Gesprächsverhalten gelten natürlich auch bei dieser Art von Konfliktgesprächen mit Kunden. Jedoch sind die Möglichkeiten der Körpersprache, Gestik und Mimik zur Steuerung der Situation nicht vorhanden. Das einzige Mittel, um der Beschwerde von Kunden professionell gegenüberzutreten, ist die Sprache. Folglich ist verstärkt auf die Wortwahl und die Betonung zu achten. Auch wenn Kunden den Gesprächspartner nicht sehen können, sollte eine angemessene Haltung eingenommen werden, damit die Stimme am Telefon als aufmerksam und freundlich wahrgenommen wird.

Während des Gesprächs sollte man sich unbedingt Notizen machen, um die Beschwerde möglichst genau aufnehmen und entsprechend gut bearbeiten zu können.

3.11 Interkulturelle Auswirkungen auf Kundenberatungsgespräche

Jeden Tag treffen Menschen in beruflichen Situationen auf andere Menschen. Bei Menschen, die durch gleiche oder ähnliche kulturelle Einflüsse, Stimmungen und Erwartungen geprägt sind, geschieht das in der Regel in einer verständnisvollen und konfliktarmen Atmosphäre. Schwierigkeiten entstehen jedoch oft, wenn Personen aus unterschiedlichen Kulturkreisen aufeinandertreffen: Je mehr die kulturellen Einflüsse der beteiligten Personen voneinander abweichen, umso mehr kann es zur Entstehung interkultureller Konfliktsituationen kommen. Gerade bei Verhandlungen mit ausländischen Geschäftspartnern ist im Vergleich zu Verhandlungen mit deutschen Geschäftspartnern vieles anders. Abgesehen von den kulturellen Unterschieden und der Sprache müssen auch die teilweise starken Unterschiede der Unternehmenskultur, des Kommunikationsstils und der Verhandlungstaktiken beachtet werden.

Beispiel

In Korea wird anders verhandelt: Den Vertrag sieht man als Ganzes, Zugeständnisse werden erst viel später gemacht.
Koreanische Manager verhandeln zäh und sind durchaus temperamentvoll. Das unterscheidet sie von anderen Asiaten. Geschäftsleute in Korea erwarten das Gleiche von ihrem Verhandlungspartner und schätzen eine professionelle Verhandlungsführung.

Wenn im Geschäftsleben kulturelle Besonderheiten nicht ausreichend beachtet werden, kann dies viele Nachteile haben:

- Missverständnisse können die betriebliche Arbeit stören.
- Der Gesprächspartner kann nachhaltig verärgert werden.
- Dies kann sogar zur Ablehnung des Gesprächspartners führen.
- Die Geschäftsbeziehungen werden gestört.
- Es kommt zu finanziellen Einbußen.
- Es droht ein Scheitern der geschäftlichen Verbindungen.

Der Kontakt zwischen Mitarbeitenden und Kunden mit unterschiedlicher kultureller Prägung in oder außerhalb eines Unternehmens wird in Zukunft sehr stark zunehmen. Deshalb wird es für Unternehmen immer wichtiger, dass ihre Mitarbeitenden mit interkulturellen Konfliktsituationen angemessen umgehen können. Dazu müssen sie das Erkennen, das Vermeiden und den Umgang mit solchen interkulturellen Konfliktsituationen lernen.

Grundregeln für den Umgang mit Personen anderer Kulturkreise

Zurücknahme der eigenen Person

In jedem Fall ist es hilfreich, die eigene Person etwas zurückzunehmen. Man sollte also nicht offensiv die Meinung vertreten, dass die eigenen Ansichten und die eigene Lebensweise die allein gültigen sind.

Respekt vor anderen Personen

Damit einher geht die Achtung von Personen aus fremden Kulturkreisen. Sie empfinden dies als Wertschätzung und werden dementsprechend positiv reagieren.

Bereitschaft zum interkulturellen Lernen

Vor diesem Hintergrund sollte jeder bereit sein, interkulturell zu lernen. Darunter versteht man, dass sich Menschen unterschiedlicher Kulturen im Umgang miteinander bemühen, das kulturelle Orientierungssystem des jeweils anderen zu verstehen. Dadurch wird immer das Verständnis sowohl für fremde Kulturen als auch der eigenen Kultur verstärkt.

Informationen einholen über die Besonderheiten der anderen Kultur

Vor privaten Reisen ins Ausland sollte man sich über die kulturellen Besonderheiten und die dort üblichen Sitten informieren. Dies gilt auch für den Kontakt mit ausländischen Kunden. Von der Beschaffung solcher Informationen kann der Erfolg oder Misserfolg der Reise bzw. eines Beratungsgesprächs entscheidend abhängen. Es ist also wichtig

- zu verstehen, was die Eigenschaften der jeweiligen Kultur sind,
- zu wissen, welches in unserem Kulturkreis normale Verhalten in anderen Kulturkreisen negativ gesehen wird bzw. umgekehrt.

Kulturdimensionen

Zur Erfassung kultureller Unterschiede verwendet man das Modell der Kulturdimensionen. Unter Kulturdimensionen versteht man Vergleichskriterien, um Gemeinsamkeiten und Unterschiede von Landeskulturen darzustellen. Durch Verwendung von Kulturdimensionen können Landeskulturen klassifiziert und dadurch besser untersucht und verstanden werden.

Als Kulturdimensionen können unterschieden werden:

- direkte und indirekte Kommunikation
- Sach- oder Beziehungsorientierung
- Kollektivismus und Individualismus
- Femininität und Maskulinität
- Grad der Risikobereitschaft und Unsicherheitsvermeidung
- hohe oder geringe Ausprägung der Machtdistanz
- monochrone oder polychrone Kulturen

Ausprägung der Kulturdimensionen in ausgewählten Ländern

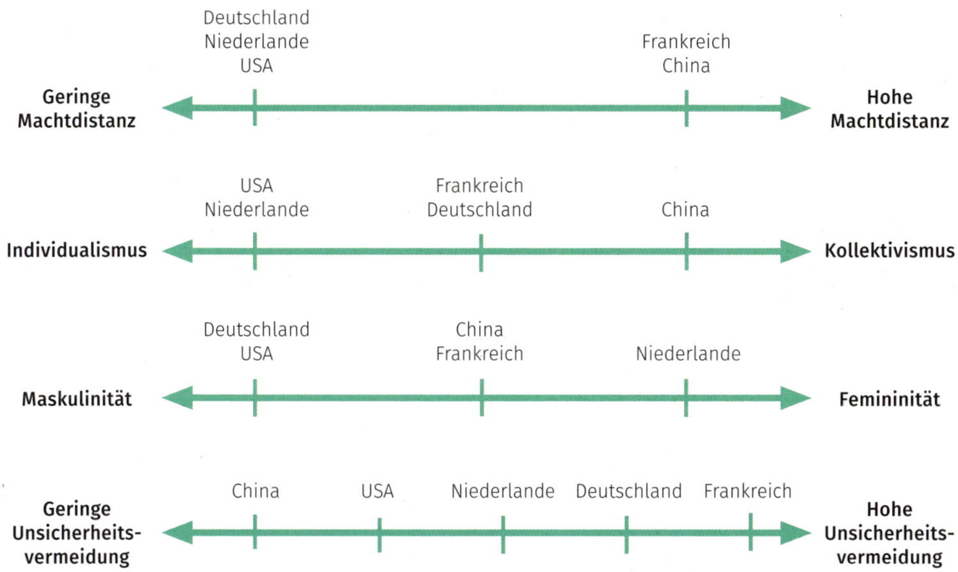

Vgl. Böhm, Ursina: Interkulturell kompetent? In: lift-report, Fachaufsätze 2/2004

Direkte und indirekte Kommunikation

Verschiedene Landeskulturen unterscheiden sich durch die Art der Kommunikation. In einigen Ländern wird mehr die **direkte** Kommunikation bevorzugt: Informationen oder Anweisungen werden deutlich geäußert. Es werden klare Positionen bezogen, Kritik wie auch Zustimmung werden offen ausgesprochen, auch wenn dadurch ein sozialer Konflikt riskiert wird. Dies wird in Kauf genommen, da die direkte Kommunikation zu mehr Wahrheit und Klarheit führen kann.

Beispiel

Im Rahmen der direkten Kommunikation wird ein Gespräch geführt, um ein vorher festgelegtes Ziel zu erreichen:
„Ich habe um dieses Gespräch gebeten, weil ich mit der Qualität Ihres Angebots nicht zufrieden bin."
Weil man keine Zeit verschwenden will, wird also ein sehr direkter Weg gewählt.

In Kulturen, deren Mitglieder **indirekt** kommunizieren, werden Botschaften und Mitteilungen verschlüsselt weitergegeben. Aus dem Bedürfnis, soziale Harmonie zu wahren, werden direkte Stellungnahmen vermieden. Andere Personen werden nicht angegriffen.

Beispiel In Kulturen, die die indirekte Kommunikation bevorzugen, wird das Gesprächsziel viel eher beiläufig und über Umwegen angestrebt. Die Kommunikation dauert länger, ist unverbindlich und enthält wenig Fakten.

Kulturdimension	
Direkte Kommunikation	**Indirekte Kommunikation**
Europäer sind bei Konflikten bestrebt, den Sachverhalt möglichst deutlich darzulegen, um Klarheit zu schaffen. · Deutschland · Skandinavien	Asiaten z. B. versuchen die Konfliktursache undeutlich zu machen, weil in erster Linie die Harmonie zwischen den Beteiligten wiederhergestellt werden muss. · Asien, · Lateinamerika, · Afrika, arabische Länder, · romanische Länder, · osteuropäische Staaten

In Kulturen, die indirekte Kommunikation bevorzugen, werden viele Dinge nicht direkt zur Sprache gebracht.

Sachorientierung oder Beziehungsorientierung

Viele Kulturen unterscheiden sich durch unterschiedliche Auffassungen der Geschäftsbeziehungen: in Landeskulturen, bei denen die **Sachorientierung** im Vordergrund steht, legt man Wert darauf, sachlich zu diskutieren. Es herrscht eine klare Trennung zwischen Privat- und Berufsleben. Für den Aufbau von Geschäftsbeziehungen ist die Entwicklung einer persönlichen Bindung nicht wichtig. Bei der Zusammenarbeit spielen persönliche Sympathien und Abneigungen keine große Rolle.

Beispiel In Deutschland herrscht wie in vielen westlichen Kulturen die Sachorientierung vor: In Verhandlungen wird der Abschluss eines Projekts, eines Vertrags oder eines Geschäfts angestrebt.

In anderen Kulturen steht die **Beziehungsorientierung** im Vordergrund: Erst wenn eine persönliche Beziehung aufgebaut wurde, arbeiten die Geschäftspartner zusammen.

Beispiel Besprechungen oder Verhandlungen dienen zunächst einmal dem Kennenlernen und dem Aufbau einer persönlichen Beziehung. Erst wenn eine gemeinsame Basis geschaffen wurde, wird ein Abschluss angestrebt.

Kulturdimension	
Sachorientierung	**Beziehungsorientierung**
· Deutschland · USA	· Italien · Spanien · Mexiko · Brasilien

Beispiele

- Für Nordeuropäer oder Nordamerikaner gilt das Prinzip „Zeit ist Geld“. Sie wollen schnell zur Sache kommen.
- Asiaten, Afrikaner oder Araber möchten den Geschäftspartner zuerst einmal als Person kennenlernen und einschätzen können. Erst nach Aufbau einer Beziehung denken sie an geschäftliche Dinge.

Individualismus oder Kollektivismus

Viele Landeskulturen unterscheiden sich auch darin, wie die Rolle des Einzelnen gegenüber der Gruppe gesehen wird. In Landeskulturen, in denen der **Individualismus** im Vordergrund steht, gilt die Selbstverwirklichung des Einzelnen als eines der höchsten Ziele. Die Unabhängigkeit, die Privatsphäre und die Persönlichkeit des Einzelnen genießen einen sehr hohen Stellenwert. Der Gruppe geht es gut, wenn es einer Einzelpersonen gutgeht.

Bei durch **Kollektivismus** geprägten Landeskulturen ist die Gemeinschaftsorientierung das entscheidende Merkmal. Dem Einzelnen geht es gut, wenn es der Gruppe gut geht. Das Wohl der einzelnen Person wird dem der Gruppe untergeordnet. Die Gemeinschaft bietet Schutz und Unterstützung, fordert aber auch große Loyalität.

Kulturdimension	
Individualismus	**Kollektivismus**
Beziehungen zwischen Menschen sind lockerer, da individuelle Freiheit, freie Persönlichkeitsentwicklung, Selbstbestimmung und Verantwortung in der gesellschaftlichen Ordnung einen hohen Stellenwert haben. · USA · Großbritannien · Australien · Frankreich · Schweiz · Niederlande · Belgien · Deutschland	In kollektivistischen Kulturen spielt die Integration in zahlreiche soziale Netzwerke eine besonders wichtige Rolle. Charakteristisch sind gegenseitige Abhängigkeit, hoher Stellenwert von Gruppeninteressen und Vermeidung von direkter Konfrontation (Harmoniestreben). · China · Japan · Argentinien · Singapur · Guatemala · Mexiko · Portugal

Beispiele

- „The American Dream“ – die Möglichkeit sich aus eigener Arbeitskraft vom Tellerwäscher zum Millionär hochzuarbeiten – ist ein Symbol für den Individualismus, wie er in den USA gelebt wird und in dem berühmten Song „My Way“ von Frank Sinatra zum Ausdruck kommt.
- Für die kollektivistisch ausgeprägte Gesellschaft Chinas ist das Sprichwort „Der Nagel, der herausragt, wird in das Brett gehämmert“ kennzeichnend. In einer solchen Gesellschaft steht die Gruppe als Gesamtheit im Vordergrund und ist wichtiger als die Selbstverwirklichung der Gruppenmitglieder.

Hohe oder geringe Ausprägung der Machtdistanz

Verschiedene Landeskulturen unterscheiden sich dadurch, inwieweit die einzelnen Menschen Ungleichheiten zwischen Hierarchiestufen akzeptieren. Es geht um die Frage, wie viel Respekt eine Person vor einem Menschen in einer höheren Position hat. Je höher die Machtdistanz ist, umso weniger ist es erlaubt, offene Kritik zu üben.

In Landeskulturen mit einer hohen Ausprägung der Machtdistanz werden hierarchische Strukturen anerkannt. In Organisationen und Unternehmen wird häufiger ein eher autoritärer Führungsstil angewendet. Dagegen wird dort, wo die Machtdistanz niedriger ausgeprägt ist, eine weitgehende Gleichheit der Machtverteilung angestrebt. So sind Organisationsstrukturen eher flach gehalten, Entscheidungen werden eher delegiert.

Unterschiede zwischen Individualismus und Kollektivismus am Beispiel „Freude am Essen"

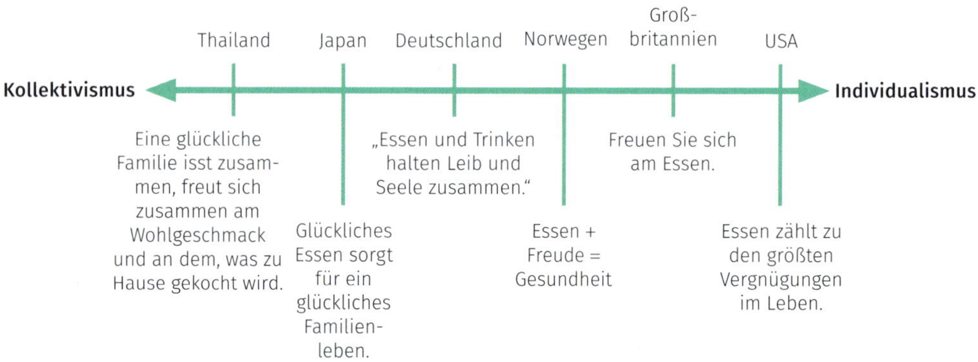

Quelle: Müller, Stefan, Gelbrich, Katja: Interkulturelles Marketing, München: Vahlen 2004, S. 665.

Kulturdimension	
Hohe Ausprägung der Machtdistanz	**Niedrige Ausprägung der Machtdistanz**
• Japan • Singapur • Frankreich • Spanien • Guatemala	• Skandinavien • Großbritannien • Österreich • Niederlande

Monochrone oder polychrone Kulturen

Mitglieder einer monochronen Kultur erledigen Aufgaben nacheinander. Die nächste Beschäftigung wird erst dann begonnen, wenn die erste abgeschlossen ist. Die Mitglieder dieser Kultur messen der Zeit und der Privatsphäre einen hohen Wert bei. Die Zeit dient ihnen dazu, den Alltag zu ordnen und in strukturierte Bahnen zu lenken. Pünktlichkeit ist von großer Bedeutung, die Zeitplanung in monochronen Kulturen ist sehr exakt.

In polychronen Kulturen führen die Mitglieder oft mehrere Aufgaben nebeneinander aus. In solchen Gesellschaften werden viele Dinge gleichzeitig erledigt; neue Aufgaben werden also angefangen, ohne die alten vorher abgeschlossen zu haben. Zeit hat für die Mitglieder einer solchen Kultur keine große Bedeutung. Planungen werden häufiger geändert. Diese Gesellschaften legen sehr viel Wert auf Kommunikation und Beziehungen.

Kulturdimension	
Monochron	**Polychron**
· Deutschland · USA · Kanada · Mitteleuropa · Nordeuropa · Japan · China	· Südeuropa · Osteuropa · Mittelamerika · Südamerika · Afrika · Naher Osten · Indien

Beispiele

- In monochronen Kulturen fällt man durch Unpünktlichkeit sehr leicht negativ auf.
- In polychronen Kulturen gehen Geschäftspartner im Groben davon aus, dass sie selbst und die anderen doch alle genügend Zeit zur Verfügung haben.

Hohe oder niedrige Unsicherheitsvermeidung

In Gesellschaften mit hoher Unsicherheitsvermeidung wird Ungewissheit als Bedrohung empfunden. Dadurch entsteht ein allgemeines Bedürfnis nach informellen Regeln und formellen Vorgaben. Man möchte unvorhersehbare Situationen vermeiden. Um Ordnung und Struktur in solchen Gesellschaften aufrecht zu halten, wird andersartiges Verhalten bestraft.

In den Kulturen, in denen eine niedrige Unsicherheitsvermeidung vorherrscht, gibt es überwiegend die Einstellung, dass Ungewissheit eine normale Erscheinung im Leben ist. Diese Gesellschaften sind erheblich risikobereiter und innovationsfreudiger (offen gegenüber Neuerungen) als andere. Regeln werden nur dort aufgestellt, wo sie absolut notwendig erscheinen. Man ist sich einig, dass man viele Probleme auch ohne formelle Regeln lösen kann.

Kulturdimension	
Hohe Unsicherheitsvermeidung	**Niedrige Unsicherheitsvermeidung**
· Japan · Guatemala · China · Frankreich	· Nordeuropa · Großbritannien · Hongkong

Beispiel

In Kulturen mit hoher Unsicherheitsvermeidung gibt es am Arbeitsplatz sehr viele ungeschriebene, aber auch geschriebene Regeln, die den Arbeitsablauf bestimmen. Herrscht in einer Kultur dagegen eine niedrigere Unsicherheitsvermeidung vor, ruft dies einen großen Widerwillen hervor: dort werden eher flexible Regelungen und Strukturen angestrebt.

Maskulinität oder Femininität

Eine Kultur gilt als maskulin, wenn die Rollen der Geschlechter emotional klar gegeneinander abgegrenzt sind:

Männer haben bestimmt, hart und materiell orientiert zu sein. Frauen dagegen müssen bescheidener, sensibler sein und Wert auf Lebensqualität legen.

Maskuline Kulturen erwarten von Männern Leistung, Erfolg und Stärke. In einer femininen Kultur überschneiden sich Rollen der Geschlechter emotional: Sowohl Frauen als auch Männer sollen bescheiden und feinfühlig sein und Wert auf Lebensqualität legen. Merkmale femininer Kulturen sind Ausgewogenheit zwischen Arbeit und Privatleben, Kooperationsbereitschaft und Bescheidenheit.

Kulturdimension	
Maskulinität	**Femininität**
· Japan · Deutschland	· Niederlande · Skandinavien

Beispiel

Aggressives Auftreten ist eher in maskulinen Kulturen anzutreffen als in den eher auf Bescheidenheit und Mitgefühl ausgerichteten femininen Kulturen. Ein angriffslustiges Verkaufsverhalten auf Kosten anderer – wie z. B. vergleichende Werbung auf amerikanische Art – wird in femininen Gesellschaften überwiegend negativ aufgenommen.

Langfristige oder kurzfristige Orientierung

Verschiedene Kulturen unterscheiden sich dadurch, wie groß der zeitliche Planungszeitraum einer Kultur ist.

Kurzfristig orientierte Kulturen bevorzugen kurzfristig erreichbare Ziele. Sie weisen unter anderem folgende Merkmale auf:
- Ungeduld
- Erwartung schneller Gewinne
- geringe Sparsamkeit

Solche Gesellschaften sind gegenwarts- oder vergangenheitsorientiert.

Für langfristig orientierte Kulturen sind Merkmale typisch wie z. B.
- Ausdauer,
- Fleiß,
- Sparsamkeit,
- Erfüllung sozialer Pflichten.

In langfristig orientierten Kulturen steht das Erreichen langfristiger Ziele im Vordergrund. Sie sind viel mehr zukunftsorientiert.

Kulturdimension	
Langfristige Orientierung	**Kurzfristige Orientierung**
· China · Brasilien · Thailand	· Deutschland · USA · Schweden

Beispiele

- „Wenn wir jetzt etwas ändern, dann wird sich das in zehn Jahren rentieren ...“, steht für eine langfristige Orientierung, die auf die Zukunft ausgerichtet ist.
- „Das machen wir schon immer so!“, ist eher kennzeichnend für eine Kultur einer kurzfristigen Orientierung: Hier hat die Vergangenheit in Form von Traditionen ein besonderes Gewicht.

Unterschiede in der Ausprägung der Körpersprache

Kulturelle Unterschiede drücken sich auch in der Körpersprache aus. In einigen Ländern werden Körperkontakt, Abstand und Orientierung bei Gesprächen, Mimik und Gestik anders gedeutet als in Deutschland.

Beispiel

In Lateinamerika, aber auch in vielen Mittelmeerländern, gehören körperliche Berührungen selbst bei Geschäftsgesprächen zum Gespräch. Dies gilt auch für arabische Länder: Dort ist dies jedoch nur von Mann zu Mann oder von Frau zu Frau erlaubt. Skandinavier, Japaner oder Chinesen empfinden dagegen die Einhaltung eines großen Abstands als normal.

Kulturdimension	
Starke Ausprägung der Körpersprache	**Niedrigere Ausprägung der Körpersprache**
· Mittelamerika · Südamerika · Arabische Länder · Afrikanische Kulturen · Südeuropa · Osteuropa · Indien	· Nordeuropa · Mitteleuropa · Nordamerika · China · Japan

Verhalten ausländischer Kunden und Geschäftspartner

Oft gilt im Ausland das, was in Deutschland als gutes Verhalten angesehen wird, als Verstoß gegen die gute Etikette. Deshalb sollte man bei Beratungsgesprächen mit Kunden aus dem Ausland über die dort geltenden Verhaltensregeln und Bräuche informiert sein: Kann man das Verhalten des Gegenübers nachvollziehen, lassen sich Verkaufsgespräche leichter durchführen.

Die zwei Hauptregeln für allgemeines Verhalten gegenüber ausländischen Kunden oder Geschäftspartnern sind:

- Man sollte dem Gegenüber seinen Respekt bezeugen. Dies hat mit Sicherheit Auswirkung auf einen positiven Verlauf des Gesprächs.
- Es empfiehlt sich, zu beobachten, wie sich das Gegenüber verhält, und es ihm anschließend gleichzutun.

Vor allem in den folgenden im Geschäftsleben häufig vorkommenden Situationen gibt es oft entscheidende Unterschiede zwischen den Kulturkreisen:

Begrüßung

In Deutschland gilt das Händeschütteln als ganz normaler Bestandteil einer Begrüßung. In vielen europäischen Ländern dagegen findet das Händeschütteln in weitaus geringerem Maße statt. In vielen asiatischen Ländern entfällt das Händeschütteln komplett. Stattdessen wird es durch eine Verbeugung ersetzt: Je tiefer dabei die Vorbeugung ausfällt, desto höher ist die Wertschätzung des Gegenübers.

Austausch von Visitenkarten

Weltweit gilt, dass Visitenkarten sich immer in einwandfreiem Zustand befinden müssen. Unterschiede gibt es im Hinblick auf eine korrekte Übergabe.

- Empfehlenswert ist eine zweisprachige Visitenkarte. Ist die Visitenkarte z. B. in englischer Sprache gehalten, wird dem Gesprächspartner so das Verständnis erleichtert.
- In islamischen Ländern werden die Visitenkarten nur mit der rechten Hand übergeben. Dagegen werden in südostasiatischen Ländern die Visitenkarten immer mit beiden Händen entgegengenommen bzw. übergeben.

Pünktlichkeit

In Deutschland ist Pünktlichkeit selbstverständlich. In einigen Ländern (z. B. in Südamerika) verschieben sich jedoch Termine oft etwas. Dies wird dort als völlig normal angesehen. Hier gilt auch die Regel, dass man niemals zu früh kommen sollte.

Gespräche

Häufig wird man mit seinen Gesprächspartnern nicht nur über geschäftliche Themen reden, es kommt auch zu einem privaten Austausch. Ohne Probleme können in der Regel Bereiche wie

- Familie,
- Reisen,
- Sport,
- Musik und Kunst

angesprochen werden. Dagegen sollten Reizthemen (Politik, Religion, Krankheiten, negative Erlebnisse im Gastland) vermieden werden.

3.12 Evaluationsbogen für Kundenberatungsgespräche

Die Evaluation (= sach-und fachgerechte Bewertung) von Kundengesprächen ist während der Berufsausbildung ungemein wichtig, aber auch im späteren Berufsleben sollte man sich immer wieder selbstkritisch betrachten und die eigene Arbeit bewerten.

Bei jeder Evaluation gibt es verschiedene Sichtweisen:

- Wie beurteilt der Kunde/die Kundin die Beratungsperson?
- Wie beurteilen Außenstehende die Beratungsperson?
- Wie beurteilt sich die Beratungsperson selbst?

Die Eigenbeurteilung von Kunden ist überwiegend Bestandteil der Ausbildung und spielt in der Praxis keine Rolle. Wenn eine Person viele Fragen stellt und den Berater oder die Beraterin womöglich überfordert oder aus der Ruhe bringt, kann das während der Ausbildung überzogen wirken, ist aber dennoch sinnvoll, da es solche Kunden tatsächlich gibt.

Es stellt sich die Frage, wozu eine Evaluation dienen soll. Es geht vordergründig überwiegend um die Bewertung der Beratung. Zwar kann man die Beratungsqualitäten einer Person auch am Umsatz messen, aber ein guter Berater oder eine gute Beraterin macht mehr und kann mehr. Wer das Vertrauen seiner Kunden gewinnen kann, wird bei allen Versicherungsfragen immer wieder kontaktiert und auch weiterempfohlen. Um das Vertrauen zu gewinnen, benötigt man mehr als Fachwissen und ein gepflegtes Auftreten. Zudem ist es wichtig, dass gute Beraterinnen und Berater immer an sich arbeiten und ständig versuchen, ihre Beratung zu optimieren.

Bei jeder Beurteilung sollte immer der Grundsatz „nur zur Sache, nie zur Person" gelten. Damit ist allerdings nicht gemeint, dass persönliche Verhaltensformen, wie z. B. Sprache oder Körpersprache, außen vor bleiben. Auch diese Faktoren sollten kritisch betrachtet und beurteilt werden, allerdings stets sachorientiert und ohne persönlich zu werden.

Evaluationsbogen für Kundengespräche							
Wer wird beurteilt?	**Name**		**Funktion**		**Datum**		
Beurteilungskriterium	**Beurteilung: 1 = sehr gut bis 6 = ungenügend**						**Anmerkungen**
	1	**2**	**3**	**4**	**5**	**6**	
Wie war die Begrüßung?							
Wie war das äußere Erscheinungsbild?							
Wie waren die Umgangsformen?							
Wie war das Einstiegsgespräch?							
Hatte das Beratungsgespräch eine erkennbare Struktur?							
Wurde auf Fragen und Wünsche der Kunden eingegangen?							
Wurden alle vorgeschriebenen Informationen erklärt und ausgehändigt?							
Wurde eine Versorgungsanalyse vorgenommen?							
Wie war das Fachwissen?							
Wie wurde auf Einwände reagiert?							
Wie wurde auf Vorwände reagiert?							
Gibt es offene Fragen, die im Nachgang geklärt werden müssen?							
Wie wurden die Vertragsangebote präsentiert?							
Waren die vorgelegten Angebote bedarfsgerecht?							
Wurden alle relevanten Versicherungssparten angesprochen?							
Wurden Kunden auf Empfehlungen angesprochen?							
Wie war die Verabschiedung?							

Beispiele

Eine Beraterin legt im Kundengespräch ohne einen kleinen Smalltalk direkt mit Fachbegriffen los und übergeht Fragen der Kunden.
Eine unangebrachte persönliche Beurteilung wäre in diesem Fall: *„Sie fallen mit der Tür ins Haus, kommen ohne Umschweife zu direkt zum Thema und zeigen keinerlei Empathie für den Kunden."*
Zielführender wäre hier etwa folgende Formulierung: „ Ich fände es besser, wenn Sie am Anfang

des Gesprächs etwas Smalltalk einbauen würden, um das Eis zu brechen. Außerdem sollten Sie weniger Fachbegriffe verwenden oder diese zumindest allgemeinverständlich erklären, mehr Verständnis für die Fragen und Wünsche Ihrer Kunden aufbringen und diesen auch aufmerksam zuhören."

Die Versicherungsgesellschaften verwenden die unterschiedlichsten Fragebögen für die verschiedenen Sichtweisen. Der Evaluationsbogen auf der vorangehenden Seite ist neutral gehalten und kann von neutralen Beobachtungspersonen (z. B. in der Klasse/Ausbildungsstätte), Kunden (Personen, die diese Rolle spielen) und von den Beraterinnen und Beratern selbst (für die Eigenbeurteilung) verwendet werden. Natürlich kann ein solcher Fragebogen individuell erweitert oder umgestaltet werden.

4 Kundengewinnung und Kundenpflege

Ohne Kunden kann kein Unternehmen existieren. Doch wie kommt ein Unternehmen zu seinen Kunden und wie kann es diese auch dauerhaft an sich binden? Diese Fragestellung gehört zu dem weiten Feld des Maketings.

Wer kennt nicht den Spruch von Henry Ford „Wer nicht wirbt, stirbt"? Man sollte diesen Spruch natürlich nicht wörtlich nehmen, aber die Aussage ist klar: Ohne Werbung kommt ein Unternehmen nicht zu einem Bekanntheitsgrad und kann somit auch nicht genug Umsatz generieren, um auf Dauer zu existieren. Allerdings besteht Marketing nicht nur aus Werbung. Im folgenden Kapitel werden die einzelnen Disziplinen des Marketings genauer betrachtet.

4.1 Grundlagen des Marketings

4.1.1 Überblick über das Marketing

Verkäufer- und Käufermärkte

In den letzten Jahrzehnten wandelte sich der Markt vom Verkäufer- zum Käufermarkt. Dadurch sind Unternehmen immer mehr gezwungen, sich mit den Problemen, Wünschen und Bedürfnissen der möglichen Kunden auseinanderzusetzen. Vor diesem Hintergrund ist es für erfolgreiche Unternehmen sehr wichtig, dass sich alle Mitarbeitenden der besonderen Bedeutung absatzpolitischer Maßnahmen im Rahmen des Marketings bewusst sind.

Im zerstörten Deutschland konnten Unternehmen, die in der Lage waren, irgendeine Ware anzubieten, diese auch sofort verkaufen.

Verkäufermärkte

Nach dem Zweiten Weltkrieg agierten die Unternehmen zunächst auf einem Verkäufermarkt.

Definition Kennzeichen eines **Verkäufermarkts** ist eine Marktsituation, in der die Nachfrage größer als das Angebot ist.

Die Unternehmen mussten sich nicht an den besonderen Bedürfnissen des Markts orientieren, da der Absatz der von ihnen angebotenen Waren aufgrund der Knappheit nach dem Krieg problemlos war. Im Mittelpunkt der Unternehmenstätigkeit stand die Versorgung der Kunden und der Bevölkerung mit Waren. Die Unternehmen versuchten, die Waren auf den damals sehr engen Märkten zu beschaffen beziehungsweise zu produzieren. Hatten sie damit Erfolg, boten sie die Artikel an und konnten sicher sein, die dringend nachgefragten Waren auch abzusetzen. Die Kunden und letztlich die Verbraucher waren froh, überhaupt etwas kaufen zu können. Absatzpolitische Maßnahmen waren überhaupt nicht notwendig.

Unter bestimmten Umständen können Verkäufermärkte allerdings jederzeit – zumindest befristet – wiederkommen. Durch die Corona-Pandemie und die hierdurch bedingten weltweiten Lockdowns wurden ab 2020 zahlreiche internationale Lieferketten unterbrochen und in einigen Bereichen gab es Lieferengpässe, z.B. bei Baustoffen und Microchips. Nach dem Beginn des Ukraine-Kriegs 2022 kamen noch Lieferengpässe für Speiseöl, Mehl und andere Produkte hinzu. Durch die hohe Nachfrage bei gleichzeitig sinkendem Angebot erhöhten sich die Preise für die betroffenen Produkte teilweise extrem. Markttechnisch führte das seit dem Frühjahr 2022 in einigen Bereichen zu Verkäufermärkten, bei denen die Verkäufer faktisch jeden Preis verlangen können, ohne absatzpolitische Maßnahmen ergreifen zu müssen.

Verkäufermarkt: Durch die große Nachfrage der Kunden bei gleichzeitig geringem Warenangebot haben die Verkäufer die Marktmacht.

Käufermärkte

In den 1950er-Jahren begann die Zeit des Wiederaufbaus und des Wirtschaftswachstums. Die mit dem Käufermarkt einhergehende Mangelwirtschaft hatte ein Ende. Ab 1960 setzte in der Bundesrepublik Deutschland der Wandel vom Verkäufermarkt zum Käufermarkt ein. Immer mehr Unternehmen boten immer mehr Waren an. Damit wurde es schwieriger, Käufer für die angebotenen Artikel zu finden. Die Unternehmen waren daher zunehmend gezwungen, verkaufsorientiert anzubieten.

Definition

Ein **Käufermarkt** zeichnet sich dadurch aus, dass die Käufer gegenüber den Anbietern eine starke Marktposition haben. Auf einem solchen Markt übersteigt das Angebot die Nachfrage.

Für die Unternehmen ist in der Regel nicht mehr die Beschaffung der Engpass, sondern der Verkauf von Waren. Erfolgreich sind nur die Unternehmen, die versuchen, den Markt aktiv zu beeinflussen.

Für den Geschäftserfolg eines Unternehmens reicht es heute also nicht aus, nur qualitativ hochwertige Ware herzustellen. Kein Unternehmen kann es sich leisten, einfach darauf zu hoffen, dass die Kunden ihren Weg von sich aus zum Lieferanten finden. Ein Unternehmen muss sich also sowohl bei der Herstellung als auch im Verkauf anstrengen.

Käufermarkt: Durch das riesige Warenangebot haben die Käufer die Marktmacht.

Ein Unternehmen steht heute einer großen Konkurrenz in Form vieler anderer Unternehmen gegenüber. Bleiben die Kunden aus, ist schnell die Existenz gefährdet. Deshalb ist es für Unternehmen heute wichtig, Marketing zu betreiben.

Marketing

Definition Unter **Marketing** versteht man alle – *bewusst* und **systematisch** angewandten – Maßnahmen eines Unternehmens zur Förderung des Absatzes der eigenen Waren und Dienstleistungen.

Beim Marketing steht also nicht mehr die Erstellung von Produkten allein im Vordergrund, sondern die Unternehmensführung vom Absatz her: Es geht um das **aktive** Bearbeiten des Markts mit dem Ziel, möglichst großen Gewinn zu erwirtschaften. Vor allem die Kunden sollen entsprechend der Unternehmensziele beeinflusst werden. Alle Handlungen des Unternehmens werden systematisch und geplant auf die Wünsche der Kunden hin ausgerichtet. Für die Versicherungsbranche bedeutet dies, dass bestehende Vertragsangebote und Tarife ständig an die aktuellen Gegebenheiten angepasst werden müssen. Bei der Konzeption von neuen Tarifen muss ebenfalls genau beachtet werden, was der Markt verlangt, also was die Kunden benötigen bzw. haben wollen.

Marketinginstrumente und Marketingmix

Zur Erreichung der Marketingziele kann ein Unternehmen unterschiedliche Marketinginstrumente einsetzen. Dies sind alle Maßnahmen, die es dem Unternehmen ermöglichen, auf den Markt einzuwirken. Zu den Marketinginstrumenten zählen:

- Produktpolitik
- Sortimentspolitik
- Preispolitik
- Kommunikationspolitik
- Distributionspolitik

Die unterschiedlichen Marketinginstrumente werden gemeinsam eingesetzt. Diese Kombination nennt man **Marketingmix**.

Produktpolitik

Fragestellung der Produktpolitik:
Wie kann das Produkt an die Bedürfnisse der Kunden angepasst werden?

Unter den Begriff *Produkt* fallen Güter und Dienstleistungen, wobei letztere in der Versicherung fast ausschließlich angeboten werden. Die Produktpolitik beinhaltet die Produkt- und Verpackungsgestaltung, die Markenbildung und die Festlegung des Produktprogramms (Industrie) bzw. des Sortiments (Handel). Bei Versicherungen geht es im Rahmen der Produktpolitik also überwiegend um die Ausgestaltung der Versicherungsprodukte (z. B. des Leistungsumfangs einer speziellen Versicherung).

Die Produktpolitik setzt bei der **Produktgestaltung** an. Die optimale Gestaltung eines Produkts trägt ganz entscheidend zu einem möglichen späteren Markterfolg bei. Die Festlegung der Erscheinungsform eines Produkts muss daher so erfolgen, dass seine Eigenschaften den Anforderungen und Wünschen der potenziellen (möglichen) Kunden gerecht werden.

Art und Charakter des Produkts werden bestimmt durch Produkteigenschaften und Produktnutzen. Kriterien der Produktpolitik, die in Industrie und Handel eine große Bedeutung haben, spielen im Versicherungsbereich keine so große Rolle:

- Aussehen
- Qualität
- Farbe und Konsistenz (= Beschaffenheit)
- Form
- Zusatznutzen
- Geschmack

Sortimentspolitik

Fragestellung der Sortimentspolitik:
Wie kann das gesamte Waren- und Dienstleistungsangebot eines Unternehmens an den Bedürfnissen der Kunden ausgerichtet werden?

Die Aufgabe der Sortimentspolitik ist es, das Sortiment (Waren und/oder Dienstleistungen) des Unternehmens so zu gestalten, dass die geplanten Umsätze und Gewinne erreicht werden.

Die Sortimentspolitik legt den Inhalt und den Umfang des Sortiments fest. Die Sortimentspolitik beinhaltet also die Gliederung des Sortiments nach Warengruppen, Artikeln und Sorten. Im Rahmen seiner Sortimentspolitik sorgt ein Versicherungsunternehmen also für die Zusammenstellung eines attraktiven Angebotsprogramms aus Versicherungs-, Kapitalanlage- und sonstigen Dienstleistungen.

Den Unternehmen stehen dazu folgende Maßnahmen zur Verfügung:

- **Sortimentsbereinigung**
  Bei der Sortimentsbereinigung (Elimination) werden bestimmte Artikel (also z. B. Tarifarten einer Versicherungssparte) aus dem Sortiment gestrichen. Dadurch wird der Sortimentsumfang geringer.
- **Sortimentserweiterung**
  - Die Aufnahme zusätzlicher Versicherungssparten führt zu einer Sortimentsverbreiterung.
  - Die Aufnahme zusätzlicher Varianten in schon bestehende Versicherungssparten führt zu einer Sortimentsvertiefung.
- **Diversifikation**
  Diese liegt vor, wenn ein Unternehmen Warengruppen oder Versicherungssparten neu in das Sortiment aufnimmt, die mit dem bisherigen Sortiment keine oder nur geringe Verwandtschaft aufweisen.

Preispolitik

Fragestellung der Preispolitik:
Welchen Preis werden die Kunden akzeptieren?

In der Preispolitik wird zunächst festgelegt, was ein Versicherungsprodukt kostet. Die Preispolitik beschäftigt sich also mit der Festlegung der Tarifprämie. Ein Unternehmen muss sich in der gegebenen Situation entscheiden, ob es die Kalkulation des Preises an seinen Unternehmenszielen, seinen Kosten, den Kunden oder an den Konkurrenten ausrichtet. Da bei einer Versicherung die meisten Kosten erst bei einem Leistungsfall entstehen, wird die Tarifkalkulation mittels versicherungsmathematischer Modelle vorgenommen.

Zusätzlich müssen aber auch Konditionen wie Kreditbedingungen, Rabatte und Liefer- sowie Zahlungsbedingungen festgelegt werden.

Distributionspolitik

Fragestellung der Distributionspolitik:
Auf welchem Weg soll ein Versicherungsprodukt die anvisierte Kundengruppe erreichen?

Mit den Instrumenten der Distributionspolitik steuert ein Unternehmen den Weg seiner Produkte zu den Kunden.

Es werden Entscheidungen getroffen über:

- **Vertriebsart**
  direkter Absatz an den Endverbraucher und/oder indirekter Absatz über z. B. Zwischenhändler

- **Vertriebssystem**
  betriebseigene Vertriebssysteme, z. B. Niederlassungen, Reisende, und/oder betriebsfremde Vertriebssysteme, z. B. Handelsvertretungen

Beispiele Eine ganz wichtige distributionspolitische Entscheidung der Vergangenheit:
Die Proximus Versicherung AG entscheidet sich, ihre Policen nicht nur in ihren Versicherungsagenturen zu verkaufen, sondern sich über ein Onlineportal auch direkt an mögliche Kunden zu wenden.

Kommunikationspolitik

Fragestellung der Kommunikationspolitik:
Wie werden Kunden zum Kauf bewegt?

Bei der Kommunikationspolitik geht es darum, den Kontakt mit den potenziellen Kunden aufzunehmen und die Kunden dazu zu bringen, die Leistungen des Unternehmens nachzufragen. Die Kommunikationspolitik plant und steuert also die Verständigung zwischen dem Unternehmen und seiner Umwelt beziehungsweise Teilen davon (= Zielgruppen).

Zur Kommunikationspolitik gehören die Teilinstrumente:

- Absatzwerbung
- Verkaufsförderung (Salespromotion)
- Direktwerbung
- Product-Placement
- Öffentlichkeitsarbeit (Public Relations)
- Sponsoring
- Human Relations

Kommunikationspolitik		
Teilinstrument	**Merkmale**	**Beispiele**
Absatzwerbung	Käuferbeeinflussung, die sich an alle potenziellen und anonymen Kunden richtet. Sie findet in räumlicher Entfernung vom Verkaufsort statt: Die Kunden sollen zur Ware gebracht werden.	Nutzung unterschiedlicher Printmedien, elektronischer Medien oder Onlinemedien, z. B. eine Anzeige in einer Fachzeitschrift
Direktwerbung	direkte individuelle Ansprache von (bekannten) Zielpersonen	· personalisierte Briefe · Telefonanrufe von Außendienstmitarbeitenden · E-Mail (Alle Kunden einer Versicherungsagentur werden per E-Mail über einen neuen Versicherungstarif informiert. Eine solche E-Mail ist sehr kostengünstig.) · SMS

Kommunikationspolitik		
Teilinstrument	**Merkmale**	**Beispiele**
Salespromotion	Auch Verkaufsförderung genannt: Den am Absatz Beteiligten wird – in der Regel in der Versicherungsagentur – (durch Aktionen) das Verkaufen erleichtert. Die Ware wird zu den Kunden gebracht.	· z. B. Bereitstellung von Verkaufshilfen am Ort des Verkaufs (Prospekte/Displays für Versicherungsagenturen und den Außendienst) · Schulung des Außendienstes · Preisausschreiben
Public Relations	auch Öffentlichkeitsarbeit genannt: positive Darstellung des Unternehmens (nicht der Produkte)	Ähnlich wie bei der Absatzwerbung, wobei hier die Imagepflege des Unternehmens im Vordergrund steht. Zusätzlich: · Veranstaltungen und Ausstellungen · Besichtigungen · Publikationen · Internet-PR · Tag der offenen Tür · Kundenzeitung
Product-Placement	bewusste Integration von Waren und Dienstleistungen in Kinofilmen oder Fernsehsendungen	Unterbringung von Markenartikeln als Requisiten in der Handlung so, dass sie nicht als Werbemaßnahme erkannt werden.
Human Relations	Pflege zwischenmenschlicher Beziehungen innerhalb eines Unternehmens zur Absatzförderung	Alle Maßnahmen, die über eine Verbesserung des Betriebsklimas die Mitarbeitermotivation und damit evtl. mittelbar auch den Absatz steigern, z. B. · Betriebsausflüge · Betriebsfeiern · Werkzeitung · Betriebsbesichtigungen für Familienmitglieder
Sponsoring	Personen oder Institutionen werden unterstützt und gewähren dem Unternehmen dafür bestimmte absatzfördernde Gegenleistungen (z. B. Werbemöglichkeiten).	· Sportsponsoring (Die Proximus Versicherung AG unterstützt ein Handballbundesligateam.) · Kultursponsoring · Sozialsponsoring (Ein Künstler bekommt ein Stipendium.)
persönlicher Verkauf	Professionell durchgeführte persönliche Beratungsgespräche bei Artikeln mit hohem Erklärungsbedarf sind absatzfördernd.	· Kontaktaufnahme zu Kunden · Bedarfsermittlung · Angebotsvorlage · Verkaufsargumentation · Preisnennung · Einwandbehandlung · Herbeiführung der Abschlussentscheidung · Abschluss der Verkaufshandlung

Maßnahmen zur Effizienzverbesserung der Marketinginstrumente

Mit der Marktforschung und der Marktsegmentierung kann die Wirksamkeit der verschiedenen Marketinginstrumente deutlich verbessert werden.

Marktforschung

Um Marketinginstrumente erfolgreich anwenden zu können, ist es dringend erforderlich, genaue Kenntnisse über den Absatzmarkt, die Zielgruppe sowie die Konkurrenzsituation zu erlangen. Dies ist Aufgabe der Marktforschung.

Definition

Unter **Marktforschung** versteht man die systematische und objektive Gewinnung und Analyse von Informationen, die zur Erkennung und Lösung von Problemen im Bereich des Marketings dienen.

Je mehr Informationen ein Unternehmen über den Markt hat – und je besser diese sind –, desto wirksamer können die Marketinginstrumente eingesetzt werden.

Marktsegmentierung[1]

Bei allen Marketingbemühungen eines Unternehmens steht der Umsatz im Vordergrund. Jedes Unternehmen muss den Kreis potenzieller Kunden bestimmen, die generell für Vertragsabschlüsse infrage kommen sollen.

Bei der Marktsegmentierung wird der – in der Regel unübersichtliche – Markt nach bestimmten Gesichtspunkten in nach Möglichkeit einheitliche Untergruppen eingeteilt. Diese nennt man **Marktsegmente**. Die Marktsegmente können dann mithilfe direkt auf sie zugeschnittener Marketingmaßnahmen bearbeitet werden.

Vorteile der Marktsegmentierung:

- Durch speziell zugeschnittene Marketingaktivitäten fällt es leichter, neue Kunden zu gewinnen bzw. alte Kunden stärker zu binden.
- Wird der Einsatz der jeweiligen Marketinginstrumente auf die Zielgruppe genau abgestimmt, erfolgt dies effizient: Streuverluste werden vermieden.

Kundenselektion

Die Marktsegmentierung kann auch zur Kundenselektion (Selektion = Auswahl) führen: Ein gut geführtes Unternehmen wird immer auch die Frage prüfen, inwieweit es sinnvoll ist, mit allen möglichen Kunden zusammenzuarbeiten. Sinn und Ziel einer Geschäftsbeziehung ist schließlich die Erzielung eines Gewinns. Die Praxis zeigt jedoch, dass dieses Ziel bei zahlreichen Kundenbeziehungen nicht erreicht wird. Die Geschäftsbeziehung hat keinen wirtschaftlichen Erfolg. Für ein Unternehmen können also Nachteile auftreten, wenn jeder Antrag angenommen werden würde. Viele dieser Anträge verursachen nämlich mehr Kosten als Gewinn.

Beispiele

Bei Kunden, die eine schlechte Zahlungsmoral haben, fallen oft zusätzliche Kosten des Geldeinzugs an.

Definition

Die Prüfung der Kunden unter Ergebnisaspekten und die anschließende Entscheidung, zu welchen potenziellen Kunden Geschäftsbeziehungen aufgenommen werden, wird als **Kundenselektion** bezeichnet. Der Kreis der möglichen Abnehmer wird damit eingeengt.

1 Segmentierung = Aufteilung, Einteilung, Gliederung

Ziel der Kundenselektion ist die Bestimmung einer Zielgruppe unter Aussonderung unrentabler Kunden. Die Marketingaktivitäten werden dann gezielt auf die gewinnversprechenden Kunden gelenkt.

Marketingkonzept

Marketingmaßnahmen werden nur dann erfolgreich sein, wenn sie systematisch und sorgfältig geplant, durchgeführt und anschließend kontrolliert werden. Dieses Vorgehen wird durch konsequentes Aufstellen eines Marketingkonzepts unterstützt. Das Marketingkonzept enthält alle für eine Marketingmaßnahme wichtigen Informationen.

Stufen eines Marketingkonzepts

Marketingerfolg

Marketing-Controlling	Es findet eine umfassende und systematische Kontrolle aller Marketingmaßnahmen statt.
Marketingmaßnahmen	Hier werden die Einzelmaßnahmen der absatzpolitischen Instrumente genau beschrieben.
Marketingstrategien	Es wird der Weg zu den Zielen festgelegt: Jetzt ist beispielsweise klar, welche Zielgruppen auf welchen Märkten mit welchen Marketinginstrumenten mit welchem Etat in den Blickpunkt des Vorgehens kommen.
Marketingziele	Kennt man die Marktsituation, können die Marketingziele formuliert werden. Unterschieden wird zwischen quantitativen (Absatz, Umsatz, Gewinn , Marktanteil usw.) und qualitativen Zielen (Image, Bekanntheit usw.).
Situationsanalyse	Die aktuelle Lage wird z. B. durch Marktforschung ausgewertet.

4.1.2 Marktforschung

Ohne hinreichende Kenntnisse über

- die Kunden,
- die Mitbewerber und
- das Umfeld des Unternehmens

besteht immer die Gefahr, dass ein Unternehmen scheitert. Unternehmen benötigen Informationen, um das Marktgeschehen zu verstehen und eine Grundlage für begründete Entscheidungen zu haben. Deshalb ist es wichtig, dass ein Unternehmen Daten systematisch sammelt und diese dann richtig auswertet und bewertet: Es betreibt Marktforschung.

Definition

Marktforschung ist die systematische Beschaffung von Informationen über den Markt, auf deren Grundlage später Marketingentscheidungen getroffen werden sollen.

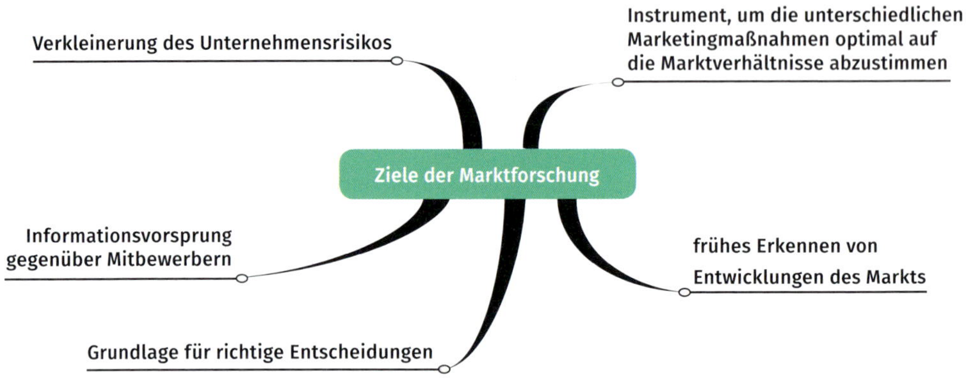

Nicht zu verwechseln mit der Marktforschung ist die **Markterkundung**. Hier werden gelegentlich – also von Fall zu Fall – und unsystematisch Informationen zusammengetragen.

Beispiele

- Messebesuche
- Gespräche mit Kunden
- Weiterbildungsseminare

Dies ist in der Regel kostengünstiger als das systematische, planvolle und umfassende Vorgehen bei der Marktforschung. Die Marktforschung stellt aber die besseren Ergebnisse zur Verfügung.

Entscheidungen im Bereich der Marktforschung

Unternehmen, die Marktforschung betreiben möchten, müssen verschiedene Entscheidungen treffen:

- Was soll untersucht werden?
- Über welchen Zeitraum sollen die gesammelten Informationen Auskunft geben?
- Welche Methoden der Informationsgewinnung sollen angewandt werden?

Ein Marktforschungsprojekt läuft normalerweise in mehreren Schritten ab. Die Arbeit der Marktforschung beginnt mit der Formulierung des Problems und endet mit einem Bericht und eventuellen Handlungsempfehlungen an den Auftraggeber:

- Das Problem muss formuliert, Ziele müssen definiert werden.
  Was ist das Ziel der Untersuchung? (z. B. Analyse der Kundenzufriedenheit)
- Die Untersuchungsart muss festgelegt werden.
  Mit welcher Marktforschungsmethode kann das Ziel erreicht werden?
- Die Zielgruppe wird festgelegt.
  Welchen Umfang soll die Untersuchung haben?
- Das Erhebungsinstrument wird gestaltet.
  Wie soll die Untersuchung im Einzelnen durchgeführt werden?
- Die Untersuchung wird durchgeführt.
  Welche Besonderheiten sind hierbei zu beachten?
- Die erhobenen Daten werden analysiert und bewertet.
  Welche Analyseverfahren werden angewendet?
- Die Ergebnisse werden dargestellt.
  Berichterstellung mit den wesentlichen Ergebnissen, den Schlussfolgerungen sowie Handlungsempfehlungen an den Auftraggeber.

Problemlösungsprozess im Bereich der Marktforschung

↓

1. Das Problem erkennen und überlegen, was die Gründe dafür sein könnten

↓

2. Alle internen Daten auswerten (Kundendaten, Tarifdaten, ...)

↓

3. Das Ziel der Marktforschung festlegen

↓

4. Überlegen, wie vorgegangen werden soll (mit welchen Maßnahmen und Methoden)

↓

5. Überlegen, was die Marktforschung darf und welche Kostenstelle das übernimmt

↓

6. Die Martkforschung vorbereiten (Fragebögen entwerfen, Interviewfragen überlegen, Mitarbeitende dafür schulen, Probebefragungen durchführen, ...)

↓

7. Die Marktforschung durchführen

↓

8. Die gewonnenen Daten auswerten

↓

9. Einen Schlussbericht erstellen

↓

10. Überprüfen, ob das Ziel der Marktforschung erreicht wurde

nach: Thommen, Jean-Paul: Managementorientierte Betriebswirtschaftslehre. 7. Auflage. Zürich: Versus Verlag, 2004, S. 222.

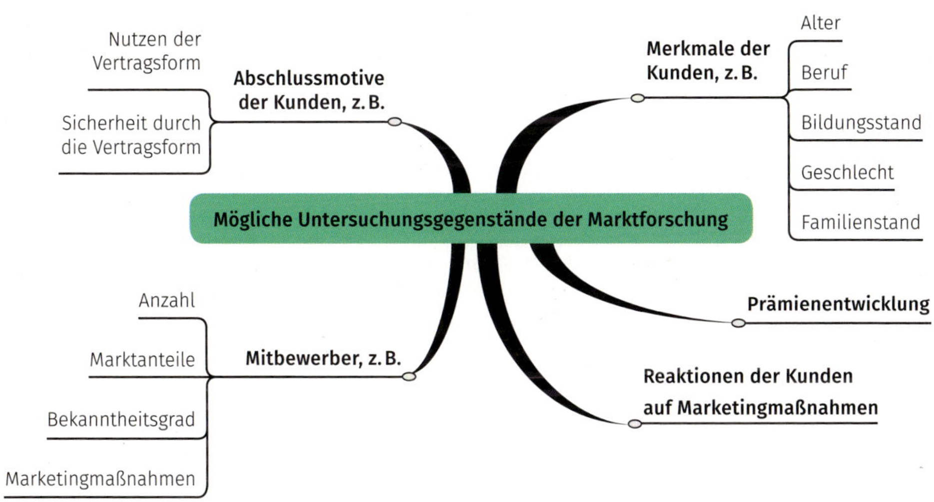

Methoden der Marktforschung im Hinblick auf den ausgewerteten Zeitraum

Marktanalyse, Marktbeobachtung und Marktprognose unterscheiden sich zeitbezogen.

Marktanalyse

Bei der Marktanalyse beschränkt sich die systematische Untersuchung des Markts auf einen bestimmten Zeitpunkt: Die Marktsituation (also der gegenwärtige Zustand) und die Marktstruktur (der aktuelle Aufbau des Marktes) wird nur punktuell – also nur einmal – dargestellt.

Marktbeobachtung

Da sich Marktverhältnisse häufig ändern, reicht eine Marktanalyse oft nicht aus. Dann wird eine ständige Marktbeobachtung notwendig. Die Marktbeobachtung ist eine fortlaufende Beobachtung der Entwicklung und Veränderung des Markts in einem bestimmten Zeitraum.

Marktprognose

Mithilfe des vorliegenden Datenmaterials wird versucht, die zukünftige Marktentwicklung richtig abzuschätzen und vorauszuberechnen.

Methoden im Hinblick auf die verwendeten Informationsquellen

Sekundärforschung und Primärforschung bedienen sich verschiedener Informationsquellen.

Sekundäre Marktforschung

Weil sie schnell und kostengünstig zu Ergebnissen führt, wird oft zunächst die sekundäre Marktforschung angewendet.

Definition Bei der **sekundären Marktforschung** liegen die Daten bereits vor.

Beispiele Frau Willke erläutert Jakub Nowak die Sekundärforschung: „Bei der sekundären Marktforschung wird das bereits vorhandene Datenmaterial verwendet. Man kann sie daher salopp auch als Schreibtischforschung bezeichnen."

Die Daten wurden für andere Zwecke erhoben, werden jetzt aber für den Untersuchungsgegenstand der Marktforschung neu aufbereitet und bewertet. Das Datenmaterial kann entweder aus betriebsinternen (= interbetrieblichen) oder externen (betriebsfremden) Quellen stammen.

Vorteile der sekundären Marktforschung liegen darin, dass das Datenmaterial jederzeit zur Verfügung steht und auch schnell und leicht ausgewertet werden kann.

Beispiele

Betriebsinterne Quellen	Externe Quellen
· Antragseingänge · Umsatzstatistiken · Bilanzen · Schadenstatistiken · Inventuren · Vertriebskostenrechnungen, Reklamationen · Besuchsberichte des Außendienstes · Kundendateien · eigene Datenbanken	· amtliche Statistiken (Bund, Länder und Gemeinden) · Informationen der Wirtschaftsorganisationen und -verbände · wirtschaftswissenschaftliche Institute und Marktforschungsinstitute · Nachschlagewerke · Fachliteratur · Zeitungen und Zeitschriften · Messe- und Ausstellungskataloge · Geschäftsberichte · Presseveröffentlichungen

Als nachteilig kann sich auswirken, dass das Datenmaterial nicht unbedingt exklusiv ist. Es passt auch nicht immer zu der lösenden Problemstellung. Daher wird nach der sekundären Marktforschung oft auch ein Verfahren der primären Marktforschung angewandt.

Primäre Marktforschung

Die primäre Marktforschung gewinnt Informationen direkt an ihrem Entstehungsort: Ein bestimmter Markt wird neu und erstmalig untersucht.

Die primäre Marktforschung bedient sich folgender Methoden:

- Befragung
- Beobachtung
- Experiment

Befragung

Die Befragung ist die meist genutzte Erhebungsmethode in der Marktforschung. Sie bietet sich für eine Vielzahl an Fragestellungen und Zielgruppen an. Befragt werden können Kunden, andere Marktteilnehmer oder Mitarbeitende.

Es gibt vier grundsätzliche Arten der **standardisierten Befragung**. Dabei werden jeweils die Formulierung der Fragen, ihre Reihenfolge sowie die Antwortmöglichkeiten und das Interviewer-Verhalten genau festgelegt:

- **mündliche Befragung**
  Sie ist sehr zeitaufwendig und teuer, da die Fragen direkt von einem Interviewer gestellt werden.
- **telefonische Befragung**
  Bei telefonischen Befragungen erfolgt das Interview im Rahmen eins Telefongesprächs. Anfahrtszeit und -kosten entfallen zwar für den Interviewer, dennoch sind die Befragungskosten noch relativ hoch.
- **schriftliche Befragung**
  Hierzu wird ein gedruckter Fragebogen verschickt. Schriftliche Befragungen sind insgesamt günstiger als mündliche oder telefonische Befragungen. Lediglich Versandkosten und -zeit fallen an. Im Vergleich ist jedoch die Rücklauf- und Antwortquote deutlich geringer.

Kundenbefragung auf einer Einkaufsstraße

- **Online-Befragungen**
  Bei Online-Befragungen wird ein Fragebogen auf einer Internetseite zur Verfügung gestellt. Bei einer anderen Variante wird er per E-Mail verschickt.

Ein **Panel** ist eine Sonderform einer standardisierten Befragung. Dieser Begriff bezeichnet die mehrmalige Befragung einer identischen Gruppe von Personen bzw. Personengruppen zum selben Thema. Dadurch lassen sich schnell und leicht Veränderungen im Verhalten oder in der Meinungsbildung einer Zielgruppe erkennen.

Multiple-Choice-Fragebogen

Nicht standardisierte Befragungen können einen sehr freien Gesprächsverlauf nehmen, der sehr in die Tiefe bzw. in die Breite gehen kann. Dem Fragenden steht dabei nur ein Leitfaden zur Verfügung, der das Ziel des Interviews und eine Themengruppe enthält.

Beobachtungen

Eine Beobachtung wird immer nonverbal (also nicht mithilfe der Sprache, sondern durch Auswertung von Gestik und Mimik von Personen) durchgeführt. Sie ist daher im Gegensatz zu einer Befragung von der Auskunftsbereitschaft der am Marktgeschehen beteiligten Personen unabhängig. Zielgerichtet wird das Verhalten interessierender Personen erfasst. Sinnlich wahrnehmbare Phänomene werden untersucht und aufgezeichnet. Gegenstand der Beobachtung können Eigenschaften und Verhaltensweisen

- von Personen (z. B. Beobachten des Kaufverhaltens, von Passanten, von Lesern)
- oder von Sachen (Platzierung von Produkten in Regalen, Gerätebenutzung)

sein.

Experiment

Mit Experimenten können Zusammenhänge zwischen Ursachen und Wirkung erschlossen werden. Es werden gezielt bestimmte Bedingungen hergestellt und deren Auswirkungen beobachtet. So wird beispielsweise eine Versuchsanordnung mit vorgegebenen Rahmenbedingungen geschaffen. Dann verändert man eine ganz bestimmte Einflussgröße, um die Reaktion darauf als Wirkung zu messen.

4.2 Marketingmaßnahmen in der Versicherungsbranche

Wie bereits an anderen Stellen erwähnt, fehlt Versicherungsprodukten die gegenständliche Komponente.

Wer ein neues Auto kaufen will, geht in ein Autohaus, schaut sich die verschiedenen Modelle an, informiert sich über technische Daten und Ausstattung und kann sich in das Produkt seiner Begierde sogar hineinsetzen und eine Probefahrt machen. Es werden alle Sinne angesprochen und mitunter wird der Kauf bestimmter Fahrzeuge sogar zu einer emotionalen Angelegenheit, etwa bei einem edlen Sportcabrio. Man sieht und fühlt, was man für sein Geld bekommt.

Doch was haben Versicherungen in dieser Hinsicht anzubieten? Antragsformulare sind nur wenig geeignet, um Emotionen zu erzeugen. Die Versicherungsgesellschaften haben diesbezüglich Wege gefunden, um Emotionen zu generieren, Kunden direkt oder indirekt anzusprechen und auch dauerhaft an sich zu binden. Nachfolgend werden zahlreiche Maßnahmen aufgeführt und beschrieben und es kommen ständig neue Ideen hinzu.

Imagefilme

Wer kennt nicht die Werbefilme mit dem Fels in der Brandung, dem netten Herrn Kaiser, dem Versicherungsvertreter aus der Nachbarschaft, oder den bekannten Schauspielern, denen immer wieder Missgeschicke passieren? Filme dieser Art, die im Fernsehen, im Werbevorprogramm von Kinos oder auf Videoportalen gezeigt werden, dienen oft der Außendarstellung, also dem Image des jeweiligen Unternehmens. Konkrete Produkte, also Versicherungen, werden in solchen Filmen nur selten gezeigt.

Beim Fels in der Brandung geht es darum, dass ein Vertrauen in die Versicherungsgesellschaft erzeugt wird. Gezeigt wird ein starker Partner (= Fels), der bei den Dingen, die im täglichen Leben passieren können (= Brandung) seinen Kunden stets verlässlich zur Seite steht. Es wird Sicherheit vermittelt.

Der nette Herr Kaiser geht noch einen Schritt weiter. Er hat ein sympathisches Gesicht, das Vertrauen vermitteln soll. Den Zuschauerinnen und Zuschauern wird der Eindruck vermittelt, dass in der Nachbarschaft ein verlässlicher Versicherungsvertreter wohnt, dem man vertrauen kann. Es sollen Lebensnähe, Verlässlichkeit und Vertrauen vermittelt werden.

Die Werbespots mit den bekannten und beliebten Schauspielern, denen konstruierte Missgeschicke passieren, gehen nochmal einen Schritt weiter. Ein bekanntes Gesicht hat einen Unfall, der in der gezeigten Form nur selten vorkommt. Die Versicherungsgesellschaft, um die es geht, löst die sich daraus ergebenden Folgen. Egal ob Personen- oder Sachschäden – alles kein Problem, denn der Versicherer ist ein starker Partner, der bei Bedarf immer zur Stelle ist. Zudem wird hierbei versucht, das positive Image und die Beliebtheit der Promis auf die Versicherungsgesellschaft zu übertragen.

Außendienst

Die am meisten verbreitete Marketingmaßnahme in der Versicherungsbranche ist immer noch der Außendienst. Er ist nah an den Kunden, hat zu diesen immer wieder persönlichen Kontakt und kennt somit deren Wünsche, Bedürfnisse, aber auch Ängste am besten. Ein guter Außendienstmitarbeiter und eine gute Außendienstmitarbeiterin wissen nicht nur, welche Verträge ihre Kunden haben, sondern kennen auch deren persönliche und berufliche Situation und das Umfeld. Besonders wichtig sind folgende Punkte:

- Familienstand
- Kinder oder auch Kinderwunsch
- Beruf
- Arbeitgeber/-in
- finanzielle Situation
- berufliche Ziele
- Wohnsituation (Eigentum oder Miete)
- Hobbys und persönliche Interessen
- Wünsche und Ziele
  Beispiele:
  - Anschaffung von Wohneigentum
  - Fahrzeugkauf
  - Anschaffung eines Familienhundes
  - Reisen im Alter
  - Urlaub im eigenen Wohnmobil
  - Weltreise
  - finanzielle Sicherheit im Alter
- Vereinszugehörigkeit
- Familie und Bekanntenkreis

Diese Liste lässt sich beliebig erweitern. Ein Außendienstmitarbeiter, der seine Kunden genau kennt, kann diese gezielt ansprechen und ihnen bedarfsgerecht die benötigten Versicherungsprodukte anbieten.

Beispiele

Kai Sommer erwähnt bei einem Beratungsgespräch, dass in vier Wochen ein Familienhund einzieht. Die Außendienstmitarbeiterin Leo Wagner spricht daraufhin das Thema Hundehaftpflichtversicherung kurz an und vereinbart, dass sie sich nach dem Einzug des Hundes diesbezüglich wieder meldet.

Werbung bei Veranstaltungen

Bestimmte Veranstaltungen eignen sich für Versicherungsgesellschaften bestens, um Präsenz zu zeigen. Hier nur einige Beispiele:

- **Baumessen**
  Diese bieten sich an, um Finanzierungsmöglichkeiten und Versicherungen rund um das Haus und den Hausbau vorzustellen.
- **Fahrzeug- und Oldtimermessen**
  Hier bietet sich das weite Feld der Kraftfahrzeugversicherungen an.
- **Ausbildungstage von Firmen und Schulen**
  Diese Veranstaltungen sind auf der einen Seite dafür geeignet, die passenden Versicherungen für Berufseinsteiger vorzustellen, auf der anderen Seite aber auch, um geeignete Nachwuchskräfte für die Versicherungsbranche zu finden.
- **Familienmessen**
  Hier lässt sich fast die komplette Tarifwelt rund um die Familie vorstellen.
- **Musikmessen**
  Bei diesen werden Versicherungen, die Musiker und Veranstalter besonders benötigen, in den Vordergrund gestellt. Dazu zählen auch Spezialversicherungen, z. B. Instrumentenversicherungen.

Wichtig bei solchen Veranstaltungen ist, dass sowohl die Form, in der die Versicherung präsent ist (z. B. Messestand), als auch das Material (Infoflyer, Prospekte usw.) zu der Veranstaltung und deren Gästen passen. Auch sollten die anwesenden Mitarbeitenden über das nötige Fachwissen verfügen und wissen, wie das zu erwartende Klientel angesprochen werden sollte.

Bei solchen Messen geht es vordergründig nicht um Vertragsabschlüsse. Es geht hier vielmehr um Kontakte und sich daraus ergebende Termine, die im Nachgang vereinbart werden. Besonders bei Spezialveranstaltungen sind immer wieder bestimmte Versicherungsgesellschaften und auch bestimmte Mitarbeitende anzutreffen, die über das geeignete Fachwissen verfügen oder sogar selbst zu der interessierten Insidergruppe gehören.

Werbungen in Zeitungen und Zeitschriften

Überregionale Zeitungen und Zeitschriften

In überregionalen Printmedien werben in der Regel die Versicherungsgesellschaften selbst. Ziel ist hier meistens, den Bekanntheitsgrad und das Image zu stärken. Mitunter werden auch bestimmte neue Tarife oder Produktsparten gezielt beworben.

Regionale Zeitungen und Zeitschiften

Regionale Printmedien sind bestens dafür geeignet, eine Versicherungsagentur lokal bekannter zu machen. Werbeanzeigen in einer Tageszeitung oder einem kostenlosen Wochenblatt gelangen so in fast jeden Haushalt. Bedenken sollte man allerdings, dass die Haushalte mit Werbung überflutet werden. Eine Werbeanzeige, die einmalig ein neues Agenturbüro vorstellt, kann zum Beispiel sinnvoller sein, als das wöchentliche Erscheinen einer immer wiederkehrenden Anzeige.

Bannerwerbung

Bannerwerbung in Sportstätten ist in der Praxis in zwei unterschiedlichen Ausprägungen zu finden. Die großen Stadien und überregionalen Sportveranstaltungen haben oft Versicherungsgesellschaften als Sponsoren, die auch die Bannerwerbung beauftragen. Im Fall vom FC Bayern München ist der Hauptsponsor sogar noch einen Schritt weiter gegangen und hat mit einer nicht unerheblichen finanziellen Beteiligung den Namen des Stadions bestimmt (Allianz Arena).

Bei kleineren Sportveranstaltungen hingegen werben in der Regel Versicherungsagenturen aus der Region und unterstützen somit kleinere Vereine. Oft wird die Bannerwerbung auch noch mit einer Trikotwerbung verbunden.

Allianz Arena in München

Plakatwerbung

Für die Plakatwerbung gilt im Grunde das Gleiche wie bei der Bannerwerbung. Bundes- oder landesweite Plakataktionen werden von den Gesellschaften initiiert und zielen auf das Firmenimage ab. Lokale Plakataktionen sollen regionale Agenturen bekannter machen und/oder spezielle Vertragsangebote zu bestimmten Zeiten in den Vordergrund rücken.

Beispiele

Eine Versicherungsagentur wirbt an einer Plakatwand in der Nähe eines Reisbüros kurz vor der Feriensaison für Auslandsreisekranken- und Reisegepäckversicherungen.

Persönliche Anschreiben

Besonders an Wochenenden füllen sich Deutschlands Briefkästen mit reichlich Werbeprospekten und Werbebriefen. Viele davon landen ungelesen in der Papiertonne. Abgesehen davon, dass hierdurch auch wertvolle Ressourcen verschwendet werden, ist der Erfolg solcher Werbemaßnahmen relativ gering.

Besser und wirkungsvoller sind persönliche Anschreiben, die direkt an die Kunden gerichtet sind und sich auf ein konkretes Thema oder einen konkreten Anlass beziehen. Per Brief entstehen natürlich deutlich höhere Kosten als per E-Mail, zudem sind E-Mails nachhaltiger. Auch hier gilt, dass Klasse besser ist als Masse. Wöchentliche Newsletter überfordern die Kunden und es besteht die Gefahr, dass solche Schreiben irgendwann nur noch ungelesen im Papierkorb landen. Wer Newsletter interessant gestaltet und zeitlich gut terminiert, kann auf deutlich mehr Rücklauf hoffen, als beim Gießkannenprinzip, bei dem breit gestreut geworben wird.

Zu den Themen E-Mail-Marketing und Onlinemarketing siehe auch Lernfeld 3 Kapitel 4.9.

4.3 Neukundengewinnung

Unter dem Begriff „Neukundengewinnung" werden sämtliche Maßnahmen verstanden, die ein Versicherungsunternehmen ergreift, um neue Kunden zu gewinnen. Eine andere Bezeichnung hierfür ist die Neukundenakquise.

Das Wort „Akquise" leitet sich vom lateinischen Begriff „acquirere" ab, der mit „erwerben" oder „dazugewinnen" übersetzt werden kann. Bei der Akquise handelt es sich immer um eine Neukundengewinnung, da andere Maßnahmen immer der Kundenbindung dienen würden.

Grundsätzlich bietet sich jede Art von Kontakt zwischen einem Interessenten und dem Versicherungsunternehmen zur Akquise. Daher ist es egal, ob der Kontakt über eine Homepage, eine Suchmaschine, ein persönliches Gespräch oder einen Messebesuch zustande kommt. Bei jeder Form der Akquise besteht aber eine Gemeinsamkeit: Die Kunden stehen im Vordergrund. Dies bedeutet, dass bei der

Neukundengewinnung der bestehende Kundenstamm um möglichst viele zusätzliche Kunden erweitert werden soll.

Im Ergebnis soll dann aus jeder Neukundengewinnung eine Kundenbindung entstehen und somit diese zu einer langfristigen Geschäftsbeziehung führen.

4.3.1 Notwendigkeit der Neukundengewinnung

Ohne Versicherungsnehmer/-innen können Versicherungsunternehmen kein Geschäft generieren. Daher ist es eine elementare Aufgabe für den Versicherer, Neukunden zu gewinnen, um die Umsätze zu steigern und den Unternehmenserfolg langfristig sicherzustellen.

Diese zusätzlichen Kunden generieren aber nur dann eine Umsatzsteigerung, wenn auch die Bestandskunden kontinuierlich im bisherigen Rahmen zu den Umsätzen beitragen.

Neukundenakquise dient also der Behauptung im Wettbewerb, der Sicherung von Wettbewerbsvorteilen und der Ausweitung der eigenen Marktanteile. Neue Kunden bringen neben zusätzlichen Umsätzen auch wertvolle Anregungen zu Veränderungen oder Anpassungen der Produkte. Trends und Veränderungen in den Kundenwünschen lassen sich nur durch neue Impulse von außen erkennen.

Der Begriff der Neukundengewinnung beschreibt jedoch nicht nur die eigentliche Kontaktaufnahme mit potenziellen Kunden, sondern umfasst auch die Planung und Erfolgssicherung dieses Kontaktes.

Definition Der Begriff Neukundengewinnung beschreibt die Art und Weise, mit der ein Versicherer neue Kundenbeziehungen aufbauen möchte.

Eine Neukundengewinnung ist mühsam, da für die eigenen Produkte die passenden Kunden gefunden und für das Versicherungsunternehmen gewonnen werden müssen. Erst wenn die Kunden überzeugt sind, kann eine Kundenbeziehung entstehen. Der Beginn der Neukundengewinnung liegt also in der Ermittlung der Kundenbedürfnisse und der Ausrichtung des eigenen Angebotes auf diese Bedürfnisse.

Die Neukundengewinnung sollte systematisch die Entscheidungsprozesse der Kunden unterstützen.

Systematische Neukundengewinnung

Eine systematische Neukundengewinnung sollte als Prozess verstanden werden und in mehreren Schritten erfolgen:

1. Festlegung der Ziele
2. Zielgruppe definieren
3. Kundenanforderungen erkennen und Angebot festlegen
4. Ressourcen prüfen
5. Kontaktdaten sammeln
6. Umsetzung planen
7. Kontaktdurchführung
8. Nachbereitung des Geschäfts und Kundenbeziehung ausbauen

1. Festlegung der Ziele

Im ersten Schritt des Prozesses gilt es zu überlegen, welche Ziele mit der Neukundengewinnung erreicht werden sollen.

Ein Ziel könnte z. B. sein:
- Erhöhung des Marktanteils (prozentualer Anteil des Versicherungsunternehmens am Versicherungsmarkt)
- Etablierung neuer Angebote (Einführung neuer Versicherungsleistungen)

Damit ein Ziel realistisch und erreichbar ist, kann zu dessen Festlegung die SMART-Methode herangezogen werden. Diese Methode hilft dabei, Ziele so zu definieren, dass sie „spezifisch", „messbar", „attraktiv", „realistisch erreichbar" und „terminlich auf einen bestimmten Zeitpunkt bezogen" sind.

Ein Ziel, dass nicht realistisch oder erreichbar ist, wird nicht zum Erfolg führen.

SMART-Methode → strategische Vorgehensweise zur Definition von Zielen
S → spezifisch: Das Ziel sollte eindeutig definiert sein.
M → messbar: Das Ziel sollte messbar sein, um das Ergebnis bewerten zu können.
A → attraktiv: Das Ziel muss für den Ausführenden attraktiv und umsetzbar sein.
R → realistisch: Das Ziel muss sich realistisch erreichen lassen.
T → terminiert: Die Zielerreichung muss als Zeitpunkt festgelegt sein

2. Zielgruppe definieren

Im nächsten Schritt muss die Zielgruppe bestimmt werden. Von den Bedürfnissen der Zielgruppe hängt ab, in welcher Form und mit welchem Inhalt das Erstgespräch geführt werden soll, um einem Abschluss näher zu kommen.

Damit die Planung des Gesprächs zielgerichtet erfolgen kann, hilft es, sich die Zielgruppe besser vorstellen. Hierbei ist es hilfreich, diese Personengruppe anhand einiger Merkmale näher zu bestimmen. Solche Merkmale könnten sein:

Demografische Merkmale

- Alter
- Geschlecht
- Wohnort
- Familienstand
- Herkunft

Sozioökonomische Merkmale

- Beruf
- Gehalt
- Eigentum

Psychografische Merkmale

- Einstellung
- Stärken/Schwächen
- Wünsche
- Motivation

Ist die Zielgruppe bestimmt und charakterisiert, kann ein entsprechender Leitfaden für die Kontaktaufnahme und die Gesprächsführung erstellt werden.

Beispiele

Bestimmung einer Zielgruppe
Im Bereich der Privatkunden sollten Neukunden für eine Risikolebensversicherung gewonnen werden.

Demografische Merkmale	Sozioökonomische Merkmale	Psychografische Merkmale
· junge Familien · Alter: zwischen 20 und 30 Jahre	· Akademiker · mittlere Gehälter · Eigentum neu erworben	· Absicherung für Eigentum und Familie · Fürsorge im Vordergrund · hohe Affinität zu Onlineangeboten

3. Kundenanforderungen erkennen und Angebot festlegen

Im dritten Schritt wird das eigentliche Angebot bestimmt.

Aus den Anforderungen der festgelegten Zielgruppe kann ein mögliches Angebot herausgearbeitet werden. Hier gilt es, den jeweiligen Bedürfnissen gerecht zu werden.

Um im Kundengespräch entsprechend argumentieren zu können, sollte dazu das eigene Produkt mit dem der Wettbewerber verglichen werden, um herauszufinden, welche Alleinstellungsmerkmale hervorgehoben werden könnten und welche Vorteile sich für den Kunden gegenüber den Konkurrenzprodukten ergeben könnten.

Um diese Alleinstellungsmerkmale herauszufinden, gibt es unterschiedliche Analyseinstrumente wie z. B. die Stärken-Schwächenanalyse oder das Benchmarking.

4. Ressourcen prüfen

Im nächsten Schritt sollte überlegt werden, in welcher Form der Erstkontakt hergestellt werden soll. Hier sind zeitliche, finanzielle und personalbezogene Faktoren in der Strategie zu berücksichtigen, da jede mögliche Methode zu unterschiedlich hohen Aufwendungen führt.

So benötigt eine telefonische Kontaktaufnahme einen hohen zeitlichen Aufwand, da jede/jeder nur jeweils ein Gespräch zur gleichen Zeit führen kann. Bei einer Kontaktaufnahme per Brief hingegen entstehen höhere Kosten für Material und Porto, dafür ist der Zeitaufwand pro Kunde/Kundin geringer.

Auch ist nicht jede Methode bezogen auf die Zielgruppe oder das Produkt erfolgsversprechend.

5. Kontaktdaten sammeln

Um einen Erstkontakt herstellen zu können, müssen entsprechende Kontaktdaten beschafft werden. Hierzu gibt es unterschiedlichste Wege, um potenzielle Ansprechpartner zu recherchieren. Dies kann z. B. über Suchmaschinen, Messekontakte, oder Social Media erfolgen.

6. Umsetzung planen

Sind die Rahmendaten bekannt, wird im nächsten Schritt die Umsetzung geplant. Auch hier sollten weitere Aspekte in die Überlegung einfließen:

- rechtliche Rahmenbedingungen, d. h. welche Wege der Kontaktaufnahme sind möglich
- Welche Maßnahmen sind mit den vorhandenen Ressourcen möglich?
- Wie lässt sich die Zielgruppe am besten erreichen.

Im Rahmen dieses Schrittes müssen ggfs. auch Überlegungen zur Mitarbeiterschulung hinsichtlich einer zielgerichteten Gesprächsführung und Gesprächstechniken einfließen.

7. Kontaktdurchführung

Das Akquisegespräch zur Neukundengewinnung zählt zur Königsdisziplin der Akquisegespräche, denn unabhängig von den möglichen ermittelten Kontakten hängt der Erfolg davon ab, ob der/die Mitarbeitende überzeugen kann oder nicht.

Um die Neukundenakquise erfolgreich zu gestalten, können einige Maßnahmen den Verlauf des Erstgesprächs positiv beeinflussen.

So ist es unabdingbar, dass Mitarbeitenden bekannt ist, wer das Gegenüber in dem Gespräch ist. Eine entsprechend gute Vorbereitung ist daher unerlässlich. Im Gespräch ist es wichtig, durch kompetentes Auftreten eine positive Wahrnehmung zu erzeugen, um ein Vertrauensverhältnis aufzubauen. Nur dann wird es am Ende zu einem positiven Abschluss kommen. Die Gesprächsführung muss ebenfalls beherrscht werden.

Auch in diesem Prozessschritt gilt es, kontinuierlich zu überprüfen, ob die gewählte Strategie geeignet ist oder ggfs. angepasst werden muss.

8. Nachbereitung des Geschäfts und Kundenbeziehung ausbauen

Nach erfolgtem Kontakt ist dieser zu dokumentieren. Ggfs. wurde im Erstgespräch ein weiteres Vorgehen, wie die Zusendung eines Angebotes oder von Informationsmaterial, vereinbart. Aus jedem Erstkontakt entsteht im Idealfall eine langfristige Kundenbeziehung, da sich erst dann die Investition in die Neukundengewinnung für das Versicherungsunternehmen rechnet.

Grundsätzlich gilt:
Jede Maßnahme zur Neukundengewinnung rechnet sich erst dann, wenn aus Neukunden Bestandskunden werden.

Neben diesen eher „technischen" und systematischen Schritten zur Vorbereitung und Durchführung von Neukundengewinnung bedarf es jedoch vor allem Erfahrung und Persönlichkeit des Versicherungsvertreters oder der -vertreterin, um aus einem Erstkontakt einen langfristigen Kundenkontakt herzustellen. Der persönliche Erstkontakt ist elementar zur Schaffung eines Vertrauensverhältnisses. Nach der Neukundengewinnung muss sich die Kundenpflege anschließen, um Neukunden an das Versicherungsunternehmen zu binden.

4.3.2 Maßnahmen der Neukundengewinnung

Die Findung von Neukunden bezeichnet man auch als „Hunting". Dies kann mithilfe unterschiedlicher Maßnahmen erfolgen. Dabei wird grundsätzlich zwischen der Kalt- und der Warmakquise unterschieden.

Kalt- und Warmakquise

Im Vertrieb wird die Kundengewinnung zeitlich in verschiedene Phasen unterteilt. Im ersten Schritt erfolgt die sogenannte Kaltakquise. Diese hat das Ziel, bei potenziellen Neukunden ein Interesse an den Versicherungsdienstleistungen oder am Versicherungsunternehmen zu wecken. In der Folge sollen aus Interessenten Kaufinteressenten gemacht werden. Der Kontakt im zweiten Schritt ist demnach nicht mehr allgemeiner Natur, sondern beinhaltet konkrete Angebote. Schließen Interessenten mit dem Versicherer einen Versicherungsvertrag ab, werden sie zu Kunden.

Bei der **Kaltakquise** wird also das erste Mal ein Kontakt zu potenziellen Kunden hergestellt. Die Kaltakquise ist schwierig, da noch keine Beziehung zwischen dem Versicherungsunternehmen und den potenziellen Kunden besteht und hierbei rechtliche Rahmenbedingungen berücksichtigt werden müssen. Die hohen Auflagen ergeben sich vor allem aus dem Gesetz gegen den unlauteren Wettbewerb (UWG).

Bei der **Warmakquise** hat es bereits einen ersten Kontakt zwischen potenziellen Kunden und dem Versicherungsunternehmen gegeben. So hat zum Beispiel ein Interessent bereits seine Kontaktdaten auf einem Internetportal hinterlassen und der Kontaktaufnahme durch den Versicherer zugestimmt. Aber auch die Reaktivierung von länger untätigen Kunden fällt unter die Warmakquise.

Bei der Warmakquise kann das Gespräch inhaltlich bereits konkreter gestaltet werden, da erste Informationen zum potenziellen Kunden vorliegen.

Definition

Kaltakquise: erstmaliger Kontakt zu potenziellen Kunden
Warmakquise: erster Kontakt zu potenziellen Kunden wurde bereits hergestellt

Übersicht über die Unterschiede zwischen Kalt- und Warmakquise

Kaltakquise	Warmakquise
Potenzielle Kunden kennen das Versicherungsunternehmen und/oder die Versicherungsprodukte nicht.	**Potenzielle Kunden kennen das Versicherungsunternehmen und/oder die Versicherungsprodukte.**
· schwierig · häufig sehr zeitaufwendig · nur wenig Erstkontakte führen zu einem Abschluss · Strategien zur Herstellung des Erstkontaktes notwendig · rechtliche Rahmenbedingungen sind zu beachten	· nicht sehr zeitaufwendig · einfache Kontaktaufnahme · individuelle Gesprächsvorbereitung möglich, da bereits Daten vorliegen

Maßnahmen zur Kontaktaufnahme

Es gibt unterschiedliche Möglichkeiten, wie der Erstkontakt zu potenziellen Kunden hergestellt werden kann.

Die gängigsten sind:

1. Telefonakquise
2. E-Mail-Akquise
3. postalische Akquise
4. Empfehlungsmarketing
5. Onlineakquise
6. Social Media
7. passive Kundenakquise
8. Printmedien

1. Telefonakquise

Bei der Telefonakquise erfolgt der Kontakt zu potenziellen Kunden über das Telefon. Auch hier kann zwischen Kalt- und Warmakquise unterschieden werden.

Im Rahmen der klassischen Kaltakquise erfolgt telefonisch der Erstkontakt mit potenziellen Kunden. Diese Form der Kontaktaufnahme ist bei Privatpersonen jedoch nach dem Gesetz gegen den unlauteren Wettbewerb verboten. Privatpersonen dürfen nur kontaktiert werden, wenn sie hierzu explizit vorab ihr Einverständnis erklärt haben.

Im B2B-Bereich ist die Kontaktaufnahme per Telefon im Rahmen der Kaltakquise zulässig, sofern ein sogenanntes „mutmaßliches Interesse" vorliegt. Dies kann vorausgesetzt werden, sofern ein Zusammenhang zwischen dem Angebot des Versicherers und dem Produkt oder der Dienstleistung des angerufenen Unternehmens besteht. Rechtlich abgesichert ist man in jedem Fall, wenn auch hier vorher eine Zustimmung zur Verarbeitung der Kontaktdaten eingeholt wurde.

Bei der Warmakquise haben potenzielle Kunden einer möglichen telefonischen Kontaktaufnahme vorab zugestimmt, es liegen dem Versicherer bereits Daten vor.

Um erfolgreich Neukundengewinnung über das Telefon durchführen zu können, ist eine entsprechende Planung und Organisation notwendig.

Zur Planung des insgesamt notwendigen Zeitaufwandes sollte ermittelt werden, wie viele telefonische Kontakte erforderlich sind, um ein bestimmtes Ziel zu erreichen.

Beispiele

Wie viele Kontakte im Rahmen der Warmakquise sind notwendig, um eine bestimmte Anzahl von Vertragsabschlüssen erreichen zu können?

Zur Ermittlung des Zeitaufwandes könnte anhand der bisherigen durchschnittlichen Abschlussquote pro Kontakt (anhand vorliegender Erfahrungswerte oder Daten aus der Vergangenheit) ausgehend der gewünschten Zielgröße rechnerisch die Anzahl der vermutlich notwendigen Telefonate berechnet werden. Hieraus kann dann der notwendige Zeitaufwand abgeleitet werden.

Die Formel zur Berechnung sieht im vorstehenden Beispiel wie folgt aus:

$$\textbf{notwendiger Zeitaufwand} = \frac{\text{gewünschte Anzahl von Abschlüssen}}{\varnothing \text{ Abschlussquote}} \cdot \varnothing \text{ Gesprächsdauer}$$

Ist der notwendige Zeitaufwand bestimmt, sollte im nächsten Schritt die Durchführung der konkreten Kontaktaufnahme geplant werden. Hierzu gehört neben der Notwendigkeit eines geeigneten Arbeitsumfeldes für die Durchführung der Gespräche auch die Festlegung der Gesprächsinhalte und des Gesprächsverlaufes.

Arbeitsumfeld	Gesprächseinstieg	Gesprächsverlauf
optimale Rahmenbedingungen für telefonischen Erstkontakt schaffen: · ruhige Arbeitsumgebung · ausreichend Zeit einplanen · Gesprächsleitfaden bereitlegen	Begrüßung und Gesprächseröffnung: · erste Sekunden entscheiden über den Eindruck vom Gesprächspartner · eigene Vorstellung · Grund des Anrufes kurz, möglichst in einem Satz, benennen · in 3 bis 5 Sätzen konkreten Nutzen für den Gesprächspartner darstellen	Gesprächspartner einbeziehen: · Kundenwünsche erfragen · Verteilung der Gesprächsanteile sollte zugunsten der Kunden ausfallen (ca. 80 %) · angemessene Wortwahl, Stimmlage, kurze Sätze · Gespräch mit konkreter Vereinbarung abschließen

Nach erfolgter Kontaktaufnahme sollte das Telefonat entsprechend dokumentiert werden. Dies kann z. B. durch Eingabe des Gesprächsverlaufs in das CRM-System erfolgen. Die Dokumentation ist wichtig, um die Daten als Grundlagen für die zukünftige Kundengewinnung zu sichern.

2. E-Mail-Akquise

Bei der Kontaktaufnahme mittels E-Mail gelten ähnliche Regeln wie bei der telefonischen Akquise. Privatpersonen oder Unternehmen dürfen nur dann per E-Mail kontaktiert werden, wenn sie hierzu explizit ihre Einwilligung gegeben haben (§ 6 DSGVO). Eine Ausnahme besteht bei Vorliegen eines „berechtigten Interesses", was im Erwägungsgrund 47 der DSGVO wie folgt charakterisiert wird:

Ein berechtigtes Interesse könnte beispielsweise vorliegen, wenn eine maßgebliche und angemessene Beziehung zwischen der betroffenen Person und dem Verantwortlichen besteht, z. B. wenn die betroffene Person ein Kunde des Verantwortlichen ist oder in seinen Diensten steht.

Demnach dürften bei Vorliegen eines „berechtigten Interesses" potenzielle Kunden auch ohne vorliegende Einwilligung kontaktiert werden, sofern es sich um eine persönliche E-Mail handelt und per Link zur Datenschutzerklärung erläutert wird, worin das „berechtigte Interesse" bei der Kontaktaufnahme besteht.

Bei der Kaltakquise kann grundsätzlich nicht von einem „berechtigten Interesse" ausgegangen werden.

Damit potenzielle Kunden per E-Mail kontaktiert werden dürfen, ist also auch hier eine vorherige rechtssichere Einwilligungserklärung notwendig. Diese Einwilligungserklärung kann online erfolgen, indem z. B. eine interessierte Person in einem Onlineformular ihre Kontaktdaten hinterlegt und der Einverständnis zur Datenverarbeitung und zum Empfang von Werbung erklärt. Über einen Link in der Bestätigungsmail erhält das Versicherungsunternehmen den rechtssicheren Nachweis über die Einwilligung, sobald die Person diesen Bestätigungslink durch Anklicken bestätigt. In der Bestätigungsmail an die interessierte Person zur Verarbeitung ihrer Daten müssen der Hinweis zur jederzeitigen Widerspruchsmöglichkeit der Einwilligung, das Impressum und die Datenschutzerklärung (als Link) enthalten sein

Auch bei der Neukundenakquise per E-Mail gilt, dass der erste Kontakt über den weiteren Verlauf in der Zusammenarbeit zwischen Angeschriebenen und Versicherer entscheidet.

Um einen guten ersten Eindruck zu vermitteln, sollten folgende Punkte bei Gestaltung der E-Mail beachtet werden:

- **Betreffzeile**
  Die Betreffzeile muss so formuliert werden, dass der Nutzer die E-Mail öffnet. Eine Standardformulierung wird dazu führen, dass die E-Mail ungelesen gelöscht wird. Daher sollte bereits im Betreff der Kundennutzen herausgestellt werden, damit der Empfänger diese auch öffnet.
- **Inhalt der E-Mail**
  Das Akquiseschreiben sollte eine klare Struktur aufweisen und das Anliegen des Absenders auf den Punkt bringen. Dabei sollte es nicht zu lang sein. Die potenziellen Kunden sollten in der E-Mail direkt angesprochen werden, um einen persönlichen Bezug herzustellen. Zudem sollten keine Vorlagen verwendet werden, sondern jedes Schreiben individuell auf die Zielgruppe und das Anliegen neu formuliert werden.
- **Folgekontakt ermöglichen**
  Um mit dem Empfänger der E-Mail weiter in Kontakt bleiben zu können, bieten sich Links im Akquiseschreiben an. So könnten potenzielle Kunden z. B. durch Anklicken direkt zum Versicherungsangebot gelangen oder aber die Homepage aufrufen. Wichtig ist, direkte Kontaktdaten in der E-Mail aufzuführen, damit potenzielle Kunden bei Bedarf die zuständige Ansprechperson beim Versicherer einfach erreichen können.
- **Gestaltung der E-Mail**
  Die E-Mail gleicht einer Visitenkarte des Versicherers. Daher sollte die Signatur des Schreibens alle relevanten Informationen über Ansprechpartner und Versicherungsunternehmen aufführen. Zudem sorgt die Einbindung des Firmenlogos für einen professionellen Auftritt.

Im Idealfall führt ein Kontakt mittels E-Mail zu einer entsprechenden Reaktion des Empfängers. Rückmeldungen zur Akquisemail, unabhängig davon, ob sie positiv oder negativ sind, zeigen zudem Verbesserungsmöglichkeiten für zukünftige Aktionen.

3. postalische Akquise

Hierunter versteht man die Kontaktaufnahme auf dem klassischen Postweg. Dabei gibt es unterschiedliche Möglichkeiten:

- Kontaktaufnahme über unadressierte Wurfsendungen wie Prospekte, Flyer oder ähnliches
- Kontaktaufnahme über teiladressierte Post, die mit dem Aufdruck „An die Bewohner des Hauses" verschickt wird
- Kontaktaufnahme über ein adressiertes Schreiben, auch direkte Mailings genannt, das an eine bestimmte Person adressiert ist und ein individuelles Anschreiben oder ein personalisiertes Angebot enthält

Die Vorteile einer postalischen Akquise bestehen darin, dass hierzu keine Einwilligung des Empfängers vorliegen muss. Auch werden Briefsendungen auf jeden Fall vom Empfänger wahrgenommen und landen nicht wie z. B. E-Mails im Spamfilter, wo sie ungesehen gelöscht werden.

Die Gestaltungsmöglichkeiten des Schreibens bieten – ähnlich wie bei der E-Mail – bereits die Möglichkeit, den ersten Eindruck bei potenziellen Kunden positiv zu beeinflussen. Dies kann durch eine besondere Form und Gestaltung oder einer hohen Wertigkeit des Papieres hervorgerufen werden.

Ein großer Nachteil dieser Form der Kontaktaufnahme sind die im Verhältnis hohen Kosten für die Erstellung und Versendung der Schreiben. Zudem kommt es bei unadressierten Wurfsendungen oder teiladressierter Post zu hohen Streuverlusten, da diese vor allem bei Geschäftskunden meist ungeöffnet aussortiert werden.

4. Empfehlungsmarketing

In der Versicherungsbranche ist das sogenannte Empfehlungsmarketing ein wichtiger Baustein zur Kundengewinnung. Ziel dieser Maßnahme ist es, das Interesse potenzieller Kunden durch Empfehlung eines Bestandskunden auf das Versicherungsunternehmen zu lenken, bzw. mögliche Neukundenbenennungen durch Bestandskunden einzuholen.

Beim gezielten Empfehlungsmarketing wird nach erfolgreichem Vertragsabschluss mit Kunden im Gespräch nach möglichen Empfehlungen gefragt. Werden Empfehlungen benannt, sollten Versicherungsvertreter und -vertreterinnen versuchen, diese weiter zu qualifizieren. Dies bedeutet, zu versuchen, sich zusätzliche Informationen zu dieser Empfehlung zu verschaffen.

Beispiele

Ein Bestandskunde nennt einen Bekannten als Empfehlung für eine Berufsunfähigkeitsversicherung. Durch gezieltes Nachfragen können hier bereits vor dem ersten Gespräch zusätzliche Informationen, z. B. zu Beruf, Alter, erlangt werden.

Grundsätzlich werden Bestandskunden, die mit den Produkten und Dienstleistungen des Versicherungsunternehmens zufrieden sind, dieses an Bekannte und Geschäftspartner weiterempfehlen.

Verstärken lässt sich dieser Effekt z. B. durch eine sogenannte Freundschaftswerbung oder andere Anreize, durch die Bestandskunden für geworbene potenzielle Neukunden eine „Belohnung" oder einen anderen Vorteil erhalten.

Ähnlich funktioniert das sogenannte Affiliate-Marketing, bei dem Influencer/-innen die Versicherungsprodukte weiterempfehlen. Dies geschieht durch Teilung des entsprechenden Links in den sozialen Medien. Für jeden Kauf, der über diesen Link erfolgt, erhalten die Influencer/-innen eine entsprechende Provision.

Zum Empfehlungsmarketing zählen auch Bewertungsportale im Internet, auf denen Unternehmen durch Kunden bewertet werden. Solche Bewertungen oder Rezensionen sind nicht zu unterschätzen.

Der Unterschied zu anderen Produkten ist, dass es sich bei Versicherungen nicht um Impulskäufe handelt, wie z. B. bei Konsumgütern. Vielmehr wird mit diesen Produkten das Grundbedürfnis nach

Sicherheit erfüllt. Versicherungen können auch nicht, wie andere Waren, vorher getestet werden. Vielmehr müssen Kunden darauf vertrauen, dass sie im Schadenfall die Leistung erhalten, die ihnen im Vertrag versprochen wurde. Dieses Vertrauen möchten Kunden im Vorfeld natürlich weitestgehend bestätigt wissen.

Am einfachsten lässt sich daher ein Eindruck durch Bewertungen im Internet gewinnen. Es gibt unterschiedliche Bewertungsportale oder Plattformen, auf denen sich solche Beurteilungen finden lassen.

Für den Versicherer bietet sich demnach auch die Chance, potenzielle Kunden über gute Bewertungen im Internet positiv beeinflussen zu können.

5. Onlineakquise

Im Rahmen des Onlinemarketings gibt es vielfältige Möglichkeiten zur Gewinnung von Neukunden über das Internet. Der Vorteil ist, dass sich im Internet die Zielgruppen sehr spezifisch ansprechen lassen. So können Maßnahmen an das konkrete Umfeld oder die Nutzerprofile angepasst werden. Dies geschieht durch die gezielte Nutzung der unterschiedlichen Onlinekanäle.

Firmenportal/Agenturwebsite

Das Aushängeschild für die Produkte, das Versicherungsunternehmen oder die Agentur ist das Firmenportal oder die Agenturwebsite. Hier können Informationen geteilt und Werbemaßnahmen verlinkt werden. Auch ist eine Verlinkung mit Social-Media-Kanälen möglich. Über die Website kann der Versicherer potenziellen Kunden oder Bestandskunden virtuell einen ersten Eindruck vermitteln.

Zudem lassen sich Informationen zu Versicherungsleistungen oder Angeboten stets aktuell und ohne großen Aufwand zur Verfügung stellen.

Newsletter

Newsletter sind E-Mails, die an einen großen Verteiler verschickt werden. Dabei erfolgt keine persönliche Ausrichtung auf bestimmte Kunden. Meist werden Newsletter in regelmäßigen Abständen mit kurzen Informationen zu unterschiedlichen Themen verschickt. Man nennt sie daher auch elektronische Rundschreiben. Die durchschnittliche Öffnungsrate, also wie oft eine solche E-Mail gelesen wird, liegt bei ca. 50 %.

Beim Einsatz von Newslettern müssen zwingend die rechtlichen Vorgaben beachtet werden. Demnach muss für den Versand solcher Newsletter eine Einwilligung des Empfängers vorliegen.

6. Social Media

Eine weitere Möglichkeit im Rahmen der Onlineakquise ist die Nutzung von Social Media. Hierbei erfolgt die Kommunikation mit potenziellen Kunden über unterschiedliche Medientypen. Der Vorteil solcher Social-Media-Angebote ist die schnelle Verteilbarkeit der Informationen und eine zielgruppengerechte Ansprache in den jeweils präferierten Medien. Allerdings bedarf die Nutzung dieser Möglichkeit eines hohen Zeitaufwands, da regelmäßig Postings vorgenommen und Anfragen kurzfristig bearbeitet werden müssen.

Je nach Zielgruppe bietet sich die Nutzung bestimmter Medientypen an, die von der entsprechenden Personengruppe bevorzugt genutzt werden: Für Firmenkunden eignen sich Firmennetzwerke wie LinkedIn oder Xing, junge Kunden werden eher auf Instagram, Tiktok oder Youtube zu erreichen sein, während die ältere Zielgruppe eher in Facebook zu finden sein wird.

Um die Zielgruppe auch tatsächlich erreichen zu können, muss neben dem Zeitaufwand auch der Umgang mit dem jeweiligen Medientyp bekannt sein. Neben der einfachen Kontaktaufnahme lassen sich über die sozialen Netzwerke zahlreiche Informationen zum Nutzer herausfiltern, die für einen bedarfsgerechten Erstkontakt sehr hilfreich sein können.

7. passive Kundenakquise

Da die früher **übliche** klassische Kaltakquise, die direkte persönliche Ansprache potenzieller Kunden an der Haustür (das sog. Klingelputzen) oder am Telefon, aufgrund der rechtlichen Rahmenbedingungen nahezu unmöglich geworden ist, nimmt die passive Kundenakquise im Rahmen der Warmakquise an Bedeutung zu.

Hier liegt der Schwerpunkt darin, möglichen Interessenten so viele Informationen zur Verfügung zu stellen, dass sie selbst den Kontakt zum Versicherungsunternehmen aufnehmen. Es ist also entscheidend, wie viele Informationen ein Interessent zu einem bestimmten Problem finden kann.

Beispiele

Ein Interessent sucht über eine Suchmaschine im Internet eine Lösung zu einer bestimmten Versicherungsfrage. Aufgrund der Informationen, die er findet, trägt er sich für einen Newsletter ein und erlaubt so dem Versicherer, ihn zu kontaktieren. Alternativ kann er die angegeben Kontaktdaten nutzen, um direkt das Gespräch mit dem Versicherer zu suchen.

8. Printmedien

Die Nutzung von Printmedien zur Neukundengewinnung scheint veraltet, kann jedoch zur Erreichung bestimmter Zielgruppen immer noch sinnvoll sein.

Zu den Printmedien gehören vor allem Fachzeitschriften oder Zeitungen, in denen mittels einer Anzeige das Versicherungsunternehmen oder ein konkretes Produkt beworben wird. Zu den Printmedien zählen auch Plakate oder Flyer.

Der Vorteil bei der Nutzung von Anzeigen in Fachzeitschriften oder Zeitungen ist die Selektionsmöglichkeit der Reichweite. So kann die Nutzung einer lokalen Zeitung gezielt auf eine lokale Zielgruppe abgestimmt werden, während die Nutzung einer überregionalen Fachzeitschrift die Reichweite erhöht. Zeitungen und Fachzeitschriften eignen sich besonders, um ältere Zielgruppen zu erreichen.

Der Nachteil liegt im hohen Streuverlust und den hohen Kosten. Auch lässt sich die Erreichbarkeit der Anzeige nur schwer ermitteln.

Plakate können sinnvoll sein, wenn ein passender Standort gewählt wird. Die Wirksamkeit einer solchen Maßnahme lässt sich jedoch nur schwer feststellen.

Unterschiede bei der Neukundenakquise von B2B- oder B2C-Kunden

Neben den abweichenden rechtlichen Bestimmungen unterscheidet sich der Erstkontakt bei Privat- oder Firmenkunden durch die unterschiedliche Kundenansprache.

Bei Unternehmenskunden handelt es sich selten um „reine" Neukunden, d.h. meistens sind es Kunden, die bereits seit vielen Jahren im Vertragsverhältnis zum Wettbewerber stehen. Daher ist es Ziel der Neukundengewinnung, diese Kunden davon zu überzeugen, statt beim Mitbewerber die Versicherungen beim eigenen Unternehmen abzuschließen.

Entscheidend ist dabei die direkte Ansprache potenzieller Unternehmenskunden. Die Kaltakquise ist hier rechtlich möglich und meist auch anerkannt. Eine persönliche Ansprache ist auch auf Messen möglich.

Ziel einer Neukundengewinnung im Rahmen der Unternehmenskunden ist zudem meist ein höheres Auftragsvolumen und eine langfristige Zusammenarbeit. Daher ist hier eine enge Betreuung im Verkaufsprozess notwendig.

Bei der Gewinnung von Privatkunden liegt die Herausforderung in den rechtlichen Beschränkungen. Daher spielt hier die Nutzung von Onlinemedien eine immer größere Rolle.

Auch wird der Verkaufsprozess bei Privatkunden in der Regel schneller zum Abschluss führen als im B2B-Bereich.

Persönlicher Erstkontakt

Der persönliche Erstkontakt stellt eine wichtige Komponente für den Erfolg im Versicherungsvertrieb dar. Ziel ist es, im persönlichen Kontakt den konkreten Bedarf der Kunden zu ermitteln und passgenaue Angebote zu unterbreiten. Im Vordergrund steht dabei stets der Beziehungsaufbau, auf dessen Basis das Beratungsgespräch durchgeführt werden kann.

Kunden brauchen in Versicherungsfragen einen direkten Ansprechpartner. Nur so können Fragen zu möglichen Versorgungslücken oder versicherte Gefahren konkret beantwortet werden.

Bei der Kaltakquise ist der Gesprächseinstieg das Kernelement der Kontaktaufnahme. Nur wenn diese passt, kann sich ein Verkaufsgespräch entwickeln. Bei der Warmakquise kann das Gespräch bereits gezielt anhand der vorliegenden Informationen vorbereitet werden.

4.4 Maßnahmen der Bestandskundenbetreuung

Die Grundlage einer nachhaltigen Kundenbeziehung sind Beratung und Betreuung der Kunden auch nach Vertragsabschluss. Dies ist wichtig, um Kunden langfristig an den Versicherer zu binden, denn die Kosten für eine Neukundengewinnung sind im Verhältnis zur Bestandskundenpflege sehr hoch. Es gilt als Faustformel: Akquisekosten und Kundenbindung sollten bei Versicherern in einem Verhältnis von 1:3 zueinander stehen. So lässt sich mit einer guten Bestandskundenbetreuung ein Gewinnzuwachs mit deutlich weniger Aufwand erzielen, als wenn dieser Zuwachs über eine reine Neukundengewinnung erfolgen müsste.

Dies ergibt sich vor allem daraus, dass zufriedene Kunden dem Versicherer lange erhalten bleiben. Zudem sind zufriedene Kunden eher bereit, höhere Preise zu zahlen und sie sind zuverlässiger im Zahlungsverhalten. Vor allem aber übernehmen zufriedene Kunden die Neukundengewinnung durch Empfehlungsmarketing.

Um Bestandskunden nachhaltig zu betreuen, bieten sich vor allem die folgenden Möglichkeiten an:

- Nutzung eines CRM-Systems zur Dokumentation der Aktivitäten und Gestaltung der Kundenbeziehungsprozesse, z. B. bei Nutzung der Reminderfunktion für regelmäßige Kontakte oder Personalisierung von Angeboten aufgrund der vorliegenden Daten
- Bindung und Rückgewinnung von Kunden mittels Customer Recovery Management
- Sicherstellung der persönlichen Erreichbarkeit für Kunden auf unterschiedlichen Kommunikationswegen
- regelmäßige persönliche Kontakte der Bestandskunden
- verlässliche Zusammenarbeit herstellen: Pünktlichkeit bei Terminen, Verbindlichkeit, Zuverlässigkeit und Vorbereitung der Termine
- besondere Angebote für Bestandskunden
- gezielte Werbemaßnahmen
- Nutzung von Newslettern, Umfragen oder Gewinnspielen
- moderner Kundenservice: Nutzung von Onlineangeboten, mobilen Angebote, Kontakte über Social Media, Erreichbarkeit im Schadenfall, Kulanzverhalten u. Ä.

Eine hohe Kundenzufriedenheit führt zu einer Loyalität der Kunden gegenüber dem Versicherer bzw. dessen Mitarbeitern. Die Kunden fühlen sich dem Versicherer verbunden.

4.4.1 Notwendigkeit der Bestandskundenbetreuung

Es ist aus unterschiedlichen Gründen notwendig, dass Versicherer eine erfolgreiche Bestandskundenbetreuung sicherstellen, um ihre Kunden langfristig an das Versicherungsunternehmen zu binden.

Versicherungsnehmer/-innen haben zahlreiche Möglichkeiten, eine Absicherung möglicher Risiken vorzunehmen. Das Problem für die Versicherer ist, dass sich die Wirksamkeit einer Versicherung erst zeigt, wenn der Schadenfall tatsächlich eintritt. Daher ist es wichtig, Kunden auch in schadenfreien Zeiten an sich zu binden und diese jederzeit von der Richtigkeit ihrer Entscheidung für die eigenen Produkte zu überzeugen.

Die Notwendigkeit der Bestandskundenbetreuung ergibt sich aus der Verpflichtung, das tatsächliche Risiko der einzelnen Kunden abzudecken.

Damit im Schadenfall die vereinbarte Leistung auch dem wirklichen Schaden entspricht, ist es für den Versicherer notwendig, das vertraglich eingedeckte Risiko regelmäßig zu überwachen und zu bewerten. Sollte sich hieraus eine notwendige Anpassung der Leistungen ergeben, bestehen im Versicherungsrecht grundsätzlich zwei Möglichkeiten:

- die einseitige Vertragsanpassung (mit einer maximalen Erhöhung von 10 %, z. B. bei Kfz-Versicherungen) oder
- die Vereinbarung von Änderungsverträgen zur Leistungserweiterung.

In beiden Fällen sollten die Kunden vorab kontaktiert und die notwendige Anpassung erläutert werden. Im Falle einer beidseitigen Vereinbarung zur Leistungserweiterung sind die Vorgaben zum Vertragsabschluss und die Informationspflichten des Versicherers einzuhalten.

Da jedoch nicht nur die Betreuung im Schadenfall maßgeblich für die Kundenbindung ist, sichert die Bestandskundenbetreuung die langfristige Zusammenarbeit zwischen Versicherungsnehmern/-innen und Versicherer. Grundlage für die Kundenbindung ist daher der gesamte Prozess, vom Erstkontakt über den Vertragsabschluss bis zur dauerhaften Kundenpflege und zu Serviceanfragen.

Ziel einer erfolgreichen Bestandskundenbetreuung und somit langfristigen Kundenbindung ist neben der Leistungsbewertung somit die Verhinderung einer Abwanderung der Kunden an die Wettbewerber.

Wandern Bestandskunden an Wettbewerber ab, müsste unter hohem finanziellem Aufwand dieser Abgang durch eine entsprechende Neukundengewinnung kompensiert werden. Maßnahmen zur Neukundengewinnung verursachen deutlich höhere Kosten als Maßnahmen zur Kundenbindung. Sie liegen etwa fünfmal höher als die Kosten für die Betreuung der Bestandskunden.

Zudem amortisieren sich diese hohen Kosten der Neukundengewinnung erst, wenn aus den potenziellen Kunden tatsächlich Bestandskunden geworden sind, da diese einen kontinuierlichen Umsatz generieren. Der Versicherer geht also mit jeder Maßnahme zur Neukundengewinnung zunächst in Vorleistung. Ein möglicher Ertrag wird erst zu einem späteren Zeitpunkt sichtbar.

Da bei der Bestandskundenbetreuung die Pflege der bestehenden Kunden im Vordergrund steht, bezeichnet man diese auch als „Farming“. Dazu gehört zum einen der regelmäßige Kontakt mit dem Kunden, und zum anderen die kontinuierliche Weiterentwicklung oder Anpassung der bestehenden Versicherungsprodukte und Dienstleistungen.

Ein weiterer Aspekt für die regelmäßige Betreuung der Bestandskunden ist, dass sich kurzfristige Umsatzsteigerungen schneller und preiswerter realisieren lassen, als wenn hierfür erst zusätzliche Kunden gesucht und gewonnen werden müssten. Daher ist eine strategische Weiterentwicklung der Versicherungskunden zur Umsatzsteigerung sinnvoll. Eine Maßnahme, um dieses Ziel zu erreichen ist das sogenannte „Cross-Selling“.

Cross-Selling bedeutet, dass Bestandskunden ergänzend zu ihren bisherigen Versicherungsverträgen aus dem gesamten Versicherungs- und Dienstleistungsangebot jeweils auf sie zugeschnittene Lösungen angeboten werden. Kommt es zu einem Kontakt mit Bestandskunden werden diese Vorschläge unterbreitet.

Im Vergleich zur aufwendigen Neukundengewinnung lassen sich solche zielgerichteten Zusatzangebote an die Bestandskunden ohne größeren Aufwand umsetzen.

Definition **Cross-Selling** bezeichnet den Verkauf von ähnlichen oder ergänzenden Versicherungsprodukten, je nachdem, welche Versicherungen der Kunde oder die Kundin bereits abgeschlossen hat.

Um zusätzliche Produkte an Bestandskunden zu verkaufen, müssen deren Bedürfnisse und Lebenssituationen dem Versicherer bekannt sein, damit er für diese Kunden passende Versicherungsleistungen anbieten kann.

Zum erfolgreichen Cross-Selling sind daher die folgenden Schritte notwendig:

- Aufbereitung der vorliegenden Kundenkontakte, damit diese Daten für weitere Gespräche die Grundlage bilden können
- Lebensveränderungen im Leben der Versicherten kennen und als Anknüpfungspunkt nutzen (z. B. auch für Ergänzungen während der Vertragslaufzeiten)

Bestandskunden von Versicherungen sind in der Regel besonders loyal und markenaffin. Sie präferieren eine Absicherung all ihrer Risiken über nur einen Versicherer und wechseln in der Regel nur ungern. Sie möchten einheitliche Ansprechpartner und Abrechnungsmodalitäten. Bestandskunden, die die Versicherungsleistungen des Versicherers bereits kennen, werden sich zudem auch bei (anderen) Bedarfen als erstes an diesen wenden.

Bestandskunden sichern dem Versicherer somit langfristige Umsätze und eine stabile Auftragslage.

Ein weiterer Vorteil ist, dass Bestandskunden die Preise des Versicherers kennen und in der Regel nicht versuchen, zusätzliche Rabatte zu erreichen. Vielmehr stehen für sie die Qualität und eine emotionale Bindung im Vordergrund, wodurch sie eine höhere Preisbereitschaft mitbringen, als dies bei Neukunden der Fall ist. Bestandskunden kennen auch die Produkte und Dienstleistungen, wodurch die Effizienz der Zusammenarbeit steigt. Die Kontakte mit Bestandskunden bedeuten also weniger Arbeitsaufwand für den Versicherer und führen so zu sinkenden Personalkosten.

Im Rahmen des Cross-Sellings ergeben sich aus den genannten Punkten folgende Handlungsempfehlungen für die Betreuung der Bestandskunden:

- Als zusätzliche Angebote sollten Produkte genutzt werden, die immer wieder kommen bzw. sich regelmäßig ändern, wie z. B. Kfz-Versicherungen.
- Bei Kontakten mit Bestandsunden sollte nicht auf Abschlüsse gedrängt werden, denn nicht jeder Kontakt muss einen Vertrag hervorbringen.
- Onlineangebote sollten benutzerfreundlich und ansprechend gestaltet werden, um Kunden zu Aktionen zu bewegen.

Ein weiterer Aspekt ist, dass gut betreute Bestandskunden zufriedene Kunden sind, die den Versicherer weiterempfehlen werden. Das können persönliche Empfehlungen oder aber Beurteilungen auf Bewertungsplattformen im Internet sein. Bestandskunden übernehmen somit die Neukundenakquise und werben für den Versicherer. Dieser Effekt kann durch entsprechende Aktionen wie Aktivitäten für Freundschaftswerbungen oder andere Vergünstigungen verstärkt werden.

Die Kontaktaufnahme zu Bestandskunden ist rechtlich unkompliziert. Hier können unterschiedliche Kommunikationskanäle zur regelmäßigen Kontaktaufnahme genutzt werden. Somit lässt sich für jeden Kunden der passende Kanal feststellen und nutzen. Onlinekanäle lassen sich zudem für Zusatzangebote einsetzen, die dem Service für Bestandskunden dienen können, wie z. B.:

- über die Website einen Onlinezugang zu den eigenen Verträgen anbieten
- Onlinezugang mit Postfach für Rechnungen und andere Informationen
- Schadenmeldungen online aufgeben
- Arztrechnungen online einreichen
- Bankverbindung online ändern

Maßgeblich für alle Maßnahmen zur Kundenbindung ist ein kontinuierliches Kontaktmanagement, sowie ein gepflegtes Customer-Relationship-Management-System (CRM-System), in dem alle relevanten Daten hinterlegt sind.

Das Customer-Relationship-Management gestaltet systematisch alle Prozesse zur Herbeiführung und Pflege von Kundenbeziehungen. Diese Ausrichtung auf die Kunden kann durch entsprechende digitale Tools, sogenannte Customer-Relationship-Management-Systeme unterstützt werden.

Definition

Ein **Customer-Relationship-Management-System (CRM-System)** ist ein digitales System zur systematischen Gestaltung der Beziehungen mit bestehenden und potenziellen Kunden.

Kundendaten werden beim Versicherer an unterschiedlichen Stellen gesammelt und gepflegt. Wichtig ist, dass diese Daten an einer zentralen Stelle zusammengefasst und aufbereitet werden, um für die Bestandskundenpflege zielgerichtet eingesetzt werden zu können. Dies geschieht mithilfe eines CRM-Systems. Die so erfassten Kundendaten werden dann innerhalb des Versicherungsunternehmens allen für die Kundenbetreuung zuständigen Mitarbeitenden zur Verfügung gestellt. Der Zugriff auf diese Daten ermöglicht jederzeit einen personalisierten Service und individuellen Kontakt durch den Versicherer.

Anhand der Daten wird die gesamte Customer Journey sichtbar. Customer Journey ist ein Begriff aus dem Marketing und beschreibt alle Kontakt- und Berührungspunkte, die ein Kunde oder eine Kundin vom ersten Kontakt bis zum Vertragsabschluss mit dem Versicherer hatte. Die Entwicklung einer solchen Übersicht hilft, die Bedürfnisse und das Verhalten der einzelnen Kunden nachvollziehen zu können, um hieraus personalisierte Zusatzangebote zu entwickeln und den richtigen Kommunikationskanal für den Kundenkontakt auszuwählen.

So werden Gesprächsverläufe dokumentiert, bestehende Versicherungspolicen aufgeführt und mögliche Bedarfe festgehalten.

Die vorliegenden Kundendaten könnten aber auch dazu genutzt werden, um weitere mögliche Versicherungsangebote für bestimmte Kunden zu ermitteln. Dazu wird aus den Daten herausgefiltert, welche Versicherungsleistungen vergleichbare Kunden erworben haben. Die Vergleichbarkeit kann anhand von unterschiedlichen Parametern, wie bisherige Policen, Standort, Alter, Familienstand oder ähnliches, hergestellt werden. Die so ermittelten Daten wären somit die Basis für eine zielgerichtete Empfehlung.

Ein CRM-System unterstützt aber auch bei der Verwaltung von Terminen mit den Kunden. So können sogenannte „Reminder" hinterlegt werden, die z. B. rechtzeitig vor einem Termin erinnern, um ggfs. Angebotsunterlagen zu erstellen oder den Kunden auf Wunsch bereits vorab zuzusenden.

Die Software eines CRM-Systems unterstützt also die Systematisierung der Kundenbetreuung. Durch dieses Tool wird der Verkaufsprozess insgesamt vereinfacht und die Maßnahmen zur Kundenbindung werden unterstützt. Die hinterlegten Daten helfen dabei, Kundenprofile zu erstellen oder Umfragen bereitzustellen, um zukünftige Produkte zu entwickeln und neue Bedarfe zu erkennen.

Merkmale für eine systematische und zielgerichtete Kundenbetreuung sind demnach:

- regelmäßige telefonische oder persönliche Kontakte der Bestandskunden
- aktuelle Kontaktdaten und Sammlung von Zusatzinformationen
- zentrale Vermerke unterschiedlicher Abteilungen möglich, um Interesse an weiteren Produkten oder Dienstleistungen zu ermitteln
- Feststellung möglicher Umsatzpotenziale der Bestandskunden
- Beziehungspflege kann nachhaltig und zielgerichtet erfolgen
- Newsletter oder E-Mail-Marketing einfach umzusetzen

Die Bestandskundenbetreuung bietet also die Möglichkeit, die persönliche Beratung durch den Versicherer, der bei einer Neukundengewinnung zwingend notwendig ist, zumindest in Teilen durch digitale Tools zu ersetzen. Dadurch wird der Personalaufwand reduziert und die Erreichbarkeit gesteigert.

Neben dem Versicherungsvertrieb sind jedoch weitere Organisationseinheiten innerhalb des Versicherers notwendig, um die Grundlage für eine erfolgreiche Kundenbetreuung zu schaffen. Hierzu gehören IT-Spezialisten, Produktentwickler und Rechtsexperten.

Zusammenfassung

Faktoren für eine erfolgreiche Gestaltung der Bestandskundenbetreuung:

- Die Kommunikation muss personalisiert und auf die individuelle Situation der jeweiligen Kunden abgestimmt sein.
- Der direkte und kurzfristige Kontakt mit dem Versicherer muss sichergestellt werden – persönlich oder virtuell.
- Im Rahmen des Cross-Sellings sollten Versicherer anhand von Datenanalysen konkrete Angebote für weitere (passende) Absicherungen anbieten.
- Kunden müssen die Möglichkeit haben, jederzeit eine Terminvereinbarung vorzunehmen.

4.4.2 Beratungsanlässe in der Bestandskundenbetreuung

Grundlage für eine regelmäßige und zielgerichtete Bestandskundenbetreuung ist das Vorhandensein vollständiger und aktueller Daten der Versicherungsnehmer/-innen. Diese bieten dem Versicherer ein umfassendes Bild über die aktuelle Situation und die vorhanden Policen.

Um einen Prozess zur regelmäßigen Kontaktierung der Bestandskunden zu definieren, sollten Beratungsanlässe festgelegt werden. Diese können sich bestimmen nach:

- konkreten Anlässen
  oder
- bestimmten Lebensphasen

Konkrete Beratungsanlässe

Kundenkontakte können sich aus konkreten Anlässen ergeben. Diese ergeben sich aus Änderungen der Rahmenbedingungen z. B. durch Änderungen in der Rechtsprechung oder Anpassung von Gesetzen. Sie können sich aber auch aufgrund von Laufzeiten oder Schadenfällen ergeben. Ebenso führen aktuelle Ereignisse bei Versicherungsnehmern/-innen zu Beratungsansätzen beim Versicherer.

Tarifänderungen

Bei Tarifänderungen besteht für Versicherungsnehmer/-innen ein Recht auf Kündigung oder Wechsel des Versicherungsvertrages. Gemäß § 40 Versicherungsvertragsgesetz können Versicherungsnehmer/-innen bei Erhöhung der Prämie aufgrund einer Anpassungsklausel den Vertrag innerhalb eines Monats nach Zugang der Mitteilung des Versicherers mit sofortiger Wirkung kündigen. Das Gleiche gilt, wenn der Versicherer aufgrund einer Anpassungsklausel den Umfang des Versicherungsschutzes verringert, ohne die Prämie entsprechend zu reduzieren. Das Sonderkündigungsrecht bezieht sich also auf alle Beitragserhöhungen oder Anpassungen des Selbstbehalts, bei denen sich nichts am Versicherungsumfang ändert. Um eine solche Kündigung zu vermeiden, sollte eine Tarifänderung stets Anlass für ein Beratungsgespräch sein und rechtzeitig terminiert werden.

Leistungsumfang

Änderungen im Leistungsumfang, z. B. durch die Herausnahme von Pandemie und Endemie bei Betriebsschließungsversicherungen nach der Corona-Pandemie, führen zu Änderungskündigungen durch den Versicherer. Hier gilt es, das nun ausgeschlossene Risiko anders abzusichern, bzw. die Änderungskündigung zu vermeiden und eine Weiterführung des Versicherungsvertrages zu erreichen.

Laufzeit

Im Sachgeschäft enden Versicherungsverträge durch Ablauf. Als Sachversicherungen werden alle Versicherungen bezeichnet, die Schäden an versicherten Sachen abdecken. Unterschiede in den Sachversicherungen ergeben sich durch den Umfang der versicherten Gefahren, den versicherten Sachen, der versicherten Schäden sowie gefahrenbezogene Sonderregelungen.

Zu den Sachversicherungen gehören z. B. die Hausratversicherung, die Wohngebäudeversicherung und die Kfz-Kaskoverssicherung. Diese Versicherungen haben eine vereinbarte Laufzeit zwischen einem und maximal drei Jahren. In der Regel verlängern sich diese Verträge automatisch um jeweils ein Jahr, wenn ein/eine Versicherungsnehmer/-in nicht rechtzeitig vor dem Ende der Vertragslaufzeit kündigt.

Im Schadenfall wird der Schaden durch den Versicherer im vereinbarten Umfang reguliert. Nach erfolgter Regulierung besteht für beide Seiten grundsätzlich ein außerordentliches Kündigungsrecht.

In beiden Fällen (Ablauf der Laufzeit und Schadenregulierung) entsteht ein Beratungsanlass, um eine Weiterversicherung bzw. Vertragsverlängerung zu erreichen. Meldet ein/eine Versicherungsnehmer/-in einen Schaden, der vom Versicherer aufgenommen werden muss, können nach erfolgter Schadenaufnahme und positiver Regulierung Deckungslücken gesucht und entsprechende Angebote unterbreitet werden.

Auch Lebensversicherungen sind mit einer Laufzeit vereinbart. Dabei sind die unterschiedlichen Arten von Lebensversicherungen zu beachten:

- Kapitallebensversicherung (dient der Absicherung der Hinterbliebenen und gleichzeitig der Vorsorge für den Ruhestand, da nach vereinbarter Laufzeit die Versicherungssumme mit einem vereinbarten und garantierten Zinssatz ausbezahlt wird)
- fondsgebundene Lebensversicherung (analog zur Kapitallebensversicherung werden hier Versicherungsnehmer/-innen an Kursgewinnen beteiligt)
- Risikolebensversicherung (dient lediglich der Absicherung der Hinterbliebenen, hier wird keine Versicherungssumme ausbezahlt, häufig notwendig bei Immobilienerwerb oder Kreditaufnahme zur Absicherung der Restschuld)

Da Kapital- und fondsgebundene Lebensversicherung am Ende der Laufzeit eine Auszahlung vorsehen, sollte vor dem Auszahlungstermin der Kunde kontaktiert werden, um alternative Anlagemöglichkeiten vorzuschlagen (sog. Wiederanlageprodukte, wie z. B. eine Sofortrente).

Änderungen bei Krankenversicherung

Bei der privaten Krankenversicherung handelt es sich um eine Personenversicherung. Hier können Beratungsanlässe immer dann entstehen, wenn z. B. ein Wechsel von der gesetzlichen in die private Krankenversicherung aufgrund Erreichens der hierfür notwendigen Einkommensgrenzen möglich ist, oder Änderungen des Leistungsumfangs sinnvoll erscheinen. Ein Beratungsanlass kann aber auch bei

Versicherungsnehmern/-innen, die gesetzlich krankenversichert sind, sinnvoll sein, um private Zusatzversicherungen (z. B. für Zahnersatz) anzubieten.

Einkommensänderungen

Werden Einkommensänderungen eines/einer Versicherungsnehmers/-in erkennbar, kann auch dies einen Beratungsanlass darstellen. Solche Veränderungen könnten z. B. durch Berufswechsel oder Selbstständigkeit hervorgerufen werden und ergeben in der Folge Möglichkeiten für unterschiedliche Beratungsansätze, wie geänderte Leistungen aus Sozialversicherungen, Änderungen der Familienversicherungen u. Ä. Zudem steigen mit steigendem Einkommen die Ansprüche an Absicherungsmöglichkeiten.

Urlaubsreisen

Ein weiterer Beratungsanlass kann der Wunsch nach Absicherung von Urlaubsreisen sein. Neben der Zusammenarbeit mit Reiseanbietern können diese Leistungen auch direkt zu den Zeiten angeboten werden, an denen üblicherweise Urlaube gebucht werden. Mögliche Beratungsansätze könnten hier in der Absicherung der Reise oder in einer Auslands-Krankenversicherung liegen.

Kauf eines Fahrzeugs

Der Kauf eines neuen Fahrzeugs stellt ebenfalls einen Beratungsanlass gegenüber den Bestandskunden dar. Ein Hinweis für die Kontaktaufnahme kann sein, wenn eine bestehende Kfz-Versicherung aufgrund Veräußerung/Abmeldung des Fahrzeuges beendet wird. Aber auch durch die jährlichen Anpassungen der Schadenfreiheitsklassen ergeben sich entsprechende Anlässe, um Bestandskunden zu kontaktieren.

Anlässe aufgrund bestimmter Lebensphasen

Eine Beratung kann sich auch an den Lebensphasen der Versicherungsnehmer/-innen orientieren. Ausgehend von den einzelnen Lebensphasen, die ein Mensch durchläuft, ergeben sich mögliche Risiken, die abgesichert werden sollten.

Lebensphase	Mögliche Beratungsansätze
Beginn von Studium/ Ausbildung	Beratung zu notwendigen Erstversicherungen z. B. Haftpflichtversicherung, Krankenversicherung, Berufsunfähigkeitsversicherung, Rechtschutzversicherung; ggfs. auch Überprüfung der Familienversicherungen der Eltern und Anpassung an die neuen Rahmenbedingungen
Auszug aus dem Elternhaus	Beratung zur Überprüfung und ggfs. Anpassung der bereits bestehenden Versicherungen, passendes Angebot für eine Hausratversicherung
Berufseinstieg	Beratung hinsichtlich Anpassung der bestehenden Versicherungen an die neuen Rahmenbedingungen, d. h. den bisherigen Versicherungsumfang und die vereinbarten Tarife überprüfen; ggfs. Angebote zu weiteren Absicherungsmöglichkeiten, z. B. Unfallversicherungen oder Berufsunfähigkeitsversicherungen
Hochzeit	Dieses Ereignis kann für eine Beratung hinsichtlich der Veränderungen der bestehenden Versicherungen genutzt werden. Hier gilt es im Hinblick auf eine Mitversicherung des Ehepartners, einer Zusammenführung der Einzelversicherungen, eine mögliche Änderung der Größe des Hausstands, einer Absicherung des Ehepartners und mögliche Familienversicherungen einzugehen. Auch hat die Veränderung der Haushaltsliquidität möglicherweise Einfluss auf die zukünftige Tarifierung.

Lebensphase	Mögliche Beratungsansätze
Familien-planung/ Familien-gründung	In dieser Lebensphase steht der Nachwuchs im Vordergrund des Interesses. Daher macht hier eine Beratung zur Absicherung und Mitversicherung der Kinder Sinn. Zudem sollten die bestehenden Policen hinsichtlich der geänderten Rahmenbedingungen überprüft werden (Versicherungsumfang, Tarife).
Umzug	Bei Umzug des/der Versicherungsnehmers/-in bietet sich stets eine Beratung zur Überprüfung und Anpassung der bestehenden Verträge an neue Rahmenbedingungen an.
größere Anschaffungen	Bei größeren Anschaffungen entstehen möglicherweise Bedarfe in der Finanzierung und Absicherung vor Sachschäden.
Hausbau/ Immobilien-erwerb	Ein Hausbau oder Immobilienerwerb bietet unterschiedliche Ansätze für eine Beratung. Hier können Themen wie Finanzierung des Erwerbs, eine Absicherung der Gebäude und Grundstücke, eine notwendige Risikoabsicherung der für den Erwerb aufgenommenen Kredite oder die Absicherung der Hinterbliebenen besprochen werden. Aber auch die hieraus entstehenden neuen Haftungsrisiken und deren Absicherung können Bestandteil der Beratung sein.
Trennung/ Scheidung	Bei einer Trennung oder Scheidung entsteht ein Beratungsbedarf hinsichtlich der Beendigung bestehender Mitversicherungen. Auch sollte die Übernahme der Sachwerte geklärt werden, um hieraus mögliche notwendige Anpassungen der Versicherungsverträge ableiten zu können. Geklärt werden muss zudem die Mitversicherung der Kinder, mögliche Neubedarfe und weitere notwendige Anpassungen der Versicherungsleistungen. Auch ist eine neue Risikoanalyse für die Altersvorsorge sinnvoll.
Krankheit	Eine Erkrankung des/der Versicherungsnehmers/-in kann Einfluss auf die Tarifierung und Versicherbarkeit haben. Daher gilt es hier zu prüfen, ob bestehende Verträge ggfs. angepasst werden müssen.
Erbschaft	Durch eine Erbschaft verändern sich die Lebensumstände von VN. Entweder kommen Immobilien oder andere Sachwerte hinzu, oder das Erbe besteht aus finanziellen Mitteln. Oft wird bei Erbschaftsverfahren eine Rechtsschutzversicherung notwendig, um hier Streitigkeiten zwischen den Erben ohne weitere finanzielle Aufwendungen beilegen zu können. Durch das Erbe können sich aber auch weitere notwendige Versicherungsleistungen ergeben (z. B. bei Immobilien) oder aber das Angebot von Finanzanlagen sinnvoll sein.
Ruhestand	Tritt ein/eine Versicherungsnehmer/-in in den Ruhestand, sollten die bestehenden Tarife überprüft und ggfs. hinsichtlich Versicherungsumfang und möglichen Einfluss auf die Versicherbarkeit angepasst werden.
Tod	Stirbt z. B. der Partner oder die Partnerin eines/einer Versicherungsnehmers/-in, sollten die bestehenden Verträge überprüft werden, z. B. Umstellung auf Singletarif. Stirbt ein/eine Versicherungsnehmer/-in selbst, sollte überprüft werden, ob der Partner oder die Partnerin bestehende Policen übernehmen will bzw. kann. Falls kein/keine Partner/-in mehr vorhanden ist, muss geprüft werden, ob eine Vertragsauflösung in Frage kommt.

Es zeigt sich, dass definierte Beratungsanlässe eine regelmäßige Kontaktaufnahme mit den Bestandskunden sicherstellen. Auch wenn nicht jeder Beratungsanlass zu einem Abschluss führt, wird durch den regelmäßigen Austausch die Kundenbindung gestärkt.

4.5 Technische Voraussetzungen für Maßnahmen zur Kundengewinnung und -pflege

In den vorangehenden Kapiteln haben wir im Zusammenhang mit der Neukundengewinnung und der Bestandskundenbetreuung bereits einige technische Voraussetzungen benannt, die wir hier nochmals zusammenfassen.

Elementare Grundlage für die Planung und Durchführung von Maßnahmen zur Kundengewinnung und -pflege ist die Verfügbarkeit aller relevanten Kundendaten. Die Erfassung und Pflege dieser Daten erfolgt in Versicherungsunternehmen in IT-gestützter Form mittels eines Customer-Relationship-Management-Systems. Das Customer-Relationship-Management-System unterstützt somit bei der Ausrichtung auf die Kunden im gesamten Betreuungsprozess.

In der CRM-Software werden alle Informationen zu Neu- und Bestandskunden aus allen Abteilungen des Versicherungsunternehmens in einer zentralen Datenbank erfasst. So entsteht zu jedem Kunden und jeder Kundin eine vollständige Übersicht über bestehende Policen, Gesprächsverläufe, Kontaktdaten u.Ä. Jeder Mitarbeitende, der im Versicherungsunternehmen mit der Kundenbetreuung oder Kundenkontakten beauftragt ist, hat auf diese Daten Zugriff. Auch können mithilfe der hier abgelegten Daten neue Versicherungsprodukte oder -leistungen im Marketing entwickelt werden.

Kundeninformationen im CRM-System:

- Adresse
- Telefonnummer
- E-Mail-Adresse
- Informationen/Notizen zum letzten Kundenkontakt
- Terminkalender
- offene Punkte/Vereinbarungen

Mithilfe der im CRM-System hinterlegten Daten lassen sich Vertriebs- und Marketingaktivitäten priorisieren und planen.

Versicherungsnehmer/-innen unterscheiden sich zudem in ihren Bedürfnissen hinsichtlich der Anzahl der gewünschten Kontakte oder der Betreuungsintensität. So möchten einige Kunden regelmäßig telefonisch auf den aktuellen Stand gebracht werden, während andere sich lieber selbstständig online informieren. Mithilfe der Software können Kundengruppen nach ihren jeweiligen Ansprüchen festgelegt und im System entsprechend gekennzeichnet werden.

Die Eingabe der Kundendaten in das CRM-System beginnt mit der Erfassung eines Interessenten. Interessierte haben z.B. online ein Kontaktformular ausgefüllt und so ihre Informationen zur Verfügung gestellt. Diese Daten werden in das CRM-System übernommen.

Die Kundendaten werden dann z.B. an die zuständige Versicherungsvertretung weitergegeben, damit diese die Interessierten erstmalig kontaktiert. Im weiteren Verlauf des Betreuungsprozesses werden jeder Kontakt und jede Aktivität im System protokolliert. So finden sich zu jedem Kunden und jeder Kundin entsprechende Gesprächsprotokolle sowie alle genutzten Dokumente, E-Mails und Ähnliches. Die hinterlegten Daten bilden den vollständigen Kommunikationsverlauf.

Die Nutzung eines CRM-Systems ersetzt jedoch nicht die Festlegung des eigentlichen Kundenbetreuungsprozesses. Wichtig ist, dass in der Organisation klar ist, welche Abteilung für welchen Schritt zuständig ist und welcher Mitarbeitende zu welcher Zeit mit welchen Kunden in welcher Form in Kontakt tritt. Daher sollten die einzelnen Schritte und Kontaktpunkte im Prozess genau definiert und festgelegt werden.

Neben dem CRM-System als Tool für die Datenerfassung, Datenpflege und Aufbereitung sind weitere technische Ausstattungen für die Kundengewinnung und -betreuung notwendig.

Neben einem modernen IT-System gehören hierzu auch die herkömmlichen Kommunikationswerkzeuge wie das Telefon.

Grundsätzlich müssen die eingesetzten Werkzeuge beim Versicherer einheitlich und zielgerichtet eingesetzt werden.

Für Versicherungsnehmer/-innen ist es wichtig, dass sie den Versicherer schnell erreichen können und dieser eine kurze Reaktionszeit aufweist.

Eine schnelle Erreichbarkeit kann über unterschiedliche Kanäle erfolgen:

- Telefon
- E-Mail
- Live-Chat
- Social Media

Um eine gute telefonische Erreichbarkeit sicherzustellen, ist es wichtig, lange Wartezeiten für Kunden zu vermeiden. Nicht nur bei der Einrichtung von Callcentern ist dies ein wesentlicher Punkt, um die Zufriedenheit der Kunden zu erhalten. Neben einer kurzen Wartezeit ist zudem die Qualität des telefonischen Kontaktes maßgeblich.

Um Kunden bei Anfragen eine schnelle Lösung zu bieten, müssen entsprechende Prozesse innerhalb des Versicherungsunternehmens hinterlegt sein. So bieten viele Versicherer unterschiedliche Rufnummern zu unterschiedlichen Versicherungsarten oder Serviceleistungen. Dies ermöglicht eine Spezialisierung der Kundenberater und -beraterinnen auf die entsprechenden Themen und eine schnellere Abwicklung der Anfragen/Schadenmeldungen.

Bietet der Versicherer den Kunden die Option, ihn über E-Mail zu erreichen, ist es wichtig, sicherzustellen, dass diese E-Mail kurzfristig beantwortet wird. Der Kontakt kann dabei entweder über ein entsprechendes Formular auf der Website oder durch die Bereitstellung von bestimmten E-Mail-Adressen (z. B. auf der Website) angeboten werden.

Beim Livechat erfolgt die Beratung direkt auf der Website des Versicherers über ein Chatfenster. Hier können Fragen der Kunden sofort geklärt werden, ohne dass diese die Webseite verlassen müssen. Ein Vorteil für den Versicherer ist, dass ein Kundenberater mithilfe dieser Funktion gleichzeitig mehrere Kunden bedienen kann, wodurch der Prozess effizienter wird. Meist werden für die Kundenberatung vorgefertigte Textbausteine zur Verfügung gestellt, um die Kommunikation zu vereinfachen. Um den persönlichen Bezug zu den Kunden herzustellen, werden manchmal Bilder der Kundenberatung in den Chat eingefügt.

Bei der Nutzung von Social Media muss ebenfalls sichergestellt sein, dass Anfragen kurzfristig beantwortet werden. Dazu ist es wichtig, dass die Kommunikation auf die Zielgruppe im jeweiligen Kanal ausgerichtet ist und dennoch professionell wirkt. Zudem müssen regelmäßig entsprechende Posts vorgenommen werden, sodass die Nutzung von Social Media für den Versicherer recht aufwendig ist. Jedoch ist die digitale Präsenz in den Sozialen Medien aufgrund der sich verändernden Kommunikationsstruktur notwendig, um von Interessenten und Kunden gefunden zu werden.

Social Media bietet die Möglichkeit, eine enorme Anzahl an Menschen zu erreichen. Jedoch eignet sich dieser Kanal nur bedingt zur Neukundengewinnung, da soziale Netzwerke vornehmlich der Kommunikation und Interaktion dienen. Um Informationen zu teilen, sollte eher die Website genutzt werden. Social Media dient vornehmlich der Kundenbindung und der Steigerung der eigenen Bekanntheit.

Über Social-Media-Kanäle können grundsätzlich auch Werbeanzeigen geschaltet werden, jedoch gilt es zu beachten, dass bei diesen Kanälen der Austausch im Vordergrund steht.

Die regelmäßige Nutzung von Social Media trägt dazu bei, bei der Zielgruppe präsent zu sein. Die Posts sollten der Zielgruppe angepasst sein. Diese unterscheiden sich je nach Netzwerk hinsichtlich Alter und Vorlieben.

Kann ein Social-Media-Account nicht regelmäßig gepflegt werden, sollte man auf die Nutzung dieses Kanals verzichten.

4.6 Kosten und Nutzen von Maßnahmen zur Kundengewinnung und -pflege

Die Kosten für die Neukundengewinnung liegen etwa fünfmal höher als die Kosten für die Bestandskundenbetreuung. Daher lohnt sich der Aufwand für die Neukundengewinnung erst dann, wenn Kunden zu Bestandskunden werden und dem Versicherer regelmäßigen Umsatz einbringen.

Zur besseren Übersicht werden die Kosten den einzelnen Schritten im Kundenbeziehungsprozess zugeordnet.

1. Schritt: Ermittlung von Kontakten

Bevor ein Kundenkontakt hergestellt werden kann, müssen die Kontaktdaten von Interessenten ermittelt werden. Diese sogenannten Leads lassen sich online, über Empfehlungen oder Messen ermitteln.

Zur Berechnung des Aufwandes der Datengewinnung müssen folgende Kosten berücksichtigt werden:

- Werbekosten
- Gehälter Marketing und Vertrieb
- Mehraufwendungen (z. B. IT-Kosten, zusätzliche Dienstleistungen)

2. Schritt: Kontakt mit Interessenten herstellen

Der erste Kundenkontakt erfolgt über die beschriebenen Kanäle. Je nach Kontaktart entstehen dabei unterschiedliche Kosten:

- Gehälter Vertrieb plus ggfs. Abschlussprovisionen
- IT-Kosten
- Kommunikationskosten / Portokosten
- ggfs. Kosten für Flyer, Werbebriefe u. Ä.
- Mehraufwendungen (z. B. zusätzliche Dienstleistungen für Website u. Ä.)

Besteht bereits ein Kontakt mit dem Interessenten (Warmakquise), kann auch ein persönliches Gespräch vereinbart werden. Hierbei entstehen folgende Kosten:

- Gehälter Vertrieb plus ggfs. Abschlussprovisionen
- Fahrkosten
- IT-Kosten
- Kommunikationskosten
- Kosten für Werbematerial
- ggfs. Mehraufwendungen

3. Schritt: Bestandskundenpflege

Bei der Bestandskundenpflege gilt es, regelmäßig Kontakt zu Bestandskunden herzustellen. Versicherungsvermittlern/-innen wird für die abgeschlossenen Policen eine Bestandsprovision gezahlt:

- Gehälter Vertrieb plus Bestandsprovisionen
- IT-Kosten
- Kommunikationskosten
- ggfs. Fahrtkosten

Die Kosten für Abschluss- und Bestandsprovision unterscheiden sich je nach Versicherungssparte. So erhalten Versicherungsvermittler/-innen bei Abschluss von Lebens- oder Krankenversicherungen eine Abschluss- plus in der Folge eine Bestandsprovision, während bei den Sachversicherungen die Abschlussprovision meist entfällt. Hier wird lediglich eine Bestandsprovision während der vereinbarten Laufzeit gezahlt. Dies führt dazu, dass nicht jeder persönliche Kontakt am Ende kostendeckend vorgenommen werden kann. Dies lässt sich anhand der durchschnittlichen Werte für Provisionen, ermittelt vom europäischen Versicherungsverband Insurance Europe, darstellen:

Ein durchschnittlicher Versicherungskunde gibt im Jahr ca. 2.300,00 € für Versicherungsverträge aus.

Statistisch betrachtet werden für die Altersvorsorge hauptsächlich Lebens- und Rentenversicherungen genutzt. Die Abschlussprovision für eine Lebens- oder Rentenversicherung ist abhängig von der Beitragssumme und der Laufzeit des Vertrages. Durchschnittlich beträgt die Laufzeit 28 Jahre. Versicherungsvermittlungen erhalten für den Abschluss im Schnitt 1.400 ,00 € pro Vertrag und in der Folge eine Bestandsprovision in Höhe von 18,00 € im Jahr.

Im Rahmen der Sparte Krankenversicherung werden in Deutschland hauptsächlich private Zusatzversicherungen abgeschlossen. Der Versicherungskunde zahlt hierfür im Durchschnitt eine Prämie in Höhe von 450,00 € jährlich. Die Abschlussprovision für Versicherungsvermittlungen liegt für eine solche Versicherung bei 7,6 Monatsbeiträgen, also etwa 290,00 €. Die Bestandsprovision beträgt im Schnitt ca. 6,40 €.

Bei den Sachversicherungen wie Kfz, Haftpflicht oder Hausrat erhalten Versicherungsvermittlungen meist keine Abschlussprovision. Hier wird eine Bestandsprovision bezahlt, die aus den Beiträgen berechnet wird.

So liegt die Höhe der Bestandsprovision bei Kfz-Versicherungen im Schnitt bei 20,00 € im Jahr, bei der Privathaftpflichtversicherung beträgt diese durchschnittlich 30,00 € im Jahr und bei Hausrat- und Unfallversicherungen bei ca. 60,00 € im Jahr.

Anhand dieser Durchschnittswerte ist erkennbar, dass die Kosten für die Provisionen unterschiedlich sind und sich die Erträge in den einzelnen Sparten unterschiedlich zusammensetzen.

Beispiele

Ein Versicherungsvertreter hat einen ersten persönlichen Kontakt mit einer Kundin vereinbart, zu der er etwa 80 km fahren muss. Die Kundin hat Bedarf an einer Kfz-Versicherung für einen Audi A4.
Hieraus entstehen folgende Kosten:

Kostenaufstellung	Beträge
Personalkosten: Zeitaufwand für Besuch (Fahrt und Beratung): 3 Stunden Gehalt: 18,75 €/Stunde Lohnnebenkosten: 5,60 € /Stunde	73,05 €
Fahrtkostenerstattung für privates Kfz: 160 km • 0,30 €	48,00 €
Gesamt	**121,05 €**

Im Ergebnis schließt die Kundin die Kfz-Versicherung ab. Hierfür nimmt der Versicherer 600,00 € im Jahr ein.
Zur Berechnung des Erlöses für dieses Geschäft müssen von den 600,00 € Versicherungsprämie die Kosten für den Kontakt, in diesem Fall 121,05 €, und die Kosten für die Bestandsprovision für die Versicherungsvermittlung, in diesem Fall 36,00 €, abgezogen werden. Somit bleiben dem Versicherer 442,95 € Erlös bei der Laufzeit von einem Jahr.

Erfolgt die Versicherungsvertretung durch eine selbstständige Person, ergibt sich im oben genannten Beispiel, dass sich, bei Fahrtkosten von rund 50,00 € die Einnahme von 36,00 € im Jahr an Bestandsprovision, der Aufwand nicht rechnet. Daher macht ein persönlicher Besuch bei Kunden nur dann Sinn, wenn Versicherungsvertreter/-innen im Rahmen des Upsellings entsprechende Zusatzangebote anbieten, wie zum Beispiel Vollkaskoversicherungen oder GAP-Versicherungen (Unterdeckungsschutz). Im Rahmen des Crosssellings könnten aber auch Bedarfe aus anderen Sparten ermittelt und entsprechende Angebote unterbreitet werden, z.B. Hausratversicherungen, Zusatzkrankenversicherungen oder Ähnliches.

Die Bestandskundenbetreuung dient vor allem der Erwirtschaftung von regelmäßigen Basisgewinnen. Durch Cross- und Upselling-Maßnahmen können Zusatzerträge erwirtschaftet werden.

Bei der Bestandskundenpflege besteht bereits eine Beziehung zwischen Versicherer und Versicherungsnehmern/-innen. Daher kann hier bei der Art der Betreuung der ökonomische Aspekt einbezogen werden. Dies bedeutet, dass nicht jeder Kontakt über einen kostenaufwendigen Außendienstbesuch stattfinden muss. Vielmehr können hier systematische und regelmäßige Kontakte online oder telefonisch stattfinden.

4.7 Messung des betrieblichen Erfolgs von Kommunikationsaktivitäten

Maßnahmen zur Kundengewinnung sind teuer. Daher ist es das Ziel, durch Neukunden den Absatz langfristig zu erweitern und diese Kosten wieder zu erwirtschaften.

Auch führt nicht jeder neuer Kontakt zu einer langfristigen Kundenbeziehung. Als grobe Richtlinie kann man hier die sogenannte 10-3-1-Regel heranziehen: Aus zehn Erstkontakten ergeben sich im Schnitt drei Termine, von denen einer zu einem Abschluss führt.

Es zeigt sich also, dass der Aufwand der Neukundengewinnung insgesamt hoch ist, bevor tatsächlich ein Umsatz in Form eines Abschlusses generiert wird.

Umso wichtiger ist es, den Erfolg der gewählten Maßnahmen zu messen. Hierzu können unterschiedliche Kennzahlen mit konkretem Zielbezug, die sogenannten Key Performance Indicators (KPI) genutzt werden.

Diese KPIs sind Messwerte, die die Wirksamkeit einzelner Maßnahmen bewerten sollen. Dabei gibt es unterschiedliche Messwerte, die herangezogen werden können. Die so ermittelten Werte zeigen dabei jedoch nur einzelne Schritte im gesamten Kundengewinnungsprozess an. Neben den im Folgenden aufgeführten Kennzahlen gibt es eine Reihe weiterer Messgrößen, mit denen insbesondere Onlineaktivitäten gemessen werden können.

Zur Bewertung von Maßnahmen zur Neukundengewinnung werden folgende Werte ermittelt:

Customer Acquisition Costs (CAC)

Diese Kennzahl misst die durchschnittlichen Kosten der Neukundengewinnung je Neukunde/Neukundin. Je höher diese Kosten sind, desto weniger effizient ist die zur Neukundengewinnung gewählte Maßnahme.

Die Formel zur Berechnung der CAC lautet:

$$\textbf{CAC} = \frac{\text{Akquisekosten}}{\text{Anzahl neuer Kunden}}$$

Neben der Bewertung, ob sich die Maßnahme rentiert, können die so ermittelten Kosten auch dazu genutzt werden, um festzustellen, welcher Kanal zur Neukundengewinnung am erfolgreichsten ist.

Beispiele

Der Einsatz einer Anzeige in den Sozialen Medien kostet 1.000,00 € und bringt dem Versicherer zusätzlich 50 Kunden. Somit ergeben sich folgende Akquisekosten:

$$\frac{1.000{,}00\ €}{50\ \text{Kunden}} = 20{,}00\ €/\text{Kunde}$$

Die Akquise über telefonische Kontakte betragen dagegen pro gewonnenem Kunden 25,00 €. Somit wäre in diesem Fall die Schaltung einer Anzeige in den Sozialen Medien der effektivere Kanal.

CAC sind also die Kosten, die ein Versicherungsunternehmen für die Neukundengewinnung aufbringen muss.

Neben der Bewertung der Effektivität einzelner Kanäle kann diese Kennzahl aber auch genutzt werden, um herauszufinden, ob sich der Aufwand für die Akquise bei dem einzelnen Kunden grundsätzlich gelohnt hat. Dazu müssen die CAC mit der sogenannten Customer Lifetime Value verglichen werden.

Customer Lifetime Value (CLV)

Der Customer Lifetime Value ist der Kundenwert, das heißt der Profit, der mit einem Kunden oder einer Kundin während der gesamten Kundenbeziehung erwirtschaftet wird.

Die Berechnung des Kundenwertes erfolgt, vereinfacht ausgedrückt, mithilfe dieser Formel:

Kundenwert (CLV) = Umsatz pro Kunde – Akquisekosten (CAC) – Kosten der Kundenbetreuung

Grundsätzlich können Kosten zur Neukundengewinnung nur dann ausgeglichen werden, wenn eine Kundin/ein Kunde während der bestehenden Geschäftsbeziehung mehr Umsatz einbringt, als die Akquise zu Beginn gekostet hat.

Es gelten in der Bewertung folgende Verhältnisse:

- CAC = CLV: Mit solchen Kunden lässt sich kein zusätzlicher Umsatz generieren.
- CAC > CLV: Die Akquisekosten lassen sich nicht ausgleichen, solche Kunden kosten den Versicherer Geld.
- CAC < CLV: Der Aufwand rentiert sich für das Versicherungsunternehmen.

Retention Rate

Die Retention Rate (Kundenbindungsrate) gibt an, zu wieviel Prozent ein/eine Versicherungsnehmer/-in (VN) eines Versicherers bei diesem verbleiben und nicht zu einem Wettbewerber wechseln wird.

Berechnung:

$$\textbf{Kundenbindungsrate} = \frac{\text{VN zum Ende Bemessungszeitraum} - \text{verlorene VN im Bemessungszeitraum}}{\text{VN zu Beginn Bemessungszeitraum}}$$

Eine hohe Kundenbindungsrate ist für den Erhalt der Wettbewerbsfähigkeit elementar.

Return on Investment (ROI)

Diese Kennzahl ermittelt, ob sich die Investitionen in Bezug zum Gewinn gelohnt haben. Das Ergebnis kann dann z. B. mit Vorjahres- oder Branchenwerten verglichen werden.

Berechnung:

$$\textbf{ROI} = \frac{\text{Gewinn}}{\text{Kosten}} \cdot 100$$

Rücklaufquote

Mit dieser Kennzahl wird ermittelt, wie viele Reaktionen es auf eine Werbeaktion gibt. Dies kann sich z. B. auf Onlinemaßnahmen oder auf Postaktionen beziehen und gibt einen Hinweis auf den Erfolg dieser Kampagne. Je höher die Rücklaufquote, desto erfolgreicher ist die Maßnahme.

Formel zur Berechnung der Rücklaufquote am Beispiel von Werbebriefen:

$$\textbf{Rücklaufquote} = \frac{\text{Anzahl der Antworten}}{\text{Anzahl der Werbebriefe}} \cdot 100$$

Wiederkaufrate

Diese Kennzahl gibt an, welche Bestandskunden innerhalb eines bestimmten Zeitraumes eine neue Police abgeschlossen haben. An dieser Kennzahl zeigt sich, wie wichtig die Bestandskundenbetreuung ist.

Berechnung:

$$\textbf{Wiederkaufrate} = \frac{\text{Anzahl der Neuabschlüsse bei Bestandskunden}}{\text{Anzahl der Bestandskunden}} \cdot 100$$

Wettbewerbsvergleiche

Preisvergleiche, Vergleiche der Marktanteile und Umsatzveränderungen im Zeitverlauf sind Vergleichsmöglichkeiten, die Rückschlüsse auf das eigene Verhalten des Versicherers bei der Neukundengewinnung und der Bestandskundenbetreuung liefern.

Neben diesen klassischen KPIs gibt es weitere, speziell auf den Onlinehandel abgestimmte Kennzahlen:

Conversion Rate

Diese Zahl gibt an, aus wie vielen Besuchern der Website des Versicherers durch Überlassung ihrer Kontaktdaten Interessenten werden.

Berechnung:

$$\textbf{Conversion Rate} = \frac{\text{Anzahl Conversions}}{\text{klickende Empfänger}} \cdot 100$$

Unique Visitors

Diese Kennzahl beziffert die Anzahl aller Websitebesucher innerhalb eines bestimmten Zeitraums und lässt so Rückschlüsse auf die Reichweite einer Onlinemaßnahme zu.

Absprungrate (Bounce Rate)

Nicht jeder User, der die Website aufruft, verweilt hier und informiert sich entsprechend. Die Absprungrate gibt an, wie oft eine Website nach dem ersten Aufruf wieder verlassen wurde, ohne dass der User eine Aktion vorgenommen hat.

Berechnung:

$$\textbf{Absprungrate} = \frac{\text{Besucher ohne Aktion}}{\text{Anzahl aller Besucher}} \cdot 100$$

Verweildauer

Hier wird ermittelt, wie lange ein User auf der Website verweilt. Dies ist die Messgröße für die inhaltliche Qualität der Website oder der Beiträge.

Social-Media-Follower

Bei der Nutzung von Social Media ist die Anzahl der Follower maßgeblich. Eine Veränderung der Anzahl kann Hinweise auf den Erfolg der Nutzung dieses Kanals geben.

Anzahl positiver Onlinebewertungen

Je höher die Anzahl positiver Onlinebewertungen für den Versicherer ist, desto eher werden Interessenten den Kontakt suchen. Daher ist es wichtig diese Entwicklung im Blick zu haben.

Beiträge

Hier wird die Anzahl der Beiträge der User innerhalb eines bestimmten Zeitraums ermittelt. Hieraus lässt sich die aktuelle Relevanz des Produktes oder Versicherungsunternehmens für eine Zielgruppe ableiten

Click-Through-Rate

Berechnet werden hier die Klicks auf einen Link innerhalb einer E-Mail oder eines Newsletters. Das Ergebnis lässt Rückschlüsse auf die Attraktivität der Nachricht ableiten.

Berechnung:

$$\textbf{Click-Through-Rate} = \frac{\text{Anzahl Klicks}}{\text{Anzahl versendete E-Mails} - \text{Rückläufer}} \cdot 100$$

Es gibt weitere allgemeine Kennzahlen, die für die Ermittlung unterschiedlicher Messgrößen hilfreich sind. Wichtig ist es, dass der Versicherer die Kennzahlen zur Bewertung heranzieht, die ein möglichst vollständiges Bild zum gesamten Kundenbeziehungsprozess erkennen lassen.

Neben den allgemeinen Kennzahlen gibt es spezielle Kennzahlen für die Versicherungsbranche. Die wichtigsten sind:

Wiederanlagequote bei Lebensversicherungen

Diese Kennzahl gibt an, in welcher Höhe die Auszahlungen aus einer Lebensversicherung wieder in Vorsorgeleistungen angelegt werden. Die durchschnittliche Quote aller Versicherer liegt bei 13,5 %.

Diese Quote bezieht sich auf die Summe der ausgezahlten Versicherungsleistungen.

Berechnung:

$$\textbf{Wiederanlagequote nach Versicherungssummen} = \frac{\text{Summe der Wiederanlagen in Euro}}{\text{Summe der ausgezahlten Versicherungsleistungen in Euro}} \cdot 100$$

Eine weitere Wiederanlagequote bezieht sich auf die Anzahl der ausgezahlten Versicherungsleistungen.

Berechnung:

$$\textbf{Wiederanlagequote nach Anzahl der Verträge} = \frac{\text{Anzahl der Wiederanlagen}}{\text{Anzahl der ausgezahlten Versicherungsleistungen}} \cdot 100$$

Zwar gibt die Wiederanlagequote nach Anzahl der Verträge keine Aufschlüsse darüber, welche Beträge beim Versicherer zur Wiederanlage bleiben, aber für die Beurteilung der Außendienstleistung ist sie eine wichtige Größe.

Beispiele

Der Außendienstmitarbeiter A kann bei einem Kunden eine Ablaufleistung in Höhe von 100.000,00 € in eine Sofortrente umwandeln.
Der Außendienstmitarbeiter B hingegen wandelt bei fünf Kunden jeweils eine Ablaufleistung in Höhe von 20.000,00 € in eine Sofortrente um.
Betrachtet man die Gesamtergebnisse, haben beide Mitarbeiter die gleiche Leistung bezüglich der Versicherungssummen erbracht.
Allerdings waren beim Außendienstmitarbeiter B hierzu fünf Kundenkontakte notwendig, beim Außendienstmitarbeiter A genügte hingegen nur ein Kundenkontakt.
Außendienstmitarbeiter A war also effizienter, Außendienstmitarbeiter B hingegen war fleißiger.
Außerdem bedeuten fünf Kundenkontakte auch fünf Möglichkeiten, um weitere Versicherungsprodukte anzusprechen, also fünf Chancen für eine Steigerung der Vertriebsleistung.

Verlängerungsquote bei Sachversicherungen

Diese Kennzahl gibt an, wie viele abgelaufene Sachverträge innerhalb eines bestimmten Zeitraumes verlängert werden konnten. Der Hintergrund ist, das sich dreijährige Verträge zwar automatisch um ein Jahr verlängern, aber zum Ablauf seitens der Kunden jederzeit gekündigt werden können. Werden diese Verträge wieder um drei Jahre verlängert, hat es ein Konkurrent schwerer, diese Verträge zu kündigen, da Kunden wieder längerfristig an den Versicherer gebunden sind. Außerdem können aus der Verlängerungsquote Rückschlüsse auf die Kundenzufriedenheit und die Kundenbetreuung gezogen werden.

Berechnung:

$$\textbf{Verlängerungsquote} = \frac{\text{Anzahl der verlängerten Verträge}}{\text{Anzahl der abgelaufenen Verträge}} \cdot 100$$

Neuordnungsquote bei Sachversicherungen

Diese Kennzahl gibt an, wie viele der Sachverträge mit älteren Bedingungen (sog. Altverträge) innerhalb eines bestimmten Zeitraumes auf neue Versicherungsbedingungen umgestellt werden konnten. Da sich Versicherungsbedingungen ständig ändern und teilweise neue Vertragseinschlüsse (oder -ausschlüsse) bekommen, ist es wichtig, bei Altverträgen regelmäßig zu prüfen, ob eine Umstellung auf ein neues Tarifwerk für den Kunden oder die Kundin sinnvoll ist. In vielen Fällen wird bei diesen Neuordnungen auch zeitgleich eine Vertragsverlängerung vorgenommen.

Berechnung:

$$\textbf{Neuordnungsquote} = \frac{\text{Anzahl der neugeordneten Verträge}}{\text{Anzahl der Altverträge}} \cdot 100$$

Stornoquote

Die Stornoquote gibt allgemeine Hinweise zur Beratungs- und Betreuungsqualität der Versicherer. Sie berechnet sich wie folgt:

$$\textbf{Stornoquote} = \frac{\text{vorzeitiger Abgang}}{\text{ø Bestand}} \cdot 100$$

Die Stornoquote wird in der Versicherungspraxis besonders zu Beurteilung der Vertriebsqualität im Sach-, Lebens- und Krankenversicherungsgeschäft herangezogen.

Dabei spielen sowohl die stornierten Summen als auch die Anzahl der stornierten Verträge eine Rolle.

Die Formel zur Berechnung der Stornoquoten ist immer identisch, nur werden für die unterschiedlichen Quoten jeweils andere Werte in diese Formel eingesetzt.

- **Nichteinlösungsquote**
  Hier werden die nicht eingelösten Verträge in Verhältnis zu den neu abgeschlossenen Verträgen gesetzt. Bei nicht eingelösten Verträgen wurde der Erstbeitrag nicht gezahlt. Oft liegt es daran, dass Kunden von Außendienstmitarbeitenden zum Abschluss überredet oder gar gedrängt wurden und nicht von der Notwendigkeit der Versicherung überzeugt wurden.
  Eine bereits erhaltene Provision müssen Außendienstmitarbeiter/-innen in solchen Fällen voll zurückzahlen.
- **Erstjährige Stornoquote**
  Hier werden die erstjährigen Verträge mit ausbleibender Beitragszahlung in Verhältnis zu den neu abgeschlossenen Verträgen gesetzt. Bei diesen Verträgen wurde der Erstbeitrag und womöglich auch einige Folgebeiträge zwar gezahlt, danach aber die Zahlungen eingestellt. Auch hier kann es am Außendienst liegen, es können aber auch andere Umstände die Ursache sein, wie z. B. Krankheit oder Arbeitslosigkeit.
  Eine bereits erhaltene Provision müssen Außendienstmitarbeiter/-innen in solchen Fällen ebenfalls voll zurückzahlen.
- **Mehrjährige Stornoquote**
  Hier werden mehrjährige Verträge mit ausbleibender Beitragszahlung in Verhältnis zu allen bestehenden Verträgen gesetzt. Bei diesen Verträgen wurden längere Zeit die Beiträge bezahlt und danach die Beitragszahlung eingestellt. Die Gründe hierfür können sehr vielfältig sein und stehen nicht unbedingt in einem direkten Zusammenhang mit einer mangelhaften Beratung oder Betreuung. Wenn sich die Lebensumstände von Kunden, z. B. durch Krankheit, Arbeitslosigkeit oder Scheidung, ändern, ist es mitunter für diese schwierig oder gar unmöglich, ihre Versicherungsbeiträge wie gewohnt aufzubringen. Hier sollte bei den ersten Unregelmäßigkeiten bzgl. der Beitragszahlung der Kontakt gesucht werden, um Kunden Vorschläge zur Problemlösung zu unterbreiten.
  Je nach bereits zurückgelegter Vertragslaufzeit müssen Außendienstmitarbeiter/-innen in solchen Fällen unter Umständen die bereits erhaltene Provision anteilig zurückzahlen.

4.8 Datensicherheit und Datenschutz von Kundendaten

Die ausführlichen Inhalte zu den Themen Datensicherheit und Datenschutz finden Sie in Lernfeld 2 Kapitel 7.

4.9 Onlinemarketing in der Versicherungsbranche

Onlinemarketing umfasst alle Marketingmaßnahmen im Internet. Onlinemarketing ist für immer mehr Unternehmen ein mittlerweile nicht wegzudenkendes Werkzeug, um den Vertrieb der Produkte zu steigern bzw. zu ermöglichen.

Das Internet bietet dazu viele unterschiedliche Möglichkeiten.

Onlineportal des Unternehmens

Von zentraler Bedeutung für das Onlinemarketing eines Unternehmens ist zunächst einmal die gelungene Gestaltung des Onlineportals des Unternehmens. Auch der thematische Aufbau muss stimmig sein, wenn man neue Kunden gewinnen möchte bzw. bestehende Kunden fester an das Unternehmen binden möchte. Der Begriff Onlineportal wird von vielen Versicherungsgesellschaften verwendet, Begriffe wie Webseite, Internetauftritt, Onlineauftritt o.Ä. sind gleichbedeutend, hingegen wird die Bezeichnung Webshop überwiegend im Warenhandel verwendet.

Display-Marketing (Bannerwerbung)

Ein **Werbebanner** ist eine Grafik- oder Animationsdatei mit Werbetext, die in eine Website eingebunden ist. Sie verweist dort als Hyperlink auf die Webseite des Anbieters. Diese kann man mittels Klick dann direkt erreichen. In sehr vielen Fällen verdienen die Betreiber der Internetseite einen bestimmten Geldbetrag, wenn das Werbebanner eingeblendet wird. Manchmal fließt erst Geld, wenn Besucher den Werbebanner anklicken oder eine bestimmte Aktion ausgelöst wird (z. Bein Vertagsabschluss).

Definition Ein **Werbebanner** ist eine digitale Werbefläche auf Internetseiten.

Versicherungesgesellschaften gehen hier in der Regel sehr selektiv vor und schalten Werbebanner nur bei ausgewählten Kooperationspartnern.

Beispiele

- Bei den Webseiten von Banken sind gelegentlich Werbebanner zu kooperierenden Versicherungsgesellschaften zu finden
- Autohäuser verlinken per Werbebanner auf Versicherungsgesellschaften, mit denen sie kooperieren.
- Auf den Webseiten von Reisebüros kann man durch das Anklicken von Werbebannern zu einem Vertriebspartner für Reisekranken- und/oder Reiserücktrittsversicherungen gelangen.

Online-Video-Advertising

Häufige Anwendung findet auch das Online-Video-Advertising: Dies ist eine Sonderform des Display-Marketings: Ähnlich wie bei klassischen Werbebannern werden werbliche Videoclips auf Internetseiten platziert.

Beispiel

Videos erregen deutlich mehr Aufmerksamkeit bei Kunden und werden nicht so schnell wieder vergessen. Deshalb schalten einige Versicherungsgesellschaften auf Videoportalen (z. B. YouTube) teilweise aufwendig gedrehte Werbevideos mit hohem Wiedererkennungs- und Erinnerungswert.

Affiliate-Marketing

Eine Sonderform des Display-Marketings ist das Affiliate-Marketing: Betreiber von Websites empfehlen die Website eines anderen Anbieters.

Inhaber von Websites platzieren Produktempfehlungen auf ihren Websites, verlinken diese zu dem entsprechenden Anbieter und erhalten für ihre Empfehlung Geld, wenn der Klick auf einen Link zu einem Erfolg (Vertragsabschluss, Newsletter-Bestellung, ...) führt. Der Vorteil für den Anbieter liegt darin, dass er eben nur im Erfolgsfall zahlt.

Es gibt Unterschiede zur normalen Bannerwerbung: Affiliate-Links sind nicht nur Banner, sondern auch Textlinks, die manchmal nur aus dem Unternehmenslogo oder der Firmenbezeichnung bestehen, die den Nutzer zum entsprechenden Angebot führt.

Es wird noch mehr darauf geachtet, dass der Werbeinhalt zum Inhalt der Webseite passt (Links korrespondieren mit dem Inhalt, bieten das passende Produkt zum Artikel usw.). Affiliate-Links werden häufiger auf privaten Webseiten geschaltet, z. B. Blogs, aber auch auf Bewertungsportalen.

Der Website-Betreiber (Publisher, Affiliate) nimmt Einfluss auf den Inhalt und nimmt nur Affiliate-Links auf, die zum Inhalt seiner Seite passen, ihn ergänzen, während Seiten, auf denen Bannerwerbung erscheint, lediglich darauf achten, dass die Banner nicht rechtswidrig oder imageschädigend sind.

Ein weiterer wesentlicher Unterschied zur klassischen Bannerwerbung besteht in der erfolgsorientierten Vergütung der Affiliate-Partner statt der sonst üblichen Abrechnung über den Tausenderkontaktpreis.

Mobiles Marketing

Mobiles Marketing gilt als einer der Trends im Onlinemarketing, da die mobile Nutzung des Internets steigt: Handys, Smartphones oder andere tragbare Geräte werden als Überbringer von Werbung eingesetzt.

Definition

Zum **mobilen Marketing** gehören alle kommunikativen Maßnahmen, mit denen ein Versicherungsunternehmen gezielt über mobile Endgeräte das Verhalten von Kunden beeinflussen möchte.

Maßnahmen des mobilen Marketings werden unterstützt durch:

- **Apps:** Mit ihnen können Inhalte oft besser dargestellt werden als über normale Internetseiten. Zudem unterstützen die Apps verstärkt auch eine Bindung der Kunden an das Unternehmen.
- **QR-Code**s: Die meisten mobilen Endgeräte verfügen über Software, mit denen QR-Codes gelesen werden können. Ein QR-Code (= Quick Response Code) hat die Form einer quadratischen Matrix. Aus dieser kann das mobile Ge-

Einlesen eines QR-Codes mit dem QR-Code-Scanner des Smartphones

rät dann die enthaltenen Informationen lesen. Sie ermöglichen eine einfache Weiterleitung zu mobilen Inhalten für die Kunden.

Tracking

Eine weitere wichtige Maßnahme des Onlinemarketing ist das Tracking: Dies ist die Verfolgung der Bewegung der Nutzer im Internet. Mit dem Tracking werden also die Bewegungsdaten eines Besuchers der Internetseite erfasst. Anschließend wird daraus ein Kundenprofil erstellt, aus dem sich die Interessen und Vorlieben der Person ableiten lässt.

Beispiel Für die Proximus Versicherung AG ist das Tracking von zunehmender Bedeutung. Die Versicherungsgesellschaft gewinnt damit die unterschiedlichsten Informationen:

- Die Proximus Versicherung AG kann herausfinden, über welche Webseiten ein Besucher auf das eigene Onlineportal gekommen ist.
- Sie kann auch herausfinden, wie lange sich ein Kunde/eine Kundin im Onlineportal (und wo dort) aufgehalten hat. Denn alle Kundenaktionen werden aufgezeichnet.

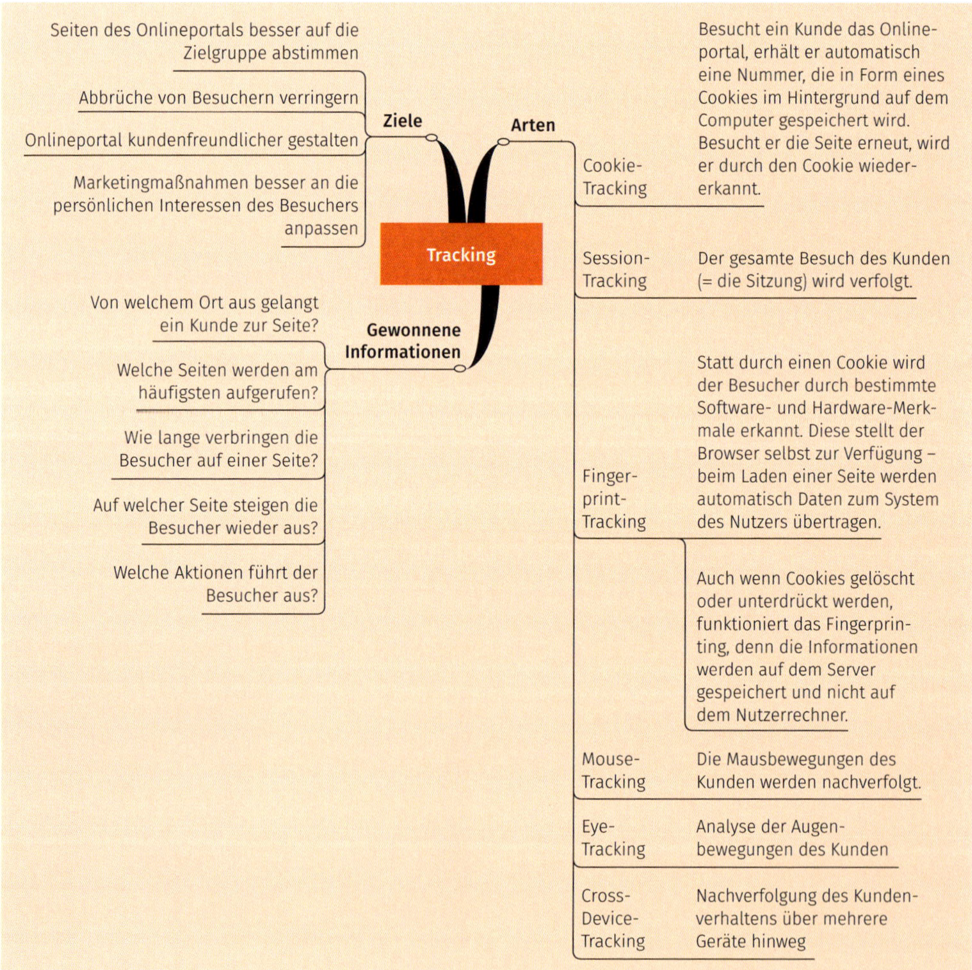

Die Mindmap zeigt weitere Tracking-Möglichkeiten.

Der Betreiber des Onlineportals muss seine Besucher jedoch über den Umfang, den Zweck und die Art der Datensammlung informieren. Er muss die Besucher der Internetseite eindeutig darauf hinweisen, dass sie der Sammlung von Daten widersprechen können (Widerspruchsrecht des Besuchers).

Tracking mit Cookies

Es gibt verschiedene Möglichkeiten, die Wege eines Nutzers nachzuverfolgen und dessen typische Merkmale auszulesen. Sehr oft angewendet wird das Tracking mit Cookies.

Definition

Cookies sind kleine Textdateien, die durch den Browser auf dem Rechner gespeichert werden, wenn eine Webseite besucht wird. Abgespeichert wird beispielsweise, von welcher anderen Internetseite ein Nutzer gekommen ist. Mit ihnen kann der Nutzer beim späteren Besuch wiedererkannt werden: Sein Surfverhalten wird analysiert.

Nutzer können entscheiden, ob sie die gesetzten Cookies wieder löschen möchten.

Beispiel

Nele Kießling besucht die das Onlineportal der Proximus Versicherung AG. Mithilfe der über Cookies erhobenen Daten wird sie persönlich begrüßt. Ihr wird auch personalisierte Werbung angeboten.

Tracking mit Software

Das Tracking kann durch den Einsatz von entsprechender Software unterstützt werden.

Beispiel

Die Proximus Versicherung AG verwendet Analysetools wie Google Analytics oder Piwik.

Targeting

Beim Targeting wird versucht, Onlinewerbung so genau wie möglich auf die Zielgruppe auszurichten. Frei übersetzt kann Targeting auch als „Zielgruppenansprache“ bezeichnet werden. Ziel des Targetings ist es, so weit wie möglich Streuverluste bei den Werbemaßnahmen zu vermeiden.

Angewandt werden die unterschiedlichsten Techniken zur Eingrenzung der Zielgruppe.

Einige wichtige Targeting-Methoden	
Technisches Targeting	Dieses basiert auf technischen Informationen (etwa das genutzte Gerät, der Browser, das Betriebssystem).
Soziodemografisches Targeting	Es werden Kriterien wie etwa Alter, Geschlecht, Beruf, Haushaltsnettoeinkommen oder berufliche Stellung herangezogen.
Retargeting	Besucher eines Onlineportals werden – meistens durch Cookies – gekennzeichnet. Beim Besuch anderer Webseiten werden diese Cookies dort identifiziert. Daraufhin werden ihnen dann die entsprechenden Bereiche des früher besuchten Onlineportals erneut angezeigt.
Behavioral Targeting	Die Zielgruppenansprache erfolgt aufgrund der Analyse des Surfverhaltens des Besuchers (engl. behaviour = Verhalten).
Keyword Targeting	Gibt eine Person im Internet in Suchmaschinen Suchbegriffe (= Keywords) ein, wird ihm die dazu passende Werbung angezeigt.
Contextual Targeting	Im Vorfeld einer Werbekampagne werden bestimmte Wörter ausgewählt, die zum Inhalt der Anzeigen passen. Liest der Nutzer im Internet einen Artikel zu einem bestimmten Thema, wird ihm dann die dazu passende Werbung eingeblendet.

Suchmaschinenoptimierung: Ranking von Ergebnissen in Suchmaschinen

Suchmaschinen sind sehr wichtig für Versicherungsgesellschaften. Sucht ein Kunde dort nach einer bestimmten Versicherungssparte oder nach gezielten Informationen, müssen diese unter den ersten Suchergebnissen erscheinen, um wahrgenommen zu werden. Ein gutes Ranking (= eine Platzierung ganz oben in den Suchergebnissen) in Suchmaschinen erzeugt hohe Umsätze.

Vielzahl an Informationen = wirkungsvolles Targeting

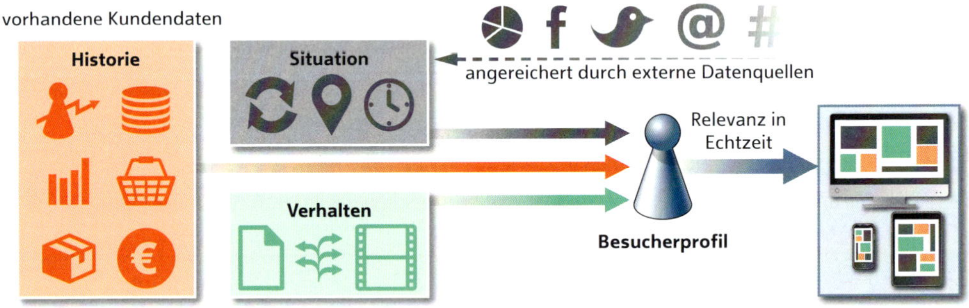

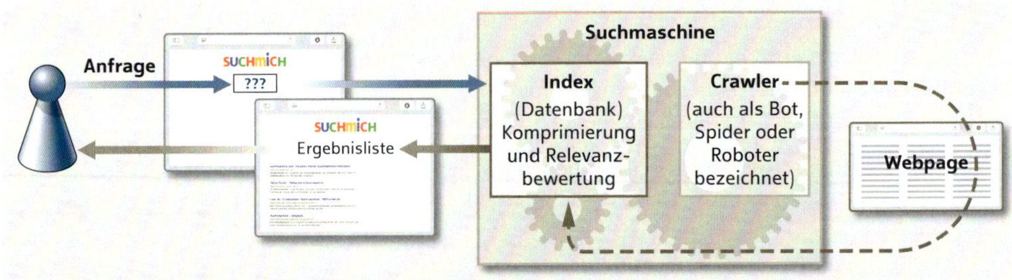

Suchmaschinen funktionieren ähnlich wie Bibliotheken. Denn auch dort findet man alle Informationen ordentlich sortiert nach vielen unterschiedlichen Themenbereichen. Während in Bibliotheken z. B. die Bibliothekarin bei der Bereitstellung der Informationen zuständig ist, helfen bei Suchmaschinen sogenannte **„Webcrawler"** (auch Bots, Spider genannt). Webcrawler sind Soft- und Hardware-Systeme, die kontinuierlich das World Wide Web nach neuen Inhalten durchsuchen und diese Informationen auf Servern ablegen.

Die Server befinden sich weltweit in verschiedenen Datenbankzentren. Anschließend werden alle gesammelten Informationen durch Datenbanksysteme in einem Katalog (Index) aufbereitet.

Der **Index** ist der wichtigste Teil einer Suchmaschine. Bei der Eingabe von Suchbegriffen (auch Keywords genannt) in die Suchmaschine wird hierbei nicht mehr das ganze Internet, sondern nur der Index der Suchmaschine durchsucht. Diese bereitet anhand der Keywords relevante Suchergebnisseiten **(SERPs – Search Engine Result Pages)** auf.

Der **Algorithmus der Suchmaschine** legt dann das Ranking, also die Aufstellung der Suchergebnisse, anhand von vielen teilweise unbekannten Kriterien fest. Hierbei ist die erste Position einer SERP das relevanteste Suchergebnis zum Keyword und daher besonders für Unternehmen interessant.

Für eine optimale Nutzung dieses Vertriebsweges muss ein Unternehmen mittlerweile eine professionelle **Suchmaschinenoptimierung** (SEO = Search Engine Optimization) betreiben. Darunter werden alle Maßnahmen verstanden, die darauf abzielen, dass Webseiten in den **organischen Suchergebnisseiten** von Suchmaschinen auf höheren Plätzen gelistet werden. Ist dies der Fall, werden sie öfter von Kunden besucht.

Definition

Die **organische Suche** in Suchmaschinen zeigt Ergebnisse an, die nicht als Anzeigen geschaltet wurden, deren Ranking also nicht gekauft wurde. Im Gegensatz dazu steht die Suchmaschinenwerbung (siehe unten).

Der Webshop wird im Rahmen der SEO so gestaltet, dass eine Suchmaschine die Seiten optimal lesen und auswerten kann. Angestrebt wird, dass der Webshop bzw. der auf ihm angebotene Artikel unter den ersten zehn angezeigten Suchergebnissen aufgeführt wird.

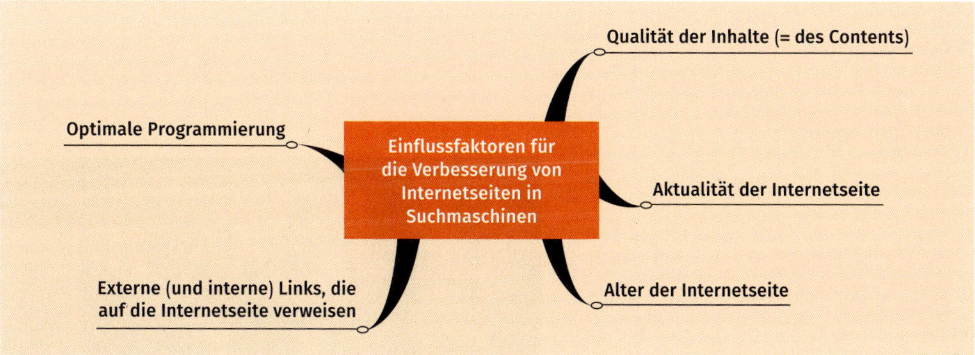

Suchmaschinenwerbung

Die Suchmaschinenwerbung ist eine Werbemöglichkeit in Suchmaschinen wie Google oder Bing. Der englische Fachausdruck dafür ist **Search Engine Advertising** (SEA).

Definition Unter **Suchmaschinenwerbung** versteht man das Schalten von bezahlten Suchanzeigen, die in der Regel über oder neben den organischen, also nicht bezahlten Suchergebnissen stehen.

Gibt ein Kunde in die Suchmaske der Suchmaschine bestimmte Schlüsselbegriffe (= Keywords) ein, die für das Onlineportal ausgewählt worden sind, erscheint auf der Suchmaschinenseite eine Anzeige. Klickt der Kunde auf diese Anzeige, zahlt der Händler einen bestimmten Betrag an den Betreiber der Suchmaschine.

Beispiel Google Ads

Social-Media-Marketing

Soziale Medien haben immer stärkere Bedeutung bekommen und können von Versicherungsgesellschaften ebenfalls zu Marketingzwecken genutzt werden. Unter Social-Media-Marketing versteht man in diesem Zusammenhang den Einsatz von sozialen Netzwerken und Netzgemeinschaften im Internet zu Umsatz- und Absatzsteigerungen.

Beim Social-Media-Marketing stehen also Internetplattformen im Vordergrund, die dem gegenseitigen Austausch von Meinungen, Erfahrungen und Eindrücken dienen.

- Durch kompetentes Auftreten in sozialen Netzen können die Bekanntheit der Produkte bzw. Dienstleistungen und das Image eines Unternehmens gestärkt werden.
- Bestandskunden können durch soziale Medien sehr gut angesprochen werden. In diesem Zusammenhang werden die sozialen Medien als Instrument zur Kundenbindung erfolgreich genutzt.
- Da die in sozialen Netzwerken ausgewiesenen Nutzer-Profile oft sehr detailliert sind, können Unternehmen dort sehr viel über ihre Zielgruppen erfahren.

Der neueste Trend im Social-Media-Marketing ist das **virale Marketing**. Darunter versteht man das gezielte Auslösen und Kontrollieren von Mundpropaganda im Internet, um dadurch zur Vermarktung von Leistungen und Produkten des eigenen Unternehmens beizutragen.

Durch verschiedene Maßnahmen sollen potenzielle Kunden dazu gebracht werden, Informationen und positive Meinungen über Produkte und Dienstleistungen freiwillig weiterzuverbreiten. Wie ein „Virus" sollen Informationen über ein Produkt oder eine Dienstleistung innerhalb kürzester Zeit in den sozialen Netzwerken des Internets von Mensch zu Mensch weitergegeben werden.

E-Mail-Marketing

Um Neukunden zu gewinnen oder Bestandskunden für neue Entwicklungen zu interessieren, werden durch direkte E-Mails gezielt Kunden angeschrieben. Beispielsweise können Kunden über **Newsletter** (elektronische Rundschreiben, die oft die Funktion von Kundenzeitschriften haben) über neue Angebote informiert werden.

Unerwünschte E-Mails landen leider nicht immer in den Spam-Filtern.

Wegen der geringen Versandkosten, der hohen Versandgeschwindigkeit und den unterschiedlichsten Gestaltungsmöglichkeiten nimmt E-Mail-Marketing eine wichtige Rolle innerhalb des Onlinemarketings ein. Allerdings besteht die Gefahr, dass die E-Mails von den Spamfiltern der Adressaten ausgesondert und eventuell gelöscht werden.

Zudem unterliegt die Versendung von E-Mails zu Werbe- und Informationszwecken besonderen gesetzlichen Beschränkungen: Unerwünschte Werbe-E-Mails sind nach dem Gesetz gegen den unlauteren Wettbewerb (UWG-Gesetz) als „unzumutbare Belästigung“ grundsätzlich wettbewerbswidrig.

Eine unzumutbare Belästigung ist immer dann gegeben, wenn

- die Einwilligung des Adressaten für das Versenden der E-Mail fehlt,
- der Absender seine Identität verschleiert oder verheimlicht und
- die E-Mail keine gültige Adresse enthält, unter der der Empfänger das künftige Zusenden von E-Mails untersagen beziehungsweise unter der er sich abmelden kann („unsubscribe“).

Influencer-Marketing

Eine immer größere Bedeutung im Onlinemarketing nimmt das Influencer-Marketing ein. Immer mehr Unternehmen, die im Internet auftreten, – also z. B. auch Webshops – setzen auf Influencer, um in der digitalen Welt sichtbar zu werden.

Definition

Ein **Influencer** ist eine Persönlichkeit der realen Welt, die in den sozialen Medien ein hohes Ansehen genießt und dort stark präsent ist. Dadurch bekommen diese Personen für das Onlinemarketing eine große Bedeutung.

Ein Influencer (wortwörtlich übersetzt: Beeinflusser) ist ein Meinungsmacher, dessen Äußerungen in den sozialen Medien stark beachtet werden. Da sie als fachlich kompetent und sehr vertrauenswürdig gelten, können diese von Unternehmen zur Erreichung von Unternehmenszielen in ihre Marketingstrategie einbezogen werden.

Beispiele

- Eine berühmte Sportlerin empfiehlt eine bestimmte Versicherungsgesellschaft.
- Ein bekannter Fernsehschauspieler ist in mehreren Werbespots einer bestimmten Versicherungsgesellschaft zu sehen.

Hinter dem Influencer-Marketing steht das folgende **Kommunikationsmodell**:

- Das Unternehmen (Sender) verbreitet seine Marketingbotschaft.
- Die Influencer stellen eine Beziehung zu den eigentlichen Empfängern (Kunden) der Botschaft her. Als von vielen Teilnehmern der jeweiligen Social-Media-Plattform mit einer hohen Reputation akzeptierten Meinungsführer stellen sie eine Art Filter dar.
- Die Kunden (Empfänger) akzeptieren die Botschaft umso mehr, je angesehener der Influencer ist.
- Das Influencer-Marketing versucht für das Unternehmen Experten für bestimmte Themengebiete zu gewinnen. Diese sollen sich dann positiv zu einer Marke bzw. zu einem bestimmten Produkt äußern.

Als Influencer können für Unternehmen eine Vielzahl von Personen infrage kommen:

Beispiele

- Nutzer sozialer Medien mit einer hohen Anzahl an Followern
- zufriedene Bestandskunden mit einem besonderen Fachwissen

Lernfeld 4

Kunden im Bedarfsfeld Wohnen beraten

Zielbeschreibung:

Sie verfügen über die Kompetenz, Kunden zum Abschluss von Hausrat- und Wohngebäudeversicherungsverträgen zu beraten, Verträge im Bedarfsfeld Wohnen anzubahnen, den Kundenbestand zu pflegen sowie Lösungen im Schadenfall aufzuzeigen.

4

Es folgen die Inhalte des Rahmenlehrplans für Lernfeld 4:

Kunden im Bedarfsfeld Wohnen beraten

Die Schülerinnen und Schüler **analysieren** fallbezogen Risiken im Wohnumfeld der Kunden und ermitteln die Kundenbedarfe. Hierzu holen sie auch über digitale Kanäle Informationen von ihren Kunden ein. Sie informieren sich über relevante Vertragsarten und erörtern den Umfang und die Möglichkeiten des bedarfsgerechten Versicherungsschutzes *(versicherte Gefahren und Schäden, versicherte Sachen und Kosten, Ausschlüsse, räumlicher Geltungsbereich)* anhand der Allgemeinen Hausrat Versicherungsbedingungen und Allgemeinen Wohngebäude Versicherungsbedingungen.

Die Schülerinnen und Schüler **planen** kundenspezifische, nachhaltige Versicherungslösungen, indem sie risikorelevante Daten erfassen *(Versicherungswert, Risiko-und Gefahrenumstände)*, das Risiko beurteilen, eine bedarfsgerechte Versicherungssumme ermitteln, Beiträge der Hausrat- und Wohngebäudeversicherung berechnen und Angebotsalternativen erarbeiten.

Im Beratungsgespräch **erläutern** Schülerinnen und Schüler den Kunden Möglichkeiten der Erweiterung des Versicherungsschutzes *(Wertsachen, Elementargefahren, Klauseln, Glasversicherung, Smart-Home)* und informieren die Kunden über Obliegenheiten vor Eintritt des Schadenfalls *(Gefahrenerhöhung, Sicherheitsvorschriften)* und im Versicherungsfall. Sie bereiten den Abschluss von Hausrat- und Wohngebäudeversicherungsverträgen vor und verwenden im Beratungsgespräch Gesprächstechniken zur Einwandbehandlung.

Es folgen weitere Inhalte des Rahmenlehrplans für Lernfeld 4:

Im Rahmen der Bestandspflege **kontrollieren** die Schülerinnen und Schüler den Versicherungsschutz ihrer Kunden und beraten diese bei Änderungen der individuellen Lebenssituation *(Wohnungswechsel, Änderung des Versicherungswertes, Veräußerung und Vererbung eines versicherten Gebäudes)*. Im Sinne einer langfristigen Kundenbindung optimieren sie den Versicherungsschutz ihrer Kunden und berechnen Nach- und Rückbeiträge.

Im Schadenfall führen die Schülerinnen und Schüler die formelle und materielle Deckungsprüfung durch. Sie **beurteilen** den Schaden, berechnen die Entschädigung und berücksichtigen hierbei eine mögliche Unter- oder Mehrfachversicherung. Sie informieren die Versicherungsnehmer und die Versicherungsnehmerinnen – auch mithilfe digitaler Medien – über die Schadenregulierung und weisen sie auf ihre Rechte und Pflichten hin.

Im Hinblick auf die Kundenzufriedenheit **reflektieren** die Schülerinnen und Schüler ihr Service- und Kommunikationsverhalten im Beratungsgespräch und holen sich ein Kundenfeedback ein.

Teil A: Kunden zu Hausratversicherungen beraten

1 Versicherte Sachen in der Hausratversicherung

Wer eine Wohnung – egal ob ein kleines Studentenzimmer, eine große Wohnung oder ein komplettes Haus – hat, besitzt in der Regel auch Einrichtungsgegenstände (Schränke, Betten, Tische, Stühle usw.) sowie Gegenstände des täglichen Lebens (Kleidung, Geschirr, Elektrogeräte, Bücher Nahrungsmittel usw.). All diese Besitztümer werden zusammengenommen als Hausrat bezeichnet, und da sie beweglich (mobil) sind, ist in diesem Zusammenhang auch oft von beweglichen Gegenständen die Rede. Bei diesen spielt es übrigens zunächst keine Rolle, ob die Wohnung selbst gemietet oder Eigentum ist.

Der Hausrat gehört im Allgemeinen dem Bewohner/den Bewohnern der Wohnung.

Bei Beratungsgesprächen wird bei der Frage „Was gehört denn alles zum Hausrat?“ gerne eine vereinfachte bildhafte Erklärung verwendet: „Stellen Sie sich vor, Sie könnten das Haus hochheben und schütteln. Alles was nun herausfällt ist beweglich und somit Hausrat.“ Diese Erklärung ist sehr vereinfacht und trifft es auch nicht genau, aber schon recht gut. *VHB 2021 Proximus*

Als rechtliche Grundlage gelten die **V**erbundene **H**ausratversicherungs-**B**edingungen (**VHB**).

1.1 Versicherte Sachen

Der Versicherer (VR) hat genau festgelegt, welche Gegenstände zu den versicherten Sachen in der Hausratversicherung gehören und welche nicht. Es liegt an dem/der Versicherungsmitarbeiter/-in, zusammen mit dem/der Versicherungsnehmer/-in herauszufinden, ob es Sachen gibt, die nicht unter den Versicherungsschutz fallen oder gesondert versichert werden müssen. Dies geschieht meistens durch gezielte Fragen im Beratungsgespräch. In der Praxis wird dies in einer Versorgungsanalyse im Bereich der Sachversicherungen erfasst.

Beispiel

Ein Versicherungsnehmer ist der Meinung, dass auch seine im Keller gelagerten Winterreifen zu den versicherten Sachen in der Hausratversicherung gehören. Dies ist aber nicht der Fall, auch wenn sie sich dauerhaft im Keller befinden.

Definition

Zum Hausrat gehören alle Sachen, die dem Haushalt zur privaten Nutzung (zum Gebrauch bzw. Verbrauch) dienen. Wertsachen einschließlich Bargeld gehören ebenfalls zum Hausrat.

Ziffer 8 VHB 2021

Standardmäßig gehören zum Hausrat beispielsweise:

- Möbel
- Kleidung
- Interieur wie Geschirr
- Nahrungsmittel
- Kosmetika
- Wertsachen
- Elektrogeräte

Ferner gehören zum Hausrat:

- Einbaumöbel (Extra für die Wohnung angefertigt und fest verbunden)

Beispiel Ein VN lässt sich von einer Schreinerei eine Einbauküche speziell für seine Wohnung anfertigen und einbauen.

- Auch Dinge, die der/die Versicherungsnehmer/-in als Mieter zusätzlich in die Wohnung eingefügt hat, zählen zu den versicherten Sachen, denn der/die Versicherungsnehmer/-in trägt hierfür die Gefahr.

Beispiel Ein VN baut in das Badezimmer seiner Mietwohnung ein zweites Waschbecken ein.

- Anbaumöbel (serienmäßige Möbel, die mit leichtem Aufwand an die Wohnung angepasst worden sind)

Beispiel Ein VN lässt einen Küchenschrank wegen einer vorhandenen Dachschräge ebenfalls abschrägen.

- privat genutzte Antennenanlagen oder Markisen, sofern sie auf dem Versicherungsgrundstück stehen; somit keine Gemeinschaftsantennen!

Beispiel Ein Mieter lässt an seinem Balkon eine Markise anbringen. Diese ist in seiner Hausratversicherung mitversichert.

- selbstfahrende Krankenfahrstühle, Rasenmäher oder -roboter, Pedelecs unter 25 km/h und unter 250 Watt, Modell- bzw. Spielfahrzeuge

Beispiel Ein VN hat in seinem Gartenhaus seinen Rasenmäher, sein Gartenwerkzeug und die Spielfahrzeuge seiner Kinder stehen. All diese Sachen gehören zum Hausrat.

- Kanus, Ruder-, Falt-, Schlauchbote einschließlich deren Motoren, Surfgeräte; alle Wasserfahrzeuge darüber hinaus sind nicht mitversichert.

Beispiel Eine VN hat ein Segelboot. Dieses ist in der Hausratversicherung nicht mitversichert, weil es nicht in der voranstehenden Liste aufgeführt ist.

- Fall- und Gleitschirme, sowie nichtmotorisierte Flugdrachen; alle Luftfahrzeuge darüber hinaus sind nicht mitversichert.

Beispiel Eine VN hat ein Modellflugzeug. Da es oben nicht aufgeführt ist, ist es nicht mitversichert.

- Arbeitsgeräte und Einrichtungsgegenstände, davon ausgenommen sind Muster und Handelswaren

Beispiel Bei einem Brand wird auch das Arbeitshandy eines VN beschädigt.

- Haustiere, die regelmäßig artgerecht in der Wohnung gehalten werden

Beispiel

Eine VN hat einen Hund und zwei Hühner. Der Hund ist in der Hausratversicherung als Sache mitversichert, weil er in der Wohnung artgerecht gehalten wird. Die Hühner sind nicht mitversichert, da deren Haltung in der Wohnung nicht artgerecht ist.

- fremdes Eigentum, sofern dieses nicht Mietern oder Untermietern gehört

Beispiel

Ein VN hat sich von einem Bekannten eine teure Spiegelreflexkamera ausgeliehen, die bei einem Brand in der Wohnung des VN ebenfalls zerstört wird.

Smart Home

Heutzutage wird das Wohnen immer moderner. So können von unterwegs per App die Heizung oder der Backofen eingestellt werden, Jalousien werden programmiert und müssen nicht per Hand bedient werden oder das Zuhause wird per Video überwacht.

Beispiele

Smarte Geräte:
- Backöfen
- Kaffeemaschinen
- Waschmaschine und Trockner
- Heizkörperthermostat oder Wandthermostat
- Lichtsensoren oder Dimmer
- Türschlosssensor

Grundsätzlich werden die technischen Komponenten, insbesondere die Hardware, des Smart Homes vom Versicherungsschutz der Hausratversicherung erfasst.

Beispiele

Bei einem Brand wird die Smart-Home-Anlage des VN komplett zerstört. Dieser Schaden wird von der Hausratversicherung abgedeckt.

Die Auflistung der zum Hausrat gehörenden Besitztümer zeigt, dass die am Kapitelanfang erwähnte Verbildlichung *„Alles was aus einem Haus herausfällt, wenn man es umdreht, ist Hausrat."* nur bedingt stimmt.

Ziffer 8 VHB 2021

Die versicherten Sachen sind nicht nur gegen die versicherten Gefahren versichert, sondern auch, wenn sie anlässlich eines **unmittelbar bevorstehenden** Versicherungsfalls aus dem Versicherungsort entfernt und bei dieser Gelegenheit zerstört oder beschädigt werden oder abhandenkommen.

Beispiel

Ein VN trägt schnell aus seiner brennenden Wohnung seinen neuen Fernseher nach draußen und stellt diesen auf der Straße ab. Während er wieder in seine Wohnung läuft, um noch weitere Sachen zu retten, wird der Fernseher gestohlen. Auch wenn der Fernseher nicht durch eine versicherte Gefahr abhanden kam, ist er trotzdem mitversichert.

1.2 Wertsachen

Ziffer 18 VHB 2021

Viele Versicherungsnehmer/-innen haben über die normalen Gegenstände hinaus in ihrer Wohnung auch Wertsachen und Bargeld.

Diese sind mitversichert, solange sie privat genutzt werden.

Beispiel Der Besitzer eines Kiosks nimmt abends seine Tageseinnahmen in Höhe von 2.000,00 € mit nach Hause. Bei einem Brand wird das Bargeld zerstört und der VN möchte es vom VR ersetzt haben. Da dieses Bargeld dem Versicherungsnehmer nicht privat, sondern beruflichen Zwecken diente, ist es nicht mitversichert.

Zu den Wertsachen gehören:

- Bargeld, Geldkarten, sonstige Datenträger mit geladenen Geldbeträgen
- Urkunden, Sparbücher, sonstige Wertpapiere
- Schmucksachen, Edelsteine, Perlen, Briefmarken,
- Münzen, Medaillen, Sachen aus Gold oder Platin
- Pelze, handgeknüpfte Teppiche, Gobelins (Wandteppiche),
- Kunstgegenstände, Sachen aus Silber
- Antiquitäten, die über 100 Jahre alt sind, außer Möbelstücke

Letzteres bedeutet, dass Möbelstücke, auch wenn sie über 100 Jahre alt sind, zum normalen Hausrat zählen, nicht zu Wertsachen.

Wertschutzschränke

Ziffer 18.2 VHB 2021

Wertschutzschränke sind Sicherheitsbehältnisse, die durch die VdS Schadenverhütung GmbH oder durch eine gleichermaßen qualifizierte Prüfstelle anerkannt sind. Freistehende Wertschutzschränke müssen ein Mindestgewicht von 200 kg aufweisen oder aber fachmännisch verankert worden sein.

Besondere Vereinbarungen und Entschädigungsgrenzen

Wertsachen sind nicht in Höhe der kompletten Versicherungssumme (VS) versichert, sondern nur bis 20 % der VS, plus Vorsorge.

Beispiel Ein VN hat eine Versicherungssumme von 100.000,00 €.
Die Entschädigungshöhe für Wertsachen liegt damit bei:
(100.000,00 € · 20 %) + 10 % Vorsorge = 22.000,00 € maximale Entschädigungshöhe für Wertsachen.

Dieser Wert der Entschädigungsgrenze kann prozentual, je nach Vereinbarung, auf bis zu 50 % der Versicherungssumme plus Vorsorge erhöht werden.

Ziffer 18.3 VHB 2021

Darüber hinaus gelten **weitere Entschädigungsgrenzen**, falls sich die Wertsachen außerhalb eines verschlossenen Wertschutzschrankes befinden sollten:

Wertsachen	Entschädigungsgrenzen
Bargeld und Geldkarten	1.500,00 €
Urkunden einschließlich Sparbücher und Wertpapiere	3.000,00 €
Schmuck, Edelsteine, Perlen, Briefmarken, Münzen, Medaillen	20.000,00 €

Wertsachen	Entschädigungsgrenzen
Pelze, handgeknüpfte Teppiche, Kunstgegenstände	20 % der VS
Antiquitäten, die über 100 Jahre alt sind, mit Ausnahme von Möbelstücken	20 % der VS

1.3 Nicht versicherte Sachen

Ziffer 9 VHB 2021

Nicht zum Hausrat gehören:

- Gebäudebestandteile
- Alle Sachen, die der Gebäudeeigentümer eingefügt hat

Beispiel

Eine Vermieterin hat in die Mietwohnung eine neue Duschwand einbauen lassen. Diese Duschwand gehört dem Vermieter und ist daher in der Hausratversicherung des Mieters nicht mitversichert. Selbst wenn der Mieter eine bereits vorhandene alte Duschwand auf seine Kosten durch eine neue Duschwand ersetzt, gehört diese trotzdem nicht zu den versicherten Sachen der Hausratversicherung.

- Kraftfahrzeuge aller Art, deren Teile und Zubehör

Beispiel

Autoreifen und Warndreieck, die ein VN in seiner Garage aufbewahrt hat und die bei einem Brand zerstört wurden, sind nicht mitversichert, da sie Zubehör eines Kfz sind.

- Luft und Wasserfahrzeuge, einschließlich deren eingebauter Teile, soweit nicht unter den Ziffern 8.3.4 bis 8.3.6 VHB genannt
- Hausrat von Miet- und Untermietparteien, es sei denn, der/die Versicherungsnehmer/-in hat die Sachen übernommen.

Beispiel

Der Mieter eines VN überlässt diesem, nach seinem Auszug, die Küche. Diese Küche zählt nun zum Hausrat des VN.

- Sachen, die in einem gesonderten Versicherungsvertrag versichert sind
- elektronisch gespeicherte Daten und Programme

2 Versicherte Gefahren in der Hausratversicherung

In der Hausratversicherung sichert der Versicherer die versicherten Sachen gegen Schäden durch verschiedene versicherte Gefahren ab.

Ziffer 1 VHB 2021

Eine versicherte Sache muss durch eine versicherte Gefahr **zerstört oder beschädigt** werden oder **infolge** eines solchen Ereignisses **abhandenkommen.** Damit muss ein kausaler Zusammenhang zwischen der Beschädigung und der versicherten Gefahr bestehen.

Die versicherten Gefahren in der Hausratversicherung sind:

- Feuer
- Einbruchdiebstahl
- Leitungswasser
- Sturm/Hagel

Wird eine versicherte Sache hierdurch in Mitleidenschaft gezogen, muss der Versicherer den Schaden ersetzen.

2.1 Versicherte Gefahr: Feuer

In der sog. Feuerversicherung sind folgende Gefahren versichert:

- Brand
- Blitzschlag
- Überspannung durch Blitz
- Explosion
- Verpuffung
- Implosion
- Anprall oder Absturz eines Luftfahrzeuges, seiner Teile oder seiner Ladung

Brand

Definition

Ziffer 3 VHB 2021

Brand ist ein Feuer, das ohne einen bestimmungsgemäßen Herd entstanden ist oder ihn verlassen hat und sich aus eigener Kraft auszubreiten vermag.

Feuer

Mit Feuer ist in diesem Zusammenhang gemeint, dass entweder eine kleine Flamme entstanden ist oder aber eine Glut so groß ist, dass sie zu einer Flamme wird. Ist keine Flamme zu erkennen, weil etwas lediglich glimmt, verkohlt oder vergärt, dann liegt kein Brand vor.

Beispiel

Wenn aus einem Ofen ein Stück Glut fällt und ein kleines Loch in den Parkett brennt, dann handelt es sich nur um einen Brand, wenn eine Flamme entstanden ist, die sich hätte ausbreiten können. Wurde der Parkett lediglich angesengt (sog. Sengschaden), handelt es sich nicht um einen Brand, weil kein Feuer entstanden ist. Die Glut ist vermutlich sofort wieder erloschen.

Bestimmungsgemäßer Herd

Der bestimmungsgemäße Herd eines Feuers ist der Ursprungsort, beispielsweise eine Kerze oder ein Ofen. Hier hat das Feuer bereits existiert.
Ohne einen bestimmungsgemäßen Herd kann ein Feuer beispielsweise entstehen, wenn ein Blitz einschlägt und einen Brand verursacht

Beispiel

Eine brennende Kerze fällt auf den Esstisch und entzündet diesen. Hier hat das Feuer seinen bestimmungsgemäßen Herd, nämlich die Kerze, verlassen.

Aus eigener Kraft ausbreiten

Erlischt die Flamme sofort, konnte sich das Feuer nicht aus eigener Kraft ausbreiten.

Beispiel

Eine Zigarette fällt auf ein Sofa und glimmt ein Loch in dieses. Die Glut wird vermutlich sofort erlöschen und damit liegt kein Brand vor.
Würde sich wiederum die Glut zu einer Flamme entwickeln und ein größeres Loch in das Sofa brennen, träfe die Bedingung des „aus eigener Kraft ausbreiten" zu.

Reine **Sengschäden** fallen somit nicht unter den Brandbegriff: Sind sie allerdings **Folge eines Brandes**, sind sie **mitversichert**.

Blitzschlag

Definition

Blitzschlag ist der unmittelbare Übergang eines Blitzes auf Sachen. Auch Überspannungs-, Überstrom- oder Kurzschlussschäden sind mitversichert, wenn der Blitz auf dem Grundstück des Versicherungsortes eingeschlagen ist.

Ziffer 3.2 VHB 2021

Hier muss ein Blitz direkt in eine Sache einschlagen. Laut Bedingungen ist hier nicht vermerkt, dass es eine versicherte Sache sein muss.

Beispiel

Ein Blitz schlägt in einen Baum ein, der daraufhin auf das Haus einer Versicherungsnehmerin stürzt und dabei Hausrat beschädigt.

Wichtig ist hierbei ebenfalls, dass der Blitz auf dem Versicherungsgrundstück eingeschlagen haben muss, nicht auf dem Nachbargrundstück.

Zündender Blitz

Hier entsteht ein Feuer durch die Hitze des Blitzeinschlages

Beispiel

Ein Blitz schlägt in einen Dachstuhl ein, wodurch ein Feuer entsteht.

Kalter Schlag

Dies ist ein Blitzschlag, der kein Feuer verursacht, sondern eine Druckwelle. Ähnlich einer Explosion

Überspannung durch Blitz

Definition

Überspannung durch Blitz ist ein Schaden, der durch Überspannung, Überstrom oder Kurzschluss infolge eines Blitzes entsteht.

Ziffer 3.3 VHB 2021

Überspannungsschäden, sofern sie durch einen Blitz entstanden sind, sind mitversichert, wenn eine versicherte elektronische Einrichtung oder ein elektronisches Gerät betroffen ist.

Beispiel

Ein Blitz schlägt in die Stromleitung ein und das Fernsehgerät des VN hat einen Überspannungsschaden.

Der Blitz muss nicht direkt in eine versicherte Sache eingeschlagen haben. Er könnte somit auch auf dem Nachbargrundstück oder einen Kilometer entfernt eingeschlagen haben. Solange der Überspannungsschaden als Folgeschaden an den versicherten Sachen in einem kausalen Zusammenhang mit dem Blitzschlag steht, ist dieser mitversichert.

Ein Kurzschlussschaden muss ebenfalls durch einen Blitz entstanden sein, um mitversichert zu sein. Somit ist ein reiner Kurzschlussschaden ausgeschlossen.

Explosion

Definition
Ziffer 3.4 VHB 2021

Explosion ist eine plötzlich verlaufende Kraftäußerung, die auf dem Ausdehnungsbestreben von Gasen oder Dämpfen beruht.

Ausdehnungsbestreben

Hier müssen sich Gase oder Dämpfe nach außen hin ausbreiten. Ähnlich wie bei einer Druckwelle.

Plötzlich verlaufende Kraftäußerung:

Der Beginn und das Ende der Explosion sind nicht voneinander unterscheidbar.
Wichtig hierbei ist, dass es sich nur dann um eine Explosion handelt, wenn Gase oder Dämpfe eine Rolle spielen. Ist dies nicht der Fall, besteht kein Versicherungsschutz.

Beispiel

Eine Weinflasche explodiert aufgrund von Übergärung, die Gase gebildet hat.

Verpuffung

Definition
Ziffer 3.5 VHB 2021

Verpuffung ist eine auf dem Ausdehnungsbestreben von Gasen oder Dämpfen beruhende, plötzlich verlaufende Kraftäußerungen, die im Gegensatz zur Explosion mit geringerer Intensität verläuft und bei der in der Regel kein Explosionsknall entsteht.

Verpuffungen entstehen im Haushalt oft bei Feuerungsanlagen, Öfen oder Kaminen. Sie sind für einen Laien kaum von Explosionen zu unterscheiden.

Beispiel

In einem Ofen haben sich Gase gebildet, da der Abzug nicht richtig funktioniert. Als die Tür des Ofens geöffnet wird, kommt es zu einer Verpuffung.

Implosion

Definition
Ziffer 3.6 VHB 2021

Implosion ist ein plötzlicher, unvorhersehbarer Zusammenfall eines Hohlkörpers durch äußeren Überdruck infolge eines inneren Unterdruckes.

In privaten Haushalten kennt man eine Implosion nur noch bei alten Röhrengeräten (Fernseher, Verstärker, Nostalgieradios mit Vakuumröhren) oder aber bei alten Deckenlampen, die eine Leuchtstoffröhre haben.

Ziffer 3.7 VHB 2021

Luftfahrzeuge

Definition

Versichert ist der Anprall oder Absturz eines Luftfahrzeuges, seiner Teile oder seiner Ladung.

Zu den Luftfahrzeugen zählen auch Rettungsfallschirme, Flugmodelle oder Luftsportgeräte. Auch Silvesterraketen gehören hierzu.

Eine Silvesterrakete fliegt auf das Dach des Nachbarhauses und verursacht dort einen Brand. **Beispiel**

Nicht versichert ist wiederum der Schaden durch das Durchbrechen der Schallmauer eines Flugzeuges, da hierbei eine versicherte Sache nicht durch das Luftfahrzeug selbst oder seine Ladung getroffen wurde.

Nicht versichert

Ziffer 3.8 VHB 2021

- Erdbeben, selbst wenn danach ein Feuer entsteht und der Brandbegriff erfüllt ist; solange ein Erdbeben die Ursache für den Schaden ist, ist dieser nicht mitversichert.
- Sengschäden, sofern nicht als Folgeschaden
- Schäden an Verbrennungsmotoren, durch eine im Motor auftretende Explosion (z. B. Rasenmäher)
- Schäden an Schaltorganen durch inneren Gasdruck (Lichtschalter)

Verursacht ein Feuer ebenfalls einen Sengschaden an einer versicherten Sache, dann ist dieser mitversichert. Hat die Flamme allerdings nicht die Kraft, sich auszubreiten und es entsteht lediglich ein Sengschaden, so ist dies nicht mitversichert. **Beispiel**

2.2 Versicherte Gefahr: Einbruchdiebstahl

In der Einbruchdiebstahl-Versicherung sind folgende Gefahren versichert:

- Einbruchdiebstahl
- Vandalismus
- Raub

Einbruchdiebstahl

Versichert ist unberechtigtes Eindringen in einen Raum eines Gebäudes, das Aufbrechen eines Behältnisses in einem Raum eines Gebäudes, das Einschleichen oder Verborgen halten, die gewaltsame Sicherung des Diebesgutes und unberechtigtes Eindringen mit richtigem Schlüssel. **Definition**

Ziffer 4.1 VHB 2021

Wichtig bei der versicherten Gefahr Einbruchdiebstahl ist, dass eingebrochen wurde, z. B. eine Tür oder ein Fenster muss aufgebrochen worden sein. Der einfache Diebstahl ist daher nicht versichert.

Unberechtigtes Eindringen in einen Raum eines Gebäudes:

Hierzu zählt jedes unberechtigte Eindringen, Einsteigen oder Verwenden eines falschen Schlüssels oder Werkzeugs.
Einbrechen liegt vor, wenn jemand Gewalt ausübt, um in die Wohnung zu gelangen.

Jemand hebelt die Terrassentür auf und entwendet die Geldbörse. **Beispiel**

Eindringen bedeutet, dass jemand auf nicht vorgesehenem Weg die Wohnung betritt.

Beispiel Jemand klettert über das Balkongeländer und betritt die Wohnung durch die offene Balkontür im ersten Stock.

Zudem ist eine **Gebäudegebundenheit** unumgänglich, denn die versicherte Sache muss in einem Raum eines Gebäudes sein.
Als **Raum eines Gebäudes** wird alles bezeichnet, dass von Wänden und einer Decke umschlossen und mit dem Boden verankert ist.

Beispiel Die Wohnung eines VN oder die Garage sind somit Räume eines Gebäudes. Ein Zugabteil ist zwar allseitig umschlossen, trotzdem aber kein Raum, da dieses nicht in einem Gebäude ist. Auch ein Hausboot zählt nicht dazu.

Ein **falscher Schlüssel** ist eine unberechtigt angefertigte Kopie des Schlüssels.

Beispiel Die Putzhilfe eines VN lässt heimlich einen Schlüssel nachmachen, öffnet damit die Wohnung des VN und stiehlt den Laptop.

Aufbrechen eines Behältnisses in einem Raum eines Gebäudes

Ein Behältnis in einem Raum, das aufgebrochen oder mit einem falschen Schlüssel geöffnet wird, ist versichert. Ein Behältnis wäre alles, worin der/die Versicherungsnehmer/-in versicherte Sachen aufbewahrt.

Beispiel Der Pkw einer VN wird in einem Parkhaus aufgebrochen und eine Jacke sowie das Handy werden entwendet.

Der Pkw ist in diesem Fall das Behältnis, das aufgebrochen wird. Das Parkhaus gilt als Raum eines Gebäudes.

Einschleichen oder Verborgen halten

Hier entwendet jemand versicherte Sachen aus einem verschlossenen Raum, indem er sich entweder eingeschlichen hat oder verborgen hielt.

Einschleichen: Jemand schleicht sich unbemerkt in die Wohnung.
Verborgen halten: Jemand verlässt die Wohnung unbemerkt nicht.

Beispiel Jemand versteckt sich nach einer Party in der Wohnung eines VN. Nachdem dieser die Wohnung verlässt, stiehlt der sich verborgen gehaltene Gast Wertsachen und flieht damit aus der Wohnung des VN.

Hierbei muss die Tür von dem/der Versicherungsnehmer/-in nur zugezogen, nicht abgeschlossen worden sein. Der Täter muss also nicht wieder ausbrechen, damit der Schaden versichert ist.

Gewaltsame Sicherung des Diebesgutes

Der Dieb wendet Gewalt an, um sein Diebesgut mitzunehmen. Auch die Androhung der Gewalt ist mitversichert, dabei muss der/die Versicherungsnehmer/-in davon ausgehen, dass ihm Gewalt angetan wird, wenn er die Sache nicht herausgibt.

Beispiel

Ein Dieb wird von einem VN überrascht. Um zu entkommen, bedroht der Dieb den VN mit einem Messer und flüchtet mit dem Diebesgut.

Unberechtigtes Eindringen mit richtigem Schlüssel

Jemand bricht in die Wohnung des/der Versicherungsnehmers/-in mit dem richtigen Schlüssel ein und entwendet versicherte Sachen. Hier kann der richtige Schlüssel vorher durch **Einbruchdiebstahl oder Raub** entwendet worden sein. Dies muss nicht am Versicherungsort gewesen sein.

Beispiel

Ein VN wird in einer Bar bedroht und muss seine Schlüssel abgeben. Danach wird seine Wohnung mit dem Schlüssel geöffnet und Wertsachen werden entwendet, noch bevor der VN mit der Polizei dort eintrifft.

Auch die Beschaffung des richtigen Schlüssels durch einfachen Diebstahl, der von dem/der Versicherungsnehmer/-in unbemerkt blieb, ist mitversichert, solange der/die Versicherungsnehmer/-in nicht fahrlässig gehandelt hat.

Beispiel

Während ein VN in einem Restaurant sitzt und isst, wird ihm aus der Jackentasche, die über seinem Stuhl hängt, der Schlüssel unbemerkt entwendet. Hätte der VN den Schlüssel offen auf seinem Tisch liegen gelassen und wäre zur Toilette gegangen, läge Fahrlässigkeit vor.

Vandalismus nach einem Einbruch

Definition

Vandalismus liegt vor, wenn nach einem Einbruchdiebstahl in den Versicherungsort eingedrungen und dort versicherte Sachen zerstört oder beschädigt wurden.

Ziffer 4.2 VHB 2021

Grundvoraussetzung für die Leistung ist hier der vorangegangene Einbruchdiebstahl.

Beispiel

Bei einer VN wurde in die Wohnung eingebrochen. Die Diebe entwendeten nicht nur Schmuck, sondern besprühten die Möbel auch mit Lackfarbe. Dieser Schaden ist mitversichert, da ein Einbruchdiebstahl vorausgegangen ist.

Wichtig ist ebenfalls, dass der Vandalismusschaden **innerhalb des Versicherungsortes** stattfand. Das bedeutet, dass nur ein Vandalismusschaden nach einem Einbruch versichert ist, wenn der Vandalismus innen und nicht außen stattfand.

Beispiel

Die Wohnung einer VN wird aufgebrochen und diverse Sachen werden gestohlen. Außerdem wird die Markise der VN, die sich an der Hauswand befand, zerstört. Die Markise ist nicht mitversichert, da sie sich nicht innen befindet.

Außerdem muss der Versicherungsort betroffen sein.

Beispiel

In das Hotelzimmer eines Versicherungsnehmers wird eingebrochen und der Laptop wird durch Vandalismus beschädigt. Dies ist nicht versichert, weil das Hotelzimmer nicht zum Versicherungsort gehört.

Raub

Definition

Ziffer 4.3 VHB 2021

Versichert ist Raub, wenn Gewalt angewandt, wenn diese angedroht oder wenn die versicherte Sache dem VN weggenommen wurde, da er seine Widerstandskraft verloren hatte.

Anwendung von Gewalt

Raub liegt immer dann vor, wenn gegenüber eines/einer Versicherungsnehmer/-in Gewalt angewandt wird, um an die versicherte Sache zu gelangen. Wichtig ist hierbei, dass der/die Versicherungsnehmer/-in Angst um sein Wohlergehen haben muss. Einfacher Trickdiebstahl zählt dementsprechend nicht hierzu, auch das einfache Entreißen der Sache ist nicht mitversichert, da keine Gewalt angewendet werden musste.

Beispiel

Ziffer 12 VHB 2021

Auf dem Weg nach Hause wird ein VN von einer Person festgehalten, geschlagen und die Geldbörse weggenommen. Dies ist ein typischer Raub, der über die Außenversicherung versichert ist, da dieser nicht innerhalb des Versicherungsortes geschah.

Androhung von Gewalt

Raub liegt auch vor, wenn einer Person Gewalt angedroht wird und sie Angst um Leib und Leben haben muss. Diese Androhung der Gewalt muss am Versicherungsort geschehen, während die tatsächliche Gewaltanwendung auch mitversichert ist, wenn diese außerhalb des Versicherungsortes geschieht.

Beispiel

In seiner Wohnung wird eine VN von einer Person mit einem Messer bedroht. Die VN gibt daraufhin ihre Geldbörse und andere Wertegegenstände heraus.

Wegnahme nach Verlust der Widerstandskraft

Auch wenn der/die Versicherungsnehmer/-in durch eine Ohnmacht, Herzinfarkt oder einen Unfall keinen Widerstand leisten konnte, liegt ein Raub vor.

Beispiel

Ein VN wird ohnmächtig, fällt auf die Straße und wird von einem vorbeikommenden Passanten ausgeraubt. Dies ist somit mitversichert.

Personen, die bei Versicherungsnehmern/-innen zu Gast waren, sind mitversichert, wenn sie sich ebenfalls in der Wohnung des/der Versicherungsnehmers/-in aufhalten und beraubt werden.

Beispiel

Ein Täter bedroht und beraubt nicht nur den VN in seiner Wohnung, sondern auch seine drei Gäste. Der Schaden der Gäste ist ebenfalls mitversichert.

Geschieht der Raub außerhalb des Versicherungsortes, sind nur Versicherungsnehmer/-innen und die mit ihnen in häuslicher Gemeinschaft wohnenden Personen mitversichert.

Ziffer 4.4 VHB 2021

Nicht mitversichert

Schäden die durch weitere Naturgefahren verursacht wurden

Beispiel

Nach einer Überschwemmung ist ein Haus unbewohnt. Danach wird in dieses Haus eingebrochen und versicherte Sachen werden entwendet. Dieser Schaden ist nicht mitversichert, da hier eine Naturgefahr vorausgegangen ist.

Sachen, die extra auf Androhung herangeschafft werden

Beispiel

Ein VN holt nach Androhung von Gewalt Geld aus dem Geldautomaten oder Schmuck aus einem Tresor bei der Bank. Geschieht dies jedoch innerhalb des Versicherungsortes ist es wiederum mitversichert. Der Ausschluss bezieht sich nur auf Sachen, die von außerhalb des Versicherungsortes herangeschafft werden.

2.3 Versicherte Gefahr: Leitungswasser

Definition

Ziffer 5 VHB 2021

Versichert sind Schäden, die durch Leitungswasser, das bestimmungswidrig ausgetreten ist, entstehen oder durch Bruchschäden an Leitungen hervorgerufen werden.

Hier wird der Unterschied zwischen einem Leitungswasserschaden und einem Bruchschaden gemacht. Beides kann unabhängig voneinander eintreten und ist jeweils zu prüfen.

Leitungswasserschaden

Ziffer 5.2 VHB 2021

Leitungswasser ist als versicherte Gefahr mitversichert, wenn es bestimmungswidrig ausgetreten ist. Sollte es also zu einem Leitungswasserschaden kommen und das Wasser beschädigt dabei versicherte Sachen, so sind diese mitversichert.

Sogar der Wasserverlust ist mitversichert.

Beispiel

Während sich ein VN für zwei Wochen im Urlaub befindet, kann nach einem Rohrbruch ungehindert das Wasser in das Haus laufen. Der Versicherungsnehmer kann sich die Kosten für die beschädigten Sachen sowie für das ausgetretene Wasser vom VR ersetzen lassen.

Bestimmungswidrig ausgetreten

Sobald das Wasser einen Weg nimmt, den es eigentlich nicht nehmen sollte, tritt es bestimmungswidrig aus. Dies kann durch ein Überlaufen über den Badewannenrand oder den Austritt aus einem Leck in einem Rohr geschehen.

Beispiel

Eine VN vergisst das Wasser der Badewanne abzustellen und diese läuft über. Der Badezimmerschrank wird beschädigt.
Das Wasser sollte zwar in die Badewanne laufen und wurde zu diesem Zweck eingelassen, aber es sollte nicht über den Wannenrand hinauslaufen. Daher ist es bestimmungswidrig ausgetreten.

Mitversichert sind Leitungswasserschäden, wenn dieses bestimmungswidrig ausgetreten ist aus:

- Zu- und Ableitungsrohre, die der Wasserversorgung dienen, oder die damit verbundenen Schläuche oder Teile sind mitversichert. „Der Wasserversorgung dienend" meint jegliche Wasserversorgung, auch die für die Spülmaschine, den Teich oder einen Springbrunnen.
- Den mit diesen Rohren bzw. Schläuchen verbundenen sonstigen Einrichtungen oder deren wasserführenden Teilen, z. B. eine Waschmaschine oder eine Badewanne.
- Heizungs- oder Klimaanlagen

- Wasserlösch- oder Berieselungsanlagen
- Wasserbetten oder Aquarien

Als Leitungswasser gelten auch Betriebsflüssigkeiten von Heizungs- und Klimaanlagen, ausgenommen, sie dienen der Energieerzeugung wie z. B. bei einer Solaranlage.
Kosten die entstehen, weil Leitungswasser Bodenbeläge, Innenanstriche oder Tapeten einer vermieteten Wohnung zerstört haben, werden über die versicherten Kosten der Hausratversicherung abgewickelt, auch wenn hier Gebäudeteile betroffen sind.

§ 88 VVG Ziffer 13.8 VHB 2021

Der Gesetzgeber hat eine Kostenaufteilung zwischen Gebäude- und Hausratversicherer festgelegt. Der Gebäudeversicherer übernimmt alle Schäden bis 1.000,00 €. Schäden, die darüber hinaus gehen, werden zwischen Hausrat- und Wohngebäudeversicherer aufgeteilt.

Ziffer 5.3 VHB 2021

Bruchschäden

Außerdem sind Bruchschäden an Rohren, ob durch Frost oder durch andere Umstände verursacht, mitversichert, sofern sie an versicherten Sachen innerhalb eines Gebäudes auftreten.

Innerhalb des Gebäudes

Dies bedeutet, Rohrbruchschäden im Gebäude einschließlich der Bodenplatte. Rohre von Solarheizungsanlagen auf dem Dach gelten ebenfalls als innerhalb des Gebäudes. Rohre und Installationen unterhalb der Bodenplatte sind dementsprechend nicht mitversichert.

Frostbedingte und sonstige Bruchschäden an folgenden Rohren sind mitversichert:

- Rohre, die der Wasserversorgung dienen oder die damit verbundenen Schläuche
- Rohre an Heizungs- und Klimaanlagen
- Rohre an Wasserlösch- oder Berieselungsanlagen

Nicht versichert sind:

- Rohre von Heizkesseln
- Boilern oder
- vergleichbaren Anlagen

Wichtig ist hierbei, dass selbst wenn der Rohrbruchschaden nicht mitversichert ist, ein Leitungswasserschaden als Folgeschaden trotzdem mitversichert ist.

Beispiel Ein Leck an einem Boiler führt zu einem Wasserschaden am Küchenschrank. Zwar ist das Rohr des Boilers ausgeschlossen, der Leitungswasserschaden am Küchenschrank ist aber mitversichert.

Frostbedingte Bruchschäden sind außerdem versichert an:

- Badeinrichtungen sowie deren Anschlussschläuchen
- Heizkörper, Heizkessel, Boiler oder vergleichbare Teile von Heizungs- und Klimaanlagen

Dies kommt in der Hausratversicherung allerdings nur in Betracht, wenn diese Teile vom Mieter eingebracht wurden und dieser die Gefahr dafür trägt. Ansonsten sind Rohre, Armaturen, Heizkörper und dergleichen Gebäudebestandteile.

Ziffer 5.4 VHB 2021

Nicht versicherte Schäden

- Plansch- oder Reinigungswasser

Beispiel Ein VN schüttet versehentlich seinen Eimer mit Putzwasser um. Das Wasser gelangt unter eine Edelholzkommode und der Sockel wird beschädigt. Dieser Schaden ist nicht mitversichert.

- Schwamm (durch Feuchtigkeit im Mauerwerk verursacht)
- Grundwasser, stehendes oder fließendes Gewässer, Überschwemmung und Rückstau durch Witterungsniederschläge
- Erdbeben, Schneedruck, Lawinen, Vulkanausbruch
- Erdsenkung oder Erdrutsch, es sei denn, dass das Leitungswasser die Ursache war
- das Öffnen der Sprinkler und Bedienen der Sprinkleranlage durch einen Brand, durch Druckproben oder durch Reparaturarbeiten ausgelöst

Beispiel

Sollte sich während eines Brandes in der Wohnung einer VN die Sprinkleranlage anstellen und dadurch auch ein Leitungswasserschaden entstehen, ist dies ein Folgeschaden durch den Brand und dementsprechend mitversichert.

- Schäden an Gebäuden oder Gebäudeteilen, die nicht bezugsfertig sind
- Schäden an dem Inhalt eines Aquariums die dadurch entstehen, dass Wasser ausgetreten ist

Beispiel

Ein Kind stößt gegen ein Aquarium und wirft dieses um. 1 000 Liter Wasser treten aus, die den Hausrat beschädigen. Der Schaden an dem Hausrat ist versichert, der Schaden an dem Inhalt des Aquariums hingegen nicht.

2.4 Versicherte Gefahr: Sturm/Hagel

Versichert sind Schäden, die durch Sturm oder Hagelereignisse geschehen. *Ziffer 6 VHB 2021*

Für Schäden durch Naturgefahren wie Sturm und Hagel besteht lediglich Versicherungsschutz **innerhalb** von Gebäuden.

Beispiel

Ein Schaden an den Gartenmöbeln, die draußen im Garten standen und durch einen Sturm beschädigt wurden, ist nicht mitversichert. *Ziffer 12.3.2 VHB 2021*

Sturm

Definition

Ein Sturm (mindestens Windstärke 8) ist eine wetterbedingte Luftbewegung. *Ziffer 6.1 VHB 2021*

Die Windstärke kann beim deutschen Wetteramt nachgefragt werden.

Ist die Windstärke am Schadenort nicht feststellbar, können Versicherungsnehmer/-innen anhand von zwei Sachverhalten das Vorliegen eines Sturms nachweisen:

- In der Umgebung des Versicherungsgrundstücks sind Schäden an Gebäuden in vorher einwandfreiem Zustand festzustellen oder
- der Schaden an dem versicherten Gebäude, das sich in einem einwandfreien Zustand befand, legt das Vorliegen eines Sturms nahe.

Beispiel

Ein Ast durchschlägt ein Fenster und zertrümmert den Fernseher. Hier muss ein Sturm vorliegen, da sonst kein Ast das Fenster durchbrochen hätte. Wichtig ist hierbei, dass die Fenster bei Sturm geschlossen waren, sonst kann der VR eventuell die Leistung kürzen oder ablehnen.

Hagel

Definition *Hagel ist ein fester Witterungsniederschlag in Form von Eiskörnern.*

Ziffer 6.2 VHB 2021

Beispiel Durch starken Hagel wird eine Fensterscheibe zertrümmert und Hausrat beschädigt. Der durch das Schmelzen des Hagels entstandene Schaden ist ebenfalls mitversichert.

Ziffer 6.3 VHB 2021

Versicherte Sturm- und Hagelereignisse

Versichert sind Schäden, wenn diese durch Sturm/Hagel wie folgt entstehen:

- Unmittelbarer Übergang von Sturm/Hagel oder das Werfen von Gegenständen auf versicherte Sachen oder auf ein Gebäude, in dem sich die versicherten Sachen befinden. Folgeschäden sind jeweils mitversichert.
- Unmittelbarer Übergang von Sturm/Hagel oder das Werfen von Gegenständen auf ein Gebäude, das mit dem versicherten Gebäude baulich verbunden ist. Folgeschäden sind jeweils mitversichert.
- Unmittelbarer Übergang von Sturm/Hagel oder das Werfen von Gegenständen auf ein Gebäude, das mit dem Gebäude, in dem sich versicherte Sachen befinden, baulich verbunden ist.

2.5 Elementargefahren

Das Absichern von Elementarschäden wird immer wichtiger, da es immer häufiger zu größeren Naturkatastrophen kommt und das in immer mehr Gebieten Deutschlands. Gerade Starkregen oder Überschwemmungen kommen mittlerweile in Regionen vor, die früher nie betroffen waren. Daher ist es wichtig, dass die Versicherungsvertretungen dies den Kunden anbieten und diesen verdeutlichen, welche erheblichen Schäden verursacht werden können.

Starkregen und Hochwasser: Welche Versicherung zahlt?

DÜSSELDORF/BERLIN. Wassermassen fluten im Westen Deutschlands Keller und Wohnräume. Besonders betroffen sind die Eifel und Teile NRWs. Die Schäden sind enorm. Wer keine Versicherung hat, ist aufgeschmissen – oder?

von Annette Meinke-Carstanjen

Vollgelaufene Keller, unbenutzbare Häuser, unter Wasser stehende Autos: Flut und Starkregen bedrohen in Nordrhein-Westfalen und Rheinland-Pfalz die Existenzen zahlreicher Einwohner. Die Betroffenen stehen nicht nur vor Aufräumarbeiten, sondern auch vor der Frage, ob ihre Versicherung die Schäden abdeckt.
Denn Unwetterschäden an Immobilien sind nicht automatisch durch eine Wohngebäude- oder Hausratversicherung abgedeckt. Reine Gebäude- oder Hausratversicherungen kommen für Starkregen- oder Flutschäden meistens nicht auf. Wer sein Haus oder seine Wohnung auch dagegen versichern möchte, braucht zusätzlich eine Elementarschadenversicherung. Diese gibt es in der Regel nicht separat, sondern nur als Zusatz zu einer bestehenden Hausrat- oder Wohngebäudeversicherung.

[...]

Quelle: © dpa, 15.07.2021

Wenn Kunden für einen Mehrbeitrag die Elementargefahren absichern möchten, können sie immer nur alle Gefahren absichern. Einzelne Elementargefahren, wie z. B. ausschließlich Starkregen, zu versichern, ist nicht möglich.

Der/die Versicherungsnehmer/-in hat eine einmonatige Wartezeit ab Abschluss der Elementargefahren einzuhalten, dies bedeutet, dass er bei Schäden innerhalb des ersten Monats ab Einschluss der Elementargefahren keinen Versicherungsschutz genießt.

So kann vermieden werden, dass ein Kunde, der weiß, dass ein Starkregen gemeldet ist, noch schnell die Elementargefahren absichert, um einen bald kommenden Schaden abzudecken.

Die acht Elementargefahren

Ziffer 6.4 VHB 2021

- **Überschwemmung** von Grund und Boden des Versicherungsgrundstücks; dies gilt nur wenn oberirdische Gewässer ausgeufert sind oder dies durch Witterungsniederschläge geschah. Auch der Austritt von Grundwasser an die Erdoberfläche als Folge einer Überflutung ist mitversichert.

Beispiel

Wenn das Grundwasser steigt und durch die Kellerwand ins Mauerwerk sickert, sind die obigen Voraussetzungen nicht erfüllt, da das Grundwasser die Erdoberfläche nicht erreicht hat.

- **Rückstau** ist mitversichert, wenn gebäudeeigene Ableitungsrohre oder damit verbundene Einrichtungen betroffen sind, indem Wasser wieder zurück zur Wohnung des/der Versicherungsnehmers/-in gedrückt wird.
- **Erdbeben** ist mitversichert, wenn es naturbedingt war. Ein Erdbeben wird unterstellt, wenn Schäden, die in der Umgebung des Versicherungsortes an einwandfreien Gebäuden entstanden sind oder wenn der Schaden nur durch Erdbeben entstanden sein kann

- **Erdsenkung** ist eine naturbedingte Absenkung des Erdbodens über naturbedingten Hohlräumen

Beispiel Eine Höhle, die durch Bergbau entstanden ist und zu einer Erdsenkung führt, ist nicht mitversichert.

- **Erdrutsch** ist ein naturbedingtes Abrutschen oder Abstürzen von Erd- oder Gesteinsmassen.
- **Schneedruck** ist ein Schaden, der durch das Gewicht von Schnee entsteht.

Beispiel Auf dem Dach eines Hauses liegt so viel Schnee, dass das Dach irgendwann nachgibt und einstürzt.

- **Lawinen** sind Massen aus Schnee oder Eis, die einen Berg hinabrollen.
- **Vulkanausbruch** ist eine plötzliche Druckentladung beim Aufreißen der Erdkruste.

Ziffer 6.5 VHB 2021

Nicht versicherte Schäden

- Sturmflut
- Eindringen von Regen, Hagel, Schnee oder Schmutz durch geöffnete Fenster
- Grundwasser, das nicht durch Witterungsniederschläge oder Ausuferungen von oberirdischen Gewässern angestiegen ist
- Trockenheit oder Austrocknung

Des Weiteren sind nicht mitversichert

Ziffer 8.3.3 VHB 2021

- Schäden an Gebäudeteilen, die nicht bezugsfertig sind
- Schäden an Sachen, die sich außerhalb des Gebäudes befinden. Ausgenommen sind Antennen und Markisen

Versicherbarkeit von Elementargefahren

Immer häufigere Regenfälle sorgen dafür, dass Flüsse über die Ufer treten und zu Überschwemmungen führen.
Da nicht jedes Gebiet gleich stark von Überschwemmungen betroffen ist, haben die deutschen Versicherer das Zonierungssystem „ZÜRS Geo" für Überschwemmung, Rückstau und Starkregen entwickelt. So können Gebiete, in denen diese Naturgefahren häufiger vorkommen, von weniger betroffenen Gebieten abgegrenzt und anders bewertet werden.

Mit diesem System können darüber hinaus auch Umweltrisiken eingeschätzt und die Versicherer bei der genaueren Kalkulation des Risikos und damit der Beiträge unterstützt werden, denn ZÜRS Geo schätzt ein, in welchem Ausmaß ein Gebäude hochwassergefährdet ist.

Die Proximus Versicherung AG unterteilt Deutschland in zwei Gefahrenzonen.

In **Zone 2** werden explizit Postleitzahlengebiete genannt. Diese Zone ist ebenfalls zu wählen, wenn der der/die Versicherungsnehmer/-in bereits einen Vorschaden in den letzten zehn Jahren hatte. Als Prämie sind hierfür 0,50 ‰ der Versicherungssumme anzusetzen.

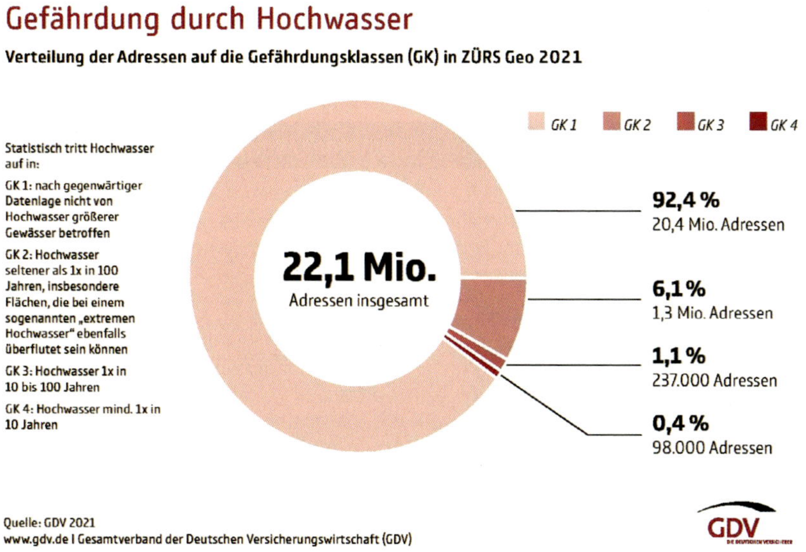

Gefährdung durch Hochwasser – Verteilung der Adressen auf Gefährdungsklassen in ZÜRS Geo

In **Zone 1** sind alle anderen Postleitzahlengebiete, aber nur, wenn kein Vorschaden in den letzten zehn Jahren vorlag. Als Prämie sind hier 0,20 ‰ der Versicherungssumme anzusetzen.

Voraussetzung für den Einschluss von Elementargefahren

Ziffer 3 Basis VHB 2021

- Die Versicherungssumme beträgt mind. 650,00 € je Quadratmeter Wohnfläche.
- Je Schadenfall beträgt die Selbstbeteiligung 500,00 €.
- Es handelt sich um kein Wochenend-, Ferien-, Gartenhaus oder eine Zweitwohnung.
- Es liegt nicht mehr als ein Vorschaden in den letzten zehn Jahren vor.

3 Geltungsbereich der Hausratversicherung

Versicherungsnehmer/-innen müssen wissen, dass in der Hausratversicherung nicht nur die selbst bewohnte Wohnung mitversichert ist, sondern auch Räume oder Abstellflächen, die sich außerhalb dieser Wohnung befinden. Hier gilt es während des Beratungsgespräches zu überprüfen, welche Räume der/die Versicherungsnehmer/-in außerhalb ihrer Wohnung benutzt, bzw. ob es noch andere Stellflächen gibt, wie einen Keller oder einen angemieteten Lagerraum oder ähnliches.

Beispiel

Eine VN lagert in ihrem zur Wohnung gehörenden Keller diversen alten Hausrat sowie in einem angemieteten Lagerraum weiteren Hausrat, der nicht mehr im eigenen Keller untergebracht werden konnte. Während der Keller zum Versicherungsort gehört und die darin enthaltenen Hausratgegenstände entsprechend mitversichert sind, muss für den Lagerraum eine gesonderte Versicherung abgeschlossen werden.

Ziffer 10 VHB 2021

3.1 Versicherungsort

Der Versicherungsort ist die Wohnung oder das Haus des/der Versicherungsnehmers/-in, die/das in der Police steht.
Dazu zählen:

Gebäudebestandteil	Erläuterung/Beispiel
privat genutzte Räume, die Wohnzwecken dienen	Versichert sind alle Räume, die der VN privat nutzt. Hierzu zählt jedoch auch das Büro, das der VN als Homeoffice nutzt. Sollte der Raum jedoch durch einen extra Eingang betretbar **und** rein gewerblich genutzt werden, dann zählt dieser nicht zum Versicherungsort. **Beispiel** Ein VN ist Physiotherapeut und nutzt einen Raum in seiner Wohnung als Behandlungsraum, der durch einen gesonderten Eingang betreten wird. Der Behandlungsraum gehört nicht zum Versicherungsort. Müssen Patienten aber durch die Wohnung des VN gehen, so zählt der Raum, trotz gewerblicher Nutzung, zum Versicherungsort.
Balkone, Loggien und Terrassen, sofern unmittelbar an die Wohnung angrenzend	Somit wären Gartenmöbel, die auf der Terrasse durch einen Brand zerstört werden, mitversichert, obwohl sie sich außerhalb der Wohnung befinden. Dafür muss sich die Terrasse aber unmittelbar am Haus befinden. **Beispiel** Ein VN hat sich eine Terrasse in der Mitte seines Gartens gebaut, da dort viel Sonne scheint. Diese Terrasse wäre kein Versicherungsort.
gemeinschaftliche genutzte, verschließbare Räume · **Kellerräume** · **Waschräume** · **Speicher** · **Fahrradkeller**	Solange die versicherten Sachen in den genannten Räumen aufbewahrt werden, sind sie mitversichert. Hausrat in gemeinschaftlich genutzten Räumen ist dort allerdings nur versichert, solange dieser dort bestimmungsgemäß steht. Diese Räume müssen sich auf dem Versicherungsgrundstück befinden. **Beispiel** Ein Fahrrad im Waschkeller steht dort nicht bestimmungsgemäß und wäre nicht versichert, sondern nur im Fahrradkeller oder Keller eines VN. Die Waschmaschine im gemeinschaftlichen Waschkeller ist hingegen mitversichert.
vom VN privat **genutzte Räume in Nebengebäuden und Garagen,** sofern auf dem Versicherungsgrundstück	Auch der Hausrat, der in der Garage gelagert wird, ist mitversichert. **Beispiel** Ein VN lagert in seiner am Haus angrenzenden Garage den Rasenmäher, Gartenwerkzeug und seinen Grill. Diese Sachen sind auch dort mitversichert.
privat genutzte **Garagen,** wenn sie in der Nähe der Wohnung liegen und im Antrag genannt wurden	Eine Entfernungsbegrenzung gibt es hierzu zwar nicht, aber die Garage sollte in der Nähe sein. Der VN muss diese nicht von der Wohnung aus sehen können.

Ziffer 12 VHB 2021

3.2 Außenversicherung

Begriff und Geltungsdauer der Außenversicherung

Der Hausrat von Versicherungsnehmern/-innen ist auch unterwegs über die Außenversicherung versichert und zwar weltweit. Dies bedeutet, selbst wenn sich die versicherten Sachen außerhalb des

Versicherungsortes befinden, sind sie mitversichert, denn jeder nimmt gelegentlich Sachen mit zur Arbeit, zum Sport oder in den Urlaub und möchte dort ebenfalls Versicherungsschutz genießen.

Beispiel

In das Hotelzimmer einer VN wird eingebrochen und die Geldbörse sowie der Laptop entwendet. Obwohl sich die VN außerhalb des Versicherungsortes befand, sind ihre Sachen trotzdem gegen Einbruchdiebstahl über die Außenversicherung mitversichert.

Wichtig ist hierbei, dass sich die Sachen im **Eigentum des Versicherungsnehmers** befinden oder diese dem **Gebrauch des Versicherungsnehmers** dienen. Gleiches gilt auch für Sachen von Personen, die mit dem/der Versicherungsnehmer/-in in einer häuslichen Gemeinschaft leben.

Beispiel

Ein VN hat sich für seinen Urlaub Skier, Skischuhe und Skistöcke ausgeliehen. Diese werden bei einem Brand in einem Hotel zerstört und sind entsprechend mitversichert, obwohl sie ihm gar nicht gehören, da sie dem VN zum Gebrauch dienen.

Mitversichert ist auch Hausrat, den sich Versicherungsnehmer/-innen erst im Urlaub kaufen.

Beispiel

Eine VN kauft sich im Urlaub eine neue Handtasche, die leider bei einem Brand im Hotel zerstört wird. Da die VN vorhatte, die Tasche auch mit nach Hause zu nehmen und dementsprechend ihrem Hausrat zuzufügen, ist die Tasche mitversichert.

Über die Außenversicherung wird allerdings nur geleistet, wenn sich der Hausrat lediglich **bis zu drei Monaten außerhalb des Versicherungsortes** befindet.

Beispiel

Lagert ein VN Hausrat schon seit einem Jahr bei einem Bekannten im Keller, weil sein eigener zu klein ist, dann ist dieser nicht über die Außenversicherung mitversichert.

Im Rahmen der Außenversicherung gilt der Grundsatz: **Fremdversicherung vor Außenversicherung**, das heißt, sollte eine weitere Versicherung vorhanden sein, die zur Leistung verpflichtet wäre, wird erst diese in Anspruch genommen, bevor die Außenversicherung eintrittspflichtig ist.

Umkehrung des Grundsatzes Außenversicherung vor Fremdversicherung gilt, wenn sich die Fremdversicherung auf Gegenstände von Gästen und Besuchern im Haushalt des/der Versicherungsnehmers/-in bezieht. Dies gilt auch bei Eigentum von Gästen in Hotels oder bei Gebrauchsgegenständen von Betriebsangehörigen, denn ein Hotelinhaber kann gar nicht einschätzen, in welcher Höhe die Gäste Eigentum mitbringen.

Unselbstständiger Hausstand während einer Ausbildung oder einem Freiwilligendienst

Wenn sich ein/eine Versicherungsnehmer/-in oder eine Person aus seiner/ihrer häuslichen Gemeinschaft länger außerhalb der Wohnung aufhält und Hausrat dazu mitgenommen hat, dann gilt Versicherungsschutz während

- der Ausbildung,
- des Studiums,
- einem freiwilligen Wehrdienst oder
- einem sonstigen gesetzlichen freiwilligen Dienst,

solange keine selbstständige Lebensführung in der Wohnung möglich ist.

Beispiel

Ein Student zieht in eine andere Stadt und nimmt die Möbel seines Zimmers mit. Hier bezieht er ein Zimmer in einem Studentenwohnheim. Eine Gemeinschaftsküche auf dem Gang wird von mehreren Studierenden genutzt.

Durch die fehlende Küche ist keine eigene Lebensführung möglich und somit ist der Hausrat auch länger als drei Monate über die Außenversicherung versichert. Hier muss allerdings die Entschädigungsgrenze der Außenversicherung, nämlich 10 % plus Vorsorge, max. 10.000,00 €, ebenfalls berücksichtigt werden und ausreichend sein.

Versicherte Gefahren in der Außenversicherung

Versicherungsschutz besteht in der Außenversicherung gegen alle versicherten Gefahren. Allerdings gibt es zwei Besonderheiten:

Besonderheit bei Raub

Droht der Räuber eine Gewalttat mit Gefahr für Leib und Leben an, besteht in der Außenversicherung nur dann Versicherungsschutz, wenn die angedrohte Gewalttat an Ort und Stelle verübt wird. Sachen, die erst auf Verlangen des Täters herangeschafft werden, sind nicht mitversichert.

Besonderheit bei Naturgefahren

Ziffer 12.3.2 VHB 2021

Schäden durch **Naturgefahren sind nur innerhalb von Gebäuden** mitversichert.

Beispiel

Ein schwerer Sturm wütet in dem Urlaubsort eines VN. Die draußen abgestellten Skier werden durch den Sturm zerstört und sind nicht mitversichert.

Entschädigungsgrenzen der Außenversicherung

Ziffer 12.4 VHB 2021

Die größte Einschränkung bei der Außenversicherung ist die Haftungshöhe, denn der Hausrat ist hier nur zu 10 % der Versicherungssumme plus 10 % Vorsorge, maximal bis 10.000,00 € versichert.

Entschädigungsberechnung in der Außenversicherung

Beispiel

Ein VN befindet sich zurzeit im Urlaub in den Bergen. Das Urlaubshotel brennt ab und der mitgenommene Hausrat wird zerstört. Die Schadenhöhe beträgt 10.000,00 € und die Versicherungssumme 60.000,00 €.

Lösung

(60.000,00 € · 10 %) + 10 % Vorsorge = 6.600,00 €

Demnach bekommt der VN lediglich einen Schaden von 6.600,00 € bezahlt, da der Hausrat über die Außenversicherung nur begrenzt versichert ist.

Ziffer 16 VHB 2021

3.3 Wohnungswechsel

Nach einem Wohnungswechsel sollten Versicherungsnehmer/-innen dafür sorgen, dass die Hausratversicherung an die neuen Umstände angepasst wird, damit ausreichend Versicherungsschutz besteht.

Hier gibt es verschiedene Möglichkeiten und Vorschriften, die auf Versicherungsnehmer/-innen zukommen.

Umzug in eine neue Wohnung

Beim Umzug in eine neue Wohnung geht der Versicherungsschutz des Hausratvertrages auf die **neue Wohnung** über.

Während des Wohnungswechsels haben Versicherungsnehmer/-innen in **beiden Wohnungen Versicherungsschutz, längstens zwei Monate nach Umzugsbeginn**. Der Umzug beginnt in dem Moment, in dem versicherte Sachen erstmals dauerhaft in die neue Wohnung gebracht werden. *Ziffer 16.1 VHB 2021*

Beispiel

Zum 28.10. beginnt ein VN bereits Hausrat in seine neue Wohnung mitzunehmen, die er letztlich ab 01.12. komplett bewohnen möchte.
Versicherungsschutz hat er bei unverzüglicher Mitteilung vom 28.10. bis zum 28.12. in beiden Wohnungen.

Während des **Transports ist der Hausrat über die Außenversicherung** versichert.

Dies hat erhebliche Konsequenzen, falls etwas bei dem Transport geschieht, da der Hausrat nur bis zu 10 % der Versicherungssumme plus Vorsorge versichert ist.

Beispiel

Für seinen Umzug hat ein VN einen Lkw gemietet. Das Beladen des Lkw dauert den ganzen Tag, daher möchte der VN erst am nächsten Morgen zu seiner neuen Wohnung fahren.
Er stellt den Lkw mitsamt seinem Hausrat am Straßenrand ab. Nachts gerät der Lkw aufgrund einer Brandstiftung in Brand. Bei einer Versicherungssumme von 60.000,00 € bekommt der VN lediglich (60.000,00 € · 10 %) + 10 % Vorsorge = 6.600,00 € als Entschädigungsleistung.

Ein Wohnungswechsel muss dem Versicherer spätestens bei Umzugsbeginn angezeigt werden. Hierbei müssen die neue Wohnfläche und die neue Postleitzahl angegeben werden, um den Versicherungsschutz an die neuen Gegebenheiten anzupassen. Sollte der Versicherungsschutz nicht angepasst werden, **kann** es zu einer Unterversicherung kommen.

Beispiel

Die bisherige Wohnung eines VN hatte 60 m² und eine VS von 39.000,00 €. Somit war die Klausel Unterversicherungsverzicht mit eingeschlossen, da pro Quadratmeter 650,00 € VS vereinbart waren.
Sollte die neue Wohnung nun 100 m² haben, müsste der VN seine VS auf 65.000,00 € erhöhen, um wieder die Unterversicherungsverzichtsklausel zu erhalten.
Dies setzt allerdings voraus, dass sich der VN zusätzliche Möbel kauft, mit denen er die größere Wohnung einrichtet. Denn wenn vorher 39.000,00 € ausreichend für seinen Hausrat waren und er keine weiteren Einrichtungsgegenstände dazu kauft, müssten weiterhin 39.000,00 € VS ausreichen. Dann würde der Kunde allerdings keine Unterversicherungsverzichtsklausel erhalten.

Wenn im Versicherungsvertrag besondere Sicherungen, wie zum Beispiel Gitter vor den Fenstern oder Alarmanlagen, vereinbart waren, dann muss mit dem Versicherer besprochen werden, ob dies in der neuen Wohnung ebenfalls notwendig ist.

Die Anzeige des Wohnungswechsels muss in Textform (E-Mail, Telefax, Brief) erfolgen.

Doppelwohnsitz

Bewohnt ein/eine Versicherungsnehmer/-in neben der bisherigen Wohnung eine weitere neue Wohnung **(Doppelwohnsitz)**, geht der Versicherungsschutz nicht über, sondern es bleibt weiterhin die alte Wohnung versichert.

Beispiel Da ein VN in einer anderen Stadt arbeitet als er wohnt, nimmt er sich an seinem Arbeitsort eine Zweitwohnung. Die Hausratversicherung seiner bisherigen Wohnung bleibt unberührt und der VN braucht für die Zweitwohnung eine weitere Hausratversicherung.

Für eine Übergangszeit von zwei Monaten besteht jedoch Versicherungsschutz in beiden Wohnungen. Dies schützt Versicherungsnehmer/-innen vor einem eventuell nicht versicherten Schadenfall in der neuen Wohnung.

Jedoch muss hier beachtet werden, dass zwei Haushalte vorübergehend über nur einen Vertrag abgedeckt wären. Die Versicherungssumme würde nicht ausreichen, um beide Wohnungen optimal abzusichern, daher sollte so schnell wie möglich ein weiterer Vertrag geschlossen werden.

Umzug ins Ausland

Sollte ein/eine Versicherungsnehmer/-in ins **Ausland umziehen,** geht der Versicherungsschutz ebenfalls nicht auf die neue Wohnung über. Der Vertrag erlischt dann spätestens zwei Monate nach Umzugsbeginn.

Ziffer 16.5 VHB 2021

Prämienanpassung und Kündigungsrecht nach einem Umzug

- Ab Umzugsbeginn gelten die Tarifbestimmungen der neuen Wohnung.
- Wenn sich die Prämie aufgrund veränderter Prämiensätze erhöht, können Versicherungsnehmer/-innen den Vertrag kündigen. Dies muss in Textform, innerhalb eines Monats nach Zugang der neuen Prämienrechnung, geschehen. Die Kündigungsfrist beträgt ebenfalls einen Monat.

Beispiel Da ein VN in einen anderen Ort zieht, in dem eine erhöhte Sturmgefahr droht und er entsprechend für die Gefahr Sturm/Hagel einen höheren Prämiensatz zahlen muss, erhöht sich daraufhin die Prämie und der VN hat ein außerordentliches Kündigungsrecht.

Zieht ein/eine Versicherungsnehmer/-in allerdings im gleichen Ort in eine etwas größere Wohnung und vereinbart dementsprechend eine höhere Versicherungssumme, würde sich nicht der Prämiensatz erhöhen und der/die Kunde/-in hätte demzufolge auch kein außerordentliches Kündigungsrecht.

- Im Falle einer Kündigung steht dem Versicherer die Prämie anteilig bis zur Wirksamkeit der Kündigung zu.

Beispiel Eine VN erhält die neue Beitragsrechnung am 01.10. Nun hat sie einen Monat lang Zeit zu kündigen. Dies macht sie am 05.10. mit einer Kündigungsfrist von einem Monat, die dementsprechend zum 05.11. wirksam wird. Dem VR steht damit die Prämie bis einschließlich des 05.11. zu, da er bis zu diesem Zeitpunkt noch Versicherungsschutz gewährleistet.

Aufgabe einer gemeinsamen Ehewohnung

Zieht ein/eine Versicherungsnehmer/-in aus und der Ehepartner bzw. die Ehepartnerin bleibt in der alten Wohnung zurück, besteht Versicherungsschutz in beiden Wohnungen. Dies gilt solange, bis der Versicherungsvertrag geändert wird, längstens für eine Dauer von drei Monaten nach der auf den Auszug folgenden Hauptfälligkeit der Prämie.

Beispiel Die Hauptfälligkeit des Vertrags ist der 01.01.
Ein VN zieht zum 01.10. aus der gemeinsamen Wohnung aus und meldet dem Versicherer dies nicht. Dann hat er trotzdem Versicherungsschutz in beiden Wohnungen, bis längstens drei Monate nach der Hauptfälligkeit, hier also bis längstens zum 01.04. des Folgejah-

res. Das liegt daran, dass bei der Rechnung zur Hauptfälligkeit der Kunde noch einmal nach Änderungen der Wohnsituation gefragt wird.

Danach besteht Versicherungsschutz nur noch in der neuen Wohnung des/der Versicherungsnehmers/-in. Der/die in der alten Wohnung gebliebene Ehepartner/-in muss nun eine eigene Hausratversicherung abschließen. *Ziffer 16.6.1 VHB 2021*
Dies sollte generell so schnell wie möglich vorgenommen werden, da zwei Haushalte nicht optimal über einen Vertrag abgesichert sind.

Sollten **beide Eheleute Versicherungsnehmer** sein und einer von beiden ausziehen, sind ebenfalls beide Wohnungen versichert. Dies gilt bis der Versicherungsvertrag geändert wird, längstens bis zum Ablauf von drei Monaten nach der auf den Auszug folgenden Hauptfälligkeit der Prämie. *Ziffer 16.6.2 VHB 2021*
Danach besteht Versicherungsschutz nur noch in der alten Wohnung. Die Person, die in eine neue Wohnung eingezogen ist, muss nun eine eigene Hausratversicherung abschließen.

Wenn **beide Eheleute Versicherungsnehmer sind und sich beide eine neue Wohnung** suchen, dann erlischt der Versicherungsschutz für beide Wohnungen nach Ablauf der Frist von drei Monaten nach der auf den Auszug folgenden Hauptfälligkeit der Prämie. Hier müssen also beide Eheleute eine neue Hausratversicherung abschließen. *Ziffer 16.6.3 VHB 2021*

Die gleichen Regelungen wie für Eheleute gelten auch für eheähnliche Lebensgemeinschaften und eingetragene Lebenspartnerschaften, sofern beide Partner/-innen am Versicherungsort gemeldet sind.

4 Versicherte Kosten in der Hausratversicherung

Ziffer 13 VHB 2021

Über den jeweiligen Versicherungsfall hinaus sind Kosten, die entstehen, um die versicherte Sache bzw. den versicherten Ort wieder in einen gleichartigen Zustand wie er vor dem Versicherungsfall herrschte, zu versetzen, mitversichert. Hierzu zählen die folgenden Kosten:

- **Aufräumungskosten**
  Dies sind alle Kosten, die entstehen, um versicherte Sachen nach einem Schadenfall aufzuräumen, wegzuräumen, abzutransportieren oder zu vernichten.

Beispiel

Nach einem Brandschaden in der Wohnung eines VN beseitigt eine Spezialfirma die verbrannten Gegenstände und transportiert diese ab. Die Kosten hierfür werden übernommen.

- **Bewegungs- und Schutzkosten**
  Dies sind alle Kosten, die entstehen, um andere Sachen, die nicht beschädigt wurden, zu bewegen, damit der eigentlich entstandene Schaden beseitigt werden kann. Während bei den Aufräumungskosten nur versicherte Sachen aufgeräumt und abtransportiert werden, sind bei den Bewegungskosten alle Sachen (z. B. ein Baum, der von einem Dach bewegt werden muss, um einen Schaden zu beseitigen) mitversichert. Die Aufräumung dieses Baumes wäre aber wiederum nicht versichert, da der Baum keine versicherte Sache ist.

Beispiel

Eine Küche wird abgebaut, um einen Wasserschaden an der Wand zu beheben.

- **Hotelkosten**
  Dies sind Kosten für eine Übernachtung des/der Versicherungsnehmers/-in, ohne Nebenkosten, wenn das Wohnen in seiner Wohnung unzumutbar ist. Die Kosten werden bis zu dem Zeitpunkt er-

setzt, in dem die Wohnung wieder bewohnbar ist, längstens jedoch für 100 Tage. Die Entschädigung ist pro Tag auf 1 ‰ der Versicherungssumme, zuzüglich Vorsorge, begrenzt.

Beispiel
VS = 100.000,00 €
Die Küche eines VN ist abgebrannt. Da er sich deshalb nicht selbst verpflegen kann, ist es für ihn unzumutbar, dort zu wohnen, daher zieht er in ein Hotel.
Pro Tag erhält der VN: (100.000,00 € · 1 ‰) + 10 % Vorsorge = 110,00 € Entschädigung.

- **Transport- und Lagerkosten**
  Dies sind Kosten, die für den Transport von versicherten Sachen entstehen, um einen entstandenen Schaden beheben zu können.

Beispiel
Um einen Wasserschaden in einer Küche beseitigen zu können, muss die Küche abgebaut werden. Da kein Platz für die Lagerung der Küche innerhalb der Wohnung besteht, wird diese anderweitig eingelagert, bis der Schaden behoben wurde.

- **Schlossänderungskosten**
  Dies sind Kosten für ein neues Schloss, wenn der Schlüssel durch einen Versicherungsfall abhandengekommen ist.

Beispiel
Bei einem Raub wurde einer VN der Schlüssel entwendet. Sie lässt zur Sicherheit das Schloss erneuern, damit der Schlüssel nicht benutzt werden kann, um in die Wohnung einzubrechen.

- **Bewachungskosten**
  Dies sind Kosten, die entstehen, um die versicherten Sachen bewachen zu lassen.

Beispiel
Ein Fenster einer VN wurde eingeschlagen und kann deshalb noch nicht wieder geschlossen werden. Damit kein Diebstahl geschehen kann, wird die Wohnung bewacht.

- **Reparaturkosten für Gebäudeschäden**
  Dies sind Kosten, die entstehen, weil Gebäudeschäden innerhalb der Wohnung durch Einbruchdiebstahl, Raub oder den Versuch einer solchen Tat entstanden sind. Hierzu zählen auch Schäden durch Vandalismus, die nach einem Einbruch oder Raub entstanden sind.

Beispiel
Nach einem Einbruch wurden diverse Türen und Fenster von den Tätern zerstört und die Innenwände mit Farbe besprüht. Die Kosten für die Beseitigung dieser Schäden sind mitversichert.

- **Reparaturkosten für Leitungswasserschäden in Wohnungen**
  Übernahme von Reparaturkosten für Leitungswasserschäden an Bodenbelägen, Innenanstrichen oder Tapeten in Mietwohnungen (vgl. Kapitel 2.3)

Beispiel
Nach einem Leitungswasserschaden muss auch der Fußboden ausgetauscht werden. Obwohl dies ein Gebäudeschaden ist, werden die Kosten übernommen.

- **Kosten für provisorische Maßnahmen**
  Dies sind Kosten die entstehen, weil provisorische Maßnahmen ergriffen werden.

Beispiel
Nach einem Versicherungsfall verschließt ein Provisorium ein eingeschlagenes Fenster, um einen Einbruchdiebstahl zu verhindern.

Generell ist die Gesamtentschädigung für versicherte Sachen einschließlich versicherter Kosten auf die Versicherungssumme einschließlich Vorsorgebetrag begrenzt. *Ziffer 17.2 VHB 2021*

Wird die vereinbarte Versicherungssumme einschließlich Vorsorgebetrag jedoch durch einen Versicherungsfall bereits komplett ausgeschöpft, dann sind darüber hinaus versicherte Kosten in Höhe von 10 % der Versicherungssumme zuzüglich Vorsorge versichert. *Ziffer 17.4 VHB 2021*

Beispiel

VS = 100.000,00 €
Nach einem Wohnungsbrand, der einen Totalschaden verursacht hat, stünde dem Versicherungsnehmer für den Ersatz des Schadens eine Entschädigungshöhe von
100.000,00 € +10 % Vorsorge = 110.000,00 € zur Verfügung.
Sollte allerdings der Schaden höher sein, weil zusätzlich hohe Aufräumkosten für die Beseitigung der Trümmer aufgebracht werden müssen, dann stehen dem Versicherungsnehmer weitere 10 % der Versicherungssumme plus Vorsorge also
110.000,00 € · 10 % = 11.000,00 € für die versicherten Kosten zur Verfügung.

5 Klauseln in der Hausratversicherung

Die Hausratversicherung kennt sieben Klauseln, die den Versicherungsschutz erweitern.

Diese können entweder von dem/der Versicherungsnehmer/-in individuell auf ihre Bedürfnisse eingeschlossen werden oder aber sie werden vom Versicherer vorgeschrieben, damit dieser das Risiko übernimmt.

Fahrraddiebstahl

Klausel PK 7110 VHB 2021

Durch die Fahrraddiebstahlklausel können Versicherungsnehmer/-innen Fahrräder gegen Diebstahl versichern. Dies erweitert den Versicherungsschutz der Hausratversicherung enorm, da das Fahrrad nun auch gegen **einfachen Diebstahl** versichert ist. Vor allem wenn Versicherungsnehmer/-innen mit dem Fahrrad unterwegs sind, ist die Gefahr eines Diebstahls erhöht.

Ein Diebstahlversuch hingegen ist nicht mitversichert.

Beispiel

Ein VN hat sein Fahrrad draußen abgeschlossen und ist in einem Restaurant essen. Ein unbekannter Täter macht sich an dem Fahrradschloss zu schaffen, kann dieses aber nicht öffnen und beschädigt dabei das Fahrrad. Da es sich hierbei nur um einen Diebstahlversuch handelt, ist der Schaden an dem Fahrrad nicht mitversichert.

Nicht nur Fahrräder sind in dieser Klausel versichert, sondern auch **Krankenfahrstühle und E-Bikes sowie festverbundene Teile**, auch wenn nur diese entwendet werden.

Beispiel

Ein VN hat sein Fahrrad draußen verschlossen abgestellt und sein Vorderrad wird ihm gestohlen. Dieses Vorderrad ist mitversichert und der VN erhält vom Versicherer eine Entschädigungsleistung.

Eine Luftpumpe wiederum ist kein festverbundenes Teil, da diese ohne großen Aufwand vom Fahrrad gelöst werden kann. Auch ein Sattel, der per Schnellspanner befestigt ist, stellt für Diebe kein Problem dar, da dieser sich leicht öffnen lässt.

Lose mit dem Fahrrad verbundene Teile sind daher nur versichert, wenn sie mit dem Fahrrad zusammen gestohlen werden.

Um eine Leistung aus der Fahrraddiebstahl-Klausel zu erhalten, müssen Versicherungsnehmer/-innen folgende Obliegenheiten erfüllen:

- Das Fahrrad muss mit einem **verkehrsüblichen Schloss** gesichert sein. Rahmenschlösser (sind am Fahrrad befestigt) zählen nicht dazu.

Beispiel Ein VN möchte schnell aus seiner Wohnung seine vergessene Geldbörse holen und stellt daher sein Fahrrad unverschlossen neben seiner Haustür ab. In der Zwischenzeit wird das Fahrrad entwendet. Dieser Diebstahl wäre nicht mitversichert.

- Ist das Fahrrad nicht in Gebrauch so muss es **nach Möglichkeit** in einem gemeinschaftlichen Fahrradkeller abgestellt werden. Auch dort muss es durch ein Schloss gesichert sein. Ist kein Fahrradkeller vorhanden, gilt diese Vorgabe nicht.

Beispiel Da eine VN keinen Keller hat und es auch keinen Fahrradkeller gibt, stellt sie ihr Fahrrad verschlossen im Hausflur ab. Dort wird es entwendet.
Der Versicherer leistet für diesen Diebstahl. Wichtig ist hierbei wieder, dass das Fahrrad verschlossen war.

- Sollte das Fahrrad entwendet worden sein, müssen Versicherungsnehmer/-innen alle geeigneten Unterlagen über das Fahrrad beim Versicherer einreichen. Liegen diese Unterlagen nicht mehr vor, kann auch ein Foto, auf dem das Fahrrad gut zu erkennen ist, eingereicht werden.
- Versicherungsnehmer/-innen müssen den Diebstahl unverzüglich der Polizei anzeigen. Außerdem müssen sie nachweisen, dass das Fahrrad nicht innerhalb von drei Wochen seit der Anzeige des Diebstahls wieder aufgetaucht ist. Wäre dies der Fall und eine Entschädigungsleistung wäre bereits gezahlt worden, müsste diese dem Versicherer zurückerstattet werden.

§ 28 VVG Verletzt ein/eine Versicherungsnehmer/-in eine der obigen Obliegenheiten, kann der Versicherer den Vertrag kündigen oder auch ganz oder teilweise leistungsfrei sein.

Die Entschädigungsgrenze je Versicherungsfall ist auf 1 % der Versicherungssumme plus Vorsorge begrenzt. Eine andere Entschädigungsgrenze kann hier jedoch vereinbart werden, je nachdem wie teuer das Fahrrad war.

Beispiel VS = 50.000,00 €
Das Fahrrad hatte einen Neupreis von 1.000,00 €.
Man müsste also die Fahrraddiebstahlklausel mit 2 % der Versicherungssumme abschließen, damit das Fahrrad richtig versichert ist,
denn: 1.000,00 € / 50.000,00 € = 0,02; also 2 %.
Bei einem Diebstahl würde der Versicherungsnehmer dann:
(50.000,00 € + 10 % Vorsorge) · 2 %
= 55.000,00 € · 2 %= 1.100,00 € maximale Entschädigungsleistung erhalten.

Hat ein/eine Versicherungsnehmer/-in mehrere Fahrräder, muss hier geprüft werden, mit wie vielen Rädern er/sie gleichzeitig außerhalb des Versicherungsortes unterwegs ist. Dementsprechend muss die Fahrraddiebstahlklausel diese Fahrräder absichern.

Beispiel

Der VN und seine Ehefrau haben insgesamt vier Fahrräder. Wenn die Eheleute mit den Rädern unterwegs sind, werden Sie nur zwei dieser Fahrräder tatsächlich bewegen und entsprechend muss die Entschädigungshöhe in der Klausel so hoch angelegt sein, dass die beiden teuersten Fahrräder abgedeckt wären. Es würde wenig Sinn machen alle vier Fahrräder durch die Klausel abzusichern, weil die Eheleute vermutlich niemals mit allen vier Fahrrädern gleichzeitig unterwegs sein werden.
Wenn zwei E-Bikes mit einem Wert von insgesamt 5.000,00 € und zwei Mountainbikes mit einem Wert von insgesamt 3.500,00 € vorhanden sind, dann muss die Klausel für einen optimalen Versicherungsschutz einen Wert von 5.000,00 € abdecken.

Datenrettungskosten

Die Proximus Versicherung AG bietet im Rahmen der Hausratversicherung zwar Versicherungsschutz für die Hardware des Smart Home, allerdings versichert sie nicht den Verlust oder die Beschädigung von elektronisch gespeicherten Daten oder der Software.

Hierzu wäre es ratsam, die Klausel 7112 „Datenrettungskosten" einzuschließen.

Klausel PK 7112 VHB 2021

Versichert sind die Kosten für die technische Wiederherstellung von elektronisch gespeicherten Daten und Programmen, die infolge eines Versicherungsfalles verlorengegangen sind. Lediglich privat genutzte Daten sind mitversichert. Eine Wiederbeschaffung gilt dabei nicht als Wiederherstellung.

Auch der Versuch, diese Daten wiederherzustellen, ist mitversichert.

Voraussetzung zur Leistung ist, dass die Daten durch eine Substanzbeschädigung des Datenträgers verlorengegangen, beschädigt oder nicht mehr verfügbar sind.

Ausschlüsse hierbei sind:

- Raubkopien
- Daten, die auch auf einem Sicherungs- oder Installationsmedium gespeichert sind
- keine Übernahme von Kosten für neue Lizenzen

Die Höchstentschädigungsgrenze liegt bei 500,00 €.

Beispiel

Durch einen Überspannungsschaden am PC wurde die Festplatte beschädigt und Daten sind verloren gegangen. Eine Technikerin kann diese teilweise wiederherstellen und die Kosten hierfür werden bis zu einer Höhe von 500,00 € übernommen. Müssen allerdings für diverse Programme neue Lizenzkosten bezahlt werden, ist dies nicht mitversichert.

Hinweis: Weitere Ausführungen zum Thema Datenrettungskosten im Zusammenhang mit Smart Home siehe in diesem Lernfeld Teil B Kapitel 2.6.

Hausrat außerhalb der ständigen Wohnung

Klausel PK 7213 VHB 2021

Wenn sich Hausrat dauerhaft außerhalb des Versicherungsortes befindet, können Versicherungsnehmer/-innen diese Klausel abschließen. Dies gilt auch für Hausrat in einem Wohnwagen oder in einer Garage. Hat der/die Versicherungsnehmer/-in eine Zweitwohnung, so muss diese Klausel zusätzlich abgeschlossen werden.

Beispiel

In einem Lagerraum am Stadtrand hat ein VN Hausrat, wie Zelte, Skiausrüstung, einen aufblasbaren Pool und diverse andere Gegenstände gelagert, den er in seinem Haus nicht mehr unterbekommen hat. Diese wären durch die Klausel gegen die versicherten Gefahren dauerhaft abgesichert.

Allerdings gibt es hierbei Einschränkungen, weil das Risiko für den Versicherer recht groß ist, da diese versicherten Sachen unbeaufsichtigt außerhalb des eigentlichen Versicherungsortes aufbewahrt werden.

Nicht versichert sind daher:

1. In **Zweitwohnungen** eines Gebäudes, **das ständig bewohnt** ist:
   Wertsachen:
   - Bargeld und Geldbeträge, die auf Karten oder sonstigen Datenträgern gespeichert sind
   - Urkunden, Sparbücher, sonstige Wertpapiere
   - Schmucksachen, Edelsteine und Perlen
   - Briefmarken, Münzen, Medaillen
   - alle Sachen aus Silber, Gold oder Platin
   - Pelze, handgeknüpfte Teppiche und Gobelins
   - Kunstgegenstände
2. In **nicht ständig bewohnten** Gebäuden wie zum Beispiel Wochenend-, Ferien-, Land-, Jagd-, Garten- und Weinberghäusern sind ebenfalls die oben genannten Wertsachen nicht mitversichert und zusätzlich auch noch folgende Sachen:
   - Schusswaffen
   - Foto- und optische Apparate
   - Antiquitäten, die über 100 Jahre alt sind, mit Ausnahme von Möbelstücken

Klausel PK 7215 VHB 2021

Schäden durch Naturgefahren an Hausrat im Freien

Möchte der/die Versicherungsnehmer/-in seinen Hausrat, der im Freien steht, ebenfalls gegen die Zerstörung durch Naturgefahren absichern, so kann er diese Klausel abschließen.

Die Sachen müssen sich hierfür allerdings innerhalb des Versicherungsortes befinden.

Beispiel Ein VN hat unter einem Unterstand in seinem Garten einen teuren Grill stehen. Diesen kann er mit dieser Klausel gegen Sturmschäden absichern.

Klausel PK 7610 VHB 2021

Sicherheitsvorschriften

Diese Klausel wird vom Versicherer mit eingeschlossen, damit dieser ein Risiko, dass er als zu hoch einschätzt, minimiert und es absichert. Den Versicherungsnehmern/-innen werden Sicherungsmaßnahmen, die in der Wohnung zu ergreifen sind, vorgeschrieben.

Vorgaben an Versicherungsnehmer/-innen sind:

- Wenn sich niemand in der Wohnung aufhält, müssen alle Schließvorrichtungen und vereinbarten Sicherungen betätigt sein. Dies gilt nicht, wenn die Wohnung nur für sehr kurze Zeit verlassen wurde.

Beispiel Wenn der VN kurz zum häuslichen Briefkasten oder zur Mülltonne geht, ist er nicht dazu verpflichtet, beispielsweise die Alarmanlage einzuschalten.

- Alle vereinbarten Sicherungen, Schließvorrichtungen und Einbruchmeldeanlagen müssen in gebrauchsfähigen Zustand erhalten werden. Störungen, Mängel und Schäden sind unverzüglich zu beseitigen.

Beispiel Eine Alarmanlage hat ständig Fehlalarme und daher schaltet ein VN diese nicht mehr ein. Eine Firma ist bereits informiert und soll am nächsten Tag kommen und diese reparieren. Noch in der Nacht wird eingebrochen.

Hier hat der Versicherungsnehmer alles Nötige getan, um die Alarmanlage im gebrauchsfähigen Zustand zu erhalten. Es ist dem Versicherungsnehmer nicht zuzumuten, eine Alarmanlage, die ständig Fehlalarm auslöst, trotzdem weiterhin einzuschalten.
Anders sähe es aus, wenn der Versicherungsnehmer vergessen hätte, eine Firma zu beauftragen, und daher bereits seit Tagen die Alarmanlage ausgeschaltet wäre.

Verletzen Versicherungsnehmer/-innen eine dieser Obliegenheiten kann der Versicherer den Vertrag kündigen oder auch ganz oder teilweise leistungsfrei sein. *§ 28 VVG*

Beispiel

Der VR weist einen VN an, Gitter vor seinem Fenster im Erdgeschoss anzubringen, was der VN nicht veranlasst. Eine Person steigt durch das Badezimmerfenster im Erdgeschoss ein und entwendet teure Wertsachen.
Da der VN sich nicht an die Vorgaben des Versicherers gehalten hat, kann dieser ganz oder teilweise die Zahlung verweigern.

Selbstbehalt bei ungekürzter Hausrat-Versicherungssumme

Klausel PK 7710 VHB 2021

Der ersatzpflichtig errechnete Betrag für einen Versicherungsfall wird um den vereinbarten Selbstbehalt (auch Selbstbeteiligung) gekürzt.

Der **Selbstbehalt beträgt je Versicherungsfall 500,00 €.** Vorteil für den Kunden ist, dass sich seine Tarifprämie um 20 % reduziert (siehe Tarif Hausrat).

Beispiel

Nach einem Versicherungsfall läge die Entschädigungshöhe bei 1.000,00 €. Wenn der VN die Klausel PK 7710 abgeschlossen hat, bekommt er abzüglich des Selbstbehaltes noch 500,00 € ausgezahlt.

Sollten Kosten für Maßnahmen, die der der Versicherer vorgeschrieben hat, entstanden sein, kommt der Selbstbehalt hier nicht zum Abzug.

Beispiel

Der Versicherer schreibt einem Kunden, dessen Fensterscheibe durch einen Sturm beschädigt wurde, vor, ein Provisorium für 200,00 € von einer Firma anbringen zu lassen. Hier kommt die Selbstbeteiligung nicht zum Tragen und der Kunde bekommt die 200,00 € voll erstattet.

Für den Fall, dass mehrere Selbstbeteiligungen zum Tragen kommen, wird einmalig die höchste Selbstbeteiligung berücksichtigt.

Kein Abzug wegen Unterversicherung

Klausel PK 7712 VHB 2021

Grundvoraussetzung für den Abschluss dieser Klausel ist es, dass pro Quadratmeter Wohnfläche eine bestimmte **Mindestversicherungssumme** vereinbart ist.

Unterversicherungsverzicht bedeutet, dass der Versicherer im Schadenfall auf den Einwand einer Unterversicherung verzichtet. Der Versicherer übernimmt somit den entstandenen Schaden, ohne zu prüfen, ob eventuell eine Unterversicherung vorliegt.

Mit Abschluss dieser Klausel verzichtet der Versicherer auf das Kürzen seiner Leistung, wenn die Entschädigungshöhe die vereinbarte Versicherungssumme inklusive des Vorsorgebeitrags nicht übersteigt.

Voraussetzung hierfür ist, dass kein weiterer Hausratversicherungsvertrag ohne Unterversicherungsverzicht für denselben Versicherungsort besteht.

Versicherungsnehmer/-innen und Versicherer können den Unterversicherungsverzicht mit einer Frist von drei Monaten zum Ende der Versicherungsperiode in Textform (E-Mail, Telefax, Brief) kündigen. Kündigt der Versicherer diese Klausel, können Versicherungsnehmer/-innen den kompletten Vertrag zum Ende der laufenden Versicherungsperiode kündigen. Dafür haben sie nach Zugang der Erklärung des Versicherers einen Monat Zeit.

Bei einem Wohnungswechsel geht auch der vereinbarte Unterversicherungsverzicht auf die neue Wohnung über.

Verändert sich durch die neue Wohnung die Versicherungssumme, haben Versicherungsnehmer/-innen weiterhin Unterversicherungsverzicht für zwei Monate nach Umzugsbeginn. In dieser Zeit muss der Vertrag an die tatsächlichen Begebenheiten angepasst werden. Ansonsten erlischt der Unterversicherungsverzicht nach Ablauf dieser Frist, wenn keine Anpassung erfolgt ist.

6 Glasversicherung

Die Glasversicherung kann von Versicherungsnehmern/-innen als zusätzlicher Vertrag abgeschlossen werden. Sie läuft dementsprechend unabhängig von einer Hausratversicherung und kann einzeln oder zusätzlich abgeschlossen werden.

Ein Hauptverkaufsargument zum Abschluss einer Glasversicherung für Mieter einer Wohnung ist, dass bei einem Glasschaden, den dieser in seiner Mietwohnung verursacht, nicht seine private Haftpflichtversicherung, sondern ausschließlich seine Glasversicherung haftet.

Beispiel Ein VN rutscht beim Duschen aus und kommt gegen die Duschabtrennung, die sich öffnet und gegen die Wand schlägt. Dabei reißt das Glas der Duschwand. Dieser Schaden ist ausschließlich über eine Glasversicherung abzudecken, nicht über die Haftpflichtversicherung des VN als Mieter.

Generell ist der Abschluss einer Glasversicherung sinnvoll, weil, abgesehen von Vorsatz, jeder Bruchschaden am Glas versichert ist, egal durch welchen Umstand dieser zu Stande gekommen ist.

Beispiel Durch plötzlich aufkommenden Durchzug schlägt die Terrassentür zu und das Glas reißt ein. Dieser Schaden ist mitversichert.

Bestandteile der Glasversicherung

Ziffer 1 AGIB 2021 Der Versicherer entschädigt hier Glas, das durch Bruch zerstört oder beschädigt wird. Hierbei ist es egal, wodurch das Glas zerbricht.

Beispiel

Das Kind eines VN spielt im Wohnzimmer Fußball. Dabei zerbricht das Glas einer Vitrine. Dieser Schaden ist versichert, obwohl ein Angehöriger des VN diesen schuldhaft verursacht hat.

Der **Versicherungsort** sind die im Versicherungsschein bezeichneten Gebäude oder Räume von Gebäuden. Bewegliche Sachen sind nur innerhalb des Versicherungsortes versichert. *Ziffer 6 AGIB 2021*

Beispiel

Eine Glasvitrine ist nur gegen Glasbruch in der Glasversicherung versichert, wenn diese auch innerhalb der Wohnung steht. Sollte diese nach draußen gestellt worden sein, um den Raum zu streichen und dort kaputt gehen, ist dies nicht mitversichert.

Nicht versichert sind folgende Schäden

Ziffer 2 AGIB 2021

- Oberflächen oder Kanten werden beschädigt (z. B. durch Schrammen, Kratzer, Muschelausbrüche).

Beispiel

Einer VN fällt ein Aschenbecher auf ihren Glastisch. Dadurch wird dieser beschädigt, zerbricht aber nicht, sondern es wird ein sogenannter Muschelausbruch auf der Oberfläche sichtbar. Dieser nennt sich so, weil er aussieht wie eine Muschel. Das Glas wird hier zwar beschädigt, jedoch handelt sich es bei dem Muschelausbruch um einen Ausschluss und damit ist dieser nicht mitversichert.

- Randverbindungen von Fensterscheiben werden undicht.

Beispiel

Eine VN hat doppelverglaste Fenster und bei einem Fenster liegt eine Undichtigkeit vor. Mit der Zeit wird das Glas milchig, weil das Gas zwischen den Scheiben entweicht. Dies führt dazu, dass man nicht mehr durch das Glas schauen kann. Dieser Schaden ist nicht mitversichert.

- Bruch durch die versicherten Gefahren der Hausratversicherung: Wenn ein solcher Vertrag vom Versicherungsnehmer geschlossen wurde, dann erfolgt die Regulierung des Schadens nicht über die Glasversicherung, sondern über die Hausratversicherung. *Ziffer 2.2 AGIB 2021*

Beispiel

Bei einem Feuer in der Wohnung des VN wird diese zerstört, auch Fensterscheiben gehen dabei zu Bruch. Diesen Schaden übernimmt die Hausratversicherung komplett.

Dies impliziert auch, dass, falls keine Hausratversicherung, sondern nur eine Glasversicherung besteht und Glas durch ein Feuer zu Bruch gehen sollte, die Glasversicherung leistet.

Generelle Ausschlüsse

Ziffer 3 AGIB 2021

- Krieg
- innere Unruhen
- Kernenergie

Versicherte Sachen in der Glasversicherung

Ziffer 4 AGIB 2021

- fertig eingesetzte oder montierte Glasscheiben, Platten und Spiegel aus Glas (Gebäude- und Mobiliarverglasungen, Glaskeramikkochflächen)
- künstlerisch bearbeitete Glasscheiben,- platten und -spiegel bis zur vereinbarten Höhe

Ziffer 4.2 AGIB 2021

Zusätzlich versicherbar

Durch eine zusätzliche Vereinbarung können Versicherungsnehmer/-innen nachfolgendes Glas einschließen:

- Scheiben und Platten aus Kunststoff

Beispiel Eine VN hat eine Duschabtrennung aus Kunststoff und möchte diese mitversichern.

- Platten aus Glaskeramik
- Glasbausteine und Profilbaugläser
- Lichtkuppeln aus Glas oder Kunststoff
- Scheiben von Sonnenkollektoren einschließlich deren Rahmen
- Aquarien und Terrarien
- sonstige Sachen, die im Versicherungsschein ausdrücklich benannt sind

Nichtversicherte Sachen

- optische Gläser, Hohlgläser, Geschirr, Beleuchtungskörper und Handspiegel
- Photovoltaikanlagen
- Scheiben und Platten aus Glas oder Kunststoff, die Bestandteil elektronischer Daten-, Ton-, Bildwiedergabe- und Kommunikationsgeräte sind (Bildschirme von Fernsehgeräten und Monitoren, Displays von Tablets und Smartphones)
- Sachen, die bereits bei Antragstellung beschädigt sind
- Sachen in gewerblich genutzten Räumen

Ziffer 5 AGIB 2021

Versicherte Kosten in der Glasversicherung

Nicht nur in der Hausratversicherung, sondern auch in der Glasversicherung kommen im Versicherungsfall diverse Kosten auf Versicherungsnehmer/-innen zu, die der Versicherer übernimmt:

- Kosten für das vorläufige Verschließen von Öffnungen (Notverschalung, Notverglasungen)

Beispiel Nachdem ein Fenster zerstort worden ist, verschließt eine Firma bis zur Neulieferung des Glases das Fenster provisorisch mit einer Holzplatte. Die Kosten werden übernommen.

- Kosten, um versicherte Sachen zum nächsten Ablagerungsplatz abzutransportieren und sie zu vernichten (Entsorgungskosten)

Beispiel Eine Glaserei tauscht das kaputte Glasfenster aus und entsorgt die Glasscheibe kostenpflichtig. Diese Kosten werden übernommen.

- Kosten für zusätzliche Leistungen, um die sich das Liefern und Montieren von versicherten Sachen durch deren Lage verteuert (Kran- oder Gerüstkosten)

Beispiel In einer Wohnung in der 5. Etage muss eine große Glasscheibe ausgetauscht werden. Hierfür benutzt das Unternehmen, das diese Glasscheibe einbauen möchte, einen Kran, der die Glasscheibe von außen zur 5. Etage nach oben bringt.

- Kosten, um Sachen, die das Einsetzen von Ersatzscheiben behindern (Schutzgitter, Schutzstangen, Markisen usw.) zu beseitigen und wieder anzubringen.

> **Beispiel**
> Eine Firma muss extra ein Schutzgitter entfernen und stellt dieses in Rechnung. Auch diese Kosten sind über die Glasversicherung versichert.

Die Kosten für Kran- und Gerüstkosten, sowie für die Wiederanbringung und Beseitigung sind je Versicherungsfall auf den vereinbarten Betrag begrenzt.

Zusätzlich versicherbare Kosten

- Kosten, die Entstehen, um Anstriche, Malereien, Schriften, Verzierungen, Lichtfilter, Lacke und Folien auf den versicherten Sachen zu erneuern
- Kosten, die Entstehen, um Schäden an Umrahmungen, Beschlägen, Mauerwerk, Schutz und Alarmeinrichtungen zu beseitigen

7 Versicherungswert und Versicherungssumme

Grundsätzlich muss der Versicherer mit den Kunden und Kundinnen zusammen einen Versicherungswert ermitteln, der über die Versicherungssumme abgedeckt werden soll.
Dies kann entweder erfolgen, indem der/die Versicherungsnehmer/-in eine Aufstellung des kompletten Hausrates **(Wertermittlungsbogen)** macht und dessen Neuwert schätzt oder man eine Versicherungssumme pro Quadratmeter Wohnfläche zugrunde legt. Laut Proximus Versicherung AG reicht für eine optimale Absicherung eine Versicherungssumme von 650,00 € pro Quadratmeter aus. Dies bedeutet in vielen Fällen gleichzeitig, dass je größer die Wohnfläche ist, umso größer auch die Versicherungssumme ausfallen muss, da bei größerer Wohnfläche in der Regel mehr Hausrat vorhanden ist. Hier sollte der Außendienst aber genau hinsehen, denn es gibt sehr große Wohnungen mit wenig Einrichtung, aber auch kleine Wohnungen mit einer hochwertigen Einrichtung. Es liegt nun an der Kundenberatung festzustellen, wie sie die Kunden individuell berät und optimal versichert. Da manche Kunden den Wert ihrer Einrichtung nicht genau kennen und viele Dinge als unwichtig betrachten, sollte im Zweifelsfall immer der **Wertermittlungsbogen** verwendet werden.

Anzusetzender Wert für die versicherten Sachen

Ziffer 14.1 VHB 2021

Die Hausratversicherung ist eine **Neuwertversicherung,** dies bedeutet, dass die versicherten Sachen in gleicher Art und Güte neuwertig wiederbeschafft werden können. Hierbei ist es egal wie alt diese Sachen waren.

> **Beispiel**
> Der zehn Jahre alte Fernseher eines VN wird durch einen Überspannungsschaden beschädigt. Der VN bekommt vom VR einen neuen Fernseher in gleicher Art und Güte ersetzt, auch wenn der alte Fernseher bereits zehn Jahre alt war.

Sollte es sich um Kunstgegenstände handeln, ist der Wert einer vergleichbaren Sache anzusetzen, da Kunstgegenstände häufig Unikate sind und nicht mehr neu erworben werden können. Dies nennt man **Wiederbeschaffungswert**.

> **Beispiel**
> Ein Versicherungsnehmer besitzt ein Künstlergemälde mit einem Wert von 2.500,00 €, das durch einen Versicherungsfall zerstört wird. Der VR prüft, wie hoch der Wert eines vergleichbaren Gemäldes wäre und ersetzt diesen Wert.

Sollte eine versicherte Sache bereits vor dem Versicherungsfall nicht mehr verwendbar gewesen sein, dann ist der Wert vor dem Schaden anzusetzen **(gemeiner Wert)**.

Beispiel Ein VN hat in seinem Keller einen alten, defekten Fernseher gelagert, der durch einen Versicherungsfall zerstört wurde. Hier bekäme der Versicherungsnehmer nicht den Neuwert ersetzt, sondern den gemeinen Wert, also den Wert, den die Sache vor dem Versicherungsfall noch hatte.

Ziffer 14.2 VHB 2021

Versicherungssumme

Der Versicherungswert wird in der Höhe vereinbart, in der man den Wert der versicherten Sachen vermutet, damit die Kunden optimal abgesichert sind. Dies soll ohne Vorsorge der Fall sein, denn die Vorsorge von 10 % ist lediglich für zukünftige Anschaffungen der Kunden gedacht, damit diese nicht unterversichert sind.

Beispiel Der Versicherungswert beträgt 100.000,00 €, daher beträgt die VS denselben Wert. Nun hätte der Kunde durch 10 % Vorsorge noch 10.000,00 € übrig die als Puffer für etwaige zukünftige Anschaffungen genutzt werden können und die den Kunden vor einer Unterversicherung schützen.

Klausel PK 7712 VHB 2021

Unterversicherungsverzicht

Erfahrungsgemäß reicht es in den vielen Fällen aus, wenn bei einem durchschnittlichen Haushalt als Grundlage für dessen Versicherungswert 650,00 € pro Quadratmeter angerechnet werden, um optimal versichert zu sein. Wenn Versicherungsnehmer/-innen eine entsprechende Versicherungssumme vereinbaren, haben sie damit die Unterversicherungsverzichtsklausel abgeschlossen.

Diese Klausel bedeutet für Versicherungsnehmer/-innen folgendes:

Hat ein/eine Versicherungsnehmer/-in einen Schaden und es wurde Unterversicherungsverzicht vereinbart, dann wird, selbst wenn die Versicherungssumme kleiner war als der Versicherungswert, die Entschädigungssumme nicht gekürzt. Der Versicherer nimmt also keinen Abzug wegen Unterversicherung vor und entschädigt bis zur Höhe der Versicherungssumme plus 10 % Vorsorge.

Beispiel Ein Kunde hat einen Versicherungswert von 150.000,00 € vereinbart, allerdings nur eine Versicherungssumme von 100.000,00 €. Die Entschädigung des Versicherers wäre jetzt
100.000,00 € + 10 % Vorsorge= 110.000,00 €.
Hätte der Kunde die Unterversicherungsverzichtsklausel nicht vereinbart, würde der Versicherer zusätzlich kürzen.

Eine Unterversicherung besteht immer dann, wenn die vereinbarte Versicherungssumme (VS) zum Zeitpunkt des Versicherungsfalles niedriger ist als der tatsächliche Versicherungswert (VW).

Beispiel Der Versicherungswert aller versicherten Sachen des Kunden liegt bei 110.000,00 €. Läge die Versicherungssumme bspw. nur bei 95.000,00 €, so wäre der Kunde unterversichert, da die VS nicht den Versicherungswert deckt.

Eine Unterversicherung würde dazu führen, dass der Versicherer die Entschädigung wegen Unterversicherung kürzt.

Wenn der Versicherungswert bei 110.000,00 € läge und die Versicherungssumme bei 95.000,00 €, dann würde der Versicherer bei einem Schaden von 80.000,00 € und unter Berücksichtigung der Vorsorge wie folgt entschädigen:

$$\text{Entschädigung} = \frac{\text{Schadenbetrag} \cdot (\text{bisherige VS} + 10\,\%\ \text{Vorsorge})}{\text{VW}}$$

$$\text{Entschädigung} = \frac{80.000{,}00\ € \cdot (95.000{,}00\ € + 9.500{,}00\ €)}{110.000{,}00\ €} = 76.000{,}00\ €$$

Dem Kunden werden also lediglich 76.000,00 € für den Schaden bezahlt, obwohl dieser 80.000,00 € beträgt.

Grundlagen der Anpassung von Versicherungssummen und Prämie

Ziffer 14.3 VHB 2021

Ziffer 14.3.1 VHB 2021

Der Versicherer passt den Versicherungsschutz an die Entwicklung der Verbraucherpreise bzgl. Verbrauchs- und Gebrauchsgüter an. Jeden September wird vom Bundesamt für Statistik dieser Wert veröffentlicht. Zu Beginn der neuen Versicherungsperiode wird die Versicherungssumme vom Versicherer angepasst und auf volle 100,00 € aufgerundet. Diese Änderung gibt der Versicherer dann den Versicherungsnehmern/-innen bekannt.

Als Maßstab wird der sogenannte Hausratindex zugrunde gelegt, der sich aus der Veränderung des Verbraucherpreisindexes für Verbrauchs- und Gebrauchsgüter ohne Nahrungsmittel im vergangenen Jahr gegenüber dem davor liegenden Kalenderjahr ergibt.

Beispiel

1. Berechnung des Prozentsatzes, um den sich der Index verändert hat:
Basis bildet das Jahr 2015 = 100 %

Hausratindex September 2021	z. B. 110,10	
Hausratindex September 2020	z. B. 105,80	
prozentuale Veränderungen:		
Hier wird nur die erste Nachkommastelle berücksichtigt!		+ 4,3 %

Im Anpassungsjahr 2022 beträgt der so berechnete Veränderungsprozentsatz + 4,3 %. Die Versicherungssumme muss sich somit um 4,3 % erhöhen, weil der Verbraucherpreisindex gestiegen ist.

2. Berechnung der Summenanpassung für das Jahr 2022:

Aktuelle Versicherungssumme vor der Summenanpassungen	50.000,00 €
Beginn des neuen Versicherungsjahres	1. Januar 2022

4,3 % von 50.000,00 €= 2.150,00 €
50.000,00 € + 2.150,00 € = 52.150,00 €, gerundet 52.200,00 €, da auf volle 100,00 € Versicherungssumme gerundet werden muss.
Somit beträgt die Versicherungssumme nun 52.200,00 €, anstatt wie bisher 50.000,00 €.

Ziffer 14.3.3 VHB 2021

Versicherungsnehmer/-innen können dieser Änderung innerhalb eines Monats per Textform widersprechen, damit diese nicht wirksam wird. Dann bleibt der Vertrag auf dem alten Stand, dies kann dann allerdings bedeuten, dass der Kunde nicht mehr hoch genug versichert ist.

8 Grundzüge der Prämienkalkulation

Generell können einer Person, Sachen oder dem Vermögen durch verschiedene Umstände Schäden zugefügt werden, die es abzusichern gilt, denn trotz aller vorbeugenden Maßnahmen können Schadenereignisse grundsätzlich nicht vermieden werden.

Beispiel Auch wenn ein VN sehr vorsichtig ist, kann er einen schweren Sturmschaden nicht verhindern, selbst wenn er alle erdenklichen Sicherungsmaßnahmen ergriffen hat.

Um wirtschaftliche Folgen zu mildern oder auszugleichen, können private Haushalte und Wirtschaftsunternehmen hierzu aus drei Wegen wählen:

8.1 Absicherungsmöglichkeiten in der Individualversicherung

1. Inanspruchnahme des Staates

Neben Subventionen an Wirtschaftsunternehmen bietet der Staat eine Fürsorge in Form von staatlicher Sozialhilfe, die zur Existenzsicherung von Privatleuten genutzt werden kann.

Beispiel Sollte eine Hausbesitzerin ihr Haus und ihren Hausrat durch einen Brand verlieren und keine Versicherung haben, die den Schaden ersetzt, könnte sie versuchen, Sozialhilfe zu beantragen.

Als Absicherung seines Hausrats ist dies aber eine denkbar schlechte Lösung, denn solange ein Einkommen vorhanden ist, bekommt ein Geschädigter keine Leistung vom Staat.
Es wäre somit wohl ein denkbar schlechter Weg, um sich selbst oder sein Hab und Gut abzusichern.

2. Individuelle Selbsthilfe durch Zwecksparen bzw. Rücklagenbildung

Jeder Mensch könnte, anstatt eine Versicherung abzuschließen, für den Fall eines Schadens selbst finanzielle Rücklagen bilden.
Aber auch diese Variante ist denkbar ungeeignet, da sich im Einzelfall solche Risiken kaum kalkulieren lassen.

Beispiel Ein Wohnungsmieter möchte sich das Geld für die Hausratversicherung sparen und legt stattdessen Geld zurück, das er in einem Schadenfall aufwenden möchte. Bereits drei Monate nachdem er angefangen hat zu sparen, brennt seine Wohnung nieder und ein Schaden von 60.000,00 € ist entstanden. Während eine Hausratversicherung den gesamten Schaden übernommen hätte, reicht das Ersparte bei weitem nicht aus.

3. Kollektive Selbsthilfe im Rahmen einer Versichertengemeinschaft

Sie dient der finanziellen Vorsorge für den ungewissen Bedarf, indem die versicherten Risiken aufgrund laufender Beitragszahlungen bzw. Umlagen durch die Gemeinschaft finanziell ausgeglichen werden. Das Gesamtrisiko wird also von allen Mitgliedern getragen.

Beispiel Alle Versicherungsnehmer/-innen, die eine Hausratversicherung haben, zahlen den Beitrag an den Versicherer. Wenn einer dieser Haushalte einen Schaden hat, wird das Geld vom Kollektiv dazu genutzt, um diesen Schaden zu decken.

Merkmale des Versicherungsbegriffs

Eine Versicherung ist die

- **planmäßige Deckung** (Gefahrengemeinschaft wird organisiert und Beiträge kollektiv gesammelt)
- **eines im einzelnen ungewissen** (ob, wann und in welcher Höhe ist unklar)
- **insgesamt aber schätzbaren Geldbedarfs** (größtmögliche Zahl von Beobachtungen hilft bei Schätzung der Geldmenge)
- **auf der Grundlage eines zwischenwirtschaftlichen Risikoausgleichs** (Gefahrengemeinschaft gleicht Risiko aus).

Individualversicherung und Sozialversicherung

In Deutschland gibt es die Sozialversicherung und die Individualversicherung.

Die Sozialversicherung ist ein Teil des Systems der sozialen Sicherung in der Bundesrepublik Deutschland ist und gliedert sich in fünf Bereiche:

- Gesetzliche Krankenversicherung
- Gesetzliche Pflegeversicherung
- Gesetzliche Rentenversicherung
- Gesetzliche Arbeitslosenversicherung
- Gesetzliche Unfallversicherung

Die Sozialversicherung finanziert sich mithilfe des **Solidaritätsprinzips**, dies bedeutet, dass alle Beiträge in Höhe eines festen Prozentsatzes bezahlt werden. So zahlt jeder Arbeitnehmer einen unterschiedlichen Beitrag und erhält dafür die notwendige Versicherungsleistung.

Beispiel

Arbeitnehmer A, 42 Jahre alt, zahlt im Monat von 3.000,00 € Bruttolohn 7,3 % Krankenversicherungsbeitrag + 1,1 % Zusatzbeitrag = 252,00 € in die gesetzliche Krankenversicherung ein.

Arbeitnehmer B, 21 Jahre alt, zahlt im Monat von 2.000,00 € Bruttolohn ebenfalls 7,3 % Krankenversicherungsbeitrag + 1,1 % Zusatzbeitrag = 168,00 € in die gesetzliche Krankenversicherung ein.
Beide zahlen die gleiche prozentuale Beitragshöhe für die gesetzliche Krankenversicherung, egal wie alt oder krank sie sind.

Die Individualversicherung ist privatwirtschaftlich organisiert und kann ganz individuell an die Kundenbedürfnisse angepasst werden. Sie finanziert sich mithilfe des **Äquivalenzprinzips.**

Je nach Versicherungsvereinbarung berechnen sich der Beitrag und die entsprechende Leistung.

Beispiel

Alle Versicherungsnehmer/-innen mit der gleichen Postleitzahl, die eine Hausratversicherung für eine Wohnung mit 50 m², eine Versicherungssumme von 32.500,00 € und einen identischen Versicherungsschutz abgeschlossen haben, zahlen den gleichen Beitrag und bekommen die Leistung, für die sie bezahlen.

Gliederung und Merkmale der Individualversicherung

Die Individualversicherung deckt ganz individuell die Risiken von Privatpersonen, Haushalten und Betrieben ab.

Da viele Risiken bezüglich des Versicherungsschutzes gleichartig sind, wurden Versicherungszweige gebildet, wodurch verbundene und gebündelte Versicherungen entstanden sind:

Verbundene Versicherung: Sie schließt verschiedene Gefahren zu einem Versicherungszweig zusammen.

Beispiel Die Hausratversicherung versichert den Hausrat gegen die versicherten Gefahren Feuer, Leitungswasser, Raub, Einbruchdiebstahl, Vandalismus sowie Sturm/Hagel.

Wesensmerkmal der verbundenen Versicherung ist, dass die **verschiedenen Gefahren in nur einem Vertrag** mit nur einem Bedingungswerk versichert werden. Die verbundene Versicherung wird mit nur einem Antrag beantragt und in einem Versicherungsschein dokumentiert. Da der Vertrag in rechtlicher Hinsicht eine Einheit bildet, kann er normalerweise auch nur als Ganzes gekündigt werden.

Gebündelte Versicherung: Hier wird die Versicherung verschiedener Gefahren mit einem Antrag beantragt und in einem Versicherungsschein dokumentiert. Die gebündelten Versicherungen sind mehrere, voneinander unabhängige Versicherungsverträge mit jeweils eigenen Bedingungswerken. Daher können Sie auch einzeln gekündigt werden.

Beispiel Ein Kunde schließt eine Hausrat- und eine Glasversicherung ab. Diese beiden Versicherungen werden zwar gemeinsam abgeschlossen, sind aber zwei unabhängige Versicherungsverträge und können daher getrennt voneinander laufen und gekündigt werden.

Gebündelte Versicherungen werden im Bereich Gewerbe und Industrie, aber auch im Privatgeschäft (Hausratversicherung mit Elementarschadenversicherung) angeboten.

Gliederung der Individualversicherung nach Art der Bedarfsdeckung

Hier wird nach der im Versicherungsfall fälligen Leistung unterschieden.

Summenversicherung: In der Summenversicherung fehlt der exakte Maßstab zur Bestimmung des Geldbedarfs im Versicherungsfall. Hier wird eine individuelle Versicherungssumme vereinbart, die im Versicherungsfall fällig ist (abstrakte Bedarfsdeckung).

Diese Versicherungssumme wird ganz individuell vereinbart und ihr steht kein Versicherungswert entgegen.

Beispiel Ein VN wählt für seine Lebensversicherung eine Versicherungssumme von 100.000,00 €. Ein Versicherungswert ist für das Leben einer Person nicht zu ermitteln, daher nennt man dies auch abstrakte Bedarfsdeckung.

Schadenversicherung: In der Schadenversicherung wird ein tatsächlich nachweisbarer Schaden abgedeckt (konkrete Bedarfsdeckung).

Beispiel Eine VN besitzt Hausrat mit einem Wert von 100.000,00 €, den sie auch über diese Summe versichert. Sollte der gesamte Hausrat zerstört werden, erhält die VN eine Entschädigung für den konkreten Schaden.

In der Schadenversicherung gilt grundsätzlich das Bereicherungsverbot, d.h., der Geschädigte darf durch das versicherte Ereignis nicht besser gestellt werden als vor dessen Eintritt.

8.2 Versicherungstechnisches Risiko

Das versicherungstechnische Risiko bedeutet, dass selbst bei sorgfältiger Risikoprüfung und Kalkulation, trotzdem ein Restrisiko für den Versicherer besteht, dass die Risikoprämie nicht ausreicht, um die Schäden damit zu decken. Durch einen Sicherheitszuschlag, den der Versicherer auf die Risikoprämie rechnet, soll dieses Risiko minimiert werden.

Zufallsrisiko

Durch das Eintreten eines einzelnen Ereignisses werden gleichzeitig viele Schäden verursacht.

Beispiel

Am 12. Juli 1984 tobte in München ein Hagelsturm, bei dem ein versicherter Gesamtschaden von und 750 Mio. € entstand.

Irrtumsrisiko

Hier hat sich der Versicherer bei der Risikoprämienkalkulation geirrt, entweder hat er falsche Zahlen zugrunde gelegt, oder sich verrechnet.
Wenn der Versicherer hier mit falschen oder nicht mehr aktuellen Zahlen gerechnet hat, kann es sein, dass die Risikoprämie zu niedrig angesetzt und daher nicht kostendeckend ist.

Änderungsrisiko

Im Laufe der Zeit verändern sich Risiken, was ebenfalls in der Risikoprämienkalkulation mitberücksichtigt werden muss. So werden Baupreise und Autos teurer sowie Schmerzensgelder.
Auch die vermehrten Stürme in Deutschland sorgen für ein erhöhtes Vorkommen an Sturmschäden, was von den Versicherern mitberücksichtigt werden muss und zu einer eventuellen Angleichung der Risikoprämie führt.

Gesetz der großen Zahlen

Der Zufall spielt eine umso geringere Rolle, je größer die beobachtete Menge ist. Dies bedeutet, dass je größer die Anzahl der beobachteten versicherten Haushalte und deren Schäden ist, desto genauer fällt die Schadenkalkulation aus.

Beispiel

Wenn ein Versicherer 5 000 Risiken prüft und hier zehn Schäden feststellt und ein weiterer Versicherer 500 000 Risiken prüft und 2 000 Schäden feststellt, dann kann der Versicherer, der die größere Menge beobachtet hat, einen genaueren Risikobeitrag ermitteln.

Risk Management

Hierunter versteht man die im Anschluss an die Risikoanalyse folgende Planung und Durchführung von Sicherungsmaßnahmen, sowie die Kontrolle von Veränderungen im Zeitablauf.

Objektive Risikomerkmale	Subjektive Risikomerkmale
Beispiel Feuerversicherung: · Bauartklasse · Betriebsart · Brandschutzanlagen Lebensversicherung: · Alter · Geschlecht · Gesundheitszustand · Vorerkrankungen	**Beispiel** Feuerversicherung: · leichtsinniger Umgang mit offenem Feuer · nachlässige Wartung der Feuerlöscher Lebensversicherung: · arztfeindliche Einstellung · übermäßiger Alkoholkonsum
Diese Risikomerkmale können vom Versicherer bei der Beitragskalkulation berücksichtigt werden, indem im Antrag danach gefragt wird. Somit versucht der Versicherer das Risiko besser einzuschätzen.	Diese Risikomerkmale können **nicht** vom Versicherer bei der Beitragskalkulation **berücksichtigt** werden, da dies im Verhalten der VN liegt.

Der Versicherer verändert im Laufe der Jahre seinen Versicherungsschutz, ergänzt seine Versicherungsbedingungen oder formuliert Ausschlüsse, um das Risiko optimal und vertretbar abdecken zu können.

Während der Versicherer nach objektiven Risikomerkmalen im Antrag fragen und entsprechend seine Prämie anpassen kann, sind subjektive Risiken nicht kalkulierbar und ein bleibendes Restrisiko für den Versicherer.

Beispiel

Der VR fragt einen VN während der Antragstellung zu einer Hausratversicherung konkret nach der Wohnfläche, etwaigen Schäden in den letzten Jahren, der Postleitzahl und anderen Umständen, die Einfluss auf das Risiko haben, um dieses optimal einschätzen und eine passende Prämie ermitteln zu können (objektives Risiko). Der VR fragt den VN nicht, ob dieser gerne Kerzen brennen lässt oder alle Fenster schließt, wenn er das Haus verlässt (subjektives Risiko).

8.3 Kalkulation der Risikoprämie

Grundbestandteil einer Versicherungsprämie ist die Risikoprämie, die so hoch gewählt werden soll, dass das Risiko eines Schadens hiermit abgedeckt ist.

Im Folgenden bauen alle Berechnungen auf einem Beispiel auf, auf das immer wieder Bezug genommen und mit dessen Daten gerechnet wird.

Schadenbedarf

Der Schadenbedarf gibt die Höhe an Gesamtschäden an, die auftreten können.

Diese Berechnungen stützen sich auf Statistiken, die nach dem Gesetz der großen Zahlen Auskunft über die Schadenwahrscheinlichkeiten und Schadenhöhen liefern. Hier gilt also wieder, je größer die beobachtete Menge, umso genauer fällt das Ergebnis aus.

$$\text{Schadenbedarf} = \text{Schadenhäufigkeit} \cdot \text{durchschnittliche Schadenhöhe}$$

Schadenhäufigkeit

Die Schadenhäufigkeit gibt die Anzahl der Schäden (Stückzahl) an, die auftreten können.

Beispiel

Bei 10000 versicherten Haushalten sind 200 Schäden aufgetreten. Damit liegt die Schadenhäufigkeit bei 200 Stück, also 200 Schäden.

Schadenwahrscheinlichkeit

Bei der Schadenwahrscheinlichkeit wird die absolute Zahl der Schadenhäufigkeit in Prozent umgerechnet. Sie stellt die Eintrittswahrscheinlichkeit eines Schadens dar.

Beispiel

Wenn bei 10000 versicherten Risiken 200 Schäden aufgetreten sind, dann berechnet sich dieser Prozentwert wie folgt:

$$\text{Schadenwahrscheinlichkeit} = \frac{\text{Schäden}}{(\text{versicherte Risiken})} = \frac{(200)}{(10000)} = 0{,}02$$

Die Wahrscheinlichkeit, dass ein Schaden eintritt, liegt somit bei 2 %.

Durchschnittliche Schadenhöhe

Hier wird ermittelt, wie hoch ein Schaden im Durchschnitt ist. Auch die durchschnittliche Schadenhöhe wird aufgrund von Statistiken ermittelt, indem festgehalten wird, wie hoch die Gesamtentschädigung gewesen ist. Dieser Wert wird anschließend durch die Anzahl der Schäden dividiert.

Beispiel

Bei 10000 versicherten Haushalten und einer Schadenhäufigkeit (Anzahl der Schäden) von 200, betrug die Gesamtentschädigung 800.000,00 €.

$$\text{durchschnittliche Schadenhöhe} = \frac{\text{Gesamtentschädigung}}{(\text{Anzahl der Schäden})} = \frac{800.000{,}00\ €}{200} = 4.000{,}00\ €$$

Pro Schaden muss der Versicherer also eine Entschädigung in Höhe von durchschnittlich 4.000,00 € zahlen.

Berechnung der Risikoprämie

Den Gesamtschaden einer Versicherungssparte müssen alle versicherten Personen als Risikoprämie zahlen, damit dieser gedeckt ist.

Beispiel

Wenn 10000 Haushalte versichert sind und ein Gesamtschaden in Höhe von 800.000,00 € gedeckt sein muss, dann ergibt sich folgende Risikoprämie:

$$\text{Risikoprämie} = \frac{\text{Gesamtschadenhöhe}}{\text{Anzahl der versicherten Risiken}} = \frac{800.000{,}00\ €}{10000} = 80{,}00\ €\ \text{pro Jahr}$$

Alle Versicherten mit dem gleichen Risiko und der gleichen Versicherungssumme müssten somit einen Risikobeitrag in Höhe von 80,00 € im Jahr zahlen.

Risikoprämie in Promille anhand absoluter Zahlen

Um eine Risikoprämie für alle Versicherten, egal für welche Versicherungssumme oder welche Risikosituation, ermitteln zu können, werden unterschiedliche Risikomerkmale (wie Zonen laut PLZ, Zweitwohnsitz usw.) mit einem Prämiensatz pro 1.000,00 € Versicherungssumme festgelegt (sog. Promillesatz).

Beispiel

zu versichernde Risiken:	10 000 Stück
Schadenbedarf:	800.000,00 €
Risikoprämie:	80,00 €

Für die Berechnung werden der Gesamtwert der Wagnisse und die durchschnittliche Versicherungssumme benötigt.
Im Rahmen der statistischen Erhebung wird ein Gesamtwert der Wagnisse von 600.000.000,00 € (kurz: 600 Mio. €) unterstellt.
Dies entspricht einer durchschnittlichen Versicherungssumme pro Risiko von:

$$\text{durchschnittliche Versicherungssumme pro Risiko} = \frac{\text{Gesamtwert der Wagnisse}}{\text{Anzahl der versicherten Risiken}} = \frac{600 \text{ Mio. €}}{10\,000} = 60.000{,}00 \text{ €}$$

Berechnung des Risikoprämiensatzes

Beispiel

1. **Wenn die Gesamtversicherungssumme und der Schadenbedarf gegeben sind**
   - Für die Gesamtversicherungssumme von 600 Mio. € wird ein Schadenbedarf von 800.000,00 € erwartet.
   - Pro 1.000,00 € Versicherungssumme muss eine Prämie berechnet werden.
   - **Berechnung mit dem Dreisatz:**

     600 Mio. € Gesamtversicherungssumme = 800.000,00 € Schadenbedarf
     1.000,00 € Versicherungssumme = x € Schadenbedarf

$$\textbf{Risikoprämiensatz} = \frac{\text{gesamter Schadenbedarf} \cdot 1000}{\text{Gesamtversicherungssumme}} = \frac{800\,000{,}00 \text{ €} \cdot 1000}{600 \text{ Mio. €}} = 1{,}33\,‰$$

2. **Wenn die durchschnittliche Versicherungssumme und die Risikoprämie gegeben sind**
   - Für die durchschnittliche Versicherungssumme von 60.000,00 € sind 80,00 € Prämie zu zahlen.
   - Pro 1.000,00 € Versicherungssumme muss eine Prämie berechnet werden.
   - **Berechnung mit dem Dreisatz:**

     60.000,00 € = 80,00 €
     1.000,00 € = x €

$$\textbf{Risikoprämiensatz} = \frac{\text{Prämie pro Risiko} \cdot 1000}{\text{Versicherungssumme pro Risiko}} = \frac{80{,}00 \text{ €} \cdot 1000}{60.000{,}00 \text{ €}} = 1{,}33\,‰$$

Berechnung der Risikoprämie in Promille anhand von Wahrscheinlichkeiten

Für diese Berechnung werden die Schadenhäufigkeit und die Schadenausbreitung, jeweils ausgedrückt als Wahrscheinlichkeit, benötigt.

Beispiel

Wenn bei 10 000 versicherten Risiken 200 Schäden aufgetreten sind, dann berechnet sich dieser Prozentwert wie folgt:

$$\textbf{Schadenwahrscheinlichkeit} = \frac{\text{Anzahl der zu erwartenden Schäden}}{\text{Anzahl der Risiken}} = \frac{200}{10000} = \textbf{0,02}$$

Die Schadenwahrscheinlichkeit (oder Wahrscheinlichkeit der Schadenhäufigkeit) zeigt, wie viele der versicherten Risiken einen Schaden haben.

Bei einer durchschnittlichen Schadenhöhe von 4.000,00 € und einer durchschnittlichen Versicherungssumme von 60.000,00 € ergibt sich folgende Berechnung der Schadenausbreitung als Wahrscheinlichkeit:

$$\textbf{Schadenausbreitung} = \frac{\text{durchschnittliche Schadenhöhe}}{\text{durchschnittliche Versicherungssumme}} = \frac{4.000,00\text{ €}}{60.000,00\text{ €}} = \textbf{0,06666}$$

Aufgrund der Schadenwahrscheinlichkeit und der Schadenausbreitung kann nun der Risikoprämiensatz wie folgt berechnet werden:

Risikoprämiensatz für eine Einheit:
Schadenwahrscheinlichkeit · Schadenausbreitung = 0,02 · 0,066666 = 0,0013333

Risikoprämiensatz für 1000 Einheiten = 0,01333 · 1000= 1,33 ‰

Berechnung des Tarifprämiensatzes

Um den Tarifprämiensatz zu berechnen, kalkulieren Versicherer auf den Risikoprämiensatz einen Sicherheitszuschlag sowie einen Kosten- und Gewinnzuschlag.

Der Sicherheitszuschlag soll eventuelle Fehlberechnungen und das versicherungstechnische Risiko ausgleichen, während der Kosten- und Gewinnzuschlag weitere Kosten decken und Gewinn erwirtschaften soll.

Beispiel

Es wird unterstellt, dass die Proximus Versicherung AG mit einem Sicherheitszuschlag von 15 % und einem Kosten- und Gewinnzuschlag von 45 % rechnet. Weiterhin wird mit dem Risikoprämiensatz von 1,33 ‰ weiter gerechnet.

Risikoprämiensatz		1,33 ‰
+ Sicherheitszuschlag	15 %	0,20 ‰
		1,53 ‰
+ Kosten- und Gewinnzuschlag	45 %	0,69 ‰
= Tarifprämiensatz		2,22 ‰

Der Tarifprämiensatz ist jeweils in den Versicherungsbedingungen der Hausratversicherung zur Tarifierung angegeben.

Die Tarifprämie kann auch in Euro berechnet werden.

Beispiele

Es wird unterstellt, dass die Proximus Versicherung AG mit einem Sicherheitszuschlag von 15 % und einem Kosten- und Gewinnzuschlag von 45 % rechnet. Des Weiteren wird mit einer Risikoprämie in Höhe von 80,00 € gerechnet.

Risikoprämie	80,00 €
+ Sicherheitszuschlag 15 %	12,00 €
	92,00 €
+ Kosten- und Gewinnzuschlag 45 %	41,40 €
= Tarifprämie	133,40 €

8.4 Tarifierung des zu versicherten Risikos

Allgemeines zur Hausratversicherung

Tarif Basis VHB 2021

Der Tarif Hausrat der Proximus Versicherung AG sieht eine **Mindestjahresprämie** von **40,00 €** ohne Versicherungsteuer bzw. einen **Monatsbeitrag von mindestens 5,00 €** vor.

Schließt der Kunde einen **3-Jahres**-Vertrag ab, so erhält er **10 % Dauernachlass**. Schließt er lediglich einen Jahresbeitrag ab, entfällt dieser Nachlass.

Als **Versicherungsperiode gilt der Zeitraum von einem Jahr**.

Den Kunden stehen hier eine **monatliche, vierteljährliche, halbjährliche oder jährliche Zahlung** zur Auswahl. Bei vierteljährlicher, halbjährlicher oder jährlicher Zahlung wird ein Zahlweisenachlass[1] gewährt, z. B. 5 % bei jährlicher Zahlung.

Außerdem gilt in der Hausratversicherung eine **Versicherungsteuer von 16,15 %.**

Wählt der Kunde eine Versicherungssumme von 650,00 € pro Quadratmeter, so hat er automatisch die Unterversicherungsverzichtsklausel abgeschlossen.

Schließt der Kunde die Klausel 7710 ab, so erhält er auf die Tarifprämie einschließlich aller Zuschläge 20 % Rabatt.

Tarifzonen in der Hausratversicherung

Die Versicherer arbeiten mit drei bis sechs Tarifzonen, die nach Postleitzahlen unterteilt sind (ED- und Sturmgefahr; separate Tarifzonen für Elementarschäden).

Die Proximus Versicherung AG arbeitet mit sechs unterschiedlichen Tarifzonen:

Zone	Postleitzahlbereich (Auszug)
1	36404–37072
2	17235–17247
3	45525–45656
4	59174–59226
5	47051–47440
6	63065–63109

Dabei gilt, je höher die Zone, umso größer ist das Risiko für den Versicherer und dementsprechend höher ist auch der Prämiensatz für die Kunden.

Beispiel

VN Nr. 1, der in der an einem Ort mit der Postleitzahl 12240 wohnt, befindet sich in Zone 2 und zahlt damit für seine Hauptwohnung einen Prämiensatz von 2,00 ‰.
VN Nr. 2, der in der an einem Ort mit der Postleitzahl 59180 wohnt, befindet sich in Zone 4 und zahlt hingegen für seine Hauptwohnung einen Prämiensatz von 3,20 ‰.

1 Die unterjährige Zahlung wird in der Praxis unterschiedlich gehandhabt. Bei der Proximus Versicherung AG gibt es den Zahlweisenachlass, andere Gesellschaften definieren den Versicherungsbeitrag als Jahresbeitrag und verlangen bei unterjähriger Zahlweise entsprechende Teilzahlungszuschläge. Einige Versicherer machen sogar keine Beitragsunterschiede bei unterschiedlichen Zahlweisen, hier ist dann der Monatsbeitrag = Jahresbeitrag : 12. In diesem Lehrbuch wird durchgehend ein Zahlweisenachlass verwendet.

Bei VN Nr. 2 ist das Risiko eines Einbruchdiebstahls oder eines Sturmschadens höher als bei VN Nr. 1, daher ist der Vertrag für VN 2 teurer.

Nutzung der Wohnung

a) Hausrat in ständig bewohnten Wohnungen
b) Hausrat in nicht ständig bewohnten Wohnungen in einem ständig bewohnten Gebäude
Hier muss zusätzlich Klausel PK 7213 vereinbart werden.
c) Hausrat in nicht ständig bewohnten Wohnungen in einem nicht ständig bewohnten Gebäude.
Hier muss zusätzlich Klausel PK 7213 vereinbart werden.

Viele Versicherer bieten Tarife für Ferienhäuser und -wohnungen außerhalb geschlossener Wohngebiete nicht an.

Zuschläge und Nachlässe

Haben Versicherungsnehmer/-innen sehr viele **Wertsachen** und reicht eine Entschädigungsgrenze für Wertsachen in Höhe von von 20 % der Versicherungssumme nicht aus, kann diese Entschädigungsgrenze auf bis zu 50 % erhöht werden.

Haben Versicherungsnehmer/-innen eine **Einbruchmeldeanlage**, so erhalten sie einen Nachlass auf die Erhöhung der Entschädigungsgrenze für Wertsachen.

Beispiel

Ein VN wohnt in Zone 3 und möchte seine Wertsachen zu 35 % der VS versichern.
Laut Tabelle kostet dies 1,3 ‰.
Hat er eine örtliche Alarmanlage ohne automatisches Wähl- und Ansagegerät, reduziert sich der Prämiensatz um 25 %.

1,3 ‰ · 75 % = 0,975 ‰

In diesen Fällen erhalten Versicherungsnehmer/-innen einen Rabatt, da die Wertsachen durch eine Alarmanlage besser vor einem Einbruchdiebstahl geschützt sind.

Möchten Versicherungsnehmer/-innen die Fahrraddiebstahlklausel PK 7110 abschließen, ist dies in Schritten von je einem Prozent der Versicherungssumme möglich.

Beispiel

Eine VN möchte ihr Fahrrad zu 3 % der VS versichern und wohnt in Zone 4.
0,60 ‰ · 3 = 1,8 ‰ Kosten für die Fahrraddiebstahlklausel

Schema zur Berechnung der Tarifprämie in der Hausratversicherung

Tarifbeitrag in Promille[1]
· Versicherungssumme
– Rabatte/Nachlässe in Prozent
– Zahlweisenachlass in Prozent
: Anzahl der Raten

= Versicherungsentgelt
+ Versicherungsteuer

= zu zahlender Betrag gemäß Zahlweise

1 Grundbeitragssatz in Promille und Beiträge für zusätzliche Einschlüsse/Zuschläge (z. B. Klauseln) in Promille können zusammengefasst werden.

Hinweis
Beiträge, Zuschläge, Rabatte/Nachlässe und Versicherungsteuer werden – auch innerhalb der Beitragsberechnung – **auf volle Cent gerundet.**

Zuschläge
z.B. Zuschläge für erweiterten Versicherungsschutz (z.B. Fahrraddiebstahl oder Erhöhung der Entschädigungsgrenze für Wertsachen)

Rabatte
z.B.
Risikorabatt (z.B. für Einbruchmeldeanlagen)
Zahlweisenachlass (z.B. 5 % bei jährlicher Zahlweise)
Kostenrabatt (z.B. 10 % bei langfristigen Verträgen)

Merke
- Zuschläge oder Rabatte in Promille werden zu einem Tarifbeitrag summiert.
- Zuschläge oder Rabatte in Prozent werden nacheinander von der jeweiligen vorangehenden Zwischensumme berechnet.

Prämienberechnung in der Glasversicherung

Die Beiträge für eine Glasversicherung sind immer separat zu berechnen, da es sich um einen rechtlich selbstständigen Vertrag handelt (gebündelter Vertrag).

Bei der Glasversicherung liegen die jährliche **Mindestprämie bei 20,00 €** und die **monatliche Mindestprämie bei 5,00 €**. Genau wie in der Hausratversicherung gelten die gleichen Dauer- und Zahlweisenachlässe.

Die **Versicherungsteuer** bei der Glasversicherung liegt bei **19 %**.

Um die Glasversicherung abzuschließen, wird hier zwischen

- Einfamilienhaus und Wohnung im Mehrfamilienhaus unterschieden.
- Die Prämie richtet sich nach der Wohnfläche (Hier kann der Jahresbeitrag einfach abgelesen werden.)
- Zusätzlich sind Aquarien versicherbar.
- Künstlerisch bearbeitete Scheiben, Sonderkosten für Gerüste und Kräne, Beseitigung von Hindernissen sind jeweils bis 500,00 € prämienfrei mitversichert, darüber kostenpflichtig.

Angebotsberechnung

Beispiel

Ein VN beantragt folgende Hausratversicherung:
Einfamilienhaus, Wohnfläche 70 m², Postleitzahl des Wohnortes 45535, Vereinbarung von Klausel PK 7712 und PK 7110 mit 2 % der VS. Eine Glasversicherung soll ebenfalls abgeschlossen werden. Der VN wünscht eine 3-jährige Vertragsdauer und jährliche Zahlweise.

Vorgehensweise für den Beitrag der Hausratversicherung

1. Gefahrenzone aufgrund der Postleitzahl ablesen
2. Versicherungssumme berechnen
3. Promille addieren

4. Eventuelle Zuschläge und Rabatte beachten
5. Zahlweise beachten
6. Versicherungsteuer beachten
7. Berechnung der Tarifprämie laut Schema

zu 1: Zone 3

zu 2: 70 m² · 650,00 €= 45.500,00 €

zu 3:

Hauptwohnung: Hausrat in ständig bewohnten Wohnungen	2,3 ‰
Klausel PK 7712 Berücksichtigt bei Höhe der Versicherungssumme	
Klausel PK 7110	0,50 ‰ · 2 =1,0 ‰
Summe	3,3 ‰

zu 4. bis 7.:

45.500,00 € zu 3,3 ‰	150,15 €
– 10 % Dauernachlass	15,02 €[1]
	135,13 €
– 5 % Zahlweisenachlass	6,76 €
	128,37 €
+ 16,15 % Versicherungsteuer	20,73 €
= jährliche Prämie	149,10 €

Vorgehensweise für den Beitrag der Glasversicherung

1. Jahresbeitrag ablesen
2. eventuelle Zuschläge und Rabatte beachten
3. Zahlweise beachten
4. Versicherungsteuer berücksichtigen
5. Berechnung der Tarifprämie laut Schema

zu 1. bis 5.:

70 m² Einfamilienhaus	48,00 €
– 10 % Dauernachlass	4,80 €
	43,20 €
– 5 % Zahlweisenachlass	2,16 €
	41,04 €
+ 19 % Versicherungsteuer	7,80 €
= jährliche Prämie	48,84 €

8.5 Zahlung der Erstprämie und Beginn des Versicherungsschutzes

Beginn des Versicherungsschutzes

Der Versicherungsschutz beginnt, wenn ein/eine Versicherungsnehmer/-in die Erst- oder Einmalprämie rechtzeitig gezahlt hat.

In der Hausratversicherung gilt die **erweiterte Einlösungsklausel**, was für Versicherungsnehmer/-innen bedeutet, dass sie bei rechtzeitiger Zahlung rückwirkend ab dem technischem Beginn, also dem Beginn laut Police, auch Versicherungsschutz haben.

Fälligkeit der Erst- oder Einmalprämie

Ziffer 15.2.1 VHB 2021

Rechtzeitig wurde eine Prämie gezahlt, wenn der/die Versicherungsnehmer/-in dies nach Erhalt des Versicherungsscheines unverzüglich nach Ablauf von 14 Tagen getan hat.

Ziffer 15.2.2 VHB 2021

Zahlt die Person zu einem späteren Zeitpunkt, hat sie auch erst ab diesem Versicherungsschutz, sofern der Versicherer darauf hingewiesen hat.

Ziffer 15.2.3 VHB 2021

Zahlt ein/eine Versicherungsnehmer/-in die Prämie nicht, so kann der Versicherer vom Vertrag zurücktreten, solange die Person die Nichtzahlung zu vertreten hat.

Siehe hierzu auch **Lernfeld 2** in diesem Lehrbuch.

8.6 Nach- und Rückbeiträge

Tageberechnung (vereinfachtes Pro-rata-Temporis-Verfahren)
Monat: 30 Tage
Jahr: 360 Tage

Nachbeiträge

Nachbeiträge werden erhoben, wenn bei einem bestehenden Vertrag während der Versicherungsperiode die Versicherungssumme erhöht oder der Versicherungsschutz erweitert wird, z.B. durch den Einschluss von Klauseln. Nachbeiträge werden in der Hausratversicherung üblicherweise nach Tagen (p. r. t. = pro rata temporis) berechnet. Dabei werden die Tage vom Änderungstag bis zum Ende der Versicherungsperiode bzw. bei Ratenzahlung bis zum Ende der jeweiligen Beitragsperiode berechnet.

Berechnung des Nachbeitrages

Beispiel

Bei einer bestehenden Hausratversicherung (Versicherungsperiode vom 01.02. bis 01.02.) erhöht der VN am 15.08. wegen umfangreicher Neuanschaffungen die VS von bisher 60.000,00 € zu 2,8 ‰ auf 70.000,00 € und schließt die Klausel Fahrraddiebstahl (Zuschlag 0,5 ‰) ein.

Änderungen des Vertrages
Die VS erhöht sich:
vorher: 60.000,00 € zu 2,8 ‰ = 168,00 € (ohne Versicherungsteuer)
jetzt: 70.000,00 € zu 3,3 ‰

1 Auf den Cent genau mit zwei Nachkommstellen rechnen!

Der bestehende Vertrag wird geändert und für den Rest der Versicherungsperiode wird ein Nachbeitrag erhoben, da die Jahresprämie bereits gezahlt ist.

Tageberechnung

Versicherungsperiode 1.02.-1.02. Änderung am 15.08.

15.08.-30.08	16 Tage
Sept., Okt., Nov., Dez., Jan (5 · 30)	150 Tage
	166 Tage

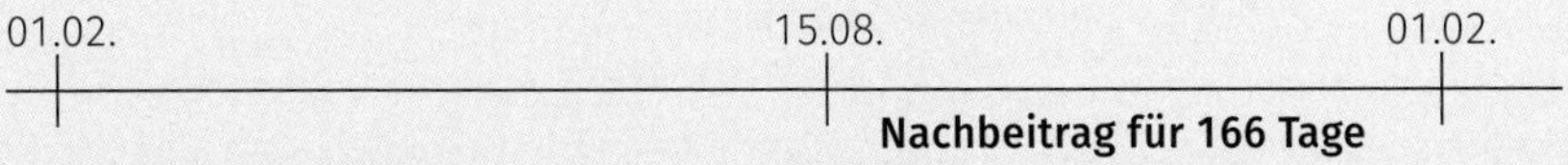

neuer Jahresbeitrag (ohne Versicherungsteuer)

70.000,00 € zu 3,3 ‰	231,00 €
– 5 % Ratennachlass	11,55 €
	219,45 €

alter Jahresbeitrag (ohne Versicherungsteuer)

60.000,00 € zu 2,8 ‰	168,00 €
– 5 % Ratennachlass	8,40 €
	159,60 €

neuer Jahresbeitrag	219,45 €
– alter Jahresbeitrag	159,60 €
= Mehrbeitrag	**59,85 €**

Berechnung des Mehrbeitrags für 166 Tage

360 Tage = 59,85 €
166 Tage = x €

$$x = \frac{166 \cdot 59{,}85\ €}{360} = 27{,}60\ €$$

Mehrbeitrag	27,60 €
+ 16,15 Versicherungsteuer	4,46 €
= Nachbeitrag	**32,06 €**

Rückbeiträge

Endet der Versicherungsvertrag vor Ablauf der Versicherungsperiode, so erhalten Versicherungsnehmer/-innen in bestimmten Fällen den noch nicht verbrauchten Beitrag zurück, z. B. bei

- Kündigung des Versicherers nach einem Versicherungsfall
- Kündigung des/der Versicherungsnehmers/-in nach Umzug in eine höhere Tarifzone
- Beendigung des Vertrags durch Tod des/der Versicherungsnehmers/-in
- Herabsetzung der Versicherungssumme oder des Beitragssatzes (z. B. durch Umzug in eine günstigere Tarifzone) oder Gewährung von Rabatten während der Versicherungsperiode

Rückbeiträge werden – wie Nachbeiträge – für die Restlaufzeit der Versicherungsperiode berechnet. Mit dem Rückbeitrag erhalten Versicherungsnehmer/-innen auch die gezahlte Versicherungsteuer zurück.

Berechnung des Rückbeitrages

Beispiel

Ein VN zieht von Tarifzone 2 nach Tarifzone 4 und meldet den Wohnungswechsel bei Umzugsbeginn seinem VR. Der Beitragssatz erhöht sich von 2,0 ‰ auf 3,3 ‰. Der VN kündigt daraufhin seinen Vertrag nach Ziffer 16.5 VHB 2021. Die Kündigung geht dem VR am 15.04. zu (VS 60.000,00 €, Versicherungsperiode 01.02. bis 01.02., jährliche Zahlweise).

Tageberechnung

Versicherungsperiode: 1.02.-1.02., Zugang der Kündigung beim VR: 15.04.

15.04.-30.04.	16 Tage
Mai, Juni, Juli, August, Sept., Okt., Nov., Dez., Jan. (9 · 30)	270 Tage
	286 Tage

01.02. 15.04. 01.02.

Rückbeitrag für 286 Tage

Jahresbeitrag (ohne Versicherungsteuer)

60.000,00 € zu 2 ‰	120,00 €
– 5 % Ratennachlass	6,00 €
	114,00 €

Berechnung des unverbrauchten Beitrags für 286 Tage

360 Tage = 114,00 €
286 Tage = x €

$$x = \frac{286 \cdot 224{,}00\ €}{360} = 90{,}57\ €$$

unverbrauchter Beitrag	90,57 €
+ 16,15 Versicherungsteuer	14,63 €
= Rückbeitrag	**105,20 €**

Neuordnung

Ändern Versicherungsnehmer/-innen den Vertrag während der Versicherungsperiode, z. B. durch Erhöhung der Versicherungssumme und/oder durch Einschluss weiterer Gefahren, so verlegen einige Versicherer die Hauptfälligkeit auf diesen Änderungstag. Eine Verschiebung der Hauptfälligkeit findet immer dann statt, wenn ein neuer Vertrag geschlossen wird, weil wesentliche Vertragsinhalte geändert werden. Der unverbrauchte Beitrag des bisherigen Vertrages wird dann auf den neuen Vertrages angerechnet.

Berechnung der Neuordnung

Beispiel

Eine Hausratversicherung (VS 45.000,00 € zu 2,8 ‰, Versicherungsperiode 01.02. bis 01.02.) wird am 15.06. neu geordnet. Der VN beantragt
- eine Erhöhung der VS auf 55.000,00 €
- den Einschluss der Klausel 7110 Fahrraddiebstahl, 0,5 ‰ Zuschlag
- 3 Jahre Laufzeit mit 10 % Dauernachlass

Rückbeitrag durch Neuordnung: Ein neuer Vertrag mit neuer Versicherungsperiode wird geschlossen und der alte Vertrag wird unter Verrechnung des unverbrauchten Beitrags (Rückbeitrag) aufgehoben.

Tageberechnung

Versicherungsperiode: 01.02.-1.02., Neuordnung am 15.06.

15.06.-30.06.	16 Tage
Juli, August, Sept., Okt., Nov., Dez., Jan. (7 · 30)	210 Tage
	226 Tage

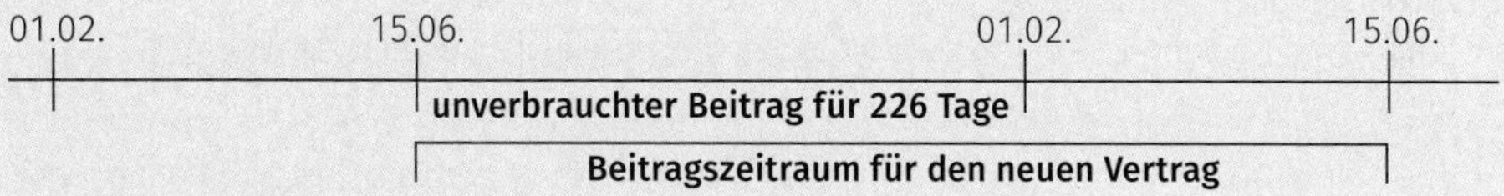

neuer Jahresbeitrag (ohne Versicherungsteuer)

55.000,00 € zu 3,6 ‰ (2,8 + 0,5 + 0,3)	198,00 €
– 10 % Dauernachlass	19,80 €
	178,20 €
– 5 % Ratennachlass	8,91 €
	169,29 €

alter Jahresbeitrag (ohne Versicherungsteuer)

45.000,00 € zu 2,8 ‰	126,00 €
– 5 % Ratennachlass	6,30 €
	119,70 €

Berechnung des unverbrauchten Beitrags für 226 Tage

360 Tage = 119,70 €

226 Tage = x €

$$x = \frac{226 \cdot 119{,}70\,€}{360} = 75{,}15\,€$$

neuer Jahresbeitrag am 15.06.	169,29 €
– unverbrauchter Beitrag	75,15 €
	94,14 €
+ 16,15 Versicherungsteuer	15,20 €
= zu zahlender Jahresbeitrag am 15.06.	**109,34 €**

9 Obliegenheiten in der Hausratversicherung

Obliegenheiten sind nicht einklagbare Nebenpflichten des/der Versicherungsnehmers/-in. Sie unterscheiden sich von den Rechtspflichten (z. B. Prämienzahlungspflicht) dadurch, dass sie zwar nicht einklagbar sind, ihre Nichterfüllung jedoch zur Kündigung oder Leistungsfreiheit des Versicherers führen kann. Versicherungsnehmer/-innen sollten die Obliegenheiten somit im eigenen Interesse einhalten.

Obliegenheiten können Versicherungsnehmer/-innen folgendermaßen verletzen:

- **arglistig:** Dies bedeutet, dass eine Person absichtlich, mit bösen Hintergedanken, die Obliegenheit verletzt.

Beispiel Ein VN lügt, um Versicherungsschutz zu erhalten oder Geld zu sparen.
Hier ist dem VN bewusst, dass er bei wahrheitsgemäßen Angaben entweder mehr bezahlen müsste oder keinen Versicherungsschutz erhalten würde, darum täuscht er den VR absichtlich.

- **vorsätzlich:** Die Person verletzt absichtlich eine Obliegenheit.
- **grob fahrlässig:** Die Person verletzt versehentlich eine Obliegenheit.
- **leicht fahrlässig**: Obwohl die Person sorgfältig war, hat sie eine Obliegenheit verletzt.

Auf die Folgen einer Obliegenheit muss der Versicherer die Versicherungsnehmer/-innen immer vorher schriftlich hingewiesen haben. Hat er dies unterlassen, so kann er rechtlich keine Konsequenzen aus der Obliegenheitsverletzung ziehen.

Vorvertragliche Anzeigepflicht

Wenn ein/eine Versicherungsnehmer/-in mit dem Versicherer zusammen den Antrag ausfüllt, dann hat sie die ihr gestellten Fragen wahrheitsgemäß zu beantworten. Tut sie dies nicht, liegt eine vorvertragliche Anzeigepflichtverletzung vor. (siehe hierzu auch Lernfeld 2)

Beispiel Ein Versicherungsnehmer vergisst bei der Antragstellung zu erwähnen, dass er bereits einen Vorschaden hatte und beantwortet daher die Frage im Antrag falsch. Hier hat der Versicherungsnehmer grob fahrlässig die vorvertragliche Anzeigepflicht verletzt.

§ 21 VVG

Folgen einer vorvertraglichen Anzeigepflichtverletzungen

Voraussetzung: Der Versicherer hat durch gesonderte Mitteilung in Textform auf die Folgen einer Anzeigepflichtverletzung hingewiesen.

Verstoß erfolgte ...	Kausalität vorhanden	Keine Kausalität vorhanden
... arglistig	• VR kann Vertrag anfechten • VR ist leistungsfrei	
... vorsätzlich	• VR hat Rücktrittsrecht • VR ist leistungsfrei	• VR ist leistungspflichtig
... grob fahrlässig	• VR hat Rücktrittsrecht • VR ist leistungsfrei	• VR ist leistungspflichtig
... leicht fahrlässig	• VR kann mit Monatsfrist kündigen • VR ist leistungspflichtig	

Die Rechte aufgrund grober oder einfacher Fahrlässigkeit kann der Versicherer nur ausüben, wenn er den Vertrag bei Kenntnis der nicht angezeigten Umstände nicht geschlossen hätte.

Trifft dies nicht zu, so kann der Versicherer rückwirkend eine andere Prämie verlangen. Sollte die Prämienerhöhung mehr als 10 % betragen, können Versicherungsnehmer/-innen fristlos kündigen.

Der Versicherer hätte auch die Möglichkeit, den nicht angezeigten Umstand auszuschließen. Auch hier haben Versicherungsnehmer/-innen ein fristloses Kündigungsrecht.

Gefahrenerhöhung

Eine Gefahrenerhöhung in der Hausratversicherung liegt immer dann vor, wenn sich das Risiko für den Versicherer ab Antragstellung erhöht.

Voraussetzung hierfür ist. dass diese Gefahrenerhöhung länger anhält und damit das Risiko eines Schadens oder den Schaden selbst erhöht.

Dies kann

- durch eine **subjektive Gefahrerhöhung** geschehen: Ein/eine Versicherungsnehmer/-in hat die Gefahrerhöhung selbst herbeigeführt. *§ 23 Abs. 1 VVG*

Beispiel Eine VN kauft sich ein Aquarium.

- durch eine **objektive Gefahrerhöhung** geschehen: Ein/eine Versicherungsnehmer/-in hat die Gefahrerhöhung unbemerkt herbeigeführt. *§ 23 Abs. 2 VVG*

Beispiel Ein VN hat als Mieter Dämmmaterial ausgetauscht und hat hierfür Material verwendet, das eine erhöhte Brandgefahr mit sich bringt, ohne dass der VN dies wusste.

Die Gefahrerhöhung kann auch von einem Dritten herbeigeführt worden sein. *§ 23 Abs. 3 VVG*

Beispiel Der Vermieter eines VN hat an dem Haus, in dem der VN wohnt, ein Gerüst aufstellen lassen.

Sonstige Gefahren erhöhende Umstände

- Durch einen Wohnungswechsel hat sich das Risiko verändert.

Beispiel Eine VN zieht in eine viel größere Wohnung in einem anderen Postleitzahlengebiet. Hier müsste die VS angepasst werden und eventuell hat sich auch die Tarifzone aufgrund der anderen Postleitzahl verändert und das Risiko ist damit größer.

- Die normalerweise ständig bewohnte Wohnung bleibt länger als 60 Tage unbewohnt.

Beispiel Eine VN geht für drei Monate ins Ausland und lässt ihre Wohnung unbeaufsichtigt. Während dieser drei Monate könnte jemand einbrechen oder ein Wasserschaden könnte unbemerkt einen erheblichen Schaden verursachen.

- Vereinbarte Sicherungen wurden beseitigt, vermindert oder sind gebrauchsunfähig.

Beispiel Ein VN lässt Gitter, die er im Erdgeschoss vor den Fenstern anbringen lassen musste, wieder entfernen, weil er diese hässlich fand. Das Risiko eines Einbruchdiebstahls ist somit viel größer.

§§ 24–26 VVG

Folgen einer Gefahrerhöhungen

Verstoß erfolgte ...	Kausalität vorhanden	Keine Kausalität vorhanden
... vorsätzlich	· VR kann fristlos kündigen (subjektive Gefahrenerhöhung) · VR kann mit Monatsfrist kündigen (objektive Gefahrenerhöhung) · VR kann höhere Prämie verlangen · VR kann höhere Gefahr ausschließen · VR ist leistungsfrei	· VR kann höhere Prämie verlangen · VR kann höhere Gefahr ausschließen · VR ist leistungspflichtig
... grob fahrlässig	· VR kann fristlos kündigen (subjektive Gefahrenerhöhung) · VR kann mit Monatsfrist kündigen (objektive Gefahrenerhöhung) · VR kann höhere Prämie verlangen · VR kann höhere Gefahr ausschließen · VR kann die Leistung je nach Schwere des Verschuldens kürzen	· VR kann höhere Prämie verlangen · VR kann höhere Gefahr ausschließen · VR ist leistungspflichtig
... leicht fahrlässig	· VR kann mit Monatsfrist kündigen · VR kann höhere Prämie verlangen · VR kann höhere Gefahr ausschließen · VR ist leistungspflichtig	

Bei objektiver Gefahrenerhöhungen gilt noch zu beachten, dass der Versicherer nur leistungsfrei ist, wenn der Versicherungsfall später als einen Monat nach Verletzung der Anzeigepflicht eingetreten ist.

Gefahrenerhöhungen nicht anzuzeigen ist deswegen eine Obliegenheitsverletzung, weil dem Versicherer verweigert wird das Risiko zu prüfen und entweder

- das Risiko abzulehnen oder
- eine höhere Prämie dafür zu verlangen.

Vertragliche Obliegenheiten

Sicherheitsvorschriften in der kalten Jahreszeit

Ziffer 21.1 VHB 2021

Versicherungsnehmer/-innen haben in der kalten Jahreszeit die Wohnung zu beheizen und dies genügend häufig zu kontrollieren. Alternativ können sie auch alle wasserführenden Anlagen entleeren und absperren.

Beispiel Eine VN hat eine Ferienwohnung in den Bergen, die sie während des Winters nicht besucht. Um Heizkosten zu sparen, hat sie die Heizung in der Ferienwohnung abgestellt. Während eines kalten Winters gefriert das Wasser in den Heizungsrohren, wodurch diese brechen. Ein erheblicher Wasserschaden ist die Folge.

Die Folgen einer Verletzung der Sicherheitsvorschriften sind in § 28 VVG geregelt.

10 Versicherungsfall und Entschädigung in der Hausratversicherung

Wenn ein Versicherer eine Schadenanzeige erhält, muss dieser folgendes prüfen:

- Besteht der Versicherungsvertrag?
- Wurde die Prämie rechtzeitig gezahlt?
- Liegt das Schadenereignis innerhalb des Vertragszeitraums?
- Handelt es sich um eine versicherte Gefahr/Sache?
- Fällt das Schadenereignis unter einen Ausschlusstatbestand?
- Hat der/die Versicherungsnehmer/-in Obliegenheiten verletzt?

Obliegenheiten während des Versicherungsfalles

Ziffer 22 VHB 2021
§ 30 VVG

Im Schadenfall haben Versicherungsnehmer/-innen den Versicherer **unverzüglich** (ohne schuldhaftes Zögern) in Kenntnis zu setzen.

Dies betrifft auch Dritte, denen die Leistung zusteht. Hier soll dem Versicherer die Möglichkeit gegeben werden, den Schaden zeitnah zu prüfen und eventuelle Beweismittel sicherzustellen (z.B. bei Brandstiftung).

Jegliche Auskünfte, die zur Feststellung des Versicherungsfalles und Schadenhöhe führen, müssen erteilt werden. Auch Dokumente oder andere Unterlagen müssen übergeben werden (Schadenformulare werden ausgefüllt; Belege und Fotos müssen ausgehändigt werden). *§ 31 VVG*

Während eines Schadens haben Versicherungsnehmer/-innen die Pflicht, diesen abzuwenden oder zu mindern, sofern dies möglich ist. Dies bedeutet, dass sie alles tun müssen, um den Schaden so klein wie möglich zu halten. *§ 82 VVG*

Beispiel

Die Tischdecke eines VN gerät in Brand. Um das Feuer zu löschen, nutzt der VN eine Decke, die er auf die offene Flamme wirft, und kann so das Feuer löschen.
Hier ist der VN seiner Schadenminderungspflicht nachgekommen und bekommt vom VR nicht nur den beschädigten Tisch, sondern auch die Decke, die er zum Löschen genutzt hat, ersetzt.

Vertragliche Obliegenheiten von Versicherungsnehmern/-innen im Versicherungsfall

- Abwendung oder Minderung des Schadens
- die Weisung des Versicherers zur Schadenabwendung oder -minderung einzuholen und umzusetzen
- strafbare Handlungen gegen das Eigentum unverzüglich der Polizei anzeigen
- das Schadenbild unverändert lassen, bis die Schadenstelle begutachtet werden konnte
- angeforderte Belege einreichen
- eventuelle Sperrung von Urkunden, Sparbüchern und Geldkarten

§ 28 VVG

Folgen einer Obliegenheitsverletzung bei und nach Eintritt eines Versicherungsfalles

Verstoß erfolgte ...	Kausalität vorhanden	Keine Kausalität vorhanden
... arglistig	VR ist leistungsfrei	
... vorsätzlich	VR ist leistungsfrei	VR ist leistungspflichtig
... grob fahrlässig	VR kann die Leistung je nach Schwere des Verschuldens kürzen	VR ist leistungspflichtig
... leicht fahrlässig	VR ist leistungspflichtig	

Entschädigung eines Hausratschadens

- Entschädigungsgrenzen bei Wertsachen sind zu beachten.
- Selbstbehalte müssen berücksichtigt werden.
- Die Vorsorge von 10 % ist zu berücksichtigen.
- Die Mehrwertsteuer wird nur ersetzt, wenn diese tatsächlich angefallen ist.
- Wurde die Sache zerstört, werden der Neuwert oder der gemeine Wert ersetzt.
- Wurden Sachen nur beschädigt, wird die Reparatur plus eine eventuelle Wertminderung ersetzt.
- Restwerte werden angerechnet (falls man die defekte Sache noch für einen Restwert verkaufen kann).

Beispiel

Bei einem Brand in der Mietwohnung einer VN wird die Küche teilweise zerstört. Als Sie das Schadenformular erhalten, können Sie folgendes ablesen:

• Zerstörung der Küche Neupreis	6.500,00 €
• Beschädigung der Essgruppe Neupreis	1.500,00 €
• Reparaturkosten	800,00 €
• Beschädigung des Holzfußbodens in der Küche.	2.230,00 €

Die Aufräumkosten belaufen sich auf 900,00 €.

Als Sie den Vertrag aufrufen, stellen Sie folgende Daten fest:
120 m² Wohnfläche, VS 78.000,00 €

Lösung

Die zerstörte Küche wird zum Neupreis ersetzt:	*6.500,00 €*
Die beschädigte Essgruppe wird repariert:	*800,00 €*
Die Aufräumkosten werden erstattet:	*900,00 €*
Entschädigungsleistung:	*8.200,00 €*

Der Holzfußboden ist Sache des Vermieters, weshalb hier keine Kostenübernahme erfolgt.

Entschädigung eines Hausratschadens bei Unterversicherung

Beispiel

Alle Daten sind hier wie im vorangehenden Beispiel, allerdings mit der Annahme, dass die Versicherungssumme 65.000,00 € statt der notwendigen 78.000,00 € (Versicherungswert) beträgt, weshalb hier eine Unterversicherung vorliegt.

Lösung

Die Entschädigungsleistung bei Unterversicherung errechnet sich wie folgt:

$$\frac{\text{Schaden} \cdot (\text{Versicherungssumme} + 10\,\%\ \text{Vorsorge})}{\text{Versicherungswert}} = \frac{8.200{,}00\ € \cdot (65.000{,}00\ € + 6.500{,}00\ €)}{78.000{,}00\ €} = 7.516{,}67\ €$$

Hier profitiert der VN von der Vorsorge in der Hausratversicherung, sonst würde der VR noch mehr Geld von der Entschädigungsleistung abziehen.

Entschädigung von Wertsachen

Beispiel

Nach einem Versicherungsfall meldet ein Kunde folgende Wertsachen als zerstört:
- Ölgemälde: 15.000,00 €
- Sparbücher und sonstige Wertpapiere: 10.000,00 €
- Briefmarken: 1.000,00 €

Folgende Vertragsdaten liegen vor:
120 m² Wohnfläche, VS 78.000,00 €

Die Entschädigungsberechnung für Wertsachen wird in folgenden Schritten vorgenommen:
1. *Feststellen der Höhe des Schadens bei den Wertsachen*
2. *Entschädigungsgrenzen der Wertsachenkategorien dem tatsächlichen Schaden gegenüberstellen*
3. *Addieren der Entschädigungshöhen unter Berücksichtigung der Entschädigungsgrenzen*
4. *Ermitteln der Entschädigungsgrenze: Versicherungssumme +10 % Vorsorge, davon 20 % für Wertsachen*

Ziffer 14 VHB 2021

Lösung

Wertsache	*Schadenhöhe*	*Entschädigungsgrenze*	*Entschädigungsleistung*
Ölgemälde	*15.000,00 €*	*keine*	*15.000,00 €*
Sparbücher	*10.000,00 €*	*3.000,00 €*	*3.000,00 €, da Entschädigungsgrenze*
Briefmarken	*1.000,00 €*	*20.000,00 €*	*1.000,00 €*
Summe			***19.000,00 €***

Aber: *Nur 20 % der VS plus 10 % Vorsorge sind an Wertsachen versichert*
= (78.000,00 € + 7.800,00 €) · 20 % = 17.160,00 €.

Daher übernimmt der VR lediglich eine Entschädigung für Wertsachen in Höhe von = 17.160,00 €.

Entschädigung von Wertsachen bei Unterversicherung

Beispiel

Alle Daten sind hier wie im vorangehenden Beispiel, allerdings mit der Annahme, dass die Versicherungssumme 65.000,00 € statt der notwendigen 78.000,00 € (Versicherungswert) beträgt, weshalb hier eine Unterversicherung vorliegt.

Lösung

Wertsache	*Schadenhöhe*	*Entschädigungsgrenze*	*Entschädigungsleistung*
Ölgemälde	*15.000,00 €*	*keine*	*15.000,00 €*
Sparbücher	*10.000,00 €*	*3.000,00 €*	*3.000,00 €, da Entschädigungsgrenze*
Briefmarken	*1.000,00 €*	*20.000,00 €*	*1.000,00 €*
Summe			***19.000,00 €***

Aber: *Nur 20 % der VS plus 10 % Vorsorge sind an Wertsachen versichert*
= (65.000,00 € + 6.500,00 €) · 20 %= 14.300,00 €.

Da der VN unterversichert ist, kürzt der VR hier die Leistung und übernimmt lediglich eine Entschädigung für Wertsachen in Höhe von = 14.300,00 €.

Entschädigung im Rahmen der Außenversicherung

In der Außenversicherung ist die Entschädigung auf 10 % der Versicherungssumme, zuzüglich 10 % Vorsorge, höchstens jedoch auf 10.000,00 € begrenzt.

Beispiel

Der Spind eines VN im städtischen Schwimmbad wird aufgebrochen und sein Portemonnaie mit 300,00 € Bargeld, seine Geldkarte auf der 2.500,00 € gespeichert sind und sein Handy im Wert von 1.000,00 € werden gestohlen.
Laut Vertragsspiegel beträgt die Versicherungssumme des VN 50.000,00 €.

Lösung

Sache	*Schadenhöhe*	*Entschädigungsgrenze*	*Entschädigungsleistung*
Bargeld und Geldkarte	*2.800,00 €*	*1.500,00 €*	*1.500,00 €, da Entschädigungsgrenze*
Handy	*1.000,00 €*	*keine*	*1.000,00 €*
Summe			***2.500,00 €***

Entschädigung maximal 10 % der Versicherungssumme plus 10 % Vorsorge
= (50.000,00 € · 10 %) + 10 % = 5.500,00 € Entschädigungsgrenze.

Somit erhält der VN eine Entschädigungsleistung in Höhe von 2.500,00 €.

Entschädigung versicherter Kosten

Die Entschädigung für versicherte Sachen und versicherte Kosten ist auf die vereinbarte Versicherungssumme zuzüglich 10 % Vorsorge begrenzt. Wenn dieser Betrag völlig ausgeschöpft wird, dann sind für die versicherten Kosten darüber hinaus bis zu 10 % der Versicherungssumme zuzüglich 10 % Vorsorge versichert.

Beispiel

Die VS der Hausratversicherung beträgt 100.000,00 €.
Die maximale Entschädigungsgrenze errechnet sich daraus wie folgt:

Versicherungssumme	100.000,00 €
+ 10 % Vorsorge	10.000,00 €
	110.000,00 €
+ weitere 10 % zur Kostendeckung	11.000,00 €
= maximale Entschädigung	121.000,00 €

Sollte der gesamte Hausrat des VN bei einem Versicherungsfall zerstört werden und der Betrag von 110.000,00 € wird dadurch bereits aufgebraucht, stehen dem VN weitere 11.000,00 € für die versicherten Kosten zur Verfügung.

Zur Abrechnung eines Versicherungsfalles liegen Ihnen folgende Rechnungen für versicherte Kosten vor:

- Aufräumkosten 4.000,00 €
- tägliche Hotelkosten von 120,00 € für 50 Tage
- Lagerungskosten 750,00 €

Lösung

Kosten	*Schadenhöhe*	*Entschädigungsgrenze*	*Entschädigungsleistung*
Aufräumkosten	*4.000,00 €*	*keine*	*4.000,00 €*
Hotelkosten	*6.000,00 €*	*1 ‰ der VS pro Tag*	*5.000,00 €*
Lagerungskosten	*750,00 €*		*750,00 €*
Summe			***9.750,00 €***

Der Versicherer zahlt hier 9.750,00 €. Auf eventuelle Entschädigungsgrenzen der versicherten Kosten muss geachtet werden.

Zahlung der Entschädigungsleistung

Ziffer 20 VHB 2021

Die Entschädigung wird fällig, wenn der Versicherer den Anspruch und die Höhe des Schadens festgestellt hat. Versicherungsnehmer/-innen können einen Monat nach Meldung des Schadens eine Abschlagszahlung, die voraussichtlich mindestens zu bezahlen ist, beanspruchen.

Beispiel

Ein VN meldet zum 01.12. einen Schaden und reicht am 06.12. Fotos und die Schadenanzeige ein. Nach Prüfung des Schadens durch einen Gutachter am 10.12. ist bis zum 15.12. noch keine Entschädigungsleistung durch den VR vorgenommen worden.
Ab 01.01. kann der VN eine Abschlagszahlung verlangen, falls der VR noch weitere Zeit zur Prüfung des Schadens benötigen sollte.

Verzinsung

Ab dem Tag der Schadenmeldung ist die Entschädigung zu verzinsen. Dies gilt nicht, wenn die Entschädigung innerhalb eines Monats ab Feststellung der Schadenhöhe geleistet wird.

Beispiel Ein VN meldet einen Schaden am 01.10. und nach Prüfung des Schadens ermittelt der VR am 05.10. die Entschädigungshöhe.
Zahlt der VR innerhalb eines Monats ab dem 01.10., so muss dieser die Entschädigungsleistungen nicht verzinsen. Zahlt der VR den Schaden aber erst am 01.12., so muss er ab dem 01.10. die Entschädigungsleistung verzinsen.

§ 247 BGB

Der Zinssatz liegt 1 % unter dem jeweiligen Basiszinssatz des BGB, mindestens aber bei 4 % und höchstens bei 6 % pro Jahr.

Beispiel Bei einem Basiszinssatz von -0,88 % (Stand Januar 2022), muss der VR also 4 % Zinsen pro Jahr auf die Entschädigungsleistung bezahlen.

Nicht zu berücksichtigen sind hier Zeitpunkte, in denen durch ein Verschulden des/der Versicherungsnehmers/-in die Ermittlung der Entschädigungshöhe beeinträchtigt wurde (Hemmung).

Sollte der Versicherer Zweifel an der Empfangsberechtigung des/der Versicherungsnehmers/-in haben oder ein behördliches oder strafgerichtliches Verfahren gegen diese Person laufen, so kann die Zahlung der Entschädigungsleistungen aufgeschoben werden.

Ziffer 24 VHB 2021

Wieder beschaffte Sachen

Erlangen Versicherungsnehmer/-innen Kenntnis über den Verbleib abhanden gekommener Sachen oder bekommen diese von der Polizei zurück, so muss dies dem Versicherer gemeldet werden. Eine bereits gezahlte Entschädigung muss zurückgezahlt werden oder der/die Versicherungsnehmer/-in händigt die Sache dem Versicherer aus.

Ziffer 24.3 VHB 2021

Erhalten Versicherungsnehmer/-innen eine beschädigte Sache wieder zurück, können sie vom Versicherer die Höhe der Reparaturkosten verlangen.

Beispiel Das Fahrrad eines VN wird aus dessen Keller gestohlen und der VR leistet eine Entschädigung in Höhe des Neuwertes von 800,00 €. Zwei Wochen später findet die Polizei das Fahrrad, jedoch wurde es beschädigt (Reparaturkosten = 250,00 €).
Der VN muss dies seiner Versicherung mitteilen und überweist der Versicherung 550,00 € zurück.

Kündigung nach einem Versicherungsfall

Jede Vertragspartei kann nach einem Versicherungsfall in Textform kündigen. Die Kündigung ist nur bis zum Ablauf eines Monats seit Abschluss des Versicherungsfalles zulässig.
Kündigt ein/eine Versicherungsnehmer/-in, wird die Kündigung mit Zugang beim Versicherer fristlos wirksam. Jedoch kann der/die Versicherungsnehmer/-in auch einen späteren Zeitpunkt der Kündigung bestimmen, spätestens jedoch zum Ende der laufenden Versicherungsperiode.

Beispiel Nach einem Schadenfall kündigt der VN am 01.02. seinen Vertrag. Diese Kündigung ist wirksam, sobald sie beim VR ankommt.

Kündigt der Versicherer, wird die Kündigung mit einer Monatsfrist nach Zugang bei dem/der Versicherungsnehmer/-in wirksam.

Beispiel Der VR kündigt dem VN am 01.02. den Vertrag. Die Kündigung erhält der VN am 03.02. Somit ist die Kündigung am 03.03. wirksam.

11 Vertragsbeendigung

Ziffer 27 VHB 2021

Hausratversicherungen können aus verschiedenen Gründen enden:

Zeitablauf

Ablauftermin	Verlängerungsklausel
· unterjährige Verträge Laufzeit < 1 Jahr (laufen automatisch aus) · ein- oder mehrjährige Verträge	Vertrag verlängert sich stillschweigend von Jahr zu Jahr, wenn er nicht fristgerecht gekündigt wurde (3 Monate vor Ablauf). Sinn: VN behält seinen Versicherungsschutz und hat weniger Aufwand für einen Neuabschluss.

Kündigung

Ordentlich	Außerordentlich
Der Vertrag kann zum Ende der Vertragslaufzeit von beiden Seiten schriftlich gekündigt werden.	Die vorzeitige Beendigung des Vertrages ist beidseitig möglich.

Rücktritt oder Anfechtung

Rücktritt	Anfechtung
Diese Möglichkeit besteht nur, wenn · die Erstprämie nicht gezahlt wurde. · die vorvertragliche Anzeigepflicht vorsätzlich verletzt wurde.	Besteht nur, wenn · eine arglistige Täuschung vorliegt. · Der Versicherer ist in einem solchen Fall von jeglicher Leistung entbunden.

Wegfall des Wagnisses

Ziffer 25 VHB 2021

Fällt das Wagnis weg, das in der Hausratversicherung versichert ist, endet der Vertrag zu dem Zeitpunkt, zu dem der Versicherer davon Kenntnis erlangt.

Beispiel

Der VN löst seinen Hausrat am 01.04. auf und zieht in ein Pflegeheim. Dies teilt er dem VR am 01.05. mit. Der Vertrag wird somit zum 01.05. aufgehoben, da der VR zu diesem Zeitpunkt Kenntnis erlangte.

Das Wagnis kann wegfallen:
- durch vollständige und dauerhafte Auflösung des versicherten Hausrates
- nach Aufnahme eines/einer Versicherungsnehmers/-in in eine Pflegeeinrichtung
- nach Aufgabe einer Zweit- oder Ferienwohnung
- durch Tod des/der Versicherungsnehmers/-in, wenn darauf folgt, dass der Haushalt vollständig und dauerhaft aufgelöst wird

Ein Wohnungswechsel gilt nicht als Wegfall des versicherten Interesses.

12 Erklärungen, Anzeigen und Klagen

Ziffer 28 VHB 2021 Alle Erklärungen und Anzeigen, die Versicherungsnehmer/-innen gegenüber dem Versicherer mitteilen, sind in Textform abzugeben. Versicherungsnehmer/-innen sollten dem Versicherer stets Änderungen der Anschrift mitteilen. Schickt der Versicherer an Versicherungsnehmer/-innen einen Brief, gilt dieser drei Tage nach Versendung als Empfangen. Gleiches gilt auch für eine nicht angezeigte Namensänderung und für eine Verlegung der gewerblichen Niederlassung.

Beispiel Ein Versicherungsnehmer ist umgezogen und hat dies dem Versicherer nicht gemeldet. Zum 01.01. schickt der Versicherer die Prämienrechnung an die ihm bekannte Adresse. Diese ist drei Tage nach Versendung wirksam und fällig.
Der Versicherungsnehmer kann sich hier nicht darauf berufen, dass die Rechnung nie bei ihm angekommen wäre, da er dazu verpflichtet ist, eine Adressänderung unverzüglich anzuzeigen.

Für Klagen aus dem Versicherungsvertrag gegen den Versicherer ist das Gericht des Ortes zuständig, an dem der Versicherer seine Niederlassung hat. Ferner ist auch das Gericht zuständig, in dessen Bezirk der/die Versicherungsnehmer/-in seinen Wohnsitz hat.

Ziffer 29 VHB 2021 Für Klagen aus dem Versicherungsvertrag gegen Versicherungsnehmer/-innen ist das Gericht zuständig, in dem der/die jeweilige Versicherungsnehmer/-in seinen/ihren Wohnsitz hat.

13 Kundenberatungsgespräche in der Hausratversicherung

Vorbemerkungen und allgemeine Hinweise

Bei jedem Kundenberatungsgespräch sind gesetzliche Regelungen zu beachten.

Diese können Sie in Lernfeld 2 Kapitel 7 sowie in Lernfeld 3 nachlesen.

Was allgemein bei Kundengesprächen bzgl. der Kommunikation zu beachten ist, finden Sie in Lernfeld 3.

Die fachlichen Hintergründe zur Hausratversicherung wurden in Lernfeld 4 Teil A in den Kapiteln 1 bis 12 behandelt.

Das folgende Kapitel fasst die spezifischen Besonderheiten für Beratungen zu Hausratversicherungen in komprimierter Form zusammen, ohne den Anspruch auf Vollständigkeit zu erheben, denn es gibt so viele Arten von Kundenberatungsgesprächen, wie es Kundinnen und Kunden gibt.

13.1 Zielgruppen für Hausratversicherungen

Zunächst stellt sich die Frage: **Wer braucht eigentlich eine Hausratversicherung?**

Die Antwort ist recht einfach: Alle Personen, die über einen eigenen Hausstand verfügen, sollten darüber nachdenken, ihr Hab und Gut mit einer Hausratversicherung zu versichern. Hierdurch werden die Versicherungsnehmer/-innen im Schadenfall vor finanziellen Verlusten geschützt.

Es spielt keine Rolle, ob die Person alleine in einer kleinen Wohnung wohnt oder ob es sich um eine Familie handelt, die über ein komplettes Haus verfügt.

Ebenso spielt es keine Rolle, ob die Wohnung oder das Haus gemietet ist oder als Eigentum erworben wurde. Der Inhalt des Hausstandes gehört im Allgemeinen den Personen, die dort wohnen, unabhängig von den Eigentumsverhältnissen des Gebäudes. Somit trifft ein Schaden am Hausrat auch immer die Bewohner und Bewohnerinnen und nicht die Eigentümer oder Eigentümerinnen des Gebäudes.

Nach dieser **Zielgruppendefinition** ist der Kreis der potenziellen Kunden sehr groß, da in Deutschland die meisten Menschen über einen festen Wohnsitz verfügen, der mit bestimmten Sachen (Möbel, Kleidung, Geschirr, Schmuck, Bücher, technische Geräte usw.) ausgestattet ist, die das Bewohnen dieses Wohnsitzes überhaupt erst ermöglichen.

13.2 Neukunden für die Hausratversicherung gewinnen

Ohne Neugeschäft überaltert der Kundenbestand jeder Versicherungsgesellschaft und auch der Mitarbeitenden, weshalb die Gewinnung von Neukunden immens wichtig ist.

Doch welche Personengruppen sind geeignet und offen für ein Beratungsgespräch zum Thema Hausratversicherungen?

Zudem stellt sich die Frage nach den geeigneten Anlässen, um über das Thema Hausratversicherungen zu sprechen.

Die folgende Liste zeigt einige Möglichkeiten auf. Der Kreativität der Abschlussvermittelnden sind jedoch keine Grenzen gesetzt und die Liste lässt sich beliebig erweitern.

Personengruppen und Anlässe zur Kundenansprache

- **Kundenempfehlungen**
  Sprechen Sie zufriedene und treue Kunden auf Empfehlungen aus deren privatem und beruflichem Umfeld an. Diese Art der Kundenwerbung ist sehr effektiv, da zufriedene Kunden ein besseres Aushängeschild sind als jede andere Art der Werbung. Besonders interessant sind Kunden, in deren Umfeld aktuell Wohnungswechsel stattfinden. Auch Schäden, die im Kundenumfeld nicht zur Zufriedenheit abgewickelt wurden, stellen erfolgversprechende Beratungsanlässe dar.

- **Freundes- und Bekanntenkreis sowie Verwandtschaft**
  Haben Sie in Ihrem persönlichen Umfeld eine Person, die kürzlich umgezogen ist oder einen Umzug plant, dann sprechen Sie diese auf das Thema Hausratversicherung an.

- **Kontakte aus der Vereinsarbeit**
  Die aktive Mitwirkung in einem Verein oder auch ein ehrenamtliches Engagement sorgt innerhalb dieser Gruppen für einen gewissen Bekanntheitsgrad. Wer Fragen zu Versicherungen hat, wendet sich tendenziell bevorzugt an Personen, die er kennt. Um den eigenen Bekanntheitsgrad zu steigern, kann es hilfreich sein, z. B. in den Vereinsnachrichten oder in Festschriften ein Inserat zu schalten. Hierdurch wird der Verein unterstützt und den Mitgliedern wird verdeutlicht, dass es im Verein eine kompetente Person gibt, die man um Rat fragen kann. Auch bekommt man innerhalb eines Vereins meistens mit, wenn ein Vereinsmitglied umzieht, einen Versicherungsschaden hat o. Ä.

- **Empfehlungen von Geschäftskontakten**
  Einrichtungshäuser, Geschäfte für Möbel, Antiquitäten, Schmuck usw. verkaufen ihren Kunden mitunter Waren von beträchtlichem Wert. Nicht selten entsteht bei den Käufer/-innen die Frage, ob und wie solche Sachen versichert werden können. Versicherungsagenten und -agentinnen, die selbst Kunden bei solchen Geschäften sind, sollten versuchen, diese für Empfehlungen zu gewinnen.

- **Hausverwaltungen**
  Eine gute Möglichkeit für die Neukundengewinnung durch Empfehlung bieten auch Hausverwaltungen. Mit Hausverwaltungen sind nicht selten spezielle Gruppentarife oder Rahmenverträge, z. B. in der

Wohngebäudeversicherung, vereinbart. Hierdurch besteht regelmäßiger Kontakt zwischen der Hausverwaltung und der Versicherungsvermittlung. Da die Hausverwaltung genau weiß, wer wann und wo einzieht, eignet sich diese bestens für Empfehlungen. Für die Hausverwaltung besteht hierbei der besondere Vorteil, dass sie im Falle eines Schadens die Ansprechperson des Versicherers kennen.

Wichtig bei hierdurch gewonnenen Neukundenkontakten ist, dass die Datenschutzbestimmungen immer eingehalten werden. An einem Stammtisch im Vereinslokal ein Versicherungsthema anzusprechen ist eine Sache. Sobald das Gespräch aber in die Tiefe gehen könnte, sollte man einen persönlichen Termin vereinbaren und die Beratung in einem privaten Rahmen durchführen. Was hierbei gesprochen und vereinbart wird, bleibt für unbeteiligte Dritte tabu.

13.3 Gesprächsanlässe bei Bestandskunden

Die Betreuung von Bestandskunden ist so wichtig wie für Schäfer das Hüten der Herde. Wer die Betreuung seiner Kunden vernachlässigt, muss jederzeit damit rechnen, dass ein Mitbewerber solche Kunden für sich gewinnen will.

Hierbei ist jeder Anlass für einen Kundenkontakt wichtig.

Hier einige Beispiele für Kundenkontakte, die von Kunden initiiert werden können:

- Schadenmeldung in einer beliebigen Versicherungssparte
- Anfrage nach einer elektronischen Versicherungsbestätigung (eVB) für ein Kraftfahrzeug
- Meldung einer neuen Anschrift
- Änderung des Familienstandes
- Erweiterung des Wohnraums
- Anschaffung besonderer Wertgegenstände

Einige dieser genannten Beispiele beziehen sich direkt auf die Hausratversicherung, andere hingegen auf andere Sparten und Kundenbedarfsfelder. Dennoch sollte im Kundengespräch immer das große Ganze betrachtet werden.

Beispiel Wer seinen Pkw mit einer Vollkaskoversicherung versichert, legt Wert darauf, dass er im Falle eines Schadens gegen finanzielle Verluste abgesichert ist. Hat ein solcher Kunde keine Hausratversicherung, sollte dieses Thema unbedingt angesprochen werden.

Bei räumlichen Veränderungen bietet sich immer eine Überprüfung der Versicherungssummen an, damit es nicht zu einer Unter- oder Überversicherung kommt.

Besonders wichtig sind Schadenmeldungen. Schäden sind der eigentliche Grund für den Abschluss von Versicherungsverträgen. Personen, die eine Versicherung abschließen, hoffen in den meisten Fällen, dass sie diese nie brauchen. Falls aber doch, dann kommt es auf schnelle und problemlose Hilfe an. Wenn eine Versicherungsvermittlung z. B. nach einem Rohrbruch eine Bautrocknungsfirma empfehlen kann, hat sie den Kunden ein Problem abgenommen und ihnen einen zusätzlichen Service geliefert. Zudem bietet es sich an, auch die Bautrockungsfirma als zukünftigen Kunden zu gewinnen.

Im Idealfall stimmen Kunden einer Versorgungsanalyse zu, die eventuelle Versorgungslücken aufzeigt. Deren Schließung kann dann anschließend besprochen werden.

Durch die Schnelllebigkeit unserer Zeit ist auch der Versicherungsmarkt in ständiger Bewegung. Hierdurch ergeben sich immer wieder Ansatzpunkte für Kundenkontakte, die von Versicherungsvermittlungen genutzt werden können:

- aktualisierte Versicherungsbedingungen
- Verlängerung von abgelaufenen Verträgen

- Rabattangebote beim Abschluss mehrerer Verträge, z. B. Bündelbonus für die Kombination Wohngebäude/Hausrat/Glas/Haftpflicht
- neue Klauseln, die für ausgewählte Kunden interessant sind
- zeitlich befristete Kundenrabattaktionen

In der Praxis sind neue Versicherungsbedingungen und Vertragsverlängerungen die häufigsten Gründe für Kundenkontakte. In der Regel bieten neue Bedingungen einen verbesserten Versicherungsschutz zu einem oft geringen Mehrbeitrag. Wenn Dreijahresverträge schon etwas länger bestehen, bietet sich gleichzeitig eine Vertragsverlängerung an, damit es Konkurrenzanbietende schwerer haben, die Kunden zu einem Anbieterwechsel zu bewegen. Wir erinnern uns an das Hüten der Schafherde.

13.4 Argumentationshilfen zur Hausratversicherung

Hausratversicherungen schützen vor finanziellen Verlusten (auch Totalverlusten) im Schadenfall. Viele Kunden, die keine Hausratversicherung abgeschlossen haben, verdrängen die Möglichkeit eines Schadens mit den unterschiedlichsten Argumenten.

Hier nur einige Beispiele von Kundenargumenten gegen eine Hausratversicherung jeweils mit passenden Gegenargumenten:

Beispiel

- *„Meine Möbel sind alle schon älter, wenn da etwas passiert, ist der Schaden überschaubar."*

„Es befinden sich ja nicht nur die Möbel in Ihrer Wohnung, sondern auch Kleidung, Geschirr, Bücher, CDs, technische Geräte, wichtige Papiere und Dokumente usw. Die Wiederbeschaffung kostet unter Umständen eine Menge Geld."

- *„Bei uns in der Gegend wurde noch nie eingebrochen."*

„Dann wohnen Sie in einer sehr sicheren Gegend, aber das muss nicht unbedingt so bleiben."

- *„Ein Feuer kann bei uns nicht ausbrechen, denn wir benutzen niemals Kerzen, wir sind Nichtraucher und haben auch keinen offenen Kamin."*

„Ein Feuer entsteht in vielen Fällen durch einen unbemerkten Kurzschluss im Leitungssystem des Hauses oder an einem der Elektrogeräte. Solche Feuer bleiben anfangs oft unbemerkt, breiten sich aber nach einer Weile rasant und mit verheerenden Folgen aus."

- *„Viele Sachen in unserer Wohnung sind persönliche Erinnerungsstücke, deren ideeller Wert keine Hausratversicherung ersetzen kann."*

„Natürlich kann eine Hausratversicherung keine Erinnerungsstücke mit ideellem Wert ersetzen, das ist völlig unmöglich. Verbrannte oder durchnässte Familienfotos sind unwiederbringlich verloren, da stimme ich Ihnen voll zu. Allerdings wollen Sie ja sicher auch nach einem solchen Schadenfall in Ihrer Wohnung wohnen, und dazu benötigen Sie neue Sachen, die irgendwie alle bezahlt werden müssen. Ihre Hausratversicherung kann Sie dann zumindest vor dem finanziellen Schaden bewahren und Ihnen somit einen Neustart erleichtern."

Bei Einwänden (oder Vorwänden) dieser Art sollten übertriebene Beispiele vermieden werden.

Beispiel

Wer eine wertvolle Schallplattensammlung aus den 1960er Jahren sein Eigen nennt, möchte nicht unbedingt hören, dass diese bei Vandalismus alle zerbrochen werden könnten. Der Satz *„Stellen Sie sich vor, Ihre Plattensammlung käme zu Schaden..."* reicht völlig, um die Aufmerksamkeit der Kunden zu erwecken, ohne diese in Panik zu versetzen. Hier achten gute Kundenberater und Kundenberaterinnen auch immer auf die Signale des Gegenübers und erkennen, was diesem besonders wichtig ist.

Aktuelle Ereignisse in der Umgebung, wie z. B. Sturmschäden, Überflutungen durch Starkregen, Einbruchserien oder Wohnungsbrände, machen viele Kunden hellhörig. Wer von solchen Ereignissen aus den Medien erfährt, für den sind diese meistens weit weg und unvorstellbar. Sind die Schadenorte aber bekannt und auch noch in greifbarer Nähe, dann stellt sich eine Betroffenheit ein, die Bedürfnisse weckt. Diese Bedürfnisse nach Sicherheit oder Absicherung müssen nun mit einer für Kunden nachvollziehbaren Argumentation in einen konkreten Kundenbedarf umgewandelt werden, die den Abschluss einer Hausratversicherung oder deren Anpassung zur Folge hat.

Ein entsprechendes Vertragsangebot sollte immer individuell auf die jeweiligen Kunden abgestimmt sein.

Beispiel Einer Kundin, die in der Nähe eines Flusses wohnt und sich Sorgen wegen einer Überschwemmung macht, sollte kein vorgefertigtes Hausratversicherungspaket, sondern ein maßgeschneidertes Angebot mit Elementarschadenversicherung unterbreitet werden. Nur so werden aus Kunden zufriedene und treue Kunden.

13.5 Ablauf von Kundenberatungsgesprächen

Es gibt keine zwei identischen Kundenberatungsgespräche!

Jeder Person ist anders, hat andere Wünsche, andere Lebensziele und auch andere Ängste.

Jedes Kundengespräch basiert auf einer anderen Gesprächsgrundlage und zu guter Letzt hat auch jeder Kundenberater und jede Kundenberaterin eine andere Persönlichkeit, ein anderes Auftreten und ein anderes Fachwissen. All diese Unterschiede machen Beratungsgespräche schwierig, aber auch interessant. Entscheidend ist, in der Beratung einen persönlichen Zugang zum Gegenüber zu finden.

Für Kundenberatungsgespräche sollte zwar immer ein roter Faden gelten, aber bei einem konkreten Gesprächsanlass und gezielten Fragen und Wünschen seitens der Kunden, sollte hierauf vordergründig und zügig eingegangen werden. So erkennen Kunden, dass man sie beachtet und auf sie eingeht. Bei komplexen Fragen, die sich erst in einem bestimmten Zusammenhang beantworten lassen, können diese auch zurückgestellt werden, sollten aber am Ende niemals vergessen werden und unbeantwortet bleiben.

Beispiel Ein Kunde möchte eine Hausratversicherung abschließen. Gleich zu Beginn des Gesprächs erwähnt er, dass er wertvollen Schmuck geerbt hat, für den er ein Gutachten über 10.000,00 € vorliegen hat. Diesen will er unbedingt richtig versichert wissen. Da zu diesem Zeitpunkt die Eckdaten der Hausratversicherung noch nicht geklärt sind, ist es sinnvoll, den Schmuck samt seines Wertes deutlich sichtbar zu notieren.
Bei der Aufnahme der Daten stellt sich heraus, dass die Größe der Wohnung 100 m² beträgt, wodurch sich eine Versicherungssumme von 65.000,00 € ergibt (650,00 € pro m²), bei der der Kunde im Schadenfall keine Unterversicherung hat. Hieraus ergibt sich dann, dass der Kunde für Wertsachen einen Versicherungsschutz in Höhe von 14.300,00 € hat (20 % aus 65.000,00 € = 13.000,00 € + 10 % Vorsorge). Nun kommt der Wert des geerbten Schmucks wieder ins Spiel. Es gilt nun, abzuklären, ob noch weitere Wertsachen vorhanden sind, die zusammen mit dem Schmuck die Wertsachengrenze erreichen oder übersteigen. Bleibt der Gesamtwert der Wertsachen unterhalb von 14.300,00 €, passt das Angebot. Übersteigt der Wert diesen Betrag, gibt es die Möglichkeit, die Wertsachengrenze zu erhöhen oder auch die Versicherungssumme insgesamt anzupassen, wodurch sich der Versicherungsschutz für die Wertsachen ebenfalls erhöht. Im letzteren Fall muss geprüft werden, ob die Versicherungssumme von 65.000,00 € ausreicht oder nicht.

Sobald das Thema Hausratversicherung umfassend besprochen wurde, sollte die Kundenberatung wieder zum roten Faden zurückkehren und die Versorgungsanalyse weiter vervollständigen, um den Fokus auf andere Kundenbedarfsfelder zu lenken. Das Gleiche gilt auch für Kundenempfehlungen.

Aber Vorsicht: Kunden sind keine Versicherungskaufleute und werden von zu vielen Fakten gelegentlich erschlagen. Hier sollten die Körpersprache, der Tonfall und Stimmlage der Kunden beachtet werden. Sobald erkennbar ist, dass das Gegenüber überfordert wird, sollte die Fortsetzung des Gesprächs vertagt werden.

Beispiel

Ein Kunde hatte wegen einer Hausratversicherung einen Termin vereinbart. Nach knapp zwei Stunden unterschreibt er den Versicherungsantrag. Grundsätzlich hatte er sich damit einverstanden erklärt, alle Versicherungsunterlagen prüfen zu lassen, aber seit einer Weile schaut er ständig auf seine Uhr. Der Kundenberater weiß, dass sein Kunde Fußballfan ist und ein Spiel seiner Lieblingsmannschaft heute im Fernsehen übertragen wird.

Mit ablenkenden Gedanken im Hinterkopf sind Kunden selten voll bei der Sache und folgen dem Gespräch nicht mehr mit der nötigen Aufmerksamkeit. Hier ist ein dezenter Rückzug sinnvoll, verbunden mit der Vereinbarung eines Zweitgesprächs.

In diesem Zusammenhang bietet es sich an, Kunden zu bitten, sich bis zum nächsten Termin wegen einer Empfehlung Gedanken zu machen.

Hier unterscheiden sich Neukunden und Bestandskunden zwar nur wenig, aber bei Bestandskunden ist das Gegenüber bekannt und kann in der Regel besser eingeschätzt werden.

Angebotsvorlage

Für die meisten Gesprächssituationen zum Abschluss einer Versicherung gibt es nicht die **eine perfekte Lösung**. Gerade bei jungen Familien sind die finanziellen Möglichkeiten oft begrenzt und auch der Hausrat ist wertmäßig noch überschaubar.

Legt man nun solchen Kunden nur ein abgespecktes Angebot vor, stehen diese vor der Entscheidung „Ja oder Nein".

Hier empfiehlt sich die Vorlage von zwei Alternativangeboten A oder B. Natürlich können Kunden dann immer noch ablehnen, weshalb in der Praxis der sog. Sandwichmethode der Vorzug gegeben werden sollte. Hierbei werden Kunden drei Angebote zur Entscheidung vorgelegt. Die Erfahrung hat gezeigt, dass in den meisten Fällen die goldene Mitte gewählt wird.

Beispiel

Ein junges Ehepaar ist kürzlich in eine 70 m² große Mietwohnung im Erdgeschoss eines Mehrfamilienhauses gezogen. Nur 50 m entfernt fließt ein kleiner Bach. Der Ehemann hat in zwei Glasvitrinen zahlreiche Automodelle gesammelt. Da die Vitrinen sehr teuer waren, überlegt das Ehepaar den zusätzlichen Abschluss einer Glasversicherung.
Die Beraterin berechnet nun drei Angebote (Beträge sind beispielhafte Schätzwerte):

1. Hausratversicherung über 45.500,00 € ohne weitere Einschlüsse für 120,00 €/Jahr.
2. Wie bei 1. aber zusätzlich mit einer Glasversicherung für 170,00 €/Jahr.
3. Wie bei 2. aber zusätzlich noch mit Elementargefahren für 220,00 €/Jahr.

Das Ehepaar wird mit hoher Wahrscheinlichkeit das Angebot B wählen. Dies bietet zwar noch nicht den optimalen Schutz, aber der Hausrat und die Vitrinen sind versichert. Der Einschluss von Elementargefahren wird auf einen späteren Zeitpunkt vertagt, sollte aber bei einem erneuten Kundenkontakt angesprochen werden.

13.6 Nachbereitung von Kundenberatungsgesprächen

Zur Nachbereitung von Kundenberatungsgesprächen gehören einige Routineaufgaben, die sich von Versicherer zu Versicherer unterscheiden.

In der Regel müssen Anträge und Beratungsprotokolle an die Zentrale weitergeleitet werden. Dies kann in Papierform oder digital geschehen.

Neben diesem technischen Teil geht es bei der Nachbereitung darum, dass etwaige Spezialfragen mit einem geeigneten Spezialisten geklärt werden. Nicht jeder Berater und jede Beraterin kann alles wissen. Es ist keine Blamage, wenn bei einem Kundengespräch ungeklärte Fragen im Raum stehen bleiben.

Allerdings sind drei Dinge unzulässig:

- Offene Fragen werden einfach übergangen und bleiben unbeantwortet.
- Kunden wird die Übersendung eines Angebotes oder die Antwort auf eine spezifische Frage o.Ä. zugesagt, aber eine Rückmeldung bleibt aus.
- Kunden werden aus Unkenntnis falsche Informationen gegeben, um eine Rücksprache mit einem Spezialisten zu vermeiden.

Ein solches Verhalten ist tabu und beschädigt das aufgebaute Vertrauen. Fragen, Zusagen usw. müssen immer zeitnah und umfassend bearbeitet werden, damit Kunden erkennen, dass sie wichtig sind und ihre Probleme ernst genommen werden.

13.7 Kundenberatung mit modernen Kommunikationsmitteln

Moderne Kommunikationsmittel gewinnen auch in der Kundenberatung immer mehr an Bedeutung.

Ob und wie diese Mittel eingesetzt werden, hängt vom jeweiligen Gesprächsthema und auch von den jeweiligen Kunden und deren technischen Voraussetzungen ab.

Sicherlich ist bei der Erstberatung von Neukunden ein persönlicher Termin in der Wohnung der Kunden die sinnvollste Lösung. Da viele Kunden den Wert ihres Hausrats nicht richtig einschätzen können, können sich Kundenberater/-innen persönlich ein Bild vor Ort machen.

Geht es hingegen um eine Neuordnung bei Bestandskunden, kann dies auch telefonisch oder per Videochat (z.B. Skype) erfolgen. Solche Onlinetermine sind bezüglich der zeitlichen Planung sehr flexibel und verursachen zudem weniger Kosten für die Kundenberatung.

Sehr viele Versicherungsgesellschaften bieten auch die Möglichkeit, online Verträge abzuschließen. Bei Hausratversicherungen ist dies möglich, allerdings nur, solange es nicht um spezielle Einschlüsse (z.B. eine wertvolle Kunstsammlung) oder besondere Begebenheiten (z.B. große und zahlreiche Vorschäden) geht. Hier ist dann eine Onlineberatung schwierig und oft umständlich.

Vertragsverlängerungen, Vertragsneuordnungen, Summenanpassungen usw. lassen sich gut ohne persönlichen Besuch per Telefon erledigen. Die Kundenberatung sollte allerdings immer bedenken, dass es hierbei ungleich schwieriger ist, weitere Kundenbedarfsfelder anzusprechen und die Kunden umfassend zu beraten.

Bei der Schadenbearbeitung gibt es einfache und komplexe Schäden. Bei einem Großschaden ist ein persönlicher Termin oft unumgänglich, auch schon deshalb, um den Kunden zu zeigen, dass sie mit ihrem Schaden nicht allein gelassen werden. Bei kleinen und einfachen Schäden akzeptieren viele Gesellschaften eine Schadenmeldung per Telefon, Brief oder E-Mail und regulieren nach der Übersendung der Rechnung per Brief oder E-Mail-Anhang schnell und problemlos. Dies ist kostengünstig und nachhaltig für alle Beteiligten.

Im Idealfall sind moderne Kommunikationsmittel und traditionelle Kundenbesuche in der richtigen Kombination der Königsweg zum Erfolg.

Teil B: Kunden zu Wohngebäudeversicherungen beraten

1 Risikodeckung in der Wohngebäudeversicherung

Die Wohngebäudeversicherung zählt zu den wichtigsten Versicherungen für Wohneigentümer oder jene, die sich gerade in der Bauphase befinden. Ein Wohneigentum ist ein hohes finanzielles Gut, das vor bestimmten Gefahren geschützt werden sollte.

1.1 Wirtschaftliche Bedeutung der Wohngebäudeversicherung

Die Wohngebäudeversicherung bietet Versicherungsschutz bei Schäden durch Brand, Blitzschlag, Explosion, Implosion, Anprall oder Absturz eines Luftfahrzeuges, seiner Teile oder seiner Ladung, bei Leitungswasserschäden sowie bei Naturgefahren.

Da bei Beschädigung oder Zerstörung eines Wohngebäudes enorme finanzielle Folgen für Versicherungsnehmer/-innen entstehen können, entschädigt das Versicherungsunternehmen bei Schäden durch versicherte Gefahren in der Höhe des Wiederaufbaus oder der Reparatur des Gebäudes zu den gültigen Baupreisen am Schadentag.

Zu der Zielgruppe für Wohngebäudeversicherungen gehören neben den Bauherren, die gerade ein Wohngebäude errichten, auch Hauseigentümer, Käufer und Erben eines Wohngebäudes. Da der größte Teil des Wohngebäudes über Bankdarlehen finanziert wird, verlangen immer mehr Kreditinstitute einen Nachweis über eine Wohngebäudeversicherung oder ergänzende Versicherungen, wie z. B. einer Feuerrohbauversicherung. Dieser Nachweis dient zum einen zur Absicherung des Hauseigentümers, zum anderen auch den Kreditgebern. Bei Zerstörung oder Beschädigung des Gebäudes droht dem Gebäudeeigentümer in der Regel der finanzielle Ruin, da weiterhin die Darlehensraten bedient werden müssen. Diesem Risiko möchte sich auch das Kreditinstitut nicht aussetzen und verlangt daher in der Regel den Nachweis über den bestehenden Versicherungsschutz. Im Schadenfall besteht somit ein Direktanspruch des Kreditinstituts gegenüber dem Versicherer.

1.2 Vertragsgrundlagen der Wohngebäudeversicherung

In erster Linie bieten die Versicherungsbedingungen sowie die Klauseln die Vertragsgrundlage in der Wohngebäudeversicherung.

VGB 2021 Proximus

Die **V**erbundenen **G**ebäudeversicherungs-**B**edingungen (VGB 2021 Privat – Wert 1914 „Gleitender Neuwert“) basieren auf dem Jahr 2021 und sind an Privatkunden adressiert. Dies bedeutet, dass hier mehrere Gefahrengruppen zusammengefasst sind und zwar

- Brand/Blitzschlag/Überspannung durch Blitz/Explosion/Verpuffung/Implosion/Anprall oder Absturz eines Luftfahrzeuges, seiner Teile oder seiner Ladung
- Leitungswasser
- Sturm, Hagel

- die weiteren Naturgefahren (Elementargefahren) wie Überschwemmung, Rückstau, Erdbeben, Erdsenkung, Erdrutsch, Schneedruck, Lawinen, Vulkanausbruch

Diese Grunddeckung kann durch zusätzliche Vereinbarungen, auch Klauseln genannt, erweitert werden. So können zum Beispiel auch Carports, Gewächs- oder Gartenhäuser, die sich auf dem Versicherungsgrundstück befinden, mitversichert werden.

Der Wert 1914 ist ein fiktiver Rechenwert der Versicherungswirtschaft. Er dient als einheitliche Basis zur Bestimmung der Versicherungssumme und der Prämie, unabhängig vom Gebäudebaujahr. Mithilfe des gültigen Baupreisindexes lässt sich der Gebäudeneuwert bestimmen. Als Berechnungsgrundlage dient also das Jahr 1914. Dieses Jahr wurde bewusst von der Versicherungswirtschaft gewählt. 1914 waren die Baupreise in Deutschland, letztmalig vor der Inflation, stabil und die Währung durch die Goldreserven gedeckt.

1.3 Ergänzende Versicherungsverträge

Je nach Art der Immobilienbeschaffung (Neubau, Kauf und/oder Sanierung) gilt es, die Kunden umfassend hinsichtlich der Versicherungsmöglichkeiten zu informieren. Neben der eigentlichen Wohngebäudeversicherung nach VGB 2021, bietet die Proximus Versicherung AG weitere ergänzende Versicherungsverträge an, die durch Klauseln mit eingeschlossen werden können. In diesem Zusammenhang sind folgende Ergänzungen zu erwähnen:

- **Glasversicherung**
- **Feuerrohbauversicherung**
  Die Feuerrohbauversicherung deckt alle Schäden ab, die durch Brand und auch durch Explosion am Rohbau entstehen sind. Neben dem eigentlichen Schaden deckt sie auch Folgeschäden ab, die beispielsweise durch Rauchentwicklung oder Löschwasser entstanden sind.
- **Bauleistungsversicherung**
  Die Bauleistungsversicherung leistet beispielsweise bei Diebstahl oder Vandalismus am Bau oder den Bauleistungen. Auch die Baustoffe und Bauteile, einschließlich der einzubauenden festen Gebäudebestandteilen, wie Türen oder Fenster sind mitversichert.
- **Bauherrenhaftpflichtversicherung**
  Die Bauherrenhaftpflicht deckt die Haftpflichtrisiken von Versicherungsnehmern/-innen als Bauherr/-innen bzw. Besitzer/-innen des zu bebauenden Grundstücks ab, die einem Dritten auf der Baustelle zugefügt werden könnten.
- **Gewässerschädenhaftpflichtversicherung**
  Die Gewässerschadenhaftpflichtversicherung deckt Schäden, die durch auslaufende Stoffe, z. B. Öl aus einem Ölheizungstank, das Grundwasser oder fließendes Gewässer verunreinigt.
- **Haus- und Grundbesitzerhaftpflichtversicherung**
  Eine Haus- und Grundbesitzerhaftpflicht sollte Kunden empfohlen werden, wenn diese die Immobilie vermieten oder Mitglied einer Eigentümergemeinschaft sind. Die Haus- und Grundbesitzerhaftpflicht schützt vor Risiken, die sich ergeben können, wenn eine Person im Gebäude oder auf dem Grundstück zu Schaden kommt.
- **Mietverlustversicherung**
  Die Mietverlustversicherung sorgt für einen finanziellen Ausgleich, wenn die vermietete Immobilie durch eine versicherte Gefahr beschädigt wird und somit Mietausfall droht.

Zusammenfassung

Risikodeckung für ein Wohngebäude

Gebäude im Bau

- Feuer-Rohbau-Versicherung
- Bauleistungsversicherung
- Bauherren-haftpflichtversicherung

Gebäude nach Fertigstellung

- **Grunddeckung** nach VGB 2021 Privat
  - Brand
  - Blitzschlag
  - Überspannung durch Blitz
  - Explosion; Verpuffung; Implosion
  - Anprall/Absturz eines Luftfahrzeuges, seiner Teile oder Ladung
  - Leitungswasser
  - Sturm/Hagel
  - weitere Naturgefahren, wie z. B. Überschwemmung oder Rückstau
- **Zusätzliche Vereinbarungen (Klauseln)** nach VGB 2021 Privat
  - ergänzende Absicherungen für das versicherte Grundstück
- Ergänzende Versicherunsverträge
  - Glasversicherung
  - Gewässerschäden-haftpflichtversicherung
  - Haus- und Grundbesitzer-haftpflichtversicherung
  - Mietverlustversicherung

2 Deckungsumfang in der Wohngebäudeversicherung

Der Deckungsumfang in der Wohngebäudeversicherung definiert die Rahmenbedingungen. Er beschreibt, für welche Schäden der Versicherer in welcher Höhe im Schadenfall zu leisten hat.

2.1 Versicherte Sachen und Versicherungsort

Versichert sind die im Versicherungsschein bezeichneten Gebäude, deren Gebäudebestandteile, Gebäudezubehör und Terrassen auf dem Versicherungsgrundstück, die unmittelbar an das Gebäude anschließen.

Das zu versichernde Gebäude wird durch Benennung des Versicherungsgrundstückes, auf dem es sich befindet, eindeutig bestimmt. Der **Versicherungsort** ist somit das Versicherungsgrundstück, das im Flurstück benannt ist. Ein Flurstück ist ein genau definiertes Teilstück der Erdoberfläche. Jedes Flurstück ist von einer geschlossenen Linie umgrenzt und in einer Flurkarte unter einer Flurstücknummer verzeichnet. Teilen sich mehrere Gebäude ein Flurstück, so ist der Versicherungsort derjenige Teil des Flurstücks, der durch Einfriedung oder anderweitige Abgrenzungen zum Gebäude zählt.

Ziffer 8 VGB 2021

2.2 Gebäude und Gebäudebestandteile

Ziffer 7.1 VGB 2021

Im Sinne des Bürgerlichen Gesetzbuches und nach den Versicherungsbedingungen ist ein **Gebäude** ein mit dem Erdboden verbundenes Bauwerk, das der überwiegenden Nutzung zu Wohnzwecken bestimmt ist und gegen äußere Einflüsse schützen soll.

Aufgrund seiner festen Beschaffenheit und seiner dauerhaften und festen Verbindung zum Boden, zählt ein Gebäude zu den unbeweglichen Sachen (Immobilien). Hausboote, Zelte, Hundehütten oder Wohncontainer sind nicht fest mit dem Boden verbunden, sondern liegen in der Regel nur auf dem Boden auf. Laut Definition fallen diese nicht unter den Gebäudebegriff. Versicherbar sind Gebäude, die den Gebäudebegriff erfüllen und ganz oder überwiegend zu Wohnzwecken dienen. Somit sind Immobilien mit gewerblicher Nutzung über 50 % nicht über die VGB, sondern über die gewerbliche Gebäudeversicherung versicherbar. Wohngebäude sind somit

- Einfamilien-, Mehrfamilien- bzw. Mietshäuser,
- Wohngebäude mit gewerblicher Nutzung (gewerbliche Nutzung unter 50 %) und
- Ferien-, Jagd oder Wochenendhäuser.

Ziffer 7.2 VGB 2021

Neben dem reinen Gebäude erstreckt sich der Versicherungsschutz auch auf **Gebäudebestandteile**. Gebäudebestanteile sind in ein Gebäude eingefügte Sachen, die ihre Selbstständigkeit durch ihre feste Verbindung mit dem Gebäude verloren haben. Dazu gehören auch Einbaumöbel bzw. Einbauküchen.

Beispiel Eine Tischlerei fertigt exakt und nach Raummaß einen Kleiderschrank an und baut diesen im Schlafzimmer ein.

Lösung

Ziffer 7.2 S.2 VGB 2021

Derart angefertigte Möbel und Küchen werden durch den festen Einbau, wodurch sie ihre Selbstständigkeit verlieren, zu einem Gebäudebestandteil und sind somit in der Wohngebäudeversicherung mitversichert. Anders verhält es bei Anbaumöbeln oder Anbauküchen. Diese unterscheiden sich durch ihre Produktion von den Einbaumöbel/Einbauküchen. Anbaumöbel oder Anbauküchen werden serienmäßig produziert und aus Einzelteilen zusammengesetzt.

Beispiel Eine Familie stellt sich eine Küche bei einem bekannten schwedischen Mobelhaus zusammen und kauft diese.

Lösung *Diese Küche fällt unter den Begriff der Anbauküche, da sie serienmäßig und in großen Stückzahlen produziert wird. Die Familie erhält die Einzelteile und setzt diese zu einer Küche zusammen.*

Beispiel Ein Vermieter kauft in einem Küchenstudio eine Küche für seine vermietete Eigentumswohnung. Die Küche wird mithilfe einer Küchenberatung geplant und bestellt.

Lösung *Auch diese Küche ist gemäß den Versicherungsbedingungen eine Anbauküche und muss über die Hausratversicherung des Mieters versichert werden, da der Vermieter weiterhin Eigentümer der Küche ist und dem Mieter diese überlässt. Gemäß Ziffer 9.2 VHB 2021 zählen vom Gebäudeeigentümer eingebrachte Sachen, für die er die Gefahr trägt, nicht zum Hausrat. Jedoch wird diese Vorschrift in der Praxis nicht angewendet, da die Küche dem Mieter und nicht dem Gebäude dienen soll.*

Weitere Erläuterungen, welche eingefügten Sachen als Gebäudebestandteile zählen, regelt das Bedingungswerk nicht. An dieser Stelle kann das Bürgerliche Gesetzbuch weiterhelfen. Als wesentliche Bestandteile einer Sache sind solche, „... die voneinander nicht getrennt werden können, ohne dass der eine oder andere (Teil) zerstört oder in seinem Wesen verändert wird ..." . Somit gelten z.B. Türen, Fenster, Tapeten, verklebte Teppichböden, Laminat, Waschbeckenarmaturen, Balkone oder festmontierte Terrassenüberdachungen auch als Gebäudebestandteile. *§ 93 BGB*

2.3 Gebäudezubehör und weitere Gebäudebestandteile

Zunächst muss zwischen Gebäudezubehör und weiteren Grundstücksbestandteilen unterschieden werden. Als Gebäudezubehör werden jene beweglichen Sachen bezeichnet, die entfernt werden können, ohne das Gebäude in seinem Wesen oder Wert zu verändern. Gemäß den Versicherungsbedingungen VGB 2021 Privat müssen zwei Voraussetzungen erfüllt werden, damit eine bewegliche Sache als Gebäudezubehör gilt. Gebäudezubehör gilt als versichert,

- wenn sich die bewegliche Sache im Gebäude befindet oder außen angebracht ist und
- für die Instandsetzung des zu versicherten Gebäudes oder der überwiegenden Zweckbestimmung des Gebäudes dient.

Ziffer 7.3 S. 2 VGB 2021

Beispiele

- Gebäudereparaturmaterial wie Ersatzfliesen, Ersatzziegel für das Dach, Vorräte an Materialien, die zu einem späteren Zeitpunkt in das Gebäude eingebaut werden sollen (Schrauben, Dübel, Nagel usw.)
- Heizölvorräte im Kellertank
- Feuermelder
- Wasser-, Gas-, Elektrizitäts- und Wärmezähler
- Beleuchtungskörper, sofern sie nicht Bestandteil des Gebäudes sind

Ebenso als mitversichert gelten die Klingel- und Briefkastenanlage sowie Mülltonnen, die sich auf dem Versicherungsgrundstück befinden. Die Klingel- und Briefkastenanlage erfüllt beide Bedingungen, um als Gebäudezubehör zu gelten. Diese sind in der Regel von außen angebracht und dienen dem Wohnzweck. Die Mülltonnen erfüllen jedoch nicht die Bedingungen. Sie befinden sich zwar in der Regel draußen, sind aber nicht von außen angebracht. Erfüllt wird nur die zweite Bedingung. Dennoch wurden sie als Gebäudezubehör explizit aufgeführt, da sie eine erhebliche Relevanz zur Zweckbestimmung des Gebäudes (Wohnzwecken) darstellen. *Ziffer 7.3 S. 3 VGB 2021*

Ebenso gelten Terrassen als mitversicherte Gebäudebestanteile, da sie fest mit dem Grund und Boden des Versicherungsgrundstückes verbunden sind. Gemäß den Versicherungsbedingungen gelten Terrassen als mitversichert, wenn diese unmittelbar an das Gebäude anschließen. Ein Versicherungsschutz für weitere Gebäudebestandteile, wie z.B. Carports, Gewächshäuser oder Hundehütten kann über weitere besondere Vereinbarungen ergänzt werden.

2.4 Nicht versicherte Sachen

Vom Versicherungsschutz ausgeschlossen sind grundsätzlich Photovoltaikanlagen. Photovoltaikanlagen dienen der Stromerzeugung aus Sonnenenergie, während mit Solarheizungsanlagen warmes Wasser gewonnen wird. Je nach Befestigung der Solarheizungsanlagen werden diese den Gebäudebestandteilen oder dem Gebäudezubehör hinzugerechnet und gelten damit als versicherte Sachen. Photovoltaikanlagen hingegen müssen durch einen separaten Versicherungsvertrag abgesichert werden. Versichert ist dann die gesamte Anlage, einschließlich der Solarmodule, Montagerahmen bis hin zur Regeltechnik und den Verkabelungen. *Ziffer 7.5.1 VGB 2021*

Ziffer 7.5.2 VGB 2021 Weiterhin ausgeschlossen sind Sachen, die in das Gebäude nachträglich eingefügt worden sind, die ein Mieter oder Wohnungseigentümer auf seine Kosten beschafft oder übernommen hat und hierfür die Gefahr trägt. Sachen, die schon im Vorfeld über die Wohngebäudeversicherung versichert waren, und die der Mieter oder Wohnungseigentümer nachträglich austauscht hat, gelten weiterhin über die Wohngebäudeversicherung versichert, auch wenn die ausgetauschten Sachen höherwertiger sind.

Ziffer 7.5.3 VGB 2021 Ebenso als nicht versichert gelten elektronisch gespeicherte Daten und Programme, wie z.B. das Programm der computergesteuerten Heizungsanlage oder das Programm sowie die gespeicherten Daten einer Smart-Home Anlage. Dies könnte jedoch über die Klausel PK 7168 mit eingeschlossen werden.

2.5 Zusätzlich versicherbare Sachen durch Klauseln und Vereinbarungen

Ziffer 7.6.2 VGB 2021 Folgende Grundstücksbestandteile können über separate Vereinbarungen mitversichert werden:

- Carports
- Gewächshäuser und Gartenhäuser
- Grundstückseinfriedungen (Hecken)
- Hundehütten
- Masten- und Freileitungen
- Wege und Gartenbeleuchtungen
- sonstige Sachen, die im Versicherungsschein ausdrücklich benannt sind

2.6 Smart Home

Smart Home macht nicht nur das Wohnen komfortabler, es spielt sowohl für die Hausratversicherung als auch für die Wohngebäudeversicherung eine immer größere Rolle.

Grundsätzlich werden die technischen Komponenten, insbesondere die Hardware, des Smart Homes vom Versicherungsschutz der traditionellen Hausrat- und Wohngebäudeversicherungen erfasst.

Bei der Smart-Home-Hardware ist also im Detail zu klären, ob es sich um Hausrat oder vielmehr um einen Gebäudebestandteil oder Gebäudezubehör handelt. Der überwiegende Teil der Hardware dürfte nicht mit dem Gebäude fest verbunden sein, wodurch es unter die Deckung der Hausratversicherung fällt. Als Gebäudebestandteil im Sinne der Wohngebäudeversicherung sind wohl nur die vom Smart Home genutzten Leitungen/Elemente anzusehen, soweit sie innerhalb des Gebäudes unter Putz verlegt sind.

Beispiel

- Jalousien
- Überwachungsanlagen
- Heizkörper
- Gartenbeleuchtung

Klausel PK 7168 VGB 2021 Die Proximus Versicherung AG bietet im Rahmen der Wohngebäudeversicherung allerdings keinen Versicherungsschutz bei Verlust oder Beschädigung von elektronisch gespeicherten Daten oder von Software. Hierzu wäre es ratsam, die Klausel 7168 „Datenrettungskosten" in den Versicherungsvertrag einzuschließen. In der Praxis sollten Versicherungsnehmer/-innen, die ihr Gebäude, ihre Wohnung oder ihre Büroräumlichkeiten zu einem Smart Home oder Smart Office umfunktionieren wollen, mit ihrem Versicherer über weitere Zusatzdeckungsbausteine oder über eine separate Cyberversicherung sprechen.

Gefahrerhöhung

Wenn das Gebäude noch kein Smart Home ist und dies nun zu einem gemacht werden soll, so stellt sich die Frage, ob die Installation der neuen Technik eine Gefahrerhöhung im Sinne des Versicherungsvertragsgesetzes darstellt, weil neue Risiken entstehen bzw. hinzukommen. Insbesondere könnten unbefugte Dritte mittels Hackerangriff vernetzte Elektrogeräte manipulieren und dadurch sogar den Versicherungsfall, beispielsweise einen Brand, herbeiführen. Gemäß § 23 Abs. 1 VVG darf der/die Versicherungsnehmer/-in nach Abschluss des Versicherungsvertrags ohne Einwilligung des Versicherers keine Gefahrerhöhung vornehmen oder vornehmen lassen. Verletzt der/die Versicherungsnehmer/-in diese Verpflichtung, so kann der Versicherer unter Umständen den Versicherungsvertrag kündigen, eine Prämienerhöhung verlangen oder im Schadenfall seine Leistungsfreiheit geltend machen. Für den Versicherer wird es ein wesentlicher Aspekt sein, welche Technik installiert werden soll und wer diese Installation vornimmt. Eine unsachgemäße Installation, beispielsweise durch technikunerfahrene Bewohner selbst, kann durchaus ein erhöhtes Risiko im Sinne einer Gefahrerhöhung sein.

§§ 23 ff. VVG

Umgekehrt kann die Smart-Home-Technik die Schadenprävention und den/die Versicherungsnehmer/-in bei der Erfüllung von versicherungsvertraglichen Obliegenheiten unterstützen.

Beispiel

Ein VN möchte in den Wintermonaten für ein paar Wochen in die Sonne fliegen. Da er sein Haus mit Smart-Home-Technik fachmännisch umgerüstet hat, braucht er sich um die richtige Beheizung des Gebäudes keine Sorgen mehr zu machen.

Außerdem könnte die Smart-Home-Technik auch über den Eintritt eines Versicherungsfalls informieren, wenn z.B. Feueralarm ausgelöst wird oder sich elektronische Geräte in der Wohnung bei einem Wasserschaden wegen Feuchtigkeit automatisch abschalten. Nicht zuletzt kann das Smart Home Daten erfassen und speichern, die die Schadenbearbeitung erheblich erleichtern.

3 Versicherte Gefahren und Schäden

Die Wohngebäudeversicherung bietet Schutz vor Schadenereignissen, die durch die Gefahren Feuer, Leitungswasser sowie Naturgefahren hervorgerufen werden können. Jede Gefahr könnte auch einzeln versichert werden. In diesem Fall spricht man von einer Teilversicherung. In der Praxis werden die Gefahren jedoch als Verbund angeboten, wodurch für das Wohngebäude der beste Schutz besteht. Aus diesem Grund spricht man von einer verbundenen Wohngebäudeversicherung.

Versicherte Gefahren

- Brand
- Blitzschlag
- Überspannung durch Blitz
- Explosion/Implosion
- Verpuffung
- Anprall/Absturz eines Luftfahrzeuges, seiner Teile oder Ladung

- Leitungswasser
- Wasserdampf
- bestimmte Flüssigkeiten

- Naturgefahren
  - Sturm
  - Hagel
  - weitere Naturgefahren (Elementargefahren, soweit zusätzlich vereinbart)

Der Schaden, der durch eine versicherte Gefahr entstanden ist, löst eine Ersatzpflicht des Versicherers am Wohngebäude aus. Eine Besonderheit stellen hier die Bruch- und Frostschäden dar, da sie durch die unmittelbare Einwirkung der versicherten Gefahr Leistungswasser entstehen.

Versicherte Schäden

- Schäden durch unmittelbare Gefahreneinwirkung, wie Zerstörung oder Beschädigung
- unvermeidliche Folgeschäden
- Abhandenkommen infolge Gefahreneintritt

- Bruchschäden an bestimmten Rohren
- Frostschäden an bestimmten Sachen

Da die versicherten Gefahren der verbundenen Wohngebäudeversicherung im Kern identisch zu den versicherten Gefahren in der verbundenen Hausratversicherung sind, werden diese hier nur kurz wiederholt.

3.1 Brand

Ziffer 3.1 VHB 2021

Gemäß dem Bedingungswerk ist ein Brand ein Feuer, das ohne einen bestimmungsgemäßen Herd entstanden ist oder ihn verlassen hat und das sich aus eigener Kraft auszubreiten vermag.

Ein Feuer ist ein Verbrennungsvorgang mit Lichterscheinung. Fehlt diese Lichterscheinung, ist der Brandbegriff nicht erfüllt. Eine Lichterscheinung ist eine offene Flamme, das Glühen oder das Glimmen.

Ein bestimmungsgemäßer Herd ist eine Sache oder eine Anlage, deren Zweck darin besteht, Feuer zu erzeugen oder aufzunehmen, wie beispielweise eine Kerze, ein Streichholz, ein Teelicht oder ein Feuerzeug.

Das Feuer muss sich aus eigener Kraft ausbreiten können. Dies bedeutet, dass es eine gewisse Eigendynamik besitzen muss, um sich auszubreiten, ohne dass zusätzlicher Zündstoff behilflich ist.

Beispiel An einem kalten Wintertag möchte ein VN seinen Kamin befeuern. Beim Nachlegen neuer Holzscheite, fliegen Funken auf seinen Parkettboden, die er nicht sofort bemerkt hat. Nach kurzer Zeit bemerkt der VN einen Brandgeruch. Als er dem Geruch nachgeht, bemerkt er, dass sein Parkettboden schon einen großen Brandfleck aufweist. Kurz entschlossen greift er zum Feuerlöscher, um ein weiteres Ausbreiten zu verhindern.

Lösung *Der Feuerbegriff ist hier erfüllt. Der Funke, der aus dem Kamin fällt, ist eine Lichterscheinung und hat seinen bestimmungsgemäßen Herd (Kamin) verlassen, Aus einem kleinen Funken entstand ein großer Brandfleck, der nur entstanden ist, da sich der Funke aus eigener Kraft ausbreiten konnte.*

Beispiel Ein Funkenflug aus einem Kamin verursacht ein kleines Loch im Teppich, einen sogenannten Sengschaden.

Lösung *Der Feuerbegriff ist hier nicht erfüllt. Der Funken ist zwar eine Lichterscheinung und hat auch seinen bestimmungsgemäßen Herd (Kamin) verlassen, konnte sich aber nicht aus eigener Kraft ausbreiten.*

Nutzwärmeschäden sind mitversichert, wenn sie durch die versicherte Gefahr Brand entstanden sind und der Feuerbegriff erfüllt ist.

3.2 Blitzschlag

Ziffer 3.2 VHB 2021

Ein Blitzschlag ist der unmittelbare Übergang eines Blitzes auf Sachen. Auch hier unterscheidet man zwischen zündendem Blitz, kaltem Schlag und den Folgeschäden durch einen Blitzschlag.

- **Zündender Blitz**
  Ein zündender Blitz liegt vor, wenn durch den Blitzschlag auf eine Sache ein Brand ausgelöst wird.

Beispiel

Ein Blitz schlägt in einen Dachstuhl ein und entzündet diesen.

- **Kalter Schlag**
  Von einem kalten Schlag spricht man, wenn der Blitz beim Durchgang durch eine Sache Wärme verursacht. Dies führt zur Verdampfung des in der Sache enthaltenen Wassers. Hierdurch entsteht eine Volumenvergrößerung, die sich als Luftdruck auswirkt und das Wohngebäude beschädigen kann, ohne dass es zu einer Zündung kommt.

Beispiel

Durch einen Blitz platzt der Putz von der Hauswand ab. Das im Putz enthaltene Wasser ist durch den kalten Schlag verdampft, wodurch eine Volumenvergrößerung entsteht, die dazu führte, dass der Putz an der Hauswand abplatzt.

- **Folgeschäden durch Blitzschlag**
  Zu den Folgeschäden eines Blitzschlages zählen die sogenannten Luftdruckschäden und die Sengschäden.
  - **Luftdruckschäden**
    Von einem Luftdruckschaden spricht man, wenn sich durch den Blitzeinschlag die Luft explosionsartig ausdehnt.

Beispiel

Ein Blitz schlägt in einen Baum ein, der auf dem Versicherungsgrundstück steht. Durch die Ausdehnung des Luftdrucks zerspringt die Verglasung der Terrassentür.

  - **Sengschäden**
    Auch Sengschäden sind mitversichert, wenn diese durch einen Blitzschlag verursacht worden.

Beispiel

Ein Blitz schlägt auf die Terrasse ein und hinterlässt Sengspuren an der Markise.

Ziffer 3.3 VHB 2021

Ein Blitzschlag kann neben den bereits erörterten Beschädigungen auch Schäden an elektronischen Einrichtungen oder Geräten verursachen, wenn der Blitz in das Stromnetz eingeschlagen ist. Diese Schäden werden als Überspannungs-, Überstrom- oder Kurzschlussschäden bezeichnet. Dies ist der Fall, wenn über diese Schäden hinaus auf dem Grundstück des Versicherungsortes der Einschlag eines Blitzes zumindest durch Spuren nachweisbar ist.

3.3 Explosion/Implosion/Verpuffung

Ziffer 3.4 VHB 2021

- **Explosion**
  Eine Explosion ist eine auf dem Ausdehnungsbestreben von Gasen oder Dämpfen beruhende, plötzlich verlaufende Kraftäußerung. Das wesentliche Merkmal in dieser Definition ist die Plötzlichkeit. Dies ist gegeben, wenn Beginn und Ende der Kraftäußerung mit den Sinnesorganen nicht getrennt voneinander wahrgenommen werden können. Analog zur Hausratversicherung muss man auch hier zwischen Substanzexplosion und Behälterexplosion unterscheiden. Bei einer Substanzexplosion handelt es sich um eine explosive Verbrennung von Gas/Luftgemischen, Dampf /Luftgemischen sowie von Staub/Luftgemischen. Bei der ausgelösten Verbrennung wird eine Druckwelle erzeugt, die als Explosion erlebt wird. Von einer Behälterexplosion spricht man, wenn der Überdruck infolge eines Ausdehnungsbestrebens von Gasen oder Dämpfen die Wandung des Behälters zerreißt/zerstört und sich der darauffolgende Ausgleich des Druckunterschiedes als Explosion auswirkt.

Ziffer 3.6 VHB 2021

- **Implosion**
  Eine Implosion ist ein plötzlicher, unvorhersehbarer Zusammenprall eines Hohlkörpers durch äußeren Überdruck infolge eines inneren Unterdruckes. Alte Röhrenfernseher sind von dieser Schadenart betroffen. Aus diesem Grund treten diese Schäden fast ausschließlich in der Hausratversicherung auf.

Ziffer 3.5 VHB 2021

- **Verpuffung**
  Verpuffung ist eine auf dem Ausdehnungsbestreben von Gasen oder Dämpfen beruhende, plötzlich verlaufende Kraftäußerung, die im Gegensatz zur Explosion mit geringerer Intensität verläuft und bei der in der Regel kein Explosionsknall entsteht. In Wohngebäuden zählen die immer öfters eingebauten Holz- oder Kachelöfen zu den potenziellen Gefahrenherden für eine Verpuffung. Bei der Holzverbrennung entstehen Gase, die sich bei zu geringer Sauerstoffzufuhr im Ofen ansammeln und nicht mit verbrannt werden können. Durch das Öffnen der Ofentür, z.B. für das Nachlegen neuer Holzscheite, gelangt plötzlich Sauerstoff in den Ofen, wodurch es zu einer explosionsartigen Verbrennung kommen kann. Bei dieser Verpuffung können Personen und Sachen zu Schaden kommen.

3.4 Schäden durch Luftfahrzeuge

Ziffer 3.7 VHB 2021

Im Rahmen der Wohngebäudeversicherung sind Schäden versichert, die durch den Anprall oder Absturz eines Luftfahrzeuges, seiner Teile oder seiner Ladung entstehen.

Beispiel

Eine Passagiermaschine verliert im Landeanflug ein Rad, das auf eine Garage prallt und diese sowie die dort gelagerten Dachziegel zerstört. Der VN würde die Garage und die gelagerten Dachziegel von der Wohngebäudeversicherung erstattet bekommen.

Zu den Luftfahrzeugen zählen u.a. Flugzeuge, Segelflugzeuge, Flugmodelle oder Rettungsfallschirme. Dies ist in § 1 Nr. 2 Luftverkehrsgesetz geregelt. Ebenso gelten Raumfahrzeuge, Raketen oder ähnliche Flugkörper als Luftfahrzeuge, solange sie sich im Luftraum befinden.

3.5 Leitungswasser

Die Versicherungsbedingungen unterscheiden die Gefahr Leistungswasser in Leistungswasserschäden und Bruchschäden.

Ziffer 4 VGB 2021

Leitungswasserschäden sind definiert als bestimmungswidriger Austritt von Leitungswasser oder dem Leitungswasser gleichgestellten Flüssigkeiten aus den in den Versicherungsbedingungen genannten Vorrichtungen. Hierzu zählen

- Zu- und Ableitungsrohre der Wasserversorgung,
- mit dem Rohrsystem verbundene sonstige Einrichtungen oder Schläuche der Wasserversorgung,
- Heizungs- und Klimaanlagen,
- Wasserlösch-/Berieselungsanlagen und
- Aquarien und Wasserbetten.

Im Gegensatz zur Hausratversicherung ergänzt die Wohngebäudeversicherung den Leitungswasserbegriff um die **Bruchschäden**. Die Versicherungsbedingungen unterscheiden die Bruchschäden innerhalb und außerhalb von Gebäuden. Bruchschäden innerhalb von Gebäuden gelten als versichert, wenn der Schaden frostbedingt oder durch sonstige Bruchschäden an Rohren entstanden ist. Dies kann bei Zu- oder Ableitungsrohren der Wasserversorgung oder den damit verbunden Schläuchen eintreten, ebenso die Rohre der Heizungs- oder Klimaanlage oder auch der Wasserlösch- oder Berieselungsanlagen betreffen. Die Rohre der auf dem Dach befindlichen Solaranlage zählen auch zu den Rohren innerhalb von Gebäuden. *Ziffer 4 VGB 2021*

Für rein frostbedingte Schäden kommt die Wohngebäudeversicherung auf, wenn diese die Gegenstände der sanitären oder ähnlichen Installationen und Einrichtungen sowie deren Anschlussschläuche (z.B. Waschbecken im Badezimmer) oder die Heizkörper, Heizkessel, Boiler oder vergleichbare Teile von Heizungs- oder Klimaanlagen betreffen. Der gesamte Baukörper einschließlich der Bodenplatte gilt als innerhalb von Gebäuden. Die unterhalb der Bodenplatte befindlichen Rohre oder Schläuche gelten als nicht mitversichert, solange nichts anders vereinbart wurde. *Ziffer 4.3.2 VGB 2021*

Zudem sind die Such- und Auftaukosten über die Wohngebäudeversicherung gedeckt. Bei Rohrbrüchen handelt es sich oftmals um versteckte Schäden, die an Rohren entstehen, die im Mauerwerk liegen. Reine Undichtigkeiten zählen nicht zu den Bruchschäden. Sollte jedoch bestimmungswidrig Wasser austreten und einen Schaden verursachen, wäre dieser versichert, die Undichtigkeit selbst jedoch nicht.

Auftaukosten sind ebenfalls versicherte Kosten, da das Auftauen von zugefrorenen Rohrleitungen Maßnahmen darstellen, die der Abwendung oder Minderung des Schadens dienen.

Als Bruchschäden außerhalb von Gebäuden definiert das Bedingungswerk die frostbedingten und sonstige Bruchschäden an Zuleitungsrohren der Wasserversorgung sowie Rohren der Heizungs- und Klimaanlagen, soweit diese Rohre der Versorgung des versicherten Gebäude und Anlagen dienen, die sich auf dem Versicherungsgrundstück befinden. *Ziffer 4.4 VGB 2021*

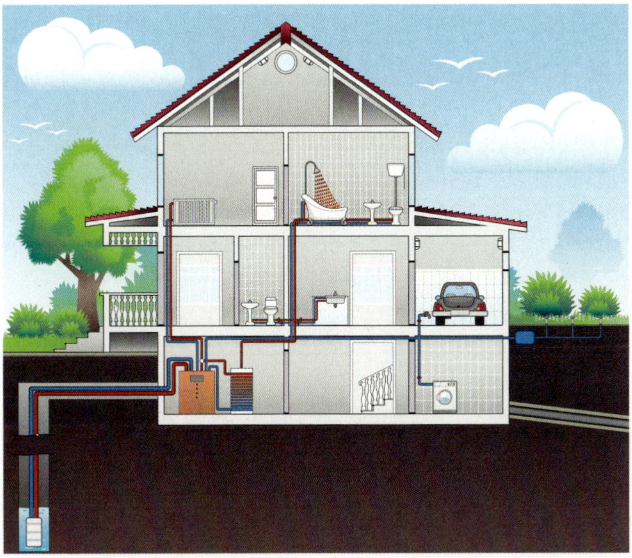

Wohnhaus mit Rohren, die auch außerhalb des Gebäudes verlegt sind

Beispiel Im Kinderzimmer muss ein Teil der Wand aufgestemmt werden, um an ein beschädigtes Rohr zu gelangen. Das an einer Rohrbruchstelle austretende Wasser durchnässt den Boden, die Wände und den Einbauschrank.

Lösung *Hier liegt gemäß den Versicherungsbedingungen ein versicherter Bruchschaden vor, der über die Wohngebäudeversicherung reguliert wird. Auch die Folgeschäden an dem Boden, den Wänden und dem Einbauschrankes sind mitversichert.*

3.6 Naturgefahren

Die Naturgefahren in der Wohngebäudeversicherung sind unterteilt in Sturm, Hagel und weitere Naturgefahren.

Ziffer 5.1 VHB 2021

Sturm wird als wetterbedingte Luftbewegung von mindestens Windstärke 8 nach Beaufort (eine Windgeschwindigkeit von mindestens 62 km/h) definiert. Insgesamt umfasst die Beaufort-Skala 13 Grade (von 0 bis 12).

Auszug aus der Beaufort-Skala

km/h	Beaufort-Grad	Bezeichnung	Auswirkungen an Land
50–61	7	steifer Wind	spürbare Hemmung beim Gehen
62–74	8	stürmischer Wind	Zweige brechen von den Bäumen
75–88	9	Sturm	kleinere Schäden an Dächern und Häusern
89–102	10	schwerer Sturm	Bäume werden entwurzelt, bedeutende Schäden
103–117	11	orkanartiger Sturm	schwere Sturmschäden
> 118	12	Orkan	Verwüstungen

Eigene Darstellung nach Angaben des Deutschen Wetterdienstes

Versicherungsnehmer/-innen müssen den Nachweis eines Sturms erbringen. Dies kann auf verschiedene Art und Weise geschehen:

- Der zuständige Wetterdienst hat für den Schadentag und den Schadenort eine Windstärke von mindestens 62 km/Stunde gemessen (Windstärke 8 nach Beaufort).
- Sollten diese Daten fehlen, kann der Nachweis auf folgenden Wegen erfolgen:
  - Nachweis darüber, dass die Luftbewegung in der Umgebung Schäden an Gebäuden, die sich in einwandfreien Zustand befanden, oder an ebenso widerstandsfähigen Sachen angerichtet hat.
  - Nachweis, dass Schaden wegen einwandfreiem Zustand des versicherten Gebäudes nach menschlichem Ermessen nur durch einen Sturm entstanden sein kann.

Ziffer 5.2 VHB 2021

Hagel ist ein fester Witterungsniederschlag in Form von Eiskörnern. Auch diese Witterungserscheinung ist über die Versicherungsbedingungen gedeckt, sofern dies zu Schäden am Wohngebäude oder dessen Zubehör führt.

Neben den bedingungsgemäß versicherten Gefahren können weitere Elementargefahren mit eingeschlossen werden:

- Überschwemmungen/Rückstau
- Erdbeben
- Erdsenkung/Erdrutsch
- Schneedruck/Lawinen
- Vulkanausbruch

Sowohl der Umfang des Versicherungsschutzes, als auch die sonstigen Bestimmungen für den Einschluss von weiteren Elementargefahren decken sich mit denen der Hausratversicherung.

4 Nicht versicherte Schäden

Trotz der bedingungsgemäß versicherten Gefahren existieren Schadenereignisse, die der Versicherer nach dem Versicherungsvertragsgesetz und nach den Versicherungsbedingungen nicht erstattet bzw. die ausgeschlossen sind.

4.1 Nicht versicherte Schäden nach dem Versicherungsvertragsgesetz

Bei allen versicherten Gefahren gilt ein genereller Ausschluss bei: *§ 81 (1) VVG*

- **Vorsatz**
  Nicht versichert sind Schäden, die Versicherungsnehmer/-innen vorsätzlich herbeiführen.

Beispiel

Ein Versicherungsnehmer legt nach einem Streit mit seiner Ex-Frau ein Feuer im Wohnzimmer, wodurch dieses komplett zerstört wird.

- **Krieg, innere Unruhen, Kernenergie**
  Ausgeschlossen sind Schäden, die durch Kriegsereignisse jeglicher Art sowie innere Unruhen entstehen. Dazu zählen kriegsähnliche Ereignisse, Bürgerkriege, Aufstände oder Rebellionen. Die verursachten Schäden durch Kernenergie sind nicht über die Wohngebäudeversicherung gedeckt, sondern über den Betreiber der Kernanlage, da dieser zur Deckungsvorsorge für einen solchen Fall verpflichtet ist.

- **Fehlverhalten des Repräsentanten von Versicherungsnehmern/-innen**
  Sollten Schäden durch einen Repräsentanten eines/einer Versicherungsnehmers/-in entstehen, werden diese genauso behandelt, als hätte der/die Versicherungsnehmer/-in diese selbst verursacht. Ein Repräsentant ist eine Person, die das gesamte Gebäude aufgrund eines Miet-, Pacht- oder ähnlichen Verhältnisses für eine längere Zeit in alleiniger Obhut besitzt. Mieter von Mietwohnungen sind in der Regel keine Repräsentanten, da sie nur einen Teil eines Gebäudes anmieten.

Sind Schäden durch **grobe Fahrlässigkeit** von Versicherungsnehmern/-innen oder ihrer Repräsentanten herbeigeführt worden, kann der Versicherer eine Kürzung der Entschädigung vornehmen. Der Versicherer ist berechtigt, die Leistungen im Verhältnis (Quote) zur Schwere des Verschuldens zu kürzen (Quotenregelung). Dies kann z. B. passieren, wenn ein/eine Versicherungsnehmer/-in das Fenster auf Kippstellung belässt, obwohl ein Sturm aufkommt, und dadurch das Fenster beschädigt wird. *§ 81 (2) VVG*

4.2 Besondere Ausschlüsse nach versicherten Gefahren

Dies besonderen Ausschlüsse werden zum besseren Verständnis und zur besseren Übersicht in der nachfolgenden mit kurzen Erläuterungen oder Beispielen versehen.

Ausschlüsse	Schäden	Erläuterung	VGB 2021
Ausschlüsse bei den versicherten Gefahren Brand, Blitzschlag, Explosion und Implosion	Schäden durch Erdbeben	Schäden durch Erdbeben können im Rahmen der weiteren Naturgefahren (Elementargefahren) versichert werden.	Ziffer 3.8.1
	Sengschäden	Sengschäden gelten generell als nicht mitversichert, es sei denn, sie sind in Folge eines versicherten Feuerschadens entstanden.	Ziffer 3.8.2
	Schäden durch im Verbrennungsraum auftretende Explosionen bei Verbrennungskraftmaschinen, an Schaltorganen von elektrischen Schaltern durch den in ihnen auftretenden Gasdruck sind nicht versichert.	Dieser zusätzliche Einschluss kann nur zur Anwendung kommen, wenn das Objekt teilweise gewerblich genutzt wird. Sofern der privat genutzte Teil des Gebäudes mehr als 50 % beträgt, kommt eine Wohngebäudeversicherung in Betracht.	Ziffer 3.8.3
Ausschlüsse bei der versicherten Gefahr Leitungswasser	Regenwasser aus Fallrohren	Fallrohre sind Regenrohre und gehören somit nicht zu den Zu- und Ableitungsrohren der Wasserversorgung.	Ziffer 4.5.1
	Plansch- oder Reinigungswasser	In einem solchen Fall ist zwar Leitungswasser ausgetreten, was aber bestimmungsgemäß geschah. Somit ist der Leistungswasserbegriff nicht erfüllt. **Beispiel** Die Geschwister Lisa und Tom sitzen in der Badewanne und spielen ausgelassen. Dabei schwappt das Wasser über und dringt in das Mauerwerk ein.	Ziffer 4.5.2
	Schwamm	Mauerfeuchtigkeit führt in der Regel zu einer Schwammbildung, die das Mauerwerk beschädigen kann.	Ziffer 4.5.3
	Grundwasser, stehendes oder fließendes Gewässer, Überschwemmungen, Witterungsniederschläge und Rückstau	Durch heftige Regenschauer kann es zu einem Rückstau in den Ableitungsrohren im Keller kommen, wodurch dieser überschwemmt wird. Die Gefahren Überschwemmung und Rückstau können in den weiteren Naturgefahr (Elementargefahren) aufgenommen werden.	Ziffer 4.5.4
	Erdbeben, Schneedruck, Lawinen und Vulkanausbruch	Diese Risiken sind grundsätzlich ausgeschlossen, können aber über die weiteren Naturgefahren mitversichert werden.	Ziffer 4.5.5

Ausschlüsse	Schäden	Erläuterung	VGB 2021
Ausschlüsse bei der versicherten Gefahr Leitungswasser	Erdsenkung oder Erdrutsch	Schäden am Gebäude, die durch Erdsenkung oder Erdrutsch entstanden sind, sind nicht versichert, außer ein Leitungswasserschaden war die Ursache. **Beispiel** Ein auf dem Versicherungsgrundstück liegendes Zuleitungsrohr bricht frostbedingt und verursacht eine Erdabsenkung. Zudem können Erdsenkung und Erdrutsch über die weiteren Naturgefahren eingeschlossen werden.	Ziffer 4.5.6
	Brand, Blitzschlag, Überspannung durch Blitz, Explosion/Implosion/Verpuffung, Absturz/Anprall eines Luftfahrzeuges/seiner Teile/ seiner Ladung	Diese Schäden sind als Folgeschäden der jeweiligen Gefahr mitversichert. **Beispiel** Ein Rohrbruch ereignet sich durch eine Explosion eines Gasherdes. Der Rohrbruchschaden ist als Folgeschaden der Gefahr Brand versichert.	Ziffer 4.5.7
	Öffnen der Sprinkler- oder Berieselungsanlage wegen eines Brandes, durch Druckproben, Umbauten oder Reparaturarbeiten	Diese Schäden sind nicht versichert. **Beispiel** Bei Reparaturarbeiten an einer Berieselungsanlage tritt Wasser aus und beschädigt den Teppichboden.	Ziffer 4.5.8
	Schäden des Gebäudes, das vor der Bezugsfertigkeit oder wegen Umbauarbeiten nicht benutzbar ist	Eine Erläuterung oder eine Definition, was unter dem Begriff „Bezugsfertigkeit" zu verstehen ist, regelt das Bedingungswerk nicht. Das Bewertungsgesetz (BewG) definiert die Bezugsfertigkeit wie folgt: „Gebäude sind als bezugsfertig anzusehen, wenn den zukünftigen Bewohnern oder sonstigen Benutzern zugemutet werden kann, sie zu benutzen." Dies bedeutet, dass ein Haus als bezugsfertig anzusehen ist, wenn funktionsfähige sanitäre Anlagen sowie eine Heizung vorhanden sind. Bodenbeläge, wie Teppiche oder Parkett oder auch Tapeten sind nicht erforderlich, damit ein Gebäude als bezugsfähig gilt. **Beispiel** Ein Zuleitungsrohr für das neue Badezimmer bricht und beschädigt die frisch verlegten Fliesen inklusive der frischen Fugen.	Ziffer 4.5

Ausschlüsse	Schäden	Erläuterung	VGB 2021
Ausschlüsse bei der Gefahr Sturm/Hagel und den weiteren Naturgefahren (Elementargefahren)	Sturmflut	Dieses Naturereignis ist nicht versichert und kann auch nicht über die weiteren Naturgefahren eingeschlossen werden. **Beispiel** Der Deich an der Nordseeküste bricht durch eine Sturmflut und beschädigt viele Gebäude.	Ziffer 5.5.1
	Eindringen von Regen, Hagel, Schnee oder Schmutz durch nicht ordnungsgemäß geschlossene Fenster, Außentüren oder anderen Öffnungen	Ist ein Fenster, eine Außentür oder eine andere Öffnung nicht ordnungsgemäß geschlossen und entsteht durch das Eindringen von Regen ein Schaden, leistet die Wohngebäudeversicherung nicht. **Beispiel** Ein VN lehnt seine Terrassentür an. Durch das Eindringen von Regen quillt die verklebte Sockelleiste des Parkettbodens auf. Dieser Schaden wird nicht erstattet.	Ziffer 5.5.2
	Grundwasser, das nicht an die Erdoberfläche gedrungen ist	Dieser Ausschluss dient lediglich der Verdeutlichung, denn dieses Ereignis kann über die weiteren Naturgefahren (Überschwemmung) abgesichert werden.	Ziffer 5.5.3
	Brand, Blitzschlag, Überspannung durch Blitz, Explosion/ Implosion/Verpuffung, Absturz/Anprall eines Luftfahrzeuges/seiner Teile/ seiner Ladung	Diese Gefahren sind hier ausgeschlossen, da sie als eigenständige Gefahren im Rahmen der Wohngebäudeversicherung versichert sind. Eine Ausnahme stellt Erdbeben dar. Sollte ein Erdbeben für beispielsweise einen Brand die Ursache sein, ist dies versichert.	Ziffer 5.5.4
	Trockenheit oder Austrocknung	Trockenheit oder Austrocknung stellt ein extremes Wetterphänomen dar. Schäden hierdurch sind nicht versichert und können auch nicht über die weiteren Naturgefahren eingeschlossen werden. **Beispiel** Durch eine länger anhaltende Trockenheit kommt es zu einem späteren Zeitpunkt zu einem Riss an der Garagenwand, wodurch die Garage instabil wird.	Ziffer 5.5.5

5 Übernahme von Kosten bei Schadeneintritt

Zum Versicherungsumfang in der Wohngebäudeversicherung gehört auch die Übernahme von Kosten, die sowohl bei dem Eintritt als auch nach dem Eintritt eines versicherten Schadenereignisses entstehen können. Die Proximus Versicherung AG unterteilt in versicherte Kosten, Mietausfallschäden sowie versicherte Mehrkosten. Auch das Versicherungsvertragsgesetz sieht hier einige Regelungen zum Aufwendungsersatz vor.

5.1 Versicherte Kosten

Der Versicherer ersetzt Kosten, die infolge eines Versicherungsfalles erforderlich und tatsächlich angefallen sind, jedoch maximal bis zur Höhe der Entschädigungsgrenze. Die versicherten Kosten unterteilen sich in Aufräumung- und Abbruchkosten sowie Bewegungs- und Schutzkosten. *Ziffer 11 VGB 2021*

Die versicherten Kosten unterteilen sich in:

- **Aufräumungs- und Abbruchkosten**
  Dies sind Aufwendungen, die entstehen, um versicherte Sachen aufzuräumen und abzubrechen. Das schließt Kosten ein, um Schutt und sonstige Reste dieser Sachen wegzuräumen und zur nächsten Ablagerungsstelle zu transportieren. Außerdem beinhalten sie die zwischenzeitliche Lagerung oder Vernichtung. Aus Sicherheitsgründen kann es notwendig sein, versicherte Sachen aufzuräumen oder sogar den Abbruch der Sache zu veranlassen. *Ziffer 12.1 VGB 2021*

Beispiel

Durch einen Sturm wurde das Dach einer Versicherungsnehmerin erheblich beschädigt. Die Ziegel fielen durch den Sturm herunter und beschädigten den Wintergarten enorm, sodass die Statik gefährdet ist.

Lösung

Hier werden die Aufräumkosten der heruntergefallenden Ziegel sowie die Abbruchkosten des Wintergartens erstattet.

Verursacht ein sturmbedingt umgestürzter Baum einen versicherten Schaden, belaufen sich die Aufräumungs- und Abbruchkosten auf das Freilegen der versicherten Sache. Sofern durch das Umfallen des Baumes kein versicherter Schaden entsteht, besteht nur Anspruch auf Erstattung der Kosten, wenn dies durch die entsprechende Klauselvereinbarung abgesichert wurde.

Die Entschädigungsgrenze für Aufräumungs- und Abbruchkosten ist in der Proximus Versicherung AG auf 5 % der Versicherungssumme festgesetzt.

- **Bewegungs- und Schutzkosten**
  Dies sind Kosten, die entstehen, wenn zum Zweck der Wiederherstellung oder Wiederbeschaffung versicherter Sachen andere Sachen bewegt, verändert oder geschützt werden müssen. *Ziffer 12.2 VGB 2021*

Beispiel

Um an ein defektes Zuleitungsrohr in der Küche zu gelangen, muss die Küche zum Teil abgebaut werden.

Lösung

Der teilweise Abbau und der Wiederaufbau der Küche werden über die Bewegungs- und Schutzkosten reguliert. Für die Kosten einer externen Lagerung der Küche kommt der Versicherer nur auf, wenn eine Lagerung vor Ort nicht möglich ist.

Eine Entschädigungsgrenze für Bewegungs- und Schutzkosten sieht die Proximus Versicherung AG eine Höchstgrenze von 5 % der Versicherungssumme vor.

5.2 Mietausfallschäden

Grundsätzlich muss unterschieden werden, von wem die Wohnräume genutzt werden. Vermietet ein/eine Versicherungsnehmer/-in die Wohnräume, liegt ein sogenannter Mietausfall vor. Bewohnt der/die Versicherungsnehmer/-in die Wohnräume selbst, spricht man vom Mietwert.

Ziffer 13.1.1 VGB 2021

- **Mietausfall**
  Vermieten Versicherungsnehmer/-innen Wohnungen in einem Mehrfamilienhaus, so erhalten sie vom Versicherer im Schadenfall den Mietausfall einschließlich fortlaufender Nebenkosten, wenn die Mieter nach einem Versicherungsfall berechtigt sind, die Zahlungen teilweise oder ganz zu verweigern. Zu den fortlaufenden Betriebskosten im Sinne des Mietrechts gehören auch Kosten, die aufgrund des Mietvertrages auf die Mieter verteilt werden und die in der Regel verbrauchsunabhängig sind. Hierzu zählen Grundsteuer, Beiträge zur Wohngebäudeversicherung, Müllabfuhr oder die Gartenpflege.

Beispiel Nach einem Sturmschaden sind zwei Räume der Vierzimmerwohnung im Dachgeschoss für vier Wochen nicht nutzbar. Die Mieterin kürzt entsprechend die Miete einschließlich der Nebenkosten.

Lösung *Da die Wohnung vor Schadeneintritt bewohnbar war und der Mieter zu Recht die Miete anteilig kürzt, erstattet der VR dem VN den anteiligen Mietausfall einschließlich Nebenkosten.*

Ziffer 13.2 VGB 2021

Der Mietausfall wird bis zur Wiederbenutzbarkeit der Wohnung für höchstens zwölf Monate ab dem Eintritt des Versicherungsfalles gezahlt. Sollte der/die Versicherungsnehmer/-in schuldhaft die Wiederbenutzbarkeit der Wohnräume verzögern, wird der Mietausfall entsprechend des Zeitraumes der schuldhaften Verzögerung gekürzt.

Ziffer 13.1.2 VGB 2021

- **Mietwert**
  Versicherungsnehmern/-innen wird der ortsübliche Mietwert erstattet, wenn sie selbst die Wohnräume bewohnen. Hier gilt, im Gegensatz zum Mietausfall, das „Alles oder nichts Prinzip". Kann einem/einer Versicherungsnehmer/-in das Wohnen in den vom Versicherungsfall nicht betroffenen Räumen zugemutet werden, erhält sie keine Mietwertentschädigung.

Beispiel Durch einen Wasserrohrbruch werden das Arbeitszimmer und das Gästezimmer des 8-zimmrigen Einfamilienhauses unter Wasser gesetzt, in dem die VN mit ihrer Familie wohnt.

Lösung *Die VN erhält keine Mietwertentschädigung, da nur das Arbeitszimmer und das Gästezimmer vom Leitungswasserschaden betroffen sind. Die Benutzung der restlichen Räume ist ihr und ihrer Familie zumutbar.*

Beispiel Ein Brand hat in der Eigentumswohnung eines VN das Badezimmer und die Küche beschädigt. Zwei weitere Räume sind stark verrußt.

Lösung *Der VN erhält eine Mietwertentschädigung für den Nutzungsausfall der gesamten Wohnung, da ihm das Wohnen in den restlichen Räumen nicht zumutbar ist. Insbesondere auch, weil das Badezimmer und die Küche beschädigt worden sind.*

In dem letzten Beispiel würde der/die Versicherungsnehmer/-in den ortsüblichen Mietwert ersetzt bekommen. Der ortsübliche Mietwert orientiert sich an dem örtlichen Mietspiegel oder nach den Mieten vergleichbarer Wohnungen/Häusern.

Ziffer 13.2 VGB 2021

Der ortsübliche Mietwert wird bis zur Wiederbenutzbarkeit der Wohnung/Haus für höchstens zwölf Monate seit dem Eintritt des Versicherungsfalles gezahlt. Sollte der/die Versicherungsnehmer/-in schuldhaft die Wiederbenutzbarkeit der Wohnräume verzögern, wird der ortsübliche Mietwert entsprechend des Zeitraumes der schuldhaften Verzögerung gekürzt.

Der Versicherungsumfang der Wohngebäudeversicherung für Mietausfall oder ortüblichen Mietwert erstreckt sich nicht auf gewerblich genutzte Räume, sofern keine andere Vereinbarung getroffen wurde. In der Praxis wird dies jedoch nicht vereinbart, da die Kalkulation hierfür zu umfangreich ist. *Ziffer 13.3 VGB 2021*

5.3 Versicherte Mehrkosten

Grundsätzlich ersetzt der Versicherer die Beschädigungen der versicherten Sachen in gleicher Art und Güte. Sollte dies zum Zeitpunkt des Versicherungsfalles, aufgrund behördlicher Auflagen, nicht möglich sein, ersetzt der Versicherer die dadurch entstanden Mehrkosten. *Ziffer 14 VGB 2021*

Es lassen sich zwei Arten von Mehrkosten unterscheiden:

- **Mehrkosten durch öffentlich-rechtliche Wiederherstellungsbeschränkungen** *Ziffer 14.1.1.2 VGB 2021*
  Hierzu zählen Auflagen bzw. Vorschriften, die eine Gemeinde oder Stadt für den Neubau von Wohnhäusern vorschreibt. Dies können beispielsweise Auflagen zum Dämmschutz von Häusern, der Heizungsanlage oder Elektroinstallation sein.
  Auch Änderungen der Flächennutzung oder des Bebauungsplanes können öffentlich-rechtliche Wiederherstellungsbeschränkungen sein.

Beispiel

Das Wohngebäude eines VN wurde durch einen Brand vollständig zerstört. Der aktuelle Bebauungsplan der Stadt sieht vor, dass das Grundstück nicht mehr bebaut werden darf, da die Fläche als Naturschutzgebiet genutzt werden soll.

Lösung

Da der VN sein Gebäude nicht mehr am bisherigen Ort wieder aufbauen darf, ersetzt der VR nur die Mehrkosten, die auch bei der Wiederherstellung an der bisherigen Stelle entstanden wären. Die Kosten für das neue Grundstück zum Wiederaufbau trägt der VN alleine.

Mehrkosten durch Preissteigerung zwischen dem Eintritt des Versicherungsfalles und der unverzüglich veranlassten Wiederherstellung

Es können generell preisliche Steigerungen bei der Wiederstellung auftreten. Ursachen hierfür können die Baumaterialknappheit oder die allgemeine Inflation sein. Diese Mehrkosten werden vom Versicherer erstattet. Versicherungsnehmer/-innen müssen jedoch unverzüglich die Wiederherstellung veranlassen. Bei einer schuldhaften Verzögerung werden nur die Mehrkosten ersetzt, die bei unverzüglicher Wiederherstellung entstanden wären.

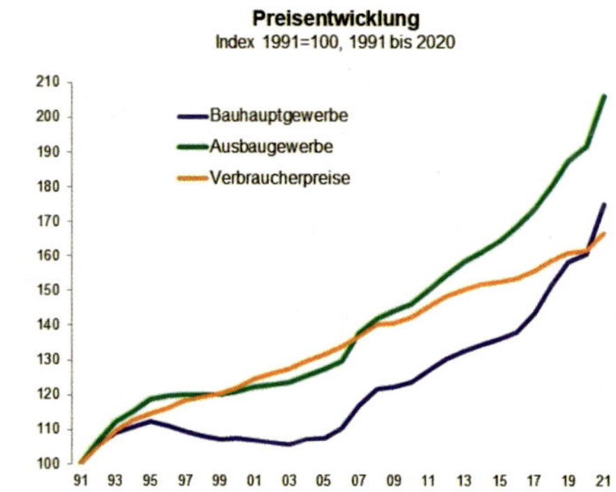

5.4 Aufwendungsersatz nach dem Versicherungsvertragsgesetz

Der Aufwendungsersatz nach den Bestimmungen des Versicherungsvertragsgesetzes wird an dieser Stelle nur kurz wiederholt, da die Bestimmungen der §§ 83, 90 sowie 85 VVG in der Hausratversicherung bereits ausführlich thematisiert wurden.

§ 83 VVG

- **Aufwendungen zur Abwendung und Minderung des Schadens**
  Versicherungsnehmer/-innen sind im Schadenfall dazu verpflichtet, den Schaden abzuwenden und/oder zu minimieren. Sofern möglich, müssen sie Weisungen des Versicherers einholen und befolgen. Lassen es die Umstände nicht zu, eine Weisung des Versicherers einzuholen, sind Versicherungsnehmer/-innen dazu verpflichtet, alles zu unternehmen, um eine Abwendung oder Minimierung des Schadens zu erzeugen. Auch ein Misserfolg dieser Maßnahmen ist mitversichert und wird in voller Höhe erstattet.
  Die Schadenabwendungs- und Schadenminimierungskosten werden auch als Rettungskosten bezeichnet. Rettungskosten müssen jedoch von der Schadenverhütung unterschieden werden. Die Kosten für eine Brandmeldeanlage sind den Rettungskosten nicht zuzuordnen, da sie zu den Sicherheitsvorschriften gehören. Das Herbeirufen der Feuerwehr, sogenannte Feuerlöschkosten, können als Schadenminderungs- bzw. als Schadenabwehrkosten geltend gemacht werden, wenn der Feuerwehreinsatz nicht von öffentlichem Interesse ist und Kosten verursacht. In der Regel stellen Feuerwehreinsätze unentgeltliche Leistungen dar, da sie bei Bränden oder Unwettersituationen von öffentlichem Interesse sind.

§ 90 VVG

- **Aufwendungen zur Abwendung oder Minderung eines unmittelbar bevorstehenden Versicherungsfalles**
  Setzen Versicherungsnehmer/-innen Aufwendungen ein, um einen unmittelbar bevorstehenden Versicherungsfall zu verhindern oder zu mindern, werden diese Kosten erstattet, wenn der Versicherer diese Aufwendungen für verhältnismäßig und erfolgsversprechend hält.

Beispiel

Durch einen Blitzeinschlag im Nachbarhaus gerät dieses in Brand. Als der VN dies bemerkt, greift er zu seinem Gartenschlauch und bewässert den Holzgartenzaun, damit das Feuer nicht übergreift. Die Kosten für das verbrauchte Wasser möchte der VN von seinem VR ersetzt bekommen.

Lösung

Die Kosten für den Wasserverbrauch würde der VN erstattet bekommen, da er durch das Bewässern des Holzzaunes ein Übergreifen des Feuers auf sein Wohngebäude verhindert hat und somit einen unmittelbar bevorstehenden Versicherungsfall abgewendet hat.

§ 85 VVG

- **Kosten der Ermittlung und Feststellung des Schadens**
  Diese Kosten werden auch als Schadenermittlungskosten bezeichnet. Sie entstehen, um die Schadenhöhe und Schadenursache genau definieren zu können. Auch die Kosten durch das Einbeziehen eines Sachverständigen, um den Versicherungsfall detailliert aufzuklären, werden hierüber erstattet.

Beispiel

Nach einem Sturm holt sich ein VN ein Reparaturangebot eines Dachdeckers ein (145,00 €), da der Sturm einige Ziegeln beschädigt hat. Dieses reicht der VN bei seinem VR ein und erhält die 145,00 € als Schadenermittlungskosten erstattet.

Zusammenfassung

Übernahme von Kosten bei Schadeneintritt

Versicherte Kosten nach Ziffer 11 + 12 VGB 2021	Mietausfall, Mietwert nach Ziffer 13 VGB 2021	Versicherte Mehrkosten nach Ziffer 14.1.1.2 VGB 2021	Aufwendungsersatz nach VVG
· Aufräum- und Abbruchkosten · Bewegungs- und Schutzkosten · Entschädigungsgrenze 5 %	· Mietausfall bei vermieteten Räumen · Mietwert selbst bewohnter Räume · maximal für zwölf Monate	· Mehrkosten durch behördliche Wiederherstellungsbeschränkungen · Mehrkosten durch Preissteigerung nach Eintritt des Versicherungsfalles	· Aufwendungen zur Abwendung und Minderung des Schadens · Schadenermittlungskosten

6 Erweiterbarer Versicherungsschutz durch Klauselvereinbarungen

Durch die Vereinbarung von Klauseln können Versicherungsnehmer/-innen die Grunddeckung individuell nach eigenen Bedürfnissen und Wünschen erweitern. Das Bedingungswerk der Proximus Versicherung AG sieht eine Vielzahl von Klauseln vor, die in Verbindung mit den VGB 2021 eingeschlossen werden können.

Zusätzliche Vereinbarungen

Klausel PK 7165
Fahrzeuganprall durch Straßen-oder Schienenfahrzeuge

➡ Versicherungsschutz besteht für den Anprall von Straßen- oder Schienenfahrzeugen gegen das versicherte Gebäude. Versicherungsschutz besteht nicht, wenn der/die Versicherungsnehmer/-in oder eine andere Person das Straßenfahrzeugt gelenkt hat. Ausgeschlossen sind auch Schäden an Fahrzeugen, Grundstückseinfriedungen (Hecken), Straßen und Wegen.

Klausel PK 7166
Regenfallrohre innerhalb des Gebäudes

➡ Die nicht versicherten Schäden gemäß den Ziffern 4.3.1 und 4.5.1 VGB 2021 können durch diese Klausel erweitert werden. Durch Einschluss dieser Klausel würde Versicherungsschutz bestehen, wenn Wasser aus den Regenfallrohren, die innerhalb von Gebäuden liegen, bestimmungswidrig ausgetreten ist. Ebenso wären Frost- und sonstige Bruchschäden mitversichert.

Klausel PK 7167 Kosten für die Beseitigung von Rohrverstopfungen	Durch Einschluss dieser Klausel würden die versicherten Kosten gemäß Ziffer 11 VGB 2021 erweitert. Demnach wären die notwenigen Kosten für die Beseitigung von Verstopfungen der Ableitungsrohre, die im Gebäude und auch auf dem Versicherungsgrundstück verlegt sind, übernommen. Die Entschädigungsgrenze ist je nach Versicherungsfall auf einen vereinbarten Betrag begrenzt.
Klausel PK 7168 Datenrettungskosten	Grundsätzlich dient diese Klausel zur Erweiterung der Ziffer 11 VGB 2021. Durch den Einschluss dieser Klausel sind die Kosten für die technische Wiederherstellung sowie die Kosten einer versuchten Wiederherstellung von elektronisch gespeicherten Daten und Programmen versichert. Der Versicherer erstattet nur Kosten in Höhe von 2.000,00 €.
Klausel PK 7260 Bruchschäden an weiteren Zuleitungsrohren auf dem Versicherungsgrundstück	Vereinbart wird der erweiterte Versicherungsschutz für Frost- und sonstige Bruchschäden an Zuleitungsrohren der Wasserversorgung oder an Rohren der Heizungs- und Klimaanlage, die nicht zur Versorgung versicherter Gebäude oder Anlagen dienen. Voraussetzung für eine Entschädigung ist, dass der/die Versicherungsnehmer/-in die Gefahr trägt und die Rohre sich auf dem Versicherungsgrundstück befinden. Die Entschädigungsgrenze wird je nach Versicherungsfall auf den vereinbarten Betrag begrenzt.
Klausel PK 7261 Bruchschäden an Zuleitungsrohren außerhalb des Versicherungsgrundstücks	Die einzige Unterscheidung zur Klausel 7260 besteht darin, dass sich die Zuleitungsrohre der Wasserversorgung oder die Rohre der Heizung- und Klimaanlagen **außerhalb** des Versicherungsgrundstücks befinden müssen.
Klausel PK 7262 Weitere Ableitungsrohre auf dem Versicherungsgrundstück	Versichert sind frostbedingte und sonstige Bruchschäden an Ableitungsrohren der Wasserversorgung, die sich außerhalb des Gebäudes, jedoch auf dem Versicherungsgrundstück befinden. Die Voraussetzung der Erstattung ist identisch zur Klausel 7260. Jedoch ist die Entschädigungsgrenze auf 5.000,00 € begrenzt.
Klausel PK 7263 Ableitungsrohre außerhalb des Versicherungsgrundstücks	Versicherungsschutz besteht für Frost- und sonstige Bruchschäden an Wasserableitungsrohren, die sich außerhalb des Versicherungsgrundstückes befinden. Voraussetzung ist, dass die Wasserableitungsrohre der Entsorgung des versicherten Gebäudes dienen und der/die Versicherungsnehmer/-in die Gefahr dafür trägt. Die Entschädigungsgrenze wird je nach Versicherungsfall auf den vereinbarten Betrag begrenzt. Im Rahmen der Klausel 7799 - Wohnflächenmodell ist sie auf 5.000,00 € begrenzt.

Klausel PK 7264 Sonstiges Zubehör und sonstige Grundstücksbestandteile	➡	Versicherbar sind als Erweiterung des sonstigen Zubehörs und sonstiger Grundstücksbestanteile Carports, Gewächs- und Gartenhäuser, Grundstückseinfriedungen (Hecken), Hof und Gehwegsbefestigungen, Hundehütten, Masten- und Freileitungen sowie Wege- und Gartenbeleuchtungen, die sich auf dem Versicherungsgrundstück befinden. Die Entschädigungsgrenze wird je nach Versicherungsfall auf den vereinbarten Betrag begrenzt. Im Rahmen der Klausel 7799 - Wohnflächenmodell ist sie auf 5.000,00 € begrenzt.
Klausel PK 7265 Armaturen	➡	Versicherbar sind frostbedingte Bruchschäden an Armarturen (z. B. Wasser- und Absperrhähne, Ventile, Wassermesser, Geruchsverschlüsse) sowie die Kosten für den Austausch, soweit dies im Zusammenhang mit einem versicherten Rohrbruch erforderlich ist. Die Entschädigung ist auf 500,00 € je Versicherungsfall begrenzt.
Klausel PK 7361 Gebäudebeschädigungen an Zwei- und Mehrfamilienhäusern durch unbefugte Dritte	➡	Gebäudebeschädigungen, die bei einem Einbruch oder Einbruchsversuch bei Zwei- oder Mehrfamilienhäusern entstanden sind, werden bis zur Höhe der Entschädigungsgrenze (max. 10.000,00 €) übernommen. Versichert sind Kosten, um Schäden an Türen, Schlössern, Fenstern, Rollläden und Schutzgittern zu beseitigen.
Klausel PK 7362 Dekontamination von Erdreich	➡	Versichert sind die notwendigen Kosten, die Versicherungsnehmenden im Zusammenhang eines Versicherungsfalles aufgrund behördlicher Anordnungen entstehen, um • das Erdreich des Versicherungsgrundstückes zu untersuchen, zu dekontaminieren oder auszutauschen, • den Aushub zu einer Deponie zu transportieren und dort zu lagern, abzulagern oder zu vernichten, • des alten Zustand des Grundstückes wiederherzustellen. Der Entschädigung ist je Versicherungsfall auf maximal 20.000,00 € begrenzt.
Klausel PK 7363 Beseitigung umgestürzter Bäume	➡	Versichert sind die notwendigen Kosten für das Entfernen, den Abtransport und die Entsorgung durch Blitzschlag oder Sturm umgestürzter Bäume auf dem Versicherungsgrundstück. Bereits abgestorbene Bäume sind nicht versichert. Die Entschädigung ist auf 2.000,00 € begrenzt.
Klausel PK 7364 Wasserverlust	➡	Versichert sind die Kosten des Mehrverbrauchs von Frischwasser, die aufgrund eines Versicherungsfalles entstanden sind. Die Entschädigung ist auf 500,00 € begrenzt.

Klausel PK 7366 Graffitischäden	➡	Versichert sind die notwenigen Kosten zur Beseitigung von Graffitischäden an Außenseiten von versicherten Sachen. Die Entschädigung ist auf 10.000,00 € begrenzt und wird mit einem Selbstbehalt von 500,00 € gekürzt.
Klausel PK 7367 Behördlich nicht vorgeschriebene energetische Modernisierung	➡	Versichert sind die Kosten für eine energetische Modernisierung währen der Wiederherstellung der versicherten und vom Schaden betroffenen Gebäudeteile. Dies gilt auch, wenn die Modernisierung nicht behördlich vorgeschrieben wurde. Die Entschädigung ist auf 10.000,00 € begrenzt.
Klausel PK 7761 Selbstbehalt	➡	Die Entschädigung wird je Versicherungsfall um einen Selbstbehalt in Höhe von 500,00 € gekürzt.
Klausel PK 7799 Wohnflächenmodell	➡	Wird dieser Klausel vereinbart, gilt die Ausgestaltung des Gebäudes (Fläche, Gebäudetyp, usw.) für die Prämienberechnung und der Entschädigungsberechnung. Eine Versicherungssumme im eigentlichen Sinne existiert nicht. Der Versicherungsschutz bezieht sich auf den ortsüblichen Neubauwert.

7 Versicherungswert und Versicherungssumme

Ziffer 14.1 VGB 2021

Der Versicherungswert bildet die Grundlage für die Berechnung der Entschädigungshöhe im Versicherungsfall und gilt neben dem Gebäude auch für das Gebäudezubehör und die weiteren Grundstücksbestandteile.

Die Gefahr einer Unterversicherung besteht, wie in der Hausratversicherung, auch in der Wohngebäudeversicherung. Durch steigende Baupreise ändert sich im Laufe der Zeit der Neuwert eines Gebäudes. Sollte die Versicherungssumme dementsprechend nicht angepasst werden, ist die Versicherungssumme nach einiger Zeit niedriger als der Versicherungswert. In diesem Fall spricht man von einer Unterversicherung. Dies könnte dazu führen, dass der/die Versicherungsnehmer/-in im Schadenfall kein gleichwertiges Gebäude errichten kann, weil die Kosten des Wiederaufbaus höher sind, als die mit dem Versicherer vereinbarte Versicherungssumme. In diesem Fall würde die Entschädigung im Verhältnis von Versicherungssumme zum Versicherungswert gekürzt.

Beispiel

Frau Plönkes besitzt seit Jahrzenten eine Wohngebäudeversicherung bei der Proximus Versicherung AG. Der Vertrag wurde noch nie auf aktuelle Versicherungsbedingungen umgestellt, da Frau Plönkes mit den alten Konditionen zufrieden war. Der Vertrag besteht mit der festen Versicherungssumme von 58.000,00 € und wurde nie an die Preissteigerungen angepasst. Durch einen Brand wird ihr Haus total zerstört. Um das Haus in gleicher Art und Güte wieder herzustellen, werden heute 250.000,00 € benötigt. Der tatsächliche Wert liegt jedoch bei 280.000,00 €.

Lösung

Die Entschädigung wird wie folgt berechnet:

$$\text{Entschädigung} = \frac{\text{Schadenbetrag} \cdot \text{Versicherungssumme}}{\text{Versicherungswert}}$$

Im vorliegenden Beispiel würde Frau Plönkes folgenden Betrag von der Versicherung erstattet bekommen:

$$\text{Entschädigung} = \frac{250.000{,}00\ € \cdot 58.000{,}00\ €}{280.000{,}00\ €} = 51.785{,}71\ €$$

Somit wäre der genannte Schaden nicht voll abgesichert, da die Versicherungssumme nicht dem Versicherungswert entspricht.

Als Versicherungswerte können vereinbart werden:

- **gleitender Neuwert** → **Regelfall**
- gleitender Zeitwert } können alternativ vereinbart werden
- gemeiner Wert

7.1 Gleitender Neuwert

Ziel der gleitenden Neuwertversicherung ist eine Vermeidung der Unterversicherung, die durch steigende Baupreise entstehen kann.

Der gleitende Neuwert ist der Betrag, der aufzuwenden ist, um Sachen gleicher Art und Güte in neuwertigem Zustand herzustellen. Maßgebend ist der ortübliche Neubauwert. Dazu gehören Architektenhonorare sowie sonstige Konstruktions- und Planungskosten. Der gleitende Neuwert wird ausgedrückt in Preisen des Jahres 1914. *Ziffer 14.1.1.1 VGB 2021*

Auch die Mehrkosten durch bestimmte öffentlich-rechtliche Wiederherstellungsbeschränkungen, sowie die Mehrkosten durch Preissteigerungen, die zwischen dem Eintritt des Versicherungsfalles und der unverzüglichen Veranlassung der Wiederherstellung, entstehen können, sind in der gleitenden Neuwertversicherung abgedeckt. *Ziffer 14.1.1.2 VGB 2021*

Die Kalkulation der gleitenden Neuwertversicherung basiert auf den Baupreisen des Jahres 1914. Während des ersten Weltkrieges stiegen die Baupreise rasant an. Um einer Unterversicherung entgegenzuwirken passte man die Berechnung der Wohngebäudeversicherung diesem Jahr an, da hier das letzte Mal die Baupreise stabil waren. Da die heutigen Gebäude nach 1914 erbaut wurden, können sich die Baukosten der Gebäude einfach auf dieses Basisjahr zurückrechnen lassen.

Wesentliche Merkmale der gleitenden Neuwertversicherung

Merkmal	Erläuterung
Versicherungssumme (VS)	Die Versicherungssumme ist der ortsübliche Neubauwert, ausgedrückt in den Preisen des Jahres 1914.
Ermittlung der Versicherungssumme zum Wert 1914	Berechnung mithilfe des Summenermittlungsbogens. Hier werden Angaben zur Größe, zum Ausbau und zur Ausstattung des Gebäudes klassifiziert.
Versicherungsprämie	Die Versicherungsprämie für die Versicherungssumme 1914 wird mit dem Anpassungsfaktor an die Baukostenentwicklung angepasst.
Versicherungsschutz	Der Versicherungsschutz wird an die Baukostenentwicklung angepasst.

7.2 Prämienzusammensetzung in der gleitenden Neuwertversicherung

Aus der Versicherungssumme 1914 und dem risikogleichem Prämiensatz wird die Jahresprämie 1914 in der Rechengröße Mark (auch Goldmark) ermittelt. Die Jahresprämie 1914 muss wiederrum mit dem gültigen Anpassungsfaktor multipliziert, damit man einen Eurobetrag erhält. Versicherungsnehmer/-innen erhalten zur Prämienfälligkeit die Jahresrechnung in Euro inklusive der Versicherungsteuer.

Der gültige Anpassungsfaktor ist ein wesentlicher Vertragsbestandteil in der gleitenden Neuwertversicherung. Der Anpassungsfaktor spiegelt die Anpassung an die Baupreisentwicklung wieder.

Jahr	Baupreisindex
2000	1.031,5
2001	1.030,7
2002	1.030,2
2003	1.030,7
2004	1.044,2
2005	1.053,4
2006	1.073,5
2007	1.145,1
2008	1.177,7
2009	1.187,7
2010	1.199,6
2011	1.232,8
2012	1.230,4
2013	1.263,0
2014	1.289,4
2015	1.310,3
2016	1.330,7
2017	1.358,3
2018	1.396,7
2019	1.454,3
2020	1.523,0
2021	1.568,3
2022	1.668,2

Versicherungsnehmer/-innen können gegen die Prämienanpassung mit dem Anpassungsfaktor keinen Widerspruch einlegen. Sollten sie mit diesem Vertragsmodell nicht mehr einverstanden sein, da die Prämienanpassung zu hoch erscheint, haben sie die Möglichkeit, den Vertrag in eine gleitende Zeitwertversicherung umzustellen, oder eine ordentliche Kündigung zum Ablauf der Vertragsdauer auszusprechen.

Ziffer 15.2.1 VGB 2021

Der Versicherer haftet für alle Schäden am versicherten Gebäude ohne betragsmäßige Beschränkungen, wenn

- der gleitende Neuwert, ausgedrückt in Preisen des Jahres 1914, richtig bestimmt wurde,
- die Fragen nach Größe, Ausbau und Ausstattung des Gebäudes durch des/der Versicherungsnehmers/-in im Summenermittlungsbogen richtig beantwortet wurden, wodurch die Versicherungssumme Wert 1914 richtig ermittelt werden konnte,
- der gleitende Neuwert als Versicherungssumme zum Wert 1914 vereinbart wurde und
- die mit dem Anpassungsfaktor multiplizierte Prämie bezahlt wurde.

Damit würde keine Unterversicherung bestehen.

Während der Vertragslaufzeit kann es immer wieder zu Veränderungen des Gebäudes, wie z. B. der Ausbau eines Dachgeschosses, eine Erweiterung der Wohnfläche durch einen Anbau o. Ä., kommen. Diese Veränderungen sollten dem Versicherer unverzüglich mitgeteilt werden, damit die Versicherungssumme nach Wert 1914 angepasst wird und keine Gefahr einer Unterversicherung besteht.

7.3 Bestimmung der Versicherungssumme Wert 1914

Ziffer 15.1 VGB 2021

Der Summenermittlungsbogen bietet dem Versicherer eine Hilfestellung zu Ermittlung der Versicherungssumme Wert 1914. Dieser Bogen kann aber nur bei Ein- und Zweifamilienhäusern in massiver Bauweise angewendet werden, die zu reinen Wohnzwecken dienen.

Die Bestimmung der Versicherungssumme erfolgt in vier Schritten:

1. **Ermittlung des Gebäudetyps**
   Die Höhe des Wertes 1914 pro m² der Wohnfläche in Mark hängt von dem jeweiligen Gebäudetyp ab. Kriterien dafür sind die Anzahl der Stockwerke, der Ausbau und die Unterkellerung.

2. **Ermittlung der Bauausführung und -ausstattung**
   Je nach Ausstattungsmerkmalen wird entweder ein Zuschlag, der den Wert 1914 pro m^2 Wohnfläche in Mark erhöht, oder einen Abschlag der diesen Wert 1914 pro m^2 Wohnfläche in Mark mindert, erhoben. Es existieren Zuschläge oder Abschläge für unterschiedliche Dachmaterialien, Fenster, Außenwände, Türen, Decken/Wände, sanitäre Anlagen, Fußböden und Heizungen.

3. **Ermittlung des Wertes 1914 pro m^2 Wohnfläche**
   Durch Addition der Werte aus der Ermittlung des Gebäudetyps sowie der Bauausführung und -ausstattung gibt sich die Summe des Wertes in Mark
   Aus den Quadratmeterzahlen der einzelnen Geschosse wird die Gesamtwohnfläche ermittelt. Hierzu zählt auch die Fläche eines ausgebauten Kellerraumes.

4. **Ermittlung der Versicherungssumme Wert 1914**
   Um die Versicherungssumme nach 1914 bestimmen zu können, müssen die gesamte Wohnfläche und die Fläche von ausgebauten Kellerräumen bekannt sein. Der ermittelte Wert 1914 pro m^2 Wohnfläche in Mark wird mit der Gesamtwohnfläche multipliziert. Außerdem wird der ausgebaute Keller mit einem festen Wert von 15 Mark multipliziert. Zu den beiden Werten wird noch die Garage addiert. Außerdem müssen weitere werterhöhende Umstände, wie Nebengebäude, weiteres Zubehör und sonstige Grundstücksbestandteile aufgenommen werden. Nebengebäude, die privat, aber nicht zu Wohnzwecken genutzt werden, wie beispielsweise ein Gartenhaus, werden im Verhältnis von Neubauwert zu Baupreisindex in Mark 1914 hinzugefügt.
   Die Summe aus allen vier Elementen ergibt die Versicherungssumme 1914.

Summenermittlungsbogen

WOHNGEBÄUDE

TA 072 Ermittlung der Versicherungssumme 1914 für Wohngebäude

Sämtliche verwendete Personenbezeichnungen sind geschlechtsneutral formuliert.

Ermittlung der Versicherungssumme 1914 für Wohngebäude

Proximus Versicherung

nach Wohnfläche und Ausstattungsmerkmalen (nur für Ein- und Zweifamilienhäuser der Bauartklassen I und II oder Fertighausgruppe 1, die mindestens zu 50 % Wohnzwecken dienen)

Vermittler/Vermittler-Nr. ______ Versicherungsschein-Nr. ______ Antragseingang ______ Antragsnummer ______

Antragsteller/ Versicherungs- nehmer

Anrede ○ Herr ○ Frau — Besondere Anredetitel ______

Name ______ Geburtsname ______

Vorname ______ Staatsangehörigkeit ______ Geburtsdatum ______

Straße, Haus-Nr. ______ Geburtsort ______

Postleitzahl, Wohnort ______

Berufliche Tätigkeit *(genaue Bezeichnung)* ______ Branche ______

○ angestellt ○ selbstständig ○ öffentlicher Dienst

Telefon (privat) ______ Telefon (geschäftlich) ______ Telefon (mobil) ______ E-Mail ______

Versicherungsgrundstück (nur angeben, wenn abweichend von der oben stehenden Anschrift)

______

Ermittlung des Gebäudetypes

Auch für Reihenhäuser, Häuser in Hanglage und mit anderen als den eingezeichneten Dachneigungen. Anzukreuzen ist der am ehesten passende Gebäudetyp, wenn das Gebäude nicht eindeutig zuzuordnen ist.

Wert 1914

EG = Erdgeschoss OG = Obergeschoss DG = Dachgeschoss

ohne Unterkellerung

	○ Flachdach EG	○ Flachdach EG+OG	○ DG nicht ausgebaut EG	○ DG ausgebaut EG	○ DG nicht ausgebaut EG+OG	○ DG ausgebaut EG+OG	
Wert 1914 pro m² Wohnfläche in Mark (M)	160	160	160	140	140	130	______ M

mit Unterkellerung (auch Teil-unterkellerung)

	○ Flachdach EG	○ Flachdach EG+OG	○ DG nicht ausgebaut EG	○ DG ausgebaut EG	○ DG nicht ausgebaut EG+OG	○ DG ausgebaut EG+OG	
Wert 1914 pro m² Wohnfläche in Mark (M)	190	190	190	165	165	150	______ M

Seite 1 von 2

Ermittlung der Versicherungssumme 1914 für Wohngebäude

TA 073

WOHNGEBÄUDE

Ermittlung der Bauausführungen und -ausstattungen

Der für den jeweiligen Gebäudetyp angegebene Wert berücksichtigt folgende übliche Bauausführungen und -ausstattungen: Wert 1914

Außenwände mit gefugtem Mauerwerk, Putz, Verkleidung oder Verblendsteinen; Parkett-, Teppich- oder Fliesenböden; Doppelfenster oder Isolierverglasung; Nassräume und Küche gefliest; Bad / Dusche; Zentralheizung und zentrale Warmwasserversorgung

	Bauausführung			Innenausbau			Installation		
	Dach	Außenwände	Decken / Wände	Fußböden	Fenster	Türen	Sanitär	Heizung	
	Naturschieferdach, Kupferdach	Naturstein-, Keramik-, Kunststeinverkleidung, Handstrichklinker	Stuckarbeiten, Edelholzverkleidungen	Natursteinböden, Parkett- oder Teppichböden in hochwertiger Qualität	Leichtmetall- oder Holzsprossenfenster	Edelholztüren	hochwertige sanitäre Einrichtungen	Wärmepumpe, Solaranlagen, Fußboden- und Deckenheizung	
Zuschläge Wert 1914 pro m² Wohnfläche in Mark (M)	○ 4	○ 5	○ 6	○ 4	○ 4	○ 3	○ 6	○ 6	______ M
				PVC-Böden auf Estrich	einfaches Fensterglas		ohne Bad / Dusche	Ofenheizung	
Abschläge Wert 1914 pro m² Wohnfläche in Mark (M)				○ 3	○ 3		○ 4	○ 4	- ______ M

Wert 1914 pro m² Wohnfläche

Summe der Werte 1914 ______ M

Ermittlung der Versicherungssumme 1914

Wohnfläche ______ m² x Wert 1914 pro m² Wohnfläche ______ M ______ M

Wohnfläche Keller ______ m² x Zuschlag für Wohnflächenausbau 15 M ______ M

Garagen außerhalb des Wohngebäudes

○ Keine Garage

Wert 1914 in Mark (M)

1 Garage	2 Garagen	3 Garagen	
○ 700	○ 1.400	○ 2.100	______ M

Versicherungssumme 1914 ______ M

Die Versicherungssumme 1914 ist auf volle 100 M aufzurunden ______ M

Seite 2 von 2

Beispiel Die Kundin Kaya Demir hat vor kurzem ein 146 m² großes Einfamilienhaus erworben und möchte dies bei der Proximus Versicherung AG versichern. Das Gebäude besitzt eine eineinhalbgeschossige Bauweise ohne ausgebauten Dachboden. Den Keller möchte Kaya Demir zur Lagerung verschiedener Sachen nutzen. Auf dem Grundstück befinden sich zwei Garagen sowie ein Gartenhaus (Neubauwert im Jahr 2021 2.038,79 €).
Die Kundin berichtet Ihnen, dass das Dach aus Naturschiefer besteht und die Außenwände mit Natursteinklinkern verkleidet sind. Im Innenraum wurde eine Fußbodenheizung verlegt. Besonders stolz ist die Kundin auf den bereits verlegten Echtholz-Parkettboden.

Lösung *Zur Ermittlung der Versicherungssumme 1914 wird der Summenermittlungsbogen zu Hilfe genommen.*

1. ***Ermittlung des Gebäudetyps***
   Die Ermittlung ergibt einen Wert 1914 pro m² Wohnfläche von 190 Mark. Dieser Wert kann aus dem Summenermittlungsbogen abgelesen werden.
2. ***Ermittlung der Bauausführung und -ausstattung***
   Naturschieferdach → Zuschlag von 4 Mark pro m² Wohnfläche
   Natursteinklinker → Zuschlag von 5 Mark pro m² Wohnfläche
   Parkettboden → Zuschlag von 4 Mark pro m² Wohnfläche
   Fußbodenheizung → Zuschlag von 6 Mark pro m² Wohnfläche
   In Summe ergibt sich einen Zuschlagswert von 19 Mark pro m² Wohnfläche.
3. ***Ermittlung des Wertes 1914 pro m² Wohnfläche***
   Hierzu werden die Werte aus Schritt 1 und Schritt 2 addiert.
   190 Mark + 19 Mark = 209 Mark
4. ***Ermittlung der Versicherungssumme Wert 1914***

Wohnfläche 146 m² · 209 Mark	*= 30.514 Mark*
+ zwei Garagen	*= 1.400 Mark*
+ Gartenhaus Neubauwert (2021)	
2.038,79 € · 100 : 1.568,3	
(Baupreisindex 2021)	*= 130 Mark*
= Versicherungssumme Wert 1914	*= 32.044 Mark*

Die Versicherungssumme Wert 1914 wird auf volle 100 Mark gerundet.
In diesem Beispiel beträgt somit die Versicherungssumme Wert 1914 33.000 Mark.

Die Angaben zum Summenermittlungsbogen sollten Versicherungsnehmer/-innen wahrheitsgetreu beantworten, da die Versicherungssumme Wert 1914 den Wert des versicherten Gebäudes zum Stand 1914 wiederspiegelt und eine Unterversicherung ausgeschlossen ist. Sollten Versicherungsnehmer/-innen falsche Angaben machen, würden sich Rechtsfolgen aus der Anzeigepflichtverletzung heraus ergeben. Dies hätte die Konsequenz, dass Versicherer im Schadenfall unter Berücksichtigung der Unterversicherung die Leistungen kürzen würden.

Ziffer 15.2.3 VGB 2021

7.4 Gleitender Zeitwert

Als Alternative zur gleitenden Neuwertversicherung kann in der Wohngebäudeversicherung auch der gleitende Zeitwert als Versicherungswert vereinbart werden.

Bei dieser Ermittlungsform des Versicherungswertes berücksichtigt der Versicherer die Kostenänderungen im Bauwesen. Dies bedeutet, dass der Versicherer den Wert des Gebäudes analog zur gleitenden Neuwertversicherung ermittelt, anschließende eine Wertminderung für Alter und Abnutzungsgrad durchführt. Die Versicherungssumme entspricht dem Wert 1914.

7.5 Gemeiner Wert

Der gemeine Wert ist der erzielbare Verkaufspreis für das Gebäude oder für das Altmaterial. In diesem Fall sind Versicherungsnehmer/-innen alleine für die zutreffende Höhe der Versicherungssumme verantwortlich. *Ziffer 14.1.3 / 14.3.3 VGB 2021*

8 Tarifierung und Beitragsberechnung

Sowohl die Tarifierung als auch die Beitragsberechnung werden auf Basis der gleitenden Neuwertversicherung durchgeführt, da diese die gängigste Vertragsform in der Wohngebäudeversicherung ist.

8.1 Grundzüge des VGB-Tarifes

Der Tarif der VGB 2021 sieht für die verschiedenen Gefahren eines normalen Risikos eine Grundprämie je 1.000 Mark Versicherungssumme 1914 vor. Bei den versicherten Gefahren Leitungswasser, Sturm/Hagel und weitere Elementargefahren wird zusätzlich nach Tarifzonen unterschieden. Mit der Einteilung in Tarifzonen nach Postleitzahlen wird das Risiko je nach Region eingeteilt und spiegelt die Wahrscheinlichkeit eines Schadeneintrittes dieser Gefahr wieder. Für besondere Gefahren, wie Ferienhäuser oder Schwimmbecken im Gebäude, sieht die Proximus Versicherung AG einen Zuschlag zu der Grundprämie in Promille vor. Sind Klauseln im Vertrag vereinbart worden, müssen diese in der Beitragsberechnung berücksichtigt werden. Unter bestimmten Voraussetzungen kann ein Nachlass (Rabatt) gewährt werden, wenn z. B. das Gebäude ein Neubau ist oder Versicherungsnehmer/-innen eine Selbstbeteiligung wünschen. Auch bei einer Vereinbarung eines 3-Jahresvertrages gewährt die Proxmius Versicherungs AG einen 10 %igen **Dauernachlass**. *Punkt 2.1 Tarif VGB 2021*

Im Ergebnis darf die Prämie nicht unter der **Mindestprämie von 40,00 €** liegen, ohne Versicherungsteuer und abzüglich des Dauernachlasses.

Die Höhe der Versicherungsteuer in der verbundenen Wohngebäudeversicherung richtet sich nach der versicherten Gefahr.

Versicherte Gefahren in der Wohngebäudeversicherung	Effektiver Steuersatz (Stand 2022)
Feuer und übrige Gefahren	16,34 %
nur Feuer	13,2 %
nur die übrigen Gefahren	19 %

8.2 Tarifierung

Um eine risikogerechte Beitragsermittlung durchführen zu können, werden einige relevante Tarifierungsmerkmale benötigt.

Bauweise der Gebäude

Die Unterteilung erfolgt nach Bauartklassen und Fertighausgruppen.

Bauartklassen

Klasse	Außenwände	Dacheindeckung
I	massiv (Mauerwerk, Beton)	hart (z. B. Ziegel, Schiefer, Betonplatten, Metall, gesandete Dachpappe)
II	Stahl- oder Holzfachwerk mit Stein- oder Glasfüllung, Stahl- oder Stahlbetonkonstruktion mit Wandplattenverkleidung aus nicht brennbarem Material (z. B. Profilblech, Astbestzement)	
III	Holz, Holzfachwerk mit Lehmfüllung, Holzkonstruktion mit Verkleidung jeglicher Art, Stahl- oder Stahlbetonkonstruktion mit Wandplattenverkleidung aus Holz oder Kunststoff, Gebäude mit einer oder mehreren offenen Seiten	
IV	wie Klasse I oder II	weich (z. B. vollständige oder teilweise Eindeckung mit Holz, Ried, Schilf, Stroh u. Ä.)
V	wie Klasse III	
	Bei einer gemischten Bauweise wird die ungünstigere Bauklasse gewählt, wenn auf diese einen Anteil von mehr als 25 % entfällt.	

Fertighausgruppen

Klasse	Außenwände	Dacheindeckung
1	in allen Teilen – einschließlich der tragenden Konstruktion – aus feuerbeständigen Bauteilen (massiv)	hart (z. B. Ziegel, Schiefer, Betonplatten, Asbestzementplatten, Metall, gesandete Dachpappe)
2	Fundament massiv, tragende Konstruktion aus Stahl, Holz, Leichtbauteilen oder dergleichen, außen mit feuerhemmenden Bauteilen bzw. nicht brennbaren Baustoffen verkleidet (z. B. Putz, Klinkersteine, Gipsplatten, Profilblech, kein Kunststoff)	
3	wie Gruppe 2, jedoch ohne feuerhemmende Ummantelung bzw. Verkleidung	

Nutzungsweise

Neben der Bauweise wird das Merkmal der Nutzungsweise des Gebäudes zur Beurteilung herangezogen. Durch dieses Merkmal kann bewertet werden, welches Risiko für einen Schadeneintritt vorliegt. Unterschieden wird nach reinen Wohngebäuden, gemischt genutzten Gebäuden und nicht ständig bewohnten Ferien- und Wochenendhäusern sowie ähnlichen Gebäuden. Je nach Nutzungsweise ist die Gefahr verschiedener Risiken höher und somit auch für den Eintritt eines Versicherungsfalls.

Beispiel Eine Versicherungsnehmerin besitzt neben einem reinen Wohngebäude auch ein Wochenendhaus am Meer, das sie zweimal im Monat für ein Wochenende aufsucht.

Lösung

Für das Wochenendhaus am Meer besteht eine höhere Wahrscheinlichkeit eines Versicherungsfalles, da dieses nur an zwei Wochenenden im Monat aufgesucht wird. Somit können Schäden durch beispielsweise Leitungswasser nicht sofort bemerkt und behoben werden. Deshalb werden Ferienhäuser mit einem Zuschlag wegen besonderer Gefahrenverhältnisse versehen.

Zu den besonderen Gefahrenverhältnissen zählen neben den Ferien- und Wochenendhäusern auch Schwimmbecken im Gebäude, sowie andere Bauweisen.

Tarif Wohngebäude Ziffer 2.2

Tarifzonen

Ein weiterer entscheidender Faktor zur Prämienberechnung sind die Tarifzonen. Diese sind nach Postleitzahlbereichen gegliedert, in denen sich das zu versichernde Gebäude befindet. Die Tarifzonen gelten für die versicherten Gefahren Leitungswasser, Sturm/Hagel und weitere Elementargefahren.

Die Leitungswasserzonen sind auf die unterschiedliche Wasserversorgung (Stadt, Land), die Sturmzonen auf die regionalen Sturmunterschiede und die Elementarzonen insbesondere auf das Überschwemmungsrisiko zurückzuführen.

Tarifzonen für Leitungswasser (Auszug)

Zone 1	Zone 2	Zone 3	Zone 4
21481–21502	06108–06132	21745–22769	34117–34329
24613	24399–24409	35781–35799	36037–36103
37308–37359	37073–37199	46325–47669	40210–40670
55743–55779	48499–48531	55576–55578	47798–47839
84428–84431	55583–55596	83317	50667–51149
96515–96529	86672	96247–96250	97070–97084

Tarifzonen für Sturm/Hagel (Auszug)

Zone 1	Zone 2
27333–27336	40210–51597
56856–56859	75053–75059
86860–86862	85119
94529	94557–94563

Tarifzonen für weitere Elementargefahren (Auszug)

Zone 1	Zone 2
Postleitzahlengebiete, soweit nicht unter Tarifzone II aufgeführt und bei keinem Vorschaden in den letzten zehn Jahren	08393
	71083–71101
	72336–72519
	88515

8.3 Prämienberechnung mit Anpassungsfaktor

Grundlage ist die zuvor ermittelte Versicherungssumme Wert 1914. Der ausgewiesene Wert 1914 ist in Mark ausgedrückt und muss mit dem Anpassungsfaktor multipliziert werden, damit die Prämie in Euro ausgewiesen werden kann. Der Anpassungsfaktor ist ein Mischfaktor, der jährlich neu ermittelt wird. Dieser setzt sich zu 80 % aus den Veränderungen der Baupreise für Wohngebäude und zu 20 % aus den Veränderungen der Tariflöhne des Baugewerbes zusammen.

Ziffer 17.2 VGB 2021

Anpassungsfaktor			
ab 1. Jan. 2009	14,91	ab 1. Jan. 2016	17,03
ab 1. Jan. 2010	15,08	ab 1. Jan. 2017	17,39
ab 1. Jan. 2011	15,31	ab 1. Jan. 2018	17,87
ab 1. Jan. 2012	15,66	ab 1. Jan. 2019	18,55
ab 1. Jan. 2013	16,08	ab 1. Jan. 2020	19,36
ab 1. Jan. 2014	16,45	ab 1. Jan. 2021	19,87
ab 1. Jan. 2015	16,74	ab 1. Jan. 2022	20,97

Eigene Darstellung nach Angaben des GDV

Die Prämienberechnungen werden schrittweise dargestellt, um das Rechenschema besser darstellen zu können und somit ein besseren Verständnis zu vermitteln.

Prämienberechnung ohne Zu- und Abschläge

Beispiel

Ein Kunde hat vor kurzem ein reines Wohngebäude (BAK I) in 17039 Neuenkirchen erworben und möchte dies gegen Feuer, Leitungswasser und Sturm/Hagel versichern. Die VS Wert 1914 beträgt gemäß dem Summenermittlungsbogen 26.100 Mark. Er möchte die Wohngebäudeprämie jährlich bezahlen.

Lösung

Informationen:

Wohngebäudeversicherung (F, Lw, St/Hg)
VS Wert 1914 für ein reines Wohngebäude (BAK I)
in 17039 Neuenkirchen — *26.100 Mark*
Leitungswasser Zone 1, Sturm/Hagel Zone 1
Grundprämie gemäß Tarif
F 0,20 ‰ + Lw (Zone 1) 0,30 ‰ + St/Hg (Zone 1) 0,25 ‰ — *0,75 ‰*
Anpassungsfaktor 2022 — *20,97*
kein Dauernachlass
Zahlweisenachlass (bei jährlicher Zahlweise)

Rechnung:

Jahresprämie Wert 1914: 26.100 Mark · 0,75 ‰	=	*19,58 Mark*
· Anpassungsfaktor 20,97 für 2022	=	*410,59 €*
– 5 % Zahlweisenachlass	=	*20,53 €*
= Versicherungsprämie Netto (Versicherungsentgelt)		*390,06 €*
+ 16,34 % Versicherungsteuer	=	*63,74 €*
= Versicherungsprämie Brutto		*453,80 €*

Hinweis:
Die Rechenergebnisse werden immer auf zwei Nachkommastellen gerundet!

Prämienberechnung mit Zuschlägen und weiteren Einschlüssen

Die Zuschläge in der Prämienberechnung können durch besondere Gefahrenverhältnisse oder durch Klauseleinschlüsse anfallen.

Beispiel

Ein Kunde hat vor kurzem ein Ferienhaus (Fertighausgruppe II) in 17039 Neuenkirchen erworben und möchte dies gegen Feuer, Leitungswasser und Sturm/Hagel versichern. Die VS Wert 1914 beträgt gemäß dem Summenermittlungsbogen 15.400 Mark. Da unser Kunde sein Ferienhaus nicht regelmäßig bewohnt, möchte er die Klausel 7260 vorsorglich einschließen lassen. Die Wohngebäudeversicherung möchte er jährlich bezahlen.

Lösung

Informationen:

Wohngebäudeversicherung (F, Lw, St/Hg)
VS Wert 1914 für ein Ferienhaus (Fertighausgruppe II)
in 17039 Neuenkirchen — *15.400,00 Mark*

Leitungswasser Zone 1, Sturm/Hagel Zone 1
Grundprämie gemäß Tarif

F 0,20 ‰ + Lw (Zone 1) 0,30 ‰ + St/Hg (Zone 1) 0,25 ‰	*0,75 ‰*	*= 1,6 ‰*
Gefahrenzuschläge:		
• Fertighaus der Gruppe 2	*0,15 ‰*	
• Ferienhaus:		
– für die versicherte Gefahr Feuer	*0,55 ‰*	
– für die versicherte Gefahr Leitungswasser	*0,05 ‰*	
Klauseleinschlüsse:		
• Klausel PK 7260 (weitere Zuleitungsrohre auf dem Grundstück)	*0,10 ‰*	

Anpassungsfaktor 2022 — *20,97*
kein Dauernachlass
Zahlweisachlass (bei jährlicher Zahlweise)

Rechnung:

Jahresprämie Wert 1914: 15.400 Mark · 1,6 ‰	=	*24,64 Mark*
· Anpassungsfaktor 20,97 für 2022	=	*516,70 €*
– 5 % Zahlweisenachlass	=	*25,84 €*
= Versicherungsprämie Netto (Versicherungsentgelt)		*490,86 €*
+ 16,34 % Versicherungsteuer	=	*80,21 €*
= Versicherungsprämie Brutto		*571,07 €*

Hinweis:
Die Rechenergebnisse werden immer auf zwei Nachkommastellen gerundet!

Prämienberechnung mit Nachlässen

Die Wohngebäudeversicherung sieht Nachlässe zur Prämienberechnung vor:

Tarif Wohngebäude Ziffer 3

- Für Neubauten wird ein Neubaurabatt auf die Tarifprämie (einschließlich aller Zuschläge) bis zum Ende des Versicherungsjahres, in dem das versicherte Gebäude zehn Jahre alt wird, gewährt.
- Für Mehrfamilienhäuser wird ein Mehrfamilienhäuserrabatt auf die Tarifprämie (einschließlich aller Zuschläge) gewährt, wenn die Versicherungssumme Wert 1914 mehr als 50.000,00 Mark beträgt.
- Wenn vertraglich je versicherter Gefahr eine Selbstbeteiligung in Höhe von 500,00 € vereinbart ist, wird ein Nachlass gewährt.
- Bei einer vereinbarten Vertragslaufzeit von drei Jahren wird ein Dauernachlass gewährt.

Beispiel

Ein Kunde hat vor kurzem ein reines Wohngebäude (BAK I) in 17039 Neuenkirchen erworben und möchte dies gegen Feuer, Leitungswasser und Sturm/Hagel versichern. Das Gebäude ist erst drei Jahre alt. Die VS Wert 1914 beträgt gemäß dem Summenermittlungsbogen 29.500,00 Mark. Außerdem möchte der Kunde die Klauseln PK 7261 und PK 7363 einschließen lassen. Aufgrund der langjährigen Bindung zum VR schließt er einen 3-Jahresvertrag ab. Er möchte die Wohngebäudeprämie jährlich bezahlen.

Lösung

Informationen:

Wohngebäudeversicherung (F, Lw, St/Hg) *VS Wert 1914 für ein Ferienhaus (Fertighausgruppe II)* *in 17039 Neuenkirchen*	*29.500,00 Mark*	
Leitungswasser Zone 1, Sturm/Hagel Zone 1 *Grundprämie gemäß Tarif* *F 0,20 ‰ + Lw (Zone 1) 0,30 ‰ + St/Hg (Zone 1) 0,25 ‰*	*0,75 ‰*	*= 0,90 ‰*
Klauseleinschlüsse:		
• *Klausel PK 7261 (Frost- und sonstige Bruchschäden an Wasserzuleitungs- und Heizungsrohren außerhalb Versicherungsgrundstücks)*	*0,10 ‰*	
• *Klausel PK 7363 (Aufräumungskosten für Bäume)*	*0,05 ‰*	
Nachlässe:		
• *Neubaurabatt*	*20 %*	
• *Dauernachlass (drei Jahresvertrag)*	*10 %*	
• *Zahlweisenachlass (bei jährlicher Zahlweise)*	*5 %*	
Anpassungsfaktor 2022	*20,97*	

Rechnung:

Jahresprämie 1914: 29.500 Mark · 0,90 ‰	=	*26,55 Mark*
· Anpassungsfaktor 20,97 für 2022	=	*556,75 €*
– 20 % Neubaurabatt	=	*111,35 €*
= Zwischenergebnis =		*445,40 €*
– 10 % Dauernachlass	=	*44,54 €*
= Zwischenergebnis =		*400,86 €*
– 5 % Zahlweisenachlass	=	*20,04 €*
= Versicherungsprämie Netto(Versicherungsentgelt)		*380,82 €*
+ 16,34 % Versicherungssteuer	=	*62,23 €*
= Versicherungsprämie Brutto		*443,05 €*

Hinweis:
Die Rechenergebnisse werden immer auf zwei Nachkommastellen gerundet! Außerdem werden die Nachlässe nacheinander und immer ausgehend vom letzten Zwischenergebnis auf den Cent genau berechnet.

Zusammenfassung

Schritte der Prämienberechnung

- **Bauartklasse** bestimmen
- **Tarifzonen** für Leitungswasser, Sturm/Hagel und weitere Elementargefahren anhand der Postleitzahl bestimmen
- **Grundprämie** in Promille laut Tarif für die versicherten Gefahren gemäß Bauartklasse I und II sowie Fertighausgruppe 1 bestimmen
- **Zuschlag zur Grundprämie** bei anderen Bauartklassen und Fertighausgruppen bestimmen
- **Promillesätze** für gewünschte weitere Einschlüsse bestimmen
- **Promillesätze** der Grundprämiensätze, Zuschläge und weitere Einschüsse addieren
- **Jahresprämie 1914** anhand der Versicherungssumme Wert 1914 mit der Summe der Promillesätze berechnen
- Jahresprämie 1914 mit dem gültigen **Anpassungsfaktor** multiplizieren
- **Nachlässe** nacheinander und immer vom Zwischenergebnis auf den Cent genau subtrahieren
- Vom **Versicherungsentgelt** wird die **Versicherungsteuer** berechnet und addiert. Dies ergibt die **Brutto-Jahresprämie**.

8.4 Prämienberechnung mit gleitendem Zeitwert und gemeinem Wert

Da die Versicherungsbedingungen auch eine Versicherungssumme sowohl nach dem Prinzip des gleitenden Zeitwertes als auch nach dem gemeinen Wert vorsehen, müssen auch hier Prämienberechnungen durchgeführt werden.

Die Versicherungsbedingungen regeln nur eine Prämienberechnung für den gleitenden Neuwert, nicht jedoch für den gleitenden Zeitwert oder den gemeinen Wert.

9 Neuordnung und vorzeitige Beendigung des Wohngebäudeversicherungsvertrages

Im Laufe der Zeit können verschiedene Aspekte auftreten, wodurch ein Wohngebäudeversicherungsvertrag überprüft und angepasst werden muss.

9.1 Neuordnung eines Wohngebäudeversicherungsvertrages

Von einer Neuordnung eines Wohngebäudevertrages spricht man, wenn sich die Risikosituation verändert und hat eine neue Prämie berechnet werden muss. Dies kann durch Klauseleinschlüsse, aber auch durch eine Veränderung der Versicherungssumme geschehen.

Analog zu Hausratversicherung stehen auch hier die beiden nachfolgenden Verfahren zur Verfügung:

- Änderung des bestehenden Vertrags und Erhebung einer **Nachprämie** für die restliche **Versicherungsperiode**

Beispiel Der Wohngebäudevertrag des Kunden Klaus Melling wird aufgrund einiger Umbauten am 24.07.2022 neugeordnet. Der bisherige Prämiensatz erhöht sich von 0,80 ‰ auf 1,25 ‰ und die Versicherungssumme Wert 1914 verändert sich von 24.300 Mark auf 26.800 Mark. Die Versicherungsperiode läuft vom 01.01.2022 bis 01.01.2023.
Der Anpassungsfaktor für das Jahr 2022 beträgt 20,97.

Lösung *Alte Jahresprämie ohne Nachlässe und Versicherungsteuer*

24.300 Mark zu 0,80 ‰	=	*19,44 Mark*
· Anpassungsfaktor 20,97	=	*407,66 €*

Neue Jahresprämie ohne Nachlässe und Versicherungsteuer

26.800 Mark zu 1,25 ‰	=	*33,50 Mark*
· Anpassungsfaktor 20,97	=	*702,50 €*

Die Differenz aus neuer und alter Jahresprämie

702,50 € - 407,66 €	=	*294,34 €*

Der betroffene Zeitraum vom 24.07.2022 bis 01.01.2023 = 157 Tage

Jahresmehrprämie = 294,34 €	
davon für 157 Tage	*128,37 €*
– 5 % Zahlweisenachlass	*6,42 €*
= Versicherungsentgelt	*121,95 €*
+ 16,34 % Versicherungsteuer	*19,93 €*
= Versicherungsprämie Brutto	*141,88 €*

Die zuzahlende Nachprämie beträgt 141,88 €.

Eine Nachprämie wird immer dann erhoben, wenn es zu einer prämienerhöhenden Vertragsneuordnung kommt. Die Versicherungsperiode wird davon nicht berührt.

Für die Nachprämie werden neues und altes Versicherungsentgelt gegenübergestellt und aus der Differenz wird taggenau die Nachprämie berechnet. Diese ist ebenso versicherungsteuerpflichtig.

- **Neuvertrag bei gleichzeitiger Aufhebung des bisherigen Vertrages und Verrechnung einer Rückprämie**

Beispiel

Der Wohngebäudevertrag des Kunden Klaus Melling wird aufgrund einiger Umbauten zum 24.07.2022 neu geordnet. Der bisherige Prämiensatz erhöht sich von 0,80 ‰ auf 1,25 ‰ und die Versicherungssumme Wert 1914 verändert sich von 24.300 Mark auf 26.800 Mark. Die Versicherungsperiode läuft vom 01.01.2022 bis 01.01.2023.
Der Anpassungsfaktor für das Jahr 2022 beträgt 20,97.

Lösung

Alte Jahresprämie ohne Nachlässe und Versicherungsteuer

24.300 Mark zu 0,80 ‰	=	*19,44 Mark*
· Anpassungsfaktor 20,97	=	*407,66 €*

unverbrauchte Prämie vom 24.07.2022 bis 01.01.2023 = 157 Tage = 177,79 €

Neue Jahresprämie ohne Nachlässe und Versicherungsteuer

26.800 Mark zu 1,25 ‰	=	*33,50 Mark*
· Anpassungsfaktor 20,97	=	*702,50 €*
– unverbrauchte Prämie		*177,79 €*
= 524,71 €		
– 5 % Zahlweisenachlass		*26,24 €*
= Versicherungsentgelt		*498,47 €*
+ 16,34 % Versicherungsteuer		*81,45 €*
= Versicherungsprämie Brutto		*579,92 €*

Die Neuordnungsprämie beträgt 579,92 €.

Eine zeitanteilige Rückprämie entsteht, wenn der bisherige Vertrag in der laufenden Versicherungsperiode aufgehoben wird. Dadurch kann der neue Vertrag mit neuer Versicherungsperiode beginnen.

Die errechnete Rückprämie (unverbrauchte Prämie) wird von der neuen Prämie ohne Versicherungsteuer abgezogen. Nur auf den nachzuzahlenden Beitrag wird die Versicherungsteuer erhoben.

9.2 Vorzeitige Beendigung eines Wohngebäudeversicherungsvertrages

Eine vorzeitige Beendigung einer Wohngebäudeversicherung entsteht in der Regel nach Eintritt des Versicherungsfalles. In diesem Fall haben beide Vertragsparteien die Möglichkeit, den Versicherungsvertrag zu beenden. Kündigungen seitens der Versicherungsnehmer/-innen werden mit Zugang beim Versicherer wirksam. Jedoch können Versicherungsnehmer/-innen bestimmen, dass die Kündigung zu einem späteren Zeitpunkt wirksam wird, spätestens aber zum Ende der laufenden Versicherungsperiode. Kündigt der Versicherer nach Eintritt des Versicherungsfalles, so wird die Kündigung einen Monat nach Zugang bei dem/der Versicherungsnehmer/-in wirksam.

Ziffern 26.2 und 26.3 VGB 2021

In einem solchen Fall sehen die Versicherungsbedingungen und auch das VVG eine Erstattung der unverbrauchten Prämie (Rückprämie) vor.

Das Verfahren zur Berechnung der Rückprämie erfolgt analog zur Hausratversicherung.

Beispiel Eine VN nimmt einen Leitungswasserschaden zum Anlass und kündigt ihre Wohngebäudeversicherung zum 19.08.2022. Die Versicherungsperiode läuft bis zum 31.12.2022. Die Jahresprämie ohne Versicherungsteuer beträgt 402,00 €. Im vorliegenden Vertrag ist ein Zahlweisenachlass von 5 % hinterlegt.
Die Versicherungsnehmerin fordert ihre zu viel gezahlte Prämie zurück.

Lösung ***Informationen:***

Die Kündigung der VN ist zum 19.08.2022 wirksam.
Der unverbrauchte Beitrag beträgt vom 20.08.2022 bis 31.12.2022 = 131 Tage.
Die VN bekommt die unverbrauchte Prämie erstattet.

Rechnung:

bisherige Jahresprämie ohne Versicherungsteuer	*402,00 €*
– 5 % Zahlweisenachlass	*20,10 €*
	381,90 €
daraus Rückprämie für 131 Tage	*138,97 €*
+ anteilige 16,34 %Versicherungsteuer	*22,71 €*
= Rückerstattung	*161,68 €*

Die VN bekommt 161,68 € erstattet.

10 Formen eines Eigentumswechsels bei versicherten Wohngebäuden

10.1 Veräußerung des Gebäudes

Unter der Veräußerung eines Gebäudes versteht man eine Eigentumsübertragung. Einer Eigentumsübertragung liegt zuvor ein Kaufvertrag zugrunde, mit dem das Eigentum an einem Grundstück und/oder einem Gebäude übertragen bzw. erworben werden soll. Diese Übertragung bedarf einer notariellen Beurkundung. Durch die Eintragung der Veräußerung in das Grundbuch geht das Eigentum an den Erwerber über. Die Rechtsfolgen bei einer Veräußerung sind in den Versicherungsbedingungen, als auch in dem VVG klar definiert.

Ziffer 25.1 VGB 2021

Bei der Veräußerung der versicherten Sache tritt zum Zeitpunkt des Eigentumsübergangs der Erwerber an die Stelle des Verkäufers in den Versicherungsvertrag ein. Er übernimmt ab diesem Zeitpunkt die sich aus dem Vertrag ergebene Rechte und Pflichten und ist neuer Vertragspartner für den Versicherer. Durch den Übergang der Versicherung auf den Erwerber soll sichergestellt werden, dass der Versicherungsschutz bei Eigentumswechsel nicht verloren geht.

Ziffer 25.1.2 VGB 2021

Für die Versicherungsprämie haften der Erwerber und der Veräußerer in der laufenden Versicherungsperiode gesamtschuldnerisch.

Ziffer 25.3.1 VGB 2021

Sowohl der Veräußerer als auch der Erwerber sind dazu verpflichtet, die Eigentumsübertragung dem Versicherer unverzüglich in Textform mitzuteilen. Zeigen weder der Verkäufer noch der Erwerber die Veräußerung an und verletzen somit eine Obliegenheit, so ist der Versicherer leitungsfrei, wenn:

- der Versicherungsfall später als einen Monat nach Zeitpunkt eingetreten ist, zu dem die Anzeige hätte zugehen müssen

  und
- der Versicherer nachweist, dass er den bestehenden Vertrag mit dem Erwerber nicht geschlossen hätte.

Ziffer 25.3.2 VGB 2021

Bei einer Veräußerung haben sowohl der Erwerber als auch der Versicherer die Möglichkeit, den Versicherungsvertrag zu kündigen. Der Versicherer ist berechtigt, das Versicherungsverhältnis mit einer Frist von einem Monat zu kündigen. In dieser Zeit hat der Erwerber die Möglichkeit eine neue Wohngebäudeversicherung abzuschließen. Kündigt der Versicherer nicht innerhalb eines Monats ab Kenntnis der Veräußerung, erlischt sein Kündigungsrecht.

Ziffer 25.2.1 VGB 2021

Der Erwerber hingegen kann den Versicherungsvertrag mit sofortiger Wirkung oder mit Wirkung zum Ende der laufenden Versicherungsperiode zu kündigen. Diese Kündigung muss dem Versicherer in Textform zugehen. Das Kündigungsrecht erlischt, wenn der Erwerber dies nicht innerhalb eines Monats nach Erwerb ausübt. Fehlt dem Erwerber die Kenntnis über die Versicherung, so erlischt die Kündigungsmöglichkeit nach einem Monat, nachdem er davon Kenntnis erlangt hat.

Ziffer 25.2.2 VGB 2021

Sollte der Versicherer oder der Erwerber von der Kündigungsmöglichkeit Gebrauch machen, haftet der Veräußerer alleine für die Zahlung des Beitrages und erhält seinen unverbrauchten Prämienanteil erstattet.

Ziffer 25.2.3 Ziffer 25.2.4 VGB 2021

Übersicht zur Veräußerung

	Veräußerer	Erwerber	Versicherer
Prämie	Der Veräußerer haftet für die laufende Versicherungsprämie gesamtschuldnerisch. Nach Kündigung haftet er alleine für die Prämie und erhält den unverbrauchten Prämienanteil erstattet.	Der Erwerber haftet für die laufende Versicherungsprämie gesamtschuldnerisch.	Der Versicherer hat Anspruch auf die Prämie für die laufende Versicherungsperiode – bis zur Wirksamkeit der Kündigung.
Anzeige	Obliegenheit zur Anzeige	Obliegenheit zur Anzeige	Für den Versicherer besteht Leistungsfreiheit bei Obliegenheitsverletzung, wenn Versicherungsfall später als einen Monat eintritt und der Versicherer den Vertrag mit dem neuen Erwerber nicht geschlossen hätte.
Form	Anzeige der Veräußerung in Textform	Anzeige der Veräußerung in Textform	–
Kündigung	kein Kündigungsrecht	Kündigungsrecht	Kündigungsrecht
Ausübung	–	Ausübung des Kündigungsrechts einen Monat nach Erwerb bzw. nach Kenntnis der Versicherung	Ausübung des Kündigungsrechts einen Monat nach Kenntnis der Veräußerung

Übersicht zur Veräußerung			
	Veräußerer	**Erwerber**	**Versicherer**
Wirkung	–	Die Kündigung wird sofort oder zum Ende der Versicherungsperiode wirksam.	Die Kündigung wird mit Monatsfrist wirksam.
Form	–	Schriftform	–

10.2 Eigentumswechsel durch Erbe

Wird ein Gebäude im Zuge einer Erbschaft durch einen Todesfall vererbt, greifen die gesetzlichen Rechtsfolgen.

Eine vorweggenommene Erbfolge gilt ebenfalls als Veräußerung und die Rechtsfolgen hierzu sind identisch. Bei einer vorweggenommen Erbfolge wird ein Vertrag zwischen dem Erblasser und dem Erben geschlossen, wobei das Eigentum an dem Gebäude zu Lebzeiten auf den zukünftigen Erben übergehen soll.

10.3 Zwangsversteigerung

Bei einer Zwangsversteigerung erfolgt die Eigentumsübertragung kraft staatlichem Hoheitsakt, da das Eigentum bei Zuschlag der Zwangsversteigerung auf den Erwerber übergeht.

§ 99 VVG Das VVG sieht bei einer Zwangsversteigerung die Anwendung der Vorschriften über die Veräußerung der versicherten Sache vor.

Zusammenfassung

Formen der Veräußerung eines Gebäudes

Formen des Eigentumswechsels	Zeitpunkt des Eigentumsübergangs
· Veräußerung – Kaufvertrag – vorweggenommene Erbfolge	· Eintragung
· Erbfolge	· Tod des Erblassers
· Zwangsversteigerung	· Zeitpunkt des Zuschlags

11 Versicherungsfall

Ziffer 1 VGB 2021 In der Wohngebäudeversicherung liegt ein Versicherungsfall vor, wenn eine Zerstörung, eine Beschädigung oder das Abhandenkommen von versicherten Sachen durch Eintritt einer versicherten Gefahr vorliegt.

11.1 Obliegenheiten

Bei und auch nach Eintritt eines Versicherungsfalles müssen Versicherungsnehmer/-innen einige Obliegenheiten, also Pflichten, gegenüber dem Versicherer erfüllen, damit der Versicherungsschutz nicht verloren geht. *Ziffer 22 VGB 2021*

- **Minderung und Abwendung von Schäden**
  Versicherungsnehmer/-innen haben im Rahmen ihrer Schadenminderungspflicht die Aufgabe, den eingetretenen Schaden durch geeignete Maßnahmen so gering wie möglich zu halten und eine Ausbreitung des Schadenumfangs zu unterbinden. Ferner sind Versicherungsnehmer/-innen verpflichtet, den Versicherer unverzüglich über den Eintritt des Versicherungsfalles zu informieren und dessen Weisungen zur Schadenminderung und -abwendung einzuholen und diese zu befolgen, sofern es die Umstände gestatten. *Ziffer 22.1.1 bis 22.1.4 VGB 2021*
- **Feststellung des Schadens dem Grunde nach**
  Durch die Mitteilung an den Versicherer über den Eintritt eines Versicherungsfalles kommen Versicherungsnehmer/-innen ihrer Auskunftspflicht nach. Bei der Mitteilung geben sie notwendige Auskünfte über den Schaden, wie z. B. den Schadenhergang. Diese dienen dem Versicherer zur Feststellung des Versicherungsfalles und dem Umfang der Leitungspflicht sowie zur Untersuchung der Ursache. Das Schadenbild ist nach Möglichkeit unverändert zu lassen. Sollte dies nicht möglich sein, ist der Schaden sorgfältig und nachvollziehbar, mithilfe von Fotos, zu dokumentieren. Sind durch strafbare Handlungen beispielsweise versicherte Sachen abhandengekommen, sind dem Versicherer und der Polizei ein Verzeichnis mit Belegen über die Gegenstände einzureichen. *Ziffer 22.1.5 bis 22.1.9 VGB 2021*
- **Ermittlung der Schadenhöhe**
  Durch die Mitwirkungspflicht der Versicherungsnehmer/-innen in Form der Aufklärungs- und Auskunftspflicht wird es dem Versicherer ermöglicht, den Schaden in seiner Höhe zu beziffern. Dies kann in Form von Kostenvoranschlägen, Reparaturrechnungen oder Belege des Erwerbs einer versicherten Sache sein.
- **Rechtsfolgen bei Obliegenheitsverletzung**
  Verletzt ein/eine Versicherungsnehmer/-in seine/ihre Obliegenheiten, so ist der Versicherer ganz oder teilweise leistungsfrei. *Ziffer 22.3 VGB 2021 § 28 VVG*

Da die Obliegenheitsverletzungen denen der Hausratversicherung identisch sind, können in der nachstehenden Übersicht die infrage kommenden Rechtsfolgen in Abhängigkeit vom Verschuldungsgrad von Versicherungsnehmern/-innen entnommen werden.

Verhalten des Versicherungsnehmers bei ...	Kausalität gegeben	Keine Kausalität vorhanden
... Vorsatz	Versicherer ist leistungsfrei	Versicherer bleibt leistungspflichtig
... grober Fahrlässigkeit	Versicherer kann die Leistungen der nach Schwere des Verschuldens kürzen	Versicherer bleibt leistungspflichtig
... einfacher Fahrlässigkeit	Versicherer bleibt leistungspflichtig	
... arglistiger Täuschung	Versicherer ist leistungsfrei	

11.2 Entschädigungsberechnung zum gleitenden Neuwert

Gemäß den Versicherungsbedingungen ersetzt der Versicherer die eingetretenen **Sachschäden**.

Ziffer 18.1.1.1 VGB 2021

- Bei zerstörten Gebäuden ersetzt der Versicherer die ortüblichen Wiederherstellungskosten des Gebäudes einschließlich eventueller Mehrkosten zum Zeitpunkt des Versicherungsfalles. Dies schließt Architektenhonorare sowie sonstige Konstruktions- und Planungskosten mit ein.

Ziffer 18.1.1.2 VGB 2021

- Bei beschädigten Gebäuden oder sonstigen beschädigten Sachen ersetzt der Versicherer die erforderlichen Reparaturkosten zum Zeitpunkt des Versicherungsfalles. Erstattet wird auch eine Wertminderung, die durch eine Reparatur nicht ausgeglichen werden kann, jedoch höchstens bis zum Versicherungswert zum Zeitpunkt des Versicherungsfalles.

Beispiel Aufgrund eines Leitungswasserschadens müssen die Fliesen im Badezimmer entfernt werden und der VN besitzt keine Ersatzfliesen mehr. Er sucht sich dem Farbton entsprechend neue Fliesen aus, die aber nicht der Qualität der ursprünglichen Fliesen entsprechen.

→ Die entstandene Wertminderung wird durch den VR ersetzt.

Beispiel Aufgrund eines starken Sturmes wurde das Dach einer VN abgedeckt. Die VN nimmt dies zum Anlass, um das Dach mit hochwertigeren Dachziegeln eindecken zu lassen.

→ Die entstandene Wertsteigerung wird durch den VR nicht ersetzt.

Ziffer 18.1.1.3 VGB 2021

- Bei zerstörten oder abhanden gekommenen sonstigen Sachen ersetzt der Versicherer den Wiederbeschaffungspreis für Sachen der gleichen Art und Güte im neuwertigen Zustand zum Zeitpunkt des Versicherungsfalles.

Ziffer 18.1.2 VGB 2021

In der Entschädigungsberechnung werden auch die entstanden Mehrkosten durch **behördliche Auflagen** berücksichtigt. Sollte wegen öffentlich-rechtlicher Vorschriften die noch brauchbare Sachsubstanz der versicherten Sache für die Wiederherstellung nicht verwendet werden dürfen, erhalten Versicherungsnehmer/-innen eine entsprechende Entschädigung. Voraussetzung hierfür ist, dass

Ziffer 18.1.2.1 und 18.1.2.2 VGB 2021

- die behördlichen Anordnungen nicht vor Eintritt des Versicherungsfalles erteilt wurden **oder**
- die Nutzung der Sache zum Zeitpunkt des Versicherungsfalles nicht aufgrund öffentlich-rechtlicher Vorschriften ganz oder teilweise untersagt war.

Beispiel Aufgrund eines starken Sturmes wurde das Dach der VN abgedeckt. Inzwischen ist eine behördliche Auflage in Kraft getreten, die eine Neueindeckung von Dächern in der betreffenden Siedlung nur noch in der Farbe Rot gestattet. Jedoch sind die roten Dachziegel um einiges teurer, als die ursprünglichen grauen Dachziegel.

→ Die entstanden Mehrkosten aufgrund behördlicher Auflagen wird durch den VR erstattet.

Ziffer 18.1.3 VGB 2021

Zu den erstattungsfähigen Kosten gehören auch die **Mehrkosten durch Preissteigerungen**. Preissteigerungen zwischen dem Versicherungsfall und der Wiederherstellung werden entschädigt, wenn die Wiederherstellung innerhalb von drei Jahren nach Eintritt des Versicherungsfalles sichergestellt wird.

Beispiel Die Tarifpartner des Baugewerbes haben sich in der Zwischenzeit auf eine 5 %ige Lohnsteigerung geeinigt, wodurch sich der Wiederaufbau des Gebäudes eines VN verteuert.

→ Der VR erstattet die Mehrkosten des Wiederaufbaues aufgrund der Preissteigerung.

Bei der Berechnung der Entschädigung werden die Restwerte angerechnet. *Ziffer 18.1.4 VGB 2021*

Zudem erwerben Versicherungsnehmer/-innen in der gleitenden Neuwertversicherung den Anspruch auf Zahlung des Teils der Entschädigung, der den Zweitwertschaden übersteigt, wenn sie innerhalb von drei Jahren die Entschädigung zum Wiederaufbau oder zur Wiederherstellung verwenden. Dies wird auch Wiederherstellungsklausel genannt. *Ziffer 18.6 VGB 2021*

Vorgehensweise bei der Berechnung der Entschädigung

Beispiel

Das Einfamilienhaus eines VN wurde durch einen Brand zerstört. Der Wiederaufbau wurde unverzüglich veranlasst.

Zum Zeitpunkt des Schadeneintritts gelten folgende Daten:

Versicherungssumme Wert 1914	35.000 Mark
Gebäudeneuwert einschl. Architekten- und Planungskosten	820.000,00 €
Zeitwert	700.000,00 €
Restwert	10.000,00 €
Mehrkosten infolge behördlicher Auflagen bei unverzüglicher Wiederherstellung	8.000,00 €

Lösung

Entschädigung für das Gebäude:

	Neuwertschaden	*820.000,00 €*
+	*Mehrkosten infolge behördlicher Auflagen*	*8.000,00 €*
–	*Restwert*	*10.000,00 €*
=	*Entschädigungszahlung*	*818.000,00 €*

Die Entschädigungshöhe beträgt 818.000,00 €.

Die Versicherungsbedingungen sehen im Rahmen der gleitenden Neuwertversicherung keine Entschädigungsgrenzen für vorgeschriebene Mehrkosten vor, da sie bereits nach Ziffer 14.1.1.2 VGB 2021 berücksichtigt worden sind.

Zur Entschädigungserstattung zählen auch die folgenden **versicherten Kosten**:

- Aufwendungen zur **Abwendung und Minderung des Schadens**, die der/die Versicherungsnehmer/-in für geboten hält, werden als Aufwendungsersatz erstattet. *§ 83 VVG*
- Die Entschädigung für **Aufräumungs- und Abbruchkosten sowie Bewegungs- und Schutzkosten** sind jedoch auf 5 % der Versicherungssumme Wert 1914 begrenzt. *Ziffer 11 VGB 2021*
- **Mietausfall** und Nebenkosten für vermietete Wohnräume sowie der **Mietwert** der selbstgenutzten Wohnung werden für höchstens zwölf Monate seit dem Eintritt des Versicherungsfalles ersetzt, sofern keine anderen Vereinbarungen getroffen wurden. *Ziffer 18.7 VGB 2021*

Beispiel

Im Zusammenhang mit dem Brandschaden des Einfamilienhauses macht der VN im Rahmen seiner gleitenden Neuwertversicherung folgende Kosten geltend:

Aufräumungs- und Abbruchkosten	63.300,00 €
Mietwert für den selbstgenutzten Wohnraum (600,00 € für 19 Monate)	11.400,00 €

Lösung

Im Rahmen der gleitenden Neuwertversicherung werden folgende Kosten erstattet:

Entschädigung der Aufräumungs- und Abbruchkosten
5 % von 35.000,00 Mark (Versicherungssummer 1914) = 1.750,00 Mark
1.750,00 M · 20,97 (Anpassungsfaktor 2022) = 36.697,50 €
Zwischenergebnis *36.697,50 €*

Entschädigung für den Mietwert
Es werden gemäß Bedingungen nur zwölf Monate erstattet, sofern keine anderen Vereinbarungen getroffen worden sind.
600,00 € · 12 Monate = 7.200,00 €
Zwischenergebnis *7.200,00 €*

Entschädigung für Kosten und Mietwert = *43.897,50 €*

Der VN bekommt eine Entschädigungsleistung für seine Kosten und denMietwert in Höhe von 43.897,50 €.

Sollte im Rahmen des Wohngebäudevertrages ein **Selbstbehalt** (Klausel PK 7761) vereinbart worden sein, werden von der errechneten Entschädigungsleistung der Selbstbehalt von 500,00 € je Versicherungsfall abgezogen. Dies gilt nicht für Aufwendungsersatz, wenn dieser auf Weisung des Versicherers angefallen ist.

Zusammenfassung

Entschädigungsberechnung zum gleitenden Neuwert

- Anspruch auf Neuwertentschädigung besteht nur bei Wiederherstellung oder Wiederbeschaffung beschädigter Sachen
- Restwerte und Selbstbehalt werden abgezogen
- Beachtung der Entschädigungsgrenzen für Aufräumungs- und Abbruchskosten, Bewegungs- und Schutzkosten sowie Mietausfall und Mietwert

11.3 Entschädigungsberechnung zum gleitenden Zeitwert

Im Schadenfall ersetzt der Versicherer gemäß den Versicherungsbedingungen:

- *Ziffer 18.2.1.1 VGB 2021* Bei **zerstörten Gebäuden** wird der Neuwert zum Zeitpunkt des Versicherungsfalles ermittelt und hiervon wird die Wertminderung durch Alter und Abnutzung des Gebäudes abgezogen.
- *Ziffer 18.2.1.2 VGB 2021* Bei **beschädigten Gebäuden oder sonstigen beschädigten Sachen** werden die erforderlichen Reparaturkosten zum Zeitpunkt des Versicherungsfalles ersetzt. Der Versicherer erstattet außerdem eine Wertminderung, die durch die Reparatur nicht ausgeglichen werden kann.
- *Ziffer 18.2.1.3 VGB 2021* Bei **zerstörten oder abhandengekommenen sonstigen Sachen** werden der Wiederbeschaffungspreis von Sachen der gleichen Art und Güte zum Zeitpunkt des Versicherungsfalles erstattet. Davon wird die Wertminderung insbesondere durch Alter und Abnutzung in Abzug gebracht.
- *Ziffer 18.2.2 VGB 2021* Ein erzielbarer Verkaufspreis von **Resten** wird bei der Entschädigungsberechnung angerechnet.

11.4 Entschädigungsberechnung zum gemeinem Wert

Ist ein Gebäude zum Abbruch bestimmt oder dauerhaft entwertet, werden versicherte Sachen zum erzielbaren Verkaufspreis ohne Grundstücksanteil (= gemeiner Wert) entschädigt. *Ziffer 18.3 VGB 2021*

11.5 Entschädigungsberechnung bei Anrechnung einer Unterversicherung

Grundsätzlich soll nach den Versicherungsbedingungen auf die Einrede der Unterversicherung verzichtet werden, wenn Versicherungsnehmer/-innen die Fragen des Summenermittlungsbogens wahrheitsgemäß beantworten und der Versicherer nach diesen Angaben die Versicherungssumme Wert 1914 berechnet hat. *Ziffer 15.1 VGB 2021*

11.6 Unterversicherung trotz gleitender Neuwertversicherung

Zur Anrechnung einer Unterversicherung kann es kommen, wenn

- die Versicherungssumme Wert 1914 gemäß den Ziffern 14.1 und 15.1 VGB 2021 ermittelt worden ist, jedoch kein Verzicht auf Unterversicherung vereinbart wurde.
- durch Versicherungsnehmer/-innen eine Anpassung der Versicherungssumme Wert 1914 nach Anbauten, Wertveränderungen o.Ä. versäumt wurde.
- der/die Versicherungsnehmer/-in den Summenermittlungsbogen nicht wahrheitsgemäß beantwortet hat, wodurch eine zu niedrige Versicherungssumme Wert 1914 ermittelt wurde.

Ziffer 15.2.1 bis Ziffer 15.2.3 VGB 2021

Kommt es zu einer Unterversicherung, wird die Entschädigung mit der folgenden Formel berechnet:

$$\text{Entschädigung} = \frac{\text{Schadenbetrag} \cdot \text{Versicherungssumme Wert 1914}}{\text{Versicherungswert 1914}}$$

Ziffer 18.8 VGB 2021

Diese Formel gilt auch zur Ermittlung der versicherten Kosten und des Mietausfalles/Mietwertes. Zu prüfen ist abschließend, ob die Entschädigung der versicherten Kosten und des Mietausfalles/Mietwertes die Entschädigungsgrenzen gemäß Ziffer 11 VGB 2021 nicht überschreitet.

Beispiel

Ein VN hat versäumt es, seinen Anbau dem VR anzuzeigen. Daraus ergibt sich eine zu niedrige Versicherungssumme Wert 1914.
Folgende Informationen liegen vor:

Versicherungssumme Wert 1914	30.000 Mark
Versicherungswert 1914	42.000 Mark
Sachschaden	62.000,00 €
Kostenschaden	11.000,00 €
Mietausfall	8.500,00 €

Lösung

$$\textit{Entschädigung Sachschaden} = \frac{62.000{,}00\ € \cdot 30.000\ \textit{Mark}}{42.000\ \textit{Mark}} = 44.285{,}71\ €$$

$$\textit{Entschädigung Kostenschaden} = \frac{11.000{,}00\ € \cdot 30.000\ \textit{Mark}}{42.000\ \textit{Mark}} = 7.857{,}14\ €$$

$$\textit{Entschädigung Mietausfall} = \frac{8.500{,}00\ € \cdot 30.000\ \text{Mark}}{42.000\ \text{Mark}} = \underline{6.071{,}43\ €}$$

$$\textit{Summe der Entschädigung} = \underline{\underline{58.214{,}28\ €}}$$

Aufgrund der Unterversicherung beträgt die Entschädigungshöhe nur 58.214,28 €.

11.7 Unterversicherung trotz gleitender Zeitwertversicherung

In den VGB 2021 sind keine Regelungen zur Unterversicherung in der gleitenden Zeitwertversicherung enthalten, sodass die Vorschriften des Versicherungsvertragsgesetzes gelten. Ist die Versicherungssumme erheblich niedriger als der Versicherungswert zur Zeit des Eintrittes des Versicherungsfalles, ist der Versicherer nur verpflichtet, die Leistung nach dem Verhältnis der Versicherungssumme zu diesem Wert zu erbringen.

§ 75 VVG

Dies entspricht damit den Regelungen der gleitenden Neuwertversicherung. Sind die Angaben der Versicherungsnehmer/-innen zur Ermittlung der Versicherungssumme Wert 1914 richtig getroffen worden, muss keine Unterversicherung angerechnet werden.

Da in den Versicherungsbedingungen bei der gleitenden Zeitwertversicherung eine Vermeidung der Unterversicherung angestrebt wird, sind die Regelungen der gleitenden Neuwertversicherung entsprechend anzuwenden.

Ziffer 14.1.2. VGB 2021

11.8 Unterversicherung zum gemeinen Wert

In der Versicherung zum gemeinen Wert sind Versicherungsnehmer/-innen für die Höhe der Versicherungssumme selbst verantwortlich. Ist die eigens ermittelte Versicherungssumme zu niedrig, liegt eine Unterversicherung vor. Somit wird die Entschädigung gemäß der folgenden Formel berechnet:

Ziffer 18.8 VGB 2021

$$\text{Entschädigung} = \frac{\text{Schaden} \cdot \text{Versicherungssumme}}{\text{Versicherungswert}}$$

11.9 Sachverständigenverfahren

Ziffern 19.1 und 19.2 VGB 2021

Nach Eintritt des Versicherungsfalles kann sowohl ein/eine Versicherungsnehmer/-in als auch der Versicherer verlangen, dass die Höhe des Schadens in einem Sachverständigenverfahren festgestellt wird.

Ziffer 19.3 VGB 2021

Ziffer 19.4 VGB 2021

Jede Partei hat in Textform einen Sachverständigen zu benennen. Eine Partei, die ihren Sachverständigen benannt hat, kann die andere Partei in Textform auffordern, ihren Sachverständigen zu benennen. Beide Sachverständige benennen in Textform vor Beginn der Feststellung der Schadenhöhe einen unabhängigen dritten Sachverständigen als Obmann. Die Sachverständigen ermitteln unabhängig voneinander jeweils die Schadenhöhe. In dem Sachverständigenbericht müssen folgende Angaben enthalten sein:

- ein Verzeichnis der abhandengekommen, zerstörten und beschädigten versicherten Sachen mit dem dazugehörigen Versicherungswert zum Zeitpunkt des Versicherungsfalles
- die Wiederherstellungs- und Wiederbeschaffungskosten
- die Restwerte der vom Schaden betroffenen Sachen

- die versicherten Kosten sowie den versicherten Mietausfall bzw. Mietwert

Jeder Sachverständige übermittelt seine Feststellungen beiden Parteien gleichzeitig. Weichen die Feststellungen voneinander ab, so werden die Feststellungen vom Versicherer an den Obmann weitergeleitet. Dieser überprüft die streitigen Punkte und übermittelt seine Entscheidung gleichzeitig an beide Parteien. Die Entscheidung des Obmanns ist für Versicherungsnehmer/-innen sowie Versicherer bindend. *Ziffer 19.5 VGB 2021*

Die Kosten des jeweiligen Sachverständigen trägt jede Partei selbst; die Kosten des Obmanns werden hälftig geteilt.

11.10 Fälligkeit und Verzinsung der Entschädigung

Die Entschädigungszahlung wird fällig, wenn der Versicherer dem Grund und der Höhe nach den Anspruch festgestellt hat. Versicherungsnehmer/-innen können einen Monat nach Anzeige des Schadens eine Abschlagszahlung beanspruchen, die mindestens zu zahlen ist. Ab dem Tag der Anzeige des Schadens beim Versicherer ist die Entschädigung zu verzinsen, soweit die Entschädigungszahlung nicht innerhalb eines Monats getätigt wurde. Der über den Zeitwertschaden hinausgehende Teil der Entschädigung (Neuwertanteil) wird nur dann verzinst, wenn der/die Versicherungsnehmer/-in die Wiederherstellung bzw. Wiederbeschaffung der versicherten Sachen nachgewiesen hat. *Ziffer 20 VGB 2021*

Der Zinssatz der Verzinsung beträgt 1 % unter dem Basiszinssatz des Bürgerlichen Gesetzbuches, mindestens jedoch 4 % und höchstens 6 % pro Jahr.

Beispiel

Am 13.03.2022 geht beim VR die Anzeige einer VN über einen Leitungswasserschaden in Höhe von 12.500,00 € zu. Der VR leistet vorab folgende Teilzahlungen, damit die VN die Rechnungen der Handwerker begleichen kann:
Am 06.04.2022 zahlt der Versicherer 4.500,00 €, am 27.04.2022 3.500,00 € und am 04.05.2022 erfolgt die restliche Zahlung.

Lösung

Leistungen des Versicherers	*Verzinsung*	*Tage*
1. Abschlag 4.500,00 €	-	-
2. Abschlag 3.500,00 €	*13.03. bis 27.04.*	*44 Tage*
Restzahlung 4.500,00 €	*13.03. bis 04.05.*	*51 Tage*

Für die erste Abschlagszahlung werden keine Zinsen fällig, da die Zahlung innerhalb eines Monats seit der Schadenanzeige getätigt wurde.

Für die zweite Abschlagszahlung sowie für die Restzahlung gilt folgendes:

Der gültige Basiszinssatz gemäß BGB liegt aktuell bei - 0,88 %. Daher greift der Zinssatz gemäß den Versicherungsbedingungen von mindestens 4 %, höchstens 6 %. In diesem Fall beträgt der Zinssatz 4 %.

Der getätigte zweite Abschlag in Höhe von 3.500,00 € wird für 44 Tage mit 4 % verzinst = 17,11 €

Die Restzahlung in Höhe von 4.500,00 € wird für 51 Tage mit 4 % verzinst = 25,50 €

Die Zinsen in Höhe von 42,61 € (17,11 € + 25,50 €) werden zusammen mit der Entschädigung fällig.

12 Wohngebäudeversicherung nach dem Wert 1914 und nach dem Wohnflächenmodell im Vergleich

Anstelle der Wohngebäudeversicherung nach Wert 1914 (sog. Summenmodell) kann bei der Proximus Versicherung AG durch Abschluss der Klausel PK 7799 die Wohngebäudeversicherung nach dem Wohnflächenmodell gestaltet werden. Hierbei werden detaillierte Angaben zum Gebäude, wie Gebäudetyp, Fläche, Bauweise Ausstattung und Nutzung im Versicherungsvertrag aufgenommen. Eine Ermittlung der Versicherungssumme findet nicht statt, was Auswirkungen auf die Ermittlung des Versicherungswertes, die Prämienberechnung und die Entschädigungsberechnung hat.

In der Klausel PK 7799 Wohnflächenmodell sind die Unterschiede zur Wohngebäudeversicherung nach dem Wert 1914 geregelt.

12.1 Versicherungswert

Wie beim Summenmodell wird auch beim Wohnflächenmodell der ortübliche Neubauwert einschließlich der Architektenhonorare sowie Konstruktions- und Planungskosten versichert.

Der gemeine Wert gilt beim Wohnflächenmodell wie beim Summenmodell, wenn das Gebäude zum Abbruch bestimmt oder auf sonstige Weise dauerhaft entwertet ist.

Wert 1914 (Summenmodell)	Wohnflächenmodell
In den Versicherungsbedingungen Ziffer 14.1 VGB 2021 werden folgende Versicherungswerte unterschieden: · gleitender Neuwert · gleitender Zeitwert · gemeiner Wert	In der Klausel PK 7799 werden folgende Versicherungswerte unterschieden: · ortsüblicher Neubauwert · gemeiner Wert

12.2 Ermittlung und Anpassung der Prämie

Der wesentliche Unterschied zwischen den beiden Modellen besteht darin, wie die Ausgangsprämie für die Anpassung mit dem Anpassungsfaktor bestimmt wird.

Wert 1914 (Summenmodell)	Wohnflächenmodell
Aus der Versicherungssumme Wert1914 und dem risikorelevanten Prämiensatz wird die Jahresprämie 1914 ermittelt. Diese Jahresprämie Wert 1914 wird für jede neue Versicherungsperiode mit dem aktuell gültigen Anpassungsfaktor multipliziert.	Die Grundprämie errechnet sich aus der Wohn- und Nutzfläche multipliziert mit der Prämie je m^2 Wohn- und Nutzfläche. Die Grundprämie wird in jeder neuen Versicherungsperiode mit dem aktuell gültigen Anpassungsfaktor multipliziert.

12.3 Entschädigungsberechnung

Die Entschädigungsberechnung unterscheidet sich in folgenden Punkten:

Wert 1914 (Summenmodell)	Wohnflächenmodell
Gleitende Neuwertversicherung	**Ortüblicher Neubauwert**
· **zerstörte Gebäude** ortübliche Wiederherstellungskosten (inklusive Architektenhonorare, Konstruktions- und Planungskosten)	· **zerstörte Gebäude** ortübliche Wiederherstellungskosten (inklusive Architektenhonorare, Konstruktions- und Planungskosten), ausgehend von dem im Vertrag beschriebenen Merkmalen (Gebäudetyp, Fläche usw.), die zur Berechnung der Prämie relevant sind
· **beschädigte Gebäude und Sachen** notwendige Reparaturkosten zuzüglich eventueller Wertminderung	· **beschädigte Gebäude und Sachen** **n**otwendige Reparaturkosten zuzüglich eventueller Wertminderung, ausgehend von dem im Vertrag beschriebenen Merkmalen (Gebäudetyp, Fläche usw.), die zur Berechnung der Prämie relevant sind
· **zerstörte oder abhanden gekommene sonstige Sachen** Wiederbeschaffungspreis von Sachen in gleicher Art und Güte	· **zerstörte oder abhanden gekommene sonstige Sachen** Wiederbeschaffungspreis von Sachen in gleicher Art und Güte
Unterversicherungsverzicht Wird die Versicherungssumme Wert 1914 vereinbart, findet kein Abzug wegen Unterversicherung statt.	**Unterversicherungsverzicht** In der Klausel PK 7799 ist keine Regelung zum Unterversicherungsverzicht aufgeführt.
Unterversicherung Bei einer entstandenen Unterversicherung erfolgt die Entschädigungsberechnung anhand der in Ziffer 18.8 VGB 2021 aufgestellten Formel.	**Unterversicherung** Ist die Bauausführung hochwertiger als im Vertrag beschrieben, erfolgt die Entschädigung anhand der im Vertrag beschriebenen Merkmale (Gebäudetyp, Fläche usw.), die zur Berechnung der Prämie relevant waren.

13 Kundenberatungsgespräche in der Wohngebäudeversicherung

Vorbemerkungen und allgemeine Hinweise

Bei jedem Kundenberatungsgespräch sind gesetzliche Regelungen zu beachten.

Diese können Sie in Lernfeld 2 Kapitel 7 sowie in Lernfeld 3 nachlesen.

Was allgemein bei Kundengesprächen bzgl. der Kommunikation zu beachten ist, finden Sie in Lernfeld 3.

Die fachlichen Hintergründe zur Wohngebäudeversicherung wurden in Lernfeld 4 Teil B in den Kapiteln 1 bis 12 behandelt.

Das folgende Kapitel fasst die spezifischen Besonderheiten für Beratungen zu Wohngebäudeversicherungen in komprimierter Form zusammen, ohne den Anspruch auf Vollständigkeit zu erheben.

Da die Vorgehensweise bei Beratungsgesprächen technisch gesehen immer den gleichen Gesetzmäßigkeiten folgt, werden im folgenden Kapitel nur noch die speziellen Besonderheiten bei Wohngebäudeversicherungen herausgestellt.

13.1 Zielgruppen für Wohngebäudeversicherungen

Zunächst stellt sich auch hier wieder die Frage: **Wer braucht eigentlich eine Wohngebäudeversicherung?**

Die Antwort fällt etwas anders aus als bei der Hausratversicherung: Jeder Eigentümer und jede Eigentümerin einer Wohnung oder eines Hauses sollte über den Abschluss einer Wohngebäudeversicherung nachdenken.

Es spielt keine Rolle, ob es sich um eine Eigentumswohnung, ein Einfamilienhaus, ein Doppelhaus, ein Mehrfamilienhaus, eine Wohnanlage, ein gemischt genutztes Wohngebäude mit teilgewerblicher Nutzung oder ein Ferienhaus bzw. eine Ferienwohnung handelt.

Auch spielt es keine Rolle, ob das jeweilige Objekt von den Eigentümern selbst bewohnt oder genutzt wird, ob es vermietet, unbewohnt (z. B. wegen Mieterwechsel oder Renovierung) oder nur teilweise bewohnt (z. B. bei Ferienhäusern oder einem Zweitwohnsitz) ist.

Nach dieser **Zielgruppendefinition** erstreckt sich der Kreis der potenziellen Kunden auf alle Personen, die Immobilieneigentum besitzen. Dieser Kreis ist somit deutlich kleiner als bei Hausratversicherungen, da die Versicherung der Immobilie selbst in aller Regel den Eigentümern und nicht den Mietenden obliegt.

Es gibt allerdings eine erhebliche Schnittmenge bei den Zielgruppen von Hausrat- und Wohngebäudeversicherungen, denn bei ganz oder teilweise selbst genutztem Wohneigentum benötigen die Kunden in diesem Kundenbedarfsfeld Verträge in beiden Versicherungssparten.

13.2 Neukunden für die Wohngebäudeversicherung gewinnen

Bis in die 1970er Jahre gab es in Deutschland das sog. Feuermonopol. Jede Immobilie musste beim jeweils zuständigen Monopolversicherer gegen Feuerschäden versichert sein. Finanzierende Banken verlangten einen entsprechenden Versicherungsnachweis. Hierdurch sollten Personen mit Immobilieneigentum und auch die Banken selbst bei Feuerschäden vor finanziellen Verlusten geschützt werden.

Die Risiken Leitungswasser, Sturm/Hagel und Elementarschäden konnten in separaten Verträgen ebenfalls bei dem zuständigen Monopolisten oder bei einem privaten Versicherungsunternehmen abgesichert werden. Bis etwa Mitte der 1990er Jahre entfiel dieses Monopol und Immobilieneigentümern war es freigestellt, ob und bei welcher Gesellschaft sie sich versichern.

Da allerdings nur sehr wenige Immobilien bar bezahlt werden und bei einem Immobilienkauf in der Regel ein Bankdarlehen zur Finanzierung aufgenommen werden muss, verlangen die Banken den Nachweis einer Wohngebäudeversicherung. Manchen Banken genügt eine Absicherung des Feuerrisikos, andere bestehen auf einen Komplettschutz.

Der Hintergrund ist hierbei, dass im Falle eines Schadens sowohl die Bank als auch die Immobilieneigentümer gegen finanzielle Verluste abgesichert sind.

Beispiel

Bei einem Kunden brennt durch eine umgefallene Kerze das Dachgeschoss seines Hauses völlig aus. Das Haus ist bedingt durch das Feuer und das Löschwasser, das bis in den Keller gelaufen ist, vorerst unbewohnbar. Der Schaden am Gebäude beträgt rund 200.000,00 €. Hätte der Kunde keine Wohngebäudeversicherung, müsste er nicht nur die Reparaturkosten alleine tragen, sondern auch weiterhin den Kredit bei der Bank bedienen, obwohl das, was die Bank ursprünglich finanziert hatte, inzwischen abgebrannt ist.
Bei einer bestehenden Wohngebäudeversicherung übernimmt der Versicherer die Schadenregulierung und dem Kunden entsteht keine Doppelbelastung.

Nun stellt sich die Frage nach den geeigneten Personengruppen und Anlässen, um über das Thema Wohngebäudeversicherungen zu sprechen.

Die folgende Liste zeigt einige Möglichkeiten auf. Der Kreativität der Abschlussvermittelnden sind jedoch keine Grenzen gesetzt und die Liste lässt sich beliebig erweitern.

Personengruppen und Anlässe zur Kundenansprache

- **Kundenempfehlungen**

Sprechen Sie zufriedene und treue Kunden auf Empfehlungen aus deren privatem und beruflichem Umfeld an. Interessant sind z. B. Personen oder Familien, die den Erwerb oder Bau von Wohneigentum planen oder kürzlich getätigt haben.

- **Freundes- und Bekanntenkreis sowie Verwandtschaft**

Haben Sie in Ihrem persönlichen Umfeld eine Person, die gerade nach einem geeigneten Baugrundstück, einem Haus oder einer Wohnung sucht, um sich den Traum von den eigenen vier Wänden zu erfüllen, dann sprechen Sie diese Person auf das Thema Wohngebäudeversicherung an. Wenn Sie es nicht tun, dann macht dies das Maklerbüro, der Bauträger, die Hausbank oder ein Mitbewerber.

- **Kontakte aus der Vereinsarbeit**

Bei Vereinen bekommt man meistens mit, was die Vereinsmitglieder gerade beschäftigt. Irgendwer sucht immer eine Immobilie, hat ein Haus geerbt oder hat sich ein Grundstück gekauft, um darauf ein Haus zu errichten.

- **Empfehlungen von Geschäftskontakten**

Immobilienmaklerbüros, Bauträger, Bauunternehmen und auch Banken empfehlen immer wieder Versicherer für Versicherungsverträge rund um das Thema Immobilien. Viele Banken sind zwar an einen

Hausversicherer oder eine Vertriebspartnerschaft gebunden, aber Maklerbüros, Bauträger und Bauunternehmen in der Regel nicht. Hier bestehen gute Möglichkeiten, um entsprechende Kundenkontakte herzustellen. Solche Kontaktvermittler lassen sich auch gut für eine nebenberufliche Vermittlung installieren, damit sich deren Engagement auch finanziell auszahlt.

- **Hausverwaltungen**
  Hausverwaltungen verwalten mitunter hunderte von Wohnungen, die sich in verschiedenen Wohnanlagen befinden. Sie sind somit meistens auch für die Auswahl des Wohngebäudeversicherers zuständig. Größere Hausverwaltungen vereinbaren wegen der erheblichen Versicherungsprämien, die für Wohnanlagen zu zahlen sind, gerne Gruppentarife oder Rahmenverträge in der Wohngebäudeversicherung. Versicherungsvermittlungen in solchen Wohnanlagen haben regelmäßig Kontakt zu ihren Kunden. So erfahren sie meistens sehr frühzeitig, wenn neue Immobilien in die Verwaltung genommen werden. Zwar kann eine Wohngebäudeversicherung bei einem Verwalterwechsel nicht gekündigt werden, aber die Vertragsdaten und auch der Vertragsablauf bieten Ansatzpunkte, um diese Verträge zu gegebener Zeit umzudecken. Eine Hausverwaltung erfährt auch, wenn Mietparteien in eine eigene Immobilie umziehen und kann einen entsprechenden Kontakt vermitteln.

13.3 Gesprächsanlässe bei Bestandskunden

Bei der Betreuung von Bestandskunden ist nicht nur der aktuelle Status Quo wichtig, sondern auch die Pläne und Wünsche der Kunden. Wer seine Kunden gut kennt, weiß rechtzeitig, dass diese den Erwerb eines Eigenheims planen, das Elternhaus irgendwann übernehmen wollen oder sich ein Ferienhaus kaufen möchten.

Wer seine Kunden umfassend berät, kann sein Geschäft von langer Hand planen und aus den Veränderungen, die die einzelnen Lebensphasen mit sich bringen, immer wieder Umsatz generieren.

Hierbei ist auch wieder jeder Anlass für einen Kundenkontakt wichtig. Der Abschluss eines größeren Bausparvertrages ist meistens schon ein sicheres Zeichen für die geplante Anschaffung einer Immobilie. Wer hier seine Kunden umfassend berät, platziert nicht nur den Bausparvertrag, sondern oft auch die komplette Finanzierung und die Wohngebäudeversicherung samt der restlichen Versicherungen rund um das Thema Immobilienkauf oder -bau.

Eine komplette Versorgungsanalyse ist ein wichtiges Medium bei der Beratung, da man in diesem Zusammenhang auch Pläne und Wünsche der Kunden notieren kann.

Bei Wohngebäudeversicherungen im Bestand gibt es neben abgelaufenen Verträgen und älteren Versicherungsbedingungen als Gründe für eine Vertragsneuordnung auch Änderungen an der Immobilie, die eine Vertragsüberprüfung notwendig machen.

Beispiel

- Eine Kundin baut das Dachgeschoss aus, um künftig öfters ungestört im Homeoffice arbeiten zu können.
- Ein Kunde baut seinen Keller zu einer seniorengerechten Wohnung aus, in der künftig seine Mutter wohnen soll.
- Nach der überraschenden Geburt von Drillingen ist das Einfamilienhaus eines Kunden zu klein geworden. Da das Grundstück groß genug ist, plant der Kunde einen Anbau mit drei Kinderzimmern und einem großzügigen Badezimmer.

All die in den Beispielen genannten Veränderungen bedeuten in der Praxis eine Wertsteigerung der Immobilie, die bei der Ermittlung der Versicherungssumme eine Rolle spielt. Nach solchen Baumaßnahmen sollte der Versicherungsvertrag umgehend angepasst werden, da ansonsten die Gefahr einer Unterversicherung besteht.

In Abhängigkeit von dem Umfang einer solchen Baumaßnahme sollte bei einer guten Beratung auch die Feuerrohbau-, die Bauleistungs- und die Bauherrenhaftpflichtversicherung bei Bedarf angeboten werden.

13.4 Argumentationshilfen zur Wohngebäudeversicherung

Wohngebäudeversicherungen schützen ähnlich wie Hausratversicherungen vor finanziellen Verlusten (auch Totalverlusten) im Schadenfall. Da meistens die Bank bei der Finanzierung einer Immobilie den Nachweis einer Gebäudeversicherung verlangt, haben Kunden praktisch keine Wahl, denn sie möchten ja schließlich eine Kreditzusage bekommen.

Hausrat wird in aller Regel nach und nach angeschafft, immer wieder erweitert oder auch durch höherwertige Gegenstände ersetzt, weshalb vielen Kunden der Gesamtüberblick über die Höhe eines möglichen Totalschadens fehlt.

Beim Kauf einer Immobilie hingegen handelt es sich bei den meisten Kunden um die größte Anschaffung ihres Lebens. Für ein neues Auto werden heute schnell 30.000,00 € bis 70.000,00 € und auch mehr fällig. Das sind schon beachtliche Geldbeträge, aber ein Einfamilienhaus mit einem Grundstück von etwa 350 m² kostet selbst in ländlichen Gebieten schnell 450.000,00 €. In Ballungsgebieten wie Berlin, Köln oder München ist für ein vergleichbares Objekt ein Betrag von 800.000,00 € und mehr fällig. Die Tendenz ist hierbei seit einigen Jahren stark steigend. Wer einen derart hohen Betrag auf einen Schlag bezahlen muss, ist hochsensibel für die richtige Absicherung dieser Investition.

Dies bedeutet allerdings nicht, dass die Kunden bedingungslos jedes Angebot zu einer Wohngebäudeversicherung annehmen. Auch hier geht es um eine bedarfsgerechte Beratung. Neben dem Summenermittlungsbogen müssen unbedingt alle gefahrenerhöhenden Umstände ermittelt und bei der Wertermittlung berücksichtig werden, damit die Kunden im Schadenfall auch umfassend abgesichert sind. Da jeder Einschluss von zusätzlichen Klauseln den Versicherungsschutz zwar erweitert, aber auch mehr Geld kostet, muss bei jeder Abweichung vom Grundtarif genau geprüft werden, ob dieser auch für die einzelnen Kunden notwendig und sinnvoll ist. Nur wenn Kunden wissen, wofür sie zahlen sollen, sind sie mit einem Angebot auch einverstanden.

13.5 Ablauf von Kundenberatungsgesprächen

Da die versicherten Gefahren in der Wohngebäudeversicherung mit denen der Hausratversicherung weitgehend identisch sind, ähnelt sich auch der Gesprächsablauf bei diesen beiden Sparten.

Wenn ein Schaden an einem Einfamilienhaus entsteht, sind oftmals der Hausrat und das Wohngebäude betroffen. Besonders bei selbst genutzten Immobilien ist es dann von Vorteil, wenn Hausrat und Wohngebäude bei demselben Versicherer versichert sind. Gerade bei Grenzfällen, wie z. B. bei teilweise eingebauten Möbeln, müssen Versicherungsnehmer/-innen sich nicht mit zwei Gesellschaften auseinandersetzen, um den Schaden ersetzt zu bekommen. Dies ist ein wichtiges Argument, um bei Kunden beide Versicherungssparten abzudecken. Ein Versicherer bedeutet auch nur eine Ansprechperson für das Kundenbedarfsfeld „Wohnen".

Dieses Argument entfällt natürlich bei gemieteten Objekten, da bei diesen die Hauseigentümer für die Wohngebäudeversicherung zuständig sind.

Bei der Suche nach aktuellen Verkaufsargumenten hilft oftmals ein Blick in die Medien. Überflutungen durch Starkregen, die winzige Bäche über die Ufer treten lassen und komplette Dörfer zerstören, starke Stürme, die ganze Dächer abdecken oder Schlammlawinen, die in den Bergen auf Häuser abrutschen, treten in den letzten Jahren immer häufiger auf. Diese sichtbaren Zeichen des Klimawandels bedrohen im zunehmenden Maße die Infrastruktur und unzählige Immobilien. Laut verschiedenen

Pressemeldungen ist bei nur rund der Hälfte der Wohngebäudeversicherungen das Elementarschadenrisiko abgesichert.

In der Versicherungsbranche wird gerne dieser Witz erzählt:

Mitten in der Nacht klingelt bei einem Versicherungsvertreter das Telefon.

Ein aufgeregter Bauer ist am anderen Ende der Leitung und fragt: *„Kann ich bei Ihnen jetzt gleich meine brennende Scheune gegen Feuer versichern?“*

Der Versicherungsvertreter antwortet: *„Nein, das geht leider nicht, dazu muss ich bei Ihnen vorbeikommen und einige Daten aufnehmen.“*

Darauf erwidert der Bauer: *„Dann hat sich das erledigt und ich rufe lieber die Feuerwehr.“*

Was will uns dieser Witz sagen?

Wenn ein Elementarschaden bereits eingetreten ist, ist es für den Abschluss einer Versicherung zu spät. Hinzu kommt, dass Gebiete, in denen z. B. ein Fluss über die Ufer getreten ist und massive Schäden verursacht hat, in der Regel in ZÜRS Geo eine entsprechend angepasste Einstufung erhalten. Dies hat dann zur Folge, dass Immobilien in dieser Region entweder nur noch mit einem hohen Beitragszuschlag, dem Ausschluss bestimmter Risiken oder sogar nicht mehr gegen Elementarschäden versicherbar sind. In solchen Fällen müssen Immobilieneigentümer selbst den Schaden tragen.

Von übertrieben geschilderten Katastrophenszenarien ist allerdings abzuraten. Zielführender ist hier, im Rahmen der Beratung mögliche bestehende Risikofaktoren herauszuarbeiten und dann ein entsprechendes Angebot zu erstellen.

Beispiel Eine Kundin im Allgäu hat ihr Haus am Fuße eines Hügels gebaut. Unterhalb des Hauses verläuft ein kleiner Bach, der im Normalfall nur etwa 70 cm Wasser führt. Da der Hügel in den letzten Jahren für eine Rodelpiste teilweise gerodet wurde, besteht nun die Gefahr, dass bei einem Starkregen Teile dieses Hügels abrutschen und dabei das Haus beschädigen und/oder in den Bach gelangen, wodurch dieser über die Ufer treten könnte. Angesichts dieser potenziellen Gefahrenlage ist eine Elementarschadenversicherung dringend zu empfehlen.

13.6 Nachbereitung von Kundenberatungsgesprächen

Zur Nachbereitung von Kundenberatungsgesprächen gehört neben der Weiterleitung der Anträge und Beratungsprotokolle an die Zentrale natürlich auch der erweiterte Kundenservice.

Personen, die aus persönlichen oder beruflichen Gründen aus ihrer alten Heimat weggezogen sind, haben in der Regel nur wenige Kontakte in ihrer neuen Wohngegend. Sie kennen keine Handwerksbetriebe oder Bezugsquellen für Baumaterialien, kurz: Sie sind privat wenig vernetzt. Versicherungsvermittelnde wohnen meistens schon länger in der Gegend und kennen somit die richtigen Ansprechpersonen, die im Idealfall sogar zu den eigenen Kunden zählen. Hier lassen sich in einer klugen Beratung den Neuankömmlingen wertvolle Tipps geben.

Aber: Wer Kunden verspricht, ihnen einige Adressen und Kontakte zukommen zu lassen, sollte dies nicht vergessen, sondern zeitnah erledigen.

Im Grunde hat dies mit dem eigentlichen Versicherungsgeschäft nichts zu tun, aber gerade solche „Soft Skills“ sind enorm wichtig für den Aufbau von Vertrauensverhältnissen. Dass bei der Weitergabe von Daten auf die geltenden Datenschutzbestimmungen geachtet werden muss, versteht sich von selbst. Allerdings wird sich kaum ein Handwerksbetrieb beschweren, wenn die Versicherungsagentur eine Empfehlung ausspricht und ihm so einen neuen Kunden vermittelt.

Hierzu noch ein kleiner Hinweis: Bei einer solchen Empfehlung sollte man immer den Grundsatz „tue Gutes und rede darüber" beachten. Das heißt, es sollte bei einer solchen Empfehlung auch immer die Quelle genannt werden, damit der Empfohlene auch weiß, wem er seine neuen Kunden zu verdanken hat.

13.7 Kundenberatung mit modernen Kommunikationsmitteln

Wohngebäudeversicherungen eignen sich nur bedingt für eine Beratung ohne persönlichen Besuch bei den Kunden.

Einige Versicherer bieten die Möglichkeit von Vertragsabschlüssen über ihr Onlineportal, allerdings gibt es meistens Einschränkungen dergestalt, dass Verträge nur für Neubauten bis fünf Jahre ohne besondere Einschlüsse angeboten werden.

Wer bei Kunden einen Vertrag eines Konkurrenzanbieters entdeckt und mit den Kunden alle Fakten und Daten geklärt hat, kann einen neuen Vertragsabschluss zum Ablauf des Konkurrenzvertrages auch per Telefon tätigen. Ansonsten ist hier immer das persönliche Gespräch vorzuziehen. Bei Besonderheiten, z. B. bei historischen Gebäuden, die ganz oder teilweise unter Denkmalschutz stehen, müssen oft Unterlagen kopiert oder Fotos gemacht werden, was mit modernen Kommunikationsmitteln gegebenenfalls umständlich ist.

Vertragsverlängerungen oder eine Umstellung auf ein neues Bedingungswerk können auch nachhaltig und kostengünstig per E-Mail oder Telefon vorgenommen werden. Auch hier gilt wieder, dass es auf die richtige Mischung aus persönlichen Gesprächen und Telefon/E-Mail ankommt.

Persönliche Besuche bei der Beratung zu Wohngebäudeversicherungen erfüllen in der Praxis noch einen weiteren Zweck: Den Schutz des Versicherers und damit auch den Schutz der Versichertengemeinschaft.

Schutz des Versicherers und der Versichertengemeinschaft

Leider gibt es viele Immobilieneigentümer und -eigentümerinnen, die nur die unbedingt notwendigen Versicherungen abschließen und ihre Immobilien nicht werterhaltend pflegen. Erst wenn ein Schaden droht, wird der Versicherungsschutz entsprechend angepasst. Abschlussvermittler/-innen, die persönlich bei den Kunden sind und sich die Immobilie anschauen können, erkennen ein marodes Dach auf den ersten Blick und wissen, dass hier ein Schaden vorprogrammiert ist. Einen solchen Antrag sollte ein Versicherer nicht annehmen, denn einen teuren Schaden für eine überschaubare Prämie einzukaufen ist unwirtschaftlich und nicht im Sinne der Versichertengemeinschaft. Am Ende wird das Schadenaufkommen über die Versicherungsprämien immer auf alle Kunden umgelegt.

Beispiel

Anfang Februar 1990 wurde für Ende Februar 1990 der Orkan Wiebke vorhergesagt. Zahlreiche Versicherer waren der Ansicht, dass hier eine Vertriebsaktion den Umsatz kurzfristig steigern könnte. Es war im Grunde ein Geschäft mit der Angst der Kunden, wobei die Versicherer sich natürlich der Hoffnung hingaben, dass es nicht so schlimm wie angekündigt werden würde. Mit vorläufigen Deckungszusagen wurden noch am Vorabend des angekündigten Orkans Sturmversicherungen abgeschlossen.
Wiebke kam und war weitaus schlimmer als vorhergesagt. Unzählige Dächer wurden abgedeckt und in ganzen Straßenzügen lagen Berge von Dachziegeln. Die Schadenkosten waren immens, besonders auch, weil zahlreiche Dächer, die schlecht gewartet waren, im Eilverfahren versichert wurden. Hier wäre eine genauere Risikoprüfung besser gewesen. Marode Dächer hätten vor der Deckungszusage saniert werden müssen. Nach Wiebke konnten teilweise die Nachweise für Vorschäden und Renovierungsstaus nicht erbracht werden und die Versicherer mussten leisten.
Inzwischen ist die Versicherungsbranche vorsichtiger geworden.

Lernfeld 5

Kunden im Bedarfsfeld Rechtsstreitigkeiten und Ansprüche Dritter beraten

Zielbeschreibung:

Sie verfügen über die Kompetenz, Kunden über Vorsorgemöglichkeiten im Falle von Rechtsstreitigkeiten und bei Ansprüchen Dritter zu beraten, notwendige Vertragsänderungen zu berücksichtigen und Leistungsfälle zu bearbeiten.

5

Es folgen die Inhalte des Rahmenlehrplans für Lernfeld 5:

Kunden im Bedarfsfeld Rechtsstreitigkeiten und Ansprüche Dritter beraten

Die Schülerinnen und Schüler grenzen die Bereiche des öffentlichen Rechts und das Privatrecht voneinander ab und unterscheiden die verschiedenen Instanzen der ordentlichen Gerichtsbarkeit. Sie **analysieren** Risikosituationen, die zu privatrechtlichen Schadenersatzansprüchen und Rechtstreitigkeiten führen können.

Die Schülerinnen und Schüler ermitteln die Kundenbedarfe zur Absicherung des eigenen Vermögens *(Haftpflichtversicherung)* und zur Durchsetzung der eigenen Rechte *(Rechtschutzversicherung)*. Hierbei **informieren** sich die Schülerinnen und Schüler über das Haftungsrecht *(Verpflichtung zum Schadenersatz)* und die Haftungsarten *(reine und vermutete Verschuldenshaftung, Gefährdungshaftung)* in den entsprechenden Rechtsgrundlagen. In diesem Zusammenhang unterscheiden sie zwischen der Beweislast und der umgekehrten Beweislast des Haftpflichtrechts.

Die Schülerinnen und Schüler **planen** kundenspezifische Haftpflicht- und Rechtschutzversicherungslösungen für die Kunden und ihre Familienangehörigen *(Privathaftpflichtversicherung, Tierhalter-Haftpflichtversicherung, Haus- und Grundbesitzerhaftpflichtversicherung, Bauherrenhaftpflichtversicherung, Gewässerschadenhaftpflichtversicherung, Privatrechtschutzversicherung, Berufsrechtschutzversicherung, Verkehrsrechtschutzversicherung, Fahrzeugrechtschutzversicherung, Fahrerrechtschutzversicherung, Wohnungs-und Grundstücksrechtschutzversicherung)*. Sie erläutern den Versicherungsumfang der jeweiligen Produkte und erstellen bedarfsgerechte Angebote für die Privathaftpflicht- sowie die Rechtschutzversicherung.

Es folgen weitere Inhalte des Rahmenlehrplans für Lernfeld 5:

Im Beratungsgespräch **unterbreiten** die Schülerinnen und Schüler den Kunden Vorschläge zur Risikobewältigung. Sie erfassen unter Beachtung des Datenschutzes und der Datensicherheit die zur Risikobeurteilung notwendigen Daten, nehmen Anträge auf und bereiten den Abschluss von Haftpflicht- und Rechtschutzversicherungen vor.

Im Rahmen der Bestandspflege **kontrollieren** die Schülerinnen und Schüler den Versicherungsschutz ihrer Kunden und beraten diese bei Änderungen der individuellen Risikosituation *(Volljährigkeit, Beginn der Berufstätigkeit, Heirat, Änderung der Familienkonstellation)*. Im Sinne einer langfristigen Kundenbindung optimieren sie den Versicherungsschutz ihrer Kunden.

Im Leistungsfall führen die Schülerinnen und Schüler die formelle und materielle Deckungsprüfung *(Prämienverzug, Geltungsbereich, Wartezeiten, Ausschlüsse)* durch. Sie **beurteilen** den Leistungsfall, berechnen die Entschädigung, informieren die Versicherungsnehmer und Versicherungsnehmerinnen – auch mithilfe digitaler Medien – über die Regulierung und weisen sie auf ihre Rechte und Pflichten hin.

Im Hinblick auf Kundenzufriedenheit und Kundenbindung **reflektieren** die Schülerinnen und Schüler ihr Service- und Kommunikationsverhalten im Beratungsgespräch und holen sich ein Kundenfeedback ein.

5

Teil A: Kunden zu Haftpflichtversicherungen beraten

1 Rechtsgrundlagen der deutschen Haftpflichtbestimmungen

Das Haftpflichtrecht ist nicht in einem einzigen Gesetz geregelt, sondern in mehreren Gesetzen und Verordnungen. Je nachdem, welcher Bereich betroffen ist, gilt die entsprechende Gesetzesgrundlage oder Richtlinie.

Zudem sind in Deutschland verschiedene Gerichte und Instanzen tätig, je nachdem, um welche Streitigkeit es sich handelt.

1.1 Überblick über die Gerichtsbarkeiten und Instanzen

Die **ordentliche Gerichtsbarkeit** besteht aus:

- Bundesgerichtshof
- Oberlandesgerichte
- Landgerichte
- Amtsgerichte

Diese sind zuständig für Straf- und Zivilsachen. In erster Instanz wird eine Streitigkeit meist zuerst vor dem Amtsgericht oder vor einem Landgericht ausgetragen.

Die **Arbeitsgerichtsbarkeit** besteht aus:

- Bundesarbeitsgericht
- Landesarbeitsgerichte
- Arbeitsgerichte

Diese sind zuständig für Streitigkeiten zwischen Arbeitnehmern und Arbeitgebern, sowie für Streitigkeiten aus einem Tarifvertrag oder dem Betriebsverfassungsrecht.

Die **Verwaltungsgerichtsbarkeit** besteht aus:

- Bundesverwaltungsgericht
- Oberverwaltungsgericht/Verwaltungsgerichtshöfe
- Verwaltungsgericht

Diese sind zuständig für Streitigkeiten bezüglich Polizei- und Ordnungsrechtsachen, Beamten- und Richtersachen, Bauordnungssachen und Kommunalsteuersachen, sowie Schul-, Hochschul- und Prüfungssachen.

Die **Sozialgerichtsbarkeit** besteht aus:

- Bundessozialgericht
- Landessozialgerichte
- Sozialgerichte

Diese sind zuständig für Streitigkeiten im Bereich der Leistungen nach dem Sozialgesetzbuch, der Sozialversicherung und des Kassenarztrechts.

Die **Finanzgerichtsbarkeit** besteht aus:

- Bundesfinanzhof
- Finanzgerichte

Diese sind zuständig für öffentlich-rechtliche Streitigkeiten insbesondere im Bereich der Finanz und Zollbehörden (Steuer und Zollsachen).

1.2 Unterscheidung zwischen öffentlichem Recht und Privatrecht

Die Rechtswissenschaft in Deutschland teilt sich auf in das **öffentliche Recht** und das **Privatrecht**.

Das öffentliche Recht regelt die Beziehungen zwischen dem einzelnen Bürger und dem Staat, sowie übrigen öffentlichen Trägern, z. B. Körperschaften des öffentlichen Rechts oder Träger der öffentlichen Gewalt.

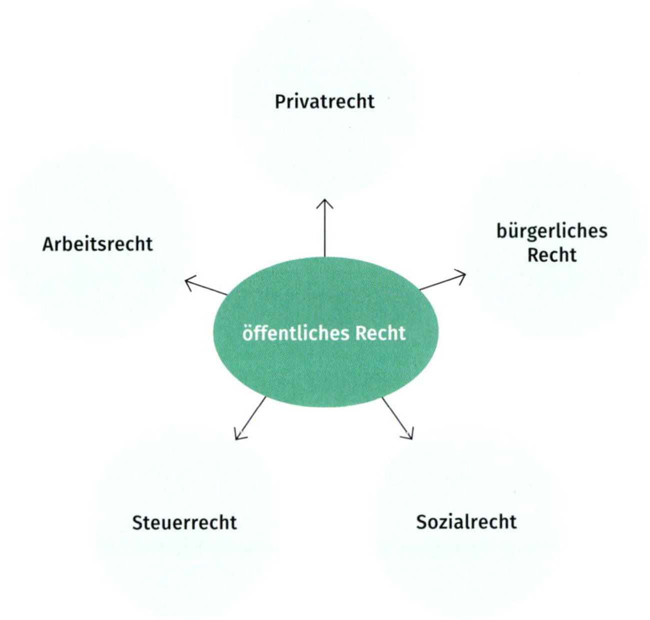

Das Privatrecht regelt die Beziehungen zwischen den einzelnen Bürgern untereinander. Die folgenden Inhalte beziehen sich lediglich auf das Privatrecht, das das Bürgerliche Gesetzbuch (BGB) zur Grundlage hat.

§

§ 4 Haftpflichtgesetz
Hat bei der Entstehung des Schadens ein Verschulden des Geschädigten mitgewirkt, so gilt § 254 des Bürgerlichen Gesetzbuchs; bei Beschädigung einer Sache steht das Verschulden desjenigen, der die tatsächliche Gewalt über die Sache ausübt, dem Verschulden des Geschädigten gleich.

Weitere Haftpflichtbestimmungen finden sich beispielsweise im Straßenverkehrsgesetz (StVG), dem Produkthaftungsgesetz (ProdHaftG), dem Wasserhaushaltsgesetz (WHG) und dem Umwelthaftungsgesetz (UmweltHG).

1.3 Haftungsarten laut deutscher Rechtsprechung

Wer in Deutschland jemand anderen schädigt, kann dafür haftbar gemacht werden. Hierbei wird zwischen der **Delikthaftung** und der **Vertragshaftung** unterschieden.

Bei der Delikthaftung hat der Schädiger den Schaden entweder selbst verursacht oder er hat einen Gefahrenumstand hervorgerufen, der den Schaden verursacht hat.

Es ist aber auch möglich, allein aufgrund eines Vertrages haftbar gemacht zu werden. Dies würde dann unter die Vertragshaftung fallen.

Je nach Schadenfall kann der Schädiger aufgrund der Delikthaftung und der Vertragshaftung zum Schadenersatz verpflichtet sein. Die beiden Haftungsansprüche können somit nebeneinander bestehen.

Haftungsarten		
Delikthaftung		**Vertragshaftung**
Haftung aus **Verschulden**	Haftung aus **vermuteter Gefährdung** von anderen	Haftung aufgrund eines **Vertrages**
reine Verschuldenshaftung	**Gefährdungshaftung**	**Vertragshaftung**
§ 823 BGB Haftung, weil man jemanden geschädigt hat	z. B. § 833 BGB (Tierhalter), weil man einen Gefahrenumstand hervorruft	§ 280 BGB Haftung laut Gesetz durch Vertrag übernommene Haftung (Schlechtleistung)
Haftung aus vermutetem Verschulden	§ 7 StVG Haftung wegen Führen eines Pkw	
z. B. § 836 BGB Haftung aufgrund eines Besitzes (z. B. Haus)		reine Vertragshaftung (Garantie)

2 Grundlegende Haftpflichtbestimmungen

Aufgrund unterschiedlicher Vorkommnisse, schuldhaft oder nicht schuldhaft, muss der Schädiger gegebenenfalls für einen durch ihn entstandenen Schaden haften.

2.1 Reine Verschuldenshaftung

§

§ 823 BGB
Schadenersatzpflicht

(1) Wer vorsätzlich oder fahrlässig das Leben, den Körper, die Gesundheit, die Freiheit, das Eigentum oder ein sonstiges Recht eines anderen widerrechtlich verletzt, ist dem anderen zum Ersatz des daraus entstehenden Schadens verpflichtet.

Verschuldensarten

- **Vorsatz**
  bewusst oder gewollt

Beispiel Jemand bewirft eine andere Person absichtlich mit einem Stein, um diese zu verletzen.

- **Fahrlässigkeit**
  - **Leichte Fahrlässigkeit**
    Die im Verkehr erforderliche Sorgfalt wird außer Acht gelassen, jemand ist also unvorsichtig.

Beispiel Jemand kickt einen Stein mit seinem Fuß zur Seite und trifft dabei versehentlich eine andere Person.

  - **Grobe Fahrlässigkeit**
    Die im Verkehr erforderliche Sorgfalt wird in ungewöhnlich hohem Maße außer Acht gelassen (... wird schon gut gehen).

Beispiel Jemand möchte einen Stein an einer Person vorbei werfen, trifft dabei aber diese Person versehentlich.

Bedeutung des Verschuldensgrades im Haftpflichtrecht

Nur bezogen auf Schmerzensgeld und Mitverschulden ist es relevant, ob jemand den Schaden fahrlässig oder vorsätzlich verursacht hat, für die Haftung ist dies egal.

Der Schädiger haftet immer unbegrenzt!

Daher muss im Weiteren nur geprüft werden, ob Vorsatz oder Fahrlässigkeit vorliegt. Nur wenn keine Fahrlässigkeit vorliegt, müsste die Person nicht haften.

2.1.1 Prüfung der reinen Verschuldenshaftung

§ 823 (1) BGB

Damit jemand aufgrund der reinen Verschuldenshaftung für den Schaden haftbar gemacht werden kann, muss geprüft werden, ob § 823 (1) BGB vollständig zutrifft.

Somit sind folgende Fragen zu prüfen:

1. **Hat der Schädiger schuldhaft (vorsätzlich oder fahrlässig) gehandelt?**
   Weitere Frage in diesem Zusammenhang: Bestand eine Deliktsfähigkeit?
2. **Wurde ein geschütztes Rechtsgut verletzt?**
3. **War die schädigende Handlung rechtswidrig?**
4. **Bestand ein kausaler Zusammenhang zwischen der Handlung und dem Schaden?**

Kann eine der Fragen mit nein beantwortet werden, muss nicht aus reinem Verschulden gehaftet werden.

Zu 1: Hat der Schädiger schuldhaft (vorsätzlich oder fahrlässig) gehandelt?

Beispiel

Jemand wirft beim Spielen einen Ball und trifft dabei die Fensterscheibe des Nachbarn, wodurch diese zerbricht.
Sicherlich hat derjenige nicht gewollt, dass die Fensterscheibe zerbricht, somit liegt hier kein Vorsatz vor, aber Fahrlässigkeit, denn wenn mit einem Ball gespielt wird, dann sollte das so geschehen, dass kein Schaden dabei entstehen kann.
Damit man ihm keine Fahrlässigkeit hätte vorwerfen können, hätte der Schädiger dort spielen müssen, wo ein solcher Schaden nicht hätte entstehen können, zum Beispiel auf einem freien Feld.
Fazit: Fahrlässigkeit liegt vor!

Bestand eine Deliktsfähigkeit?

In diesem Zusammenhang muss ebenfalls geprüft werden, ob der Schädiger deliktfähig war. Im Folgenden wird sich auf das vorangegangene Beispiel bezogen, um die Deliktsfähigkeit zu erläutern.

Definition

Deliktsfähigkeit ist die Fähigkeit, eine unerlaubte Handlung zu begehen und in der Folge hierfür auch zur Verantwortung gezogen zu werden.

Sie orientiert sich am Alter und es gibt drei Abstufungen:
- Deliktsunfähigkeit
- beschränkte Deliktsfähigkeit
- Deliktsfähigkeit.

§

§ 828 *BGB*
Minderjährige

(1) Wer nicht das siebente Lebensjahr vollendet hat, ist für einen Schaden, den er einem anderen zufügt, nicht verantwortlich.

(2) Wer das siebente, aber nicht das zehnte Lebensjahr vollendet hat, ist für den Schaden, den er bei einem Unfall mit einem Kraftfahrzeug, einer Schienenbahn oder einer Schwebebahn einem anderen zufügt, nicht verantwortlich. Dies gilt nicht, wenn er die Verletzung vorsätzlich herbeigeführt hat.

(3) Wer das 18. Lebensjahr noch nicht vollendet hat, ist, sofern seine Verantwortlichkeit nicht nach Absatz 1 oder 2 ausgeschlossen ist, für den Schaden, den er einem anderen zufügt, nicht verantwortlich, wenn er bei der Begehung der schädigenden Handlung nicht die zur Erkenntnis der Verantwortlichkeit erforderliche Einsicht hat.

- 0.-7. Lebensjahr: Deliktsunfähigkeit
- 7.-18. Lebensjahr: bedingte Deliktsfähigkeit, je nach Einsichtsfähigkeit. Prüfung der Aufsichtspflicht
- ab 10. Lebensjahr: bedingte Deliktsfähigkeit im Straßenverkehr
- ab 18. Lebensjahr: volle Deliktsfähigkeit

Deliktsunfähigkeit

Es wird unterstellt, dass ein Kind bis zum siebten Lebensjahr nicht für einen Schaden, den es verursacht hat, zur Rechenschaft gezogen werden kann, da es in diesem Alter seine Taten und deren Konsequenzen nicht einschätzen kann.

Beispiel

Hätte bei dem vorangehenden Beispiel ein fünfjähriges Kind den Ball geworfen und die Fensterscheibe zertrümmert, könnte es für den Schaden, den es verursacht hat, nicht zur Verantwortung gezogen werden.
Der Geschädigte hat laut Rechtsprechung daher keinen Anspruch auf den Ersatz des Schadens.

Sonderregelung im Straßenverkehr

Hier gilt für Kinder bis neun Jahre die Deliktsunfähigkeit, denn Kinder können oftmals Geschwindigkeiten, die sie selbst als Radfahrer oder Fußgänger im Straßenverkehr haben, aber auch Geschwindigkeiten von anderen Radfahrern, Rollern oder Autofahrern schlecht einschätzen, sodass sie für einen Schaden nicht zur Verantwortung gezogen werden können. Außerdem schätzen Kinder oft Abstände nicht realistisch ein.

Beispiel

Ein achtjähriges Kind fährt mit seinem Fahrrad auf dem Bürgersteig und streift dabei ein parkendes Auto. Da sich das Kind im Straßenverkehr bewegt gilt es als deliktsunfähig und kann für den Schaden nicht haftbar gemacht.

Bedingte Deliktsfähigkeit

Ein Kind zwischen sieben und 17 Jahren ist bedingt deliktsfähig. Es muss geprüft werden, ob das Kind die nötige Einsicht hatte, dass sein Tun zu einem Schaden hätte führen können. Ist die nötige Einsicht vorhanden, haftet das Kind, ansonsten nicht.

Beispiel

Bezogen auf das vorangehende Beispiel mit der zerbrochenen Fensterscheibe müsste bei einem Kind, das zwischen sieben und 17 Jahren alt ist, den Ball geworfen und dabei die Fensterscheibe zertrümmert hat, geprüft werden, ob es ***hätte wissen können***, dass eine Fensterscheibe zerbrechen kann, wenn es in der Nähe mit dem Ball spielt.
Diese Einsichtsfähigkeit ist von Kind zu Kind unterschiedlich und muss in jedem Fall einzeln geprüft werden.
Bei Unsicherheit würde dies ein Gericht prüfen. Man könnte aber durchaus vermuten, dass ein Kind ab sieben Jahren bereits von seinen Eltern gelernt hat, dass ein Schaden beim Ballspielen geschehen könnte. Somit wäre die nötige Einsicht vorhanden und damit könnte das Kind für den Schaden haftbar gemacht werden.

Prüfung der Aufsichtspflichtverletzung

Sollte ein Kind deliktsunfähig sein oder ihm die nötige Einsicht fehlen, bedeutet dies nicht automatisch, dass niemand für den entstandenen Schaden haftbar zu machen ist. Müsste das Kind unter Aufsicht stehen, wäre in diesem Zusammenhang zu prüfen, ob die Aufsichtspflicht verletzt worden ist.

§

§ 832 BGB
Haftung des Aufsichtspflichtigen

(1) Wer kraft Gesetzes zur Führung der Aufsicht über eine Person verpflichtet ist, die wegen Minderjährigkeit oder wegen ihres geistigen oder körperlichen Zustands der Beaufsichtigung bedarf, ist zum Ersatz des Schadens verpflichtet, den diese Person einem Dritten widerrechtlich zufügt. Die Ersatzpflicht tritt nicht ein, wenn er seiner Aufsichtspflicht genügt oder wenn der Schaden auch bei gehöriger Aufsichtsführung entstanden sein würde.

(2) Die gleiche Verantwortlichkeit trifft denjenigen, welcher die Führung der Aufsicht durch Vertrag übernimmt.

Die Aufsichtspflicht nach § 832 BGB trifft nicht nur die Eltern, sondern auch zum Beispiel die Erzieherinnen und Erzieher in der Kita oder die Lehrkräfte in der Schule. *§ 832 BGB*

§ 832 BGB bedeutet, dass, wenn die Aufsichtspflicht verletzt wurde, der Aufsichtspflichtige für den Schaden, den das Kind verursacht hat, verantwortlich ist und diesen ersetzen muss. Der Aufsichtspflichtige haftet daher aus **vermutetem Verschulden.** (siehe hierzu auch Kapitel 2.3)

Er haftet so, als hätte er den Schaden selbst verursacht, denn es wird unterstellt, dass, wenn er seiner Aufsichtspflicht nachgekommen wäre, der Schaden gar nicht erst hätte passieren können. Er kann sich allerdings entlasten, wenn er nachweist, dass alles zur Vermeidung eines Schadens getan wurde und dieser trotzdem entstanden ist.

Beispiel

Der Vater eines fünfjährigen Kindes gibt diesem einen Ball und sagt, es solle damit draußen auf der Straße spielen, während der Vater im Haus bleibt. Beim Spielen wird die Fensterscheibe des Nachbarn zerbrochen. Hier könnte man davon ausgehen, dass der Vater seine Aufsichtspflicht verletzt hat und er somit für den entstandenen Schaden haftet.

Ob die Aufsichtspflicht tatsächlich verletzt wurde, muss im Zweifelsfall ein Gericht entscheiden.

Im Umkehrschluss bedeutet dies auch, dass der Aufsichtspflichtige, wenn er seiner Aufsicht nachgekommen und der Schaden trotzdem entstanden ist, **für den Schaden nicht aufkommen** muss.

Beispiel

Der Vater eines fünfjährigen Kindes, das den Schaden mit dem Ball verursacht hat, war bei dem Kind und der Schaden ist trotzdem entstanden.
Hier kann nicht von einer Aufsichtspflichtverletzung gesprochen werden, da der Vater anwesend war und der Schaden trotzdem nicht verhindert werden konnte. Damit wäre die Aufsichtspflicht durch den Vater nicht verletzt worden und er müsste für den Schaden nicht aufkommen.

Prüfungsschema Deliktsfähigkeit

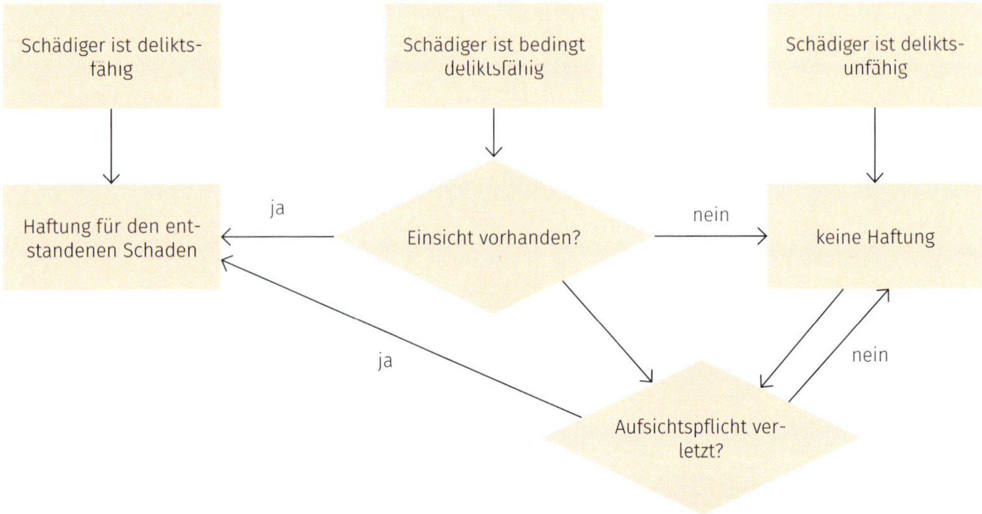

Zu 2: Wurde ein geschützes Rechtsgut verletzt?

Es muss geprüft werden, ob das Leben, der Körper, die Gesundheit, die Freiheit, das Eigentum oder ein sonstiges Recht eines Anderen verletzt wurde.

Dass die Freiheit eines Anderen verletzt wird, könnte beispielsweise daraus resultieren, dass man diesen gegen seinen Willen festhält. Ein sonstiges Recht wiederum wäre beispielsweise ein Persönlichkeitsrecht wie die Meinungsfreiheit.

Immer wenn eines der vorgenannten Rechte verletzt wurde, trifft dieser Tatbestand zu.

Beispiel Beim vorangehenden Beispiel war die Fensterscheibe des Nachbarn dessen Eigentum und wurde zerstört. Somit wurde ein Rechtsgut vom Schädiger verletzt und dieser Tatbestand trifft zu.

Zu 3: War die schädigende Handlung rechtswidrig?

Die schädigende Handlung muss rechtswidrig gewesen sein, dies bedeutet, dass die Handlung nicht vom Geschädigten gewollt war.

Beispiel Ein VN beschädigt versehentlich das Fahrrad seines Nachbarn. Hier ist davon auszugehen, dass der Nachbar nicht wollte, dass sein Fahrrad beschädigt wird. Damit trifft der Tatbestand „rechtswidrig" zu.
Anders sähe es aus, wenn der Nachbar darum bittet, dass sein Fahrrad beschädigt wird, um zum Beispiel die Versicherung zu betrügen. Hier wäre die schädigende Handlung nicht rechtswidrig, da der Nachbar diese bewusst gewollt hat.

Ausnahmen sind immer Fälle, in denen der Geschädigte der schädigenden Handlung zugestimmt hat.

- Ein Patient hat einer Operation zugestimmt. Dies bedeutet, dass der Patient gewollt verletzt wird, dies aber nicht rechtswidrig ist.
- Ein Sportler wird bei einem Fußballspiel oder einem Boxwettkampf verletzt. Der Sportler nimmt hier in Kauf, dass bei einem Sport durch Körperkontakt Verletzungen die Folge sein können.

Beispiel

Bezogen auf das vorangehende Beispiel mit der zerbrochenen Fensterscheibe zerschlug der Ball das Fenster des Nachbarn rechtswidrig, da der Nachbar den Schaden nicht wollte. Somit trifft der Tatbestand zu.

Zu 4: Bestand ein kausaler Zusammenhang zwischen der Handlung und dem Schaden?

Zwischen der Handlung und dem entstandenen Schaden muss ein kausaler Zusammenhang bestehen.

Beispiel

Eine Frau hat einen Blumenkasten an ihrem Balkon nicht richtig befestigt. Bei einem Sturm fällt dieser herunter und zerstört den Balkontisch des Untermieters. Dadurch, dass die Frau den Blumenkasten nicht richtig befestigt hat, konnte der Schaden an dem Balkontisch entstehen. Somit besteht ein kausaler Zusammenhang zwischen der Handlung und dem Schaden.

Beispiel

Bezogen auf das vorangehende Beispiel mit der zerbrochenen Fensterscheibe zerbrach die diese durch den Wurf des Balles. Somit ist hier ein kausaler Zusammenhang gegeben. Der Tatbestand trifft also zu.
Fazit: Durch das Durcharbeiten des Prüfungsschemas kommt man zu dem Schluss, dass die Person, die den Ball geworfen hat, für den Schaden haften muss.

Beweislast

Der Geschädigte muss beweisen, dass der Schädiger schuldhaft gehandelt hat, also dass alle Tatbestände zutreffen.

Beispiel

Eine Frau überquert bei Rot die Ampel und verursacht so einen Verkehrsunfall. Der Geschädigte des Verkehrsunfalls muss nun beweisen, dass die Frau

1. fahrlässig bzw. vorsätzlich gehandelt hat,
2. ein geschütztes Rechtsgut verletzt hat,
3. die schädigende Handlung rechtswidrig war und
4. den Schaden verursacht hat (kausaler Zusammenhang zwischen Handlung und Schaden).

Den Beweis dazu erbringen oft Schadenberichte und Zeugenaussagen.

Beispiel

Bezogen auf das vorangehende Beispiel mit der zerbrochenen Fensterscheibe muss der Besitzer der Fensterscheibe ebenfalls beweisen, dass die Tatbestände zutreffen. Er muss nachweisen, dass der Schädiger

1. fahrlässig bzw. vorsätzlich gehandelt hat,
   → Werfen des Balles
2. ein geschütztes Rechtsgut verletzt hat,
   → Zerbrechen de Fensterscheibe
3. die schädigende Handlung rechtswidrig war und
   → gegen den Willen des Besitzers der Scheibe
4. den Schaden verursacht hat.
   → kausaler Zusammenhang zwischen Werfen des Balles und Zerbrechen der Scheibe

Kann er dies nicht, muss der vermeintliche Schädiger auch nicht für den Schaden haften.

Billigkeitshaftung

§

§ 829 BGB
Ersatzpflicht aus Billigkeitsgründen

Wer in einem der in den §§ 823 bis 826 bezeichneten Fälle für einen von ihm verursachten Schaden aufgrund der §§ 827, 828 nicht verantwortlich ist, hat gleichwohl, sofern der Ersatz des Schadens nicht von einem aufsichtspflichtigen Dritten erlangt werden kann, den Schaden insoweit zu ersetzen, als die Billigkeit nach den Umständen, insbesondere nach den Verhältnissen der Beteiligten, eine Schadloshaltung erfordert und ihm nicht die Mittel entzogen werden, deren er zum angemessenen Unterhalt sowie zur Erfüllung seiner gesetzlichen Unterhaltspflichten bedarf.

Dies bedeutet, dass eine deliktsunfähige Person für den Schaden trotzdem aufkommen muss, wenn

- keine aufsichtspflichtige Person haftbar zu machen ist **und**
- die schädigende deliktsunfähige Person vermögend ist **und**
- der Geschädigte mittellos ist.

Beispiel

Während des Spielens auf einem Spielplatz wirft der fünfjährige vermögende Anton einen Stein und trifft den mittellosen Tobias im Gesicht, der daraufhin ein Auge verliert. Die Aufsichtspflicht der Eltern wurde nicht verletzt.

Eigentlich wäre der fünfjährige Anton für den Schaden nicht haftbar zu machen, da er deliktsunfähig ist. Dies hätte zur Konsequenz, dass der mittellose Tobias eine schwere Verletzung davonträgt, für deren Schaden niemand haftet.

Durch § 829 BGB (Billigkeitshaftung) wird diese Regelung ergänzt, da es unverhältnismäßig wäre, wenn ein mittelloses Kind, dessen Eltern kaum für die entstandene Invalidität und die lebenslangen Folgen aufkommen können, benachteiligt wäre, obwohl ein vermögendes Kind die Kosten für die Folgen seines Handelns tragen könnte.
Da Anton vermögend ist, muss er daher trotz seiner Deliktsunfähigkeit für den Schaden haften. Dies gilt allerdings nur, wenn er durch die Haftung nicht selbst mittellos wird.

Verkehrssicherungspflicht

Wenn jemand eine Gefahrenquelle schafft oder sie unterhält, dann hat er alle Vorkehrungen zu treffen, die möglich oder zumutbar sind, um Schäden anderer zu vermeiden.

Mögliche Gefahrenquellen *könnten* beispielsweise sein:

- Zustand der Straße: Anwohner sind dazu verpflichtet, den Bürgersteig vor ihrem Haus im Winter von Schnee und Eis freizuhalten, damit jeder diesen Bürgersteig benutzen kann und nicht zu Schaden kommt.

Beispiel

Es schneit nachts sehr stark. Da der Anwohner bereits spät dran ist, fährt er zur Arbeit ohne seinen Gehweg zu räumen, ein Fußgänger rutscht aus, stürzt und verletzt sich.

- Grundstücke und Gebäude: Hauseigentümer sind dazu verpflichtet, ihre Häuser regelmäßig auf Schäden zu überprüfen und diese gegebenenfalls zu beheben.

Beispiel

Der Eigentümer eines Hauses weiß, dass sein Dach sanierungsbedürftig ist, unterlässt aber die Reparatur. Bei einem Sturm lösen sich die bereits lockeren Dachziegel und treffen einen Fußgänger am Kopf.

Die Beweislast für eine Verletzung der Verkehrssicherungspflicht und einen daraus entstandenen Schaden trägt der Geschädigte.

2.1.2 Ausnahmen bei der Verschuldungshaftung

Sollten folgende Umstände zutreffen, muss der Schädiger nicht nach der reinen Verschuldungshaftung haften:

- **Einwilligung des Verletzten**

Beispiel

Ein Handybesitzer (= Geschädigter) bittet einen Bekannten darum, sein Handy herunterzuwerfen. Für den Schaden an dem Handy ist der Bekannte (= Schädiger) nicht haftbar zu machen.

Auch die Einwilligung zu einer Operation ist die Einwilligung des Patienten (= Geschädigter) zur Körperverletzung durch den Arzt (= Schädiger).

Beispiel

Ein Patient muss sich einer Blinddarmoperation unterziehen, wird vom Arzt über die Risiken des Eingriffs aufgeklärt und stimmt der Operation zu. Der Patient kann danach den Arzt nicht auf Körperverletzung verklagen, weil dieser ihn mit einem Skalpell aufgeschnitten hat. Diese Ausnahmeregelung bezieht sich natürlich nicht auf einen Fehler des Arztes.

- **Handeln im Interesse Dritter**

Beispiel

Ein Passant bemerkt im Hochsommer einen eingeschlossenen Hund in einem Wagen. Da es sehr heiß ist und es dem Hund offensichtlich nicht gut geht, zerschlägt der Passant die Fensterscheibe des Wagens, um den Hund zu befreien. Der Passant kann nicht für den Schaden an dem Auto haftbar gemacht werden.

- **Notwehr**

Beispiel Ein Spaziergänger wird überfallen, wehrt sich und verletzt dabei den Angreifer. Für die Körperverletzung des Angreifers (= Geschädigter) ist der Spaziergänger (= Schädiger) nicht haftbar zu machen.

- **Verteidigungsnotstand (drohende Gefahr durch eine Sache)**

Beispiel Ein Kind wird in einem Wald von einem Hund angegriffen. Ein Fußgänger eilt zu Hilfe und verjagt den Hund mit einem Stock, wobei der Hund leicht verletzt wird. Hier muss der Fußgänger nicht für den Schaden an dem Hund haften, weil er das Kind mit seiner Tat gerettet hat.

- **Selbsthilfe**

Beispiel Eine Person bricht in eine Wohnung ein und wird vom Wohnungseigentümer überwältigt und festgehalten bis die Polizei kommt. Hier kann keine Anzeige wegen Freiheitsberaubung gemacht werden, da das Festhalten zur Vereitelung eines Fluchtversuches diente.

- **Deliktsfähigkeit ist nicht gegeben**

Beispiel Ein Schädiger ist erst fünf Jahre alt und somit deliktsunfähig. Daher kann er für den Schaden nicht haftbar gemacht werden.

Das Gleiche gilt bei Geisteskranken, Bewusstlosen; fehlender erforderlicher Einsicht; Kindern unter zehn Jahren bei Unfällen im Straßenverkehr.

- **keine Haftung bei Gefälligkeiten**

Beispiel Jemand hilft einem Freund bei dessen Umzug und lässt dabei versehentlich den Fernseher fallen. Für diesen Schaden ist er nicht haftbar zu machen, da er aus Gefälligkeit heraus gehandelt hat.

Jedoch muss gehaftet werden, wenn grobe Fahrlässigkeit oder Vorsatz vorliegt.

Beispiel Der Umzugshelfer aus dem vorstehenden Beispiel gibt mit seiner Kraft an, trägt den Fernseher nur mit einer Hand und balanciert ihn. Dabei fällt der Fernseher zu Boden. Hier liegt grobe Fahrlässigkeit vor und somit muss der Umzugshelfer für den Schaden haften.

Eine private Haftpflichtversicherung deckt manche der oben genannten Schaden häufig trotzdem ab, obwohl das Gesetz die Abdeckung nicht verlangt.

§

§ 823 (2) BGB
Schadenersatzpflicht
Die gleiche Verpflichtung trifft denjenigen, welcher gegen ein den Schutz eins anderen bezweckenden Gesetzes verstößt. Ist nach dem Inhalt des Gesetzes ein Verstoß gegen dieses auch ohne Verschulden möglich so tritt die Ersatzpflicht nur im Falle des Verschuldens ein.

In Deutschland gibt es sogenannte **Schutzgesetze**, die dem Schutz anderer dienen. Dies sind nicht nur Gesetze, sondern es können auch Gemeindeverordnungen, polizeiliche Vorschriften, Straßenverkehrsordnungen, Verbraucherschutzbestimmungen oder Satzungen sein.

Verstößt jemand gegen eine solche Vorschrift, haftet derjenige, der den Verstoß zu verschulden hat.

Die Fahrlässigkeit trifft hier somit nicht nur die schädigende Handlung, sondern schon das Übertreten des Schutzgesetzes.

Hier gilt die **umgekehrte Beweislast**, daher muss der Schädiger beweisen, dass er das Schutzgesetz nicht verletzt hat. Dies kann im Zweifel sehr schwierig sein und schützt daher den Geschädigten, da dieser nicht beweisen muss, dass der Schädiger den Schaden verursacht hat.

Beispiel

Ein Autobesitzer fährt ohne eine gültige Fahrerlaubnis mit seinem Auto zur Arbeit und wird unverschuldet in einen Verkehrsunfall verwickelt. Bereits die Tatsache, dass er ohne Führerschein seinen Pkw bewegt hat, lässt ihn laut § 823 (2) BGB haften. Der Geschädigte muss nicht beweisen, dass der Schädiger den Schaden verursacht hat.

2.2 Gefährdungshaftung

Der **Grundgedanke bei der Gefährdungshaftung** ist, dass derjenige, der eine besondere – wenn auch erlaubte – Gefahrenlage schafft und daraus einen Nutzen zieht, einer verschärften Haftung unterliegt.

Hier haftet jemand **ohne Verschulden** und **ohne die Möglichkeit sich zu entlasten**, nur aufgrund der Tatsache, dass er eine gewisse Gefahrenlage geschaffen hat. Selbst wenn der Schädiger nichts für den entstandenen Schaden kann, haftet er trotzdem unverschuldet.

Die **Beweislast für einen Gefährdungstatbestand und einen daraus entstandenen Schaden trägt der Geschädigte**.

2.2.1 Merkmale der Gefährdungshaftung

Nachfolgend wird auf ein Beispiel zurückgegriffen:

Beispiel

Ein Hund beißt einen Fußgänger.

- Haftung besteht nur für typische Risiken (Betreiben einer gefährlichen Anlage, Ausüben einer gefährlichen Tätigkeit oder Vertrieb gefährlicher Produkte).
  → Hunde können beißen, daher handelt es sich hierbei um ein typisches Verhalten eines Hundes.
- Haftung besteht nur für Personen- und/oder Sachschäden.
  → Der gebissene Fußgänger hat einen Personenschaden erlitten, für den aufgrund der Gefährdungshaftung Schadenersatz zu leisten ist.
- Vermögensschäden werden nur als Folge eines Personen- und/oder Sachschadens ersetzt.
  → Der gebissene Fußgänger muss einen Termin absagen, da er ins Krankenhaus zur Behandlung muss. Ihm entgeht ein Umsatz von 1.000,00 €, der entschädigt werden muss, da ein Personenschaden vorangegangen ist.
- Es muss ein Kausalzusammenhang zwischen Gefährdungstatbestand und Schaden bestehen.
  → Ein Kausalzusammenhang ist gegeben, da der Hund den Schaden verursacht hat.
- Eine Entlastungsmöglichkeit ist nur in Ausnahmefällen möglich (höhere Gewalt).
  → Es liegt keine höhere Gewalt vor, daher besteht keine Entlastungsmöglichkeit.

  Der Schädiger kann sich nur sehr selten entlasten.
  Ein möglicher Entlastungsgrund wäre, wenn ein Schädiger einen Autounfall aufgrund eines Herzinfarktes verursacht hätte.
- häufig nur begrenzte Haftung (Höchsthaftungssummen)

2.2.2 Anwendungsbereiche der Gefährdungshaftung

Tierhalterhaftpflicht bei „Luxustieren"

Hierbei muss zuerst geprüft werden, ob das Tier ein **Luxustier** ist. Dies bedeutet, dass der Besitzer dieses Tier aus Vergnügen hält und keinen wirtschaftlichen Nutzen wie bei **Nutztieren** daraus zieht.

Für **wilde Tiere** haftet der Inhaber immer nach der Gefährdungshaftung, selbst wenn er mit einem dressierten Löwen in einem Zirkus Geld verdient. Dies liegt daran, dass wilde Tiere immer eine Gefahr darstellen und der Inhaber dieser Tiere aufgrund der Gefährdungshaftung dazu gezwungen ist, ohne Verschulden für entstandene Schäden zu haften.

§

§ 833 (Satz 1) BGB
Haftung des Tierhalters

Wird durch ein Tier ein Mensch getötet oder der Körper oder die Gesundheit eines Menschen verletzt oder eine Sache beschädigt, so ist derjenige, welcher das Tier hält, verpflichtet, dem Verletzten den daraus entstehenden Schaden zu ersetzen.

Beispiel

Ein Hundehalter geht mit seinem Hund spazieren. Ein vorbeifahrender Fahrradfahrer erschreckt sich vor dem plötzlich bellenden Hund und stürzt. Obwohl der Hundebesitzer den Hund an der Leine hatte und alles richtig gemacht hat, haftet er für den entstandenen Schaden (ohne Verschulden), da sein Hund aufgrund seines typischen Verhaltens den Schaden verursacht hat. Der Schädiger kann sich nicht entlasten, indem er beweist, dass er alles dafür getan hat, damit kein Schaden entsteht. In der Gefährdungshaftung ist dies irrelevant.

Anders sieht es aus, wenn der Hund lediglich ein **mechanisches Hindernis** darstellt und ein Schaden entsteht.

Beispiel

Ein Hund liegt auf dem Grundstück seines Besitzers und schläft. Ein Postbote übersieht den Hund, stolpert über diesen und verletzt sich. Hier diente der Hund lediglich als mechanisches Hindernis, was dazu führt, dass der Hundebesitzer nicht aufgrund der Gefährdungshaftung haften muss.

Zu prüfen wäre allerdings dann, ob der Schädiger aufgrund der **reinen Verschuldenshaftung** eventuell doch haften muss (siehe Kapitel 2.1.1).

§ 834 BGB Nach der Gefährdungshaftung wird immer der Hundebesitzer haftbar gemacht, auch wenn eine andere Person (= Tierhüter) den Hund ausgeführt oder beaufsichtigt hat. Letzterer haftet grundsätzlich nur nach vermutetem Verschulden (siehe Kapitel 2.3).

Beispiel

Ein Nachbar des Hundebesitzers führt dessen Hund aus. Während des Spaziergangs reißt sich der Hund los und beißt einem vorbeikommenden Läufer ins Bein.
Auch wenn der Hundebesitzer gar nicht dabei gewesen ist, haftet dieser aufgrund der Gefährdungshaftung allein aus der Tatsache heraus, dass ihm der Hund gehört (ohne Verschulden). Der Nachbar fungiert hier als Tierhüter und haftet lediglich aus vermutetem Verschulden. Er hat also eine Entlastungsmöglichkeit, wenn er nachweisen kann, dass er alles zur Verhütung eines Schadens getan hat.

Haftung des Gastwirts (Hoteliers)

Voraussetzung: gewerbsmäßige Beherbergung des Gastes, Haftung bis zum Hundertfachen des Übernachtungspreises, mindestens 600,00 € bis maximal 3.500,00 €.

§

§ 701 BGB
Haftung des Gastwirts

(1) Ein Gastwirt, der gewerbsmäßig Fremde zur Beherbergung aufnimmt, hat den Schaden zu ersetzen, der durch den Verlust, die Zerstörung oder die Beschädigung von Sachen entsteht, die ein im Betrieb dieses Gewerbes aufgenommener Gast eingebracht hat.

(2) Als eingebracht gelten
1. Sachen, welche in der Zeit, in der der Gast zur Beherbergung aufgenommen ist, in die Gastwirtschaft oder an einen von dem Gastwirt oder dessen Leuten angewiesenen oder von dem Gastwirt allgemein hierzu bestimmten Ort außerhalb der Gastwirtschaft gebracht oder sonst außerhalb der Gastwirtschaft von dem Gastwirt oder dessen Leuten in Obhut genommen sind,
2. Sachen, welche innerhalb einer angemessenen Frist vor oder nach der Zeit, in der der Gast zur Beherbergung aufgenommen war, von dem Gastwirt oder seinen Leuten in Obhut genommen sind.

(3) Die Ersatzpflicht tritt nicht ein, wenn der Verlust, die Zerstörung oder die Beschädigung von dem Gast, einem Begleiter des Gastes oder einer Person, die der Gast bei sich aufgenommen hat, oder durch die Beschaffenheit der Sachen oder durch höhere Gewalt verursacht wird.

(4) Die Ersatzpflicht erstreckt sich nicht auf Fahrzeuge, auf Sachen, die in einem Fahrzeug belassen worden sind, und auf lebende Tiere.

Ein Hotelier haftet somit verschuldensunabhängig für einen Schaden, dem sein Gast zugestoßen ist. Allein die Tatsache, dass sich der Gast in dem Hotel befunden hat und ihm ein Schaden entstanden ist, reicht aus, um dem Hotelier haftbar zu machen.

Dies gilt nicht bei höherer Gewalt oder wenn der Gast den Schaden selbst verursacht hat.

Beispiel Ein Gast ist in seinem Hotelbett mit einer brennenden Zigarette eingeschlafen und hat so ein Feuer verursacht. Dabei wird der Gast leicht verletzt und seine Sachen verbrennen. Hier haftet der Hotelier nicht.

Ausgeschlossen von der Haftung ist der Hotelier gegenüber Autos und lebenden Tieren des Gastes.

Beispiel Bei einem Großbrand in einem Hotel wird ein Gast leicht verletzt. Die persönlichen Gegenstände des Gastes und sein Hund, sowie sein Auto, das in der Tiefgarage des Hotels stand, sind verbrannt. Der Hotelier haftet für den Personenschaden an seinem Gast und den persönlichen Sachen des Gastes, nicht aber für den Hund und das Auto.

§ 701 BGB gilt nur für Übernachtungsgäste und somit nicht für Gäste, die lediglich das Restaurant eines Hotels besuchen.

Für Gäste des Restaurants haftet der Hotelier nicht verschuldensunabhängig, sondern nach reiner Verschuldenshaftung.

§

§ 702 BGB
Beschränkung der Haftung; Wertsachen
(1) Der Gastwirt haftet aufgrund des § 701 nur bis zu einem Betrag, der dem Hundertfachen des Beherbergungspreises für einen Tag entspricht, jedoch mindestens bis zu dem Betrag von 600 Euro und höchstens bis zu dem Betrag von 3 500,00 €; für Geld, Wertpapiere und Kostbarkeiten tritt an die Stelle von 3.500,00 € der Betrag von 800,00 €.

§ 702 BGB schützt den Hotelier vor einer enormen Schadenhöhe, wenn sein Gast beispielsweise erhebliche Wertsachen mit sich führt.

Beispiel Die teuere Rolex-Uhr eines Gastes wird aus dessen Zimmer gestohlen. Der Hotelier haftet lediglich bis 800,00 €.

Haftung des Halters eines Kfz für alle Schäden beim Betrieb des Kfz

§

§ 7 StVG
Haftung des Halters, Schwarzfahrt
(1) Wird bei dem Betrieb eines Kraftfahrzeugs ein Mensch getötet, der Körper oder die Gesundheit eines Menschen verletzt oder eine Sache beschädigt, so ist der Halter verpflichtet, dem Verletzten den daraus entstehenden Schaden zu ersetzen.

(2) Die Ersatzpflicht ist ausgeschlossen, wenn der Unfall durch höhere Gewalt verursacht wird.

(3) Benutzt jemand das Kraftfahrzeug ohne Wissen und Willen des Fahrzeughalters, so ist er anstelle des Halters zum Ersatz des Schadens verpflichtet; daneben bleibt der Halter zum Ersatz des Schadens verpflichtet, wenn die Benutzung des Kraftfahrzeugs durch sein Verschulden ermöglicht worden ist. Satz 1 findet keine Anwendung, wenn der Benutzer vom Fahrzeughalter für den Betrieb des Kraftfahrzeugs angestellt ist oder wenn ihm das Kraftfahrzeug vom Halter überlassen worden ist.

Jeder Halter eines Kfz haftet für Schäden, die durch die Nutzung entstehen. Sobald der Motor eines Kfz gestartet wird und man am öffentlichen Straßenverkehr teilnimmt, ist das Kfz in Betrieb genommen und man haftet laut Gefährdungshaftung für einen entstandenen Schaden bis zu dem Moment, in dem der Motor wieder abgestellt und man den öffentlichen Straßenverkehr verlassen hat.

Beispiel

Jemand fährt mit seinem Pkw zu nah an einem Fahrradfahrer vorbei, wodurch sich dieser erschreckt und stürzt. Für den entstandenen Schaden haftet der Autobesitzer nach der Gefährdungshaftung.

Selbst wenn der Kfz-Halter lediglich am Straßenrand geparkt hat, haftet er aufgrund der Gefährdungshaftung, es sei denn, der Wagen fungierte lediglich als mechanisches Hindernis.

Beispiel

Ein Kfz-Halter hat seinen Wagen am Straßenrand so ungünstig geparkt, dass ein Fahrradfahrer weiter in die Mitte der Fahrbahn ausweichen muss und es zu einem Unfall kommt. Der Halter des Kfz haftet nach der Gefährdungshaftung, obwohl der Wagen geparkt war, da er durch sein ungünstiges Parken trotzdem Einfluss auf den Straßenverkehr hatte und sein Fahrzeug ein Verkehrshindernis darstellte.

Anders wäre der Fall zu bewerten, wenn der Halter des Fahrzeugs seinen Wagen in einer Parkbucht ordnungsgemäß abgestellt hätte und ein unaufmerksamer Fahrradfahrer versehentlich mit dem parkenden Wagen kollidiert wäre. Hier fungierte der Wagen lediglich als mechanisches Hindernis und war sozusagen nicht Unfallverursacher.

Zum Betrieb des KFZ gehören nicht:

- Reparieren des Kfz
- Reifen wechseln
- Waschen des Kfz

Verursacht ein angestellter Fahrer oder ein berechtigter Fahrer mit dem Kfz einen Unfall, so haftet trotzdem der Kfz-Halter nach der Gefährdungshaftung.

Beispiel

Jemand leiht einem Freund seinen Wagen. Dieser nimmt einem Fahrradfahrer die Vorfahrt und es kommt zu einem Personenschaden. Hier haftet trotzdem der Kfz-Halter für den Schaden nach der Gefährdungshaftung, auch wenn er nicht bei dem Unfall anwesend war.

Anders sieht es aus, wenn ein unberechtigter Fahrer den Wagen gefahren hat. Hier sieht das Gesetz vor, dass dann der Fahrer haftet und nicht der Kfz-Halter.

Beispiel

Eine Person bricht ein Auto auf, stiehlt es und verursacht einen Verkehrsunfall. Der Dieb des Wagens war ein unberechtigter Fahrer, daher haftet er für den entstandenen Schaden.
Da der Kfz-Halter den Diebstahl nicht schuldhaft ermöglicht hat, ist er nicht haftbar zu machen.

Wasserhaushaltsgesetz (WHG)

Haftung für Schäden durch Verseuchung von natürlichen Gewässern

Jeder haftet für Schäden durch Verseuchung von natürlichen Gewässern einschließlich des Grundwassers (Gewässerschaden). Diese Verseuchung kann geschehen durch:
- Abwässer
- Heizöl
- Treibstoff
- andere Chemikalien

Anlagenhaftung

- Inhaber von Tankanlagen, -wagen, -schiffen, Pipelines usw.
- Haftung für Leckageschäden.

Beispiel Ein Hauseigentümer hat in seinem Keller einen Öltank stehen, der an seine Heizung angeschlossen ist. Dieser Öltank leckt und das Öl sickert durch den Kellerboden in das Erdreich.

Einwirkungshaftung

Haftung für Schäden aus der unerlaubten Einleitung von industriellen Abwässern in natürliche Gewässer.

Beispiel Eine Firma leitet verbotenerweise ihre Abwässer in einen hinter dem Firmengelände befindlichen Fluss.

Haftung des Betreibers von Schienen- und Schwebebahnen, von Luftfahrzeugen, von Atom-, Gas- und Elektrizitätsanlagen

Laut dem Haftpflichtgesetz (HaftPflG), dem Luftverkehrsgesetz (LuftVG) und dem Atomgesetz (AtG) gilt für den Betrieb anderer Fahrzeuge und gefährliche Anlagen eine Haftung für entstandene Schäden.

Umwelthaftungsgesetz (UmweltHG)

§

§ 1 UmweltHG Anlagenhaftung bei Umwelteinwirkungen
Wird durch eine Umwelteinwirkung, die von einer im Anhang 1 genannten Anlage ausgeht, jemand getötet, sein Körper oder seine Gesundheit verletzt oder eine Sache beschädigt, so ist der Inhaber der Anlage verpflichtet, dem Geschädigten den daraus entstehenden Schaden zu ersetzen.

Das Umwelthaftungsgesetz gilt
- für Betreiber von Anlagen und
- für Boden-, Luft- und Wasserverschmutzung.

- Es gilt nicht nur für Störfälle, sondern auch für Schäden des genehmigten Normalbetriebs.
- Verursachungsvermutung: Ist eine Anlage geeignet, auf die Umwelt schädigend einzuwirken, so wird vermutet, dass der Betreiber dieser Anlage der Verursacher ist.
- Die Haftung beträgt maximal 85 Mio. €.

Produkthaftungsgesetz (ProdHaftG)

§

§ 1 ProdHaftG
Haftung

(1) Wird durch den Fehler eines Produkts jemand getötet, sein Körper oder seine Gesundheit verletzt oder eine Sache beschädigt, so ist der Hersteller des Produkts verpflichtet, dem Geschädigten den daraus entstehenden Schaden zu ersetzen. Im Falle der Sachbeschädigung gilt dies nur, wenn eine andere Sache als das fehlerhafte Produkt beschädigt wird und diese andere Sache ihrer Art nach gewöhnlich für den privaten Ge- oder Verbrauch bestimmt und hierzu von dem Geschädigten hauptsächlich verwendet worden ist.

[...]

(4) Für den Fehler, den Schaden und den ursächlichen Zusammenhang zwischen Fehler und Schaden trägt der Geschädigte die Beweislast. Ist streitig, ob die Ersatzpflicht gemäß Absatz 2 oder 3 ausgeschlossen ist, so trägt der Hersteller die Beweislast.

Gemäß Produkthaftungsgesetz
- haftet der Hersteller für fehlerhafte Produkte des privaten Gebrauchs/Verbrauchs verschuldensunabhängig.
- Die Haftung beträgt maximal 85 Mio. €; bei Sachschäden gilt eine Selbstbeteiligung von 500,00 €.

Arzneimittelgesetz (AMG)

Der Hersteller eines Arzneimittels haftet verschuldensunabhängig für Personenschäden bis zu 600.000,00 € pro Person bzw. bis zu 120 Mio. € bei Schädigung mehrerer Personen.

2.3 Haftung aus vermutetem Verschulden

Zu beweisen, dass jemand schuldhaft einen Schaden verursacht hat, kann für den Geschädigten sehr schwierig sein. Daher hat der Gesetzgeber veranlasst, dass bei einer Reihe von Tatbeständen bereits ein Verschulden vermutet wird.

Hier lässt der Gesetzgeber dem Schädiger allerdings die Möglichkeit, sich zu entlasten.

Dies kann er über zwei Wege tun.

Er weist nach,

1. dass er alle im Verkehr notwendige Sorgfalt hat walten lassen, **oder**
2. dass der Schaden trotz aller Sorgfalt entstanden ist.

Haftung des Gebäudebesitzers

§

§ 836 BGB
Haftung des Grundstücksbesitzers

(1) Wird durch den Einsturz eines Gebäudes oder eines anderen mit einem Grundstück verbundenen Werkes oder durch die Ablösung von Teilen des Gebäudes oder des Werkes ein Mensch getötet, der Körper oder die Gesundheit eines Menschen verletzt oder eine Sache beschädigt, so ist der Besitzer des Grundstücks, sofern der Einsturz oder die Ablösung die Folge fehlerhafter Errichtung oder mangelhafter Unterhaltung ist, verpflichtet, dem Verletzten den daraus entstehenden Schaden zu ersetzen. Die Ersatzpflicht tritt nicht ein, wenn der Besitzer zum Zwecke der Abwendung der Gefahr die im Verkehr erforderliche Sorgfalt beobachtet hat.

(2) Ein früherer Besitzer des Grundstücks ist für den Schaden verantwortlich, wenn der Einsturz oder die Ablösung innerhalb eines Jahres nach der Beendigung seines Besitzes eintritt, es sei denn, dass er während seines Besitzes die im Verkehr erforderliche Sorgfalt beobachtet hat oder ein späterer Besitzer durch Beobachtung dieser Sorgfalt die Gefahr hätte abwenden können.

(3) Besitzer im Sinne dieser Vorschriften ist der Eigenbesitzer.

Jeder Eigentümer eines Gebäudes haftet für einen Schaden, der von seinem Gebäude oder seinem Grundstück ausgeht. **Gebäudeteile** sind alle mit dem Gebäude verbundenen Teile, die auch zu dem Gebäude gehören, wie z. B. Dachziegel, Fernsehantenne oder Fensterläden.

Beispiel

Ein Dach ist reparaturbedürftig, jedoch kümmert sich der Eigentümer des Hauses nicht um den Zustand des Daches. Bei einem Sturm löst sich eine Dachpfanne und verletzt einen Fußgänger. Für diesen Personenschaden ist der Eigentümer aufgrund vermuteten Verschuldens haftbar zu machen.

Entlasten kann sich hier der Eigentümer nicht, da er den Schaden am Dach bereits kannte.

Anders wäre dieser Fall zu bewerten, wenn der Eigentümer bereits einen Dachdeckerbetrieb beauftragt hätte, um das Dach reparieren zu lassen und in der Zwischenzeit der Schaden entstanden wäre. Dann hätte der Eigentümer sorgfältig gehandelt und könnte sich hiermit entlasten.

Haftbar wäre der Eigentümer immer noch aufgrund der reinen Verschuldenshaftung.

Nicht zu Gebäudeteilen zählen herabstürzende, vorher befestigte Blumentöpfe oder von der Dachrinne abbrechende Eiszapfen. Hier bleibt es bei der allgemeinen Verschuldungshaftung wegen Verletzung einer Verkehrssicherungspflicht.

Beispiel

Am Balkon in der zweiten Etage sind drei Blumenkästen befestigt. Einer der Blumenkästen löst sich bei einem Sturm und beschädigt ein parkendes Auto. Der herabfallende Blumenkasten ist kein Gebäudebestandteil und somit muss nicht nach vermutetem Verschulden gehaftet werden. Hier wäre zu prüfen, ob die Verkehrssicherungspflicht verletzt worden ist.

Gemäß § 836 Abs. 2 BGB haftet der Eigentümer für ein Haus, das er bereits verkauft hat, noch ein Jahr nach dem Verkauf des Gebäudes für Schäden, die im kausalen Zusammenhang mit dem Haus entstehen.

Hier wird unterstellt, dass der langjährige Eigentümer eher Kenntnis von einem Schaden hat als der neue Eigentümer.

Beispiel

Drei Wochen nach dem Verkauf des Hauses geschieht ein Personenschaden durch eine herabfallende Dachziegel. Für diesen Schaden muss der alte Eigentümer haften, es sei denn, der neue Eigentümer hatte von dem Zustand des Daches Kenntnis (Nachwirkung).

Haftung für Haustiere als Nutztiere

§

§ 833 BGB
Haftung des Tierhalters

Wird durch ein Tier ein Mensch getötet oder der Körper oder die Gesundheit eines Menschen verletzt oder eine Sache beschädigt, so ist derjenige, welcher das Tier hält, verpflichtet, dem Verletzten den daraus entstehenden Schaden zu ersetzen. Die Ersatzpflicht tritt nicht ein, wenn der Schaden durch ein Haustier verursacht wird, das dem Beruf, der Erwerbstätigkeit oder dem Unterhalt des Tierhalters zu dienen bestimmt ist, und entweder der Tierhalter bei der Beaufsichtigung des Tieres die im Verkehr erforderliche Sorgfalt beobachtet oder der Schaden auch bei Anwendung dieser Sorgfalt entstanden sein würde.

Ein Tierhalter von Nutztieren haftet aufgrund von vermutetem Verschulden.

Nutztiere sind:

- Zuchtvieh (Kühe, Schweine, Schafe, Pferde)

Beispiel

Ein Milchviehbetrieb nutzt seine Kühe gewerblich.
Kühe, die aus Freizeitvergnügen gehalten werden, sind trotzdem Nutztiere.

- Tiere, die der Schädiger gewerblich nutzt, um mit ihnen Geld zu verdienen

Beispiele

Eine Besitzerin eines Rennpferdes verdient mit Pferderennen Geld.
Ein Hund wird zur Hundezucht genutzt.

- Tiere, die gehalten werden, um einem Zweck zu dienen.

Beispiele

Ein Blindenhund begleitet einen Menschen durchs Leben, damit dieser sich besser zurecht findet.
Ein Wachhund oder der Jagdhund eines Försters.

Verursacht ein solches Tier einen Schaden, haftet der Besitzer aufgrund von vermutetem Verschulden. Hier kann der Besitzer ebenfalls wieder versuchen, sich zu entlasten.

Beispiel

Ein Bauer führt seine Schafe über eine Landstraße, um sie auf eine andere Weide zu bringen. Ein Pkw, der schneller als erlaubt gefahren ist und die Beschilderung für Viehtrieb ignoriert hat, fährt in die Herde hinein. Acht Schafe werden getötet und der Pkw wird stark beschädigt.
Eigentlich müsste der Landwirt für den Sachschaden an dem Pkw aufgrund von vermutetem Verschulden haften, da der Schaden im Kausalzusammenhang zu seinem Zuchtvieh steht.

Allerdings kann man hier davon ausgehen, dass sich der Landwirt entlasten kann, weil die Straße für Viehtrieb beschildert war und der Pkw-Fahrer durch Geschwindigkeitsüberschreitung den Schaden verursacht hat.

Haftung für fremdes Handeln

§

§ 832 BGB
Haftung des Aufsichtspflichtigen

(1) Wer kraft Gesetzes zur Führung der Aufsicht über eine Person verpflichtet ist, die wegen Minderjährigkeit oder wegen ihres geistigen oder körperlichen Zustands der Beaufsichtigung bedarf, ist zum Ersatz des Schadens verpflichtet, den diese Person einem Dritten widerrechtlich zufügt. Die Ersatzpflicht tritt nicht ein, wenn er seiner Aufsichtspflicht genügt oder wenn der Schaden auch bei gehöriger Aufsichtsführung entstanden sein würde.

(2) Die gleiche Verantwortlichkeit trifft denjenigen, welcher die Führung der Aufsicht durch Vertrag übernimmt.

Aufsichtspflichtig sind Personen entweder aufgrund eines Gesetzes, weil sie z. B. Eltern, Betreuungspersonal, Lehrkräfte oder Ausbilderinnen und Ausbilder sind, oder aufgrund eines Vertrages, z. B. bei Erziehungskräften oder Tagespflegepersonen.

Beispiel

In der Schule ist eine Lehrkraft aufsichtspflichtig während des Unterrichts und in der Pause, solange sich das Kind auf dem Schulhof befindet. Ist der Unterricht jedoch vorbei und das Kind wartet vor der Schule auf seine Eltern, ist die Aufsichtspflicht der Lehrkraft beendet.

Aufsichtspflichtige die lediglich vorübergehend die Aufsicht übernehmen, z. B. Großeltern oder Bekannte, haften nicht nach § 832 BGB, sondern nach der reinen Verschuldenshaftung nach § 823 BGB. *§§ 832 und 823 BGB*

Der Aufsichtspflichtige haftet für einen Schaden, den das Kind verursacht hat, wenn er nicht beweisen kann, dass der Schaden auch bei sorgfältiger Aufsicht geschehen wäre.

Beispiel

Die Mutter eines dreijährigen Kindes nimmt dieses an der Hand und geht über den Bürgersteig. Das Kind reißt sich los und läuft auf die Straße. Ein Pkw weicht aus und kollidiert mit einem Baum, wobei der Wagen beschädigt wird.
Hier hat die Mutter die Aufsichtspflicht nicht verletzt und ist somit nicht haftbar zu machen, genauso wenig wie das Kind aufgrund seiner Deliktsunfähigkeit. Laut deutscher Rechtsprechung wird der Schaden an dem Wagen nicht ersetzt.

Die Haftung des Aufsichtspflichtigen hängt davon ab, ob die Aufsicht über das Kind tatsächlich erwartet werden kann.

So kann eine Mutter durchaus ihr zwölfjähriges Kind kurz alleine zu Hause lassen, während sie dies bei einem dreijährigen Kind nicht darf. Hier muss letztendlich ein Gericht abwägen, ob die Aufsichtspflicht verletzt wurde oder nicht.

Auch kommt es ganz darauf an, was dem Kind bereits von den Eltern beigebracht wurde und ob es sich in der Umgebung gut auskennt. So darf ein Kind, das regelmäßig auf dem Weg vor dem Haus spielt und weiß, was es dort machen darf und was nicht, unbeaufsichtigt spielen. Es kann nicht davon ausgegangen werden, dass der Aufsichtspflichtige das Kind rund um die Uhr bewacht.

Beispielsweise muss der Aufsichtspflichtige die Möglichkeit haben, die Toilette zu besuchen oder sich etwas zu trinken zu holen. Allerdings gilt hierbei auch wiederum, dass auf das Alter des Kindes Rücksicht genommen werden muss.

Hierbei gilt: Je älter das Kind, beziehungsweise je höher der Erziehungserfolg ist, desto geringer sind die Anforderungen an die Aufsichtspflicht.

Siehe hierzu auch Kapitel 2.1.1.

Haftung des Geschäftsherren für den Verrichtungsgehilfen

Wenn jemand eine Hilfsperson in Form eines Verrichtungsgehilfen nutzt, um einen Auftrag auszuführen und dabei ein Dritter verletzt wird, dann spricht man von der Haftung des Geschäftsherren für den Verrichtungsgehilfen. Dies bedeutet, dass der Geschäftsherr, meistens der Chef, für seinen Angestellten (= Verrichtungsgehilfe) haftet, wenn dieser eine dritte Person geschädigt hat.

Die Haftung des Geschäftsherren für seinen Verrichtungsgehilfen fällt ebenfalls unter die Haftung nach vermutetem Verschulden.

Der Geschäftsherr kann versuchen, sich zu entlasten, wenn er nachweisen kann, dass er den Mitarbeiter sorgfältig ausgewählt hat, und dass dieser Schaden auch bei sorgfältiger Arbeit entstanden wäre.

Weiteres zum Verrichtungsgehilfen siehe in Kapitel 4.

2.4 Amtshaftung

Wenn ein Beamter oder ein Beschäftigter im öffentlichen Dienst seine Amtspflicht verletzt, so muss geprüft werden, ob nun der Staat (Staatshaftung) oder der Beamte (Beamtenhaftung) selbst haftet.

§

§ 839 BGB
Haftung bei Amtspflichtverletzung

(1) Verletzt ein Beamter vorsätzlich oder fahrlässig die ihm einem Dritten gegenüber obliegender Amtspflicht, so hat er dem Dritten den daraus entstehenden Schaden zu ersetzen. Fällt dem Beamten nur Fahrlässigkeit zur Last, so kann er nur dann in Anspruch genommen werden, wenn der Verletzte nicht auf andere Weise Ersatz zu erlangen vermag.

(2) Verletzt ein Beamter bei dem Urteil in einer Rechtssache seine Amtspflicht, so ist er für den daraus entstehenden Schaden nur dann verantwortlich, wenn die Pflichtverletzung in einer Straftat besteht. Auf eine pflichtwidrige Verweigerung oder Verzögerung der Ausübung des Amts findet diese Vorschrift keine Anwendung.

(3) Die Ersatzpflicht tritt nicht ein, wenn der Verletzte vorsätzlich oder fahrlässig unterlassen hat, den Schaden durch Gebrauch eines Rechtsmittels abzuwenden.

Staatshaftung

Die Staatshaftung muss im Zusammenhang mit Art. 34 Grundgesetz (GG) gesehen werden.

§

Artikel 34 GG
Verletzt jemand in Ausübung eines ihm anvertrauten öffentlichen Amtes die ihm einem Dritten gegenüber obliegender Amtspflicht, so trifft die Verantwortlichkeit grundsätzlich den Staat oder die Körperschaft, in deren Dienst er steht.

Beispiel

Eine Lehrkraft unternimmt eine Klassenfahrt. Sie bemerkt nicht, dass sie bereits vor einer Stunde während eines Museumsbesuchs eine Schülerin verloren hat, die sich auf der Suche nach ihren Klassenkameraden verletzt hat.

Bei Vorsatz oder grober Fahrlässigkeit kann der Staat Regress bei seiner/seinem Angestellten nehmen. Im vorangehenden Beispiel liegt grobe Fahrlässigkeit der Lehrkraft vor, daher kann der Staat Regress bei seiner Angestellten nehmen, die daher selbst haften muss. Hätte sich die Schülerin aus dem obigen Beispiel bereits während des Museumsbesuchs verletzt und die Lehrkraft wäre ihrer Aufsichtspflicht nachgekommen, so würde der Staat für seine/-n Angestellte/-n haften.

Bei leichter Fahrlässigkeit haftet die/der Angestellte nur, wenn keine andere Versicherung, z. B. die Krankenversicherung, greift.

Der Amtshaftungsanspruch verjährt nach drei Jahren.

Beamtenhaftung

Übernimmt der Beamte eine fiskalische Tätigkeit, also mietet er im Namen der Schule für eine Weihnachtsfeier eine Räumlichkeit oder kauft einen PC, so haftet der Beamte persönlich für entstandene Schäden gegenüber Dritten aus reiner Verschuldenshaftung.

3 Gemeinsame Haftung

§

§ 830 BGB
Mittäter und Beteiligte

(1) Haben mehrere durch eine gemeinschaftlich begangene unerlaubte Handlung einen Schaden verursacht, so ist jeder für den Schaden verantwortlich. Das Gleiche gilt, wenn sich nicht ermitteln lässt, wer von mehreren Beteiligten den Schaden durch seine Handlung verursacht hat.

(2) Anstifter und Gehilfen stehen Mittätern gleich.

Wenn mehrere Personen gemeinschaftlich eine unerlaubte Handlung gegenüber einem Dritten begangen haben und dieser geschädigt wurde, haftet jeder einzelne Mittäter für den entstandenen Schaden.

Beispiel

A und B tun sich zusammen und schubsen C, der sich daraufhin verletzt. C kann sich an A wenden, um den Schaden ersetzen zu lassen, oder an B, denn beide haften für den Schaden.

Auch ein Anstifter oder ein Gehilfe wird einem Mittäter gleichgestellt. Somit haftet auch jemand, der beispielsweise lediglich Schmiere gestanden hat oder einen Fluchtwagen gefahren ist.

Hierbei kommt es nicht darauf an, in welchem Ausmaß der einzelne Mittäter zum Schaden beigetragen hat.

Beispiel

Auch wenn A und B unabhängig voneinander C schubsen, ohne sich vorher darüber abgestimmt zu haben, haften beide für den entstandenen Schaden.

Des Weiteren haften alle Mittäter oder Beteiligte, wenn nicht ermittelt werden kann, wer genau für den entstandenen Schaden verantwortlich ist.

Beispiel

Nach einer Massenschlägerei in einem Club, in die sieben Personen verwickelt waren, kann im Nachhinein unmöglich herausgefunden werden, wer wann und wem welchen Schaden zugefügt hat. Daher haften alle Beteiligten.

Gesamtschuldnerische Haftung

§

§ 840 BGB
Haftung mehrerer

(1) Sind für den aus einer unerlaubten Handlung entstehenden Schaden mehrere nebeneinander verantwortlich, so haften sie als Gesamtschuldner.

[...]

Laut BGB haftet jeder Mittäter gesamtschuldnerisch, wenn er mit anderen zusammen für einen Schaden verantwortlich ist.

Es reicht, wenn sich die/der Geschädigte an einen der Täter wendet und von diesem die Begleichung des Schadens verlangt.

Beispiel

A, B und C verursachen gemeinsam einen Sachschaden in Höhe von 3.000,00 € an einem Dritten. Der Geschädigte kann sich an A wenden und die Begleichung des gesamten Schadens verlangen, auch wenn A den Schaden nicht alleine verursacht hat. Gegenüber dem Geschädigten haftet A gesamtschuldnerisch (Außenverhältnis). *§ 421 BGB*

A kann jetzt von B und C verlangen, dass diese sich an der Schadenbegleichung beteiligen (Ausgleichspflicht Innenverhältnis). So müssten B und C nun an A jeweils 1.000,00 € zahlen. *§ 426 (2) BGB*

4 Vertragshaftung

Rein vertragliche Haftung

Aufgrund eines Vertrages sind die Vertragspartner jeweils zur Erfüllung dieses Vertrages verpflichtet. Entsteht hierbei ein Schaden, ist der jeweilige Vertragspartner auch dazu verpflichtet, zu haften.

Zusätzlich kann jemand aufgrund eines Mietvertrages Pflichten übernehmen, z.B. die Streupflicht des Hausbesitzers (Haftung aus vertraglich übernommener gesetzlicher Haftpflicht).

4.1 Haftung für den Verrichtungsgehilfen

§

§ 831 BGB
Haftung für den Verrichtungsgehilfen

(1) Wer einen anderen zu einer Verrichtung bestellt, ist zum Ersatz des Schadens verpflichtet, den der andere in Ausführung der Verrichtung einem Dritten widerrechtlich zufügt. Die Ersatzpflicht

tritt nicht ein, wenn der Geschäftsherr bei der Auswahl der bestellten Person und, sofern er Vorrichtungen oder Gerätschaften zu beschaffen oder die Ausführung der Verrichtung zu leiten hat, bei der Beschaffung oder der Leitung die im Verkehr erforderliche Sorgfalt beobachtet oder wenn der Schaden auch bei Anwendung dieser Sorgfalt entstanden sein würde.

(2) Die gleiche Verantwortlichkeit trifft denjenigen, welcher für den Geschäftsherrn die Besorgung eines der im Absatz 1 Satz 2 bezeichneten Geschäfte durch Vertrag übernimmt.

- Ein Verrichtungsgehilfe wird von einem Geschäftsherrn mit der Verrichtung einer Tätigkeit beauftragt. Der Verrichtungsgehilfe übernimmt also eine Tätigkeit stellvertretend für den Geschäftsherrn.
- Der Verrichtungsgehilfe ist weisungsgebunden, muss also den Anordnungen des Geschäftsherren Folge leisten (Angestellter).
- Fügt der Verrichtungsgehilfen einem Dritten (nicht dem Vertragspartner) einen Schaden zu, dann haftet der **Verrichtungsgehilfe aus reinem Verschulden und der Geschäftsherr aus vermutetem Verschulden.**

Beispiel

Der Handwerksmeister H wird vom Hausbesitzer A beauftragt, bei dem Mieter B die Heizung zu reparieren. Der Meister veranlasst, dass sein Geselle C diese Arbeiten ausführt. Während der Reparaturarbeiten beschädigt Geselle C die Wohnzimmereinrichtung des Mieters B.

Hier müsste der Geselle aufgrund der reinen Verschuldenshaftung und der Geschäftsherr aus vermutetem Verschulden haften. **Aber:** Der Geschäftsherr kann sich entlasten, wenn ...

1. ... er nachweist, dass er den zur Verrichtung der Arbeit ausgewählten Angestellten gut eingearbeitet hat, bzw. dass dieser über das nötige Fachwissen verfügt und
2. ... der Schaden auch trotz aller Sorgfalt geschehen wäre.

Kommt man zu dem Schluss, dass der Verrichtungsgehilfe und der Geschäftsherr haftbar zu machen sind, so kann sich der Geschädigte an beide wenden.

Der Geschädigte muss hier eine dritte Person sein, also eine Person, zu der keine Vertragsbeziehung besteht (nicht der eigene Kunde).

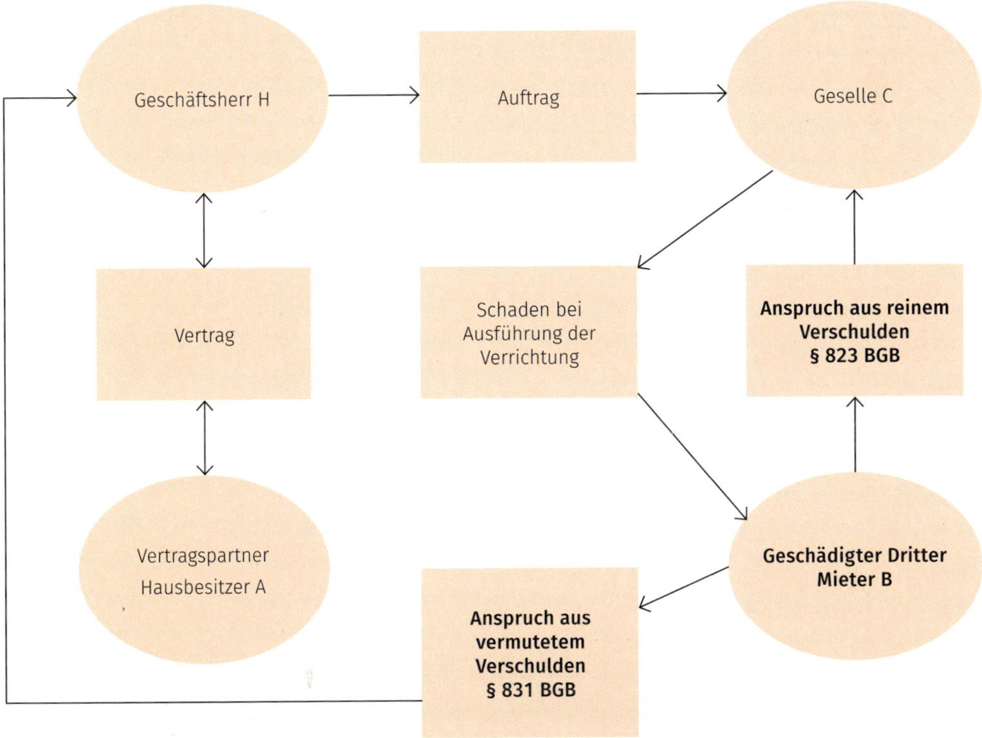

4.2 Haftung für den Erfüllungsgehilfen

§

§ 278 BGB
Verantwortlichkeit des Schuldners für Dritte

Der Schuldner hat ein Verschulden seines gesetzlichen Vertreters und der Personen, deren er sich zur Erfüllung seiner Verbindlichkeit bedient, in gleichem Umfang zu vertreten wie eigenes Verschulden. Die Vorschrift des § 276 Abs. 3 findet keine Anwendung.

Erfüllungsgehilfe

- Ein Erfüllungsgehilfe ist von der Wortbedeutung her der Gehilfe, der einer anderen Person zur Hand geht, um einen Vertrag zu erfüllen.
- Er kann eine außenstehende oder eine angestellte Person sein, die zur Erledigung der Arbeit hinzugezogen wird und bei der Verrichtung einer Tätigkeit unterstützt, indem sie Hilfs-und Zuarbeiten erledigt.
- Fügt der Erfüllungsgehilfe dem Vertragspartner seines Geschäftsherren einen Schaden zu, so haften der Erfüllungsgehilfe sowie der Geschäftsherr gesamtschuldnerisch.
- Die schädigende Handlung muss im Rahmen der zu erfüllenden Pflicht geschehen.

Beispiel Eine Schädigung, die in der Mittagspause des Erfüllungsgehilfen geschieht, zählt nicht hierzu.

- Für den Erfüllungsgehilfen haftet der Geschäftsherr genauso, als hätte er die Schädigung selbst begangen.

Beispiel Möbeltischlerin B schickt ihren Tischlergesellen T zum Kunden A, um dort die Einbauküche aufzubauen. Hierbei beschädigt T aus Unachtsamkeit den gekachelten Sockel in der Küche.

- Für den entstandenen Schaden kann sich der Geschädigte wegen Schadenersatz an seinen Vertragspartner oder den Erfüllungsgehilfen wenden. Beide müssen gesamtschuldnerisch haften. (siehe hierzu auch Kapitel 3)

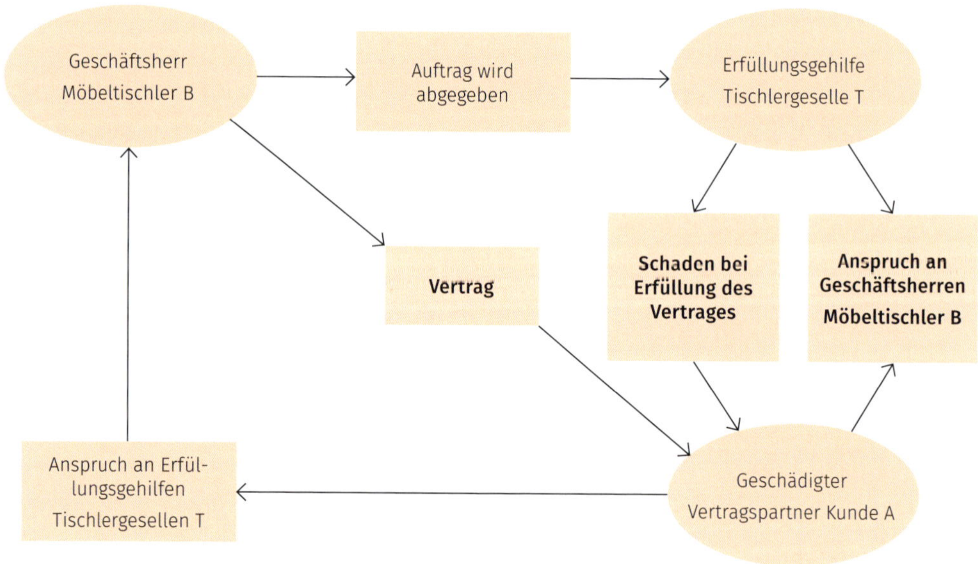

5 Haftpflichtversicherungsarten

Niemand ist vor einem Schaden geschützt und jedem kann ein Missgeschick passieren. Damit denjenigen nicht der finanzielle Ruin droht, bietet die Privatversicherungswirtschaft Produkte an, um sich gegen diverse Risiken abzusichern.

Wichtige Haftpflichtversicherungen für Personen im Überblick

Bezeichnung	Erläuterung
Privathaftpflichtversicherung	Sie deckt die Gefahren des täglichen Lebens als Privatperson und bei nebenberuflichen Tätigkeiten in Form der gesetzlichen Haftpflicht.
Berufshaftpflichtversicherung	Sie deckt Schäden, die bei Kausalität mit der beruflichen Tätigkeit entstanden sind (alles, was im Namen der Firma durchgeführt wird, z. B. auch ein Fußballspiel der Firmenmannschaft)
Diensthaftpflichtversicherung	Versichert sind die Gefahren des Dienstes analog zur Berufshaftpflichtversicherung. Dies betrifft auch Personen im freiwilligen Wehrdienst.
Amtshaftpflichtversicherung	Sie betrifft Beamte/Beamtinnen und Mitarbeitende des öffentlichen Dienstes und haftet für Personen- und Sachschäden.
Vermögensschadenhaftpflichtversicherung	Sie betrifft Beamte/Beamtinnen und Mitarbeitende des öffentlichen Dienstes und haftet für Vermögensschäden.
Betriebshaftpflichtversicherung	Sie betrifft Gewerbetreibende. Das Unternehmen schließt diese ab und die Mitarbeitenden sind für Schäden während der Arbeit versichert.

Bei der Proximus Versicherung AG können Kunden folgende Haftpflichtversicherungen abschließen:

- Privathaftpflichtversicherung
- Hundehalterhaftpflichtversicherung
- Pferdehalterhaftpflichtversicherung
- Haus- und Grundbesitzerhaftpflichtversicherung
- Bauherrenhaftpflichtversicherung
- Gewässerschadenhaftpflichtversicherung

5.1 Privathaftpflichtversicherung

Teil A Abschnitt 1 AHB 2021

Auch wenn jemand noch so vorsichtig ist, kann manchmal ein Schaden nicht verhindert werden. Gerade wenn jemand Kinder hat oder viel mit anderen Menschen zu tun hat, kann durch eine kleine Unachtsamkeit ein großer Schaden entstehen. Um sich vor dem finanziellen Ruin zu schützen, sollte man daher eine Privathaftpflichtversicherung abschließen.

Oft lassen sich heutzutage Vermieter, bevor sie einem Mieter eine Mietwohnung anvertrauen, den Nachweis über eine bestehende Privathaftpflichtversicherung vorlegen, um sich gegen eventuelle Schäden an der Mietwohnung abzusichern.

Trotzdem gibt es immer noch Haushalte, die keine Privathaftpflichtversicherung besitzen.

Die folgende Grafik verdeutlicht, dass gerade Haushalte mit Geringverdienern auf eine Privathaftpflichtversicherung verzichten. So könnte selbst ein geringer Schaden zu einem finanziellen Engpass im Haushalt führen.

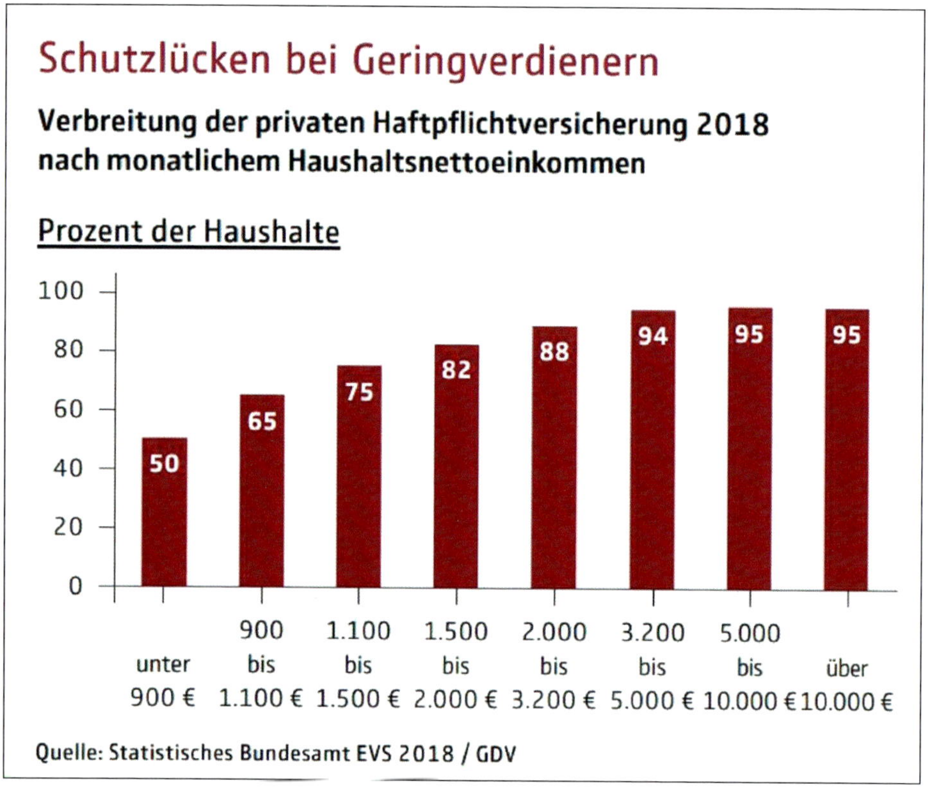

Schutzlücken bei Geringverdienern

Teil A Abschnitt 1-1 AHB 2021

In der Privathaftpflichtversicherung sind Gefahren des täglichen Lebens als Privatperson und nicht aus den Gefahren eines Betriebes, Berufes, Dienstes oder Amtes versichert. Somit sind lediglich Schäden gedeckt, die jemand in seinem privaten Bereich verursacht.

Beispiel

Susanne Baumann lässt bei einem Bekannten ihre Kaffeetasse fallen und ruiniert damit den weißen Teppich. Der Schaden ist über die Privathaftpflichtversicherung abgedeckt.

Anders würde der gleiche Sachverhalt aussehen, wenn Susanne Baumann dieses Missgeschick auf der Arbeitsstelle passiert wäre, denn dann wäre dieser Schaden nicht gedeckt.

Schäden, die durch berufliche Fähigkeiten in der Freizeit entstehen, oder eine reine Freizeitaktivität (z. B. Weihnachtsfeier) während der beruflichen Tätigkeit sind wiederum mitversichert.

Beispiel

Ein gelernter Kfz-Mechaniker repariert aus Gefälligkeit den Wagen seines Freundes und beschädigt dabei das Fahrzeug versehentlich. Der Schaden ist über die Privathaftpflichtversicherung gedeckt.

5.1.1 Mitversicherte Personen

Die Proximus Versicherung AG bietet die beiden Tarife Single-Versicherung und Familien-Versicherung an.
Die **Single-Versicherung** ist für Singles unabhängig vom Alter geeignet.
Sollten Versicherungsnehmer/-innen eine weitere Person in ihrem Haushalt beschäftigen oder diese Person aufgrund eines Arbeitsvertrags oder gefälligkeitshalber die Wohnung, Haus oder Garten von Versicherungsnehmern/-innen betreuen, ist diese Person in der Privathaftpflichtversicherung trotz Tarif für Einzelpersonen bezüglich Schäden gegenüber Dritten aus dieser Tätigkeit mitversichert. *Teil A Abschnitt 1-2.1.5 AHB 2021*

Beispiel

Ein VN hat einen Tarif für Einzelpersonen, beschäftigt aber eine Reinigungsfachkraft. Der Reinigungsfachkraft fällt beim Ausschütteln ein Teppich aus dem Fenster und ein Passant wird verletzt. Der verursachte Schaden ist über die Privathaftpflichtversicherung des VN abgedeckt, da die Reinigungskraft den Schaden aufgrund ihrer Tätigkeit bei dem VN verursacht hat.

Die **Familien-Versicherung** umfasst die ganze Familie. Folgende Personenkreise sind hierbei ohne besondere Vereinbarungen mitversichert: *Teil A Abschnitt 1-2.1 AHB 2021*
- Ehegatte/Ehegattin oder eingetragene/-r Lebenspartner/-in des/der Versicherungsnehmers/-in Die Mitversicherung gilt sogar, wenn nach einer Trennung verschiedene Wohnsitze existieren, sie ist somit nicht an eine häusliche Gemeinschaft gebunden.
- unverheiratete oder nicht in eine eingetragene Lebenspartnerschaft lebende Kinder; bei volljährigen Kindern, solange sie sich in einer Schul- oder sich innerhalb von zwölf Monaten unmittelbar anschließenden Berufsausbildung (kein Referendariat) befinden. Eine sich innerhalb von zwölf Monaten anschließende zweite Ausbildung oder ein freiwilliger Wehrdienst o.Ä. sind ebenfalls mitversichert.

Beispiel

Die 20-jährige Tochter eines VN macht eine Ausbildung und heiratet. Ab der Heirat ist die Tochter nicht mehr bei dem VN mitversichert, vorher trotz Volljährigkeit schon.

Die Proximus Versicherung AG kennt bei Kindern keine Altersbeschränkung. Solange diese also unverheiratet sind und sich noch in einer Ausbildung befinden, sind sie in der Familien-Versicherung mitversichert. Ebenso wie:
- in häuslicher Gemeinschaft lebende unverheiratete und nicht in einer eingetragenen Lebenspartnerschaft lebende Kinder mit geistiger Behinderung
- alleinstehende, unverheiratete Angehörige, solange diese im gemeinsamen Haushalt mit den Versicherungsnehmern/-innen leben und mindestens ein Pflegegrad 2 festgestellt wurde
- minderjährige Gast- und Austauschkinder sowie Au-Pairs, maximal für ein Jahr. Hat die Person Versicherungsschutz aufgrund eines anderen Haftpflichtversicherungsvertrags, so entfällt die Mitversicherung in der Familien-Versicherung. *Teil A Abschnitt 1-2.1 AHB 2021*

Beispiel

Der Gastschüler einer VN hat eine eigene Privathaftpflichtversicherung. Bei einem Schaden, den dieser einem Dritten zufügt, tritt der Vertrag des Gastschülers in Leistung, nicht der Vertrag der VN.

Für die Erfüllung der Obliegenheiten sind sowohl der/die Versicherungsnehmer/-in als auch die mitversicherten Personen verantwortlich, jedoch üben ausschließlich Versicherungsnehmer/-innen die Rechte aus dem Versicherungsvertrag aus. *Teil A Abschnitt 1-2.4 AHB 2021*

Beispiel Nur Versicherungsnehmer/-innen können die Vertragsgestaltung vornehmen, während aber alle mitversicherten Personen Obliegenheiten zu erfüllen haben, wie z. B. die wahrheitsgemäße Beantwortung von Fragen zu einem Schadenfall.

Teil A Abschnitt 1-2.1,4 AHB 2021

Durch **besondere Vereinbarungen** kann der Versicherungsschutz auf folgende Personen erweitert werden:

Versicherungsnehmer/-innen können mit ihnen in häuslicher Gemeinschaft lebende Partner/-innen einer nichtehelichen Lebensgemeinschaft und deren Kinder mitversichern. Dies gilt nur, wenn:
- beide Personen unverheiratet sind,
- beide Personen die gleiche Anschrift haben und
- Haftpflichtansprüche der Partnerin/des Partners und der Kinder gegen den/die Versicherungsnehmer/-in ausgeschlossen sind.

Die Mitversicherung endet mit Aufhebung der häuslichen Gemeinschaft. Sollte der/die Versicherungsnehmer/-in versterben, geht der Vertrag auf die mitversicherte Person über.

Versicherte Personen und Risiken in der Privathaftpflichtversicherung

Versichert ist die gesetzliche Haftpflicht

VN als Privatperson, insbesondere als
- Familien- und Haushaltsvorstand
- Dienstherr/-in für Haushaltspersonal
- Wohnungs-, Einfamilienhaus- und Wochenendhausinhaber/-in
- Radfahrer/-in
- Sporttreibende/-r
- Haustierhalter/-in bzw. -hüter/-in
- Waffenbesitzer/-in mit Erlaubnis
- Reiter-/in fremder Pferde

Gleichartig mitversichert sind

- Eheleute
- Kinder
  - minderjährig und unverheiratet
  - volljährig in Schul- und Berufsausbildung
- Personen in ihrer Tätigkeit im Haushalt des/der VN
- **bei besonderer Vereinbarung:**
  - Lebenspartnerschaften in häuslicher Gemeinschaft und deren Kinder
  - alleinstehende Angehörige in häuslicher Gemeinschaft

Teil A Abschnitt 1-3 AHB 2021

5.1.2 Versicherungsschutz

Versicherungsschutz besteht, wenn Dritte von Versicherungsnehmern/-innen für einen Versicherungsfall, der einen Personen-, Sach- oder sich daraus ergebenen Vermögensschaden zur Folge hatte, Schadenersatz fordern.

Schadenart	Beschreibung	Versicherungsschutz
Personen- und Sachschäden	• Tod, Verletzung, Gesundheitsschädigung von Menschen • Beschädigung, Vernichtung von Sachen • unechte Vermögensschäden als Folgeschäden	generell versichert

Schadenart	Beschreibung	Versicherungsschutz
reiner Vermögensschäden	weder durch einen Personen- noch durch einen Sachschaden entstanden	grundsätzlich nur eingeschränkt versichert Reine Vermögensschäden aus beruflicher Tätigkeit sind grundsätzlich ausgeschlossen → Berufs- oder Vermögenshaftpflichtversicherung.
Abhandenkommen von Sachen	unfreiwilliger Besitzverlust einer Sache, die noch unversehrt vorhanden und auch grundsätzlich wieder erlangbar ist	grundsätzlich nicht mitversichert Ausnahme: Schlüsselverlust

Ein Versicherungsfall ist das Ereignis, das im kausalen Zusammenhang zu einer Schädigung steht. Auf den Zeitpunkt der Schadenverursachung, der zum Schadenereignis geführt hat, kommt es nicht an.

Teil A Abschnitt 1-3.1 AHB 2021

Beispiel

Weil ein Vermieter eine defekte Treppe im Flur nicht ordnungsgemäß hat reparieren lassen, stürzt ein paar Monate später sein Mieter aufgrund einer defekten Treppenstufe. Der Zeitpunkt des Sturzes ist hier unerheblich, es kommt nur auf den Zeitpunkt an, an dem der Versicherungsnehmer von dem Defekt an der Treppe wusste und diesen nicht beheben ließ, denn sein Nichtstun steht in einem kausalen Zusammenhang mit dem eigentlichen Schadenereignis.

Kein Versicherungsschutz besteht, wenn es sich um gesetzliche Ansprüche handelt:

Teil A Abschnitt 1-3.2 AHB 2021

- Erfüllung von Verträgen
- Rechte wegen Schlechtleistung
- Vertragsleistungen
- Vertragserfüllung
- Ansprüche aus vertraglichen Vereinbarungen
- Zusagen über den Umfang der gesetzlichen Haftpflicht des/der Versicherungsnehmers/-in hinaus

5.1.3 Besondere Regelungen für einzelne private Risiken

Versichert sind die Versicherungsnehmer/-innen:

Teil A Abschnitt 1-6.1 AHB 2021

Haushalt und Familie

- als Familien- und Haushaltsvorstand (aus der Aufsichtspflicht über Minderjährige)

Beispiel

Die Tochter einer VN hat eine Freundin zu Besuch. Durch eine Unachtsamkeit der VN stürzt die Freundin der Tochter und verletzt sich. Für diesen Schaden ist die VN haftbar zu machen.

- als Dienstherr/-in der im Haushalt tätigen Personen (Ausschluss: im Betrieb von Versicherungsnehmer/-innen)

Beispiel

Ein VN wirft versehentlich das Handy seiner gerade in seinem Haushalt tätigen Reinigungsfachkraft herunter, wodurch dieses stark beschädigt wird. Für den Schaden ist der VN haftbar zu machen.

- als gerichtlich bestellte Betreuungsperson von Angehörigen
- aus der Beaufsichtigung von bis zu fünf zur Betreuung übernommenen minderjährigen Kindern (Tageseltern)

Nicht versichert in diesem Zusammenhang:
- persönliche gesetzliche Haftpflicht der Kinder sowie Haftpflicht wegen Abhandenkommens von Sachen der zu betreuenden Kinder
- keine Haftung, wenn für die Betreuung der Kinder besondere Räume angemietet oder gekauft wurden

- aus der Beschädigung oder Zerstörung von verordneten medizinischen Hilfsmitteln
  Die Höchstersatzleistung je Versicherungsfall beträgt 15.000,00 € und ist begrenzt auf 30.000,00 € pro Versicherungsjahr.
  Es gilt eine Selbstbeteiligung von 100,00 € je Schadenfall.
- Schadenregulierung bei Ansprüchen gegen mitversicherte minderjährige Kinder
  In diesem Fall beruft sich der Versicherer nicht auf die Deliktsunfähigkeits soweit der/die Versicherungsnehmer/-in Versicherungsschutz wünscht.

Beispiel Die fünfjährige Tochter eines VN beschädigt versehentlich beim Radfahren den parkenden Pkw eines Nachbarn. Laut deutscher Rechtsprechung ist die fünfjährige Tochter deliktsunfähig und müsste für diesen Schaden nicht haften. Solange die Aufsichtspflicht nicht verletzt ist, müsste auch der VN nicht haften. Normalerweise würde daher der Nachbar den Schaden nicht ersetzt bekommen.

Wenn der VN es aber wünscht, dann würde seine Privathaftpflichtversicherung trotz dieser Rechtsprechung für den Schaden aufkommen.

Dies führt dazu, dass der Nachbarschaftsfrieden weiterhin bestehen bleibt und keine Unruhen auftreten, weil der Nachbar den Schaden trotz anderer Rechtsprechung ersetzt bekommt.

Dies gilt nicht, wenn
- der Geschädigte selbst aufsichtspflichtig war und geschädigt wird

Beispiel Die Oma beaufsichtigt das fünfjährige Kind des VN und wird von diesem geschädigt. Hier greift die Privathaftpflichtversicherung des VN nicht.

- oder von einem Aufsichtspflichtigen Schadenersatz verlangt werden kann

Beispiel Die Oma soll eigentlich das fünfjährige Kind (Tochter des VN) beaufsichtigen, schläft jedoch auf der Couch ein. In der Zwischenzeit spielt das Mädchen mit einem Ball vor der Haustür und beschädigt dort einen parkenden Pkw. Die Privathaftpflichtversicherung des VN wird für den Schaden nicht aufkommen, weil die Oma ihre Aufsichtspflicht verletzt hat und selbst für den Schaden haftbar zu machen ist.

- oder eine Leistungspflicht aus einem anderen Versicherungsvertrag (z. B. Sachversicherung) besteht.

Beispiel Die fünfjährige Tochter des VN hat bei einer Freundin zu Hause mit einem Streichholz gespielt und dort eine Gardine in Brand gesetzt. Hier greift zuerst die Hausratversicherung der Familie der Freundin.

- Nicht versichert sind Regressansprüche von Sozialversicherungsträgern.

Beispiel Die fünfjährige Tochter des VN kollidiert beim Spielen mit einem anderen Kind, das eine Gehirnerschütterung davonträgt und zur Kontrolle eine Nacht im Krankenhaus bleiben muss. Die Krankenversicherung des verletzten Mädchens wird Regress bei der Tochter des VN nehmen wollen, da diese den Schaden verursacht hat. Die Privathaftpflichtversicherung des VN wird nicht leisten. Regressansprüche der Krankenversicherung werden vermutlich auch nicht greifen, da die Tochter deliktsunfähig ist.

- Gefälligkeitshandlungen

Beispiel

Wenn ein VN Bekannten bei einem Umzug netterweise hilft und dann einen Schaden verursacht, ist dieser Schaden über seine Privathaftpflichtversicherung abgedeckt.

Nebenberufliche Tätigkeit

Teil A Abschnitt 1-6.2 AHB 2021

- Nebenberufliche, selbstständige Tätigkeiten, bis maximal 10.000,00 € Jahresgesamtumsatz
- Bei einer selbstständigen, nebenberuflichen Tätigkeit muss es sich handeln um:
  - Flohmarkt- und Basarverkauf
  - Änderungsschneiderei, Handarbeiten
  - Zeitungs-, Zeitschriften- und Prospektzustellung
  - Annahme von Sammelbestellungen
  - Markt- und Meinungsforschung, Daten- und Texterfassung
  - die Erteilung von Nachhilfe und Musikunterricht sowie Fitnesskursen
  - den Vertrieb von Kosmetik, Haushaltsartikeln, Bekleidung, Schmuck, Kunsthandwerk
- Hierfür dürfen keine Angestellten beschäftigt werden.
- Ausgeschlossen sind Schäden, die bei der Tätigkeit an Sachen Dritter geschehen (Bearbeitung, Reparatur, Beförderung oder Prüfung von Sachen).
- Schäden an Werkzeug oder Hilfsmitteln, die der VN während seiner Tätigkeit benutzt hat

Ehrenamtliche Tätigkeit, Freiwilligenarbeit, fachpraktischer Unterricht und Praktika

- Mitarbeitende in der Kranken- und Altenpflege, der Behinderten-, Kirchen- und Jugendarbeit
- Mithilfe in Vereinen, Bürgerinitiativen, Parteien und Interessenverbänden
- Mithilfe bei der Freizeitgestaltung in Sportvereinigungen, Musikgruppen oder gleichartig organisierten Gruppen

Nicht versichert sind:
- leitende Ehrenämter (Vereinsvorstand)
- öffentliche oder hoheitliche Ehrenämter (Gemeinderatsmitglied)
- wirtschaftliche oder soziale Ehrenämter mit beruflichem Charakter (Betriebs- oder Personalrat)

Der Versicherer leistet keine Entschädigung, wenn eine Leistung aus einem anderen Versicherungsvertrag beansprucht werden kann.

Kein Versicherungsschutz besteht bei Abnutzung, Verschleiß, übermäßiger Beanspruchung und Abhandenkommens.

Die Höchstersatzleistung je Versicherungsfall beträgt 15.000,00 € und ist begrenzt auf 30.000,00 € pro Versicherungsjahr.

Es gilt eine Selbstbeteiligung von 100,00 € je Schadenfall.

Haus- und Grundbesitz

Teil A Abschnitt 1-6.3 AHB 2021

Versichert ist die gesetzliche Haftpflicht von Versicherungsnehmern/-innen als Inhaber/-innen einer der folgenden **im Inland** gelegenen Immobilien:
- eine oder mehrere Wohnungen einschließlich Ferien- und Wochenendwohnungen
- Einfamilienhaus
- Zweifamilienhaus
- Wochenend- oder Ferienhaus

Jeweils nur, wenn die Wohnung oder das Haus von Versicherungsnehmern/-innen selbst bewohnt und ausschließlich zu Wohnzwecken verwendet wird.

Beispiel Auf dem Grundstück des Einfamilienhauses stürzt der Briefträger und verletzt sich. Die Privathaftpflichtversicherung des VN übernimmt den Schaden.

Bei einem Zweifamilienhaus wäre eine Partei von dem/der Versicherungsnehmer/-in bewohnt, die andere wäre an Fremde vermietet und trotzdem in der Privathaftpflichtversicherung mitversichert.

Beispiel Der Mieter der Doppelhaushälfte eines VN stürzt auf dem Grundstück und verletzt sich. Die Privathaftpflichtversicherung des VN kommt für den entstandenen Schaden auf.

- Mitversichert sind zugehörige, selbstgenutzte Garagen, Carports, Kfz-Stellplätze und Gärten sowie Schrebergärten.
- Bei Sondereigentum sind Haftpflichtansprüche der Gemeinschaft der Eigentümer wegen Beschädigung des Gemeinschaftseigentums mitversichert.
- Versichert ist auch die Vermietung einer Einliegerwohnung und oder die Vermietung einzelner Wohnräume innerhalb der selbst bewohnten Wohnung oder Hauses (Ein- oder Zweifamilienhaus).
- Des Weiteren ist der Vesicherungsnehmer als Bauherr oder Unternehmer von Bauarbeiten bis zu einer Bausumme von 200.000,00 € je Bauvorhaben versichert.

Beispiel Ein VN lässt an seinem Einfamilienhaus einen Wintergarten anbauen. Durch eine Unachtsamkeit des VN verletzt sich eine der Arbeitskräfte. Für den Schaden haftet die Privathaftpflichtversicherung des VN.

- Versicherungsnehmer/-innen sind als frühere/-r Besitzer/-in versichert, wenn die Versicherung bis zum Besitzwechsel bestand. Laut § 836 (2) BGB muss eine Person ein Jahr nach Verkauf ihrer Immobilie trotzdem für Schäden haften, die aufgrund des Grundstücks oder Hauses entstanden sind (siehe hierzu auch Kapitel 2.3).
  Die Privathaftpflichtversicherung haftet für einen entstandenen Schaden und eine zeitliche Beschränkung ist nicht vorgesehen.

Beispiel Eine VN hat vor einer Woche ihr Haus verkauft und der neue Besitzer ist bereits eingezogen. Bei einem Sturm löst sich eine bereits lockere Dachpfanne, da das Dach renovierungsbedürftig ist, und beschädigt das Auto des Nachbarn.
Die VN haftet, auch wenn sie jetzt nicht mehr Eigentümerin des Hauses ist, trotzdem für den entstandenen Schaden, da es ihre Obliegenheit gewesen wäre, das Dach reparieren zu lassen. Der neue Eigentümer kann Haftpflichtansprüche gegen sich abwenden, solange er nichts von der Reparaturbedürftigkeit des Daches wusste.

- Mitversichert ist der Betrieb einer privat oder gewerblich genutzten Solar- oder/und Photovoltaikanlage.

Obliegenheitspflichten von Versicherungsnehmern/-innen

- bauliche Instandhaltung
- Beleuchtung
- Reinigung
- Streuen und Schneeräumen auf Gehwegen
- durch Vertrag als Mieter, Pächter oder Entleiher übernommene Verkehrssicherungspflichten

Durch diese Obliegenheiten sollen Schäden vermieden werden, die eventuell aufgrund von Baumängeln oder nicht instandgehaltener Gebäude oder Beleuchtungen entstehen könnten.

Beispiel

Ein VN weiß, dass sein Dach baufällig ist, kümmert sich jedoch nicht um die Reparatur. Bei einem Sturm lösen sich Dachziegeln, die bereits locker waren und beschädigen das Auto eines Nachbarn. Da der VN die Obliegenheit, sein Gebäude regelmäßig instand zu halten, verletzt hat und somit grobe Fahrlässigkeit vorliegt, kann der VR laut VVG die Leistung kürzen.

- Mitversichert sind Schäden, für die Versicherungsnehmer/-innen als Vermieter aufgrund von Diskriminierung und Benachteiligung oder Ungleichbehandlung verantwortlich gemacht werden.
- Versichert sind Versicherungsnehmer/-innen als Zwangs- oder Insolvenzverwalter in dieser Eigenschaft.

Vermietung von Immobilien im Inland

Teil A Abschnitt 1-6.4 AHB 2021

Falls besonders vereinbart, ist als Ergänzung zum Versicherungsschutz zu Ziffer 6.3 AHB 2021 die gesetzliche Haftpflicht

- als Inhaber von vermieteten Sondereigentum,
- aus Vermietung mitversicherter Ferienhäuser,
- aus der Vermietung von Garagen, Carports und Kfz-Stellplätzen die zu versicherten Immobilien gehören und
- aus der Vermietung von Garagen

jeweils einschließlich der zugehörigen Gärten/Schrebergärten mitversichert.

Für diese Zusatzrisiken müssen Versicherungsnehmer/-innen einen Beitragszuschlag zahlen und sie dementsprechend zusätzlich mitversichern (vgl. Tarif für private Haftpflichtrisiken).

Beispiel

Ein VN besitzt ein Einfamilienhaus mit zwei Garagen. Eine davon nutzt er selbst, die andere Garage vermietet er. Die eigene Garage ist in seiner Privathaftpflichtversicherung beitragsfrei mitversichert. Für die vermietete Garage muss der VN einen Zusatzbeitrag zahlen und diese in seiner Privathaftpflichtversicherung gesondert benennen.

Schäden an fremdem überlassenem Eigentum

Teil A Abschnitt 1-6.5 AHB 2021

Mitversichert sind

- Mietsachschäden an zu privaten Zwecken gemieteten Räumen

Beispiel

Ein VN beschädigt versehentlich eine Bodenfliese in seiner Mietwohnung. Die Privathaftpflichtversicherung deckt den Schaden.

Die Höchstersatzleistung beträgt je Versicherungsfall 100.000,00 € und ist begrenzt auf 200.000,00 € pro Versicherungsjahr.

- gemietete, geliehene, geleaste, gepachtete, unentgeltlich überlassene bewegliche Sachen
  Die Höchstersatzleistung beträgt je Versicherungsfall 15.000,00 € und ist begrenzt auf 30.000,00 € pro Versicherungsjahr.
  Es gilt eine Selbstbeteiligung von 100,00 € je Schadenfall.

Beispiel

Einem VN bricht sein Schlüssel zur Mietwohnung ab. Somit hätte er eine bewegliche Sache beschädigt, die lediglich gemietet ist und Versicherungsschutz über seine Privathaftpflichtversicherung. Allerdings wird die Selbstbeteiligung von 100,00 € dafür sorgen, dass der VN den Schaden alleine trägt.

- Mietsachschäden am Inventar der Reiseunterkunft
  Hierzu zählen die Beschädigung oder Zerstörung von beweglichen Einrichtungs- und Ausstattungsgegenständen in Hotels, Pensionen, Ferienwohnungen und Häusern, anlässlich von Aufenthalten auf Reisen.
  Wichtig ist hierbei, dass es sich um eine gemietete Ferienwohnung handeln muss, nicht um die eigene.

Beispiel Eine VN hat ein Ferienhaus in Spanien gemietet und beschädigt dort versehentlich das Waschbecken. Die Privathaftpflichtversicherung deckt den Schaden.

Der Versicherungsschutz ist ausgeschlossen bei
- Abnutzung, Verschleiß und übermäßiger Beanspruchung
- Schäden an Heizungs-, Maschinen-, Kessel-, Warmwasserbereitungsanlagen sowie an Elektro- und Gasgeräten und allen sich daraus ergebenden Vermögensschäden
- Glasschäden, soweit sich Versicherungsnehmer/-innen oder mitversicherte Personen hiergegen besonders versichern können
  Glasschäden sind dementsprechend nur dann versichert, wenn Versicherungsnehmer/-innen keine Glasversicherung hierfür zur Deckung heranziehen können.

Beispiel Ein VN hat ein Ferienhaus gemietet und zerstört dort versehentlich eine Glasscheibe. Hier deckt seine Privathaftpflichtversicherung den Schaden, da eine Glasversicherung nur für das eigene Haus des VN Versicherungsschutz bietet.

- Schäden infolge von Schimmelbildung

Teil A Abschnitt 1-6.6 AHB 2021

Schlüsselverlust

Mitversichert ist das **Abhandenkommen von fremden Schlüsseln** (auch elektronische Türöffner), die im Rahmen einer ehrenamtlichen Tätigkeit, beruflich, dienstlich, privat oder im Rahmen eines Mietverhältnisses überlassen wurden und aller sich daraus ergebenden Vermögensschäden.

Beispiel Ein VN verliert seinen Schlüsselbund, an dem sich der Wohnungsschlüssel zu seiner gemieteten Wohnung und seine Dienstschlüssel befanden. Die Wiederbeschaffung der neuen Schlüssel ist über die Privathaftpflichtversicherung gedeckt.

Bei Sondereigentum sind auch Haftpflichtansprüche der Gemeinschaft mitversichert.

Der Versicherungsschutz umfasst die Kosten für die notwendige Auswechslung von Schlössern, sowie vorübergehende Sicherungsmaßnahmen (Notschloss) und falls erforderlich einen Objektschutz bis zu 14 Tagen, gerechnet ab dem Zeitpunkt, an dem der Verlust des Schlüssels festgestellt wurde.

Beispiel Nach dem Verlust des Schlüsselbundes lässt ein VN das Schloss zu seiner Wohnung austauschen, um sicherzustellen, dass niemand mit dem gefundenen Schlüssel in seine Wohnung eindringen kann. Die Schlossänderungskosten wären ebenfalls in der Privathaftpflichtversicherung abgedeckt.

Ausgeschlossen bleiben:
- Abhandenkommen von Schlüsseln, die Versicherungsnehmer/-innen aus einer selbstständigen oder freiberuflichen Tätigkeit heraus verwenden

- Verlust von Tresor-, Schließfach- und Möbelschlüsseln sowie sonstigen Schlüsseln zu beweglichen Sachen (z. B. Pkw, Fahrräder)
- Folgeschäden, die sich aus dem Schlüsselverlust ergeben (z. B. Einbruch)

Die Höchstersatzleistung beträgt pro Versicherungsfall 100.000,00 € und ist begrenzt auf 200.000,00 € pro Versicherungsjahr.

Sportausübung

Teil A Abschnitt 1-6.7 AHB 2021

Versichert ist der gesetzliche Anspruch von Versicherungsnehmern/-innen aus der Ausübung von Sport.

Ausgeschlossen sind:
- jagdliche Betätigung
- Teilnahme an Pferde- oder Kraftfahrzeugrennen sowie der Vorbereitung hierzu (Training)

Besonderheiten für Radfahrer (auch Pedelecs bis 25 km/h)

Versichert sind auch Schäden, die von Versicherungsnehmern/-innen bei einem Radrennen oder dem Training dazu verursacht werden.

Voraussetzungen dafür sind:
- Das Training und die Teilnahme am Wettkampf erfolgen privat
- Es ist keine Lizenz oder Startberechtigungen nötig
- Es besteht kein Versicherungsschutz durch einen anderen Versicherungsvertrag (z. B. Vereinshaftpflichtversicherung)

Waffen und Munition

Teil A Abschnitt 1-6.8 AHB 2021

Versichert ist die gesetzliche Haftung von Versicherungsnehmern/-innen aus dem erlaubten privaten Besitz und aus dem Gebrauch von Hieb-, Stoß-, und Schusswaffen sowie Munition und Geschossen.

Ausgeschlossen sind der Besitz und der Gebrauch zu Jagdzwecken oder zu strafbaren Handlungen.

Beispiel

Ein VN hat eine registrierte Schusswaffe, die er einsetzt, um einen gewalttätigen Einbrecher abzuwehren, der dabei verletzt wird. Der Personenschaden wäre durch die Privathaftpflichtversicherung abgedeckt.

Tiere

Teil A Abschnitt 1-6.9 AHB 2021

Versichert sind Schäden, für die Versicherungsnehmer/-innen als Halter/-innen oder Hüter/-innen folgender Tiere verantwortlich gemacht werden:
- zahme Haustiere
- gezähmte Kleintiere
- Bienen

Beispiel

Ein VN passt auf die Katze seines Nachbarn auf, die den Postboten des VN verletzt. Dieser Schaden ist über die Privathaftpflichtversicherungen des VN abgedeckt, da er als Hüter eines zahmen Haustieres versichert ist.

Versicherungsschutz besteht außerdem, wenn
- das Tier weder zu gewerblichen noch zu landwirtschaftlichen Zwecken gehalten wird,
- Versicherungsnehmer/-innen nicht gewerbsmäßig Hüter fremder Hunde oder Pferde sind,

- Versicherungsnehmer/-innen fremde Pferde reiten oder
- Versicherungsnehmer/-innen fremde Fuhrwerke fahren,

soweit Versicherungsschutz nicht über eine Tierhalterpflichtversicherung besteht.

In diesem Zusammenhang sind Ansprüche der Tierhalter wegen Sach- und Vermögensschäden ausgeschlossen.

Beispiel Die in der Privathaftpflichtversicherung mitversicherte Tochter einer VN reitet einmal wöchentlich ein fremdes Pferd. Sollte sich das Pferd bei einem Ausritt erschrecken, seine Reiterin abwerfen und beim Überqueren einer Straße einen Verkehrsunfall verursachen, ist der entstandene Sachschaden an den Autos über die Privathaftpflichtversicherung gedeckt.

Mitversichert sind Flurschäden anlässlich der Weidehaltung von privat gehaltenem Kleinvieh (Schafe, Ziegen, Schweine). Diese sind ebenfalls als zahme Haustiere anzusehen, sofern sie nicht gewerblich oder zu landschaftlichen Zwecken gehalten werden.

Ausgeschlossen sind
- eigene Hunde, Rinder, Pferde oder sonstige Reit- und Zugtiere sowie
- wilde Tiere.

Beispiel Ein VN hält sich zu Hause einen gezähmten Tiger, der einen Nachbarn verletzt. Auch wenn der Tiger gezähmt ist, zählt er nicht zu den zahmen Haustieren, sondern immer noch zu den wilden Tieren und damit zum Ausschlusstatbestand.

Teil A Abschnitt 1-6.10 AHB 2021

Gebrauch von Kraftfahrzeugen und Kraftfahrzeug-Anhängern

Versichert ist die gesetzliche Haftpflicht von Versicherungsnehmern/-innen wegen Schäden durch den Gebrauch von folgenden **nicht versicherungspflichtigen** Fahrzeugen und Anhängern:
- nur auf nicht öffentlichen Wegen und Plätzen verkehrende Kraftfahrzeuge ohne Rücksicht auf eine bauartbedingte Höchstgeschwindigkeit
- Kraftfahrzeuge mit nicht mehr als 6 km/h (motorgetriebener Rollstuhl)
- selbstfahrende Arbeitsmaschinen und Stapler bis 20 km/h
- Kraftfahrzeuganhänger

Voraussetzung:
- Das Fahrzeug wird von berechtigten Personen genutzt.
- Das Fahrzeug wird auf öffentlichen Plätzen oder Wegen nur mit erforderlicher Fahrerlaubnis benutzt.

Eingeschlossen ist die gesetzliche Haftung beim **Be- und Entladen** des selbstgenutzten **auch versicherungspflichtigen Kfz.**

Die Höchstersatzleistung beträgt 1.500,00 € je Versicherungsfall.

Beispiel Ein VN räumt Lebensmittel aus seinem Einkaufswagen in seinen Kofferraum. Dabei rollt ihm der Einkaufswagen unbemerkt weg und verursacht einen Schaden an dem Fahrzeug, das nebenan auf dem Parkplatz steht.
Der Schaden an dem fremden Fahrzeug ist bis zu einer Summe von 1.500,00 € über die Privathaftpflichtversicherung abgedeckt.

Nicht versichert sind Schäden am Ladegut und am selbst genutzten Kfz.

Der **Gebrauch eines selbstgenutzten, versicherungspflichtigen Kfz** (siehe Kapitel Gefährdungshaftung Halter eines Kfz in Lernfeld 6) ist wiederum nicht über die Privathaftpflichtversicherung abgedeckt.

Teil A Abschnitt 1-7.14 AHB 2021

Beispiel

Ein VN fährt als Beifahrer mit seinem Kollegen zur Arbeit. Beim Aussteigen öffnet er, ohne sich zu vergewissern, dass niemand kommt, die Tür und verletzt dabei einen Passanten. Dieser Schaden ist nicht über die Privathaftpflichtversicherung abgedeckt, da er beim Gebrauch eines Kfz geschieht.

Gebrauch von Luftfahrzeugen

Teil A Abschnitt 1-6.11 AHB 2021

Versichert ist die gesetzliche Haftpflicht von Versicherungsnehmer/-innen wegen Schäden, die durch den Gebrauch folgender Luftfahrzeuge verursacht werden:

- Flugmodelle, die dazu bestimmt sind, innerhalb geschlossener Räume betrieben zu werden (z.B. batteriebetriebene Hubschrauber)
- Flugmodelle, unbemannte Ballone und Drachen, die nicht durch Motoren angetrieben werden, mit einem Fluggewicht bis maximal 5 kg (batteriebetriebene Flugmodelle, Segelflugmodelle, Kinderdrachen, Lenkdrachen)
- Multicopter (Drohnen) bis maximal 250 g Fluggewicht

Es besteht kein Versicherungsschutz, wenn Versicherungsnehmer/-innen Versicherungsschutz aus einem anderen Versicherungsvertrag (z.B. Luftfahrthaftpflichtversicherungen) haben.

Versichert ist darüber hinaus der Gebrauch versicherungspflichtiger Luftfahrzeuge, soweit Versicherungsnehmer/-innen diese nicht als deren Eigentümer, Besitzer, Halter oder Führer, sondern z.B. als Passagiere, in Anspruch nehmen.

Beispiel

Ein VN ist Passagier eines Heißluftballons. Beim Vornüberbeugen fällt ihm sein Handy aus der Tasche und beschädigt dabei einen parkenden Pkw. Dies ist über die Privathaftpflichtversicherung versichert.

Gebrauch von Wassersportfahrzeugen

Teil A Abschnitt 1-6.12 AHB 2021

Versichert ist die gesetzliche Haftpflicht von Versicherungsnehmern/-innen wegen Schäden, die durch den Gebrauch ausschließlich folgender Wasserfahrzeuge verursacht werden:

- fremde und eigene Ruder-, Paddel-, Schlauchboote, Kanu, Kajak, Kanadier und vergleichbare Wasserfahrzeuge ohne Motor (auch ohne Hilfs- und Außenbordmotoren)
- fremde und eigene Windsurfbretter
- fremde Wassersportfahrzeuge mit Motoren (Motorboote, Wassermotorräder, Jet-Ski, Boote mit Hilfs- und Außenbordmotor), wenn der VN diese nur gelegentlich gebraucht und für das Führen des Bootes kein Führerschein erforderlich ist
- fremde Segelboote ohne Motor

Dies ist eine vollständige Liste aller Wasserfahrzeuge. Sollte in einem Beispiel ein anderes Wasserfahrzeug genannt werden, ist dieses automatisch nicht mitversichert.

Versichert ist darüber hinaus der Gebrauch von Wasserfahrzeugen, soweit Versicherungsnehmer/-innen diese nicht als deren Eigentümer, Besitzer, Halter oder Führer, sondern z.B. als Passagiere in Anspruch nehmen.

Teil A Abschnitt 1-6.13 AHB 2021

Gebrauch von Kitesportgeräten, Strandseglern und Eisseglern

Versichert ist der Gebrauch von fremden und eigenen oben genannten Sportgeräten, jeweils ohne Motor:
- Kite- bzw. Segelfläche maximal 15 Quadratmeter und
- bei Kitesportgeräten Segellänge maximal 30 Meter.

Teil A Abschnitt 1-6.14 AHB 2021

Gebrauch von Modellfahrzeugen

Versichert sind Schäden, die verursacht werden durch den Gebrauch von ferngelenkten Modellfahrzeugen zu Lande und zu Wasser.

Teil A Abschnitt 1-6.15 AHB 2021

Schäden im Ausland

Im Ausland eingetretene Versicherungsfälle sind unter folgenden Voraussetzungen mitversichert:
- Der Versicherungsfall ereignet sich bei einem zeitlich unbegrenzten Aufenthalt in den EU- Staaten (auch außereuropäische EU-Gebiete), in der Schweiz, Norwegen, Island, Andorra, San Marino, Monaco oder Liechtenstein

oder
- bei einem vorübergehenden Auslandsaufenthalt **von bis zu zwei Jahren** in allen anderen Staaten.

Somit gilt generell vorerst weltweiter Versicherungsschutz für jeden Urlaubsaufenthalt oder jede Dienstreise.

Versichert ist auch ein Anspruch aus vorübergehender Benutzung oder Anmietung von im Ausland gelegenen Wohnungen in Häusern gemäß Ziffer 6.3 AHB 2021 bis zu einer Dauer von zwei Jahren.

Der Versicherungsschutz entfällt, wenn die zwei Jahre überschritten wurden.

Sollte der Auslandsaufenthalt von Beginn an für eine längere Zeit geplant worden sein, so bestand von Beginn an kein Versicherungsschutz.

Aufenthalte in Deutschland von bis zu drei Monaten (um zum Beispiel die Familie zu besuchen) gelten nicht als Unterbrechung des Auslandaufenthaltes.

Teil A Abschnitt 1-6.16 AHB 2021

Vermögensschäden

Versichert sind Vermögensschäden, die weder durch Personen- noch durch Sachschäden entstanden sind.

Vom **Versicherungsschutz ausgeschlossen** sind Ansprüche wegen Vermögensschäden:
- durch von Versicherungsnehmern/-innen hergestellte oder gelieferte Sachen, erbrachte Arbeiten oder Leistungen
- aus planender, beratender, bau- oder montageleitender, prüfender oder gutachterlicher Tätigkeit
- aus Ratschlägen, Empfehlungen oder Weisungen an wirtschaftlich verbundene Unternehmen
- aus Vermittlungsgeschäften aller Art
- aus Auskunftserteilung, Übersetzung sowie Reiseveranstaltung
- aus Anlage-, Kredit-, Versicherungs-, Grundstücks-, Leasing- oder ähnlich wirtschaftlichen Geschäften, aus Zahlungsvorgängen aller Art, aus Kassenführung sowie aus Untreue oder Unterschlagung
- aus Rationalisierung und Automatisierung
- aus der Verletzung von gewerblichen Schutzrechten und Urheberrechten sowie des Kartell- oder Wettbewerbsrechts
- aus der Nichteinhaltung von Fristen, Terminen, Vor- und Kostenanschlägen
- aus Pflichtverletzungen als Mitglied von Vorstand, Geschäftsführung, Aufsichtsrat, Beirat
- aus bewusstem Abweichen von gesetzlichen oder behördlichen Vorschriften, von Anweisungen oder Bedingungen des Auftraggebers oder aus sonstiger bewusster Pflichtverletzung

- aus dem Abhandenkommen von Sachen, auch zum Beispiel von Geld, Wertpapieren und Wertsachen
- Wenn eine Sache abhandenkommt, ist dies nicht mitversichert, weil der Geschädigte nicht nachweisen kann, dass die Sache auch beschädigt wurde. Das reine Abhandenkommen einer Sache ist in der Privathaftpflichtversicherung nicht mitversichert.
- aus Schäden durch ständige Emissionen (z. B. Geräusche, Gerüche, Erschütterungen)

Übertragung elektronischer Daten

Teil A Abschnitt 1-6.17 AHB 2021

Versichert sind Versicherungsnehmer/-innen wegen Schäden aus dem Austausch, der Übermittlung und der Bereitstellung elektronischer Daten, z. B. im Internet, per E-Mail oder mittels Datenträger.

Dies geht gilt ausschließlich für:
- die Löschung, Unterdrückung, Unbrauchbarmachung von Daten bei Dritten
- Schäden an den Datenträgern von Dritten
- Schäden durch den Zugang von elektronischen Datenaustausch

Vom Versicherungsschutz ausgeschlossen sind:
- Vorsatz (Hackerangriff durch Versicherungsnehmer/-innen)
- Schäden durch Spamming
- Schäden durch Cookies
- Teilnahme an rechtswidrigen Online-Tauschbörsen

Die Versicherungssumme ist je Versicherungsfall auf 15 Mio. € und auf 30. Mio. € für alle Versicherungsfälle eines Versicherungsjahres begrenzt.

Ansprüche aus Diskriminierungen, Benachteiligungen, Ungleichbehandlungen

Teil A Abschnitt 1-6.18 AHB 2021

Versichert sind Schäden, für die Versicherungsnehmer/-innen wegen einer Diskriminierung, Benachteiligung oder Ungleichbehandlung in einem der folgenden Fälle verantwortlich gemacht werden:
- als Dienstherr bzw. Dienstherrin im Privathaushalt
- als Vermieter bzw. Vermieterin

Beispiel

Ein VN wird wegen Diskriminierung angezeigt, weil er eine Wohnung nicht an Frauen, sondern nur an Männer vermietet.

Hier haben Versicherungsnehmer/-innen auch für die Begründung und Beendigung von Vertragsverhältnissen Versicherungsschutz.

Allgemeines Umweltrisiko

Teil A Abschnitt 1-6.19 AHB 2021

Versichert sind Versicherungsnehmer/-innen wegen Schäden durch Umwelteinwirkung.

Diese liegen vor, wenn durch Stoffe, Erschütterung, Geräusche, Druck, Strahlen, Gase, Dämpfe, Wärme oder sonstige Erscheinungen die Luft, der Boden oder das Wasser verschmutzt oder beeinträchtigt werden.

Abwässer

Teil A Abschnitt 1-6.20 und 21 AHB 2021

Versichert sind Versicherungsnehmer/-innen wegen Schäden durch häusliche Abwässer und durch Abwässer aus dem Rückstau des Straßenkanals sowie alle sich daraus ergebenden Vermögensschäden.

Versichert sind im Versicherungsschein angegebene Anlagen.

Lagert ein/eine Versicherungsnehmer/-in gewässerschädliche Stoffe, haftet er/sie für Schäden eines Gewässers einschließlich des Grundwassers, die in diesem Zusammenhang geschehen.

Prämienfrei in der Privathaftpflichtversicherung mitversichert sind Versicherungsnehmer/-innen als Inhaber/-innen von Anlagen bis 100 Liter bzw. Kilogramm Fassungsvermögen. Werden mehrere solcher sogenannter Kleingebinde gelagert, dürfen diese 1 000 Liter bzw. Kilogramm nicht übersteigen. (siehe hierzu Kapitel 5.6)

Teil A Abschnitt 1-6.22 AHB 2021

Sanierung von Umweltschäden gemäß Umweltschadensgesetz

Ein Umweltschaden liegt vor wenn eine Schädigung
- von geschützten Arten und natürlichen Lebensräumen,
- von Gewässern einschließlich Grundwasser oder
- des Bodens

verursacht wird.

Versichert sind Versicherungsnehmer/-innen, wenn schadenverursachende Emissionen plötzlich, unfallartig und bestimmungswidrig in die Umwelt gelangt sind oder die sonstige Schadenverursachung gleichermaßen erfolgt ist.

Es besteht Versicherungsschutz für Umweltschäden durch Lagerung, Verwendung oder anderen Umgang von oder mit Erzeugnissen Dritter.

Versichert sind auch den/die Versicherungsnehmer/-in betreffende Pflichten oder Ansprüche wegen Umweltschäden an eigenen, gemieteten, geleisteten, gepachteten oder geliehenen Grundstücken, soweit diese Grundstücke vom Versicherungsschutz dieses Vertrages erfasst sind.

Ausgeschlossen sind Versicherungsansprüche aller Personen, die den Schaden dadurch verursacht haben, dass sie bewusst von Gesetzen, Verordnungen oder an den/die Versicherungsnehmer/-innen gerichteten behördlichen Anordnungen abweichen.

Außerdem ist der Versicherungsschutz ausgeschlossen, wenn Versicherungsnehmer/-innen einen anderen Versicherungsvertrag (Gewässerschadenhaftpflichtversicherung) haben.

Teil A Abschnitt 1-7 AHB 2021

5.1.4 Allgemeine Ausschlüsse

Ausschlüsse vom Versicherungsschutz in der Privathaftpflichtversicherung

- **Vorsatz**

Beispiel Ein VN rempelt absichtlich einen auf einem Gehweg fahrenden Radfahrer an, der unglücklich stürzt und derart starke Verletzungen erleidet, dass er an diesen stirbt.

- **Kenntnis der Mangelhaftigkeit oder Schädlichkeit**

Beispiel Ein VN hat Kenntnis von einer Mangelhaftigkeit oder Schädlichkeit eines Erzeugnisses oder einer Arbeit, die er privat verrichtet hat.

- **Ansprüche der Versicherten untereinander**

Beispiel Ein VN beschädigt versehentlich das Handy seiner mit ihm in häuslicher Gemeinschaft lebenden und in seinem Privathaftpflichtversicherungsvertrag mitversicherten Tochter.

- **Schadenfälle von Angehörigen des/der Versicherungsnehmers/-in und von wirtschaftlich verbundenen Personen**

Beispiel
Ein VN beschädigt versehentlich die Brille seiner 70-jährigen Mutter, die mit ihm in einem Haushalt lebt und einen eigenen Privathaftpflichtversicherungsvertrag hat.

Teil A Abschnitt 1-7.4 AHB 2021

Mitversichert sind hier jedoch Ansprüche von Sozialversicherungsträgern.

Beispiel
Ein VN verletzt versehentlich seine mit ihm in häuslicher Gemeinschaft lebende 70-jährige Mutter, die daraufhin im Krankenhaus behandelt werden muss. Die Krankenversicherung der Mutter kann Regressansprüche an den Sohn geltend machen, die dann über die Privathaftpflichtversicherung des Sohnes abgedeckt wären.

- **verbotene Eigenmacht, besonderer Verwahrungsvertrag**
- **Schäden an hergestellten oder gelieferten Sachen, Arbeiten und sonstigen Leistungen**

Beispiel
Ein VN (Maschinenhersteller) hat eine Spezialmaschine mit fehlerhafter Lüftung geliefert. Beim Betrieb der Maschine überhitzt diese und ein Schaden an der Maschine entsteht. Der Kunde verlangt Schadenersatz.

- **Asbest**
- **Gentechnik**
- **Persönlichkeits- und Namensrechtsverletzungen**
- **Anfeindungen, Schikane, Belästigungen und sonstige Diskriminierung**
- **Übertragung von Krankheiten**
  Hiermit ist Übertragung von Krankheiten gemeint, die zu Personen- oder Sachschäden (Schaden an Tieren) führen und die der/die Versicherungsnehmer/-in grob fahrlässig oder vorsätzlich übertragen hat.

Beispiel
Ein VN leidet an einer ansteckenden Krankheit. Obwohl ihm dies bekannt ist, steckt er durch grob fahrlässiges Verhalten eine andere Person an.

Handelte der/die Versicherungsnehmer/-in dabei leicht fahrlässig gilt der Versicherungsschutz.

Beispiel
Ein VN überträgt ohne Verschulden eine Krankheit, da er selbst nichts von deren Existenz wusste.

- **Senkungen, Erdrutsch, Überschwemmungen**
- **Strahlen**
- **Kraftfahrzeuge und Kraftfahrzeuganhänger**
  (siehe hierzu Kapitel 5.1.3)
- **ungewöhnliche und gefährliche Beschäftigung**
- **verantwortliche Betätigung in Vereinigungen aller Art**
  (siehe hierzu Kapitel 5.1.3)

5.1.5 Forderungsausfalldeckung

Teil A Abschnitt 1-11 AHB 2021

Versicherungsschutz besteht, wenn eine/eine Versicherungsnehmer/-in oder eine mitversicherte Person während der Wirksamkeit der Versicherung von einem Dritten geschädigt wird und dieser einer Schadenersatzverpflichtung ganz oder teilweise nicht nachkommen kann, weil die Zahlungs- und Leistungsunfähigkeit des Dritten festgestellt worden ist und die Durchsetzung der Forderungen gegen ihn gescheitert ist.

Beispiel Ein VN wird von einem Dritten geschädigt, der mittellos ist und keine Privathaftpflichtversicherung hat. Der Schaden wird von der Privathaftpflichtversicherung des VN in Form der Forderungsausfalldeckung übernommen, da die dritte Person zahlungsunfähig ist.

Der Versicherer leistet allerdings lediglich für Personen- und Sachschäden, nicht für Vermögensschäden. Mitversichert sind (abweichend Teil A Abschnitt 1-6.9 AHB 2021) Haftpflichtansprüche aus der Eigenschaft des Schädigers als privater Halter von Hunden und Pferden.

Leistungsvoraussetzungen

- wenn die Forderung durch ein rechtskräftiges Urteil festgestellt wurde,
- wenn der schädigende Dritte zahlungs- und leistungsunfähig ist
  Dies ist der Fall: wenn
  - eine Zwangsvollstreckung nicht ausreicht, um den Schaden zu decken oder aussichtslos erscheint oder
  - ein Insolvenzverfahren aussichtslos erscheint.
- wenn die Ansprüche gegen den schadenersatzpflichtigen Dritten von dem/der Versicherungsnehmer/-in an den Versicherer abgetreten wurden.

Für Schäden bis zur Höhe von 1.500,00 € besteht kein Versicherungsschutz.

Beispiel Ein mittelloser Dritter schädigt einen VN und der Schaden beläuft sich auf 1.000,00 €. Hier greift die Forderungsausfalldeckung seiner Privathaftpflichtversicherung nicht.

Versicherungsschutz für die Forderungsausfalldeckung besteht in folgenden Regionen:
- Mitgliedstaaten der Europäischen Union
- Schweiz, Norwegen, Island, Andorra, San Marino, Monaco, Liechtenstein

Teil A Abschnitt 1-11.5 AHB 2021

Vom Versicherungsschutz ausgeschlossen sind:
- Schäden an Kraft-, Luft-, und Wasserfahrzeugen, Kraftfahrzeuganhängern
- Schäden an Immobilien im Ausland
- Schäden an Sachen, die der schadenersatzpflichtige Dritte aufgrund eines Miet-, Leasing-, Pacht-, Leih- oder Verwahrungsvertrages erlangt hat
- Schäden an Sachen, die von Versicherungsnehmern/-innen nicht privat genutzt wurden
- Verzugszinsen, Vertragsstrafen
- Forderungen aufgrund eines gesetzlichen oder vertraglichen Forderungsübergangs
- Ansprüche aus Schäden zu deren Ersatz ein anderer Versicherer eine Leistung zu erbringen hat

Teil A Abschnitt 1-8 AHB 2021

5.1.6 Veränderungen des versicherten Risikos

Versichert ist die Erhöhung oder die Erweiterung des versicherten Risikos.

Eine Erhöhung könnte die Vergrößerung der Familie sein, der Kauf eines weiteren Hauses oder Ähnliches.

Dies gilt nicht für Risiken aus dem Halten oder Gebrauch von
- Kraft-, Luft-, oder Wasserfahrzeugen und
- Risiken, die der Versicherungs- oder Deckungsvorsorgepflicht unterliegen, ausgenommen sind versicherungspflichtige Hunde.

Erhöht oder erweitert sich das Risiko, ist der Versicherer berechtigt, das Versicherungsverhältnis unter Einhaltung einer Frist von einem Monat zu kündigen.

Das Kündigungsrecht erlischt, wenn es nicht innerhalb eines Monats von dem Zeitpunkt an ausgeübt wird, an dem der Versicherer von der Erhöhung Kenntnis erlangt hat.

Eine Risikoerweiterung oder Risikoerhöhung ist in der Haftpflichtversicherung immer ab Entstehung mitversichert. Es gilt daher nie eine Unterversicherung oder die Möglichkeit, dass der Versicherer bei Nichtanzeige durch den/die Versicherungsnehmer/-in den Versicherungsschutz versagt.

Beispiel

Ein VN bekommt noch ein weiteres Kind und kauft einen zweiten Hund. Beide Risiken waren bereits vorher in der Privathaftpflichtversicherung bzw. Hundehalterhaftpflichtversicherung mitversichert.
Natürlich muss ab Entstehung eine Prämie für die Risikoerweiterung gezahlt werden.

Lediglich ein völlig neues Risiko, das es so vorher im Vertrag nicht gegeben hat und für das eine neue Haftpflichtversicherung abgeschlossen werden muss, unterliegt der Anzeigepflicht und wird durch die Vorsorgeversicherung abgedeckt (siehe hierzu auch Kapitel 8).

Vorsorgeversicherung

Teil A Abschnitt 1-9 AHB 2021

Risiken, die nach dem Abschluss des Versicherungsvertrages neu entstehen, sind sofort versichert.

Versicherungsnehmer/-innen sind jedoch dazu verpflichtet, nach Aufforderung des Versicherers (oft durch die Prämienrechnung) jedes neue Risiko innerhalb eines Monats anzuzeigen.

Beispiel

Eine VN hat die Prämienrechnung zum 1. Januar 20.. erhalten. Im März kauft sich die VN einen Hund. Dieser Hund ist über die Vorsorgeversicherung in der Privathaftpflichtversicherung der VN bis einen Monat nach der nächsten Prämienrechnung mitversichert, hier bis zum 1. Februar des nächsten Jahres.

Unterlassen Versicherungsnehmer/-innen die rechtzeitige Anzeige, entfällt der Versicherungsschutz für das neue Risiko rückwirkend ab dessen Entstehung.

Tritt der Versicherungsfall ein, bevor das neue Risiko angezeigt wurde, so haben Versicherungsnehmer/-innen zu beweisen, dass das neue Risiko erst nach Abschluss der Versicherung und zu einem Zeitpunkt hinzugekommen ist, zu dem die Anzeigefrist noch nicht verstrichen war.

Beispiel

Bezogen auf das vorangehende Beispiel bedeutet dies: Wenn der im März gekaufte Hund bereits im April einen Schaden verursacht, ist dieser mitversichert, da die Anzeigefrist bis zum Februar des nächsten Jahres noch nicht abgelaufen war.

Der Versicherer kann eine angemessene Prämie für das neue Risiko verlangen. Gibt es innerhalb eines Monats nach Eingang der Anzeige beim Versicherer keine Einigung über die Höhe der angemessenen Prämie, so entfällt der Versicherungsschutz für das neue Risiko rückwirkend ab dessen Entstehung.

Die Vorsorgeversicherung gilt nicht für folgende Risiken:
- Kraft-, Luft-, oder Wasserfahrzeuge
- Drohnen
- Bahnen
- Risiken, die der Versicherungs- und Deckungsvorsorgepflicht unterliegen, mit Ausnahme versicherungspflichtiger Hunde
- Risiken, die kürzer als ein Jahr bestehen werden

- Risiken aus betrieblicher, beruflicher, dienstlicher und amtlicher Tätigkeit
- neu hinzukommende Personen bei Vereinbarung eines Singletarifs

Beispiel Eine VN, die eine Single-Versicherung vereinbart hat, wird Mutter. Das Kind ist nicht über die Vorsorgeversicherung in der Privathaftpflichtversicherung mitversichert. Daher muss die Versicherungsnehmerin in die Familien-Versicherung wechseln, damit das Kind versichert ist.

Übersicht über die möglichen Risikoveränderungen

Der Versicherungsschutz umfasst die gesetzliche Haftpflicht für ...		
... die im Versicherungsschein und den Nachträgen beschriebenen Risiken von Versicherungsnehmern/-innen **= versichertes Risiko**	... Erhöhungen und Erweiterungen des versicherten Risikos **= Ergänzungsversicherung**	... die nach Abschluss neu entstehenden Risiken **= Vorsorgeversicherung**

Risikoerhöhung

- Vergrößerung einer bereits versicherten Gefahr
- qualitative Risikoänderung

Beispiel Eine Ärztin der Allgemeinmedizin wird als Fachärztin für die Chirurgie zugelassen und dort aktiv.

Risikoerweiterung

- Vergrößerung der Anzahl der bereits versicherten Risiken um ein gleiches
- quantitative (mengenmäßige) Risikoänderung

Beispiel Zu einer bereits bestehenden Tierhalterhaftpflichtversicherung für einen Hund kommt ein zweiter Hund hinzu.

Vorsorgeversicherung

- völlig neues Risiko nach Abschluss der Versicherung bzw. einer späteren Anzeigeaufforderung
- neues Risiko passt anders als bei der Risikoerhöhung bzw. -erweiterung nicht mehr in das Bild der bestehenden Risikobeschreibung
- AVB gewähren auch hierfür sofortigen Versicherungsschutz
- Die Vorsorgeversicherung soll Versicherungsnehmer/-innen vor unangenehmen Überraschungen schützen, denn gewöhnlich denken diese nicht sofort daran, für ein neues Risiko eine entsprechende Haftpflichtversicherung abzuschließen.
- Es handelt sich immer um Risiken, für die das im Versicherungsschein beschriebene Risiko nicht mehr typisch sind.
- Im Zweifelsfall liegt immer dann ein neues Risiko vor, wenn der Versicherer für dieses Risiko einen eigenen Tarif bzw. eine eigene Antragsposition vorsieht.

Beispiel Ein VN besitzt eine Privathaftpflichtversicherung und schafft sich seinen ersten Hund an.

Gegenüberstellung	Risikoerhöhung/ -erweiterung	Vorsorgeversicherung
Art des Risikos	Änderung eines bisher schon versicherten Risikos	neues Risiko, nicht typisch für das bereits versicherte Risiko

Gegenüberstellung	Risikoerhöhung/ -erweiterung	Vorsorgeversicherung
Deckungssummen	im Rahmen der bisher vereinbarten Deckungssummen	Summenbegrenzungen
Versicherungsschutz	Versicherungsschutz mit Eintritt der Veränderung des versicherten Risikos (auch bei unrichtiger oder unterlassener Anzeige)	sofortiger Versicherungsschutz entfällt unter Umständen rückwirkend
Beginn der Beitragspflicht	unbedingter Anspruch auf rückwirkende Prämienregulierung, da endgültiger Versicherungsschutz	prämienfrei bis zum Vertragseinschluss (Prämienvereinbarung)
Ausschlüsse	Ausschluss für Luft-, Kraft- und Wasserfahrzeuge	zahlreiche Ausschlüsse

Fortsetzung der Privathaftpflichtversicherung nach dem Tod eines/einer Versicherungsnehmers/-in

Teil A Abschnitt 1-10 AHB 2021

Single-Versicherung

Nach dem Tod eines/einer Versicherungsnehmers/-in erlischt der Vertrag zum Zeitpunkt, an dem der Versicherer Kenntnis von dem Wegfall des Risikos erfahren hat.

Familien-Versicherung

Nach dem Tod eines/einer Versicherungsnehmers/-in besteht der bedingungsgemäße Versicherungsschutz für die mitversicherten Personen bis zum nächsten Termin der Fälligkeit fort. Wird die nächste Prämienrechnung durch den/die überlebende/-n Ehepartner/-in oder eine eingetragene Lebenspartnerschaft beglichen, so wird diese Person Versicherungsnehmer/-in.

5.2 Hundehalterhaftpflichtversicherung

Teil A Abschnitt 2 AHB 2021

Versichertes Risiko und versicherte Personen

Versichert sind Versicherungsnehmer/-innen

- bei Hundehaltung zu privaten Zwecken.
- Mitversichert sind Versicherungsnehmer/-innen auch während des Hütens von Tieren, sofern dies nicht gewerbsmäßig erfolgt.
- Mitversichert ist der/die Versicherungsnehmer/-in als Halter eines Welpen bis zum ersten Lebensjahr. Vorausgesetzt, dass auch das Muttertier im Besitz des/der Versicherungsnehmers/-in und bei der Proximus Versicherung AG versichert ist.

Die Proximus Versicherung AG versichert seit den AHB 2021 nun auch Kampfhunde und schließt diese nicht mehr kategorisch aus.

Im Ausland gelten die gleichen Regelungen wie in der Privathaftpflichtversicherung (siehe hierzu auch Kapitel 5.1.3).

Teil A Abschnitt 2-3 AHB 2021

Mietsachschäden durch Hunde

Eingeschlossen ist, wenn Versicherungsnehmer/-innen als Hundehalter aus der Beschädigung von Wohnräumen und sonstigen zu privaten Zwecken gemieteten Räumen in Gebäuden und alle sich daraus ergebenden Vermögensschäden haftbar zu machen sind. Dies betrifft lediglich Wohnräume und keine beweglichen Gegenstände.

Beispiel Ein VN bewohnt eine Mietwohnung und sein Hund knabbert den dort verlegten Teppich an und zerstört diesen. Der Teppichboden des Vermieters gehört zum Wohnraum. Der Schaden ist damit über die Hundehalterhaftpflichtversicherung gedeckt.
Nicht versichert wäre es, wenn der Hund die Couch des Vermieters in der Mietwohnung des VN anknabbern würde.

Ausgeschlossen sind Schäden durch:
- Abnutzung, Verschleiß, übermäßige Beanspruchung
- Schäden an Heizungs-, Maschinen-, Kessel- und Warmwasserbereitungsanlagen sowie an Elektro- und Gasgeräten
- Glasschäden, soweit sich der/die Versicherungsnehmer/-in hiergegen besonders versichern kann

Beispiel Eine VN hat Freunde zu Besuch in ihrer Mietwohnung und der Hund begrüßt diese aufgeregt. Durch das wilde und freudige Herumspringen des Hundes wird die Glastür des Wohnzimmers gegen die Wand gestoßen und leicht beschädigt. Dieser Schaden ist nicht über die Hundehalterhaftpflichtversicherung versichert, da die Mieterin eine Glasversicherung abschließen kann.

Teil A Abschnitt 3 AHB 2021

5.3 Pferdehalterhaftpflichtversicherung

Versichert sind Versicherungsnehmer/-innen als Halter und Halterinnen des im Antrag angegebenen Tieres als Reit- und Zugtier zu privaten Zwecken.

Teil A Abschnitt 3-1 AHB 2021

Mitversichert ist auch die gesetzliche Haftpflicht der Tierhütung, sofern diese nicht gewerbsmäßig erfolgt.

Zur Prämienberechnung müssen sämtliche vorhandene Tiere derselben Gattung angegeben werden.

Beispiel Ein VN schließt eine Pferdehalterhaftpflichtversicherung für ein Pferd ab, hat aber zwei Pferde. Dies ist eine Obliegenheitsverletzung. Der VN muss alle Pferde angeben und kann nicht nur ein Pferd versichern.

Nicht versichert sind Haftpflichtansprüche aus Deckschäden und Ansprüche durch die Teilnahme an Pferderennen sowie die Vorbereitung hierzu (Training).

Beispiel Ein VN stellt seinen Hengst zur Verfügung, um eine Stute decken zu lassen. Die Befruchtung der Stute ist erfolgreich, aber das Fohlen ist krank. Dieser Schaden ist nicht mitversichert.

Teil A Abschnitt 3-2 AHB 2021

Mitversicherte Risiken

- Flurschäden
  Hiermit sind Weideschäden gemeint, wenn ein Pferd auf der Weide graste und dort gehalten wurde.

- Schäden aus dem Betrieb von Kutschen
  Mitversichert sind der private Besitz und die Nutzung von Pferdefuhrwerken oder Kutschen für bis zu acht Personen. Hierfür muss die Kutsche in technisch einwandfreiem Zustand und die Fahrsicherheit gewährleistet sein.
- Schäden aus dem **gelegentlichen, unentgeltlichen** Verleih des Pferdes an eine dritte Person. Eingeschlossen sind Haftpflichtansprüche von Reittiernutzern gegen Versicherungsnehmer/-innen.

Beispiel

Eine VN lässt einen Bekannten ausnahmsweise auf ihrem Pferd reiten. Da dies ausnahmsweise und unentgeltlich geschieht, ist dies mitversichert. Auch ein entstandener Personenschaden am Reiter wäre mitversichert.

- Teilnahme an Reitturnieren, Geschicklichkeitswettbewerben oder Reiterspielen
- Schäden aus dem Halten von Fohlen ab der Geburt bis zum Ende des ersten Lebensjahres
- Voraussetzung ist, dass das Fohlen im Besitz des/der Versicherungsnehmers/-in ist, und dass das Muttertier bei der Proximus Versicherung AG versichert ist

Im Ausland gelten die gleichen Regelungen wie in der Privathaftpflichtversicherung (siehe hierzu auch Kapitel 5.1.3).

Mietsachschäden durch Pferde

Eingeschlossen ist, wenn ein/eine Versicherungsnehmer/-in als Halter/-in aus der Beschädigung von Wohnräumen und sonstigen zu privaten Zwecken gemieteten Räumen in Gebäuden (einschließlich Pferdeboxen) und alle sich daraus ergebenden Vermögensschäden haftbar zu machen ist. Dies betrifft lediglich Wohnräume und keine beweglichen Gegenstände.

Beispiel

Ein VN hat für sein Pferd eine Box in einem Reitstall gemietet. Als das Pferd in der Box austritt, wird die Wand beschädigt. Dieser Schaden ist durch die Pferdehalterhaftpflichtversicherung gedeckt.

Ausgeschlossen sind Schäden durch:
- Abnutzung, Verschleiß, übermäßige Beanspruchung
- Schäden an Heizungs-, Maschinen-, Kessel- und Warmwasserbereitungsanlagen sowie an Elektro- und Gasgeräten
- Glasschäden, soweit sich Versicherungsnehmer/-innen hiergegen besonders versichern können

Vermögensschäden wiederum sind mitversichert.

Teil A Abschnitt 4 AHB 2021

5.4 Haus- und Grundbesitzerhaftpflichtversicherung

Versichert ist die gesetzliche Haftpflicht von Versicherungsnehmern/-innen als Haus- und/oder Grundstücksbesitzer/-innen.

Versicherungsnehmer/-innen sind in der Eigenschaft als Eigentümer, Mieter, Pächter, Leasingnehmer oder Nießbraucher für das im Antrag stehende Gebäude oder Grundstück, einschließlich dem Miteigentum an dazu gehörenden Gemeinschaftsanlagen (Zuwege zu öffentlicher Straße, Zuwege zu einem gemeinschaftlichen Wäschetrockenplatz, dieser selbst, sonstige Wohnwege, Garagenhöfe und Stellplätze für Müllgefäße) versichert.

Hierbei erstreckt sich die Ersatzpflicht bei Schäden an Gemeinschaftsanlagen nicht auf den Miteigentumsanteil der Versicherungsnehmer/-innen (Eigenschaden).

Versichert ist ein Anspruch aus der Verletzung von Pflichten, die Versicherungsnehmer/-innen in den oben genannten Eigenschaften obliegen.

Beispiele bauliche Instandhaltung, Beleuchtungen, Reinigung, Streuen und Schneeräumen auf Gehwegen, Bürgersteigen und Fahrbahnen

Mitversicherte Risiken

Teil A Abschnitt 4-2 AHB 2021

- Bauarbeiten (Neubauten, Umbauten, Reparaturen, Abbruch- und Grabarbeiten) bis zu einer veranschlagten Bausumme von 200.000,00 € je Bauvorhaben
  Wird dieser Betrag überschritten entfällt die Mitversicherung.
  Es gelten dann die Bestimmungen über die Vorsorgeversicherung. Eine zeitliche Begrenzung gibt es hierfür nicht.
  Nicht versichert ist der Besitz von Luftlandeplätzen.
- der frühere Besitz bei einem Besitzwechsel (maximal ein Jahr nach Verkauf) (§ 836 BGB)
- die durch Arbeitsvertrag mit der Verwaltung, Reinigung, Beleuchtung und sonstigen Betreuung der Grundstücke beauftragte Personen für Ansprüche, die gegen diese erhoben werden
  Das Gleiche gilt für Personen, die diese Verrichtungen gefälligkeitshalber ausführen.

Beispiel Weil ein VN sich im Urlaub befindet, betritt der Nachbar nach Absprache das Grundstück, um die Mülltonnen an die Straße zu stellen. Dabei stürzt dieser auf dem Grundstück des VN und verletzt sich. Dieser Schaden ist über die Haus- und Grundbesitzerhaftpflichtversicherung abgedeckt.

- des Zwangs oder Insolvenzverwalters in dieser Eigenschaft
- des Nießbrauchers
- als Inhaber und aus dem Betrieb einer geothermischen Anlage zur Erzeugung von Wärme und Warmwasser für ein mitversichertes Gebäude
- als Inhaber und aus dem Betrieb von thermischen und photovoltaischen Solaranlagen, von Blockheizkraftwerk, von Wind- und Wasserkraftanlagen, die im Eigentum von Versicherungsnehmern/-innen stehen und mit dem versicherten Grundstück fest verbunden sind
- Eingeschlossen ist die von Versicherungsnehmern/-innen als Mieter, Pächter oder Leasingnehmer durch Vertrag übernommene gesetzliche Haftpflicht.
- Eingeschlossen ist die gesetzliche Haftpflicht von Versicherungsnehmern/-innen als Mieter, Pächter oder Leasingnehmer aus der Beschädigung von Wohnräumen und sich daraus ergebenden Vermögensschäden.

Weitere Schäden an gemieteten, gepachteten geleasten Sachen fallen nicht unter den Versicherungsschutz.

Ausgeschlossen sind Haftpflichtansprüche wegen:
- Abnutzung, Verschleiß, übermäßige Beanspruchung
- Schäden an Heizungs-, Maschinen-, Kessel- und Warmwasserbereitungsanlagen sowie an Elektro- und Gasgeräten
- Glasschäden, soweit sich Versicherungsnehmer/-innen hiergegen besonders versichern können
- Personenschäden, bei denen es sich um Arbeitsunfälle oder Berufskrankheiten im Betrieb eines/einer Versicherungsnehmers/-in handelt

Schäden im Ausland:
- Versichert ist die gesetzliche Haftpflicht aus den EU- Staaten (auch außereuropäische EU-Gebiete), in der Schweiz, in Norwegen, Island, Andorra, San Marino, Monaco oder Liechtenstein vorkommenden Versicherungsfällen.
- Die Leistungen hierzu erfolgen in Euro.
- Soweit der Zahlungsort außerhalb der Staaten liegt, die der Europäischen Währungsunion angehören, gilt die Versicherungsleistung als erbracht, wenn der Euro-Betrag bei einem in der europäischen Währungsunion gelegenen Geldinstitut angewiesen ist.

Bei Gemeinschaften von Wohnungseigentümern gilt:
- Versicherungsnehmer ist die Gemeinschaft der Wohnungseigentümer/Teileigentümer.
- Versichert ist die gesetzliche Haftpflicht der Gemeinschaft der Wohnungseigentümer aus dem gemeinschaftlichen Eigentum.
- Mitversichert sind Verwalter und Wohnungseigentümer bei Betätigung im Interesse und für Zwecke der Gemeinschaft.
- Mitversichert ist der Gebrauch von Kraftfahrzeugen und Kraftfahrzeuganhängern.
- **Mitversichert sind Vermögensschäden, Umweltschäden und Gewässerschäden.**

Teil A Abschnitt 1-6.10.1 und 6.10.2 AHB 2021

5.5 Bauherrenhaftpflichtversicherung

Teil A Abschnitt 5 AHB 2021

Versicherungsschutz wird nur geboten, wenn Planung, Bauleitung und Bauausführung an einen Dritten vergeben sind.

Mitversichert sind Versicherungsnehmer/-innen als Bauherren für die gesetzliche Haftpflicht als Haus- und Grundbesitzer für das zu bebauende Grundstück. Außerdem sind Zuwege zu öffentlichen Straßen, zu einem gemeinschaftlichen Wäschetrockenplatz, dieser selbst, sonstige Wohnwege, Garagenhöfe und Stellplätze für Müllgefäße mitversichert.

Die Versicherung endet mit Beendigung der Bauarbeiten, spätestens zwei Jahre nach Versicherungsbeginn.

Mitversicherte Risiken

- Ansprüche wegen Senkungen von Grundstücken (auch eines darauf errichteten Werkes), infolge von Rammarbeiten oder Erdrutschungen
- Mitversichert ist der Gebrauch von Kraftfahrzeugen und Kraftfahrzeuganhängern.
- **Mitversichert sind Vermögensschäden, Umweltschäden und Gewässerschäden.**

Teil A Abschnitt 5-1 AHB 2021

Schäden an geliehenen, gemieteten, geleasten und gepachteten Sachen für das Bauvorhaben bleiben vom Versicherungsschutz **ausgeschlossen**.

Schäden im Ausland:
- Versichert ist die gesetzliche Haftpflicht aus den EU- Staaten (auch außereuropäische EU- Gebiete), in der Schweiz, in Norwegen, Island, Andorra, San Marino, Monaco oder Liechtenstein vorkommenden Versicherungsfällen.

Teil A Abschnitt 5-2 AHB 2021

- Die Leistungen hierzu erfolgen in Euro.
- Soweit der Zahlungsort außerhalb der Staaten liegt, die der Europäischen Währungsunion angehören, gilt die Versicherungsleistung als erbracht, wenn der Euro-Betrag bei einem in der europäischen Währungsunion gelegenen Geldinstitut angewiesen ist.

Teil A Abschnitt 5-3 AHB 2021

Bauen in Eigenleistung

Durch besondere Vereinbarung kann der Versicherungsschutz erweitert werden:

- **Bauausführung**
  Mitversichert sind Versicherungsnehmer/-innen während der Ausführung der Bauarbeiten oder Teile dieser Arbeiten in Eigenregie.

Beispiel Während ein VN sein Haus von einer Baufirma bauen lässt, übernimmt er den Innenausbau selbst. Sollten Schäden während dieses Innenausbaus an Dritten geschehen, ist dies mitversichert.

Auch Personen, die dem/der Versicherungsnehmer/-in helfen, sind mitversichert.
Ausgeschlossen sind Personenschäden, bei denen es sich um Arbeitsunfälle oder Berufskrankheiten im Betrieb der Versicherungsnehmer/-innen handelt.
Schäden an geliehenen, gemieteten, geleasten und gepachteten Sachen für das Bauvorhaben bleiben vom Versicherungsschutz ausgeschlossen.

Beispiel Ein VN leiht sich in einem Baumarkt ein Fliesenschneidegerät aus, das bei den Bauarbeiten kaputt geht. Der Schaden ist ausgeschlossen.

- **Planung und/oder Bauleitung**
  Mitversichert sind Versicherungsnehmer/-innen aus der Übernahme der Planung und/oder der Bauleitung.

Teil A Abschnitt 6 AHB 2021

5.6 Gewässerschadenhaftpflichtversicherung

Versichert sind die im Versicherungsschein angegebenen Anlagen.

Bei der Lagerung gewässerschädlicher Stoffe haften Versicherungsnehmer/-innen für Schäden eines Gewässers, einschließlich des Grundwassers, die in diesem Zusammenhang entstehen.

Prämienfrei in der Privathaftpflichtversicherung mitversichert sind Versicherungsnehmer/-innen als Inhaber von Anlagen bis 100 Liter bzw. Kilogramm Fassungsvermögen. Werden mehrere solcher sog. Kleingebinde gelagert, dürfen diese 1 000 Liter bzw. Kilogramm nicht übersteigen.

Mitversichert sind auch Personen, die der/die Versicherungsnehmer/-in durch Arbeitsvertrag mit der Verwaltung, Reinigung, Beleuchtung und sonstigen Betreuung der Grundstücke beauftragt hat. Auch Personen, die dieses gefälligkeitshalber (z. B. Nachbarschaft) ausführen, sind mitversichert.

Ausgeschlossen sind weiterhin Personenschäden, bei denen es sich um Arbeitsunfälle oder Berufskrankheiten im Betrieb von Versicherungsnehmern/-innen handelt.

Rettungskosten

Auch erfolglose Versuche, einen Schaden abzuwenden oder zu mindern (Rettungskosten), sind mitversichert.

Auf Weisung des Versicherers aufgewendete Rettungs- und außergerichtliche Gutachterkosten sind vom Versicherer zu ersetzen.

Beides wird nur dann ersetzt, wenn die Versicherungssumme nicht bereits durch den generellen Schaden aufgebraucht wurde.

Mitversichert sind ebenfalls, unabhängig von einem tatsächlichen Gewässerschaden, Schäden an unbeweglichen Sachen, die dadurch verursacht wurden, das gewässerschädliche Stoffe bestimmungswidrig aus einer Anlage treten.

Der Versicherer ersetzt die Aufwendungen zur Wiederherstellung des Zustandes, wie er vor Eintritt des Schadens war.

Ausgeschlossen bleiben allerdings Schäden an der Anlage selbst.

Beispiel

Der Öltank eines VN leckt und verursacht dadurch einen Schaden an dem Boden des Kellers. Der Schaden wird ersetzt.

Ausgeschlossen sind:
- vorsätzliche Verstöße
  Verstoßen Versicherungsnehmer/-innen vorsätzlich gegen dem Gewässerschutz dienende Gesetze oder Verordnungen, ist der Versicherungsschutz ausgeschlossen.
- Krieg, Aufruhr, Generalstreik, höhere Gewalt

Schäden im Ausland:
- Versichert ist die gesetzliche Haftpflicht aus den EU- Staaten (auch außereuropäische EU-Gebiete), in der Schweiz, in Norwegen, Island, Andorra, San Marino, Monaco oder Liechtenstein.
- Die Leistungen hierzu erfolgen in Euro.
- Soweit der Zahlungsort außerhalb der Staaten liegt, die der Europäischen Währungsunion angehören, gilt die Versicherungsleistung als erbracht, wenn der Euro-Betrag bei einem in der europäischen Währungsunion gelegenen Geldinstitut angewiesen ist.

Vermögensschäden sind mitversichert.

6 Tarifierung der Haftpflichtversicherung

Haftpflichtversicherungen und deren wichtige Tarifmerkmale

Möchte jemand eine Haftpflichtversicherung abschließen, ermittelt sich die zu zahlende Prämie aufgrund der Wahl der Versicherungssumme und der jeweiligen Tarifmerkmale.

Versicherungsart	Prämiengrundlage
Betriebshaftpflichtversicherung	· Anzahl der versicherten Personen (Kopfprämie) **oder** · Jahreslohn- und -gehaltssumme (brutto) **oder** · Jahresumsatzsumme (ohne MwSt.)
Haus- und Grundbesitzerhaftpflichtversicherung	· Jahresbruttomietwert oder · Flächengröße bei unbebauten Grundstücken
Bauherrenhaftpflichtversicherung	· Bausumme
Gewässerschadenhaftpflichtversicherung	· Fassungsvermögen des Tanks **und** · Lage des Tanks (ober- oder unterirdisch)

Versicherungsart	Prämiengrundlage
Tierhalterhaftpflichtversicherung	• Anzahl der Hunde/Pferde

Nicht bei der Proximus Versicherung AG versicherbar:

Versicherungsart	Prämiengrundlage
Vereinshaftpflichtversicherung	• Anzahl der Mitglieder
Wassersportfahrzeug-haftpflichtversicherung	• PS-Stärke des Motors (Motorboote) • Segelfläche in Quadratmeter (Segelboote mit und ohne Hilfsmotor)

6.1 Allgemeine Tarifbestimmungen

Schließt der Kunde einen **Dreijahresvertrag** ab, so erhält er **10 % Dauernachlass**. Schließt er lediglich einen Jahresvertrag ab, entfällt dieser Nachlass.

Als **Versicherungsperiode gilt der Zeitraum von einem Jahr**.

Dem Kunden steht hier eine **monatliche, vierteljährliche, halbjährliche oder jährliche Zahlung** zur Auswahl. Es werden jeweils unterschiedliche Rabatte fällig, die der Kunde erhält.

Zahlweise	Rabatt
jährlich	5 %
halbjährlich	3 %
vierteljährlich	2 %
monatlich	0 %

Kurzfristige Versicherung

Wenn die Versicherungsperiode weniger als ein Jahr beträgt, dann ist die Jahresprämie anteilig zu berechnen:

Versicherungsdauer	Anteil an der Jahresprämie
bis zu einem Monat	25 %
bis zu 3 Monaten	50 %
bis zu 6 Monaten	75 %
bis zu einem Jahr	100 %

Außerdem gilt für die Haftpflichtversicherung eine **Versicherungsteuer von 19 %.**

Der Tarif für private Haftpflichtrisiken der Proximus Versicherung AG wird mit zwei unterschiedlichen Versicherungssummen angeboten.

Der Kunde kann zwischen Alternative A und Alternative B wählen:

Alternative A	Alternative B
Personen-, Sach- und Vermögensschäden	Personen-, Sach- und Vermögensschäden
15 Mio. € Versicherungssumme	30 Mio. € Versicherungssumme
Die Gesamtleistung des Versicherers für alle Versicherungsfälle eines Versicherungsjahres beträgt das **Zweifache** der jeweiligen Versicherungssumme.	

6.2 Tarif für die Privathaftpflichtversicherung

Bei der Privathaftpflichtversicherung kann zwischen Single-Versicherung und Familien-Versicherung, ohne oder mit 150,00 € Selbstbeteiligung gewählt werden.

Außerdem haben Angehörige des öffentlichen Dienstes einen anderen Beitrag zu zahlen als Angestellte.

Zusatzrisiken, die in der Privathaftpflichtversicherung mitversichert werden können:
- Garage
- Ferien- oder Wochenendhäuser
- Eigentumswohnungen

Diese Zusatzrisiken müssen nur dann mit einer Prämie berücksichtigt werden, wenn sie nicht von dem/der Versicherungsnehmer/-in selbst genutzt werden.

Beispiel

Familie Winter bittet um ein Versicherungsschutzangebot bei 3-jähriger Laufzeit und halbjährlicher Zahlweise mit einer Deckungssumme von 15 Mio. €.
Die Familie besitzt ein Einfamilienhaus mit zwei Garagen, wovon eine an einen Nachbarn vermietet ist. (Die selbst genutzte Garage ist in dem Beitrag der Privathaftpflichtversicherung mit enthalten, während für die vermietete Garage ein Zuschlag gezahlt werden muss.)
Im Keller des Hauses befindet sich ein Öltank mit 10 000 Liter Fassungsvermögen. Außerdem hat die Familie zwei Pferde.

Berechnen Sie die Halbjahresprämie.

Berechnung der Tarifprämie nach folgendem Schema

Summe der Beiträge je nach Tarif
– Dauernachlass
– Ratennachlass in Prozent
: Laufzeit (Anzahl der Raten)
= Versicherungsentgelt
+ Versicherungsteuer
= zu zahlende Prämie gemäß Zahlweise

Prämienberechnung

Familien-Versicherung Alternative A	90,60 €
+ 1 Garage	6,00 €
+ Öltank	124,80 €
+ 2 Pferde	290,00 €
= Tarifprämie	511,40 €
– 10 % Dauernachlass	51,14 €
= Zwischensumme	460,26 €
– 3 % Ratennachlass	13,81 €
= Zwischensumme	446,45 €
: 2 = Versicherungsentgelt	223,23 €
+ 19 % Versicherungsteuer	42,41 €
= zu zahlende Prämie gemäß Zahlweise	**265,64 €**

7 Vom Schadenereignis zum Versicherungsfall

Jeder Versicherungsfall ist ein Schaden, aber nicht jeder Schaden ist ein Versicherungsfall.

Bevor ein Versicherer prüft, ob er für einen Schaden leistet, also ob ein regulierungspflichtiger Versicherungsfall vorliegt, muss er einige Prüfungen vornehmen, hierzu zählen u. a.:

- Fällt der entstandene Schaden in den Vertragszeitraum?
- War der Versicherungsvertrag zu der Zeit des Schadeneintritts aktiv?
- Ist die beschädigte Sache (oder auch die geschädigte Person) im Rahmen der versicherten Risiken abgesichert?
- Ist die vorliegende Schadenursache versichert?

Erst bei der positiven Beantwortung all dieser Fragen, wird aus einem vorliegenden (gemeldeten) Schaden ein regulierungspflichtiger Versicherungsfall.

7.1 Zeitpunkt des Schadens

Manchmal ist nicht ganz klar, wann ein Ereignis oder eine Handlung tatsächlich einen Schaden ausgelöst hat, der ein Versicherungsfall ist.

Beispiel Ein Fehler, den ein Architekt bei seinem Entwurf eines Hauses gemacht hat, kann sich unter Umständen erst Jahre später zeigen.

Teil A Abschnitt 1-3.1 AHB 2021

Schadenereignistheorie

Für den Versicherungsschutz in der **Haftpflichtversicherung** ist nicht der Zeitpunkt entscheidend, an dem ein/eine Versicherungsnehmer/-in einen Schaden ausgelöst hat, sondern, wann sich das Schadenereignis gezeigt hat.

Beispiel

Ein VN ignoriert die Tatsache, dass seine Treppe defekt ist und arrangiert sich damit, indem er die kaputte Stufe nicht benutzt (Verstoß). Ein Besucher weiß nichts von der defekten Treppenstufe, tritt auf diese, stürzt und verletzt sich (Schadenereignis). (wirksame Veränderung in der Außenwelt)

Hier ist nur wichtig, dass der VN zum Zeitpunkt des Sturzes eine Haftpflichtversicherung hatte. Somit übernimmt der VR auch die Risiken des Verstoßes vor Vertragsbeginn.

Verstoßtheorie

In der **Berufs- oder Vermögenshaftpflichtversicherung** gilt allerdings die Schadenereignistheorie nicht, sondern die Verstoßtheorie.

Beispiel

Ein Architekt hat bei seiner Arbeit nicht ordentlich gearbeitet und erst Jahre später zeigt sich der Schaden.

Es ist also wichtig, wann der Verstoß (hier die mangelhafte Arbeit) geschah und ob zu diesem Zeitpunkt eine Haftpflichtversicherung bestand.

Beispiel

Wäre der Architekt zum Zeitpunkt des Bekanntwerdens des Schadens bereits in Rente, würde trotzdem seine damalige Berufshaftpflichtversicherung leisten, da das ursächliche Schadenereignis noch in seiner aktiven (und somit versicherten) Zeit geschehen ist.

Manifestationstheorie

In der **Umwelthaftpflichtversicherung** gilt die nachprüfbar erste Feststellung eines Personen-, Sach-, oder Vermögensschadens während der Versicherungsdauer als auschlaggebend.

Beispiel

Ein Öltank eines VN leckt unbemerkt seit Jahren und verunreinigt das Grundwasser. Erst als sich erste Schäden zeigen (Manifestation), wird der Schaden aufgedeckt.

7.2 Leistung des Versicherers

Teil A Abschnitt 1-4 AHB 2021

Der Versicherungsschutz umfasst die

- **Prüfung der Haftungsfrage**
  Der Versicherer prüft, ob der Schaden so entstanden ist (bzw. sein kann) und ob den/die Versicherungsnehmer/-in eine Schuld trifft.
- **Abwehr unberechtigter Schadenersatzansprüche**
  Kommt der Versicherer nach Prüfung des Schadens zu dem Ergebnis, dass der/die Versicherungsnehmer/-in nicht schadenersatzpflichtig ist, wehrt er den Anspruch eines Dritten ab.
- **Freistellung des/der Versicherungsnehmers/-in von berechtigten Schadenersatzansprüchen**
  Der Versicherer übernimmt Schadenersatzansprüche Dritter, die aufgrund eines Gesetzes, Urteils oder Ähnlichem berechtigt sind.

Bei der Abwicklung des Schadens ist der Versicherer berechtigt, Versicherungsnehmer/-innen zu vertreten und in ihrem Namen tätig zu sein.

Kommt es zu einem Rechtsstreit, ist der Versicherer zur Prozessführung bevollmächtigt.

Bei einem Strafverfahren kann der Versicherer, wenn von dem/der Versicherungsnehmer/-in gewünscht, einen Verteidiger bestellen und trägt die anfallenden Kosten.

Schadenprüfung durch den Versicherer

Der Versicherer prüft,
- ob der gemeldete Schaden im Rahmen der Versicherungsbedingungen versichert ist (Deckungsprüfung) und
- ob der/die Versicherungsnehmer/-in für den Schaden aufgrund Gesetzes eintreten muss (Haftungsprüfung).

Deckungsprüfung
Ist das schadenverursachende Risiko (Hund, Segelboot,...) versichert? Hat der Versicherungsvertrag materiell begonnen? Ist die Prämie bezahlt? Liegt eine Obliegenheitsverletzung vor? Fällt der Schaden unter Erhöhung, Erweiterung oder Vorsorgeversicherung? Liegt ein Ausschlusstatbestand vor?

Kommt der Versicherer zu dem Ergebnis, dass ein/eine Versicherungsnehmer/-in für das schadenverursachende Ereignis keinen Versicherungsschutz genießt, befasst er sich nicht mehr mit der Haftpflichtfrage und auch nicht mit der Abwehr unberechtigter Ansprüche.

Haftungsprüfung
· **dem Grunde nach:** – Feststellen des Tatbestandes mit Beweissicherung – Liegt Verschulden vor (z. B. nach § 823 BGB)? – Ist evtl. Gefährdungshaftung gegeben? – Ist die Einrede der Verjährung möglich? · **der Höhe nach:** – Kann Mitverschulden geltend gemacht werden? – Reichen die Deckungssummen aus? – Wurde eine Selbstbeteiligung vereinbart?

Sonstige Prüfung
Bestehen Regressmöglichkeiten, z. B. aus gesamtschuldnerischer Haftung?

7.3 Zahlung des Schadens

Personenschäden

Teil A Abschnitt 1-3.1 AHB 2021

Der Versicherer ersetzt Personenschäden, um den Gesundheitszustand – falls dies möglich ist – wie vor dem Schaden wieder herzustellen.

Beispiel
- Behandlungskosten bei Verletzungen
- Kosten für die Behandlung von psychischen Folgen

Sachschäden

Teil A Abschnitt 1-3.1 AHB 2021

Der Versicherer ersetzt Sachschäden zur Wiederherstellung des ursprünglichen Zustandes.
- Wiederherstellung des alten Zustandes → Zeitwert
- Wiederherstellung (Reparaturkosten) zuzüglich eventuelle Wertminderung *§ 249 BGB*
- Ersatz für zerstörte oder beschädigte Sachen (diese gehen in den Besitz des Ersatzleistenden über)
- weitere Kosten (Anwaltskosten, Ersatzfahrzeug)

Zu den Sachschäden zählen auch, wenn Luft aus den Autoreifen gelassen oder die Kleidung eines anderen bekleckert wird.

Vermögenschäden

Teil A Abschnitt 1-3.1 AHB 2021

Reine Vermögensschäden

Diese entstehen ohne vorangegangenen Personen- oder Sachschaden. Mitversichert ist jeder Vermögensschaden eines anderen.

Beispiel

- Ein VN parkt einen Rechtsanwalt zu, der einen wichtigen Gerichtstermin verpasst. Der Nutzungsausfall, den der Rechtsanwalt erleidet, ist über die mitversicherten Vermögensschäden abgesichert.
- Ein VN fährt mit seinem Fahrrad einen Markierungspfahl für eine Vermessung um, ohne ihn zu beschädigen. Da neu bemessen werden muss, trägt der VR die Kosten hierfür.

Schadenersatz

Hier soll der Schädiger den Schaden wiedergutmachen und den Schädiger so stellen, wie vor dem Schadeneintritt.
- keine Summenbegrenzung nach oben (Ausnahmen z. B. Produkthaftung)
- Der Schädiger haftet mit seinem ganzen Vermögen, auch mit dem, was er in der Zukunft erwartet. *§ 1922 BGB*
- Ansprüche können auf die Erben übergehen.

Schadenersatz könnte gezahlt werden für:
- Bestattungskosten *§ 844 BGB*
- Unterhaltsrenten *§§ 844, 845 BGB*
- Heilkosten *§ 249 BGB*
- Verdienstausfall/entgangener Gewinn *§ 252 BGB*
- Invaliditätsrente *§ 842 BGB*
- Schmerzensgeld

§

§ 253 BGB
Immaterieller Schaden

(1) Wegen eines Schadens, der nicht Vermögensschaden ist, kann Entschädigung in Geld nur in den durch das Gesetz bestimmten Fällen gefordert werden.

(2) Ist wegen einer Verletzung des Körpers, der Gesundheit, der Freiheit oder der sexuellen Selbstbestimmung Schadenersatz zu leisten, kann auch wegen des Schadens, der nicht Vermögensschaden ist, eine billige Entschädigung in Geld gefordert werden.

- Gedanke, dass der Schädiger dem Geschädigten Genugtuung schuldet
- Ausgleich für erlittene körperliche und seelische Schäden

- Der Verletzte soll durch Schmerzensgeld in die Lage versetzt werden, sich Erleichterung und andere Annehmlichkeiten an Stelle derer zu verschaffen, deren Genuss ihm durch die Verletzung unmöglich gemacht wurde.

Vorteilsausgleich

Der Geschädigte muss sich ersparte Aufwendungen oder Wertverbesserungen bei der Entschädigungsleistung anrechnen lassen.

Beispiel Der Geschädigte erhält für die Dauer der Reparatur seines beschädigten Wagens eine niedrigere Mietwagenklasse, da er in dieser Zeit keinen Verschleiß an seinem eigenen Wagen hat.

Abzug „neu für alt“

Bei einem wirtschaftlichen Totalschaden wird der Restwert, die die Sache noch hat, von der Entschädigungsleistung abgezogen, damit sich der Geschädigte nicht besser stellt.

Beispiel Das Fahrrad des Geschädigten wurde vom VN so stark beschädigt, dass eine Reparatur unwirtschaftlich wäre (= wirtschaftlicher Totalschaden). Vor dem Schaden hatte das Fahrrad einen Wert von 600,00 €, nach dem Schaden nur noch einen Wert von 150,00 €.
Damit erhält der Geschädigte eine Leistung von 600,00 € - 150,00 € = 450,00 €.

Teil A Abschnitt 1-12 AHB 2021

Neuwertentschädigung in der Privathaftpflichtversicherung

Generell gilt in der Haftpflichtversicherung die **Zeitwertentschädigung**. Dies bedeutet, dass eine Sache, die bereits zehn Jahre alt ist, nur noch in Höhe des Zeitwertes entschädigt wird. So wird sichergestellt, dass der Geschädigte nach einem Schaden nicht bessergestellt ist.

Der Versicherer leistet auf Wunsch eines/einer Versicherungsnehmers/-in für Sachschäden zum Neuwert.

Die Höchstentschädigung ist auf 3.000,00 € je Versicherungsfall und Versicherungsjahr begrenzt.

Der beschädigte/zerstörte Gegenstand darf zum Zeitpunkt der Beschädigung nicht älter als zwölf Monate ab Kaufdatum sein. Kann das Kaufdatum nicht belegt werden so besteht lediglich Anspruch auf Zeitwertentschädigung.

Ausgeschlossen von der Neuwertentschädigung bleiben Sachschäden an:
- elektronischen Geräten,
- Film- und Fotoapparaten sowie
- Brillen und Ferngläsern.

Teil A Abschnitt 1-5 AHB 2021

Versicherungssumme

In der Privathaftpflichtversicherung ist die Entschädigungsleistung auf die vereinbarte Versicherungssumme begrenzt. Diese beträgt je nach gewähltem Tarif für Personen-, Sach- und Vermögensschäden 15.000.000,00 € (Alternative A) beziehungsweise 30.000.000,00 € (Alternative B).

Die Entschädigungsleistung ist auf eine Höchstsumme für alle Versicherungsfälle eines Versicherungsjahres auf das Zweifache der vereinbarten Versicherungssumme begrenzt.

Mehrere eingetretene Versicherungsfälle gelten als ein Versicherungsfall, wenn der erste Versicherungsfall dieselbe Ursache hat, wie die darauffolgenden und diese im zeitlichen Zusammenhang miteinander stehen (Serienschaden).

Falls vereinbart, wird eine Selbstbeteiligung von den Entschädigungsleistungen abgezogen.

Der Versicherer ist dazu verpflichtet, auch bei Schäden deren Höhe die Selbstbeteiligung nicht übersteigt, unberechtigte Schadenersatzansprüche abzuwehren.

7.4 Verjährung von Schadenersatzansprüchen

Verjährung bedeutet, dass der Geschädigte nach Ablauf der Verjährungsfrist seine Schadenersatzansprüche nicht mehr gerichtlich geltend machen kann.

Schadenersatzansprüche verjähren **nach der regelmäßigen Verjährungsfrist von drei Jahren**. Diese Frist beginnt ab Ende des Jahres, in dem der Schaden entdeckt wurde. *§ 195 BGB*

Beispiel

Ein Schaden wurde im Mai 2018 verursacht, allerdings vom Geschädigten erst im Januar 2022 bemerkt. Damit beginnt die Verjährungsfrist erst am 31.12.2022 und endet am 31.12.2025.

Aufgrund dieser Regelung wurde eine Verjährungsfrist von **maximal 30 Jahren** gesetzlich festgeschrieben. So verjähren unabhängig vom Zeitpunkt des Schadenereignisses alle Schadenersatzansprüche spätestens nach 30 Jahren ab schädigender Handlung. *§ 199 BGB*

Bei der **Produkthaftung** gilt ebenfalls eine **dreijährige Verjährungsfrist**, allerdings beginnt diese ab dem Zeitpunkt, in dem der Anspruch entstanden ist.

Hier gilt eine **maximale Verjährungsfrist von zehn Jahren** ab Einbringung des Produktes in den Verkehr. *§ 12 ProdHaftG*

8 Gemeinsame Bestimmungen aller Haftpflichtversicherungsarten

Teil A Abschnitt 7 AHB 2021

Abtretungsverbot

Ohne Zustimmung des Versicherers darf der Vertrag weder abgetreten noch verpfändet werden.

Veränderungen des versicherten Risikos und Auswirkungen auf die Prämie

Veränderungen des versicherten Risikos müssen von Versicherungsnehmern/-innen angezeigt werden.

Meistens werden Veränderungen bei der Prämienrechnung oder durch Aufforderung des Versicherers abgefragt.

Innerhalb eines Monats nach Zugang der Aufforderung müssen die Angaben zu Änderungen erfolgen. Bei unrichtigen Angaben zum Nachteil des Versicherers kann eine Vertragsstrafe in dreifacher Höhe des festgelegten Prämienunterschiedes verlangt werden. Dies gilt nicht, wenn der/die Versicherungsnehmer/-in beweist, dass sie an der Unrichtigkeit der Angaben keine Schuld trifft. *Teil A Abschnitt 7-2.1 AHB 2021*

Ab Mitteilung wird die Prämie zum Zeitpunkt der Änderung berichtigt.

Beispiel

Ein VN hat sich am 01.02. einen zweiten Hund gekauft und teilt dies dem VR zum 01.03. mit. Die neue Prämie gilt in diesem Fall ab dem 01.02.

Sollte ein Risiko weggefallen sein, wird die Prämie erst ab dem Zeitpunkt der Mitteilung beim Versicherer zurückerstattet.

Beispiel Ein VN hatte eine Hundehalterhaftpflicht für seinen Hund. Am 01.02. ist der Hund verstorben und am 01.03. teilt der VN dies dem Versicherer mit. Die Prämie wird erst ab dem 01.03., nämlich ab dem Zeitpunkt, an dem der Versicherer Kenntnis über den Wegfall des Risikos hatte, zurückerstattet.

Unterlassen Versicherungsnehmer/-innen die rechtzeitige Mitteilung, kann der Versicherer für den Zeitraum, für den die Angaben zu machen waren, eine Nachzahlung verlangen. Werden Angaben erst nachträglich gemacht, findet eine Prämienregulierung statt. Eine von Versicherungsnehmern/-innen zu viel gezahlte Prämie wird nur zurückerstattet, wenn die Angaben innerhalb von zwei Monaten nach Zugang der Mitteilung der erhöhten Prämie erfolgten.

Teil A Abschnitt 7-3 AHB 2021

Prämienangleichung und Kündigungsrecht nach Prämienangleichung

Die Versicherungsprämie wird nicht angeglichen, wenn sie nach Lohn-, Bau- oder Umsatzsumme berechnet wird.

Ein unabhängiger Treuhänder ermittelt jährlich mit Wirkung zum 1. Juli, um welchen Prozentsatz sich die Schadenhäufigkeit im Vergleich zum vorherigen Kalenderjahr erhöht oder verringert hat. Hierdurch kann sich die Prämie entsprechend ebenfalls erhöhen oder vermindern.

$$\text{Ø } Schadenzahlungen = \frac{Summe\ der\ Schadenzahlungen + Regulierungskosten\ aller\ Versicherer}{Anzahl\ der\ Schadenfälle\ aller\ Versicherer}$$

Der Veränderungssatz wird auf die nächst niedrigere, durch fünf teilbare ganze Zahl abgerundet (der Rest entfällt).

Beispiel Das Ergebnis beträgt 13,4 % und wird auf glatte 10 % Prämienerhöhung reduziert.

Im Falle einer Erhöhung ist der Versicherer **berechtigt**, im Falle einer Verminderung dazu **verpflichtet**, die folgende Jahresprämie zu verändern.

Die Folgejahresprämie wird Versicherungsnehmern/-innen mit der nächsten Prämienrechnung bekannt gegeben.

Erhöht sich die Prämie aufgrund der Prämienangleichung, ohne dass sich der Umfang des Versicherungsschutzes ändert, können Versicherungsnehmer/-innen den Versicherungsvertrag innerhalb eines Monats nach Zugang der Mitteilung des Versicherers mit sofortiger Wirkung, frühestens jedoch zu dem Zeitpunkt kündigen, an dem die Prämienerhöhung wirksam werden soll.

Beispiel Die Prämienerhöhung wird einem VN mit seiner Beitragsrechnung am 15. November mitgeteilt und soll zum 01.01. in Kraft treten. Eine fristlose Kündigung des VN, die dieser bereits am 20. November verschickt, wird allerdings erst zum 01.01. wirksam.

Der Versicherer hat Versicherungsnehmer/-innen auf ihr Kündigungsrecht hinzuweisen und muss diesen die Prämienerhöhung spätestens einen Monat vor Wirksamwerden mitteilen.

Allgemeine Rechte und Pflichten der Vertragsparteien

Teil B Abschnitt 1 AHB 2021

Beginn des Versicherungsschutzes

Teil B Abschnitt 1-1 AHB 2021

Der Versicherungsschutz beginnt, wenn ein/eine Versicherungsnehmer/-in die Erst- oder Einmalprämie rechtzeitig gezahlt hat.

In der Haftpflichtversicherung gilt die erweiterte Einlösungsklausel, was für Versicherungsnehmer/-innen bedeutet, dass der Versicherungsschutz rückwirkend ab technischem Beginn (Beginn laut Police) gilt, sofern die Prämie rechtzeitig gezahlt wurde.

Fälligkeit der Erst- oder Einmalprämie

Teil B Abschnitt 1-2 AHB 2021

Teil B Abschnitt 1-2.1 AHB 2021

Rechtzeitig wurde eine Prämie gezahlt, wenn dies nach Erhalt des Versicherungsscheins unverzüglich nach Ablauf von 14 Tagen erfolgt.

Teil B Abschnitt 1-2.2 AHB 2021

Wird die Prämie zu einem späteren Zeitpunkt gezahlt, gilt der Versicherungsschutz auch erst ab diesem Zeitpunkt, sofern der Versicherer darauf hingewiesen hat.

Teil B Abschnitt 1-2.3 AHB 2021

Wird die Prämie nicht gezahlt, so kann der Versicherer vom Vertrag zurücktreten, solange der/die Versicherungsnehmer/-in die Nichtzahlung zu vertreten hat (siehe hierzu auch Lernfeld 2 Kapitel 5).

§ 38 VVG

Die Folgeprämie ist zum Monatsersten fällig. Zahlt ein/eine Versicherungsnehmer/-in diese nicht pünktlich, ist er/sie automatisch in Verzug. Der Versicherer wird daraufhin qualifiziert mahnen. Sollte die Zahlungsfrist aus der Mahnung verstrichen sein, besteht ab diesem Zeitpunkt bis zur Zahlung kein Versicherungsschutz (siehe hierzu auch Lernfeld 2 Kapitel 5). Außerdem ist der Versicherer nach Ablauf der Zahlungsfrist dazu berechtigt, den Vertrag ohne Einhaltung einer Frist zu kündigen, wenn er den/die Versicherungsnehmer/-in mit der Zahlungsaufforderung darauf hingewiesen hat, (siehe hierzu auch Lernfeld 2 Kapitel 5). (vgl. § 38 VVG)

Sollte ein SEPA Lastschriftmandat vorliegen, ist die Prämie rechtzeitig gezahlt, wenn diese am Fälligkeitstag eingezogen werden kann.

Dauer und Ende des Vertrages

Teil B Abschnitt 2 AHB 2021

Teil B Abschnitt 2-1.2 AHB 2021

Der Vertrag ist für die im Versicherungsschein angegebene Zeit geschlossen und kann spätestens drei Monate vor Ablauf der Vertragsdauer gekündigt werden. Geschieht dies nicht, verlängert sich der Vertrag jeweils um ein Jahr.

Teil B Abschnitt 2-1.3 AHB 2021

Sollte die Vertragsdauer weniger als ein Jahr betragen, endet der Vertrag, ohne dass es einer Kündigung bedarf, zum vorgesehenen Zeitpunkt.

Teil B Abschnitt 2-1.4 AHB 2021

Bei einer Vertragsdauer von mehr als drei Jahren können Versicherungsnehmer/-innen den Vertrag trotzdem zum Ablauf des dritten Jahres oder jedes darauffolgenden Jahres kündigen, solange dies spätestens drei Monate vor Ablauf des jeweiligen Jahres erfolgt.

Wegfall des versicherten Risikos

Teil B Abschnitt 2-2 AHB 2021

Wenn das versicherte Risiko vollständig oder dauerhaft wegfällt, erlischt die Versicherung bezüglich dieses Risikos.

Beispiele

Der Hund einer VN stirbt und die VN teilt dies dem VR mit. Da das Risiko weggefallen ist, erlischt die Hundehalterhaftpflicht zum Zeitpunkt der Mitteilung.

Anders sieht es aus, wenn ein VN der Hundehalterhaftpflichtversicherung verstirbt. Hier ist das Risiko weiterhin vorhanden. Die Versicherung läuft weiter und geht auf die Erben über.

Teil B Abschnitt 1-6 AHB 2021

Bei vorzeitiger Vertragsbeendigung steht dem Versicherer der Teil der Prämie zu, für dessen Zeitraum er Versicherungsschutz geboten hat.

Teil B Abschnitt 2-2 AHB 2021

Anders sieht dies beim Wegfall des Risikos aus. Hier hat der Versicherer Anspruch auf Prämie bis zum Zeitpunkt der Mitteilung.

Teil B Abschnitt 2-3 AHB 2021

Kündigung nach Versicherungsfall

Das Vertragsverhältnis kann beidseitig gekündigt werden, wenn ein Versicherungsfall vorliegt. Die Kündigung ist nur bis zum Ablauf eines Monats seit der Schadenersatzzahlung oder der Ablehnung des Schadens möglich.

Eine Kündigung durch Versicherungsnehmer/-innen wird fristlos wirksam, sobald diese beim Versicherer eingegangen ist. Versicherungsnehmer/-innen können jedoch auch zu einem späteren Zeitpunkt kündigen, spätestens zum Ablauf der laufenden Versicherungsperiode.

Kündigt der Versicherer, geschieht dies mit einer Monatsfrist, nachdem die Kündigung dem/der Versicherungsnehmer/-in zugegangen ist.

Teil B Abschnitt 2-4 AHB 2021

Mehrfachversicherung

Eine Mehrfachversicherung liegt vor, wenn das gleiche Risiko in mehreren Versicherungsverträgen versichert ist. Sollte eine Mehrfachversicherung unbewusst geschehen sein, können Versicherungsnehmer/-innen die Aufhebung des neueren Vertrages verlangen.

Beispiel Ein VN war sich nicht sicher, ob er eine Privathaftpflichtversicherung hat, und schloss deswegen eine neue Versicherung ab. Bei einem Umzug fällt ihm dann die Police des älteren Vertrages, von dem er nichts wusste, in die Hände. Somit kann der VN den neueren Vertrag fristlos kündigen. Hierbei muss er den Kündigungsgrund angeben und nachweisen, dass er bereits versichert ist.

Das Recht auf eine Aufhebung erlischt, wenn Versicherungsnehmer/-innen dies nicht innerhalb eines Monats nach Kenntnis der Mehrfachversicherung geltend machen. Die Aufhebung wird zu dem Zeitpunkt wirksam, zu dem die Erklärung dem Versicherer zugeht.

Teil B Abschnitt 3 AHB 2021

Obliegenheiten von Versicherungsnehmern/-innen

Obliegenheiten sind nicht einklagbare Nebenpflichten von Versicherungsnehmern/-innen. Sie unterscheiden sich von den Rechtspflichten (z. B. Prämienzahlungspflicht) dadurch, dass sie zwar nicht einklagbar sind, ihre Nichterfüllung jedoch zur Kündigung oder Leistungsfreiheit des Versicherers führen kann. Versicherungsnehmer/-innen sollten die Obliegenheiten somit im eigenen Interesse einhalten.

Obliegenheiten kann ein/eine Versicherungsnehmer/-in folgendermaßen verletzen:

- **arglistig**
  Dies bedeutet, dass die Person absichtlich, mit bösen Hintergedanken, die Obliegenheit verletzt.

Beispiel Ein VN lügt, um Versicherungsschutz zu erhalten oder Geld zu sparen.
Hier ist dem VN bewusst, dass er bei wahrheitsgemäßer Beantwortung entweder mehr bezahlen müsste oder keinen Versicherungsschutz erlangen würde, darum täuscht er den VR absichtlich.

- **vorsätzlich**
  Die Person verletzt absichtlich eine Obliegenheit.
- **grob fahrlässig**
  Die Person verletzt versehentlich eine Obliegenheit.

- **leicht fahrlässig**
  Obwohl die Person sorgfältig war, hat sie eine Obliegenheit verletzt.

Auf die Folgen einer Obliegenheit muss der Versicherer die Versicherungsnehmer/-innen immer vorher schriftlich hingewiesen haben. Hat er dies unterlassen, so kann er rechtlich keine Konsequenzen aus der Obliegenheitsverletzung ziehen.

Wenn ein/eine Versicherungsnehmer/-in mit dem/der Mitarbeiter/-in des Versicherers zusammen den Antrag ausfüllt, dann hat er/sie die ihm/ihr gestellten Fragen, wahrheitsgemäß zu beantworten. Tut er/sie dies nicht, liegt eine vorvertragliche Anzeigepflichtverletzung vor (siehe hierzu auch Lernfeld 2 Kapitel 3).

Beispiel

Ein VN vergisst bei der Antragstellung zu erwähnen, dass er bereits einen Vorschaden hatte und beantwortet daher die Frage im Antrag falsch. Hier hat der VN grob fahrlässig die vorvertragliche Anzeigepflicht verletzt.

Folgen einer vorvertraglichen Anzeigepflichtverletzungen

§ 21 VVG

Voraussetzung ist, dass der Versicherer durch eine gesonderte Mitteilung in Textform auf die Folgen einer Anzeigepflichtverletzung hingewiesen hat.

Verstoß erfolgte ...	Kausalität vorhanden	Keine Kausalität vorhanden
... arglistig	· Versicherer kann Vertrag anfechten · Versicherer ist leistungsfrei	
... vorsätzlich	· Versicherer hat Rücktrittsrecht · Versicherer ist leistungsfrei	· Versicherer ist leistungspflichtig
... grob fahrlässig	· Versicherer hat Rücktrittsrecht · Versicherer ist leistungsfrei	· Versicherer ist leistungspflichtig
... leicht fahrlässig	· Versicherer kann mit Monatsfrist kündigen · Versicherer ist leistungspflichtig	

Die Rechte aufgrund grober oder einfacher Fahrlässigkeit kann der Versicherer nur ausüben, wenn er den Vertrag bei Kenntnis der nicht angezeigten Umstände nicht geschlossen hätte.

Trifft dies nicht zu, so kann der Versicherer rückwirkend eine andere Prämie verlangen. Sollte die Prämienerhöhung mehr als 10 % betragen, können Versicherungsnehmer/-innen fristlos kündigen.

Der Versicherer hätte auch die Möglichkeit, den nicht angezeigten Umstand auszuschließen. Auch hier hätten Versicherungsnehmer/-innen ein fristloses Kündigungsrecht.

Obliegenheiten nach Eintritt des Versicherungsfalles

Teil B Abschnitt 3 AHB 2021

§ 30 VVG

Im Schadenfall haben Versicherungsnehmer/-innen den Versicherer **innerhalb einer Woche** in Kenntnis zu setzen. Das betrifft auch Dritte, denen die Leistung zusteht.

Hier soll dem Versicherer die Möglichkeit gegeben werden, den Schaden zeitnah zu prüfen und eventuell unberechtigte Ansprüche abzuwehren.

§ 31 VVG

Jegliche Auskünfte, die zur Feststellung des Versicherungsfalles und der Schadenhöhe führen, müssen erteilt werden. Auch Dokumente oder andere Unterlagen müssen übergeben werden. Schadenformulare müssen ausgefüllt sowie Belege und Fotos ausgehändigt werden.

§ 82 VVG

Während eines Schadens haben Versicherungsnehmer/-innen die Pflicht, diesen abzuwenden oder zu mindern, sofern dies möglich ist. Dies bedeutet, dass sie alles tun müssen, um den Schaden so gering wie möglich zu halten.

Teil B Abschnitt 3-3.3 AHB 2021

Wird gegen Versicherungsnehmer/-innen ein staatsanwaltschaftliches, behördliches oder gerichtliches Verfahren eingeleitet, haben sie unverzüglich anzuzeigen.

Sollte ein Haftpflichtanspruch gegen einen/eine Versicherungsnehmer/-in gerichtlich geltend gemacht werden, hat er/sie die Führung des Verfahrens dem Versicherer zu überlassen. Dieser beauftragt im Namen des/der Versicherungsnehmers/-in ein Anwaltsbüro. Hierfür muss der/die Versicherungsnehmer/-in dem Anwaltsbüro eine Vollmacht sowie alle erforderlichen Auskünfte erteilen und die angeforderten Unterlagen zur Verfügung stellen.

§ 28 VVG

Folgen einer Obliegenheitsverletzung bei und nach Eintritt eines Versicherungsfalles

Verstoß erfolgte ...	Kausalität vorhanden	Keine Kausalität vorhanden
... arglistig	Versicherer ist leistungsfrei	
... vorsätzlich	Versicherer ist leistungsfrei	Versicherer ist leistungspflichtig
... grob fahrlässig	Versicherer kann die Leistung je nach Schwere des Verschuldens kürzen	Versicherer ist leistungspflichtig
... leicht fahrlässig	Versicherer ist leistungspflichtig	

Teil B Abschnitt 4 AHB 2021

Weitere Bestimmungen

Ansprüche aus dem Versicherungsvertrag verjähren nach drei Jahren.

Teil B Abschnitt 4-1.2 AHB 2021

Alle Erklärungen und Anzeigen, die Versicherungsnehmer/-innen gegenüber dem Versicherer abgeben, sind in Textform zu übermitteln. Sollten es Versicherungsnehmer/-innen unterlassen, dem Versicherer ihre neue Anschrift mitzuteilen und der Versicherer schickt ihnen einen Brief, so gilt dieser drei Tage nach Versendung als empfangen. Gleiches gilt auch für eine nicht angezeigte Namensänderung und für eine Verlegung der gewerblichen Niederlassung.

Beispiel

Ein VN ist umgezogen und hat dies dem VR nicht gemeldet. Zum 01.01. schickt der VR die Prämienrechnung an die ihm bekannte Adresse. Diese ist drei Tage nach Versendung wirksam und fällig.
Der VN kann sich hier nicht darauf berufen, dass die Rechnung nie bei ihm angekommen ist, da er dazu verpflichtet ist, eine Adressänderung unverzüglich anzuzeigen.

Für Klagen aus dem Versicherungsvertrag gegen den Versicherer ist das Gericht des Ortes zuständig, an dem der Versicherer seine Niederlassung hat. Ferner ist auch das Gericht zuständig, in dessen Bezirk der/die Versicherungsnehmer/-in seinen/ihren Wohnsitz hat.

Teil B Abschnitt 4-3 AHB 2021

Für Klagen aus dem Versicherungsvertrag gegen einen/eine Versicherungsnehmer/-in ist das Gericht zuständig, in dessen Bezirk der/die Versicherungsnehmer/-in seinen/ihren Wohnsitz hat..

9 Kundenberatungsgespräche in der Haftpflichtversicherung

Vorbemerkungen und allgemeine Hinweise

Bei jedem Kundenberatungsgespräch sind gesetzliche Regelungen zu beachten.

Diese können Sie in Lernfeld 2 Kapitel 7 sowie in Lernfeld 3 nachlesen.

Was allgemein bei Kundengesprächen bzgl. der Kommunikation zu beachten ist, finden Sie in Lernfeld 3.

Die fachlichen Hintergründe zur Haftpflichtversicherung wurden in Lernfeld 5 Teil A in den Kapiteln 1 bis 8 behandelt.

Das folgende Kapitel fasst die spezifischen Besonderheiten für Beratungen zu Haftpflichtversicherungen in komprimierter Form zusammen, ohne den Anspruch auf Vollständigkeit zu erheben.

Da die Vorgehensweise bei Beratungsgesprächen technisch gesehen immer den gleichen Gesetzmäßigkeiten folgt, werden im folgenden Kapitel nur noch die speziellen Besonderheiten bei Haftpflichtversicherungen herausgestellt.

9.1 Zielgruppen für Haftpflichtversicherungen

Zunächst stellt sich die Frage: **Wer braucht eigentlich eine Haftpflichtversicherung?**

Die Antwort ist noch einfacher als bei anderen Sachversicherungssparten: Jede und jeder sollte eine Haftpflichtversicherung haben.

Es gab in der Vergangenheit immer wieder Diskussionen, ob für bestimmte Lebensbereiche eine Haftpflichtversicherung zur Pflicht wird. Einige Pflichtversicherungen gibt es diesbezüglich bereits, wie z. B. für Kraftfahrzeuge. Auch Rechtsanwälte und Rechtsanwältinnen bekommen ihre Zulassung nur, wenn sie eine entsprechende Berufshaftpflicht abgeschlossen haben.

Andere Haftpflichtversicherungen, z. B. die Privathaftpflicht-, Tierhalterhaftpflicht- oder Gewässerschadenhaftpflichtversicherung, sind keine Pflichtversicherungen. Dennoch empfiehlt sich unbedingt der Abschluss einer Privathaftpflichtversicherung und auch anderer Haftpflichtversicherungsarten, da ansonsten bei einem Schaden die Gefahr einer hohen finanziellen Belastung oder sogar eines finanziellen Ruins besteht.

Nach dieser **Zielgruppendefinition** sollte dieses Thema in jedem Beratungsgespräch angesprochen werden. Da im Gegensatz zu Hausrat- und Wohngebäudeversicherungen die Schadenhöhe nicht in einer Versicherungssumme festgelegt werden kann, können besonders Personenschäden schnell sechsstellige Bereiche und mehr erreichen. Wer in einem solchen Schadenfall über keine entsprechende Versicherung verfügt, haftet in der Regel mit seinem gesamten Vermögen, was gravierende wirtschaftliche und persönliche Folgen mit sich bringt.

9.2 Neukunden für die Haftpflichtversicherung gewinnen

Bei jeder Empfehlung und jedem Neukundenkontakt sollte das Thema Haftpflichtversicherung angesprochen werden. Sollte die Person bereits über eine Haftpflichtversicherung verfügen oder in einer solchen mitversichert sein, empfiehlt sich immer ein Blick auf den Umfang dieses Vertrages. Hat sich die Lebenssituation seit dem Vertragsabschluss geändert, muss entsprechend reagiert werden. Hierbei gelten die gleichen Gesprächsanlässe wie bei Bestandskunden.

9.3 Gesprächsanlässe bei Bestandskunden

Versicherungsvermittler/-innen, die ihre Kunden immer wieder zu den verschiedensten Anlässen kontaktieren, sind meistens auch genauestens über Änderungen von deren Lebensumständen informiert. Nicht jede Änderung macht eine Vertragsänderung zwingend notwendig.

Beispiel Der Kunde Eddie Krüger ist verheiratet und hat ein Kind. Kurz nach der Hochzeit hatte er seine Single-Versicherung bei der Proximus Versicherung AG in eine Familien-Versicherung geändert. Sollte die Familie weitere Kinder bekommen, sind diese in der Familien-Versicherung beitragsfrei mitversichert. In diesem Fall wäre keine Vertragsänderung notwendig.

Bei anderen Veränderungen hingegen sollte der Versicherungsschutz überprüft und entsprechend angepasst werden.

Zu den wichtigsten Veränderungen zählen:

- **Änderungen des Familienstandes**
  Bei Heirat oder Trennung/Scheidung muss ggfs. eine Single-Versicherung in eine Familien-Versicherung oder umgekehrt gewandelt werden.
- **Anschaffung eines Hundes**
  Bei einer bestehenden Privathaftpflichtversicherung ist der Hund zwar bis zur nächsten Hauptfälligkeit über die Vorsorgeversicherung mitversichert, sollte danach aber über eine Hundehalterhaftpflichtversicherung versichert werden.
- **Aufnahme einer selbstständigen nebenberuflichen Tätigkeit**
  Sobald Angestellte selbstständig werden oder der Gesamtjahresumsatz den Betrag von 10.000,00 € übersteigt, ist die Tätigkeit nicht mehr in der Privathaftpflichtversicherung eingeschlossen.
- **Übernahme einer Vereinsvorstandsposition**
  Ehrenamtliche Vereinstätigkeiten sind in der Privathaftpflichtversicherung mitversichert, Vorstandspositionen sind allerdings ausgeschlossen.
- **Vermietung einer bislang selbst genutzten Immobilie**
  Eine selbstbewohnte Immobilie ist in der Privathaftpflicht mitversichert. Wird diese Immobilie vermietet, muss sie gesondert abgesichert werden.
- **erwachsene Kinder mit eigenem Einkommen**
  Kinder sind während der Berufsausbildung oder des Studiums in der Privathaftpflichtversicherung (Familien-Versicherung) mitversichert. Sobald diese über ein eigenes Einkommen verfügen, müssen sie sich über eine eigenständige Privathaftpflichtversicherung absichern, auch wenn sie noch im Haushalt der Eltern leben.
- **Umstellung einer Ölheizung auf eine Wärmepumpe**
  Wegen der steigenden Preise für fossile Brennstoffe und auch aus Umweltgründen stellen immer mehr Immobilieneigentümer/-innen ihre Heizungssysteme um. Wird eine Ölheizung durch eine Wärmepumpe ersetzt, wird der Öltank nicht mehr benötigt und entsprechend ausgebaut. Die Gewässerschadenhaftpflichtversicherung für den Öltank kann dann entfallen.

Zwar sollte auch nach einer Schadenaufnahme ein nicht mitversichertes Risiko für künftige Schäden in einen bestehenden Vertrag eingeschlossen werden, aber leider steht dann eine abgelehnte Schadenregulierung einer Vertragsänderung möglicherweise als negatives Ereignis im Wege. Nicht alle Kunden haben hierfür Verständnis und fühlen sich schlecht oder falsch beraten. Nicht selten kommt es in solchen Fällen zu Kündigungen. Deshalb sollte eine gute Kundenberatung immer am Ball bleiben, damit keine gefahrenerhöhende Veränderung versäumt wird.

9.4 Argumentationshilfen zur Haftpflichtversicherung

Hausratversicherungen schützen vor existenziellen Verlusten im Schadenfall. Viele Kunden, die keine Haftpflichtversicherung abgeschlossen haben, verdrängen die Möglichkeit eines Schadens mit den unterschiedlichsten Argumenten.

Hier nur einige Beispiele von Kundenargumenten gegen eine Haftpflichtversicherung, jeweils mit passenden Gegenargumenten:

Beispiel

- *„Ich habe keine Privathaftpflichtversicherung, aber ich passe immer auf, dass ich nicht irgendwem etwas kaputt mache."*
  Ein leider weit verbreiteter Irrglaube ist, dass eine Pflicht zur Haftung nur eine Frage des Verschuldens ist. Wer z.B. ein eigenes Haus hat und sein Dach regelmäßig warten lässt, hat alles für die Abwendung von Gefahren getan. Fällt trotz aller nötigen Sorgfalt ein Dachziegel auf ein Fahrzeug oder gar einen Passanten, trifft Immobilieneigentümer/-innen keine Schuld. Sie sind keine Täter, da sie ja weder versehentlich noch absichtlich etwas getan haben. Hier besteht aber eine Gefährdungshaftung, d.h., dass Hauseigentümerinnen und -eigentümer für Schäden durch Gefahren, die vom eigenen Haus ausgehen, immer haften, und dies unabhängig von der Schuldfrage. Das Gleiche gilt z.B. auch für einen Hund, der eine Person so erschreckt, dass diese vom Fahrrad fällt, oder für einen gut gewarteten Öltank, aus dem wegen einer gebrochenen Dichtung Öl in das Grundwasser gelangt. Auch hier trifft Eigentümer und Eigentümerinnen immer die Gefährdungshaftung.
- *„Ich habe keine Haftpflichtversicherung, denn die kostet nur unnötig Geld. Wenn ich irgendwem einen Schaden zufüge, dann hatte der eben Pech."*
  Hier haben wir es mit einem weiteren Irrglauben zu tun. Haftpflicht und Haftpflichtversicherung sind zwei Paar Schuhe. Wer einen Schaden verschuldet (Verschuldenshaftung) oder Eigentümer einer Sache ist, von der eine Gefahr ausgeht (Gefährdungshaftung), hat die Pflicht zu haften, also eine Haftpflicht. Wer eine Haftpflichtversicherung abschließt, überträgt diese Haftpflicht gegen Entrichtung einer Versicherungsprämie an einen Versicherer. Der Vorteil liegt darin, dass durch die Haftung einer großen Versicherungsgemeinschaft das unkalkulierbare Risiko zu einer greifbaren Größe (Versicherungsprämie) wird. Wer sich richtig absichert, hat sein persönliches Risiko damit kalkulierbar gemacht.
- *„Wenn unser Kind versehentlich eine Fensterscheibe einwirft, dann bezahle ich das locker aus meiner eigenen Tasche. Das kommt mich über die Jahre gesehen deutlich preiswerter als eine Privathaftpflichtversicherung."*
  Diese Aussage ist im Grunde gar nicht so falsch, denn der Großteil der Haftpflichtschäden bewegt sich im unteren Bereich. Viele Schäden bewegen sich sogar unter 50,00 € und werden bei Versicherern oft ohne weitere Prüfung bezahlt („durchgewunken"), da bei einer aufwendigen Prüfung die Verwaltungskosten die Höhe dieser sog. Bagatellschäden übersteigen würden. Solche geringen Schäden würden ohne eine Haftpflichtversicherung sicher nur die wenigsten Menschen in einen finanziellen Abgrund stürzen. Zwar sind solche Schäden natürlich versichert, aber der Grund für die „Erfindung" der Haftpflichtversicherung war der Gedanke an größere Schäden, die nicht problemlos aus dem regelmäßigen Einkommen beglichen werden können. In Deutschland sind Schadenersatzleistungen und Schmerzensgeldforderungen noch weit entfernt von amerikanischen Verhältnissen, aber auch hierzulande gibt es zahllose Fälle von Personenschäden im mittleren sechsstelligen Bereich, die ohne Haftpflichtversicherung den Verlust des Familieneigenheims bedeutet hätten.

Auch hier gilt wieder, dass bei Einwänden (oder Vorwänden) dieser Art übertriebene Beispiele aus der Praxis vermieden werden sollten.

9.5 Ablauf von Kundenberatungsgesprächen

Da alle Kunden unterschiedlich sind, unterscheiden sich auch die Gefahrenpotenziale von Fall zu Fall. Hier gilt „wer fragt, der führt". Im Fall der Haftpflichtversicherung bedeutet dies, dass man Kunden im Gespräch mit zielführenden Fragen dazu bringen sollte, alle möglichen Risiken offen zu legen. Wer seinem/seiner Kundenbetreuer/-in den Zweithund oder die vermietete Ferienwohnung verschweigt – sei es versehentlich oder absichtlich – muss sich im Schadenfall nicht wundern, wenn ein entsprechender Schaden nicht bezahlt wird. Es stehen hier die Versicherungsvermittler/-innen in der Verantwortung, die richtigen Fragen zu stellen und den Kunden zu erläutern, was unvollständige oder falsche Angaben bedeuten können. Solche Angaben liegen zwar in der Verantwortung der Kunden, aber sie sollten ausdrücklich auf die Folgen von Obliegenheitsverletzungen hingewiesen werden.

Die gemachten Angaben sollten besonders im Bereich der Haftpflichtversicherungen vollständig und ausführlich im Beratungsprotokoll aufgeführt und von den Kunden unterschrieben werden.

Beispiel

Eine Kundin, verheiratet, zwei Kinder, wohnt in einem eigenen Reihenhaus. Sie möchte eine Privathaftpflicht- und auch eine Hundehalterhaftpflichtversicherung für den Familienhund abschließen. Zusätzlich zu ihrem Beruf als angestellte Elektromeisterin bei einem spezialisierten Reparaturbetrieb, baut sie selbstständig im Nebenerwerb hochwertige Verstärker für HiFi-Liebhaber und Profimusiker. Die Geräte verkauft sie in einem Onlineshop und erzielt mittlerweile einen Umsatz von rund 30.000,00 € im Jahr. Da eine Haftpflichtversicherung für diese selbstständige Tätigkeit rund 300,00 € pro Jahr mehr als die beiden Privatversicherungen gekostet hätte, lehnt sie das Angebot ab, was auch im unterschriebenen Beratungsprotokoll ausdrücklich mit dem Hinweis „...die Kundin wünscht ausdrücklich keinen Abschluss einer Haftpflichtversicherung für ihr Nebengewerbe und wurde auf die möglichen Folgen dieses Verzichts auf einen Versicherungsschutz hingewiesen..." vermerkt wurde.
Sollte jetzt aus dem Nebenerwerb ein Schaden entstehen, kann sich die Kundin nicht auf eine Falschberatung berufen, da sie mit ihrer Unterschrift bestätigt hat, dass sie diesbezüglich informiert und beraten wurde.

Das Beratungsprotokoll wurde nach seiner Einführung durch den Gesetzgeber nicht sehr freudig von den Versicherungsvermittler/-innen begrüßt, denn es bedeutet zusätzliche Arbeit. Allerdings ist es auch eine Art Versicherung für die Vermittler/-innen. In der Praxis hat sich gezeigt, dass viele Kunden lieber einen Versicherungsantrag als eine Verzichtserklärung wie im vorangehenden Beispiel unterschreiben.

9.6 Nachbereitung von Kundenberatungsgesprächen

Zur Nachbereitung von Kundenberatungsgesprächen gehören einige Routineaufgaben, die sich von Versicherer zu Versicherer unterscheiden.

In der Regel müssen Anträge und Beratungsprotokolle an die Zentrale weitergeleitet werden. Dies kann in Papierform oder digital geschehen.

Da sich in vielen Kundenberatungsgesprächen bereits Anzeichen von künftigen Änderungen ergeben, die für das Thema Haftpflichtversicherungen relevant sein könnten, sollten diesbezüglich Termine mit genauen Angaben in die Wiedervorlage genommen werden.

Beispiel

Leo Wagner, Mitarbeiter einer Agentur der Proximus Versicherung AG, hat von einem Kunden erfahren, dass dieser eine größere Wohnung sucht, um mit seiner Freundin zusammen zu ziehen. Er hat sich als Umzugstermin den Juni des kommenden Jahres zum Ziel gesetzt.
Leo Wagner gibt in seiner Wiedervorlage für Ende Juni des nächsten Jahres einen Wiedervorlagetermin ein, um den Kunden über den Einschluss von dessen Freundin in die Privathaftpflichtversicherung zu beraten und gleichzeitig auch die anderen vom Umzug betroffenen Verträge durchzugehen.

9.7 Kundenberatung mit modernen Kommunikationsmitteln

Da die Privathaftpflichtversicherung eine der wichtigsten Versicherungen überhaupt ist und alle Personen eine solche haben sollten, war diese Versicherungsart auch eine der ersten, die elektronisch in einem Onlineportal eines Direktversicherers zu einem sehr günstigen Preis angeboten wurde. Mit einem kurzen elektronischen Fragebogen wurden alle Angaben erfasst und Kunden waren im Handumdrehen versichert. Daran hat sich bis heute nur wenig geändert.

Inzwischen kann man noch zahlreiche weitere Haftpflichtversicherungsarten (z. B. Tierhalterhaftpflicht- und Gewässerschadenhaftpflichtversicherung) online abschließen. Mit besonders günstigen Tarifen werden überwiegend junge Neukunden gewonnen.

Für den klassischen Vertrieb über den Außendienst ist die Beratung per Telefon und/oder E-Mail besonders bei der Kundenpflege im Bestandsgeschäft ein wichtiges Medium geworden, um Verträge schnell, problemlos und ohne persönliches Erscheinen bei den Kunden anzupassen.

Hingegen kommen moderne Kommunikationsmittel bei komplexeren Haftpflichtversicherungspaketen, z. B. in der Betriebshaftpflichtversicherung, schnell an ihre Grenzen. Speziell bei der Erstberatung sollte das persönliche Gespräch bevorzugt werden. Bei besonderen Firmenkonstellationen kommt es sogar vor, dass die Risikokombination nicht in den Tarifunterlagen zu finden ist. In solchen Fällen werden dann sog. Direktionsangebote individuell für die Kunden berechnet und erstellt, die der Außendienst dann genauestens erklären muss. Der jährliche Meldebogen hingegen erfordert nicht unbedingt einen persönlichen Besuch bei den Kunden und kann auch per Telefon, E-Mail oder Post bearbeitet werden.

Wie in den anderen Kundenbedarfsfeldern und Versicherungssparten müssen Versicherungsvermittler/-innen die richtige Mischung zwischen einem persönlichen Erscheinen bei Kunden und dem Einsatz von modernen Kommunikationsmitteln finden. Es gibt immer wieder Kunden oder Kundengruppen, die moderne Technik nicht sonderlich mögen und es bevorzugen, einen lebendigen Menschen vor sich sitzen zu haben.

Teil B: Kunden zu Rechtsschutzversicherungen beraten

1 Gründe für den Abschluss einer Rechtsschutzversicherung

In jeder Lebenslage treffen Menschen aufeinander und es kann zum Streit bzw. zu Meinungsverschiedenheiten kommen. Jedes Jahr streiten sich Millionen von Bundesbürgern und nicht immer gehen diese Streitigkeiten glimpflich aus. Rechtsstreitigkeiten kosten schnell viel Geld, denn jede Partei beharrt auf ihrer Meinung und dementsprechend auf ihr Recht.

1.1 Risikoabdeckung in der Rechtsschutzversicherung

Heutzutage ist es fast unmöglich, sein Recht ohne eine anwaltliche Unterstützung durchzusetzen. Die Kosten für Rechtssuchende können teilweise sehr beträchtlich oder gar nicht bezahlbar sein. Dies hängt oftmals mit dem Ausmaß des Rechtsstreites zusammen. Je intensiver und aufwendiger ein Rechtsstreit sein kann, desto teuer kann er werden.

So stehen Menschen vor der Alternative, entweder das finanzielle Wagnis eines Prozesses auf sich zu nehmen, ohne zu wissen, wie hoch die tatsächlichen Kosten hierfür sein werden, oder aber auf die Durchsetzung des eigenen Rechts bzw. der eigenen Verteidigung zu verzichten.

Jede Inanspruchnahme einer Rechtsvertretung oder eines Gerichtes kostet Geld und kann, je nach Streitfall, zu sehr hohen Kosten führen. Um nicht in den finanziellen Ruin zu gelangen, bringt nur der Abschluss einer Rechtsschutzversicherung finanzielle Sicherheit.

Die Rechtsschutzversicherung sorgt dafür, dass Versicherungsnehmer/-innen bei der Wahrnehmung ihrer rechtlichen Interessen nicht zuerst an die Kosten denken müssen, sondern an den notwendigen juristischen Beistand.

Die Rechtsschutzversicherung
- unterstützt bei der Durchsetzung der rechtlichen Interessen,
- trägt das ungewisse Kostenrisiko im Rahmen des gewählten Versicherungsumfanges für die rechtliche Interessenwahrnehmung,
- gibt einen vertraglich gesicherten Rechtsanspruch auf die gewählte Leistung,
- trägt neben den gesetzlich festgelegten Gebühren für die anwaltliche Vertretung auch unter Umständen die Kosten für beispielsweise Sachverständige und
- sorgt für Chancengleichheit bei der Durchsetzung rechtlicher Interessen unabhängig vom Einkommen.

1.2 Geltungsbereich

Der Versicherungsschutz der Rechtsschutzversicherung erstreckt sich auf die Wahrnehmung der rechtlichen Interessen in Europa (geographisches Europa). Hierzu zählen auch die außereuropäischen Anliegerstaaten des Mittelmeeres (der asiatische Teil der Türkei, Syrien, Libanon, Israel, Ägypten, Libyen, Tunesien, Algerien und Marokko), die kanarischen Inseln, auf Madeira und auf den Azoren. *Ziffer 5.1 ARB 2021*

Neben dem oben genannten Geltungsbereich gewährt der Versicherer auch weltweiten Versicherungsschutz, wobei eine Kostendeckung bis maximal 100.000,00 € besteht. Voraussetzungen für diese Übernahme ist, dass

- der Versicherungsfall innerhalb eines höchstens zwölfwöchigen Auslandsaufenthalts eingetreten ist, *Ziffer 5.2 ARB 2021*
- der Versicherungsschutz nicht nur auf deutsche Gerichte beschränkt sein darf (beispielsweise Steuerrechtsschutz ist nur auf die deutsche Gerichtsbarkeit beschränkt) und
- der Versicherungsschutz nicht in einem Zusammenhang mit dem Erwerb oder Veräußerung von dinglichen Rechten steht.

1.3 Wartezeit

Wer einen Rechtsstreit auf sich zukommen sieht, möchte verständlicherweise, noch schnell eine Rechtsschutzversicherung abschließen. Um dieses subjektive Risiko für den Versicherer zu verhindern, sehen die **A**llgemeinen **R**echtsschutzversicherungs-**B**edingungen (ARB) für einige Leistungsarten (= Risikobereiche) eine Wartezeit von drei Monaten vor. Die Frist läuft, falls die Erstprämie rechtzeitig gezahlt wurde, ab dem im Versicherungsschein genannten Vertragsbeginn (technischer Versicherungsbeginn). Erst nach Ablauf der Wartezeit beginnt die Leistungspflicht des Versicherers. *Ziffer 3.1 ARB 2021* *Ziffer 3.1 ARB 2021*

Auf die Wartezeit kann verzichtet werden, wenn Versicherungsnehmer/-innen eine Vorversicherung der betreffenden Risiken nachweisen und eine neue Versicherung unmittelbar anschließt. Eine Wartezeit besteht auch dann nicht, wenn das konkrete Risiko über einen anderen Rechtsschutzvertrag bei der selben Versicherungsgesellschaft für mindestens drei Monate versichert war und der Versicherungsschutz ohne zeitliche Begrenzung fortgesetzt wird. *Ziffer 3.1 ARB 2021*

Für folgende Leistungsarten besteht eine Wartezeit:

Leistungsart	keine Wartezeit	drei Monate Wartezeit
Schadenersatzrechtsschutz	x	
Arbeitsrechtsschutz		x
Wohnungs- und Grundstücksrechtsschutz		x
Rechtsschutz im Vertrags- und Sachenrecht		x
Steuerrechtsschutz vor Gerichten		x
Sozialgerichtsrechtsschutz		x
Verwaltungsrechtsschutz in Verkehrssachen		x
Disziplinar- und Standesrechtsschutz	x	
Strafrechtsschutz	x	
Ordnungswidrigkeitenrechtsschutz	x	

Leistungsart	keine Wartezeit	drei Monate Wartezeit
Beratungsrechtsschutz im Familien-, Lebenspartnerschafts- und Erbrecht	x	
Opferrechtsschutz	x	
Cyberrechtsschutz	x	

2 Gegenstand der Rechtsschutzversicherung

Die Rechtsschutzversicherung ist nach dem Bausteinprinzip aufgebaut. Sie versichert die Lebensbereiche, die für die jeweilige Person bedarfsgerecht sind. Grundsätzlich lassen sich alle Lebensbereiche absichern und auch die Bausteine miteinander kombinieren.

2.1 Versicherbare Lebensbereiche

Ziffer 2 ARB 2021

Für jeden Lebensbereich gibt es in der Rechtsschutzversicherung einzelne Bausteine. Zu den versicherbaren Lebensbereichen in der Rechtsschutzversicherung zählen:
- Privatrechtsschutz
- Berufsrechtsschutz
- Verkehrsrechtsschutz
- Fahrerrechtsschutz
- Wohnungs- und Grundstücksrechtsschutz

Grundsätzlich lassen sich die verschiedenen Rechtsschutzbausteine miteinander kombinieren.

2.2 Versicherter Personenkreis

Ziffer 2.1.1 ARB 2021

Die Rechtsschutzversicherung bietet beim Singletarif ausschließlich Versicherungsschutz für den/die Versicherungsnehmer/-in.

Wird ein Familientarif vereinbart, besteht Versicherungsschutz für die Versicherungsnehmer/-innen und deren mitversicherte Personen. Zu den mitversicherten Personen zählen:

Ziffer 2.1.2 ARB 2021

- eheliche/eingetragene Lebenspartnerschaften,
- im Versicherungsschein genannte sonstige Lebenspartner/-innen,
- minderjährige Kinder sowie
- unverheiratete volljährige Kinder, sofern diese nicht in einer eigenen eingetragenen Lebenspartnerschaft leben oder eine auf Dauer angelegte berufliche Tätigkeit ausüben und hierfür ein Einkommen beziehen.

Zu den mitversicherten Kindern zählen nicht nur die leiblichen Kinder, sondern auch Adoptiv-, Pflege- und Stiefkinder sowie die Kinder des mitversicherten Lebenspartners oder der mitversicherten Lebenspartnerin.

2.3 Vertragliche Bestandteile

Ein Rechtsschutzversicherungsvertrag kann nur mit Versicherungsnehmer/-innen geschlossen werden, die ihren ständigen Wohn- oder Geschäftssitz in der Bundesrepublik Deutschland haben.

Der frühste Versicherungsbeginn kann der Tag nach der Antragsstellung sein. Ein rückwirkender Beginn ist nicht möglich. Der Versicherungsantrag ist unverzüglich beim Versicherer einzureichen. Sollte ein Versicherungsantrag ohne gewünschten Versicherungsbeginn eingereicht worden sein, so gilt das Antragseingangsdatum als Versicherungsbeginn. Die vertragliche Vertragslaufzeit beträgt in der Regel ein Jahr, wobei bei Dreijahresverträgen ein 10%-iger Dauernachlass gewährt wird. *TA S. 165*

3 Privatrechtsschutzversicherung

In der Privatrechtsschutzversicherung haben Versicherungsnehmer/-innen und die mitversicherten Personen den privaten Lebensbereich abgesichert. *Ziffer 2.1.5 ARB 2021*

Darüber hinaus besteht auch Versicherungsschutz für den/die Versicherungsnehmer/-in und im Vertrag mitversicherte Personen, wenn diese als Fahrgäste, Fußgänger/-innen oder Radfahrer/-innen am öffentlichen Straßenverkehr teilnehmen.

Versicherungsschutz besteht nicht, wenn Versicherungsnehmer/-innen rechtliche Interessen im Zusammenhang mit gewerblichen, freiberuflichen oder sonstigen selbstständigen Tätigkeiten wahrnehmen.

3.1 Leistungsbereiche

Folgende Leistungsarten sind in der Privatrechtsschutzversicherung enthalten:

- **Schadenersatzrechtsschutz**
  Eine Schadenersatzrechtsschutzversicherung ist notwendig, wenn Versicherungsnehmer/-innen oder die mitversicherten Personen aufgrund gesetzlicher Haftungsbestimmungen, beispielsweise gemäß § 823ff. BGB, eigene Ansprüche wegen Personen-, Sachschäden oder Schmerzensgeld gerichtlich oder außergerichtlich durchsetzen möchten. In diesem Fall spricht man von einem aktiven Rechtsschutz, da aktiv die eigenen Ansprüche verfolgt werden. Die Geltungsmachung dieser Ansprüche erfolgt in einem Zivilprozess (Zivilverfahren).
  Nicht versichert ist die Abwehr von Schadenersatzansprüchen aus der Haftpflichtversicherung. In diesem Fall spricht man von einem passiven Rechtsschutz. Außerdem sind Schadenersatzansprüche wegen Verletzung von Verträgen und dinglichen Rechten an beweglichen Sachen sowie dinglichen Rechten an Grundstücken, Gebäuden und Gebäudebestandteilen nicht Gegenstand der Schadenersatzrechtsschutzversicherung. Dingliche Rechte sind Rechte, die gegenüber jedermann wirken und von jedem respektiert werden müssen, z. B. Eigentumsrechte. *Ziffer 2.2.1 ARB 2021*

Beispiel

Es werden Schadenersatzansprüche gegen die Beschädigung eines Fernsehers gegen den Schädiger abgedeckt, aber nicht der Anspruch eines mangelhaft reparierten Fernsehers.

- **Rechtsschutz im Vertrags- und Sachenrecht**
  Unter dem sogenannten Vertragsrechtsschutz versteht man sowohl den aktiven als auch passiven Rechtsschutz bei der Wahrnehmung der rechtlichen Interessen aus privatrechtlichen Schuldverhältnissen, als auch aus dinglichen Rechten. *Ziffer 2.2.4 ARB 2021*

Zu den privatrechtlichen Schuldverhältnissen zählen alle Verträge, gleichgültig ob sie schriftlich vereinbart sind oder ob Kunden mündliche Abmachungen getroffen haben, wie das meist bei Reparaturaufträgen von Handwerkersbetrieben der Fall ist.
Verträge, die das privatrechtliche Schuldverhältnis berühren, sind insbesondere

- Kaufverträge
- Beförderungsverträge
- Mietverträge über bewegliche Sachen
- Reparaturverträge
- Darlehnsverträge
- Dienstverträge
- Reiseverträge
- Streitigkeiten mit anderen Versicherern

soweit der Versicherungsschutz nicht in den Leistungsarten Schadenersatz-. Arbeits- oder Wohnungs- und Grundstücksrechtsschutz enthalten ist.

Beispiel

Privatrechtliches Schuldverhältnis
Der VN Pierre Mahlz hat zum dritten Mal seinen fast neuen Kaffeevollautomaten zur Reparatur gebracht. Nach der dritten Reparatur funktioniert dieser immer noch nicht einwandfrei, sodass Herr Mahlz beschließt, den Kaffeevollautomaten zurückzugeben. Der Verkäufer weigert sich, das Gerät zurückzunehmen.

Lösung

Herr Mahlz genießt in diesem Fall Versicherungsschutz und kann sich einen Rechtsanwalt zur Wahrung seiner rechtlichen Interessen nehmen.

Beispiel

Dingliche Rechte (Eigentum, Besitz, Nießbrauch, Vorverkaufsrecht, Pfandrecht) an beweglichen Sachen (Sachenrecht)
Die VN Claudia Weiß wurde vor geraumer Zeit auf offener Straße beraubt. Ihr wurde neben der Handtasche auch ein Armreif entwendet. Einige Tage später entdeckt sie ihrem Armreif in einem Pfandhaus. Der Besitzer des Pfandhauses verweigert die Aushändigung des Gegenstandes.

Lösung

Frau Weiß genießt in diesem Fall Versicherungsschutz und kann sich einen Rechtsanwalt zur Wahrung ihrer rechtlichen Interessen nehmen.

- **Steuerrechtsschutz vor Gerichten**

Ziffer 2.2.5 ARB 2021

Der Steuerrechtsschutz vor Gerichten bezieht sich auf gerichtliche Auseinandersetzungen im Zusammenhang mit Steuern und Abgaben vor deutschen Finanz- und Verwaltungsgerichten.
In der Steuerrechtsschutzversicherung werden alle Steuerarten abgedeckt, die im privaten Bereich von Versicherungsnehmern/-innen oder der mitversicherten Personen entstehen können, wie z.B. Einkommensteuer, Schenkungsteuer oder Vermögensteuer.

Ziffer 3.2.12 ARB 2021

Kein Versicherungsschutz besteht jedoch bei Streitigkeiten wegen der steuerlichen Bewertung von Grundstücken, Gebäuden oder Gebäudebestandteilen sowie bei Erschließungs- und sonstigen Anliegerabgaben, wie z.B. der Deckungsaufwand für den Bau einer Grünanlage.

Beispiel

Der VN Hilmar Ertel hat vor wenigen Tagen seinen Einkommensbescheid vom Finanzamt erhalten. Er ist der Meinung, dass seine Werbungskosten nicht richtig berechnet worden sind und ihm deswegen zu wenig Steuern erstattet wurden.

Lösung

Herr Ertel besitzt Versicherungsschutz, da es sich hier um eine Steuerart des privaten Bereiches handelt. Die Prozesskosten wären somit gedeckt.

Weitere Auseinandersetzungen, die auftreten könnten, wären beispielsweise in der Einkommensteuer:
- *wegen der Absetzung von Sonderausgaben*
- *wegen der Absetzung der außergewöhnlichen Belastung*
- *oder Ähnliches*

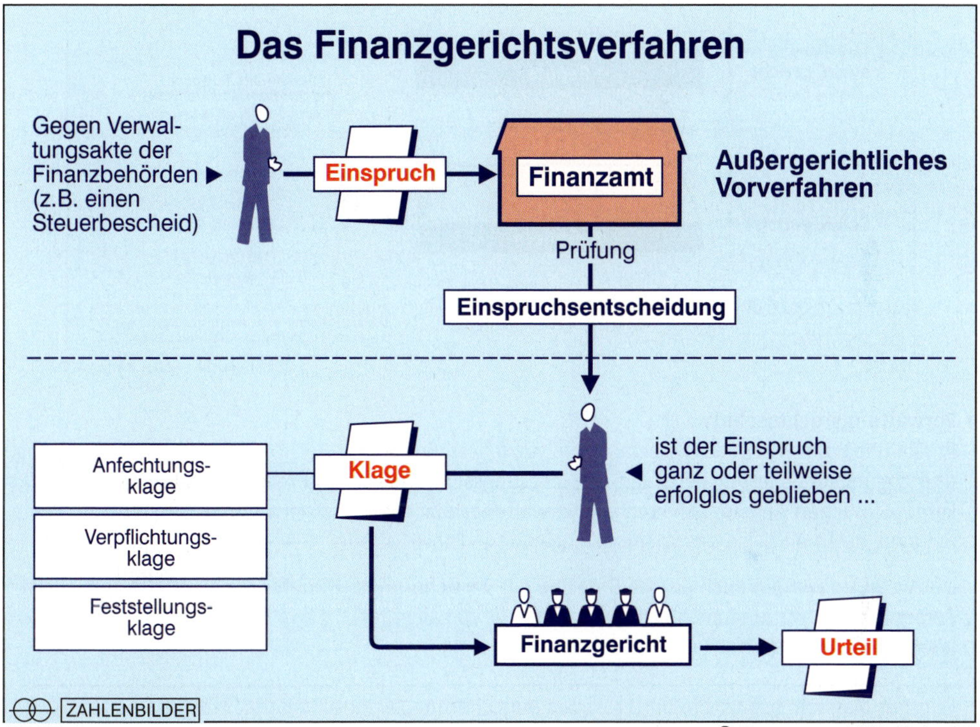

129 210 © Bergmoser + Höller Verlag AG

- **Sozialgerichtsrechtsschutz**

  Ziffer 2.2.6 ARB 2021

  Der Sozialgerichtsrechtsschutz bezieht sich grundsätzlich auf die gerichtliche Auseinandersetzung vor deutschen Sozialgerichten. Im Fokus stehen die Auseinandersetzungen mit den Sozialversicherungsträgern.

  Streitigkeiten mit dem Sozialversicherungsträger können sich ergeben aus
  - Betriebs- und Wegeunfällen,
  - Berufskrankheiten,
  - Erwerbsminderungs- oder Erwerbsunfähigkeitsrente,
  - Kürzung der Arbeitslosenbezüge,
  - Leistungen der gesetzlichen Krankenversicherung oder Pflegeversicherung
  - und Ähnlichem.

  Bei den sozialrechtlichen Angelegenheiten geht es meist um die eigenen Ansprüche von Versicherungsnehmern/-innen oder der mitversicherten Personen gegen einen Träger der Sozialversicherung. Die Kosten für die Wahrnehmung der rechtlichen Interessen werden erst ab dem gerichtlichen Verfahren übernommen und dies über alle Instanzen.

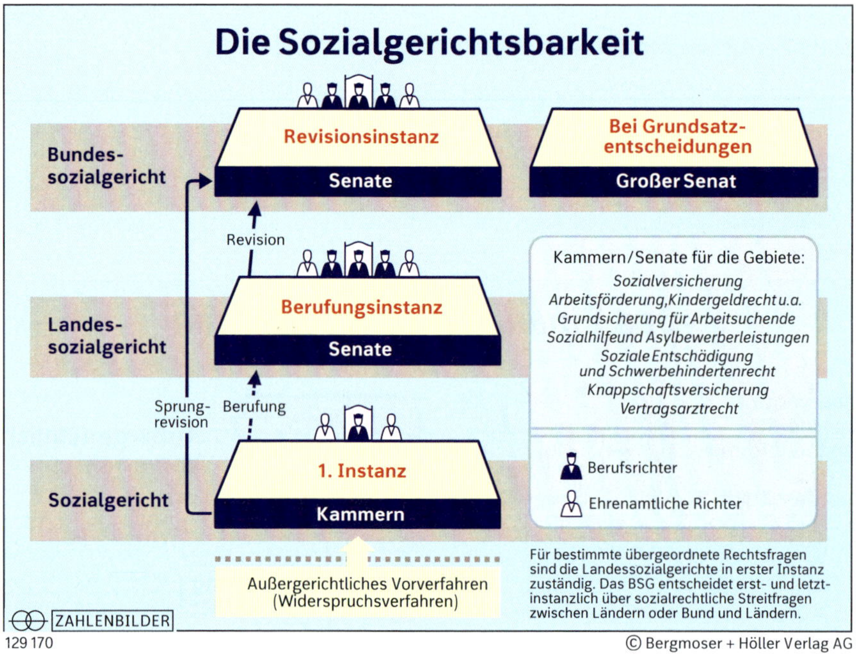

- **Verwaltungsrechtsschutz**

Ziffer 2.2.7 ARB 2021

Im Rahmen der Verwaltungsrechtsschutzversicherung besteht für Versicherungsnehmer/-innen und die mitversicherten Personen Versicherungsschutz, wenn die rechtlichen Interessen in verkehrsrechtlichen Angelegenheiten vor Verwaltungsbehörden und Verwaltungsgerichten zu vertreten sind, beispielsweise das Wiedererlangen einer Fahrerlaubnis.

Des Weiteren werden auch private Bereiche der Versicherungsnehmer/-innen und der versicherten Personen in verwaltungsrechtlichen Angelegenheiten abgedeckt, die in Widerspruchsverfahren dem jeweiligen Gerichtsverfahren vorangehen.

Beispiel

Günther Maisfolk besitzt bei der Proximus Versicherung AG eine Privatrechtsschutzversicherung für sich und seine Familie. Sein dreijähriger Sohn soll im Sommer in den Kindergarten gehen. Als die Eheleute Maisfolk den Kita-Bescheid der Stadt Dinslaken bekommen, sind sie sehr erbost. Sie haben für ihren Sohn einen Kita-Platz in 15 Kilometer Entfernung zugewiesen bekommen. Günther Maisfolk möchte gegen diesen Bescheid vorgehen und sucht einen Anwalt auf.

Lösung

Günther Maisfolk genießt in Rahmen des Verwaltungsrechtsschutzes Versicherungsschutz. Der Kita-Bescheid der Stadt Dinslaken stellt eine verwaltungsrechtliche Angelegenheit dar, die zuvor einem Widerspruchverfahren ausgesetzt ist, bevor sie an einem deutschen Gericht verhandelt werden kann.

Die Proximus Versicherung AG bietet jedoch keinen Versicherungsschutz für Streitigkeiten über den Zugang zu einem Hochschulstudium. Dazu zählen vor allem die Streitigkeiten im Zusammenhang mit der Berechtigung und der Zulassung zu einem Hochschulstudium.

- **Strafrechtsschutz**

Die Strafrechtsschutzversicherung leistet für die Verteidigung wegen des Vorwurfs

Ziffer 2.2.9 ARB 2021

- eines verkehrsrechtlichen Vergehens. Wird allerdings rechtskräftig, also durch eine unanfechtbare Gerichtsentscheidung, festgestellt, dass der/die Versicherungsnehmer/-in das Vergehen vor-

sätzlich begangen hat, z. B. das unerlaubte Entfernen vom Unfallort, ist er/sie verpflichtet, dem Versicherer die Kosten zu erstatten, die dieser für die Verteidigung wegen des Vorwurfs eines vorsätzlichen Vergehens getragen hat.
- eines sonstigen Vergehens, dessen vorsätzliche wie auch fahrlässige Begehung strafbar ist, solange dem/der Versicherungsnehmer/-in ein fahrlässiges Verhalten vorgeworfen wird.
- Die Verhandlung dessen erfolgt im sogenannten Strafprozess, also im Strafverfahren.

Beispiel

Nach einem Fußballspiel wird ein VN in eine Schlägerei mit den Fans des Gegners verwickelt und muss mit einem Strafverfahren wegen Körperverletzung rechnen. Wird er wegen Fahrlässigkeit angeklagt und verurteilt, besteht Versicherungsschutz von Anfang bis Ende des Verfahrens. Wird er dagegen wegen Vorsatzes angeklagt, dann aber wegen Fahrlässigkeit verurteilt, so besteht zunächst – anders als bei Verkehrsdelikten – kein Versicherungsschutz, dann aber nachträglich für das ganze Verfahren.

Kein Versicherungsschutz besteht bei dem Vorwurf eines Verbrechens. Ein Verbrechen stellt eine Straftat dar, die im Unterschied zu einem Vergehen, mit einer Mindestfreiheitsstrafe von einem Jahr oder mehr bestraft wird. Der Versicherungsschutz entfällt aber auch bei dem Vorwurf eines Vergehens, soweit die vorgeworfene Straftat nur vorsätzlich begangen werden konnte, wie z. B. Diebstahl, Betrug, Unterschlagung oder Beleidigung. Nach der aktuellen Rechtsprechung gilt dies auch für Ordnungswidrigkeiten, wie dem Telefonieren am Steuer.

Wird Versicherungsnehmern/-innen ein Vorwurf gemacht, so muss der Versicherer selbst dann keinen Kostenschutz gewähren, wenn die Staatsanwaltschaft wegen fehlender Beweise keine Anklage erhebt oder der/die Versicherungsnehmer/-in in der Hauptverhandlung freigesprochen wird.

Beispiel

Martin Baum wird durch die Staatsanwaltschaft beschuldigt, einen Ladendiebstahl begangen zu haben. Diesen Vorwurf weist er energisch zurück und sucht sich anwaltlichen Rat. Er erklärt seinem Anwalt, dass er den Kassenzettel nach längerer Suche wieder gefunden hat. Der Anwalt von Herrn Baum korrespondiert mit der Staatsanwaltschaft, worauf diese keine Anklage erhebt.

Lösung

Die entstanden Anwaltskosten von Herrn Baum werden nicht von der Strafrechtsschutzversicherung übernommen, da die Staatsanwaltschaft keine Anklage erhoben hat und es dadurch zu keiner Verteidigung in einem Strafprozess gekommen ist.

- **Ordnungswidrigkeitenrechtsschutz**

  Ziffer 2.2.10 ARB 2021

  Wird Versicherungsnehmern/-innen eine Ordnungswidrigkeit vorgeworfen, besteht unabhängig von der Tatsache, ob ein vorsätzliches oder fahrlässiges Handeln vorlag, Versicherungsschutz für die Rechtsverteidigung.
  Der Versicherungsumfang betrifft sowohl verkehrsrechtliche Ordnungswidrigkeiten, wie z. B. Geschwindigkeitsüberschreitung, über eine rote Ampel fahren oder Alkohol am Steuer, als auch alle anderen Ordnungswidrigkeiten, wie z. B. ein Verstoß gegen Umweltschutz- oder Immissionsvorschriften.

Beispiel

Der VN Kai Ramp bekam vor wenigen Tagen einen Bußgeldbescheid wegen Geschwindigkeitsüberschreitung. Er ist der Meinung, dass er zu Unrecht der Ordnungswidrigkeit beschuldigt wird und legt gegen den Bescheid Einspruch ein.

Lösung

Herr Ramp besitzt Versicherungsschutz, da er einer Ordnungswidrigkeit beschuldigt wurde und sich im Zuge dessen verteidigen möchte. Sollte Herr Ramp vom Amtsgericht verurteilt werden, würden die Kosten hierfür übernommen.

Ziffer 3.2.16 ARB 2021

Die allgemeinen Bedingungen für Rechtsschutzversicherung schließen alle Bußgeldbescheide wegen des Vorwurfes eines Halte- oder Parkverstoßes aus dem Versicherungsschutz aus.

- **Beratungsrechtsschutz im Familien-, Lebenspartnerschafts- und Erbrecht**
  Die Wahrnehmung der rechtlichen Interessen aus dem Bereich des deutschen oder ausländischen Familien-, Lebenspartnerschafts- und Erbrechts sind grundsätzlich nicht versichert. Der Versicherer übernimmt die Kosten einer Beratung oder einer Auskunft durch in Deutschland zugelassene Rechtsanwälte und Rechtsanwältinnen.

Ziffer 2.3.1.2 ARB 2021

Dabei gelten folgende Einschränkungen:
- Rat oder Auskunft dürfen nicht mit anderen gebührenpflichtigen Tätigkeiten zusammenhängen, z.B. einer Prozessbeauftragung.
- Erteilt ein Anwalt oder eine Anwältin einer versicherten Person einen mündlichen oder schriftlichen Rat oder eine Auskunft, so ist die Leistung je Versicherungsfall auf 250,00 € begrenzt.

Beispiel

Familien- und Lebenspartnerschaftsrecht
Die VN Tina Büsch und ihre Ehefrau beschließen nach Ehestreitigkeiten, von nun an in der Ehewohnung getrennt zu leben. Die VN möchte sich von einem Rechtsanwalt hinsichtlich des eventuellen Trennungsunterhaltes, einer möglichen Ehescheidung und Ähnlichem beraten lassen.

Lösung

Die Beratung durch einen Rechtsanwalt kann die VN in Anspruch nehmen, wobei die Beratungskosten auf 250,00 € begrenzt sind.
Weitere Möglichkeiten für eine Beratung im für Familien- und Lebenspartnerschaftsrecht sind:
- *Adoption*
- *Hausrattrennung bei Ehescheidung*
- *Zugewinnausgleich bei Ehescheidung*
- *Versorgungsausgleich bei Ehescheidung*
- *oder Ähnliches*

Beispiel

Erbrecht
Der VN Klaus Maier hat vor kurzem vom Tod seiner Tante erfahren und bekam von der Notarin ein Schreiben, in dem er als Erbe genannt wurde. Herr Maier ist sich jedoch unsicher, ob er das Erbe annehmen oder ausschlagen soll.

Lösung

Auch hier wären die Beratungskosten durch einen Rechtsanwalt gedeckt, wobei die Beratungskosten auf 250,00 € begrenzt sind.
Weitere Möglichkeiten für eine Beratung im Erbrecht sind:
- *Testamentsanfechtung*
- *Geltungsmachung des Pflichtanteils*
- *oder Ähnliches*

- **Opferrechtsschutz**

Ziffer 2.2.12 ARB 2021

Der Opferrechtsschutz besteht für die versicherten Personen, die im privaten Bereich als Opfer einer der genannten Gewaltstraftaten verletzt wurden. Eine Gewaltstraftat liegt vor bei
- Verletzung der sexuellen Selbstbestimmung,
- schwerer Verletzung der körperlichen Unversehrtheit,
- Verletzung der persönlichen Freiheit sowie
- Mord und Totschlag.

Der Versicherungsschutz erstreckt sich auf die Beistandsleistung von Anwaltsbüros im Ermittlungsverfahren, Nebenklageverfahren, für den Antrag nach § 1 Gewaltschutzgesetz sowie für den sogenannten Täter-Opfer-Ausgleich in nicht vermögensrechtlichen Angelegenheiten.

Beispiel

Die VN Ilka Weber wird auf dem Weg zum Kiosk überfallen. Der Täter bedroht sie mit einer Pistole, entreißt ihr gewaltsam die Handtasche und stürzt sie dabei eine Treppe hinunter. Frau Weber zieht sich bei dem Sturz schwere Verletzungen zu. Der Täter wird nach intensiver Suche von der Polizei kurze Zeit später festgenommen.

Lösung

Mithilfe ihrer Anwältin kann Frau Weber im Strafprozess als Nebenklägerin auftreten, dies bedeutet, sie kann Fragen und Anträge stellen sowie Erklärungen abgeben. Die Anwaltskosten übernimmt die Rechtsschutzversicherung. Die VN kann dazu beitragen, dass der Täter zu einer angemessenen Freiheitsstrafe verurteilt wird.

- **Cyberrechtsschutz**

  Der Cyberrechtsschutz bezieht sich auf Angelegenheiten die im virtuellen Raum, also dem Internet, basieren. Die Proximus Versicherung AG bietet Versicherungsschutz *Ziffer 2.2.13 ARB 2021*
  - für die **außergerichtliche** Wahrnehmung der rechtlichen Interessen der Versicherungsnehmer/-innen und der mitversicherten Personen durch einen Rechtsbeistand, wenn diesen als Privatpersonen Urheberrechtsverstöße vorgeworfen werden. Die Kostenübernahmegrenze beträgt 1.000,00 € für einen Versicherungsfall pro Jahr. Die Ziffer 3.2.6 ARB 2021 greift hier nicht.

Beispiel

Der 15-jährige Sohn des VN Karl Praus lädt sich für eine Party Musik im Internet herunter. Durch die Rückverfolgung des digitalen Fußabdrucks kommt jedoch heraus, dass das Herunterladen nicht legal war und Karl Praus erhält Post wegen Urheberrechtsverstoßes.

Lösung

Karl Praus genießt Versicherungsschutz und kann sich für eine außergerichtliche Einigung einen Rechtsanwalt nehmen. Die Kosten für den Versicherungsfall sind jedoch auf 1.000,00 € im Versicherungsjahr begrenzt.

  - für Versicherungsnehmer/-innen und die mitversicherten Personen, wenn diese eine Strafanzeige wegen Schädigung der Online-Reputation oder wegen Identitätsmissbrauch erstatten möchten. Hierfür trägt die Proximus Versicherung AG 1.000,00 € pro Versicherungsjahr.

Beispiel

Die 13-jährige Tochter der VN Elisabeth Greif wird in verschiedenen Internetforen wegen ihrer Hauterkrankung zutiefst beleidigt. Als Elisabeth Greif dies herausfindet, möchte sie eine Anzeige erstatten und sucht hierfür einen Rechtsanwalt auf.

Lösung

Die Kosten des Rechtsanwaltes werden bis maximal 1.000,00 € durch die Proximus Versicherung AG gedeckt, da Elisabeth Greif einen Rechtsanwalt beauftragt, um eine Strafanzeige wegen einer über das Internet verbreitete Verletzung der allgemeinen Persönlichkeitsrechte zu stellen. (Beleidigung der Tochter wegen ihrer Hauterkrankung)

Auszug aus einer Schilderung zu einem Identitätsdiebstahl

Im Jahr 2015 haben unbekannte Kriminelle meine Identität gestohlen. Den Tätern genügte bereits mein vollständiger Name und mein Geburtsdatum, um Waren zu bestellen und an Adressen schicken zu lassen, unter denen ich nie gewohnt habe oder gemeldet war. Vermutlich wurden die Pakete von Strohmännern angenommen und anschließend weiter verkauft. Ich selbst ahnte von der Sache zunächst nichts, da ich weder Rechnungen noch Mahnungen bekam.

Nach einer Weile lagen sogar Haftbefehle gegen mich vor, ich wurde sogar in Abwesenheit als Schuldner verurteilt. Monate später erfuhr ich davon, als mehrere Mitarbeiter von Inkassobüros vor meiner echten Haustür standen und Forderungen für Waren eintreiben wollten, die ich weder selbst bestellt noch erhalten hatte. Gemeinsam mit einem Rechtsanwalt wehrte ich mich gegen die Anschuldigungen und nach vielen Monaten enormer zeitlicher, nervlicher und finanzieller Belastung konnte ich die Angelegenheit zu meinen Gunsten regeln. Nach unzähligen Stunden konnte ich meinen Identitätsmissbrauch aufarbeiten, aber bis heute tauchen immer noch vereinzelt falsche Daten aus dieser Zeit auf, denn das Internet vergisst bekanntlich niemals etwas.

3.2 Ausschlüsse

Ziffer 3.2.1 ARB 2021

Auch in der Rechtsschutzversicherung gilt der obligatorische Ausschluss für Versicherungsfälle, die im Zusammenhang mit Krieg, feindseligen oder terroristischen Handlungen, Aufruhr, inneren Unruhen, Streiks, Erdbeben um ähnlichem eintreten.

Inhaltliche Ausschlüsse in der der Privatrechtsschutzversicherung beziehen sich auf die Lebensbereiche:

- **Grundstückserwerb**

Ziffer 3.2.2 ARB 2021

Der Ausschluss ist damit begründet, dass Streitigkeiten bei einem Grundstückserwerb vorprogrammiert sind (subjektives Risiko). Es können Streitigkeiten des Bauherren mit Architekten, Handwerkern, Bauträgern und Baubehörden entstehen, die im ursächlichem Zusammenhang mit der Planung, Errichtung oder genehmigungspflichtigen und/oder anzeigepflichtigen baulichen Veränderungen eines Gebäudes stehen.

Der Ausschluss erstreckt sich somit auf Streitigkeiten im ursächlichem Zusammenhang mit

- dem Erwerb oder Verkauf eines Grundstückes, das bebaut werden soll,
- der Planung oder Errichtung eines Gebäudes oder Gebäudeteils, das sich im Eigentum oder Besitz des/der Versicherungsnehmers/-in befindet oder das dieser/diese erwerben oder in Besitz nehmen möchte,
- der genehmigungs-/anzeigepflichtigen baulichen Veränderung eines Grundstückes, Gebäudes oder Gebäudeteils, das sich im Eigentum oder Besitz des/der Versicherungsnehmers/-in befindet oder das er/sie erwerben oder in Besitz nehmen möchte oder
- der Finanzierung eines Grundstückserwerbs oder eines Bauvorhabens.

Beispiel

Die VN Melanie Wart hat vor Kurzen ein Einfamilienhaus erworben, das sie kernsanieren muss. Die Kernsanierung betrifft u. a. die Neueindeckung des Daches. Leider verläuft die Sanierung nicht wie gewünscht. Frau Wart streitet sich mit dem Dachdeckerunternehmen wegen der Ziegelfarbe. Die Dachdeckerei ist der Meinung, dass Frau Wart telefonisch rote Dachziegeln bestellt hat. Frau Wart ist jedoch der Meinung, dass sie anthrazitfarbene Dachziegeln bestellt hat. Diese Bestellung hat sie sich per E-Mail bestätigen lassen. Die Dachdeckerei verlangt von Frau Wart die Erstattung der Mehrkosten für die erneute Bestellung der Dachziegeln.

Lösung

Frau Wart genießt Versicherungsschutz, da die Neueindeckung eines Daches keine genehmigungs- bzw. anzeigepflichtige Baumaßnahme darstellt.

- **Handelsgesellschaften oder deren gesetzliche Vertretungen**

Ziffer 3.2.5 ARB 2021

Streitigkeiten aus dem Recht der Handelsgesellschaften oder aus Angestelltenverhältnissen gesetzlicher Vertretungen juristischer Personen sind in der Berufsrechtsschutzversicherung ausgeschlossen, da solche Streitigkeiten derart umfangreich sein können, dass häufig die dort angestellten Anwälte und Anwältinnen tätig werden.

- **Urheberrechte, Kartellrecht**
  Hier werden nicht selten jahrelange Prozesse geführt, die zudem aufwendige Gutachten und somit enorme Kosten verursachen. Unter das Patentrecht fallen auch Rechtsstreitigkeiten über Arbeitnehmererfindungen. *Ziffer 3.2.6/ Ziffer 3.2.7 ARB 2021*
- **Erwerb, Veräußerung und Finanzierung von Wertpapieren** *Ziffer 3.2.8 ARB 2021*

Beispiel

Streitigkeiten mit
- einer Bank wegen Falschberatung beim Kauf, Verkauf von Aktien, Anleihen, u.Ä.
- einem geschlossenen Immobilienfonds wegen falscher Angaben im Fondsprospekt
- einer Aktiengesellschaft wegen falscher Angaben im Börsenprospekt bei der Ausgabe junger Aktien

- **Darlehen und Glückspiel** *Ziffer 3.2.9 ARB 2021*
  Dieser Ausschluss bezieht sich auf die Spekulationsgeschäfte, die im Zusammenhang mit
  - der Vergabe von Darlehen,
  - Spiel- oder Wettverträgen, wie beispielsweise die Streitigkeiten unter Mitgliedern einer Lottowettgemeinschaft oder
  - Gewinnzusagen, wie z.B. die Streitigkeiten, die aus nicht eingehaltenen Gewinnzusagen entstehen.

Beispiel

Bei der Vergabe eines Kredites berechnet die Bank unzulässige Bearbeitungsgebühren. Der Darlehnsnehmer verklagt daraufhin die Bank auf Schadenersatz.

Lösung

Die Rechtsschutzversicherung würde hier keine Kostendeckung gewähren.

- **Familien-, Lebenspartnerschafts- und Erbrecht** *Ziffer 3.2.10 ARB 2021*
  Fallen Rechtsschutzkosten über die reine Beratung hinaus an, werden diese nicht gedeckt.
- **Lebenspartner untereinander** *Ziffer 3.2.10 ARB 2021* *Ziffer 3.2.17/ 3.2.18 ARB 2021*
  Jegliche Streitigkeiten von mitversicherten Personen mit Versicherungsnehmern/-innen und untereinander sind generell ausgeschlossen. Darüber hinaus sind auch Streitigkeiten sonstiger Lebenspartner (nicht eheliche und nicht eingetragene Lebenspartner gleich welchen Geschlechts) untereinander ausgeschlossen, wenn diese Streitigkeiten im ursächlichen Zusammenhang mit der Partnerschaft stehen. Dies gilt auch, wenn die Partnerschaft beendet ist.
- **Teilnutzungsrecht** *Ziffer 3.2.23 ARB 2021*
  Dieser Ausschluss bezieht sich auf den Zusammenhang mit dem Erwerb oder der Veräußerung von Teilnutzungsrechten (Timesharing) an Grundstücken, Gebäuden oder Gebäudeteilen.
  Unter Timesharing versteht man einen Teilzeitwohnrechtevertrag (auch Ferienwohnrecht, Teilzeitwohnrecht, Teilzeiteigentum, Teilnutzungsrecht oder Wohnnutzungsrecht). Hier verschafft oder verspricht ein Unternehmer einem Verbraucher gegen Zahlung eines Gesamtpreises das Recht, für die Dauer von mehr als einem Jahr ein Wohngebäude mehrfach für einen bestimmten oder bestimmbaren Zeitraum zu Übernachtungszwecken zu nutzen.

3.3 Besonderheiten und Versicherungsprämie

TA S. 165

Die Privatrechtsschutzversicherung kann auch als Singletarif abgeschlossen werden, wenn der/die Versicherungsnehmer/-in alleinstehend ist und nicht in einer häuslichen Gemeinschaft mit einem/ einer bei ihr gemeldeten ehelichen oder nichtehelichen Lebenspartner/-in wohnt. Heiratet ein/eine Versicherungsnehmer/-in oder begründet eine nichteheliche Lebenspartnerschaft, kann er/sie den Versicherungsschutz rückwirkend ab dem Zeitpunkt der veränderten Lebenssituation in der Form des Familientarifs verlangen. Die rückwirkende Umwandlung des Versicherungsschutzes muss spätestens sechs Monate nach Eintritt der geänderten Lebenssituation beantragt werden und der Versicherungsschutz für die mitversicherten Lebenspartnerschaft besteht ohne Wartezeit.

Ziffer 2.1.2 ARB 2021 Die Bereiche von Berufsrechtsschutz, Verkehrsrechtsschutz, Fahrerrechtsschutz sowie Wohnungs- und Grundstücksrechtsschutz sind in dem Baustein Privatrechtsschutz nicht enthalten, können aber über eine Kombination der Bausteine versichert werden.

Zusammenfassung

Leistungsarten der Privatrechtsschutzversicherung

versichert
- Schadenersatzrechtsschutz
- Rechtsschutz im Vertrags- und Sachenrecht
- Steuerrechtsschutz vor Gerichten
- Sozialgerichtsrechtsschutz
- Strafrechtsschutz
- Ordnungswidrigkeitenrechtsschutz
- Beratungsrechtsschutz im Familien-, Lebenspartnerschafts- und Erbrecht
- Opferrechtsschutz
- Verwaltungsrechtsschutz
- Cyberrechtsschutz

nicht versichert
- Grundstückserwerb
- Handelsgellschaften
- Urheberrechte
- Kartellrechte
- Erwerb, Veräußerung und Finanzierung von Wertpapieren
- Darlehen und Glücksspiel
- Familien-, Lebenspartnerschafts- und Erbrecht
- Lebenspartner untereinander
- Teilnutzungsrecht

zusätzlich versicherbar
- Berufsrechtsschutz
- Verkehrsrechtsschutz
- Fahrerrechtsschutz
- Wohnungs- und Grundstücksrechtsschutz

4 Berufsrechtsschutzversicherung

Ziffer 2.1.5 ARB 2021 Im Rahmen der beruflichen, nichtselbstständigen Tätigkeit, bietet der Baustein Berufsrechtsschutz Versicherungsschutz für Versicherungsnehmer/-innen und mitversicherte Personen an. Als nichtselbstständige Arbeit werden die beruflichen Tätigkeiten beispielsweise von Arbeitnehmerinnen und Arbeitnehmern, Beamtinnen und Beamten sowie Richterinnen und Richtern bezeichnet.

Risiken aus jeglicher selbstständiger Tätigkeit, auch wenn sie nur nebenberuflich ausgeübt wird, sind im Baustein Berufsrechtsschutz ausgeschlossen. In der Praxis werden derartige Risiken über eine Berufsrechtsschutzversicherung für Selbstständige bzw. Firmenrechtsschutzversicherung versichert.

Beispiel Marco Opgen ist seit mehreren Jahren angestellter Lehrer und erteilt nebenberuflich Nachhilfeunterricht im Fach Mathematik. Die Eltern einer seiner Nachhilfeschüler möchte die Rechnung über die erteilten Stunden nicht bezahlen, da ihre Tochter nicht die versprochenen Fortschritte erzielt.

Lösung *Die erteilten nebenberuflichen Nachhilfestunden von Herrn Opgen stellen eine selbstständige Tätigkeit dar, da sie mit seiner eigentlichen beruflichen Tätigkeit (angestellter Lehrer) keine Verbindung aufweisen. Somit fällt die nebenberufliche Tätigkeit nicht unter den Versicherungsschutz der Berufsrechtsschutzversicherung.*

4.1 Leistungsbereiche

Ziffer 2.1.2 ARB 2021

Im Rahmen des Bausteines der Berufsrechtsschutz sind die beiden Leistungsarten Arbeitsrechtsschutz sowie Disziplinar- und Standesrechtsschutz versichert.

- **Arbeitsrechtsschutz**
  Die Arbeitsrechtsschutz gewährt aktiven und passiven Versicherungsschutz für außergerichtliche und gerichtliche Streitigkeiten aus einem Arbeitsverhältnis, die insbesondere im Zusammenhang mit Arbeitsentgeltfragen, Urlaubsansprüchen, der Zeugniserteilung, dem Arbeitsschutz, Schadenersatzfragen, der Altersversorgung und der Kündigung eines Arbeitsverhältnisses stehen. Die Arbeitsrechtsschutzversicherung kommt für Nichtselbstständige im Rahmen ihrer beruflichen Tätigkeit in Betracht. Zudem umfasst sie auch Streitigkeiten von Versicherungsnehmern/-innen mit Kolleginnen und Kollegen.

Ziffer 2.2.2 ARB 2021

Beispiel

Ein VN hat von seinem Arbeitgeber ein Kündigungsschreiben zum 01.10.20.. erhalten. Der VN ist mit der Kündigung nicht einverstanden und begründet dies damit, dass sie „sozial ungerechtfertigt" sei. Er verklagt seinen Arbeitgeber beim zuständigen Arbeitsgericht. Der VN gewinnt den Prozess und die Rechtsschutzversicherung trägt die Kosten des VN.
In der Kostenübernahme der Arbeitsrechtsschutzversicherung gibt es die Besonderheit, dass jede Partei die eigenen Anwaltskosten zu tragen hat.
Der Grund für die eigene Kostenübernahme ist von sozialpolitischer Natur, da die Kosten für ein arbeitsrechtliches Verfahren vor dem Arbeitsgericht im Vergleich zu anderen gerichtlichen Verfahren erheblich geringer sind, da sie in der ersten Instanz üblicherweise mit einem Vergleich beendet werden.

Auch öffentlich-rechtliche Dienstverhältnisse, wie Berufs- und Zeitsoldaten (jedoch keine Wehrpflichtigen) fallen unter die Arbeitsrechtsschutz. Hier geht es u.a. um die Ansprüche wegen Versagung einer Beihilfe im Krankheitsfall, Entlassung aus dem Beamtenverhältnis, Falschberechnung des Ruhegeldes oder der Dienstjahre. Zuständig für diese Streitigkeiten sind die Verwaltungsbehörden und-gerichte.

Ziffer 2.2.2 ARB 2021

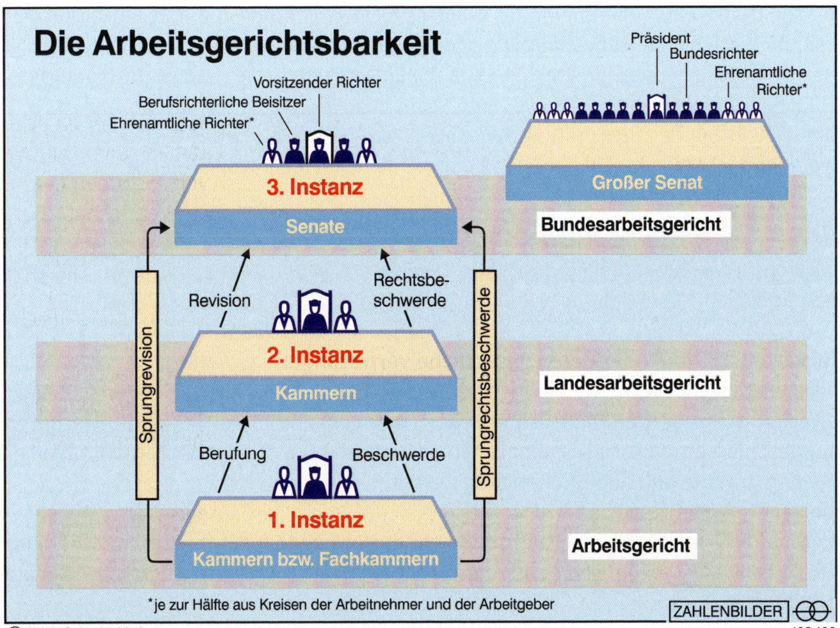

- **Disziplinar- und Standesrechtsschutz**

Ziffer 2.2.8 ARB 2021

Versicherungsschutz besteht für die Verteidigung in Disziplinar- und Standesrechtsverfahren. Der Disziplinarrechtsschutz betrifft vor allem Beamte, denen ein Dienstvergehen zum Vorwurf gemacht wird und die mit einem Verweis, einer Geldbuße, Gehaltskürzungen, einer Versetzung oder der Entfernung aus dem Dienst geahndet werden. Von einem Dienstvergehen spricht man, wenn eine schuldhafte Verletzung der typischen, mit dem Beamtenstatus verbunden Pflichten, vorliegt.

Beispiel

Ein Lehrer soll seine Aufsichtspflicht bei einem Schulausflug verletzt haben, wodurch eine Schülerin leicht verletzt worden ist. Da der Lehrer seine typischen, mit dem Beamtenstatus verbunden Pflichten nicht nachgekommen ist, spricht man hier von einem Dienstvergehen.

Das Standesrechtsverfahren betrifft vor allem die freien Berufe, wie z. B. Ärzte/Ärztinnen oder Rechtsanwälte/Rechtsanwältinnen, denen berufsrechtliche Belange vorgeworfen werden.

Beispiel

Einem Arzt wird unterstellt, die ärztliche Schweigepflicht verletzt zu haben, weil er angeblich die Patientenakte an eine Krankenkasse weitergeleitet hat, ohne von der Schweigepflicht entbunden worden zu sein. In diesem Fall spricht man von einem Standesrechtsverfahren, da der Arzt seine berufsrechtlichen Belange (hier Einhaltung der Schweigepflicht) verletzt hat. Dieses Verfahren würde von der Ärztekammer eingeleitet werden.

Ziffer 2.1.5 ARB 2021

4.2 Ausschlüsse

Die Berufsrechtsschutzversicherung sieht in den folgenden Bereichen Ausschlüsse vor:

- **Kollektives Arbeits- und Dienstrecht**

Ziffer 3.2.4 ARB 2021

Es besteht kein Versicherungsschutz bei Streitigkeiten aus kollektiven Arbeits- oder Dienstrecht. Unter dem kollektiven Arbeitsrecht versteht man die Gesamtheit, die die kollektive Gestaltung von Arbeitsbedingungen und deren Voraussetzungen zum Gegenstand hat. Hierzu gehören das Tarifvertragsrecht, das Betriebsverfassungs- und das Personalvertretungsrecht.
Für solche Streitigkeiten übernimmt die Rechtsschutzversicherung in der Regel keine Kosten, etwa wenn es um betriebliche Mitbestimmung oder betriebliche Regelungen des Arbeitgebers geht. Das Gleiche gilt für Fragen des Dienstrechts, etwa die Einordnung in die richtige Besoldungsgruppe.

Beispiel

Ein Lehrer stellt bei der Überprüfung seiner Besoldung fest, dass er in die falsche Gruppe eingruppiert wurde. Er möchte bei der Besoldungsstelle seine rechtlichen Interessen durchsetzen.

Lösung

In diesem Fall würde die Berufsrechtsschutzversicherung keine Kosten übernehmen, da die Eingruppierung in die Besoldungsgruppe zum Dienstrecht gehört und somit einen Leistungsausschluss darstellt.

- **Handelsgesellschaften oder deren gesetzliche Vertretungen**

Ziffer 3.2.5 ARB 2021

Streitigkeiten aus dem Recht der Handelsgesellschaften oder aus Angestelltenverhältnissen gesetzlicher Vertreter und Vertreterinnen juristischer Personen sind in der Berufsrechtsschutzversicherung ausgeschlossen, da solche Streitigkeiten derart umfangreich sein können, dass häufig die dort angestellten Anwälte und Anwältinnen tätig werden.

- **Urheberrecht, Kartellrecht**

Ziffer 3.2.6/ Ziffer 3.2.7 ARB 2021

Hier werden nicht selten jahrelange Prozesse geführt, die zudem aufwendige Gutachten und somit enorme Kosten verursachen. Unter das Patentrecht fallen auch Rechtsstreitigkeiten über Arbeitnehmererfindungen.

- **Erwerb, Veräußerung und Finanzierung von Wertpapieren**

Beispiel

Streitigkeiten mit
- einer Bank wegen Falschberatung beim Kauf, Verkauf von Aktien, Anleihen, u. Ä.
- einem geschlossenen Immobilienfonds wegen falscher Angaben im Fondsprospekt
- einer Aktiengesellschaft wegen falscher Angaben im Börsenprospekt bei der Ausgabe junger Aktien

Ziffer 3.2.8 ARB 2021

- **Darlehen und Glücksspiel**
Dieser Ausschluss bezieht sich auf die Spekulationsgeschäfte, die im Zusammenhang stehen mit
  - der Vergabe von Darlehen,
  - Spiel- oder Wettverträgen, wie z. B. die Streitigkeiten unter Mitgliedern einer Lottowettgemeinschaft oder
  - Gewinnzusagen, wie z. B. die Streitigkeiten, die aus nicht eingehaltenen Gewinnzusagen entstehen.

Ziffer 3.2.9 ARB 2021

Beispiel

Bei der Vergabe eines Kredites berechnet die Bank unzulässige Bearbeitungsgebühren. Der Darlehnsnehmer verklagt daraufhin die Bank auf Schadenersatz.

Lösung

Die Rechtsschutzversicherung würde hier keine Kostendeckung gewähren.

Der Versicherungsschutz der Berufsrechtsschutzversicherung erstreckt sich nicht auf die rechtlichen Interessen, die der/die Versicherungsnehmer/-in als Eigentümer, Halter, Erwerber, Leasingnehmer/Mieter oder Fahrer von Motorfahrzeugen sowie Anhängern wahrnehmen möchte. Diese Risiken können durch die Bausteine Verkehrsrechtsschutz und Fahrerrechtsschutz zusätzlich abgeschlossen werden.

Ziffer 2.1.2 ARB 2021

4.3 Besonderheiten und Versicherungsprämie

Die Berufsrechtsschutzversicherung kann als Einzelrisiko oder in Verbindung mit dem Baustein Privatrechtsschutz als Ergänzung abgeschlossen werden. Die Prämie für das Einzelrisiko ist deutlich höher, als in Verbindung mit der Privatrechtsschutzversicherung. Auch der Abschluss der Berufsrechtsschutz als Singletarif ist möglich.

TA S. 166

5 Verkehrsrechtsschutzversicherung

Im Verkehrsbereich haben Versicherungsnehmer/-innen die Möglichkeit, lediglich ein Fahrzeug oder aber alle Fahrzeuge zu versichern.

Ziffer 2.1.5 ARB 2021

Wählen Versicherungsnehmer/-innen den Singletarif, so ist das Fahrzeug (motorgetrieben), das im Versicherungsschein genannt wurde, sowie ein Anhänger versichert. Versicherungsnehmer/-innen sind als Fahrer/-in, Insasse, Halter/-in, Eigentümer/-in, Leasingnehmer/-in dieses Fahrzeuges sowie Anhängers versichert. Sollte sich der/die Versicherungsnehmer/-in ein Land-, Wasser- oder Luftfahrzeug sowie dessen Anhänger mieten, so ist er/sie als Fahrer/-in, Insasse, Mieter/-in versichert.

Möchten Versicherungsnehmer/-innen mehrere Fahrzeuge versichern oder sind sie nicht alleinstehend, weil Kinder im Haushalt leben, so muss der Familientarif gewählt werden.

Im Familientarif sind **alle** Fahrzeuge versichert, sodass die Versicherungsnehmer/-innen und die mitversicherten Personen als Fahrer/-innen, Insassen, Halter/-innen, Eigentümer/-innen, Erwerber/-innen, Leasingnehmer/-innen von motorgetriebenen Landfahrzeugen sowie deren Anhänger versichert sind. Alle Fahrzeuge müssen im Versicherungsschein aufgeführt werden.

Mieten Versicherungsnehmer/-innen ein Land-, Wasser- oder Luftfahrzeug sowie dessen Anhänger, so sind sie und die mitversicherten Personen als Fahrer/-innen, Insassen, Mieter/-innen versichert.

Zusätzlich zu den oben genannten versicherten Personen sind außerdem

- alle Personen als berechtigte Fahrer und Fahrerinnen der im Single- oder Familientarif versicherten Fahrzeuge,
- alle Personen als berechtigte Insassen der im Single- oder Familientarif versicherten Fahrzeuge

mitversichert.

Ist der/die Eigentümer/-in oder Halter/-in des versicherten Fahrzeugs nicht mit dem/der Versicherungsnehmer/-in identisch, ist zusätzlich der/die Eigentümer/-in oder Halter/-in mitversichert.

Als Teilnehmende am öffentlichen Verkehr sind die Versicherungsnehmer/-innen und die mitversicherten Personen außerdem versichert,

- wenn Sie ein fremdes Fahrzeug fahren,
- als Fußgänger und Füßgängerinnen, Radfahrende und bei sportlichen Betätigungen, oder
- wenn Sie als Fahrgast, Passagier und Passagierin oder Insasse unterwegs sind.

Beispiel

Herr Plank hat sich vor kurzer Zeit ein gebrauchtes Motorboot gekauft. Als er dies zu Hause für die erste Fahrt vorbereiten möchte, stellt er diverse Vorschäden fest, die ihm beim Kauf verschwiegen worden sind. Er ist im Besitz einer Verkehrsrechtsschutzversicherung und möchte den Verkäufer auf Schadenersatz verklagen.

Lösung

Die hier angesprochene Leistungsart des Vertrags- und Sachenrechts ist zwar in der Verkehrsrechtsschutzversicherung mitversichert, jedoch besteht in diesem Fall kein Versicherungsschutz, da er kein Fahrer oder Mitfahrer eines Motorbootes war.

5.1 Leistungsbereiche

Der Versicherungsschutz im Rahmen der Verkehrsrechtsschutzversicherung erstreckt sich auf die Leistungsarten:

- **Schadenersatzrechtsschutz**
  Eine Schadenersatzrechtsschutzversicherung ist notwendig, wenn Versicherungsnehmer/-innen oder die mitversicherten Personen aufgrund gesetzlicher Haftungsbestimmungen, beispielsweise gemäß § 823 ff. BGB, eigene Ansprüche wegen Personen-, Sachschäden oder Schmerzensgeld gerichtlich oder außergerichtlich durchsetzen möchten. In diesem Fall spricht man von einem aktiven Rechtsschutz, da der/die Versicherungsnehmer/-in aktiv die eigenen eigenen Ansprüche verfolgt. Die Geltendmachung dieser Ansprüche erfolgt im Zivilprozess (Zivilverfahren).
  Ziffer 2.2.1 ARB 2021
  Nicht versichert ist die Abwehr von Schadenersatzansprüchen aus der Haftpflichtversicherung. In diesem Fall spricht man von einem passiven Rechtsschutz. Außerdem sind Schadenersatzansprüche wegen Verletzung von Verträgen und dinglichen Rechten an beweglichen Sachen sowie dinglichen Rechten an Grundstücken, Gebäuden und Gebäudebestandteilen nicht Gegenstand der Schadenersatzrechtsschutzversicherung. Dingliche Rechte sind Rechte, die gegenüber jedermann wirken und von jedem respektiert werden müssen, z. B. Eigentumsrechte.

Beispiel

Der VN Karl Will erlitt vor kurzem einen Verkehrsunfall. Neben Sachschäden an seinem Pkw erlitt er auch ein Schädelhirntrauma. Herr Will möchte nun Schmerzensgeld von dem Unfallverursacher erhalten.

Lösung

In diesem Fall würde die Verkehrsrechtsschutz die Kosten übernehmen, da Herr Will seine eigenen Ansprüche (Schmerzensgeld) durchsetzen möchte.

- **Rechtsschutz im Vertrags- und Sachenrecht**

  Unter dem sogenannten Vertragsrechtsschutz versteht man sowohl den aktiven als auch den passiven Rechtsschutz bei der Wahrnehmung der rechtlichen Interessen aus privatrechtlichen Schuldverhältnissen, als auch aus dinglichen Rechten. *Ziffer 2.2.4 ARB 2021*

  Unter privatrechtlichen Schuldverhältnissen sind alle Verträge, gleichgültig, ob sie schriftlich vereinbart sind oder ob Kunden mündliche Abmachungen getroffen haben, zu verstehen. Meistens ist dies bei Reparaturaufträgen von Handwerkersbetrieben der Fall.

  Verträge, die das privatrechtliche Schuldverhältnis berühren, sind insbesondere
  - Kaufverträge
  - Beförderungsverträge
  - Mietverträge über bewegliche Sachen
  - Reparaturverträge
  - Darlehnsverträge
  - Dienstverträge
  - Reiseverträge
  - Streitigkeiten mit anderen Versicherern

  soweit der Versicherungsschutz nicht in den Leistungsarten Schadenersatz-. Arbeits- oder Wohnungs- und Grundstücksrechtsschutz enthalten ist.

Beispiel

Privatrechtliches Schuldverhältnis

Der VN Pierre Mahlz hat bei der Kfz-Werkstatt seines Vertrauens eine defekte Wasserpumpe reparieren lassen. Leider tropft das Auto im Frontbereich weiterhin. Bei einem erneuten Besuch der Werkstatt möchte Herr Mahlz die Möglichkeit der Nachbesserung vorschlagen. Die Werkstatt weigert sich jedoch und macht Herrn Mahlz einen erneuten Kostenvoranschlag.

Lösung

Herr Mahlz genießt in diesem Fall Versicherungsschutz und kann sich einen Rechtsanwalt zur Wahrung seiner rechtlichen Interessen nehmen.

Beispiel

Dingliche Rechte (Eigentum, Besitz, Nießbrauch, Vorverkaufsrecht, Pfandrecht) an beweglichen Sachen (Sachenrecht)

Die VN Claudia Weiß wurde vor geraumer Zeit ihr Auto gestohlen. Einige Tage später entdeckt sie ihr Fahrzeug auf einer Internetplattform, wo es zum Verkauf angeboten wird. Frau Weiß kontaktiert den Verkäufer und verlangt die Herausgabe ihres Eigentums. Der Verkäufer weigert sich und behauptet, dass es sein Auto wäre.

Lösung

Frau Weiß genießt in diesem Fall Versicherungsschutz und kann sich einen Rechtsanwalt zur Wahrung ihrer rechtlichen Interessen nehmen.

In der Verkehrs- und Fahrerrechtsschutzversicherung besteht auch Versicherungsschutz für Verträge, bei denen eine versicherte Person Kraftfahrzeuge und Anhänger zur Eigennutzung erwerben will, auch wenn diese später nicht auf sie zugelassen werden. Kein Versicherungsschutz besteht jedoch, wenn die mitversicherte Person Teilnehmer im öffentlichen Straßenverkehr ist.

Beispiel Die Ehefrau des VN Frank Gut ist mit dem Taxi in die Innenstadt gefahren. Als sie am Ziel angekommen war, verlangt der Taxifahrer einen utopischen Fahrpreis. Frau Gut spricht den Taxifahrer auf diesen erhöhten Fahrpreis an. Dieser erwidert ihr, dass dies so wäre. Frau Gut weigert sich, den Taxifahrpreis zu bezahlen.

Lösung *Versicherungsschutz ist im Vertrags- und Sachenrechtsschutz nicht gegeben, wenn die mitversicherte Person Teilnehmerin im öffentlichen Straßenverkehr ist. Hier würde nur über die Privatrechtsschutzversicherung eine Deckung bestehen.*

- **Steuerrechtsschutz vor Gerichten**

Ziffer 2.2.5 ARB 2021

Der Steuerrechtsschutz vor Gerichten bezieht sich auf gerichtliche Auseinandersetzungen im Zusammenhang mit Steuern und Abgaben vor deutschen Finanz- und Verwaltungsgerichten.
In der Steuerrechtsschutzversicherung werden alle Steuerarten abgedeckt, die im privaten Bereich des/der Versicherungsnehmers/-in oder der mitversicherten Personen entstehen können, wie z.B. Einkommensteuer, Schenkungsteuer, Kfz-Steuer oder Ähnliches.

Beispiel Der VN Jonas Harten hat vor wenigen Tagen seinen Kraftfahrzeugsteuerbescheid vom Zollamt erhalten. Er ist der Meinung, dass die Steuer für sein Kraftfahrzeug falsch berechnet wurde und er deswegen zu viel Steuern bezahlen soll.

Lösung *Herr Harten besitzt Versicherungsschutz, da es sich hier um eine Steuerart des privaten Bereiches handelt. Die Prozesskosten wären somit gedeckt.*

- **Verwaltungsrechtsschutz in Verkehrssachen**

Ziffer 2.2.7 ARB 2021

Für den Verwaltungsrechtsschutz in Verkehrssachen besteht Versicherungsschutz, wenn die rechtlichen Interessen in verkehrsrechtlichen Angelegenheiten vor Verwaltungsbehörden und Verwaltungsgerichten zu vertreten sind. Hierzu zählen insbesondere Streitigkeiten mit der Straßenverkehrsbehörde wegen:

- Entzuges, Einschränkung oder Wiedererlangung der Fahrerlaubnis, wenn dies nicht im Zusammenhang mit einer Straftat oder Ordnungswidrigkeit gestanden hat,
- Anordnung zum Führen eines Fahrtenbuches,
- Anordnung zur Teilnahme am Verkehrsunterricht,
- Anordnung einer Nachschulung bei Führerschein auf Probe,
- Ersterlangung einer Fahrerlaubnis
- und Ähnlichem.

Beispiel Der VN Ludwig Farnen ist seit längerer Zeit Diabetiker. Aus Sicherheitsgründen hat er seinen Führerschein kurzzeitig abgegeben, da sich seine Krankheit enorm verschlechtert hatte. Nach längerer Behandlung hat sich sein Gesundheitszustand deutlich verbessert, sodass er nun seine Fahrerlaubnis wieder haben möchte. Die Straßenverkehrsbehörde weigert sich, ihm die Fahrerlaubnis auszuhändigen.

Lösung *In diesem Fall wäre eine Interessenwahrnehmung versichert, da es sich um eine verkehrsrechtliche Angelegenheit gegenüber einer Verwaltungsbehörde handelt.*

- **Strafrechtsschutz**

Die Strafrechtsschutzversicherung leistet für die Verteidigung wegen des Vorwurfs

Ziffer 2.2.9.2 ARB 2021

- eines verkehrsrechtlichen Vergehens. Wird allerdings rechtskräftig, also durch eine unanfechtbare Gerichtsentscheidung festgestellt, dass der/die Versicherungsnehmer/-in das Vergehen vor-

sätzlich begangen hat, z. B. durch das unerlaubte Entfernen vom Unfallort, ist er/sie verpflichtet, dem Versicherer die Kosten zu erstatten, die dieser für die Verteidigung wegen des Vorwurfs eines vorsätzlichen Vergehens getragen hat.
- eines sonstigen Vergehens, dessen vorsätzliche wie auch fahrlässige Begehung strafbar ist, solange dem/der Versicherungsnehmer/-in ein fahrlässiges Verhalten vorgeworfen wird.

Die Verhandlung dessen erfolgt im sogenannten Strafprozess, also im Strafverfahren.

Beispiel

Ein VN verursachte einen Verkehrsunfall, bei dem mehrere Personen verletzt wurden. Im folgenden Strafprozess verurteilte ihn das Gericht in der ersten Instanz zu einer erheblichen Geldstrafe und zum Entzug der Fahrerlaubnis für ein Jahr. In der Berufungsinstanz konnte durch Zeugen und einen Sachverständigengutachter ein günstigeres Urteil erreicht werden. Die Kosten für den Rechtsstreit übernimmt die Rechtsschutzversicherung.

Kein Versicherungsschutz besteht bei dem Vorwurf eines Verbrechens. Ein Verbrechen stellt eine Straftat dar, die im Unterschied zu einem Vergehen, mit einer Mindestfreiheitsstrafe von einem Jahr oder mehr bestraft wird. Der Versicherungsschutz entfällt aber auch bei dem Vorwurf eines Vergehens, soweit die vorgeworfene Straftat nur vorsätzlich begangen werden konnte, wie z. B. Diebstahl, Betrug, Unterschlagung oder Beleidigung. Nach der aktuellen Rechtsprechung gilt dies auch für einige Ordnungswidrigkeiten, wie z. B. das Telefonieren am Steuer.
Wird einem/einer Versicherungsnehmer/-in ein Vorwurf gemacht, so muss der Versicherer selbst dann keinen Kostenschutz gewähren, wenn die Staatsanwaltschaft wegen fehlender Beweise keine Anklage erhebt oder die Person in der Hauptverhandlung freigesprochen wird.

Beispiel

Ein VN wird von der Staatsanwaltschaft beschuldigt, Fahrerflucht gegangen zu haben. Er sucht sich in dieser Angelegenheit rechtlichen Beistand durch einen Rechtsanwalt. Nach längerer Korrespondenz mit der Staatsanwaltschaft und mehreren Zeugenaussagen, die beweisen, dass der VN zum Tatzeitpunkt nicht die Fahrerflucht gegangen haben kann, wird der Vorwurf gegen ihn fallen gelassen.

Lösung

Die entstanden Anwaltskosten des VN werden nicht von der Strafrechtsschutzversicherung übernommen, da die Staatsanwaltschaft keine Anklage erhoben hat und es dadurch zu keiner Verteidigung in einem Strafprozess gekommen ist.

- **Ordnungswidrigkeitenrechtsschutz**
  Wird Versicherungsnehmern/-innen eine Ordnungswidrigkeit vorgeworfen, besteht unabhängig von der Tatsache, ob vorsätzliches oder fahrlässiges Handeln vorlag, Versicherungsschutz für die Rechtsverteidigung.
  Der Versicherungsumfang betrifft sowohl verkehrsrechtliche Ordnungswidrigkeiten, wie z. B. Geschwindigkeitsüberschreitung, über eine rote Ampel fahren oder Alkohol am Steuer, als auch alle anderen Ordnungswidrigkeiten, wie z. B. ein Verstoß gegen Umweltschutz- oder Immissionsvorschriften.
  Die Allgemeinen Rechtsschutzversicherungs-Bedingungen schließen alle Bußgeldbescheide wegen des Vorwurfes eines Halte- oder Parkverstoßes aus dem Versicherungsschutz aus.

Ziffer 2.2.10 ARB 2021

Beispiel

Bei einer ordnungsgemäßen Verkehrskontrolle soll Herr Kim, der mit seinem eigenen Pkw unterwegs war, gegen die Gurtpflicht verstoßen haben. Er bestreitet die Tat und auch die Beifahrerin kann bezeugen, dass Herr Kim den Gurt während der Fahrt angelegt hatte. Die Polizisten sind dennoch der Meinung, er habe eine Ordnungswidrigkeit gegangen. Herr Kim ist im Besitz einer Verkehrsrechtsschutzversicherung.

Lösung *In diesem Fall nahm Herr Kim mit seinem eigenen Pkw am Straßenverkehr teil und ihm wird eine Ordnungswidrigkeit vorgeworfen. Möchte er seine rechtlichen Interessen gegen diese Ordnungswidrigkeit durchsetzen, würde Versicherungsschutz bestehen.*

5.2 Ausschlüsse

Die Verkehrsrechtsschutzversicherung bietet keinen Versicherungsschutz bei

- **Abwehr von Schadenersatzansprüchen**
  Ziffer 3.2.3 ARB 2021 Die Verkehrsrechtsschutzversicherung kommt nicht für die Abwehr von Schadenersatzansprüchen auf. Dies ist im Rahmen der Haftpflichtversicherung versichert.

Beispiel Der VN Linus Part hat vor kurzen einen Autounfall verursacht. Der Unfallgeschädigte möchte nun von Herrn Part Schmerzensgeld verlangen.

Lösung *Dies ist nicht über die Verkehrsrechtsschutzversicherung abgedeckt, da es sich hierbei um die Abwehr von Schadenersatzansprüchen handelt und in diesem Fall somit die Haftpflichtversicherung greift.*

Ziffer 3.2.16 ARB 2021

- **Halte- und Parkverstöße**
  Alle Bußgeldverfahren wegen eines Halte-oder Parkverstoßes sind bei der Verkehrsrechtsschutzversicherung ausgeschlossen.
- **Lebenspartner untereinander**
  Ziffer 3.2.17/ 3.2.18 ARB 2021 Jegliche Streitigkeiten von mitversicherten Personen mit dem/der Versicherungsnehmer/-in und untereinander sind generell ausgeschlossen. Darüber hinaus sind auch Streitigkeiten sonstiger Lebenspartner (nicht eheliche und nicht eingetragene Lebenspartner gleich welchen Geschlechts) untereinander ausgeschlossen, wenn diese Streitigkeiten in ursächlichem Zusammenhang mit der Partnerschaft stehen. Dies gilt auch, wenn die Partnerschaft beendet ist.

5.3 Besonderheiten und Versicherungsprämie

TA S. 167

Ziffer 4.3 ARB 2021

Die Höhe der Prämie zur Verkehrsrechtsschutzversicherung richtet sich nach der Art und Anzahl der jeweiligen zu versichernden Fahrzeuge. Die Prämie wird in der Singlevariante pro Fahrzeug und in der Familienvariante pauschal für alle versicherten Fahrzeuge berechnet. Lässt ein/eine Versicherungsnehmer/-in ein weiteres Fahrzeug auf sich oder versichert dies auf eigenen Namen, besteht ab dem Kauf für dieses Kraftfahrzeug ohne Wartezeit Versicherungsschutz. Die Wahrnehmung rechtlicher Interessen, die im Zusammenhang mit dem Erwerb des Kraftfahrzeuges entstehen, ist mitversichert. Voraussetzung hierfür ist, dass die Person innerhalb eines Monats nach Aufforderung in der Beitragsrechnung das Fahrzeug meldet.

Ziffer 7.7.1 ARB 2021

Durch das Hinzukommen eines weiteren Fahrzeuges kann der Versicherer ab Eintritt des neuen Risikos eine höhere Prämie verlangen, sofern das Fahrzeug versicherbar ist. Der Versicherer muss sein Recht auf Prämienanpassung oder Risikoausschluss innerhalb eines Monats nach Kenntnis des neuen Risikos ausüben. Ist die Prämienerhöhung höher als 10 % oder lehnt der Versicherer die Absicherung der höheren Gefahr ab, besitzen Versicherungsnehmer/-innen ein fristloses Kündigungsrecht, das sie innerhalb eines Monats nach Zugang der Mitteilung ausüben müssen. Der Versicherer hat Versicherungsnehmer/-innen auf das Kündigungsrecht hinzuweisen.

6 Fahrerrechtsschutzversicherung

Der Versicherungsschutz der Fahrerrechtsschutzversicherung erstreckt sich auf die Teilnahme im öffentlichen Verkehr. Der/die Versicherungsnehmer/-in genießt Versicherungsschutz in seiner Eigenschaft als

Ziffer 2.1.5 ARB 2021

- Fahrer eines fremden Kraftfahrzeuges, Motorfahrzeuges zu Wasser oder in der Luft sowie eines Anhängers,
- Fahrgast, Fußgänger oder Radfahrer.

„Fremd" bedeutet in diesem Zusammenhang, dass das Fahrzeug weder dem/der Versicherungsnehmer/-in gehört, noch auf diese/-n zugelassen, amtlich registriert oder mit einem Versicherungskennzeichen auf seinen/ihren Namen versehen ist.

Diese Versicherungsform empfiehlt sich, wenn Versicherungsnehmer/-innen oft Fahrer fremder Fahrzeuge, z. B. Firmenfahrzeuge, sind.

6.1 Leistungsbereiche

Ziffer 2.1.5 ARB 2021

Der Versicherungsschutz der Fahrerrechtsschutzversicherung erstreckt sich auf folgende Leistungsarten:

- **Schadenersatzrechtsschutz**
  Eine Schadenersatzrechtsschutzversicherung ist notwendig, wenn Versicherungsnehmer/-innen oder die mitversicherten Personen aufgrund gesetzlicher Haftungsbestimmungen, beispielsweise gemäß § 823 ff. BGB, eigene Ansprüche wegen Personen-, Sachschäden oder Schmerzensgeld gerichtlich oder außergerichtlich durchsetzen möchten. In diesem Fall spricht man von einem aktiven Rechtsschutz, da die eigenen Ansprüche aktiv verfolgt werden. Die Geltungsmachung dieser Ansprüche erfolgt im Zivilprozess (Zivilverfahren).
  Nicht versichert ist die Abwehr von Schadenersatzansprüchen aus der Haftpflichtversicherung. In diesem Fall spricht man von einem passiven Rechtsschutz. Außerdem sind Schadenersatzansprüche wegen der Verletzung von Verträgen und dinglichen Rechten an beweglichen Sachen sowie dinglichen Rechten an Grundstücken, Gebäuden und Gebäudebestandteilen nicht Gegenstand der Schadenersatzrechtsschutzversicherung. Dingliche Rechte sind Recht, die gegenüber jedermann wirken und von jedem respektiert werden müssen, z. B. Eigentumsrechte.

  Ziffer 2.2.1 ARB 2021

Beispiel

Der VN Gert Kleis erlitt vor kurzem einen Verkehrsunfall. Neben einem beträchtlichen Sachschaden an seinem Pkw erlitt er auch eine schwere Rückenverletzung und saß einige Wochen lang im Rollstuhl. Herr Kleis möchte nun Schmerzensgeld von dem Unfallverursacher bekommen.

Lösung

In diesem Fall würde die Fahrerrechtsschutzversicherung die Kosten übernehmen, da Herr Kleis seine eigenen Ansprüche (Schmerzensgeld) durchsetzen möchte.

- **Rechtsschutz im Vertrags- und Sachenrecht**
  Unter dem sogenannten Vertragsrechtsschutz versteht man sowohl den aktiven als auch den passiven Rechtsschutz bei der Wahrnehmung der rechtlichen Interessen aus privatrechtlichen Schuldverhältnissen, als auch aus dinglichen Rechten.

  Ziffer 2.2.4 ARB 2021

  Unter privatrechtlichen Schuldverhältnissen sind alle Verträge, gleichgültig, ob sie schriftlich vereinbart sind oder ob Kunden mündliche Abmachungen getroffen haben, zu verstehen. Meistens ist dies bei Reparaturaufträgen von Handwerkersbetrieben der Fall.
  Verträge, die das privatrechtliche Schuldverhältnis berühren, sind insbesondere
  - Kaufverträge
  - Beförderungsverträge
  - Mietverträge über bewegliche Sachen
  - Reparaturverträge

- Darlehnsverträge
- Dienstverträge
- Reiseverträge
- Streitigkeiten mit anderen Versicherern

soweit der Versicherungsschutz nicht in den Leistungsarten Schadenersatz-. Arbeits- oder Wohnungs- und Grundstücksrechtsschutz enthalten ist.

In der Fahrerrechtsschutzversicherung besteht auch Versicherungsschutz für Verträge, bei denen eine versicherte Person Kraftfahrzeuge und Anhänger zur Eigennutzung erwerben will, auch wenn diese später nicht auf diese zugelassen werden.

- **Steuerrechtsschutz vor Gerichten**

Ziffer 2.2.5 ARB 2021

Der Steuerrechtsschutz vor Gerichten bezieht sich auf gerichtliche Auseinandersetzungen im Zusammenhang mit Steuern und Abgaben vor deutschen Finanz- und Verwaltungsgerichten.

In der Steuerrechtsschutzversicherung werden alle Steuerarten abgedeckt, die im privaten Bereich der Versicherungsnehmer/-innen oder der mitversicherten Personen entstehen können, wie beispielsweise Kraftfahrzeugsteuer, Einkommensteuer, Schenkungssteuer, Vermögenssteuer oder Ähnlichem.

- **Verwaltungsrechtsschutz in Verkehrssachen**

Ziffer 2.2.7 ARB 2021

Der Verwaltungsrechtsschutz in Verkehrssachen bietet Versicherungsschutz, wenn die rechtlichen Interessen in verkehrsrechtlichen Angelegenheiten vor Verwaltungsbehörden und Verwaltungsgerichten zu vertreten sind. Hierzu zählen insbesondere Streitigkeiten mit der Straßenverkehrsbehörde wegen:

- Entzuges, Einschränkung oder der Wiedererlangung der Fahrerlaubnis, wenn dies nicht im Zusammenhang mit einer Straftat oder Ordnungswidrigkeit gestanden hat,
- Anordnung zum Führen eines Fahrtenbuches,
- Anordnung zur Teilnahme am Verkehrsunterricht,
- Anordnung einer Nachschulung bei Führerschein auf Probe,
- Ersterlangung einer Fahrerlaubnis
- und Ähnlichem.

- **Strafrechtsschutz**

Die Strafrechtsschutzversicherung leistet für die Verteidigung wegen des Vorwurfs

Ziffer 2.2.9.2 ARB 2021

- eines verkehrsrechtlichen Vergehens. Wird allerdings rechtskräftig, also durch eine unanfechtbare Gerichtsentscheidung festgestellt, dass ein/eine Versicherungsnehmer/-in das Vergehen vorsätzlich begangen hat, z. B. durch das unerlaubte Entfernen vom Unfallort, ist diese/-r verpflichtet, dem Versicherer die Kosten zu erstatten, die dieser für die Verteidigung wegen des Vorwurfs eines vorsätzlichen Vergehens getragen hat.
- eines sonstigen Vergehens, dessen vorsätzliche wie auch fahrlässige Begehung strafbar ist, sofern ein fahrlässiges Verhalten vorliegt.

Die Verhandlung dessen erfolgt im sogenannten Strafprozess, also im Strafverfahren.

Kein Versicherungsschutz besteht bei dem Vorwurf eines Verbrechens. Ein Verbrechen stellt eine Straftat dar, die im Unterschied zu einem Vergehen, mit einer Mindestfreiheitsstrafe von einem Jahr oder mehr bestraft wird. Der Versicherungsschutz entfällt aber auch bei dem Vorwurf eines Vergehens, soweit die vorgeworfene Straftat nur vorsätzlich begangen werden konnte, wie z. B. Diebstahl, Betrug, Unterschlagung oder Beleidigung. Nach der aktueller Rechtsprechung gilt dies auch für einige Ordnungswidrigkeiten, wie z. B. das Telefonieren am Steuer.

Wird einem/einer Versicherungsnehmer/-in ein Vorwurf gemacht, so muss der Versicherer selbst dann keinen Kostenschutz gewähren, wenn die Staatsanwaltschaft wegen fehlender Beweise keine Anklage erhebt oder die Person in der Hauptverhandlung freigesprochen wird.

- **Ordnungswidrigkeitenrechtsschutz**

Ziffer 2.2.10 ARB 2021

Bei Vorliegen einer Ordnungswidrigkeit besteht unabhängig von der Tatsache, ob der/die Versicherungsnehmer/-in vorsätzlich oder fahrlässig gehandelt hat, Versicherungsschutz für die Rechtsverteidigung.

Der Versicherungsumfang betrifft sowohl verkehrsrechtliche Ordnungswidrigkeiten, wie z. B. Geschwindigkeitsüberschreitung, über eine rote Ampel fahren oder Alkohol am Steuer, als auch alle anderen Ordnungswidrigkeiten, wie z. B. ein Verstoß gegen Umweltschutz- oder Immissionsvorschriften.

Ziffer 3.2.16 ARB 2021

Die allgemeinen Bedingungen für Rechtsschutzversicherung schließen alle Bußgeldbescheide wegen des Vorwurfes eines Halte- oder Parkverstoßes aus dem Versicherungsschutz aus.

6.2 Ausschlüsse

Nicht versichert sind die Abwehr von Schadenersatzansprüchen sowie Halte- und Parkverstößen.

- **Abwehr von Schadenersatzansprüchen**
  Die Fahrerrechtsschutzversicherung kommt nicht für die Abwehr von Schadenersatzansprüchen auf. Dies ist im Rahmen der Haftpflichtversicherung versichert. *Ziffer 3.2.3 ARB 2021*
- **Halte- und Parkverstöße**
  Alle Bußgeldverfahren wegen eines Halte-oder Parkverstoßes sind bei der Fahrerrechtsschutzversicherung ausgeschlossen. *Ziffer 3.2.16 ARB 2021*

6.3 Besonderheiten und Versicherungsprämie

Wird ein Kraftfahrzeug auf die im Versicherungsschein genannte Person zugelassen oder auf ihren Namen mit einem Versicherungskennzeichen versehen, wandelt sich der Versicherungsschutz in eine Verkehrsrechtsschutzversicherung um. Die Wahrnehmung rechtlicher Interessen im Zusammenhang mit dem Erwerb des Kraftfahrzeuges ist mitversichert. *Ziffer 4.4 ARB 2021*

Die Fahrerrechtsschutzversicherung ist personengebunden, wodurch die Prämienberechnung je Fahrer erfolgt. *TA S. 167*

7 Wohnungs- und Grundstücksrechtsschutzversicherung

Der Versicherungsschutz der Wohnungs- und Grundstücksrechtsschutzversicherung erstreckt sich auf Versicherungsnehmer/-innen und die mitversicherten Personen als Eigentümer, Vermieter, Verpächter, Mieter, Pächter oder als sonstige Nutzungsberechtigte von Gebäuden, Grundstücken oder Gebäudeteile. In welcher Eigenschaft genau Versicherungsnehmer/-innen oder die versicherten Personen das Gebäude, Grundstück oder Gebäudeteile nutzen, wird im Versicherungsschein angegeben. Garagen und Kraftfahrzeugabstellplätze, die einer Wohneinheit zuzurechnen sind, sind im Versicherungsschutz mit eingeschlossen. *Ziffer 2.1.5 ARB 2021*

Wechselt ein/eine Versicherungsnehmer/-in das im Versicherungsschein bezeichnete selbst genutzte Wohnobjekt, so geht der Versicherungsschutz auf das neue Wohnobjekt über und umfasst die Versicherungsfälle. die

- erst nach dem Auszug aus dem bisherigen Wohnobjekt eintreten oder
- sich auf das neu Wohnobjekt beziehen und vor dessen geplanten oder tatsächlichen Bezug eintreten.

7.1 Leistungsbereiche

Ziffer 2.1.5 ARB 2021

Folgende Leistungsarten sind in der Wohnungs- und Grundstücksrechtsschutzversicherung versichert:

- **Wohnungs- und Grundstücksrechtsschutz**

  Ziffer 2.2.3 ARB 2021

  Der Versicherungsschutz besteht für die Wahrnehmung rechtlicher Interessen aus
  - Miet-, Pacht-, sonstigen Nutzungsverhältnissen und
  - dinglichen Rechten, die Grundstücke, Gebäude oder Gebäudebestanteile betreffen.

  Der Wohnungs- und Grundstücksrechtsschutzversicherung wegen dinglicher Rechte betrifft vor allem nachbarschaftlichen Auseinandersetzungen, die insbesondere wegen Grenzüberbau, Lärm- und Geruchsbelästigung u.Ä. auftreten können. Auch Streitigkeiten mit Mitbewohnern bzw. Miteigentümern und mit dem Verwalter bei Eigentumswohnungen gehören dazu.

Beispiel

Frau Elif Yilmaz hat bei der Proximus Versicherung AG eine Wohnungs- und Grundstücksrechtsschutzversicherung. Nach langer Suche hat sie endlich eine neue Wohnung gefunden und schließt voller Vorfreude den neuen Mietvertrag ab. Der neue Vermieter ist damit einverstanden, dass Frau Yilmaz auf ihre Kosten einige umfangreiche Verbesserungen an der gemieteten Wohnung durchführen darf. Nach Abschluss der Arbeiten verlangt der Vermieter eine höhere Miete, als im Mietvertrag vereinbart. Seine Begründung für die höhere Miete ist, dass die Wohnung nach den Verbesserungsarbeiten besser zu vermieten sei.

Lösung

Frau Yilmaz hat in diesem Fall Versicherungsschutz, da sie ihre rechtlichen Interessen aus dem Mietverhältnis (hier: Mieterhöhung) wahrnehmen könnte und sich der Versicherungsfall auf das neue Wohnobjekt und vor dessen geplanten oder tatsächlichen Bezug bezieht.

- **Steuerrechtsschutz vor Gerichten**

  Ziffer 2.2.5 ARB 2021

  Der Steuerrechtsschutz vor Gerichten bezieht sich auf gerichtliche Auseinandersetzungen im Zusammenhang mit Steuern und Abgaben vor deutschen Finanz- und Verwaltungsgerichten.

  In der Steuerrechtsschutzversicherung werden alle Steuerarten abgedeckt, die im privaten Bereich der Versicherungsnehmer/-innen oder der mitversicherten Personen entstehen können, wie z.B. Kraftfahrzeugsteuer, Einkommensteuer, Schenkungssteuer, Vermögenssteuer oder Ähnliches.

  Ziffer 3.2.12 ARB 2021

  Kein Versicherungsschutz besteht jedoch bei Streitigkeiten wegen der steuerlichen Bewertung von Grundstücken, Gebäuden oder Gebäudebestandteilen sowie bei Erschließungs- und sonstiger Anliegerabgaben, wie z.B. der Deckungsaufwand für den Bau einer Grünanlage.

Beispiel

Der VN Jonas Harten hat vor wenigen Tagen den Grundsteuerbescheid für sein Einfamilienhaus erhalten. Er ist der Meinung, dass die Steuer mit der falschen Bemessungsgrundlage berechnet wurde und er deswegen zu hohe Abgaben zahlen muss.

Lösung

Herr Harten besitzt Versicherungsschutz, da es sich hier um eine laufende Gebühr für die Grundstücksversorgung handelt und nicht um eine steuerliche Bewertung.

7.2 Ausschlüsse

Der Versicherungsumfang erstreckt sich nicht auf die Bereiche:

- **Grundstückserwerb**

  Ziffer 3.2.2 ARB 2021

  Der Ausschluss ist damit begründet, dass Streitigkeiten bei einem Grundstückserwerb vorprogrammiert sind (subjektives Risiko). Es können Streitigkeiten des Bauherren mit Architekten, Handwerkern, Bauträgern und Baubehörden entstehen, die im ursächlichem Zusammenhang mit der

Planung, Errichtung oder genehmigungspflichtigen und/oder anzeigepflichtigen baulichen Veränderungen eines Gebäudes stehen.
Der Ausschluss erstreckt sich somit auf Streitigkeiten im ursächlichem Zusammenhang mit
- dem Erwerb oder Verkauf eines Grundstückes, das bebaut werden soll,
- der Planung oder Errichtung eines Gebäudes oder Gebäudeteils, das sich im Eigentum oder Besitz eines/einer Versicherungsnehmers/-in befindet oder das er/sie erwerben oder in Besitz nehmen möchte,
- der genehmigungs-/anzeigepflichtigen baulichen Veränderung eines Grundstückes, Gebäudes oder Gebäudeteils, das sich im Eigentum oder Besitz eines/einer Versicherungsnehmers/-in befindet oder das er/sie erwerben oder in Besitz nehmen möchte oder
- der Finanzierung eines Grundstückserwerbs oder eines Bauvorhabens.

Beispiel

Der VN Andreas Berg hat vor einigen Monaten ein Einfamilienhaus von seinem Großvater geerbt, das er an vielen Stellen renovieren muss. Er beauftragt u. a. einen Elektromeister mit der Neuverkabelung des gesamten Hauses, da wegen der alten Verkabelung ständig die Sicherungen herausgesprungen sind. Nach der Neuverkabelung ist dieses Problem aber nur teilweise behoben und Herr Berg verlangt von dem Elektromeister, dass dieser die Probleme beseitigt. Der Elektromeister verlangt von Herrn Berg die Erstattung der Mehrkosten für die Nachbesserung.

Lösung

Herr Berg genießt Versicherungsschutz, da die Neuverkabelung eines Hauses keine genehmigungs- bzw. anzeigepflichtige Baumaßnahme darstellt.

- **steuerliche Bewertung von Grundstücken**
  Ziffer 3.2.12 ARB 2021
  Es besteht keine Kostendeckung bei Streitigkeiten wegen der steuerlichen Bewertung von Grundstücken, Gebäuden oder Gebäudeteilen sowie der Erschließungs- und sonstiger Anliegerabgaben, wie z. B. der Deckungsaufwand für den Bau einer Grünanlage.
- **Enteignungsangelegenheiten**
  Ziffer 3.2.15 ARB 2021
  Die Wahrnehmung rechtlicher Interessen in Enteignungs-, Planfeststellungs- und Flurbereinigungsangelegenheiten ist bei Wohnungs- und Grundstücksrechtsschutzversicherung ausgeschlossen. Unter den Begriff der Enteignungsangelegenheiten fallen nicht nur förmliche Enteignungsverfahren, sondern auch enteignungsgleiche Eingriffe.
- **Lebenspartner untereinander**
  Ziffer 3.2.17/ 3.2.18 ARB 2021
  Jegliche Streitigkeiten von mitversicherten Personen mit dem/der Versicherungsnehmer/-in und untereinander sind generell ausgeschlossen. Darüber hinaus sind auch Streitigkeiten sonstiger Lebenspartner und Lebenspartnerinnen (nicht eheliche und nicht eingetragene Lebenspartnerschaften gleich welchen Geschlechts) untereinander ausgeschlossen, wenn diese Streitigkeiten in ursächlichem Zusammenhang mit der Partnerschaft stehen. Dies gilt auch, wenn die Partnerschaft beendet ist.

7.3 Besonderheiten und Versicherungsprämie

TA S. 168

Für jedes zu versichernde Objekt muss die Anschrift angegeben werden. Einer Wohneinheit zuzurechnende Garagen beziehungsweise Stellplätze sind in den Versicherungsschutz eingeschlossen, auch wenn diese nicht zum selben Mietvertrag gehören wie der versicherte Erstwohnsitz.

Die Vermietung (auch Untervermietung) von bis zu drei in der von einem/einer Versicherungsnehmer/-in selbst bewohnten und in der Wohnungs- und Grundstücksrechtsschutzversicherung versicherten Wohneinheit, z. B. an einen Studierenden, ist prämienfrei mitversichert, wenn es sich nicht um eine Wohneinheit, sondern um einzelne Zimmer handelt.

Alle Wohneinheiten eines Gebäudes können nur einheitlich mit beziehungsweise ohne Selbstbeteiligung (SB) versichert werden.

Eigentümer, Vermietende oder Verpachtende müssen alle Einheiten innerhalb eines Gebäudes oder Grundstücks versichern.

Versicherungsschutz besteht auch für Streitigkeiten im Zusammenhang mit dem Kauf von Genossenschaftsanteilen, anstelle der Hinterlegung einer Kaution.

Nicht versicherbar sind die nicht selbst genutzten Ferienwohnungen sowie Eigentümergemeinschaften als Gesamtheit.

Als Wohneinheit gilt eine gemietete oder vermietete oder vom Eigentümer selbst genutzte Wohnung (auch einzelne Zimmer). Auch Einfamilienhäuser gelten als Wohneinheit. Dabei zählt eine etwa vorhandene Einliegerwohnung als zusätzliche Wohneinheit. Mietfrei überlassene Wohnungen sind wie eine vermietete Wohnung zu behandeln.

Als Jahresbruttomiete/-pacht gilt die Jahresmiete/-pacht zuzüglich der vereinbarten, an den Vermieter/Verpächter zu zahlende Nebenkosten. Falsche Angaben führen im Schadenfall zu einer Kürzung wegen Unterversicherung. Jeweils zur Prämienhauptfälligkeit wird die aktuelle Jahresbruttomiete/-pacht abgefragt. Auf dieser Basis wird die Prämie für das nächste Jahr berechnet.

Beispiel

Der VN Raphael Ernst bewohnt ein Einfamilienhaus mit einer vermieteten Einliegerwohnung. Zudem gehört ihm eine Eigentumswohnung, die er vermietet hat. Die Jahresbruttomiete für die Eigentumswohnung beträgt 14.200,00 €.

Lösung

Nach dem Tarif der Proximus Versicherung AG setzt sich die Prämie (ohne SB, Jahresvertrag) wie folgt zusammen:

selbstbewohntes Einfamilienhaus (Einzelrisiko)	*142,00 €*
+ vermietete Einliegerwohnung	*65,00 €*
+ vermietete Eigentumswohnung (7 % von 14.200,00 €)	*994,00 €*
= Jahresnettoprämie ohne Versicherungsteuer	*1.201,00 €*

Leistungsspiegel der Rechtsschutzversicherungsarten der Proximus Versicherung AG (nach ARB 2021)

Rechts-schutz-art	Versicherter Personenkreis	Schadensersatzrechtsschutz	Arbeitsrechtsschutz	Rechtsschutz im Vertrags- und Sachenrecht	Steuerrechtsschutz	Sozialgerichtsrechtsschutz	Verwaltungsrechtsschutz	Disziplinar- und Standes-rechtsschutz	Strafrechtsschutz	Ordnungswidrigkeitenrechts-schutz	Beratungsrechtsschutz	Rechtsschutz für Opfer von Gewaltstraftaten	Wohnungs- und Grundstücks-rechtsschutz	Cyberrechtsschutz
Privat-rechts-schutz	Im **Single-Tarif** ist nur der/die Versicherungsneh-mer/-in versichert. Im **Familien-Tarif** sind versichert: Versicherungsneh-mer/-in, Ehegatten, eingetragene Lebenspartner-schaften oder Partnerinnen und Partner, die bei dem/der Versicherungsnehmer/-in gemeldet sind, minderjährige Kinder, volljährige, unverheiratete Kinder des/der Versicherungsnehmers/-in oder des/der Partner/Partnerin, jedoch längstens bis zu dem Zeitpunkt, in dem sie erstmalig eine auf Dauer angelegte berufliche Tätigkeit ausüben.	x		x	x	x	x		x	x	x	x		x
Berufs-rechts-schutz	Im **Single-Tarif** ist nur der/die Versicherungsneh-mer/-in versichert. Im **Familien-Tarif** sind versichert: Versicherungsneh-mer/-in, Ehegatten, eingetragene Lebenspartner-schaften oder Partnerinnen und Partner, die bei dem/der Versicherungsnehmer/-in gemeldet sind, minderjährige Kinder, volljährige, unverheiratete Kinder des/der Versicherungsnehmers/-in oder des/der Partners/Partnerin, jedoch längstens bis zu dem Zeitpunkt, in dem sie erstmalig eine auf Dauer angelegte berufliche Tätigkeit ausüben.		x					x						
Ver-kehrs-rechts-schutz	Im **Single-Tarif** ist der/die Versicherungsnehmer/-in versichert als Fahrer/-in, Insasse, Halter/-in, Eigentümer/-in, Leasingnehmer/-in des Fahrzeuges sowie Anhängers. Außerdem als Fahrer/-in, Insasse, Mieter/-in von Land-, Wasser- oder Luftfahrzeug sowie dessen Anhänger. Im **Familien-Tarif** sind versichert: Versicherungsneh-mer/-in, Ehegatte, eingetragene Lebenspartnerschaft oder Partner/Partnerinnen, die bei dem/der Versiche-rungsnehmer/-in gemeldet sind, minderjährige Kinder, volljährige, unverheiratete Kinder des/der Versicherungsnehmers/-in und des/der Partners/Partnerin, jedoch längstens bis zu dem Zeitpunkt, in dem sie erstmalig eine auf Dauer angelegte berufliche Tätigkeit ausüben. Am öffentlichen Straßenverkehr als Fahrgast, Fußgänger/-in und Radfahrer/-in teilnehmen.	x		x	x		x		x	x				
Fahrer-rechts-schutz	Der/die Versicherungsnehmer/-in ist versichert als Fahrer/-in eines fremden Kraftfahrzeuges, Motorfahrzeuges zu Wasser oder in der Luft sowie Anhängers.	x		x			x		x	x				
Woh-nungs- und Grund-stücks-rechts-schutz	Der/die Versicherungsnehmer/-in ist versichert als Eigentümer/-in, Vermieter/-in, Verpächter/-in, Mieter/-in, Pächter/-in oder nutzungsberechtigte Person der versicherten Gebäude, Gebäudebestantei-le.				x								x	

8 Leistungsumfang von Rechtsschutzversicherungen

Die Rechtsschutzversicherung deckt nicht nur die Kosten in einem Rechtsstreit ab, sondern sie sieht ihre Aufgabe bereits in der Fürsorge für die ordnungsgemäße Wahrnehmung der rechtlichen Interessen des Kunden im Versicherungsfall. Dies geschieht beispielweise durch die Benennung von geeigneten Rechtsanwaltskanzleien.

§ 125 VVG

Bei der Rechtsschutzversicherung ist der Versicherer verpflichtet, die für die Wahrnehmung der rechtlichen Interessen von Versicherungsnehmer/-innen oder mitversicherten Personen erforderlichen Leistungen im vereinbarten Umfang zu erbringen.

Ziffer 4.1.3 ARB 2021

8.1 Rechtsanwaltskosten

Versicherungsnehmer/-innen haben grundsätzlich das Recht der freien Anwaltswahl und können so eine Anwältin oder einen Anwalt ihres Vertrauens wählen.

Ziffer 4.1.3 ARB 2021

In Ausnahmefällen kann die Anwaltswahl auch vom Versicherer vorgenommen werden, wenn der/die Versicherungsnehmer/-in dies wünscht oder keine Rechtsvertretung benannt hat, obwohl eine rechtsanwaltliche Vertretung erfolgen muss, damit die Interessen gewahrt bleiben. In einem solchen Fall übernimmt der Versicherer eine Fürsorgepflicht für eine ordnungsgemäße Interessenwahrung des/der Versicherungsnehmers/-in. Der Rechtsschutzversicherer beauftragt namentlich und im Auftrag des/der Versicherungsnehmers/-in eine Rechtsvertretung, dies bedeutet, dass keine rechtlichen Beziehungen zwischen dem Versicherer und der Rechtsvertretung bestehen. Aus diesem Grund haben Anwälte und Anwältinnen keinen unmittelbaren Gebührenanspruch gegen den Versicherer, sondern nur gegen den/die Versicherungsnehmer/-in.

Die Vergütung der Rechtsvertretungen erfolgt nach dem Rechtsanwaltsvergütungsgesetz.

8.2 Rechtsanwaltsgebühren

Ziffer 2.3.1.2 ARB 2021

Der Versicherer erstattet die Anwaltskosten grundsätzlich nur im Rahmen des Rechtsanwaltsvergütungsgesetzes. In der Regel rechnet der Versicherer direkt mit der beauftragten Rechtsvertretung ab und leistet an diesen auch gegebenenfalls notwendige Vorschüsse.

Sollte ein/eine Versicherungsnehmer/-in mehr als eine Rechtsvertretung beauftragen, so erstattet der Versicherer die dadurch entstanden Mehrkosten nicht. Auch Mehrkosten aufgrund eines Wechsels der Rechtsvertretung werden vom Versicherer nicht getragen.

Beispiel

Der VN Tom Hake hat einen ortansässigen Rechtsanwalt beauftragt, um seine Interessen im Nachbarschaftsstreit wegen Lärmbelästigung durchzusetzen. Leider ist Herr Hake mit der Arbeit des Rechtsanwalts nicht zufrieden. Aus diesem Grund beendet er das Mandat und beauftragt einen neuen Rechtsanwalt mit der Angelegenheit.

Lösung

Der VR übernimmt die entstanden Kosten des ersten, jedoch nicht die des zweiten Rechtsanwaltes, da es sich hier um einen Wechsel der Rechtsvetretung handelt.

Sollte jedoch durch objektive Notwendigkeit ein ein Wechsel der Rechtsvertretung notwendig sein, wie z.B. durch den Tod des tätigen Rechtsanwaltes, so werden die dadurch entstandenen Kosten übernommen, denn die allgemeinen Bedingungen für die Rechtsschutzversicherung sprechen eindeutig von der Übernahme der Kosten „eines" Rechtsanwaltes. Die „neue" Rechtsvertretung wird das Anliegen in derselben Instanz und derselben Sache fortführen.

Wenn sich die Tätigkeit einer Rechtsvertretung auf die folgenden Leistungen beschränkt, dann trägt die Proximus Versicherung AG je Versicherungsfall die Kosten in Höhe von 250,00 €:
- Die Rechtsvertretung erteilt einen mündlichen oder schriftlichen Rat.
- Die Rechtsvertretung erteilt eine Auskunft.
- Die Rechtsvertretung erarbeitet ein Gutachten.

Der Versicherer ist für die Tätigkeit der Die Rechtsvertretung nicht verantwortlich, ebenso ist er nicht dem Anwaltsbüro, sondern den Versicherungsnehmern/-innen zur Gebührenzahlung verpflichtet. Dies gilt auch dann, wenn die Rechtsvertretung nach Beauftragung durch den/die Versicherungsnehmer/-in eine Deckungszusage beim Versicherer eingeholt hat.

Das Mandatsverhältnis entsteht zwischen dem/der Versicherungsnehmer/-in und dem Anwaltsbüro. Deshalb haben Versicherungsnehmer/-innen dem Anwaltsbüro alle Angaben vollständig und wahrheitsgetreu widerzugeben und alle notwenigen Vollmachten zu erteilen sowie die für die Wahrnehmung ihrer Interessen erforderlichen Unterlagen zur Verfügung zu stellen. *Ziffer 4.1.4 ARB 2021*

Die Proximus Versicherung AG erstattet lediglich die Kosten eines Anwaltsbüros, das am Ort des zuständigen Gerichts ansässig ist oder wäre.

Beispiel

Der VN Frank Klüss, wohnhaft in Düsseldorf, hat in Köln einen schweren Verkehrsunfall verursacht, wodurch das Strafverfahren somit in Köln (Ort des zuständigen Gerichtes) stattfindet.

Lösung

Der VN hat die Wahl, ob er einen Rechtsanwalt aus Düsseldorf oder Köln beauftragt. Empfehlenswert wäre, einen Rechtsanwalt aus Köln zu beauftragen, da dieser das dortige Gericht und dessen Gepflogenheiten kennt. Außerdem kann dieser schneller die notwendige Einsichtnahme der Ermittlungsakten der Staatsanwaltschaft vornehmen.

Bei Kraftfahrzeugunfällen im europäischen Ausland übernimmt der Versicherer auch die Kosten einer inländischen Rechtsvertretung für die Regulierung mit dem Schadenregulierungsbeauftragten im Inland, und zwar auch dann, wenn die Regulierung im Inland erfolglos verläuft und deshalb noch eine Rechtsverfolgung im Ausland notwendig wird. *Ziffer 2.3.2.1 ARB 2021*

8.3 Korrespondenzanwalt im Inland

Nicht immer ist es Versicherungsnehmern/-innen möglich, einem am eigenen Wohnort ansässigen Anwaltsbüro die Interessenwahrnehmung vor dem zuständigen Gericht zu übertragen.

Liegt der Gerichtsort mehr als 100 Kilometer vom Wohnort des/der Versicherungsnehmers/-in entfernt, wird kann es schwierig sein, ein Anwaltsbüro am Prozessort mit allen notwenigen Unterlagen und Informationen zu versehen.

In diesen Fällen können Versicherungsnehmer/-innen ein Anwaltsbüro am eigenen Wohnsitz damit beauftragen, die Verbindung zwischen ihnen und dem am auswärtigen Gericht zugelassenen Prozessanwaltsbüro herzustellen.

Die Kosten dieses zusätzlichen Korrespondenzanwalts, mit Ausnahme von Straf-, Ordnungswidrigkeiten- sowie Disziplinar- und Standesverfahren, trägt die Rechtsschutzversicherung nur für die erste Instanz. *Ziffer 2.3.1.2 ARB 2021*

Beispiel Der VN Matthias Heide, wohnhaft in Kiel, muss vor dem Landgericht München einen Schadenersatzprozess führen. Aus diesem Grund mandatiert er einen Rechtsanwalt in Kiel. Dieser wird in der Regel bei dem Prozesstermin in München nicht selbst antreten, sondern einen Münchener Rechtsanwalt beauftragen. Die Rechtsschutzversicherung übernimmt für diesen Prozess die Kosten beider Rechtsanwälte. Der Münchener Rechtsanwalt ist Prozessanwalt und der Kieler Rechtsanwalt fungiert als Korrespondenzanwalt, da dieser den Kontakt zwischen dem Kunden und dem Münchener Rechtsanwalt hält.
Der Münchener Rechtsanwalt erhält ebenfalls eine Vergütung nach dem Rechtsanwaltsvergütungsgesetz.

8.4 Korrespondenzanwälte im Ausland

Ziffer 2.3.2.1 ARB 2021

Analog zu Korrespondenzanwälten im Inland übernimmt der Versicherer auch die Kosten von Korrespondenzanwälten im Ausland, wenn das zuständige Gericht im Ausland liegt.

Beispiel Die VN Mathilda Mann fällt während ihres Paris-Urlaubs in eine nicht abgesicherte Baugrube und verletzt sich schwer. Sie bittet ihren Rechtsschutzversicherer um Deckungszusage, damit sie ihre Schadenersatzansprüche durchsetzen kann.

Lösung *Frau Mann kann sich einen Rechtsanwalt an ihrem Wohnsitz nehmen, der dann einen Rechtsanwalt in Paris mit der Prozessführung beauftragt, da dieser mit dem Landesrechtssystem vertrauter ist, als der Korrespondenzanwalt.*

8.5 Alternativen zu Rechtsanwaltsbüros

Ziffer 2.3.1.1 ARB 2021

Es gibt öffentlich geförderte Verbraucherzentralen, die Rechtssuchenden Rat bieten. Diese lassen sich ihre Rechtberatung ebenfalls bezahlen. Für einige Streitigkeiten, etwa rund um Banken oder Versicherungen kann der Ombudsmann (auch Ombudsfrau oder Ombudsperson) als neutrale Stelle weiterhelfen. Einigt man sich nicht, können Ombudspersonen Entscheidungen treffen, die für die Unternehmen bindend sind, aber nicht für den Verbraucher. Einige Streitigkeiten können auch mithilfe einer Mediation, die in der Regel mit einem Vergleich beendet werden, beigelegt werden. Die entstanden Kosten einer Mediation werden auch von der Rechtsschutzversicherung übernommen.

8.6 Gerichtskosten

Ist ein Gericht mit der Rechtsangelegenheit befasst, entstehen weitere Kosten. Der Gesamtumfang bestimmt sich insbesondere danach, wie viele Instanzen mit der Rechtsangelegenheit bemüht worden sind.

8.6.1 Gerichtsgebühren nach dem Gerichtskostengesetz

Der Versicherer ist auch hier zur Übernahme von geforderten Vorschusszahlungen seitens des Gerichts verpflichtet.

- Im Zivilverfahren richten sich die Kosten nach der Höhe des Streitwertes.
- Im Strafverfahren richten sich die Kosten des Gerichtes nach der Höhe der festgelegten Strafe.

Übersicht zu Gerichten und Instanzen der deutschen Gerichtsbarkeit

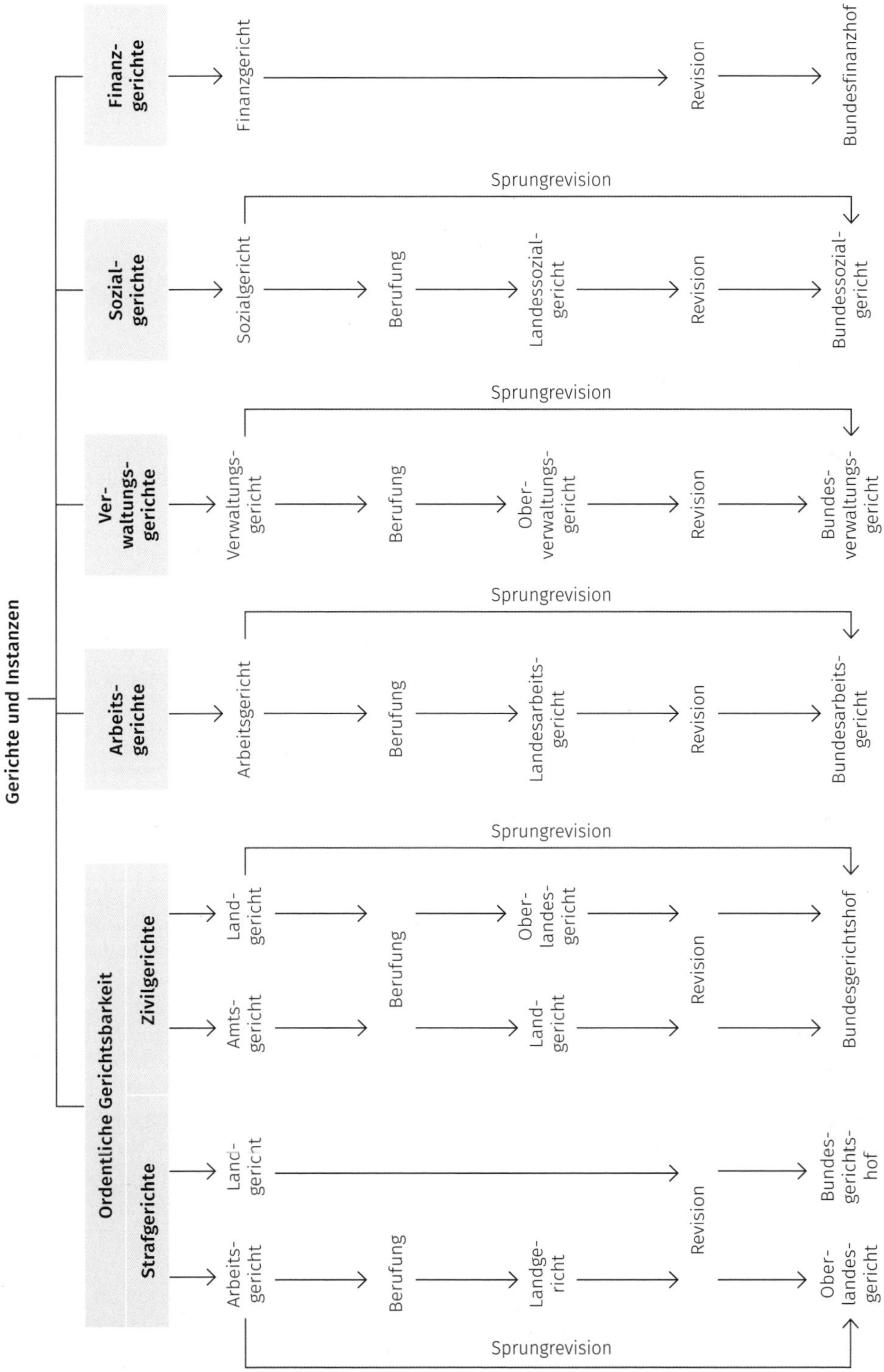

Im **Zivilprozess** werden Verfahren insbesondere zur Geltendmachung von Schadenersatzansprüchen aller Art, Streitigkeiten aus Kauf-, Werk-, Mietverträgen (z.B. Kündigung) u.Ä. verhandelt. Grundlage ist das Bürgerliche Gesetzbuch (BGB).

Im **Strafprozess** werden polizeiliche oder gerichtliche Verfahren wegen Verstößen gegen Strafbestimmungen, z.B. wegen Verletzung von Verkehrsvorschriften oder schwerer Körperverletzung verhandelt. Grundlage ist das Strafgesetzbuch (StGB).

Die Kosten erhöhen sich erheblich, wenn Berufung eingelegt wird.

Allerding ist jede kostenerhöhende Maßnahme, auch schon die Klageerhebung, zuvor mit dem Versicherer abzustimmen. Dies gehört zu den Obliegenheiten im Versicherungsfall. Es liegt somit eine Obliegenheitsverletzung mit entsprechender Rechtsfolge vor, wenn Versicherungsnehmer/-innen oder deren Rechtsvertretung ohne Informationen des Versicherers ein Mahn- oder Klageverfahren einleitet.

8.6.2 Entschädigung für Zeugen und Sachverständige

§ 126 BGB

Diese Kosten, auch wenn sie zunächst von der Gerichtskasse vorgelegt werden, lassen sich im Vorfeld kaum schätzen. Jedoch übernimmt die Proximus Versicherung AG auch diese Kosten im vollen Umfang.

8.6.3 Gerichtsvollzieherkosten

Ziffer 2.3.3.1 Ziffer 2.3.3.2 ARB 2021

Gerichtsvollzieherkosten entstehen beispielsweise bei Zwangsvollstreckung, wenn sich herausstellt, dass die unterliegende Partei zahlungsunfähig sein sollte.

Der Versicherer übernimmt auch die Kosten (Gebühren) in Schieds- und Schlichtungsverfahren, und zwar bis zu der Höhe der Gebühren, die im Fall der Anrufung eines zuständigen staatlichen Gerichts erster Instanz entstehen.

8.6.4 Nebenkosten in Zivil- und Strafverfahren

Als Nebenkosten werden jene Kosten bezeichnet, die neben dem Hauptverfahren entstehen. Hierzu zählen:

Ziffer 2.3.1.3 ARB 2021

- **außergerichtliche Gutachterkosten eines technischen Sachverständigen**
  Der Versicherer trägt die übliche Vergütung eines öffentlich bestellten technischen Sachverständigen (TÜV) oder einer rechtsfähigen technischen Sachverständigenorganisation (DEKRA), wenn alleine schon die Rechtsvertretung oder die versicherte Person ein solches Gutachten für erforderlich hält und zwar für die
  - Verteidigung in verkehrsrechtlichen Straf- und Ordnungswidrigkeitenverfahren und
  - Wahrnehmung rechtlicher Interessen des Versicherten aus Kauf- und Reparaturverträgen von Kraftfahrzeugen und Anhängern.
- **Verfahren im Ausland**
  Durch Verfahren, die im Ausland geführt werden, können zusätzliche Kosten entstehen:
  - **Kosten eines Sachverständigen bei Unfällen im Ausland** (*Ziffer 2.3.2.2 ARB 2021*)
    Sie werden ersetzt, soweit ein im Ausland ansässiger Sachverständiger für die Geltendmachung von Ersatzansprüchen wegen der Beschädigung eines Kraftfahrzeuges oder eines Anhängers erforderlich ist.
  - **Reisekosten** (einschließlich Tagegeld und Übernachtungskosten) (*Ziffer 2.3.2.3 ARB 2021*)
    Diese Kosten werden ersetzt, wenn in Auslandsprozessen der Versicherte entweder als Beschuldigter oder als Prozesspartei erscheinen muss und der Versicherte durch das persönliche Erscheinen Rechtsnachteile vermeiden kann. Die Erstattung der Kosten ist auf die Höhe für Geschäftsreisende von deutschen Rechtsvertretungen begrenzt.

- **Übersetzungskosten**
  Übersetzungskosten werden erstattet, wenn in ausländischen Verfahren schriftliche Unterlangen in die dortige Gerichtssprache übertragen werden müssen. Auch die Übersetzungskosten von Schriftstücken in die deutsche Sprache werden übernommen. *Ziffer 2.3.2.4 ARB 2021*

- **Kaution bei Strafverfahren**
  Eine Kaution kann bei Strafverfahren angewendet werden, damit der Versicherte von Strafverfolgungsmaßnahmen vorläufig verschont bleibt. In diesem Fall gewährt der Versicherer ein zinsloses Darlehen bis zu einer Höhe von 200.000,00 €. Versicherungsnehmer/-innen sind aber zur Rückzahlung dieses Darlehens verpflichtet. *Ziffer 2.3.3.5 ARB 2021*
- **gegnerische Kosten im Zivil- oder Strafverfahren**
  Diese Kosten werden nur insoweit übernommen, wie ein/eine Versicherungsnehmer/-in zu der Erstattung der Anwalts- und Gerichtskosten des Prozessgegners verpflichtet worden ist. Diese Kostenverpflichtung wird vom Gericht im Urteilsspruch festgelegt. *Ziffer 2.3.3.3 ARB 2021*
- Darüber hinaus werden Kosten für Vergleiche und andere gütlichen Regelungen vom Versicherungsschutz ausgeschlossen, wenn sie nicht dem Verhältnis des „Obsiegens zum Unterliegen" entsprechen oder soweit sie sich in diesen Fällen auf die Einbeziehung nicht streitiger Gegenstände beziehen. Versicherungsnehmer/-innen sollen nicht versucht sein, auf Kosten des Versicherers ungerechtfertigte Kosten zu übernehmen, um sich damit einen günstigeren Vergleich zu erkaufen. *Ziffer 3.2.2 ARB 2021*

Beispiel

Der VN Amir Atar erhebt eine Zivilklage über 8.000,00 €. Er schließt einen Vergleich über 4.000,00 €. Übernimmt er noch sämtliche Kosten, also auch die der gegnerischen Partei, werden diese nur zur Hälfte von der Proximus Versicherung AG ersetzt, denn nur dies entspricht dem Verhältnis des „Obsiegens zum Unterliegen".

Kosten eines Verfahrens

Einen Eindruck darüber, welche Kosten in einem Verfahren entstehen können, vermittelt auch das nachfolgende Beispiel.

Beispiel

Der VN Klaus Kleinlaut verschuldete einen folgenschweren Verkehrsunfall. In der Abenddämmerung übersah er einen Motorradfahrer und stieß mit diesem zusammen. Der Motorradfahrer erlitt im Krankenhaus schwere Verletzungen. Die Beifahrerin von Herrn Kleinlaut wurde leicht verletzt. Herr Kleinlaut wurde wegen fahrlässiger Körperverletzung zu einer Freiheitsstrafe von neun Monaten verurteilt. Die Fahrerlaubnis wurde ihm für ein Jahr entzogen. Eine Berufung gegen das Urteil brachte keinen Erfolg.
Die Proximus Versicherung AG hatte folgende Kosten für die Strafverteidigung zu übernehmen:

Anwaltskosten des Angeklagten im Vorverfahren (Ermittlungsverfahren)	654,50 €
+ Anwaltskosten im Hauptverfahren (1. Instanz)	774,50 €
+ Gebühr für den zweiten Verhandlungstag	736,00 €
+ Gerichtskosten (nach der Höhe der Strafe)	165,00 €
+ Kosten für zwei Sachverständigengutachten	2.500,00 €
+ Gebühren für fünf Zeugen	250,00 €
+ Kosten für die Rechtsvertretung des Nebenklägers	1.904,00 €
+ angefallene Kosten im Berufungsverfahren	4.500,00 €
= Gesamtkosten	18.454,00 €

9 Prämienzahlung in der Rechtsschutzversicherung

Ziffer 7.1.1 ARB 2021

Die Prämie der Rechtsschutzversicherung ist eine Jahresprämie, die je nach vertraglicher Vereinbarung monatlich, vierteljährlich, halbjährlich oder jährlich zu entrichten ist. Die Versicherungsperiode umfasst unabhängig von der Zahlweise ein Jahr.

Ziffer 7.2.1 ARB 2021

Nach Abschluss des Versicherungsvertrages erhalten Versicherungsnehmer/-innen vom Versicherer den Versicherungsschein. Nach Erhalt des Versicherungsscheins müssen Versicherungsnehmer/-innen unverzüglich nach Ablauf von 14 Tagen die erste Prämie bezahlen. Ist die Zahlung der Jahresprämie in Raten vereinbart, so gilt als erste Prämie die erste Rate der Jahresprämie.

Ziffer 7.2.2 ARB 2021

Haben Versicherungsnehmer/-innen die Zahlung der ersten Prämie nicht rechtzeitig getätigt, beginnt der Versicherungsschutz erst ab dem Zeitpunkt, zu dem die Prämie entrichtet wurde. Auf die Rechtsfolgen der verspäteten Zahlung der Erstprämie muss der Versicherer die Versicherungsnehmer/-innen in Textform hingewiesen haben. Dies kann durch eine schriftliche Mitteilung per E-Mail oder Brief stattfinden oder durch eine auffällige Kennzeichnung im Versicherungsschein. Sollte ein/eine Versicherungsnehmer/-in die verspätete Zahlung jedoch nicht zu vertreten haben, beginnt der Versicherungsschutz zum vereinbarten Zeitpunkt.

Ziffer 7.3.3 ARB 2021

Auch die weiteren Raten der Jahresprämie sind zu den vereinbarten Zeitpunkten zu entrichten. Wenn dies nicht rechtzeitig geschieht, gerät der/die Versicherungsnehmer/-in in Zahlungsverzug. Der Versicherer kann Versicherungsnehmern/-innen bei nicht rechtzeitiger Zahlung der Folgeprämie eine Zahlungsfrist von mindestens 14 Tagen, die in Textform ausgesprochen werden muss, einräumen. Die Kosten der Mitteilung über eine Zahlungsfrist trägt der/die Versicherungsnehmer/-in.

Die Mitteilung muss folgende Informationen enthalten, damit sie wirksam ist:
- Die ausstehende Prämie, Zinsen und die Kosten müssen im Einzelnen beziffert sein und
- die Rechtsfolgen, die mit der Fristüberschreitung verbunden sind, müssen angegeben sein.

Ziffer 7.3.3 ARB 2021

Die Rechtsfolgen der Fristüberschreitung beinhalten den Verlust des Versicherungsschutzes sowie eine mögliche Kündigung seitens des Versicherers.

Ein Zahlungsverzug der Folgeprämie tritt nicht in Kraft, wenn der/die Versicherungsnehmer/-in den Verzug nicht zu verschulden hat.

Ziffer 7.4 ARB 2021

Um nicht in Zahlungsverzug zu geraten, ist Versicherungsnehmern/-innen ein SEPA-Lastschriftmandat zu empfehlen. Hierbei gilt die Prämie als rechtzeitig entrichtet, wenn sie zu dem Fälligkeitstag eingezogen werden kann und der/die Versicherungsnehmer/-in dem Einzug nicht widerspricht.

Ziffer 7.6.1 ARB 2021

Die zu entrichtende Versicherungsprämie wird jährlich durch den Versicherer dahingehend überprüft, ob sie wegen einer Veränderung des Schadenbedarfs angepasst werden muss. Die Ermittlung des Veränderungswertes kann dazu führen, dass die Prämie erhöht oder gesenkt wird oder in der bisherigen Höhe bestehen bleibt.

Ziffer 7.6.2.1 ARB 2021

Ziffer 7.6.5 ARB 2021

Die Ermittlung des Veränderungswertes wird auf Grundlage der unternehmenseigenen Zahlen und der Regeln eines unabhängigen Treuhänders vorgenommen. Sollte der Veränderungswert +5 % oder mehr betragen, ist der Versicherer berechtigt, die Versicherungsprämie entsprechend anzupassen. Die angepasste Prämie darf jedoch nicht höher sein, als die für Neuverträge geltende Tarifprämie. In diesem Fall haben Versicherungsnehmer/-innen ein außerordentliches Kündigungsrecht.

Sollte der Veränderungswert -5 % oder weniger betragen, ist der Versicherer verpflichtet, die Versicherungsprämie entsprechend zu senken.

Prämienberechnung

Beispiel

Nach einen Beratungstermin mit dem Kunden Swen Lonz bezüglich einer Rechtsschutzversicherung hatten, ruft dieser am späten Nachmittag bei seinem betreuenden Versicherungsvertreter an und möchte ein schriftliches Angebot zu der vorgeschlagenen Rechtschutzversicherung erhalten.

- Vertragslaufzeit: Einjahresvertrag
- Zahlweise: jährlich
- Selbstbeteiligung: keine
- Familientarif
- Beamter
- Privatrechtsschutz und Verkehrsrechtsschutz für seinen Pkw und sein Wohnmobil.
  Pkw und Wohnmobil sind auf Kunden Swen Lonz zugelassen.
  Amtliche Kennzeichen:
  Pkw: K-LH 981
  Wohnmobil: K-QT 172

Lösung

Privatrechtsschutzversicherung	*195,00 €*
Verkehrsrechtsschutzversicherung	*160,00 €*
= Tarifprämie	*355,00 €*
– 5 % Ratennachlass	*17,75 €*
= Versicherungsentgelt	*337,25 €*
+ 19 % Versicherungsteuer	*64,08 €*
= Versicherungsprämie gemäß Zahlweise	*401,33 €*

10 Versicherungsfall

Der Versicherungsfall ist das Ereignis, das die Wahrnehmung rechtlicher Interessen notwendig macht. Voraussetzung für die Deckung des Versicherungsfalls ist, dass das Ereignis

Ziffer 2.4.1 ARB 2021

- vom Rechtsschutzversicherungsvertrag des/der Versicherungsnehmers/-in umfasst wird, also zu den versicherten Leistungsarten gehört,
- nicht unter einen Risikoausschluss fällt,
- während der Vertragslaufzeit und nach Ablauf der Wartezeit eintritt und
- nicht in einen wegen Beitragsverzugs leistungsfreien Zeitraum fällt sowie
- von Anfang an den/die Versicherungsnehmer/-in oder eine mitversicherte Person persönlich betrifft.

Beispiel

Am 23.03.20.. schließt Herr Lothar Merk eine Privat-, Berufs- und Verkehrsrechtsschutzversicherung, mit dem Versicherungsbeginn 01.04.20.. bei seinem Versicherungsvermittler ab. Den Versicherungsschein bekam er von der Proximus Versicherung AG am 06.04.20.. zugesendet und überwies am 08.04.20.. die Erstprämie. Am 15.08.20.. bestellt er in einem Möbelhaus einen neuen Kleiderschrank, der am 18.09.20.. geliefert wird. Am 14.11.20.. bemerkt Herr Merk, dass sich das Furnier am Kleiderschrank ablöst. Herr Merk reklamiert diesen Schaden vergeblich.
Übernimmt die Proximus Versicherung AG den Rechtsstreit?

Lösung

Am 01.04.20.. beginnt der Rechtsschutzvertrag (technischer Versicherungsbeginn).
Am 01.07.20.. endet die Wartezeit für den Rechtsschutz im Vertrags- und Sachenrecht.
Am 15.08.20.. erfolgt die Bestellung des Kleiderschrankes.
Am 18.09.20.. erfolgt die Lieferung des Kleiderschrankes.
Am 14.11.20.. wird der Mangel am Kleiderschrank entdeckt.
Gemäß den Proximus Versicherungsbedingungen ARB 2021 besteht Versicherungsschutz für den Bereich des Vertrags- und Sachenrechts, da die Wartezeit beendet ist. Der Rechtsschutzfall ist am 18.09.20.. mit der Lieferung des Kleiderschrankes eingetreten. Zu diesem Zeitpunkt hat der Verkäufer gegen seine vertraglichen Pflichten – mängelfreie Warenlieferung – verstoßen.

Ziffer 3.4.1.1 ARB 2021

Der Versicherer kann trotz laufendem Versicherungsvertrag den Versicherungsschutz wegen mangelnder Erfolgsaussichten oder wegen Mutwilligkeit ablehnen. In den Leistungsarten Schadenersatzrechtsschutz, Arbeitsrechtsschutz, Wohnungs-und Grundstücksrechtsschutz, Rechtsschutz im Vertrags- und Sachenrecht, Steuerrechtsschutz vor Gerichten, Sozialgerichtsrechtsschutz und Verwaltungsrechtsschutz in Verkehrssachen kann der Versicherer den Versicherungsschutz ablehnen, wenn keine hinreichenden Erfolgsaussichten bestehen.

Ziffer 3.4.1.2 ARB 2021

Eine Ablehnung des Versicherungsschutzes wegen Mutwilligkeit kann der Versicherer dann vornehmen, wenn er der Meinung ist, dass ein/eine Versicherungsnehmer/-in seine/ihre rechtlichen Interessen mutwillig wahrnehmen möchte. Mutwilligkeit liegt vor, wenn die voraussichtlichen Kosten in einem groben Missverhältnis zum angestrebten Erfolg stehen. Der Versicherer lehnt solche Versicherungsfälle ab, weil ansonsten die berechtigten Interessen der Versicherungsgemeinschaft beeinträchtigt würden. Die Ablehnung des Versicherungsschutzes wegen Mutwilligkeit muss der Versicherer dem/der Versicherungsnehmer/-in unverzüglich in Textform mit Begründung zusenden.

Beispiel

Der VN Lasse Mag hat bei der Proximus Versicherung AG eine Privatrechtsschutzversicherung. Sein Nachbar Pierre Monet kommt am Sonntagnachmittag bei ihm vorbei, um sich gemeinsam ein Fußballbundesligaspiel anzuschauen. Als sich Pierre Monet zu seinem Nachbarn auf die Terrasse setzen will, geht unglücklicherweise der Terrassenstuhl von Herrn Mag kaputt. Sein Nachbar möchte für den entstandenen Schaden von 110,00 € nicht aufkommen und behauptet, der Terrassenstuhl wäre sicherlich schon vorher kaputt gewesen. Aufgrund der als dreist empfundenen Unterstellung möchte Herr Mag seinen Nachbarn auf Schadenersatz verklagen.

Lösung

Die Proximus Versicherung AG würde den Versicherungsschutz wegen Mutwilligkeit ablehnen, da die voraussichtlichen Anwalts- und Gerichtskosten von ca. 1.000,00 € in einem groben Missverhältnis zum Streitwert von 110,00 € stehen.

Ziffer 4.1 ARB 2021

Ziffer 4.1.1.2 ARB 2021

Bei Eintritt eines Versicherungsfalls müssen Versicherungsnehmer/-innen den Versicherungsfall unverzüglich dem Versicherer melden (Obliegenheit). Außerdem müssen sie sämtliche Umstände des Versicherungsfalls wahrheitsgemäß und vollständig mitteilen, sowie alle Beweismittel angeben und Unterlagen auf Verlangen des Versicherers zur Verfügung stellen. Zudem müssen Versicherungsnehmer/-innen kostenverursachende Maßnahmen nach Möglichkeit mit dem Versicherer abstimmen, sofern dies zumutbar ist. Auch für eine Abwendung und/oder Minderung des Schadens haben Versicherungsnehmer/-innen zu sorgen, soweit dies möglich ist.

Der Versicherer ist dazu verpflichtet, den Versicherungsnehmern/-innen eine Bestätigung über den Umfang des Versicherungsschutzes, der für den konkreten Versicherungsfall besteht, zukommen zu lassen. Sollten Versicherungsnehmer/-innen vor der Bestätigung des Umfangs des Versicherungsschutzes Maßnahmen einleiten, die Kosten verursachen, trägt der Versicherer nur die Kosten, die er bei einer Bestätigung des Versicherungsschutzes vor Einleitung dieser Maßnahme zu tragen gehabt hätte.

Nach Mitteilung an den Versicherer und der erhaltenden Mitteilung über den Umfang des Versicherungsschutzes können Versicherungsnehmer/-innen zur Durchsetzung ihrer rechtlichen Interessen ein Anwaltsbüro frei wählen. Nach der Beauftragung müssen Versicherungsnehmer/-innen das Anwaltsbüro *Ziffer 4.1.3 ARB 2021* *Ziffer 4.1.4 ARB 2021*

- vollständig und wahrheitsgemäß unterrichten,
- die Beweismittel angeben,
- die möglichen Auskünfte erteilen,
- die notwendigen Unterlagen beschaffen und
- dem Versicherer auf Verlangen Auskunft über den Stand des Rechtsstreites geben.

Zudem müssen sich Versicherungsnehmer/-innen das Verhalten der von ihnen beauftragten Rechtsvertretungen zurechnen lassen.

Beispiel

Eine Rechtsanwältin unterrichtet den VR nicht rechtzeitig über die Einlegung von Rechtsmitteln. In diesem Fall wird der VN so behandelt, als hätte er selbst den VR nicht rechtzeitig informiert.

Des Weiteren sehen die Allgemeinen Rechtsschutzversicherung-Bedingungen (ARB) noch weitere Obliegenheiten vor:

- Die Abtretung der Versicherungsleistung können Versicherungsnehmer/-innen nur mit schriftlichem Einverständnis des Versicherers vornehmen. *Ziffer 4.1.7 ARB 2021*
- Muss der Prozessgegner die Kosten der Rechtsverfolgung erstatten, dann geht dieser Anspruch auf den Versicherer über, sofern der Versicherer die Kosten hierfür bereits beglichen hat. *Ziffer 4.1.8 ARB 2021*
- Versicherungsnehmer/-innen müssen die Kosten zurückzahlen, wenn der Prozessgegner ihnen die Kosten der Rechtsverfolgung erstattet hat und der Versicherer die Kosten der Rechtverfolgung bereits beglichen hat. *Ziffer 4.1.9 ARB 2021*

Sollten Versicherungsnehmer/-innen vorsätzlich oder arglistig die oben aufgeführten Obliegenheiten verletzen, verlieren sie den Versicherungsschutz. Bei grob fahrlässiger Verletzung der Obliegenheiten ist der Versicherer berechtigt, die Leistungen nach der Schwere des Verschuldens der Obliegenheitsverletzung zu kürzen. Der Versicherer ist jedoch voll leistungspflichtig, wenn kein kausaler Zusammenhang zwischen der Obliegenheitsverletzung und *Ziffer 4.1.5 ARB 2021*

- dem Eintritt des Versicherungsfalls oder
- der Feststellung des Versicherungsfalls oder
- für die Feststellung oder den Umfang der Leistung

besteht und der/die Versicherungsnehmer/-in dies nachweisen kann.

Der Versicherungsschutz bleibt nicht bestehen, wenn ein/eine Versicherungsnehmer/-in seine/ihre Obliegenheiten arglistig verletzt hat.

Eine besondere Obliegenheit besteht im Verkehrs- und Fahrerrechtsschutz. Versicherungsschutz besteht bei diesen versicherbaren Leistungsbereichen nur, wenn *Ziffer 4.2 ARB 2021*

- der Fahrer bei Eintritt des Versicherungsfalls die vorgeschriebene Fahrerlaubnis hat,
- der Fahrer berechtigt ist, das Fahrzeug zu führen und
- das Fahrzeug zugelassen ist oder ein Versicherungskennzeichen hat.

Wird gegen diese Voraussetzung verstoßen, dann besteht nur für diejenigen versicherten Personen Versicherungsschutz, die von diesem Verstoß nichts wussten. Diese Personen müssen ohne Verschulden oder höchstens leicht fahrlässig gehandelt haben. Ist der Verstoß grob fahrlässig ist der Versicherer berechtigt, die Leistungen der Schwere nach zu kürzen.

Sollte kein kausaler Zusammenhang zwischen der Verletzung der oben genannten Voraussetzungen und dem Versicherungsfall bestehen, und können Versicherungsnehmer/-innen dies nachweisen, besteht grundsätzlich volle Leistungspflicht des Versicherers.

11 Kundenberatungsgespräche in der Rechtsschutzversicherung

Vorbemerkungen und allgemeine Hinweise

Bei jedem Kundenberatungsgespräch sind gesetzliche Regelungen zu beachten.

Diese können Sie in Lernfeld 2 Kapitel 7 sowie in Lernfeld 3 nachlesen.

Was allgemein bei Kundengesprächen bzgl. der Kommunikation zu beachten ist, finden Sie in Lernfeld 3.

Die fachlichen Hintergründe zur Rechtschutzversicherung wurden in Lernfeld 5 Teil B in den Kapiteln 1 bis 10 behandelt.

Das folgende Kapitel fasst die spezifischen Besonderheiten für Beratungen zu Rechtsschutzversicherungen in komprimierter Form zusammen, ohne den Anspruch auf Vollständigkeit zu erheben.

Da die Vorgehensweise bei Beratungsgesprächen technisch gesehen immer den gleichen Gesetzmäßigkeiten folgt, werden im folgenden Kapitel nur noch die speziellen Besonderheiten bei Rechtsschutzversicherungen herausgestellt.

11.1 Zielgruppen für Rechtsschutzversicherungen

Zunächst stellt sich die Frage: **Wer braucht eigentlich eine Rechtsschutzversicherung?**

Die Antwort auf diese Frage ist nicht ganz einfach. Grob gesagt, sollte alle Personen, die ihr Recht durchsetzen möchten, eine Rechtsschutzversicherung abschließen.

Die Bedeutung der Rechtsschutzversicherung wird deutlich, wenn man sich deren Verbreitung ansieht. Etwa 50 % der Deutschen haben eine Rechtsschutzversicherung, aber rund 85 % verfügen über eine Haftpflichtversicherung. Hier spielt wohl auch der geschichtliche Hintergrund eine gewisse Rolle. Bereits im Jahr 1800 vor unserer Zeitrechnung tauchte im alten Babylon der erste Vorläufer der Haftpflichtversicherung auf. Die erste Rechtsschutzversicherung gab es erst vor rund 100 Jahren. Streitigkeiten wurden in der Vergangenheit anders ausgetragen als heute. Wer heute sein Recht durchsetzen will, benutzt hierzu keine Gewalt, sondern geht zu einer Rechtsvertretung. Leider sind diese teuer, weshalb die Rechtsdurchsetzung viel Geld kostet. Hier kommt die Rechtsschutzversicherung ins Spiel.

In einigen Lebensbereichen ist die Rechtsschutzversicherung weit verbreitet:

- Fahrerrechtsschutz
- Verkehrsrechtsschutz
- Arbeitsrechtsschutz

Die Gründe hierfür sind naheliegend, denn der Gang zum Gericht wegen eines drohenden Führerscheinentzuges oder Arbeitsplatzverlustes ist existenziell und die Rechtsschutzversicherung macht die Kosten hierfür kalkulierbar.

In den letzten Jahren sind Streitigkeiten zu Versicherungsbeiträgen in den Bereichen Lebensversicherung und Krankenversicherung stark in den Fokus gerückt. Ohne ein geeignetes Fachanwaltsbüro besteht kaum eine Chance, Recht zu bekommen, weshalb auch in diesen Fällen eine Rechtsschutzversicherung sinnvoll ist.

Nach dieser **Zielgruppendefinition** sollten in Kundenberatungsgesprächen alle Personen sensibilisiert werden, die in den genannten Bereichen einen möglichen Handlungsbedarf sehen und sich dagegen absichern wollen.

11.2 Neukunden für die Rechtsschutzversicherung gewinnen

Bei der Gewinnung von Neukunden sind einige große Rechtsschutzversicherer sehr aktiv. Bei Allspartenversicherern bietet sich die Rechtsschutzversicherung oftmals als Zusatzprodukt zur Fahrzeugversicherung an. Streitigkeiten rund um das Thema Auto sind für viele Kunden greifbar und deshalb sind diese dann auch offen für das Thema Verkehrsrechtsschutz. Da eine komplette Privatrechtsschutzversicherung im Vergleich zu einer Privathaftpflichtversicherung wesentlich teurer ist und letztere auch als wichtiger erachtet wird, ist die Neukundengewinnung entsprechend schwieriger. Oftmals erfolgt der Einstieg in das Rechtsschutzthema über die Fahrer- oder Verkehrsrechtsschutzversicherung, die dann zu einem späteren Zeitpunkt zu einer Privatrechtsschutzversicherung erweitert wird.

11.3 Gesprächsanlässe bei Bestandskunden

Wie in jedem Kundenbedarfsfeld und in jeder Versicherungssparte ändern sich die Rechtsschutzversicherungstarife und -bedingungen immer wieder. Dies sollte generell als Anlass dienen, Kunden zu einer Aktualisierung und/oder Erweiterung eines bestehenden Vertrages zu beraten.

In der Praxis kommen direkte Anfragen von Kunden nach einer Rechtsschutzversicherung immer wieder vor, allerdings geschieht dies oft, wenn der Gang zu einer Rechtsvertretung bereits geplant ist oder angeraten wurde. Hierbei spielen jedoch die Wartezeiten eine wichtige Rolle.

Für die Bereiche

- Arbeitsrechtsschutz,
- Wohnungs- und Grundstücksrechtsschutz,
- Rechtsschutz im Vertrags- und Sachenrecht,
- Steuerrechtsschutz vor Gerichten,
- Sozialgerichtsrechtsschutz und
- Verwaltungsrechtsschutz in Verkehrssachen

besteht eine Wartezeit von drei Monaten. Dies bedeutet, dass der Vertragsabschluss bereits drei Monate vor Eintritt eines versicherten Schadens stattgefunden haben muss, da ansonsten der Versicherer frei von Leistung ist. Diese Wartezeit kann allerdings entfallen, wenn vorher eine entsprechende Versicherung bei einem anderen Versicherer bestanden hat. Dieses sog. Umdeckungsgeschäft würde dann statistisch gesehen als Neukundengeschäft im Bereich Rechtsschutzversicherungen gewertet werden, wäre also kein echtes Bestandsgeschäft.

11.4 Argumentationshilfen zur Rechtsschutzversicherung

Bei der Argumentation für eine Rechtsschutzversicherung ist zunächst die Abgrenzung zu der Haftpflichtversicherung wichtig.

Eine Haftpflichtversicherung kommt für versicherte Schäden auf und zahlt bei berechtigten Forderungen von Geschädigten. Sie schützt aber Versicherte und somit die Versichertengemeinschaft auch vor unberechtigten Forderungen. Bei diesem sog. passiven Rechtsschutz wehrt die Haftpflichtversicherung unberechtigte Forderungen gegen Versicherte in deren Namen ab.

Bei der Rechtsschutzversicherung geht es hingegen darum, eigene Forderungen – also das eigene Recht der Versicherungsnehmer/-innen – durchzusetzen. Hierbei spricht man von einem aktiven Rechtsschutz.

Eine Haftpflichtversicherung wird demnach also nur aktiv, wenn eine/ein Geschädigte/-r von einem/einer Versicherungsnehmer/-in eine Leistung für einen Schaden fordern. Wurden Versicherungsnehmer/-innen hingegen selbst geschädigt und möchten den Schaden ersetzt bekommen, ist der Haftpflichtversicherer nicht der richtige Ansprechpartner, sondern der Rechtsschutzversicherer.

Recht haben und Recht bekommen

Wir leben in einem Rechtsstaat und bei uns gilt nicht mehr das Recht des Stärkeren, auch Faustrecht genannt. Ist das wirklich so? Bekommen vor Gericht immer die Menschen Recht, die auch im Recht sind? So sollte es zwar sein, aber die Praxis sieht leider anders aus. In den Medien tauchen in unregelmäßigen Abständen immer wieder Berichte darüber auf, dass langjährige Prozesse gegen einen Konzern geführt werden, die am Ende in einen halbherzigen Vergleich münden. Wer als Privatperson gegen ein Unrecht eines Großkonzerns gerichtlich angehen möchte, der braucht einen langen Atem und eine prall gefüllte Brieftasche.

Ein alter Spruch in Juristenkreisen lautet „ohne Schuss kein Jus". Mit Schuss ist eine Vorschusszahlung der Mandanten an das Rechtsanwaltsbüro gemeint und Jus ist das lateinische Wort für Recht. Wer also das eigene Recht durchsetzen will, muss zunächst finanziell in Vorleistung treten. Wer dies nicht kann oder möchte, muss wohl oder übel auf die Durchsetzung seines Rechts verzichten.

Auch vor diesem Hintergrund ist der Abschluss einer Rechtsschutzversicherung eine durchaus sinnvolle Investition.

11.5 Ablauf von Kundenberatungsgesprächen

Da Rechtsschutzversicherungen von vielen Kunden immer noch zu der Gruppe der Luxusgüter gezählt werden, steht diese Sparte in der Beratung nur selten im Vordergrund. Der Verkehrsrechtsschutz wird meistens im Zuge der Kfz-Versicherung „mal eben" mitgenommen.

Die Rechtsschutzversicherung sollte im Zusammenhang mit einer Versorgungsanalyse unbedingt angesprochen werden. Viele Kunden haben Angst, ihren Arbeitsplatz zu verlieren, oder wegen einer überfahrenen roten Ampel den Führerschein für einige Wochen abgeben zu müssen. Ist der Schaden bereits entstanden, ist es für den Abschluss der Versicherung zu spät, denn die Wartezeit von drei Monaten bietet in solchen Fällen erst Schutz für den nächsten Schaden. Deshalb sollte den Kunden die Bedeutung der Rechtsschutzversicherung genau und frühzeitig erläutert werden.

Ein guter Ansatzpunkt ist auch der Beratungsrechtsschutz im Familien-, Lebenspartnerschafts- und Erbrecht. Familien sind mitunter komplizierte Gebilde und nicht selten gibt es Erbstreitigkeiten. Mit einer Privatrechtsschutzversicherung besteht die Möglichkeit, sich im Falle einer Änderung der Familienverhältnisse (Tod eines/einer Verwandten, Trennung von Partner/Partnerin) von einem fachkundigen Anwaltsbüro kompetent beraten zu lassen. Die Rechtsschutzversicherung übernimmt in solchen Fällen die Kosten bis zu einer Höhe von 250,00 €.

11.6 Nachbereitung von Kundenberatungsgesprächen

Zur Nachbereitung von Kundenberatungsgesprächen gehören die üblichen Routineaufgaben, also Anträge und Beratungsprotokolle an die Zentrale weiterleiten usw.

Wer bei einer Versorgungsanalyse einen Altvertrag bei seinen Kunden entdeckt und diese von einem Wechsel des Versicherers überzeugen kann, sollte dafür Sorge tragen, dass die Kundin oder der Kunde das Kündigungsschreiben rechtzeitig losschickt. Damit keine erneute Wartezeit entsteht, müssen der neue Vertrag und der Altvertrag beim Konkurrenzanbieter nahtlos ineinander übergehen.

11.7 Kundenberatung mit modernen Kommunikationsmitteln

Bei vielen Versicherern, die den Abschluss von Kfz-Versicherungen über ihr Onlineportal anbieten, kann der Abschluss einer Verkehrsrechtsschutzversicherung mit wenigen Mausklicks erledigt werden. Aber auch komplette Privatrechtsschutzversicherungsverträge werden online angeboten. Wenn Kunden wissen, was sie wollen, ist das auch gut möglich, ansonsten stehen bei der Beratung in dieser Sparte besonders viele Fragen im Raum, die ein persönliches Kundengespräch unumgänglich machen.

Firmenrechtsschutzversicherungen sind ähnlich wie Firmenhaftpflichtversicherungen teilweise nicht ohne Probleme in den Tarifen zu finden. Hier kalkuliert die Fachabteilung nach dem Vorliegen genauer Angaben ein individuelles Angebot, das den Kunden genauestens erläutert werden muss.

Vertragsverlängerungen oder Umstellungen auf neue Versicherungsbedingungen lassen sich auch per Telefon, E-Mail oder Post erledigen.

Abkürzungsverzeichnis

AG	Aktiengesellschaft
AGlB	Allgemeine Bedingungen für die Glasversicherung
AHB	Allgemeine Versicherungsbedingungen für die Haftpflichtversicherung
AKB	Allgemeine Bedingungen für die Kfz-Versicherung
ALB	Allgemeine Bedingungen für die kapitalbildende Lebensversicherung
AMG	Arzneimittelgesetz
ARB	Allgemeine Rechtsschutzversicherungs-Bedingungen
AtG	Atomgesetz
AUB	Allgemeine Unfallversicherungs-Bedingungen
AVB	Allgemeine Versicherungsbedingungen
B2B	Business-to-Business
B2C	Business-to-Consumer
BaFin	Bundesanstalt für Finanzdienstleistungsaufsicht
BBG	Beitragsbemessungsgrenze
BBiG	Berufsbildungsgesetz
BDSG	Bundesdatenschutzgesetz
BetrVG	Betriebsverfassungsgesetz
BewG	Bewertungsgesetz
BGB	Bürgerliches Gesetzbuch
CAC	Customer Acquisition Costs
CLV	Customer Lifetime Value
CRM	Customer Recovery Management
DGB	Deutscher Gewerkschaftsbund
DSB	Datenschutzbeauftragter
DSGVO	Datenschutz-Grundverordnung
ELStAM	Elektronische Lohnsteuerabzugsmerkmale
ELSTER	Elektronische Steuererklärung
EStG	Einkommensteuergesetz
eTin	elektronische Transfer-Identifikations-Nummer
EWR	Europäischer Wirtschaftsraum
FB	Formeller Beginn
GDV	Gesamtverband der Deutschen Versicherungswirtschaft
GewO	Gewerbeordnung
GG	Grundgesetz
GmbH	Gesellschaft mit beschränkter Haftung
HaftPflG	Haftpflichtgesetz
HGB	Handelsgesetzbuch
IHK	Industrie- und Handelskammer
JArbSchG	Jugendarbeitsschutzgesetz
JAV	Jugend- und Auszubildendenvertretung
KPI	Key Performance Indicators
LuftVG	Luftverkehrsgesetz
MB	Materieller Beginn
PflVG	Gesetz über Pflichtversicherung für Kraftfahrzeughalter
ProdHaftG	Produkthaftungsgesetz
p. r. t.	pro rata temporis (= anteilmäßig auf einen bestimmten Zeitablauf bezogen)
ROI	Return on Investment
SB	Selbstbeteiligung

StGB	Strafgesetzbuch
StVG	Straßenverkehrsgesetz
TB	Technischer Beginn
UmweltHG	Umwelthaftungsgesetz
UWG	Gesetz gegen den unlauteren Wettbewerb
VAG	Versicherungsaufsichtsgesetz
VdS	Verband der Sachversicherer
VDZ	Vorläufige Deckungszusage
VersStG	Versicherungsteuergesetz
VersVermV	Versicherungsvermittlungsverordnung
VGB	Verbundene Gebäudeversicherungs-Bedingungen
VHB	Verbundene Hausratversicherungs-Bedingungen
VN	Versicherungsnehmer/-in
VomVO	Verfahrensordnung des Versicherungsombudsmanns
VR	Versicherer
VS	Versicherungssumme
VVaG	Versicherungsverein auf Gegenseitigkeit
VVG	Versicherungsvertragsgesetz
VVG-InfoV	Verordnung über die Informationspflichten bei Versicherungsverträgen
VW	Versicherungswert
WHG	Wasserhaushaltsgesetz

Sachwortverzeichnis

C

D

T

U

V

Bildquellenverzeichnis

action press - die bildstelle, Hamburg: REX FEATURES LTD. 67.1

akg-images GmbH, Berlin: Bildarchiv Pisarek 226.1

Bergmoser + Höller Verlag AG, Aachen: 489.1; Zahlenbilder 66.1, 490.1, 497.1

Berufsbildungswerk der Deutschen Versicherungswirtschaft (BWV) e.V., München: 101.1, 102.1, 378.1, 379.1

fotolia.com, New York: BillionPhotos.com 28.1; Blanchette, Leo 164.1, 164.2; Brian Jackson 425.1; Dietl, Jeanette 28.5; Erwin Wodicka 52.1; goodluz 29.2; Hamels, Laurent 28.4; JackF 29.1; konradbak 28.3; sepy 28.2; Sven Bähren 238.1

Gesamtverband der Deutschen Versicherungswirtschaft e.V., Berlin: www.gdv.de 286.1, 299.1, 440.1

Görmann, Felix (RV), Berlin: 171.1, 177.1, 178.2, 178.3, 181.1, 199.1, 199.2

Hauptverband der Deutschen Bauindustrie e.V., Berlin: Statistisches Bundesamt 369.1

Hild, Claudia, Angelburg: 31.1, 32.1, 33.1, 33.2, 138.1, 163.1, 175.1, 180.1, 182.1, 274.1, 274.2

iStockphoto.com, Calgary: chuvipro 361.1; dageldog 459.1; Karl-Friedrich Hohl 283.1

Picture-Alliance GmbH, Frankfurt a.M.: dpa-infografik 47.1; dpa/Berg, Oliver 84.1

stock.adobe.com, Dublin: amnaj 247.1; andyller 281.1; Antonioguillem 237.1; bloomicon 271.1; Coloures-Pic 321.1; contrastwerkstatt 15.1, 74.1; CRACHO, SFIO 35.1; denissimonov 484.1; DOC RABE Media 319.1; Drazen Titel, Titel, Titel; Drobot Dean 42.1, 178.1; Dwi 298.1; Evgen 418.1; faithie 273.1; fizkes 211.1; fotografci 284.1; Gilitukha, Dmytro 83.1; Gribanov 416.1; hkama 439.1; JenkoAtaman 432.1; Kneschke, Robert 44.1, 293.1; kritchanut 50.1; Kzenon 427.1; lassedesignen 174.1; lordn 302.1; Losevsky, Pavel 227.1; Lund, Jacob 72.1; marcus_hofmann 312.1; master1305 276.1; Meier, Ines 424.1; mhp 430.1; MNStudio 416.2; MQ-Illustrations 196.1; Nivens, Sergey 286.2; Nomad_Soul 227.2; Ovsyannikov, Alexander 284.2; Paolese 307.1; pathdoc 167.1, 167.2; Pepe 428.1; Schäpertöns, Julian 69.1; sergejka 359.1; seventyfour 27.1; SFIO CRACHO 356.1, 436.1; skovalsky 241.1; snaptitude 208.1; stockphoto-graf 295.1; Torbz 188.1; wladimir1804 136.1; WrightStudio 260.1; Zerbor 45.1; zinkevych 289.1

ullstein bild, Berlin: 68.1